SIXIÈME DISCOURS. DE LA POLITIQUE EXTÉRIEURE

SEPTIÈME ET DERNIER DISCOURS ABRÉGÉ EN FORME DE CONCLUSION

AVANT-PROPOS

En 1980, l'accroissement de l'agressivité de l'Union soviétique m'amenait à participer à des débats, à accorder des interviews – *les Dossiers de l'écran* du 15 avril avec le général Vernon Walters, *le Point* des 21 et 28 juillet – sur l'espionnage soviétique. Sur la lancée, je rédigeai, au cours de l'été et de l'automne, un ouvrage relatif au rôle et au fonctionnement des services spéciaux dans le monde moderne, m'attachant à mettre en valeur la différence de nature entre les services spéciaux des démocraties et les services spéciaux totalitaires. Je soumis ce manuscrit au jugement de Raymond Aron dont la vie et mes fonctions de conseiller technique pour les questions de renseignement et de sécurité à l'hôtel Matignon pendant la fin de la guerre d'Algérie m'avaient séparé mais qui, au moment où j'hésitai, après la fin de mes études, entre la recherche universitaire et un engagement dans l'action, avait été mon initiateur à la philosophie de l'histoire.

Le diagnostic de Raymond Aron fut formel : il avait lu « deux livres en un ». Le premier portait sur la technique des services spéciaux et ne présentait donc qu'un intérêt relatif. Le second, en revanche, contenait en esquisse une approche nouvelle de la politique extérieure de l'URSS. Remettant la publication de l'essai sur les services spéciaux à d'autres temps, je me consacrai donc, au cours de l'automne 1980 et du printemps 1981, à l'analyse de l'expansionnisme de l'Union soviétique et du « communisme international ». Le résultat ne me satisfaisant guère – comme la plupart des experts, je décrivais plus les manifestations extérieures du phénomène que ses causes et raisons profondes –, je pris alors une décision dont je ne mesure pleinement qu'aujourd'hui toute la folie. Coupant avec l'agitation parisienne et avec les multiples occupations d'éditeur qui m'empêchaient d'approfondir ma réflexion, je partis m'enfermer, en juillet 1982, dans ma maison de Beauce où je m'immergeai pendant près de trois ans dans les modes de pensée et d'action des dirigeants soviétiques. Mes origines et mon éducation russes, des expériences intermittentes d'analyste des questions soviétiques – ce n'est que le retour au pouvoir du général de Gaulle qui m'empêcha d'accepter de m'occuper de ces problèmes aux États-Unis à la Corporation Rand – me furent très utiles dans cet effort dont je me rends compte rétrospectivement à quel point il fut présomptueux et colossal. Mais c'est le caractère quasi obsessionnel de la lecture des textes soviétiques, de la réflexion en termes d'analyse « marxiste-léniniste », c'est la confrontation constante de ces lectures et réflexions avec ma propre expérience du pouvoir et de la guerre, de l'action extérieure des États et des nations, avec mes propres lectures et réflexions sur l'Histoire en marche qui furent le véritable moteur de mon entreprise.

Une telle tentative ne pouvant que se dérouler dans la solitude, je tiens donc à remercier d'autant plus tous ceux qui voulurent bien m'assister : ma fille Catherine Melnik-Duhamel qui, parallèlement à ses propres recherches avec Pierre Nora sur l'histoire des idées, fut ma première lectrice; le regretté docteur Raymond Frugier, ancien président de la Commission des Affaires étrangères à l'Assemblée nationale, dont les encyclopédiques connaissances historiques et théologiques me furent précieuses; le général Jean Singland alors adjoint au directeur général d'une DGSE qui, à l'époque, savait allier efficacité, discrétion et discernement, et qui accepta de prendre sur un temps éminemment précieux pour discuter avec moi de mes hypothèses; Laughlin A. Campbell, ancien conseiller pour le renseignement du commandant en chef américain du Pacifique pendant la guerre du Vietnam, qui parvint – à partir de Washington! – à m'accorder le plus vif et amical encouragement.

En revanche, dès l'ouvrage composé, ma gratitude va à Pierre Hassner, professeur à l'Institut d'Études politiques, Michel Heller, professeur d'histoire et de littérature soviétique à l'Université de Paris IV, François Furet, ancien président de l'École des Hautes Études, qui ont consenti à me prodiguer avis, conseils et suggestions – voire, comme Michel Heller, à m'apporter une stimulante contradiction –, étant bien entendu cependant que la responsabilité de toutes les idées, hypothèses et formulations reste entièrement mienne.

Si j'ai choisi en fin de compte de m'adresser par instants dans mon texte au Président des États-Unis, ce n'est pas seulement parce que j'apprécie la façon dont Machiavel interpellait ainsi les puissants de son temps ou qu'une telle démarche facilitait ma tâche en me rappelant les périodes de ma vie où j'avais été moi-même « conseiller du prince » : c'est aussi et surtout parce que les fonctions électives qu'exerce mon interlocuteur imaginaire à la tête du pays le plus attaché aux valeurs de l'Occident, le plus conscient comme tel de la menace que fait peser sur ces valeurs l'expansion soviétique, font de lui l'incarnation la plus achevée des approximations, craintes et illusions, de l'incompréhension fondamentale entrecoupée de bouffées plus ou moins lucides de rejet, que nous inspire le phénomène profondément original que je me propose de décrire et d'analyser.

C. M.

PREMIER DISCOURS
EN FORME D'INTRODUCTION
SUR L'APPARITION SUR TERRE
D'UNE NOUVELLE CIVILISATION

Monsieur le Président des États-Unis,

De tous temps, les civilisations vieillies, raffinées, perfectionnées au cours des siècles, se sont révélées incapables d'appréhender la puissance de civilisations plus neuves et plus frustes qui ne s'acharnaient même pas à les abattre, mais les jetaient à terre inexorablement par le seul fait de leur existence et de leur poussée. Comment admettre, en effet, la faiblesse, voire la mortalité de la civilisation qui vous a enfanté? Comment poser comme postulat de départ qu'il existe un ordre social et politique plus robuste, alors qu'il est fondé sur la négation des valeurs qui font le charme de votre vie et qu'il a fallu des siècles pour conquérir? Comment s'avouer que d'autres, en face de vous, peut-être primaires et simples mais vigoureux, sont persuadés de leur victoire et ne pensent qu'à fourbir des armes destinées à vous remplacer? Par le passé aucune grande civilisation sur le déclin n'a su effectuer une révision aussi déchirante.

Certes, monsieur le Président, on vous fait passer – bien à tort, comme je me permettrai de vous l'expliquer – pour le chef de l'un des « deux blocs », pour le leader d'un des deux « Grands » qui, d'après la vision envieuse des petits États européens condamnés à la décadence, se seraient partagé le monde lors des funestes entretiens de Yalta. Certes, on a placé entre vos mains la plus puissante force armée jamais mise sur pied par les démocraties. On vous accorde même le droit – en théorie – de déclencher l'holocauste atomique qui détruirait la planète. On vous entoure d'experts, de stratèges, de généraux, qui vous tiennent au courant, jour par jour – heure par heure en temps dit « de crise », – de la progression de ce qu'ils appellent la « menace soviétique ». Mais toutes ces forces morales, techniques ou intellectuelles dont vous a doté la peur informe des citoyens d'Occident ne deviendraient que de bien inutiles et tristes hochets si une pente fatale continuait à nous écarter de l'essentiel : c'est une nouvelle grande civilisation – dans le sens qu'Arnold Toynbee donne à ce concept – qui est apparue sur terre en Russie en Octobre 1917, et c'est elle – et non un État soviétique, totalitaire et militarisé, et non une nation russe expansionniste – qui remet en cause le devenir de la civilisation d'Occident. Comme Athènes, comme

Rome, comme Byzance, l'Occident est menacé. La nouvelle civilisation, marxiste, léniniste, soviétique, s'étend et veut s'étendre toujours plus sur la planète.

Le fleuve, monsieur le Président, est en pleine crue, et c'est pourquoi j'ai l'insolence, afin d'essayer de déterminer si le nouvel Empire communiste va poursuivre son expansion ou amorcer son déclin, de vous demander de bien vouloir venir avec moi patauger sur ses berges boueuses et sanglantes.

I

DE L'INCOMPRÉHENSION PAR L'OCCIDENT DE LA NOUVELLE CIVILISATION

De la nouvelle carte du monde

Je vous sens préoccupé, monsieur le Président. Dans le bureau ovale d'où peut partir le feu atomique, derrière les épaisses baies vitrées à l'épreuve des balles, vous vous penchez sur la carte qui obsède le petit monde des experts : vos conseillers y colorient de toutes les nuances de rouge les conquêtes de la nouvelle civilisation.

A proximité immédiate de votre propre territoire, la petite île de Cuba vous défie, violemment écarlate. En Amérique centrale, dans l'étroit isthme qui vous sépare des « géants couchés » de l'Amérique latine, le minuscule Nicaragua vire au rouge depuis la chute du dictateur Somoza. Au Salvador voisin, les juntes ou les élections libres, les tentatives de réforme agraire ou les offensives militaires ne parviennent pas – que la doctrine Monroe doit vous sembler lointaine ! – à rétablir la *pax americana*. Votre œil préoccupé survole le Pacifique. En Asie, la désastreuse politique indochinoise de vos prédécesseurs, Kennedy, Johnson et Nixon, a créé un bloc résolument incarnat qui – Vietnam, Laos, Cambodge – enfonce un coin dans l'Asie du Sud-Est et inquiète l'immense Chine dont personne ne peut vous dire, d'ailleurs, à laquelle des deux civilisations elle appartient. Autour du Proche-Orient, déjà transformé en poudrière par le conflit israélo-palestinien, deux points rouge vif – Yémen du Sud et Éthiopie – esquissent une tenaille autour du cordon ombilical par lequel coule le pétrole de l'Occident. Plus au nord, la première irruption de l'Armée rouge hors de ses frontières, depuis la fin de la Seconde Guerre mondiale, a transformé l'Afghanistan en marche de l'Empire soviétique. En Afrique, deux taches rougeâtre et rose – Angola et Mozambique – s'étalent en plein cœur du léthargique continent noir.

Les faits sont là, monsieur le Président, et, comme disait Lénine, ils « sont têtus ». Dans la première phase de son expansion, la nouvelle civilisation profitait, sous le terrible Staline, de la victoire sur l'Allemagne hitlérienne pour faire craquer ses frontières. En une poussée titanesque, elle s'emparait de l'Europe de l'Est et de la Corée du Nord, étendait son système socio-politique à la Chine, s'attaquait à l'Europe occidentale et poussait vers l'Indochine, la Malaisie, les Philippines, l'Indonésie. Les coups d'arrêt qui lui étaient donnés en Europe occidentale et dans l'Asie du Sud-Est, le schisme chinois, les flottements consécutifs à la mort de Staline, l'enlisement au Vietnam, l'apparition d'un foyer révolutionnaire original à Cuba semblaient marquer une rémission salvatrice. Et puis, soudain, dans la décade 1970-1980, sous le débonnaire Brejnev, l'expansion a repris, planétaire et diffuse, moins brutale et moins marquée idéologiquement. Irréelle à nos yeux d'Occidentaux qui avons l'immense vanité de croire que le monde ne peut que vouloir nous imiter.

Vous avez baissé la tête, monsieur le Président. Les images de mort du terrorisme international ont défilé derrière vos paupières. Vous rouvrez les yeux : la carte rouge est toujours là, agressive, insolente, toujours aussi incompréhensible. « En matière de stratégie, affirme un Sully Prudhomme militaire, la géographie est la seule chose qui ne change jamais. » Mais ce grand esprit ne précise pas quels facteurs humains, politiques, sociaux, économiques, militaires, culturels, modèlent la géographie. Le Stratège vient donc barrer votre carte rouge de grandes flèches. D'un feutre fébrile, il relie l'Union soviétique à l'Afrique, l'Afghanistan à l'Angola en passant par le Yémen du Sud et l'Éthiopie. Aujourd'hui, affirme-t-il, cette ligne n'existe qu'en « pointillé ». Demain, elle pourrait, en devenant « pleine », établir une continuité soviéto-africaine et transpercer les champs pétrolifères nécessaires à l'Occident industriel. En Afrique subsaharienne, le feutre glisse de l'Angola au Mozambique, traverse la Namibie et la Zambie, coupe en deux le continent noir, encercle l'Afrique du Sud blanche et prive, cette fois-ci, l'Occident des matières premières dont il a besoin pour maintenir son opulence. En Amérique, le Stratège montre, à grands traits, comment, à partir de Cuba, du Nicaragua et du Salvador, l'expansion de la nouvelle civilisation peut s'étendre à toute l'Amérique centrale, fermer le canal de Panama et venir s'installer, monsieur le Président, avec le Venezuela et le Mexique, à vos propres frontières – voire ravager vos États du Sud. Ainsi va le monde en cette terrifiante fin de siècle : après la folie nazie et à l'âge nucléaire, les stratèges ont appris à concevoir l'inconcevable.

Aux prises avec des réalités plus immédiates, le Diplomate hausse les épaules. Le « marxisme », s'interroge-t-il, a-t-il la même signification en Afrique ou en terre d'Islam qu'en Union soviétique? Ne s'agit-il pas, dans certains cas, d'habillages idéologiques plutôt vagues? D'ailleurs, le développement des relations diplomatiques avec les pays coloriés de rouge par le Stratège semble indiquer... Ainsi le président Dos Santos d'Angola est plutôt un homme de dialogue... Ainsi... L'Économiste renchérit. A l'aide de statistiques, de courbes et de schémas de développement, il démontre que la faillite du système d'assistance économique soviétique est si flagrante que certains pays rouges ouvrent tout grands leurs bras au capitalisme le plus blanc. Endettée et misérable, l'Afrique, notamment, ne peut échapper à la pauvreté que par des investissements massifs de l'Occident... Consulté, le Militaire ne tranche pas. Lui ne tient en compte que les bases navales, les aérodromes militaires, le nombre des conseillers militaires de l'URSS, de la RDA, de la Tchécoslovaquie, l'implantation des troupes de combat cubaines en Afrique, le développement des maquis révolutionnaires en Amérique centrale. Vous vous souvenez alors, monsieur le Président, des visites que vous fait régulièrement l'Allié européen. Avec une sincérité évidente, avec la fougue d'un tribun ou la précision d'un technocrate, l'Allié vous parle, à propos de l'Afrique, du Salvador et du Nicaragua, moins de l'Union soviétique et du « communisme international » que du droit des peuples à disposer d'eux-mêmes, de la lutte pour la justice sociale et pour le respect des droits de l'homme.

Alors, monsieur le Président – et c'est une des raisons, incomprise, de la puissance de votre CIA –, vous appelez à la rescousse l'Analyste. Avec le détachement froid et désespéré d'un médecin penché sur les radios d'un cancéreux, l'Analyste ouvre tout grands ses dossiers ultrasecrets. Mais tenu par le respect qu'il accorde à la « valeur » de ses « sources », habité par la volonté de ne pas se tromper et de ne pas influencer le « pouvoir politique », il ne peut vous proposer aucune certitude. En Ethiopie, constate-t-il par exemple, le colonel Mengistu se réclame toujours autant du marxisme-léninisme et de l'alliance avec l'Union soviétique mais il continue à renâcler pour instaurer le parti unique que préconise Boris Ponomarev, directeur du département international du Parti communiste de l'Union soviétique * [1]... Éprouvant de grandes difficultés dans ses opérations contre les maquis somaliens et érythréens, le chef de l'État éthiopien a limité l'influence de la fraction prosoviétique de son Conseil de la Révolution, le PMAC, mais la nomination de Legesse Asfew, chef formé à Moscou du prosoviétique Seded, au comité chargé de créer le parti unique ouvrier, le COPWE, laisse à penser que... Au Mozambique, le président Samora Machel se refuse toujours à installer une base navale soviétique mais... En revanche, l'influence de l'Union soviétique s'est accrue dans l'entourage du président Ali Nasser Muhammad du Yémen du Sud, bien que... Je vous avais prévenu, monsieur le Président, que ce monde était difficile à comprendre et à maîtriser.

A l'autre bout de la planète, dans cette lointaine Moscou qui lance à l'Occident le plus grand défi qu'il ait connu depuis le déferlement des Mongols ou de l'islam, les « hommes-fonction » ont, eux aussi, selon la formule du philosophe dissident Zinoviev, remplacé les « hommes-personne ». Mais eux agissent tous selon le même Dogme, poursuivent tous le même but, unissent tous leurs moyens pour arriver à une seule fin : nous remplacer, monsieur le Président, nous et notre civilisation d'Occident, sur la surface de la planète.

De la nécessité vitale de nouveaux concepts

« De quoi s'agit-il ? » demandait le maréchal Foch dans une formule qui, depuis que je suis entré dans le monde de la stratégie et de l'action, m'a toujours fasciné par son impitoyable simplicité. Qu'y a-t-il de plus difficile, en effet, que d'introduire, à chaud, le fer du schéma et du concept dans le déferlement contradictoire des passions, des aspirations et des croyances humaines ?

Près de quarante années de réflexion sur la nouvelle civilisation née en Union soviétique, des passages, plus ou moins longs, plus ou moins

* Les notes bibliographiques sont renvoyées en fin de volume. En revanche, les notes apportant des précisions au texte figurent en bas de page.

intenses, dans les allées du pouvoir, en tant que « conseiller du prince » et toujours en période de crise ou de guerre, le privilège rare – « on aura beau dire et on aura beau faire, il y aura de moins en moins de gens qui ont connu Napoléon » – d'avoir travaillé pour ou avec ces hommes que le général de Gaulle appelait « de caractère » et qui appartiennent maintenant – de Gaulle lui-même, Allen Dulles, le général Gehlen – à l'Histoire, me donnent l'outrecuidance de rassembler ici les quelques conclusions qui m'ont été inspirées, comme le dit Machiavel, « par une longue pratique et par une lecture assidue ».

Vous avez, monsieur le Président, le triste privilège d'être, par des rencontres « au sommet », par le télex bizarrement appelé « téléphone rouge », par un flot impressionnant de notes et de propositions, en contact permanent avec celui que vous ressentez – à grand tort, permettez-moi de vous le dire – comme votre homologue, le Secrétaire général du Parti communiste de l'Union soviétique. Vos prédécesseurs ont connu, comme moi, le pittoresque et tonitruant Khrouchtchev – oublions la parenthèse de l'inodore Boulganine et du glacial Kossyguine; le dynamique Richard Nixon a conversé pendant des heures avec Leonid Brejnev, vieillard massif à la démarche chancelante et dont le regard serait apparu désespérément vide si l'on ne connaissait pas l'admirable et prémonitoire poème d'Alexandre Blok écrit seulement trois mois après la « Révolution d'Octobre » : *Oui, nous sommes les Scythes! / Oui, nous sommes asiatiques. / Aux yeux bridés, aux yeux rapaces!*, et le naïf Roosevelt a même conversé avec le compréhensif Staline du sort de la planète. Ce morne et sinistre dialogue avec les « dirigeants soviétiques » ne s'est traduit, hélas, en fin de compte, que par la livraison de millions toujours croissants d'êtres humains, jetés, en Europe de l'Est, à Cuba, au Vietnam, au Cambodge, au Laos, en Afrique, en Afghanistan, en pâture à l'oppression de la nouvelle civilisation. Au cours de ces « rencontres », je n'ai jamais ressenti la perception claire et nette par l'Occident de la caractéristique essentielle de notre temps : Staline, Khrouchtchev, Brejnev, Andropov, Tchernenko, Gorbatchev ne sont pas des chefs d'État dans la droite lignée des chefs d'État qu'a produits jusqu'ici l'histoire de notre Occident. Ce ne sont ni des rois ou empereurs plus ou moins débonnaires ou glorieux, ni de ces présidents démocratiques dont les Français disent qu'ils « inaugurent des chrysanthèmes », ni des chefs suprêmes et autres Führer qui entraînent leurs peuples dans de sanglantes conquêtes. Ce sont les froids praticiens d'une expansion d'une nature tellement originale qu'inexorablement nous lui faisons de plus en plus larges et irréversibles concessions. Certes Staline était perçu comme différent, mais il apparaissait plutôt comme l'un de ces dictateurs dont nous aimons croire qu'ils surgissent dans notre histoire à l'occasion d'époques de crise et de transition, et sa mort semblait devoir entraîner sinon la fin de la « Révolution russe », du moins une nouvelle – provisoire et moins durable – dictature ou un « dégel » intérieur et une « détente » extérieure. Lui aurait-on autrement cédé aussi aisément la moitié de l'Europe?

Voici donc ma première conclusion, brutale, définitive, péremptoire : tout ce qui concerne la nouvelle civilisation née en 1917 sur la terre russe ne peut – jamais et en quoi que ce soit – être comparé avec ce que nous connaissons dans notre civilisation d'Occident. Les réalités soviétiques ne sauraient être appréciées selon les critères démocratiques, républicains et humanistes, auxquels nous sommes attachés, être soupesées selon les références – le plus souvent approximatives – que nous tirons de notre histoire et selon les aspirations – assez illusoires – que nous formons pour le devenir de notre humanité.

Commençons par quelques exemples simples. L'État? L'État soviétique n'a absolument – j'emploie le terme « absolument » dans son sens réel sans aucun de ces tics grandiloquents qui affaiblissent, de nos jours, la communication en Occident – rien de commun avec les types d'État qu'a forgés notre histoire. Tentaculaire et oppressif, c'est, constate l'historien hongrois Tibor Szamuely, l'« État mongol » [2], hérité des fins fonds de l'histoire russe mais remodelé par des lustres de « pratique léniniste ». Ce monstre bureaucratique et policier n'est pas, comme nos États modernes, au service des intérêts d'une nation et du bien-être de ses citoyens. C'est l'instrument docile et aveugle d'un corps social de type entièrement nouveau – le Parti communiste de l'Union soviétique – appelé, en Russie, KPSS – qui prétend imposer au monde tout entier un nouveau type d'organisation politique, économique, sociale, idéologique de la société.

Ce que nous appelons – à tort – « l'idéologie »? Elle rôdera trop souvent, sa grande faux à la main, dans les pages de ce rapport que, pour d'obscures raisons, je me vois contraint, comme on lance une bouteille à la mer, de vous adresser, pour que j'aie trop à insister dès maintenant sur le fait que le Dogme « marxiste-léniniste » n'est pas, par son caractère immuable, omniprésent et contraignant, une série de nobles et, quelquefois, platoniques principes inscrits sur les frontons des bâtiments publics. « L'idéologie scientifique marxiste-léniniste, proclame l'Encyclopédie soviétique, est l'un des facteurs de l'union de toute la société (...) dans l'intérêt du renforcement du socialisme. »

La nation? La nation soviétique n'est pas une nation comme les nations occidentales. Ce n'est pas la nation russe mais un conglomérat de peuples à un stade plus ou moins avancé de leur conscience nationale et incluant tant les grands peuples russes et ukrainiens que les petites nations baltes ou les nations et même les peuplades et les tribus du Caucase et de l'Asie centrale. Dans un ouvrage qui a fait grand bruit en France tant l'Occident a besoin d'être rassuré, l'une de ces pythonisses qui donnent à certains commentaires français sur les réalités soviétiques l'allure irréelle d'un café du commerce a parlé d'« Empire éclaté » sous la poussée des nationalismes asiatiques et de la religion musulmane [3]. C'est là une idée qu'il est préférable de ne pas retenir : la prédiction date de 1978 et aucune explosion ne s'est encore produite. Je préférerais que l'on s'inquiétât plutôt de l'étonnant pouvoir d'absorption d'une civilisation qui est parvenue à fondre en un bloc aussi cohérent des éléments aussi disparates. Alors que le monde moderne a entraîné la fin des colonialismes et une exacerbation des sentiments nationaux – ces phénomènes seraient plus que probablement venus à bout de la domination exercée par la nation russe, sous le tsarisme, sur l'Asie et le Caucase –, le Parti communiste soviétique est parvenu, lui, à créer un ensemble tellement nouveau et tellement éloigné du concept occidental de la nation que le dictionnaire franco-russe donne *trois* traductions russes de ce mot : « *natsia, narod, gosoudarstvo* », soit, en toute simplicité : « nation, peuple, État » et que les passeports soviétiques portent *deux* mentions : « Citoyenneté : soviétique – Nationalité : russe (ou ukrainienne, géorgienne, etc.) ».

La Russie où est né ce phénomène nouveau de la mainmise d'un Parti sur un État dans le but de créer, selon le rêve de Marx, une société où cesserait l'« exploitation de l'homme par l'homme », n'est pas un pays occidental comme les autres : son histoire est mal connue, mal étudiée, mal comprise. L'école historique de la fin du XIXe siècle était en train de s'y frayer un difficile chemin dans l'arriération et l'obscurantisme de la société russe – l'œuvre de l'historien Klioutchevsky est monumentale – quand, avec la Révolution d'Octobre, un rideau d'acier s'abattit sur les archives et que les analyses objectives furent excommuniées au profit de réécritures inspirées par les différentes incarnations politiques d'un Dogme lui-même immuable. Mais, si l'on devait ne retenir qu'un seul fait de l'histoire russe, je conseillerais de méditer celui-ci : la Russie connaît sur notre Occident un retard de près de deux siècles. Pendant que l'Europe commençait à forger la civilisation dont nous sommes les héritiers heureux et insouciants, les peuples russes et ukrainiens connaissaient, après la destruction de ce joyau de la culture qu'était, au Xe siècle, le Kiev byzantin, la soumission implacable à la féroce – et déjà très égalisatrice * – civilisation mongole. Quelques tsars, tel Pierre le Grand, sont certes parvenus – par la force – à imposer des à-coups de modernisation spectaculaire, mais l'abcès du servage n'est extirpé en Russie qu'en 1862 – c'est-à-dire, au moment où les principes de liberté sont déjà tellement ancrés depuis près d'un siècle dans le peuple américain qu'il décide de faire la guerre à ses frères du Sud pour abolir la honte de l'esclavage. Quand les pauvres moujiks, aliénés, arriérés, analphabètes, célèbrent leur « libération », la France, elle, s'est déjà lancée dans l'industrialisation et a créé, depuis quatorze ans, sa IIe République.

Le peuple russe non plus n'est pas un peuple comme nos peuples d'Occident. Soumis à la domination mongole dont il a dû se libérer tout seul, il ignore tout du droit romain, du sens de la propriété, de la libre disposition que peut avoir l'individu de lui-même. Converti au christianisme par la démesure mystique de la religion byzantine, il ne connaît ni l'ordre moral catholique ni la rigueur personnelle du protestantisme. Habitant des espaces d'une immensité qui n'est pas à l'échelle de l'homme, soumis à la rigueur excessive de climats eux aussi inhumains, ignorant la pierre, entassé dans des maisons de bois dévorées par les incendies, il est grégaire et collectiviste aux seules fins de sa survie, incapable de sentiments modérés, oscillant, pour dominer la nature et les envahisseurs, entre d'immenses abandons et des efforts titanesques, entre le mysticisme le plus fétichiste et un matérialisme ressenti comme une nécessité vitale. Implanté dans les steppes entre l'Asie et l'Europe qui forment l'espace qu'on reconnaît maintenant comme l' « Eurasie », tentation permanente pour les conquérants venus d'Extrême-Orient – les Mongols – ou de l'Occident – Suédois, Lituaniens, Polonais, Français, Allemands –, ne disposant pas d'accès naturel aux mers qui permettent le contact enrichissant avec d'autres civilisations, il est obscurantiste et chauvin, ignore le sens des frontières et, sans être expansionniste de nature, éprouve à l'égard de

* « L'égalité existe, précisait le Yasa, le grand Code mongol. Tout homme doit travailler autant que son voisin sans distinction aucune [4]. »

l'étranger des sentiments bizarres de frustration, faits d'envie et de rejet, d'imitation servile et de messianisme arrogant.

La « Révolution russe » ne saurait donc constituer une révolution dans la lignée des grandes Révolutions anglaises, américaine et française ou la réalisation de la « révolution socialiste » prophétisée par Karl Marx au XIXe siècle au vu des sociétés industrielles d'Europe occidentale. Et si son histoire reste – ce qui est aberrant – à écrire, je ne livrerai de nouveau qu'une seule appréciation : la dialectique – j'aime bien, vous m'excuserez, ce terme d'analyse marxiste qui rend caduque la recherche oiseuse de la prééminence réciproque de la cause ou de l'effet et reflète parfaitement la dynamique des interactions en matière de relations humaines et sociales –, la dialectique donc entre l'originalité absolue tant du passé et des aspirations du peuple russe que du type de société proclamé idéal par Marx et créé de toutes pièces, sur le terrain russe, par ce Grand-Russien hautement messianique que fut Lénine, ne pouvait donner naissance qu'à des réalités strictement et profondément originales.

Comment, comprendre, en effet, quoi que ce soit au KPSS, le Parti communiste de l'Union soviétique, – et à ses prolongements du « mouvement communiste international » – si l'on ne fait pas – mais est-ce même intellectuellement concevable pour un Occidental démocrate? – entièrement table rase de ce qu'évoquent pour nous nos bons, braves, vieux partis démocratiques et républicains? Même lorsque, emboîtant le pas de nos politologues, nous qualifions le KPSS de « parti unique » ou de « parti de masse », nous ne rendons compte que très imparfaitement de la différence de nature qui le sépare des partis auxquels nous sommes habitués et qui sont enracinés dans nos mœurs et habitudes politiques. Corps sociopolitique de type nouveau, obéissant à des règles très particulières et complexes dont la hiérarchisation, la discipline et le dialogue permanent entre le « bas » et le « haut » ne sont que des aspects secondaires, le KPSS n'est pas un regroupement de citoyens indispensable à l'exercice du choix en politique, il est le seul interprète – selon des rites eux aussi particuliers et complexes – du Dogme « marxiste-léniniste » sur lequel est fondée toute la nouvelle civilisation. Censé incarner le prolétariat et le peuple – dont il réalise, d'ailleurs, d'une certaine façon, certaines aspirations –, présent d'une manière tentaculaire dans tous les micro et macrocosmes de la vie politique, économique, administrative, sociale, culturelle, éducationnelle et même familiale, le KPSS est à la fois le détenteur exclusif de tout pouvoir en Union soviétique et dans les démocraties dites populaires et le moteur effectif de la société tout entière. Non seulement l'ensemble des organes du pouvoir et de décision, l'ensemble des appareils de production, de gestion et d'administration, mais aussi les moindres pulsations de la société sont étroitement contrôlés par lui pour qu'ils ne fassent qu'exprimer le Dogme qu'il incarne au nom du peuple qu'il transcende. « Le roi règne et ne gouverne pas », disons-nous, avec une délectation démocratique, des monarchies parlementaires. *Le Parti, lui, règne et fait gouverner.* Et son règne englobe, selon des schémas encore inconnus de l'histoire de l'humanité, la totalité de la vie politique, économique, sociale et intellectuelle tant de la société que – et c'est là une autre et essentielle nouveauté – de l'homme lui-même.

De même l'Armée rouge. Elle me paraît moins impressionnante par le nombre gigantesque de ses fusées et de leurs têtes nucléaires, de chars et de divisions, de porte-avions et de sous-marins qui inquiètent les stratèges occidentaux que par le fait qu'elle n'a rien de commun avec aucun autre type d'armée existant ou ayant existé dans le monde moderne. Ce n'est pas, bien sûr, l'avant-garde radieuse de l'humanité en marche, mais ce n'est pas non plus le corps hautement spécialisé et apolitique des sociétés démocratiques contemporaines sans ressembler, pour autant, à ces instruments brutaux, réactionnaires et à base rurale, qui soit permettent les coups de force que nous qualifions de bonapartistes, soit, en se débandant et en « fraternisant » avec la foule, laissent faire les révolutions. Soumise à la volonté du Parti, animée par lui seul, l'Armée rouge – qui ne porte d'ailleurs plus cette dénomination et, par sa composition ethnique, devient de plus en plus jaune – est un segment particulièrement réussi de la nouvelle civilisation, probablement parce que les formes communautaires d'organisation semblent tout naturellement adaptées – à la différence de ce qui se produit dans la production agricole et industrielle – aux nécessités de la chose militaire. Les teintes simplifiées qu'y revêt la « conscience politique » – « Vous avez compris, les enfants? On va leur en foutre plein la gueule! » expliquait, après un interminable et fumeux discours du commissaire politique, un colonel la veille de l'intervention en Tchécoslovaquie – permettent une participation efficace à la « normalisation » de toute déviation – Hongrie, Tchécoslovaquie et, d'une manière encore plus typique, Pologne où l'on assiste à une sécrétion militaire interne, conforme en tous points au modèle original – dans des conditions qu'aucune armée occidentale ne saurait envisager. On assiste même au miracle d'une industrie d'armement parvenue à surmonter avec une facilité assez surprenante les difficultés organiques qui, dans la nouvelle civilisation, paralysent l'agriculture ou la production des biens de consommation.

Tout le reste est à l'avenant. Les syndicats de la nouvelle civilisation n'ont que le nom de commun avec les organisations syndicales qui sont une partie intégrante de notre civilisation d'Occident, industrielle et démocratique. Ce ne sont pas des associations puissantes issues des grandes luttes et des grands espoirs du mouvement ouvrier, centrées sur la défense des intérêts professionnels et salariaux des travailleurs. Les « syndicats » soviétiques – outre la participation qui leur est dévolue à l'étranger au « processus révolutionnaire mondial » – servent à maintenir et à aménager le servage industriel qui, sous la Russie tsariste et malgré des lois sociales en avance sur l'Occident, prolongeait *de facto* le servage paysan – relisez *les Bas-Fonds* – et expriment la nécessité définie par Lénine d' « organiser les masses » et de créer à cette fin d'indispensables « courroies de transmission » entre elles et le Parti. Les associations culturelles, sportives, artistiques, d'anciens combattants, d'écrivains, de chorégraphes, de défenseurs de la paix ou de toute autre cause généreuse, ne sont pas, comme nos associations démocratiques, des groupements libres et spontanés, nés à partir d'affinités, d'aspirations, d'idéaux et d'expériences communs mais, de nouveau – et parallèlement à la traditionnelle participation au « processus révolutionnaire mondial » –, des « courroies de transmission » entre le Parti et les différentes manifestations de la vie en société.

La presse n'est ni une source de plaisantes distractions ni un « quatrième pouvoir » faisant trembler les gouvernements et les puissants –

l'enquête sur le Watergate – mais un mastic indigeste, distillant avec un pesant ennui le Dogme et les nouvelles du Parti et de l'État.

J'arrête là cette fastidieuse énumération. Bien qu'indispensable, elle serait par trop monocorde. C'est toute la société soviétique, telle qu'elle émerge de la fusion du passé russe avec près de trois quarts de siècle de « marxisme-léninisme » qui n'a rien de commun avec notre société occidentale. C'est l'*homo sovieticus* lui-même qui ne ressemble en aucune façon ni à l' « honnête homme » pétri par le Siècle des Lumières, ni aux citoyens standardisés que nous sommes devenus, avides de tout l' « avoir » que nous offre la société de consommation.

Alors, monsieur le Président des États-Unis d'Amérique, lorsqu'un ambassadeur de l'Union soviétique, de la République démocratique allemande, de la République démocratique bulgare, etc., vient vous présenter ses lettres de créance, avez-vous vraiment conscience que cet homme parfaitement bien élevé et connaissant admirablement votre langue et votre pays poursuit d'autres objectifs que les vôtres – le remplacement définitif de la civilisation d'Occident par la nouvelle civilisation – et qu'il emploie à cette fin des méthodes qui vous sont totalement étrangères? Lorsque vos diplomates du *State Department* rencontrent des diplomates soviétiques, tchèques, roumains, à des cocktails de Washington ou de Moscou, lorsqu'ils se retrouvent autour de tapis verts dans des villes calmes et pacifiques, pensez-vous qu'ils ont parfaitement compris qu'ils n'ont pas affaire à des *alter ego* désireux de régler comme eux, par la négociation et la concertation, les problèmes qui risqueraient de nuire à l'équilibre précaire de notre planète? A les avoir vus négocier les désastreux accords de Yalta, de Genève, de Paris, d'Helsinki, des Salt, non, vraiment, on ne le dirait pas.

Et vos hommes d'affaires, vos banquiers, vos financiers publics et privés, tous ces entrepreneurs qui font la puissance et l'orgueil de votre pays, ont-ils présent à l'esprit que Lénine – toujours lui – avait prédit qu'ils « vendraient la corde qui allait les pendre », oubliant seulement – ce fut le contraire d'un grand économiste – que, comme le constate si justement le Dr Henry Kissinger, qui a la stupéfiante faculté de n'avoir raison que quand il n'exerce pas le pouvoir, ils financeraient l'achat du chanvre par leurs crédits? L'économie de la nouvelle civilisation vit, selon l'expression yiddish, et vous m'excuserez, monsieur le Président, d'utiliser tout naturellement cet argot simple, brutal et coloré – les plus grands textes politiques du XIXe, Marx lui-même, n'étaient pas non plus des modèles de modération verbale –, qui paraît parfaitement adapté, en allant droit au but, à la forme de pensée, de Gaulle ou Nixon, des hommes de pouvoir occidentaux, l'économie de la nouvelle civilisation donc vit désespérément « *à kroum* », monsieur le Président. L'*homo sovieticus* ne mange à peu près à sa faim que parce que vos fermiers – ou les fermiers canadiens, argentins, beaucerons – lui vendent les céréales que la « propriété collective des biens de production » est incapable de faire pousser. Les armements de titan qui nous menacent sont fabriqués, en partie, grâce à la technologie couverte par vos brevets américains. Mais quel concert de récriminations de vos fermiers, de vos *businessmen* et, bien entendu, des alliés européens, lorsque – dans de rares accès de rejet du *Don't disturb* que l'on attend de vous – vous soulevez, à l'occasion d'une crise quelconque, ce problème, quand même, soyons francs, assez préoccupant! Samuel Pisar avait affirmé, pauvre naïf, que le commerce – dont, d'après Hamilton, « l'esprit a tendance à adoucir la manière des hommes » allait, par les contacts qu'il procure, inoculer à l'*homo sovieticus* notre manière d'organiser l'économie et même nos modes de pensée. Si contagion il y a eu, le moins qu'on puisse en dire c'est qu'elle s'est exercée – comme toujours quand il s'agit de la nouvelle civilisation – dans le mauvais sens. De bons amis me disent que notre ancien président de la République, le brillant Valéry Giscard d'Estaing, jugeait l'Union soviétique d'après « la très bonne impression » que lui avaient laissée, alors qu'il était ministre de nos finances, ses interlocuteurs, parfaitement bien élevés et fort technocratiques, de la « grande commission franco-soviétique ». Favorablement impressionné, il alla même fleurir la tombe de Lénine, se rendit à Varsovie malgré l'invasion de l'Afghanistan et couronna le tout en rêvant à Moscou de « coexistence idéologique » – comme s'il avait été possible de convaincre Torquemada que l'œcuménisme est préférable – ce qui est d'ailleurs parfaitement exact – à l'inquisition.

Je ne crois pas, monsieur le Président, que poussé par le rejet viscéral de l'*homo americanus* pour toutes les formes de vie sécrétées par la nouvelle civilisation, vous progressiez aussi loin dans le « libéralisme avancé ». Mais êtes-vous véritablement conscient – les psychanalystes attachés à vos instituts de recherche stratégique m'ont enseigné l'ampleur du fossé qui existe entre l'appréhension véritable de la réalité assumée par la totalité du « moi » et la simple compréhension par les mécanismes de l'intelligence – du drame de notre époque depuis Octobre 1917? Chaque concept, chaque idée, chaque réalité politique a désormais deux sens : celui – profondément libéral et tolérant, résolument optimiste – que, forts de notre passé et de nos espoirs, nous lui donnons et celui – brutal et conquérant, dogmatique et oppressif – que lui attribue la nouvelle civilisation.

Confucius aurait dit que la paix ne s'installerait entre les hommes que lorsque les mots auraient pour tous la même signification. Nous en sommes bien loin.

De l'obligation pour l'analyste de se définir lui-même

Monsieur le Président, le soir est tombé sur Washington et vous m'avez fait l'amitié de ne pas interrompre la lecture de ce fastidieux rapport. En échange de l'intérêt que vous avez bien voulu m'accorder au cours de ces quelques explications préliminaires, je me dois maintenant – quelles que soient mes pudeurs en ce domaine – de me présenter à vous.

« Le moi est haïssable », dit la sagesse française, mais l'expérience m'a appris que l'ignorance du moi, dans les domaines touchant la vie et le destin d'autres hommes, peut être criminelle. Nous attendons de tout homme d'action et de guerre, une fois clos les temps initiaux d'anarchie, d'ignorance et de fanatisme, qu'il connaisse et maîtrise ses pulsions. Tout analyste doit donc désormais se définir également par rapport à ses analyses. Dans le passé, trop de sang fut versé au nom d'idées dont l'homme n'a compris que trop tard qu'elles pouvaient être encore plus meurtrières que les armes. Trop d'erreurs stratégiques ont été commises – j'en ai longuement discuté avec mon grand ami Allen Dulles à propos de son débarquement manqué à la Baie des Cochons – à partir d'appréciations et de jugements dont les origines psychologiques profondes avaient été escamotées.

Vous l'avez probablement senti : je m'oppose de toutes mes forces à la nouvelle civilisation, mais, en mon âme et conscience, je ne crois pas que la passion avec laquelle je rejette le système politique, économique, social, culturel, créé et organisé en Union soviétique ait jamais, en quoi que ce soit, infléchi mon jugement. En 1953, j'indiquai au maréchal Juin – je faisais alors partie de son Deuxième Bureau à l'état-major général de la Défense nationale – que le successeur de Staline serait, selon toute probabilité, l'Ukrainien Nikita Khrouchtchev. En 1963, j'essayais de préconiser, avec le peu de succès que vous devinez, à votre prédécesseur Kennedy – l'organisme de recherche opérationnelle de votre aviation de bombardement stratégique, la Corporation Rand, m'avait demandé de systématiser mon expérience d'une guerre d'Algérie que j'avais livrée à un poste de commandement – que la seule solution au Vietnam était non la recherche orgueilleuse, nimbée d'une volonté de puissance déplacée, de nouvelles formes de guerre dites « révolutionnaires », mais la poursuite patiente et ingrate d'un « dégagement » selon les schémas alliant la destruction du corps de bataille ennemi et la négociation secrète – processus que j'avais aidé le général de Gaulle à mettre sur pied en Algérie mais qui impliquait, dans mon esprit, un « réengagement » énergique au cas où les accords conclus ne seraient pas respectés. Dans les débuts de 1968, lors de la flambée du Printemps de Prague – privé de toute fonction officielle, en raison notamment tant de la fermeté de mon opposition aux illusions de la « détente » que de l'assez belle campagne de « désinformation » par laquelle le KGB avait réussi à me présenter comme coupable de bien des maux de la terre, je vivais alors, comme dit Machiavel, dans la « pouillerie » réservée aux hommes d'action en disgrâce –, je mis en garde les responsables français, empêtrés dans les facilités rassurantes de l' « entente » et de la « coopération », contre l'invasion de la Tchécoslovaquie – qui me paraissait indispensable à la nouvelle civilisation – et que je prévoyais pour le mois d'août, quand l'Occident serait parti se bronzer sur les plages *.

Né de parents russes, élevé dans mon enfance dans la culture et en milieu strictement russes, je me sens, en effet, en symbiose absolue, instinctive, viscérale, avec les modes de pensée russes, alors que né, éduqué et ayant toujours vécu en France, ayant servi la République française et travaillé pour les organismes de recherche stratégique américains, je ne saisis qu'avec beaucoup plus d'effort et beaucoup moins de spontanéité, le sens des cultures française et américaine. Les aléas de l'exil – mes parents

* Et je ne retiens même pas mes incessantes mises en garde contre la menace permanente d'un espionnage de type également nouveau, procédant à une mise à sac, elle aussi profondément originale, de toutes nos richesses. Il est, à vrai dire, réconfortant – mais assez inquiétant et paradoxal – de constater que des vues formulées il y a vingt ans dans l'indifférence générale – telle ma préface à l'édition française des *Penkovsky's Papers* [5] – s'étalent aujourd'hui dans les journaux, sont acceptées comme des vérités premières.

ont combattu et fui la Révolution d'Octobre – m'ont fait connaître tant la misère et la faim dans les quartiers populaires du Midi pauvre de la France que des situations d'aliénation assez intolérables. De la bourgeoisie et de la classe politique française, j'ai connu surtout des personnages balzaciens, pratiquant, à l'égard de l'étranger solitaire que j'étais à leurs yeux, l'exploitation, voire le vol, qu'ils n'osent plus mettre en œuvre face à des ouvriers français et syndiqués. Je me sens donc de tout cœur du côté des opprimés de quelque pays et de quelque race qu'ils soient et comprends toutes leurs révoltes contre la puissance de l'argent, un ordre social injuste ou une société bloquée. Formé à l'analyse par la recherche opérationnelle américaine mais devenu un praticien du pouvoir à l'aise seulement dans les temps de guerre et de crise, n'éprouvant aucun attrait ni pour l'analyse qui ne déboucherait pas sur une action politique ni pour une action politique qui ne serait pas fondée sur une analyse aussi rigoureuse que possible, je me sens bizarrement très proche des membres du Politburo, du secrétariat du Comité central, du département international du KPSS, et il m'est arrivé même d'anticiper sur leurs études théoriques et leurs décisions pratiques. Cette russitude, cette expérience de l'aliénation, ce goût fasciné – vous voyez que je suis franc – du pouvoir et de l'ordre auraient dû faire de moi un « marxiste-léniniste » convaincu et, je crois, un *apparatchik* fort acceptable.

Si j'éprouve pourtant un rejet aussi total du système soviétique, c'est que, nous autres exilés russes de la « première émigration », avons le triste privilège d'avoir apprécié, en avant-première en quelque sorte et sans être compris de personne, les avantages de la nouvelle civilisation. Ma famille maternelle, les Botkine, appartenait à ce que l'on pourrait appeler, en reprenant les remarquables analyses du soviétologue Alain Besançon, la « haute intelligentsia » moscovite du XIXe siècle [6]. Grands médecins – mon arrière-grand-père, Serge Botkine, est le fondateur de la médecine moderne russe –, écrivains et philosophes – ami de Tourgueniev, son frère Vassili Botkine, contribua à introduire en Russie la pensée de Hegel –, ils incarnaient le libéralisme politique et culturel, œuvraient pour une synthèse entre l'épanouissement des vertus profondes du peuple russe et son éducation nécessaire aux modes de pensée de l'Occident. Leurs noms continuent à figurer dans les encyclopédies soviétiques, leurs statues se dressent encore à Leningrad, leurs collections d'art figurent dans les musées, mais ils ont été tous placés devant l'alternative fournie par la nouvelle civilisation à l'intelligentsia libérale, socialiste, humaniste russe : l'exil ou l'extermination. Quant à ma famille paternelle, assemblée de libres cosaques venus s'établir en Ukraine sur la frontière polonaise, elle croyait aux vertus du travail de la terre, à la patrie et à Dieu, pensait que seul l'effort pourrait provoquer tant la promotion individuelle et sociale de la famille que le bien-être de toute la nation. Combien pensez-vous qu'il y ait eu de survivants de cette grande famille paysanne? Un seul : mon père, Constantin Semenovitch Melnik, né à Nemiremzi (province de Volhynie) en 1894, mort à Rives-sur-Fure (France) en 1978, lieutenant brimé par le tsarisme et la stupide noblesse, mais volontaire quand même dans les rangs de l'Armée blanche qui sauvera l'honneur russe en combattant pendant quatre années – toutes classes sociales confondues malgré ce qu'affirment des simplifications mensongères – la nouvelle civilisation. Si j'éprouve donc le droit de parler des problèmes qui se posent aujourd'hui du côté de Kiev et de Moscou c'est que je suis le seul descendant mâle tant d'une grande tradition intellectuelle russe que d'une grande famille paysanne ukrainienne. Ni l'une ni l'autre n'ont jamais causé le moindre mal au peuple mais ont été broyées, toutes les deux, par un holocauste que l'Occident n'a même pas daigné remarquer.

« L'histoire, m'enseignait mon instituteur au lycée ensoleillé de Nice, le merveilleux M. Delfosse, n'est pas un cimetière que l'on traîne derrière soi » : ce n'est donc pas le massacre de ma famille qui entraîne mon rejet de la nouvelle civilisation. Bien au contraire, ma russitude est telle que j'admets parfaitement que la collectivité que je ressens comme mon peuple dispose comme elle l'entend de son destin. D'autant plus qu'à ma russitude s'est ajoutée une vertu que m'a apprise l'Occident : la foi absolue dans les valeurs de la démocratie. Seul, le système d'éducation de la République française, relayé dans mon cas par les instituts de recherche américains où m'a introduit l'amitié de cet immense libéral que fut Raymond Aron, a donné à l'exilé miséreux que j'étais la possibilité – unique – d'échapper au paupérisme et de disposer de certaines chances dans la vie. Appelé au pouvoir en France à la faveur du retour aux « affaires » du général de Gaulle et de la guerre d'Algérie, responsable du maintien de l'ordre pendant des événements qui auraient pu entraîner l'effondrement de la paix civile et du système républicain français, j'ai éprouvé toutes les contraintes qu'exercent les principes démocratiques sur l'efficacité des forces armées et de police, mais j'ai aussi apprécié, dans des circonstances et des épreuves particulièrement douloureuses pour l'homme, toute la valeur de leurs irremplaçables vertus. Quel autre régime – « la démocratie est le pire des régimes... à l'exception de tous les autres » – parvient-il à entraver aussi bien les forces malsaines suscitées par le pouvoir – « le pouvoir corrompt, le pouvoir absolu corrompt absolument » –, la guerre et son « ascension aux extrêmes », le recours – hélas ! nécessaire quelquefois – à l'usage de la force et de la violence d'État ?

Et si mes incursions d'homme de pouvoir – souvent privé d'emploi : les guerres sont, fort heureusement, peu quotidiennes – dans le monde de l'argent m'ont fait découvrir aussi à quel point – en France bien plus qu'aux États-Unis – la fortune, le nom, le conformisme intellectuel et social viennent fausser l'égalité des chances voulue par le système d'éducation créé par Jules Ferry et rendent parfois les libertés « formelles » et le droit impuissant, je prétendrai quand même que « l'économie de marché est le plus mauvais système économique... à l'exception de tous les autres ». J'irai même jusqu'à assurer que seul ce type d'économie, par sa création permanente de richesses et à condition toutefois de le corriger par des interventions de l'État en faveur du progrès économique et de toujours plus de justice sociale, est capable de réaliser la « société humaine » désirée par Karl Marx.

C'est à ce point – et à ce point seulement – que se manifeste mon rejet de la nouvelle civilisation. Que le peuple russe se contente d'un système politique oppressif, d'un ordre économique retardataire, de relations sociales et humaines primaires et brutales, est son affaire – bien que je regrette de tout mon cœur cette pitoyable facétie de l'Histoire. J'admets qu'une telle voie correspondait, à un certain moment de son développement historique, à certaines de ses aspirations et à certaines de ses habitudes : il n'a pas, le pauvre, avec le tsarisme et le servage, connu autre chose. Mais qu'on essaie d'imposer en son nom cette lamentable caricature de progrès à un système politique, économique, social, culturel, aussi évolué – et, surtout, aussi perfectible – que celui de l'Occident, qu'on veuille l'imposer, le condamnant ainsi à la stagnation perpétuelle, au tiers monde, est strictement inadmissible. Que les dirigeants du Parti communiste de l'Union soviétique soient satisfaits du système qu'ils sont parvenus à édifier dans un pays difficile, moyenâgeux et arriéré, peut être accepté : la démocratie implique le droit à la différence, le choc des idées et des expériences. Qu'ils soient même persuadés que leur système de gouvernement politique et de gestion économique constitue la seule et unique manière de réaliser, à la lettre sinon dans l'esprit, les rêves de Marx concernant la société « communiste » me paraît logique. Je crois qu'ils ont, les hommes et les sociétés étant ce qu'ils sont, raison à quelques nuances près : il n'y a pas de « troisième voie » entre l' « économie de marché » et le système qu'ils ont bâti en Russie et qu'ils introduisent au Vietnam ou à Cuba, et je ne leur ferai même pas l'injure de sous-entendre qu'ils servent ainsi leurs propres intérêts de caste dirigeante combien privilégiée. Qu'ils veuillent faire bénéficier le reste du monde de leurs trouvailles et de leur savoir est toujours aussi normal, à condition toutefois que cette démarche ressortisse du débat démocratique entre partis politiques à l'intérieur et de relations diplomatiques entre États à l'extérieur. Ma révolte ne se manifeste qu'à partir du moment où la nouvelle civilisation déploie les armes qui sont les siennes depuis 1917 : subversion politique et sociale, actions tentaculaires de la police secrète et d'espionnage, accumulation et déploiement mondial d'un sur-armement hier conventionnel, aujourd'hui nucléaire, chantages et menaces diplomatiques permanents, campagnes gigantesques de « désinformation » visant à détruire nos systèmes objectifs de pensée – voire occupation par l'Armée rouge.

Mais si je m'oppose aux conquérants, si je rejette les tyrans et les bourreaux, si je redoute tout homme qui – sous quelque forme que ce soit et dans n'importe quel domaine – essaie d'imposer son pouvoir à un autre être humain, je ne crois pas, en toute sincérité, que mes convictions personnelles puissent obscurcir l'objectivité de mes jugements : la vigilance n'a jamais diminué l'acuité de la perception et seule l'insuffisance de mes connaissances et de mon esprit pourrait être à blâmer des lacunes d'une analyse que je désire du plus profond de mon être aussi objective que possible.

Une longue pratique des services de renseignements m'a, en effet, appris que la claire définition des menaces potentielles, que la connaissance parfaite de « l'autre » constituent des conditions nécessaires – mais, hélas, pas suffisantes – pour le triomphe – voire la simple survie – des valeurs qui vous sont chères.

II

DE L'ORIGINALITÉ DE LA NOUVELLE CIVILISATION

Du nouveau contrat social communautaire

Donc : « De quoi s'agit-il ? »

Depuis des siècles, l'Occident a bâti une civilisation fondée tant sur l'effort individuel que sur la glorification de la personne humaine. Au fil des générations, nous avons – pour garantir et amplifier les fruits de cet effort et améliorer l'épanouissement de cette personne – construit la vie en société sur le droit, sur le respect de la propriété d'une part et sur le culte de la liberté de l'autre. Les règles du profit « capitaliste », de l'économie de marché et de la concurrence nous ont paru la meilleure façon de récompenser l'effort individuel et de promouvoir la personne humaine, mais nous avons appris – toujours pour mieux épanouir la personne – à corriger ces règles afin que le progrès économique se fasse d'une manière aussi harmonieuse que possible, ne soit pas générateur de trop grandes injustices sociales.

La nouvelle civilisation part, elle, de préceptes entièrement opposés. Son moteur n'est pas l'épanouissement de l'individu mais l'égalité de tous. Son centre de gravité n'est pas la personne mais la communauté. L'homme-personne, comme dit Zinoviev, disparaît devant l'homme-fonction. La propriété individuelle n'existe plus : c'est la communauté qui est propriétaire des usines, des ateliers et des terres, qui définit la part des revenus qui revient à chacun. La liberté individuelle n'a aucune raison d'être. « Les gens parlent toujours de liberté. Qu'est-ce que ça veut dire ? » s'interrogeait Brejnev devant les journalistes du *Stern.* A la limite, elle est gênante pour la communauté et même pour l'individu car la vie et le travail de celui-ci dépendent de l'efficacité de la communauté. Le droit protège moins l'individu contre les autres individus qu'il ne définit les droits et devoirs réciproques de la communauté à l'égard de ses membres et, surtout, des membres à l'égard de la communauté. La vie et l'activité économique ne reposent plus sur l'effort individuel, mais sur l'effort collectif réglé par la « planification » et, au besoin, par les différentes formes de travail forcé imposées par les représentants de la communauté.

Il ne faut donc pas s'étonner si l'instauration de la nouvelle civilisation entraîne le massacre, l'internement ou le bannissement des catégories sociales - paysannerie, bourgeoisie, intelligentsia - opposées ou incapables de se plier au mode de vie communautaire. Il ne faut donc pas s'étonner - les lois qui commandent le fonctionnement des sociétés sont tout aussi « têtues » que celles régissant la matière - si la disparition, sur le plan individuel, du profit ou de tout rapport organique entre le gain et la productivité du travail se traduit par l'érosion des motivations personnelles des travailleurs de toutes les catégories - ouvriers, paysans, gestionnaires. Il ne faut pas s'étonner non plus si la volatilisation, sur le plan collectif, des mécanismes autorégulateurs de la concurrence et du marché aboutit à une centralisation de plus en plus poussée et de plus en plus absurde. « Camarades, la question se pose ! » s'exclamait régulièrement l'infatigable Leonid Brejnev au cours de Congrès du KPSS dont l'humour involontaire est si puissant qu'on me dit que les ouvriers de *Solidarnosc* voulaient les monter, sans en changer une ligne, en spectacle dans les rues. « Camarades, la question se pose : comment expliquer cette impossibilité où nous nous trouvons de nous débarrasser de ces goulots d'étranglement qui nous empêchent d'avancer encore plus vite [7] ? » Or si « la question se pose », la réponse est connue depuis bien longtemps : la nouvelle civilisation est capable, comme le démontre Sakharov [8], d'imposer à ses membres de titanesques efforts d'industrialisation extensive et quantitative ; elle se révèle, en revanche, totalement impuissante - en raison de la disparition du profit et de la libre concurrence - à instaurer une industrialisation intensive et qualitative, à résoudre les problèmes - mille fois posés, mille fois restés sans aucune solution - de la production agricole et de la satisfaction des besoins de la population en biens de consommation.

Marquons ici une pause. Ce que je viens d'exposer me paraît d'une évidence éclatante. Il me semble qu'il s'agit là non d'une opinion ou d'une théorie parmi d'autres mais de conclusions indubitables fondées sur un *faisceau de faits*. Bien entendu, la caste des intellectuels me reprochera l'extrême simplicité de mes vues, alors que c'est volontairement - et avec bien des efforts - que j'ai essayé et essaierai d'aller à l'essentiel et d'éviter toute obscurité, tout mystère, toute « poésie du concept ». Je ne suis ni un philosophe désireux de brasser des grandes idées, ni un professeur d'université polissant son académisme, ni un écrivain désirant, par le brio de son style et de ses vues, séduire le plus grand nombre : ma seule volonté est d'approcher le plus possible de la vérité en m'appuyant à cette fin tant sur l'expérience du pouvoir d'État qu'il m'a été donné d'exercer que sur les quarante années de corps à corps personnel tout à la fois avec la nouvelle civilisation et avec la civilisation d'Occident, entre lesquelles un destin malin m'a placé dans une position souvent périlleuse.

Mais, si j'ai beaucoup fréquenté - par l'esprit ! rassurez-vous - les dirigeants de la nouvelle civilisation, les membres du Politburo, du secrétariat du Comité central du KPSS, de son Département international et de son KGB ; si, par nécessité professionnelle et forme d'esprit, j'ai réfléchi sur les révolutions, les insurrections, le terrorisme - à tel point que je me suis senti souvent plus proche des hommes et des organisations que je combattais que de l'entourage du « prince » que je défendais ; si j'ai été amené, et sur le terrain et sur le plan de la théorie - les deux sont liés - à m'interroger sur la manière dont les sociétés parviennent à résister à ces forces qui s'attaquent à leurs fondements mêmes; il faudra écouter d'autres voix que la mienne en ce qui concerne la vie au sein de la nouvelle civilisation où je n'ai jamais vécu, réfléchi, ni travaillé : je ne crois, en effet, qu'à la conceptualisation de la pratique et de l'expérience.

Fort heureusement, nous n'en sommes plus à ces années d'avant-guerre où le voyage pompeux d'un délicat esthète à Moscou était considéré comme la mission Apollo. Et les années cinquante sont loin quand le « rideau de fer » était si étanche et l'ignorance de l'Union soviétique si profonde que la poignée de spécialistes au sein desquels je débutais, s'attaquant à ce que Churchill appelait alors « un secret enveloppé d'un mystère qui dissimule une énigme », en était réduite au dépouillement systématique mais fastidieux de la presse soviétique; à la réflexion prolongée sur les écrits de Lénine, de Staline, voire sur toute la littérature russe; à la relecture du monumental *Staline* de Boris Souvarine; au contact avec des exilés pathétiques qui racontaient comment ils avaient croisé Lénine dans un couloir; à l'interrogatoire par l'« organisation Gehlen » de prisonniers allemands rescapés des camps et encore tout hébétés de ce qui leur était arrivé et à celui – plus rare et effectué, lui, par la CIA, alors fort jeune et fort enthousiaste d'Allen Dulles – de « transfuges » volubiles et haineux dont on ne savait pas très bien s'ils appartenaient ou non au KGB – on disait alors : le MGB.

Le passage du temps, l'achèvement de l'industrialisation et de la collectivisation massives, la clôture de l'ère de l'activisme stalinien font qu'on n'exécute plus les intellectuels dans la nouvelle civilisation mais qu'on les bannit – ce qui entraîne un changement majeur de notre connaissance de l'Union soviétique. Des universitaires soviétiques formés aux modes de pensée de la nouvelle civilisation, la connaissant intimement de l'intérieur, ayant eu accès à ses archives et à ses pratiques, ont pu publier ainsi leurs recherches en Occident. *Le Communisme comme réalité* du logicien Alexandre Zinoviev est la *première* sociologie – soixante ans après 1917 ! – de la société soviétique [9]. *L'Utopie au pouvoir* de Michel Heller et Alexandre Nekrich est la *première* histoire, objective et globale, de l'Union soviétique de Lénine à Brejnev [10].

Et les témoignages d'Eugénie Guinzbourg, de Soljenitsyne et de tant d'autres, hélas, sur le Goulag; de Nadejda Mandelstam sur le martyre d'un superbe poète; de Boukovsky sur le refus de l'oppression par un homme de courage; de Voslensky sur la « Nomenklatura » et les technocrates du pouvoir; du général Grigorenko et du capitaine Souvarov sur l'Armée rouge; d'Artur London sur les procès montés par la police politique; d'Hendryck Smith et d'autres correspondants occidentaux en Russie sur la vie quotidienne en Union soviétique; de Nina et Jean Kéhayan sur les désillusions qu'y ont éprouvées de sincères militants communistes français, et tout le flot de l'admirable littérature russe qui, du *Pavillon des cancéreux* aux *Hauteurs béantes*, de Maximov à Siniavsky et Grossman, se déverse maintenant sur l'Occident – toutes ces merveilles bref d'un esprit russe qui, désormais, ne souffle qu'en dehors des frontières de la « patrie du socialisme », fournissent quand même une autre matière que les jugements – d'ailleurs fort intéressants – portés par André Gide après son retour d'URSS [11].

La société soviétique? Tous les récits concordent. Une élite ténue mène l'existence privilégiée d'une caste de droit divin. Une faible fraction de la population se consacre, assez voluptueusement d'ailleurs, à la tâche proprement ubuesque de l'« édification du socialisme » dans la plus pure tradition des pittoresques aberrations de l'administration politique ou ecclésiastique russe, décrites par Gogol ou Leskov. Une très légère minorité d'intellectuels récuse le système avec passion, naviguant de tracasserie en hôpital psychiatrique. La majorité du peuple russe continue, elle, à afficher ses modes de vie traditionnels, faits de chaleur humaine et de violence, d'enthousiasme et de fatalisme, d'égoïsme et d'abnégation, tous ces traits qui, dépeints dans la littérature russe du XIXe siècle, ont donné à l'Occident bourgeois de si agréables frissons sur « l'âme slave ». Mais si la brutale sauvagerie de la nouvelle civilisation est maintenant connue; si la faillite de son système économique apparaît évidente et totale au vu des expériences soviétiques, cubaines, vietnamiennes, hongroises, tchécoslovaques, polonaises, roumaines, bulgares, allemandes de l'Est – pays qu'il suffit de comparer à l'opulente Allemagne fédérale pour se rendre compte du fossé entre « le capitalisme » et le « socialisme »; si le niveau de vie de l'*homo sovieticus* reste – malgré toutes les promesses et tous les efforts, sincères, je le crois, des dirigeants de la nouvelle civilisation – totalement incomparable avec celui de l'*homo occidentalis*; il serait très dangereux de tirer de ces évidences qui paraissent, elles aussi, éclatantes et indiscutables, des conclusions trop hâtives, trop optimistes, trop fondées sur nos habitudes et nos besoins d'Occidentaux. La vérité est là, et il faut bien un jour que nous ayons le courage de l'affronter : quel que soit le caractère utopique et irréalisable de la société idéale rêvée par Marx, quel que soit le volume de terreur et de répression nécessaires pour l'imposer aux peuples, quel que soit l'effondrement spectaculaire de tous les plans et programmes visant à améliorer le niveau de vie des populations, la nouvelle civilisation exerce un attrait certain, indubitable, sur des peuples ou des classes sociales qui n'ont jamais connu, comme nous autres Occidentaux, ni les bienfaits du droit et des libertés, ni les progrès économiques et sociaux procurés par une société industrielle ou même mercantile.

Le professeur Balachovsky de l'Institut Pasteur raconte [12] que dans le camp de Buchenwald où il avait été déporté par les nazis, il a pu, en raison de ses origines russes, se lier d'amitié avec des déportés soviétiques. Tous les déportés rêvaient de nourriture et Balachovsky évoquait, avec cette nostalgie poignante que donne la faim – avez-vous jamais eu faim ? Moi, si, et je me souviens –, évoquait donc les petits bistrots de Paris. Le Soviétique avec lequel il parlait ne savait même pas ce qu'était un restaurant. Balachovsky le lui expliqua. Le visage du Soviétique s'illumina. Et, dans cet atroce camp nazi, il s'écria plein d'espoir : « Et on mange aussi bien qu'ici ? » Et seule notre opulence occidentale – où, dans la course effrénée au bonheur, à toujours plus de biens, à toujours plus de satisfactions matérielles, rien n'a plus de valeur car tout est dû, tout est obtenu avec une facilité qui apparaît dérisoire aux gens de ma génération pour qui, comme me le disait un de ces maçons beaucerons qui ont jadis construit la cathédrale de Chartres, « les vacances étaient les moissons » –, seule notre richesse éhontée et égoïste ne nous permet pas de nous rendre compte que bien des peuples encore sont, de par le monde, dans la dégradante situation du Soviétique de

Balachovsky qui, avant sa déportation, n'avait dû connaître que famine, terreur et guerre civile.

Expliquer donc l'extraordinaire stabilité de la nouvelle civilisation par la seule efficacité du KGB et du Goulag constitue une monstrueuse erreur d'analyse. Toute ma vie j'ai essayé de lutter contre le KGB – je n'y ai pas suffisamment réussi, je le crains – et j'en connais la puissance et l'inhumanité, mais j'affirme, de la manière la plus solennelle, que ce n'est pas cette redoutable police secrète politique qui tient la nouvelle civilisation au bout du glaive d'acier qui lui sert d'emblème. Le KGB est le chien berger qui tourne autour du troupeau, mais ce sont d'autres forces qui ont lâché le molosse dans sa ronde terrifiante, ce sont d'autres raisons qui rassemblent les moutons et les tiennent aussi peureusement groupés. D'ailleurs nous n'avons découvert le Goulag que lorsqu'il n'existait plus sous une forme massive et extensive. Pendant que des millions d'êtres humains agonisaient, l'Occident n'a pas écouté les exilés d'Octobre – les récits des camps ont peuplé ma plus tendre enfance –, il n'a pas daigné, avant Soljenitsyne, prêter l'oreille à Kravchenko, David Rousset, Alexander Dallin qui ont tous eu le courage de dénoncer à temps le génocide. Si nous avons finalement cru au Goulag – si la nouvelle civilisation nous a laissés y croire –, c'est pour éviter le choc de la réalité : l'efficience incontestable de l'ordre social, peut-être simple, peut-être primaire, mais robuste, de la nouvelle civilisation.

Espérer donc que le peuple russe va renverser le « régime » dans un de ces grands sursauts dont nous avons vu des frémissements en Hongrie et en Pologne, croire que le système va s'effondrer en raison de la stagnation économique qu'il suscite, affirmer qu'il va se « reformer » pour faire face aux difficultés économiques, au mécontentement populaire, à une politique américaine d'embargo, ne sont que des illusions. Depuis près de trois quarts de siècle qu'existe la nouvelle civilisation, tous les calculs misant sur son effondrement – Hitler et son rêve atroce que la machine de guerre prussienne jetterait à terre le « bolchevisme » comme elle était venue à bout de la République française –, toutes les prévisions postulant sa transformation – il m'a été ainsi donné de voir le général de Gaulle, qui avait pourtant, dès le 21 juin 1941, prévu la défaite allemande, recevoir Khrouchtchev en grande pompe en croyant, après les illusions du président Eisenhower sur l'« esprit de Genève », que la « Russie éternelle » triompherait de l'« idéologie » et proférer des absurdités aussi insensées que « l'Europe de l'Atlantique à l'Oural » –, toutes ces créations de l'esprit ne prenant pas en compte la spécificité de la nouvelle civilisation se sont révélées des chimères irresponsables qui, en fin de compte, n'ont fait que la renforcer.

Car pour qui aime la vie communautaire, ses disputes, ses criailleries, ses effusions – les Russes en sont friands –; pour qui apprécie une présence collective sur les lieux de travail dont toute notion de responsabilité et de productivité est exclue; pour qui savoure à leur juste valeur les palabres continuelles sur l'avenir radieux qu'un Parti-Église est en train de construire alors qu'il ne se réalise jamais; pour qui est sensible à l'appartenance à une communauté internationale particulièrement puissante et imposant au reste du monde une peur sans pareil; pour qui a besoin de la sensation – assez rassurante, avouons-le – d'être pris en charge par le groupe; pour celui-là, la nouvelle civilisation n'est pas – une fois passée la période de terreur massive initiale – dénuée d'un certain charme. Et il est vrai que pour un minimum de travail – mais bien sûr une allégeance, assez relâchée et formelle d'ailleurs, au Dogme, au Parti et à l'État – l'*homo sovieticus* se voit, vaille que vaille, assurer une rémunération, un logement, de la nourriture, des vacances, des loisirs, des soins médicaux dont il ne pourrait rêver en Occident pour un travail équivalent *.

La « société humaine » désirée par Karl Marx est certes bien loin, mais « chacun » reçoit quand même « d'après ses besoins » – à condition, bien entendu, que ceux-ci ne soient pas excessifs et copiés sur nos immenses appétits occidentaux. Noyé dans la communauté, l'homme – la « petite vis », comme disait si spirituellement Staline – est assumé – assez mal, mais assumé – quelles que soient ses qualités et ses performances propres, par un État qui est certes plus marâtre que providence mais très État quand même. La nouvelle civilisation a passé ainsi un nouveau « contrat social » entre l'homme et la société, et c'est ce nouveau « contrat social » que ses dirigeants s'efforcent d'honorer – d'une manière d'ailleurs que j'estime très méritoire en raison de l'inefficacité inhérente à leur système économique : souvenez-vous des vieillards moribonds de l'ère brejnévienne, leurs visages n'ont jamais reflété une éclatante joie de vivre – et c'est sur ce nouveau « contrat social » que compte l'*homo sovieticus.*

L'existence d'un ouvrier de Detroit, d'un cadre de multinationale de Houston, d'un marchand de biens de Los Angeles séduirait certes le plombier moscovite qui travaille au noir – on dit curieusement : « *na levo* », « à gauche » – « vite et efficacement », le directeur d'usine de Smolensk qui, avec quatorze ouvriers « payés plus que des généraux » [14] a créé un atelier personnel de fabrication de sacs à mains plutôt que de s'acharner à exécuter un plan inepte et inadapté – bref tous ces criminels du profit et de l'enrichissement que pourchasse, avec un luxe de détails qui égaient les ternes et dogmatiques colonnes des journaux soviétiques, l'OBKhSS, la police spécialisée dans la lutte contre « le détournement de la propriété socialiste ». Mais je crains que ce ne seraient là que des exceptions : l'esprit d'initiative et d'entreprise a été tellement pourchassé, tellement extirpé, que le « rêve américain » trouverait bien moins d'adeptes qu'en Europe ou au Japon. Notre travail frénétique, notre prodigieux endettement, notre insécurité de l'emploi, notre inquiétude pour l'avenir de nos enfants seraient plus que probablement ressentis comme une intolérable oppression par l'ensemble des personnages de *l'Avenir radieux*, par l'administrateur gogolien de la profonde province russe, par le plombier ne travaillant pas « à gauche », par la vendeuse acariâtre du Goum de Moscou, par l'ouvrier de l'usine Dynamo qui ne reçoit pas un « salaire de général » ou même par le kolkhozien assez misérable de l'unité de production agricole « Révolution d'Octobre » qui, avec quatre-vingt-cinq millions de ses semblables, ne parvient pas à produire ce que cultivent les sept millions et demi de fermiers américains.

* Zinoviev démontre ainsi que le rapport exploitation-production est nettement plus favorable en Union soviétique qu'il ne l'est aux États-Unis d'Amérique [13].

Quoi qu'il en coûte à notre orgueil d'Occidentaux, il faut donc nous rendre à l'évidence : inefficace au plan économique selon nos critères, incapable d'assurer l'enrichissement des individus et la fourniture aux masses d'une marée de biens de consommation, frustrante au plan social et culturel – ne parlons pas des libertés et de l'épanouissement de la personne humaine qu'elle ne fait pas entrer en ligne de compte –, la nouvelle civilisation réalise, qu'on le veuille ou non, certains rêves d'égalité sociale, satisfait certains penchants humains pour la vie en communauté, développe vaille que vaille le niveau de vie de populations très arriérées.

Organisons demain un référendum en Union soviétique – ou à Cuba –, entourons-nous pour cette consultation solennelle de toutes les garanties démocratiques dont nous sommes si fiers et nous éprouverons, je le crains, le plus grand étonnement de notre vie : à une écrasante majorité, le peuple soviétique – ou cubain – votera pour le maintien du système. Et ce qui est vrai pour les peuples russe et cubain, ukrainien et biélorusse, pour tous les peuples d'Asie centrale et du Caucase, risque de le devenir, si nous n'y prenons garde, pour les populations affamées, miséreuses, désespérées, du tiers monde dont il faut bien constater que notre merveilleuse civilisation d'Occident ne leur a apporté jusqu'à présent que de bien pauvres bienfaits.

« La question se pose », comme aurait dit le regretté Leonid Brejnev : la civilisation occidentale, démocratique et industrielle, ne peut-elle naître et se développer qu'au sein de peuples très évolués, façonnés par des siècles d'histoire, disposant de richesses naturelles importantes ? N'est-elle pas, au fond, qu'un accident de l'Histoire, strictement limité dans le temps à une faible fraction de la planète ? C'est, en tout cas, cette certitude qui habite les dirigeants de la nouvelle civilisation *.

Du nouvel ordre politique du Parti-État

Soixante millions de morts, soit un million de morts par année d'existence. Une guerre civile de quatre ans soulevant contre le nouveau pouvoir central, en des révoltes sauvages sur toute la périphérie de l'ancien Empire tsariste, les officiers, la paysannerie, les ouvriers. Une famine dévastatrice qui, en 1920-1921, réintroduit en Europe les grandes disettes du Moyen Âge. La déportation massive de classes et de populations entières en des vagues successives dont on ne peut dire laquelle mérite le plus le nom de « Grande Terreur ». Une guerre totale, sauvage, inexpiable, contre la plus puissante machine de guerre de tous les temps créée par le national-socialisme et les conquérants de l'Armée prussienne. Une faillite

* Un exemple entre mille : « La naissance de la démocratie bourgeoise, il y a deux cents – deux cent cinquante ans, dans un groupe relativement restreint de pays d'Europe et d'Amérique du Nord, a constitué un grand pas en avant dans le développement politique de la civilisation. Mais la démocratie bourgeoise représente aujourd'hui le passé – un passé qui meurt – de l'humanité et revèle de plus en plus son incapacité de satisfaire les besoins de la société. »

(Boris Ponomarev, directeur du Département international du Comité central du KPSS, in *la Portée internationale de la nouvelle Constitution de l'URSS*, Nouvelle Revue internationale, février 1978.)

économique absolue malgré des richesses naturelles sans pareilles et des efforts gigantesques. Des saubresauts nationaux et sociaux perpétuels. La dissidence des plus grands intellectuels du pays. Un schisme idéologique éclatant avec l'autre super-puissance qui se réclame du même Dogme. Des craquements dans les marches de l'Empire entraînant des interventions militaires contre les peuples hongrois et tchécoslovaque, contre la classe ouvrière allemande et polonaise. Quel pays, quel régime politique, quelle dictature auraient-ils supporté des chocs d'une pareille violence et d'une telle amplitude?

Or l'Union soviétique, elle, est toujours debout, sa puissance n'a fait que s'accroître, la nouvelle civilisation qu'elle a sécrétée a repris, dans la décade 1970-1980, son expansion dans le monde. Trois générations sont nées et sont arrivées à l'âge d'homme sous l'ordre soviétique. Trois incarnations – stalinienne, khrouchtchevienne, brejnevienne – se sont produites de la conception léniniste de la doctrine marxiste et de l'organisation politique, économique et sociale qui en découle, sans – phénomène stupéfiant – qu'aucune modification de fond n'ait été apportée en plus de soixante ans à cette conception. En Octobre 1917 à Petrograd, ce n'est pas une révolution de type occidental qui a « ébranlé le monde », mais bien une nouvelle civilisation qui s'est mise en marche.

Si je ne suis pas un philosophe nous avons au moins l'avantage, monsieur le Président des États-Unis d'Amérique, de pouvoir converser entre gens de pouvoir. Nous savons donc les extrêmes difficultés qu'il y a, en démocratie, à l'exercer. Nous avons appris d'expérience les effets dévastateurs qu'exercent sur notre système politique les crises économiques, les actes de guerre, les manifestations de terrorisme. Nous connaissons les résistances que rencontre toute tentative de mobiliser la nation – même pour son bien, même pour sa survie – et de lui demander un effort prolongé. Nous n'ignorons pas non plus toute la fragilité des dictatures : dans notre vie d'hommes nous avons vu s'effondrer suffisamment de ces dérisoires et sanglants colosses aux talons d'Achille. C'est donc avec une réelle fascination que j'avoue observer depuis des décades la surprenante solidité de la nouvelle civilisation, son étonnante capacité à surmonter tous les chocs, toutes les épreuves intérieures et extérieures. Le nouveau « contrat social » communautaire s'appuie, en effet, sur un nouvel ordre politique, créé lui aussi par Lénine et dont l'efficience est tellement remarquable qu'il paraît quasiment impossible à un esprit démocratique de l'appréhender.

Essayons de nouveau d'aller à l'essentiel. En Occident, pour défendre les fruits de nos efforts et protéger l'épanouissement de l'individu, nous nous sommes, au cours de notre longue histoire, fondus dans des nations, nous avons créé des États, mais nous avons progressivement obtenu, dans une bataille séculaire et continuelle, que ces communautés naturelles et émotionnelles, que ces superstructures politiques et administratives, se mettent au service, autant que faire se peut, du bien-être et des intérêts de chacun d'entre nous. Sur la terre d'Amérique, c'est la nation américaine – libre assemblage d'immigrants ayant librement choisi, en quittant l'encore oppressive Vieille Europe, l'effort individuel, le profit, la concurrence, la propriété, le droit, la liberté – qui s'est dotée d'un État qu'elle a désiré aussi libéral, démocratique et peu autoritaire que possible – créant ainsi ce que j'appellerai une « Nation-État ». En Europe, ce sont les rois qui, sous la pression des guerres, des révoltes et des nécessités nées du développement économique, ont bâti des États rassemblant, protégeant, animant – et exploitant – leurs peuples. Puis l'épanouissement du sentiment national, l'affrontement des groupes sociaux que nous appelons « classes », le progrès économique et les bouleversements qui en découlent, ont entraîné – sous la pression du groupe nommé « bourgeoisie » et à la suite quelquefois de grandes explosions politiques et sociales qualifiées de « révolutions » – la transformation d'États-nations autoritaires en États-nations démocratiques.

La nouvelle civilisation est née d'un processus totalement différent. En cette Eurasie dont j'ai décrit les particularités, ce sont les praticiens d'un Parti qui se sont emparés d'un État préexistant, différent par sa nature tentaculaire et oppressive de ceux fonctionnant en Europe occidentale et même en Europe centrale, et qui l'ont remodelé selon leurs besoins. Comme ces praticiens agissaient au nom d'un Dogme et que ce Dogme impliquait la « propriété collective des biens de production » et la prééminence de la communauté sur l'individu, ils ont tout à la fois développé et le Parti – seul garant du Dogme – et l'État – seul moyen de réaliser la nouvelle organisation économique, le nouveau système social dérivés du Dogme. Nous pensions, Occidentaux présomptueux, que l'État-nation – ou la Nation-État américaine que nous assimilons abusivement à lui – accouché par notre histoire était la seule forme d'organisation politique et sociale possible et qu'il allait tout naturellement étendre ses bienfaits au monde tout entier. Aveuglés par nos précaires mérites, nous nous sommes, une fois de plus, trompés. En 1917, à Petrograd, la rencontre entre le détonateur de l'utopie marxiste et la masse explosive de la spécificité russe a créé un nouvel ordre politique. C'est le Parti-État qui, depuis près de trois quarts de siècle, triomphe de tous les coups et pièges de l'Histoire. C'est lui qui désire s'étendre à l'ensemble de la planète.

Revenons en arrière. La guerre de 1914, par la prolongation, l'ampleur et le caractère insoutenable d'une boucherie que personne n'avait prévue, ébranle des États-nations pourtant aussi solides que le puissant État-nation autocratique créé par Bismarck ou que l'État-nation républicain édifié par la bourgeoisie française. L'État tsariste, lui, s'effondre purement et simplement et la nation russe quitte massivement le front – le « hachoir à viande », selon l'expression populaire – et rentre chez elle pour mettre fin à la tuerie, percer au passage des barriques de vodka et brûler quelques propriétés d'aristocrates perdus dans la contemplation émouvante de la « Cerisaie ». « Les soldats, constate Lénine, ont voté avec leurs pieds. » *Exit* de la scène de l'Histoire l'État-nation russe. L'absence en Russie, en raison du poids de son terrible passé et du retard pris dans l'industrialisation et même dans le mercantilisme, de véritables classes, de bourgeoisie, de toute « société civile » – et, bien entendu, de la moindre structure démocratique – rend ce vide d'autant plus absolu. Toutes les tentatives des libéraux et des socialistes russes – Kerensky – pour édifier sur cet abîme un État-nation de type occidental – en continuant une guerre refusée par la nation! – sont vouées à l'échec malgré l'approbation du suffrage universel, de même que sont condamnées les tentatives des militaires – putsch Kornilov – d'instaurer un État-nation autoritaire. C'est avec une facilité dérisoire que Lénine et une poignée de ses fidèles s'emparent, au nom de l'utopie marxiste et dans l'indifférence de la nation, des décombres de l'État.

Monsieur le Président, il faut savoir rendre l'hommage qu'ils méritent aux grands génies. Vous êtes le successeur de George Washington qui créa la Nation-État américaine, vous habitez une ville qui porte son nom et vous gouvernez selon les principes que définit ce grand et honnête homme du XVIIIe siècle qui voulait que votre pays soit « le théâtre où l'homme doit atteindre sa véritable stature, où la science, le bonheur et la gloire doivent s'épanouir en paix ». Mais des millions d'Américains ne viennent pas, dans des queues interminables et muettes, se recueillir devant un mausolée où Washington aurait été embaumé pour l'éternité, et son nom ne résonne pas – hélas, hélas, hélas! comme aurait pu dire le général de Gaulle – dans le monde tel un symbole d'espoir. Artiste inspiré de la politique – la politique est un art, une création perpétuelle qui consiste à organiser et à faire accepter par le plus grand nombre un type de vie dans la cité –, Lénine a perçu les profondes aspirations d'un peuple arriéré et enthousiaste, communautaire et malheureux, et lui a procuré, après l'abominable boucherie de 14 et des siècles de servage et d'incurie tsariste, les structures qui, une fois l'ordre ancien effondré, correspondaient, à ce moment de son histoire, à certains de ses besoins, à certains de ses sentiments. Grand praticien du pouvoir, Lénine ne s'est pas laissé paralyser par la scolastique du Dogme dont il s'inspirait – par une succession de ces « pièges de l'Histoire » qui ponctuent lugubrement toutes les tentatives d'appliquer l'utopie marxiste à la réalité des sociétés, la révolution prolétarienne ne pouvait, d'après Marx lui-même, se produire dans une Russie trop agricole et arriérée; la Révolution d'Octobre n'était, d'après le père du marxisme russe, Plekhanov, qu'un « coup d'État à la Blanqui »; lui-même Lénine postulait la disparition souhaitable et inévitable de l'État –, il s'attela, jour après jour avec un acharnement proprement titanesque – et l'absence corollaire de tout scrupule –, à combler le vide créé par l'effondrement de l'État-nation tsariste. « La politique est une volonté », ai-je appris du général de Gaulle, et la volonté de Lénine créa – quasiment *ex nihilo* – les structures politiques et administratives qui lui permirent tant de faire face aux nécessités pratiques du pouvoir – écrasement des rébellions militaires, paysannes et ouvrières, élimination de toute opposition intérieure ou extérieure au Parti, remise en route de l'industrie et des usines, nourriture des villes affamées – que de mettre en œuvre l'essentiel du Dogme marxiste concernant la propriété collective des biens de production et l'instauration d'un nouvel ordre social communautaire.

Poignée d'agitateurs révolutionnaires, le Parti allait croître et se développer – seule force motrice capable tant de pallier l'absence de « société civile » en Russie que de veiller à la réalisation du Dogme – jusqu'à devenir cette tentaculaire bureaucratie politique, idéologique, administrative, économique, sociale, culturelle, que nous connaissons de nos jours, cette caste de technocrates du nouveau pouvoir recensée par la Nomenklatura. Caste qu'il me paraît, d'ailleurs, tout à fait erroné de qualifier, comme le fait Djilas, de « nouvelle classe », car, malgré ses immenses privilèges et son pourrissant népotisme, elle n'a, en raison du Dogme, aucun acquis héréditaire, économique, moral, politique, social ou intellectuel, à transmettre. Les mêmes raisons pratiques – faire face aux besoins de la guerre civile, aux réticences paysannes à nourrir les villes, aux réserves ouvrières devant l'effondrement du niveau de vie – et dogmatiques – propriété collective des moyens de production – obligent Lénine à ressusciter l'État qui peut seul s'emparer de l'appareil de production et imposer les nouvelles conditions découlant du nouveau contrat social communautaire. La même dialectique entre la spécificité russe – si la « société civile » occidentale est inexistante, l'État, lui, est, comme l'aurait été d'ailleurs l'État de toute monarchie régnant sur un pays immense et arriéré, oppressif et tentaculaire – et les impératifs du Dogme – propriété collective des biens de production, ordre social communautaire – rend – par un nouveau « piège de l'Histoire » – le nouvel État plus puissant qu'il ne l'a jamais été.

Le Parti-État est né et Staline, avec la collectivisation des terres et l'industrialisation extensive, Khrouchtchev et Brejnev, en raison de l'impossibilité de faire fonctionner une économie moderne selon ces schémas, ne feront que développer, améliorer et rationaliser ce phénomène. L'imbrication deviendra parfaite et absolue entre l'appareil du Parti et les administrations de l'État tant dans tous les secteurs horizontaux qu'à tous les niveaux verticaux de la vie économique, administrative, sociale, scientifique, culturelle, du pays et de la société. Avec le Parti-État, parfaitement intégré au plus profond de la population, contrôlant la totalité des aspects de la vie collective, mettant en œuvre le Dogme marxiste, Lénine a créé un nouvel ordre politique, entièrement différent de celui de l'État-nation.

Or si, prisonniers de nos propres « modèles » et schémas, nous n'arrivons même pas à concevoir que puisse exister ce couple démoniaque entre un Parti dogmatique et un État tentaculaire et oppressif, comment pourrions-nous comprendre quoi que ce soit à la dynamique qui lui est spécifique – d'autant plus qu'elle ne ressemble en rien à ce que nous connaissons dans nos sociétés d'Occident ?

Dans la Nation-État créée par l'*homo americanus*, ou dans les États-nations d'Europe depuis qu'ils se sont en 1945, alignés sur ce « modèle », les deux pôles « État » et « Nation » exercent, en quelque sorte, des poussées divergentes. Alors que l'État, conformément à la tendance à la croissance qui habite tous les organismes exerçant le pouvoir, éprouve une tendance naturelle à étendre son emprise et à augmenter sa puissance, la composante Nation, elle, cherche, pour défendre les valeurs individualistes et libérales propres à la civilisation occidentale moderne, à limiter et à contrôler ce développement. Ce n'est que dans les États-nations autoritaires que les composantes État et Nation suivent des trajectoires parallèles s'entraînant l'une l'autre, le même phénomène ne se produisant, dans les États-nations démocratiques contemporains, qu'en cas de guerre ou de menace grave – situations, pour nous, de plus en plus lointaines, de moins en moins compréhensibles, remontant, aux États-Unis, à la mobilisation contre le nazisme sous Roosevelt, contre l'expansion stalinienne sous Truman, alors que c'est de tout son poids que la nation américaine freinera le développement de l'État rendu nécessaire par l'engagement – parfaitement mal conçu – au Vietnam, se vengeant d'ailleurs de la puissance qu'il aura acquise au cours des pitoyables mises à mort du Watergate.

Il en va tout autrement en nouvelle civilisation. Pour assurer la gestion collectiviste de l'économie et procurer à tous le minimum de bien-être découlant du nouveau contrat social, pour pallier les effets désastreux de la disparition du moteur de l'effort et du profit individuels, pour briser les résistances de la société et des individus, le Parti a besoin d'assurer la croissance de la puissance de l'État et son infiltration dans tous les secteurs de l'activité humaine et à tous les niveaux de la société. Comme ce développement de l'État ne se fait qu'en fonction des directives du Parti qui définit seul tant les préceptes tirés du Dogme que les objectifs économiques, sociaux, politiques, qui en découlent, toute croissance de la puissance de l'État doit être précédée, complétée et suivie, par une croissance de la puissance du Parti. La croissance naturelle à tout organisme exerçant le pouvoir joue ici sur deux pôles : aucun d'entre eux ne se freine mais, bien au contraire, ils s'entraînent mutuellement dans une spirale véritablement infernale. Le Parti augmente sa puissance pour définir et imposer à la nation – ou aux nations – le Dogme de la nouvelle civilisation. Cette croissance de la puissance du Parti entraîne la croissance de la puissance de l'État qui peut seul permettre la réalisation du projet communautaire et assurer, par des voies coercitives si nécessaire – et c'est nécessaire –, son acceptation par la – et les – nations. La croissance de la puissance de l'État entraîne une nouvelle croissance de la puissance du Parti qui doit tout à la fois diriger et contrôler l'État. La croissance de la puissance du Parti entraîne... Etc. Etc. Etc.

De mémoire d'homme, on n'a jamais vu personne résoudre un problème mal posé. L'escalade proprement infinie des appareils et des pouvoirs du Parti et de l'État, freinée bien entendu par aucun contre-pouvoir, n'a pas les effets dynamiques de l'économie de marché : la « spirale » de croissance ne parvient en rien ni à remplacer la règle du profit comme moteur de la vie économique, ni à exercer – bien au contraire – l'autorégulation de la concurrence. La bureaucratie s'étend, l'économie s'enlise, le progrès social stagne. Sauf dans les grands travaux d'industrialisation et d'armement, la « spirale » infernale ne brasse que du vent. En revanche, cette prolifération quasi cancéreuse a des effets autrement bénéfiques sur la stabilité de l'ordre social et politique : l'infiltration toujours croissante du Parti et de l'État à tous les niveaux de l'activité humaine et dans toutes les strates de la population entraîne non seulement un nouveau type de société où l'homme ne devient qu'un rouage de la communauté – « la petite vis » de Staline –, mais aussi l'étonnante solidité politique dont je m'émerveillais au début de ce chapitre. La disparition de toute cellule de production économique – industrielle, agricole, artisanale –, de toute association de quelque ordre qu'elle soit, de tout organisme d'administration, d'éducation, de logement, de soins, de loisirs, etc., qui ne soient pénétrés, à tous les niveaux, par le couple démoniaque Parti et État, enserre la personne humaine dans des mailles de plus en plus serrées. Seuls, le lopin individuel du paysan – périodiquement combattu mais finalement toujours toléré pour que la population puisse se nourrir –, l'Église – entravée et colonisée –, les plaisirs de la lecture solitaire proposés par un Samizdat pourchassé par le KGB, fournissent à l'individu la possibilité d'échapper, un tant soit peu, à l'oppression de la communauté. Même la famille se trouve prise dans la toile d'araignée : les enfants vont dans des classes où règne une éducation qu'à l'image du Parti-État on peut qualifier de « Parti-École », sont obligatoirement membres d'associations de jeunesse émanant du Parti ; la femme – ou le mari – travaillent dans des ateliers, des magasins, des kolkhozes appartenant à l'État et contrôlés par le Parti ; le couple – si l'on peut parler de couple – habite des logements, dépend pour sa vie quotidienne d'organismes sociaux, culturels, hospitaliers qui sont, tous, la propriété d'une administration qui les gère selon les directives du Parti ; ses distractions et loisirs sont contrôlés eux aussi ou remplacés par des réunions d'information, d'explications du Parti. Etc. Une fois de plus, j'arrête l'énumération car elle serait fastidieuse. Savez-vous comment on dit « dissident » en soviétique – je n'ose pas dire en russe ? *Inakomysliachtchie :* ceux qui pensent *autrement...* « Ceux qui pensent comme tout le monde » reçoivent le travail, les logements, les soins, l'accès aux centres de repos de tout le monde. Ceux qui pensent selon « l'esprit du Parti », ceux qui font preuve de cette qualité assez terrifiante de la nouvelle civilisation qu'on appelle en URSS : « *partiïnost'* », reçoivent un peu plus et, s'ils s'avèrent suffisamment à la fois solides et malléables, sont, en fin de compte, cooptés par le Parti. « Ceux qui pensent autrement » sont, subtilement et progressivement, éliminés des associations dont tout *homo sovieticus* ne peut pas ne pas faire partie – lisez *le Chêne et le Veau* de Soljenitsyne –, écartés de leur travail, chassés de leur logement, privés de soins, de centres de repos – en attendant que le KGB, chargé de repérer les moutons qui s'écartent du troupeau, ne saute à la gorge d'« éléments » tellement « asociaux », tellement anormaux, que l'application à leur cas d'hôpitaux psychiatriques correspond à une logique parfaite et profonde du Parti-État. Oui, en créant le nouvel ordre politique qui, emporté par sa spirale folle de croissance, enfonce de plus en plus profondément ses étouffantes racines à l'intérieur de la société et de l'homme lui-même, Lénine a probablement violé le rêve de Marx d'une « société humaine », mais le moins qu'on puisse dire, c'est qu'il lui a fait un enfant *.

* Je ne suis guère convaincu par l'habituelle assimilation effectuée par les « politologues », du Parti-État soviétique et de l'Allemagne nazie, en raison de leur caractère « totalitaire » et de leur système de « parti unique ». L'« idéologie » nazie n'était pas un Dogme postulant la réorganisation de toute la société. En conséquence, le parti nazi ne restructurait pas entièrement l'État et la société : il se contentait de les orienter et de les contrôler. Le contrôle était dur, odieux, sanglant – pas tellement efficace d'ailleurs en ce qui concerne, disons, la *Wehrmacht* qui, après avoir tenté de saboter les plans de guerre de Hitler par l'*Abwehr* de l'amiral Canaris, faillit quand même tuer le *Führer* –, mais ce n'était qu'un contrôle qui ne postulait ni la destruction de l'État et de l'ordre économique, politique et social anciens ni leur remplacement par un ordre politique, une organisation économique et un « contrat social » communautaire de type nouveau.

Le seul domaine où l'on constate une parenté – significative, hélas – avec le Parti-État est la politique « raciale » du *Reich*. Sur le rôle historique et économique des juifs, sur les dangers qu'ils représenteraient, sur l'existence de « sous-hommes », l'« idéologie » nazie a les apparences d'un Dogme, bien entendu plus primaire que le « marxisme-léninisme » mais immuable, contraignant, fondé sur une prétendue « vérité » découlant d'une prétendue doctrine « scientifique » établissant une prétendue supériorité de la « race aryenne », une prétendue infériorité des « races slaves », un prétendu pouvoir de contamination de la « race juive ». D'une manière très typique, l'application pratique de ce Dogme entraîne la destruction, dans le domaine « racial », de l'ordre ancien et la création d'entités nouvelles : le parti nazi

Vos paupières s'alourdissent, monsieur le Président. Toutes mes théories sur les États-nations et le Parti-État vous paraissent – avouez-le – bien loin des préceptes simples qu'en homme d'action je vous promettais. En quoi d'ailleurs cette spirale Parti-État vous concernerait-elle, vous qui, avec un État ligoté dans son développement, parvenez à maîtriser l'économie de votre pays, à le garder à la tête des puissances industrielles du globe et à assurer à votre nation le plus haut niveau de vie jamais atteint dans l'histoire de l'humanité? Le Parti-État – si Parti-État il y a – ne peut se prévaloir de tels résultats! Certes ses dirigeants se maintiennent au pouvoir d'une manière quasi éternelle, mais ils ne parviennent pas à faire fonctionner leur agriculture, à nourrir et à vêtir convenablement leurs concitoyens! Alors spirale ou pas spirale... que les Russes se gouvernent comme ils le veulent! C'est là, monsieur le Président, que j'interviens de nouveau avec mes incessantes mises en garde : quand vous regardez la carte de l'Union soviétique, vous n'avez pas seulement sous vos yeux une étendue aussi grande que la vôtre, une super-puissance dont le développement militaire est comparable – et, maintenant, supérieur – au vôtre, vous ne voyez pas un autre État-nation, vous n'avez pas à dialoguer avec un autre État, vous n'avez pas à affronter une autre nation. Vous vous trouvez devant l'entité entièrement nouvelle dans l'histoire de l'humanité du Parti-État et ce nouvel ordre politique est plus dangereux que jamais.

Staline, en effet, avait du bon : affrontant le problème gigantesque qui consistait, dans un pays agricole et arriéré, à jeter les bases industrielles qu'il estimait nécessaires à l'édification de la nouvelle civilisation, sollicitant à cette fin des efforts proprement titanesques du Parti et de l'État, le « petit père des peuples » prenait bien soin – emporté par une paranoïa qui reflétait assez bien la démence de toute l'entreprise – de procéder à des « purges » et de l'un et de l'autre, afin d'éviter que, rendus fous par la démesure de la tâche, le Parti et l'État, emportés par leur folle croissance,

organise donc une branche spécialisée de l'État – l'« État SS », d'après Eugen Kogon et que je qualifierai plutôt de « mini-Parti-État SS » et donne naissance à un nouveau type de société : la société concentrationnaire. On assiste bien, dans l'extermination des juifs et des autres « races inférieures », à l'apparition, sans aucun contre-pouvoir, de la « spirale infernale » que j'ai identifiée – avec les résultats que l'on sait.

A part cet exemple – atroce –, l'Allemagne nazie était un État-nation. Certes un État-nation ultra-autoritaire mais quand même un État-nation de type classique. Tout au plus, peut-on dire que ce fut un « État-Parti », comme il y eut des « États-royautés » ou des « États-bourgeoisies » – le rôle dominant étant joué, en l'espèce, non par les représentants d'une institution ou d'une classe sociale, mais par la clique nazie. La devise *Ein Reich, ein Volk, ein Führer* est, d'ailleurs, significative. A la charnière de l'histoire – entre le belliqueux XIXe siècle et l'Occident moderne –, de la géographie – entre la France et l'Eurasie – et même de l'anthropologie – les différences et les parentés entre les peuples slaves et germaniques –, l'Allemagne nazie amplifie, dans un aberrant mouvement de simplification – esprit primaire, Hitler admirait et Bismarck et Lénine – tous les défauts et d'un État-nation autoritaire et, dans une section infâme, parallèle mais prolifique, de son activité, d'un Parti-État fondé sur un Dogme.

Il est donc normal que la Nation-État israélienne – libre assemblage d'individus ayant souffert du « Parti-État SS » et ne voulant pas qu'il se reproduise – éprouve tant de mal à s'intégrer dans le système des États-nations – d'ailleurs très complexe au Proche-Orient –, se sente aussi proche de la Nation-État américaine et rejette aussi viscéralement le Parti-État soviétique et ses émanations internationales.

ne se jettent à sa gorge. En revanche, bénéficiant de l'acquis de la collectivisation et de l'industrialisation, Khrouchtchev et Brejnev – et, demain, Gorbatchev – ont donné au Parti la tranquillité et la sécurité qu'il désirait, à l'État la stabilité dont il avait besoin, les fondant dans le couple harmonieux que nous connaissons aujourd'hui *. Et c'est là, monsieur le Président, que ma « spirale » vous concerne – nous concerne tous.

Car ce parti-là est expansionniste de nature et plus sa puissance croît et plus croît sa tendance à l'expansion, laquelle entraîne à son tour la croissance de la puissance des organes d'État chargés de cette expansion qui, à son tour, entraîne la croissance de la puissance du Parti qui, à son tour... C'est cette spirale-là, monsieur le Président, qui a infligé au Vietnam à votre valeureuse nation la première défaite de son orgueilleuse histoire, qui a empêché votre grande République impériale d'entraîner la minuscule île de Cuba dans la mouvance de l'Occident. C'est cette spirale-là que vous voyez à l'œuvre aujourd'hui au Salvador ou en Angola. C'est elle que vous ressentez douloureusement comme l'hégémonisme soviétique.

Du nouveau Dogme

Nouveau « contrat social », couple Parti-État emporté par une spirale folle de croissance. Pour prendre la mesure de la nouvelle civilisation, il nous faut nous enfoncer encore plus loin dans son étouffante jungle, nous éloigner encore plus des rivages policés et réconfortants de notre vieil Occident.

« Au commencement était le Dogme. Et le Dogme s'est fait Parti. Et le Parti a créé l'État. »

Je ne suis pas, l'ai-je dit, un philosophe. Je ne parviens à m'intéresser aux idées que dans la mesure où elles influent sur le comportement des hommes et le fonctionnement des sociétés, lorsqu'elles permettent de comprendre le déroulement de la prodigieuse comédie humaine. C'est cette approche particulière et simplifiée, propre, je le crains, aux hommes de pouvoir et d'action, qui me donne la force aujourd'hui, après des années d'observation de la nouvelle civilisation, de formuler un jugement qui ne peut que me valoir l'excommunication de notre intelligentsia. Tous les cours sur les « idées politiques » chères aux sciences du même nom – qui n'entretiennent que des rapports lointains et de circonstance tant avec la science qu'avec la pratique de la politique –, toutes les dissertations philosophiques, métaphysiques, analytiques, sur les multiples interprétations possibles de la pensée de Karl Marx, toutes les définitions flatteuses que notre culte occidental des idées nous conduit à donner des « idéologies » rendent moins bien compte, à mon avis de praticien, de la nature de la nouvelle civilisation que la définition brutale et évocatrice que je viens de donner.

* Cette harmonie est reflétée par la composition du Politburo qui mélange responsables de Parti et responsables de l'État – étant bien entendu que les responsables du Parti s'occupent des affaires de l'État et que les responsables de l'État sont des dignitaires du Parti.

Je vais apparaître provocant à l'excès – comment une pensée ne serait-elle pas provocante si elle s'attache à décrire une réalité qui est, pour nous, une provocation? –, mais l'on ne peut hélas – et c'est là son côté effrayant – essayer d'appréhender la vérité intérieure et profonde de la nouvelle civilisation qu'en termes de textes sacrés, de Bible et de Credo.

« Le premier jour, le Parti créa l'Apparat *et la dictature de prolétariat illumina toute la terre.*

« Le deuxième jour, le Parti s'empara de l'usine et le Diable-Capital battit en retraite.

« Le troisième jour, le Parti créa la police extraordinaire et la terreur s'abattit à jamais sur les ennemis du Dogme et du Parti.

« Le quatrième jour, le Parti créa l'Armée rouge et les ennemis du Dogme furent écrasés dans le sang.

« Le cinquième jour, le Parti créa les courroies de transmission et les masses surent comment s'organiser pour respecter le Dogme.

« Le sixième jour, le Parti créa le kolkhoze et le Diable-Koulak fut chassé de la surface de la terre.

« Et, enfin, le septième jour, le Parti, au lieu de se reposer, créa l' " homme nouveau " et lui indiqua comment vivre dans ce paradis. »

Ou, après ce bref – mais très précis, croyez-le bien malgré les apparences – rappel de l'histoire de l'Union soviétique :

« Je crois en un seul Parti, tout puissant, créateur de l'État et de la société, visible de tous.

« Je crois en un seul Seigneur, Vladimir Ilitch Lénine, fils de Marx. Lumière née de la lumière, Vérité issue de la vérité, par lui tout a été fait.

« Pour nous les hommes et pour notre bonheur terrestre, il apparut sur terre, s'incarna dans le Parti, fit la Révolution et fut embaumé sur la Place rouge. »

Ou encore :

« Je crois dans le matérialisme dialectique marxiste-léniniste, science vivifiante, issue de Marx et de Lénine, célébrée avec Marx et Lénine et s'exprimant par les Prophètes. »

Parler de foi est pour nous difficile tant l'Occident moderne, comme le constatait Malraux à propos des cathédrales, n'arrive même plus à concevoir avec quelle violence cette approche simplifiée de l'homme et du monde s'imposait à nos ancêtres du Moyen Age. Comparer, comme on le fait trop souvent, le « communisme » à la religion ne peut – en raison de notre évolution dans ce domaine et de nos propres croyances, espoirs ou préjugés – qu'être stérilisant si nous ne retrouvons pas la spontanéité – et l'aberrante aliénation intellectuelle – de temps pour nous, heureusement, révolus. En revanche, rappelons-nous que la Russie a plus de deux siècles de retard sur l'Occident. Une histoire de la littérature ne peut, surtout si elle est française, être soupçonnée de parti pris politique. « Anachronique, figée (la civilisation russe) », constate l'histoire de la littérature établie par l'orfèvre Jean Paulhan, « entrera, vers la fin du XVIe siècle, dans une phase de sclérose sénile [15] ». Le XVIe siècle! Léonard de Vinci et Michel-Ange! Luther et Calvin! Quant au XVIIe siècle – Pascal et Descartes! – « avec ses souvenirs pieux et ses grands débats religieux, (il) se présente comme l'été de la Saint-Martin de la Russie médiévale ». Quoi d'étonnant alors que se produise en 1917 le phénomène sans la claire compréhension duquel rien ne peut être appréhendé correctement de la nouvelle civilisation : de nouvelles Tables de la Loi, englobant tous les aspects de la vie terrestre, politique, économique, sociale, culturelle, intellectuelle, ont été brandies par Moïse-Lénine. En réaction contre la religion judéo-chrétienne, ces Tables de la Loi nouvelle excluent toute soumission fataliste à la volonté divine – « Notre père qui êtes aux cieux » –, n'attendent ni Messie ni résurrection ni vie éternelle, ne se contentent pas d'énoncer quelques interdits – les Dix Commandements – ou préceptes fondamentaux – « Aimez-vous les uns les autres » –, mais fournissent un corps cohérent et homogène d'enseignements théoriques et pratiques permettant d'aborder et de résoudre, d'une façon s'affirmant scientifique, tous les problèmes terrestres – politiques, économiques, sociaux, culturels – qu'affronte non l'homme mais l'« humanité ». Et des millions d'êtres humains ont choisi – d'une manière plus ou moins sincère, d'une façon plus ou moins libre, avec plus ou moins de foi : là n'est pas le problème – de se lancer, en appliquant ces nouvelles Tables de la Loi sous la conduite de la nouvelle Église politique, de ses théologiens, de ses inquisiteurs et de ses bourreaux, dans la construction – pour nous utopique – d'un paradis sur terre.

Marx est le Verbe. Grâce à Lénine, il est devenu Dogme et le Dogme a engendré le Parti et le Parti a vivifié le Dogme *. Sans le Dogme, le Parti n'est rien. S'il n'était habité par la conviction profonde, inébranlable, qu'il détient la Vérité – la *Pravda,* Vérité, est le nom du quotidien (illisible) du KPSS, le gouvernement et l'État se contentant de fournir des « nouvelles » : *Izvestia*; s'il n'était profondément persuadé qu'il œuvre, selon des lois scientifiques, à la seule organisation politique, économique, sociale, conforme au devenir historique de l'humanité, le Parti ne serait pas le Parti. Ce serait soit une dictature sans lendemain – comparable à l'hitlérisme ou au franquisme – car sans justification permanente et transcendantale, soit un groupement politique de type classique. Même d'inspiration « marxiste », un tel groupe, privé du dogmatisme léniniste, n'éprouverait pas alors – comme ce fut le cas du malheureux Allende – le besoin véritablement vital d'infiltrer ses croyances dans les masses, ne trouverait pas la force et la justification d'utiliser à cette fin toutes les formes de contrainte sociale, idéologique, policière, et, un jour ou l'autre, serait inéluctablement confronté avec la nécessité d'adapter ses vues à l'évolution du monde, des hommes et des idées.

Sans le Parti, le Dogme non plus n'est rien. Que le génie de Marx ait fait faire un gigantesque bond en avant à notre compréhension de l'histoire et à notre connaissance du développement de la société et des lois de l'économie est indubitable mais, pour un esprit occidental, cette compréhension et cette connaissance doivent être réactualisées – démarches de Marcuse et Adorno – au vu tant de l'évolution du monde et de ses vrais besoins que de tout ce que nous avons appris depuis de l'économie et des sociétés. Que Marx ait, dans un immense élan de réflexion et de générosité, senti les aspirations de l'humanité pour plus d'égalité et de justice ne saurait être nié, mais je continue à

* Notons au passage avec quelle significative sauvagerie cette dialectique Dogme-Parti a extirpé aussi bien toutes les racines de l'ancien Dieu judéo-chrétien que toutes les déviations considérées comme hérétiques.

proclamer que ce sont les États-nations modernes, démocratiques et industriels, qui, par un nouveau piège de l'Histoire, intègrent le mieux ces aspirations. En revanche, considéré comme Dogme intangible, le « marxisme », s'il ne s'incarnait pas dans un Parti léniniste, ne serait à la fin du XXe siècle qu'une utopie pour une poignée d'incurables rêveurs, une pseudo-science pour quelques charlatans, une source de troubles jouissances pour des philosophes pervers. La dénomination « marxisme-léninisme » que donne la nouvelle civilisation de son Dogme est donc tout à fait correcte : le Dogme marxiste n'existe que parce qu'il est accepté et ressenti comme tel par le Parti créé par Lénine qui, d'une part, fait procéder de lui toutes ses analyses et toutes ses actions et, d'autre part, veille à ce qu'il infiltre toutes les couches de l'État et de la société.

Hommes libres, désireux de résoudre de la manière la plus rationnelle possible les problèmes qui se posent à notre temps; baignant dans un flot d'informations qui, dans les démocraties modernes marquées par l'amélioration de la connaissance et de la communication, se veulent de plus en plus objectives; adeptes de certaines idées fondamentales qui nous sont communes, en Occident, sur l'homme et sur la société; défenseurs de quelques principes qui, à la lumière de l'Histoire et de l'expérience, nous apparaissent les meilleurs pour le progrès de la personne humaine; modérément prisonniers de doctrines et de croyances propres à notre éducation, à notre milieu, à notre classe, à notre peuple; par quel miracle pourrions-nous, enfants de la civilisation d'Occident, ne serait-ce qu'imaginer la manière dont raisonnent les dirigeants de la nouvelle civilisation? Comment nous serait-il possible de comprendre les certitudes que leur inspire leur Dogme? Leur pseudo-logique? Ce qu'il faut bien appeler leur nouvelle foi?

Premier exemple. « C'est tout de même incroyable, après cinquante ans, s'exclamait l'irascible M. Khrouchtchev, de devoir garder un paradis sous clef[16]! » Ne souriez pas. Le Dogme ne serait pas le Dogme si le volcanique « Monsieur K » n'était pas sincère dans sa croyance au paradis : la construction réalisée en Union soviétique est effectivement conforme aux idées de Marx telles qu'elles ont été rendues opérantes par Lénine. Embarrassante constatation en vérité. Notez au passage cet étonnement peiné, cette interrogation perpétuelle, des dirigeants de la nouvelle civilisation quand des « grains de sable » – « les petites vis » de Staline, les « goulots d'étranglement » de Brejnev – empêchent leur machine de fonctionner avec la perfection huilée postulée par le Dogme : vous voyez-vous, monsieur le Président des États-Unis, éternel Diogène, brandissant votre lanterne à des intervalles aussi réguliers devant votre parti ou votre Congrès à la recherche de solutions aussi simples à trouver? Mais revenons à Khrouchtchev et à son dramatique problème. A ce point de son raisonnement, un esprit occidental – mêlant logique et scepticisme à l'égard des réalisations humaines – aurait tendance à lui conseiller de revoir bien vite son postulat de base : si le paradis est bouclé à clef, c'est qu'il n'est pas le paradis. Un dictateur peu évolué à la Amin Dada renchérirait : si, lui, s'appuie sur la force, l'armée et la police, c'est précisément parce qu'il n'a aucune intention d'offrir le paradis à ses concitoyens. Khrouchtchev ne peut pas, lui, remettre en cause le Dogme du paradis. Mais, en homme d'État, il ne peut pas, non plus, nier les réalités : il sait bien l'hémorragie humaine qu'entraîne, rien que pour l'Allemagne de l'Est, l'absence de frontières véritablement étanches. Alors recherchons avec lui dans le Dogme la raison d'une si fâcheuse contradiction : l'effort d'imagination nécessaire n'est pas intense car le Dogme a réponse à tout. En premier lieu, si les masses désirent quitter leur propre paradis, c'est que, visiblement, leur « conscience politique » reste insuffisante : il faut donc améliorer encore leur « organisation », leur « agitation », leur « propagande ». Le Parti doit accroître ses efforts - déjà gigantesques - dans ce sens. En deuxième lieu, seuls les « ennemis de classe » peuvent vouloir, volontairement et consciemment, quitter le paradis. Il faut donc contrôler encore mieux les frontières, soit pour les empêcher d'aller répandre leurs « calomnies » à l'étranger, soit pour superviser - et, éventuellement, faire payer - leur départ ; de toute façon pour séparer le bon grain de l'*homo sovieticus,* même fourvoyé, de l'ivraie « contre-révolutionnaire ». Il faut également - et c'est évident - accroître les pouvoirs internes de la police politique et secrète afin qu'elle puisse détecter encore mieux ces éléments « asociaux ». En troisième lieu, l'impérialisme étant, comme le proclame le Dogme, la forme suprême du capitalisme, ce sont ses « menées criminelles » qui obligent à protéger le paradis. Il faut donc rendre les frontières encore plus étanches pour empêcher les « impérialistes américains », les « gardes blancs », les « revanchards allemands », les « fauteurs de guerre de l'OTAN », etc., d'infiltrer et leur pernicieuse propagande et leurs « saboteurs » et « espions » à l'intérieur des terres de la nouvelle civilisation.

L'indignation - sincère, je le répète - de Khrouchtchev qui aurait dû, en pure logique, aboutir soit à libérer les masses de l'idée fausse du paradis marxiste sur terre, soit à ouvrir les frontières si le paradis était vraiment le paradis, se traduit, ainsi, en une cascade de mesures - c'est le bon « M. K. » qui fit édifier le mur de Berlin et donna sa nouvelle organisation au KGB - qui continuent à creuser le fossé entre la réalité des faits et la fiction du Dogme. Loin d'être grandes ouvertes, les portes du paradis s'abattent dans un bruit de fer. Et le « paradis » est encore plus privé de ses attributs de liberté : les pouvoirs du Parti s'accroissent, son « travail idéologique » de diffusion du Dogme devient plus intense, l'action du KGB se renforce tant sur les frontières qu'à l'intérieur du pays. Mais, même bouclé à triple tour, même amputé de la liberté - « la liberté, à quoi ça sert? » -, le paradis reste le paradis. Déjà, au temps de Staline, aux pires moments de la Grande Terreur et du Goulag, la chansonnette la plus en vogue dans les rues de Moscou proclamait gaillardement : *Je ne connais pas de pays au monde / Où l'homme respire plus librement.*

Quoi d'étonnant d'ailleurs? Dans ce Moyen Age qui a bâti les cathédrales, les difficultés matérielles et morales ne paraissaient pas, baignées dans la vie communautaire et le rêve chrétien, insurmontables, et pendant des siècles l'humanité a vécu, procréé et joui, livré des guerres et fait la paix, laissé des œuvres d'art impérissables, dans des conditions qui n'ont rien à voir avec l'abondance et l'esprit de liberté que connaît actuellement l'Occident.

Deuxième exemple d'un affrontement du Dogme et de la réalité mais s'effectuant celui-là dans un sens opposé*. En 1965, l'infatigable

* J'emprunte cet exemple - ainsi, on l'a vu, que d'autres citations de ces premiers chapitres - à Michel Heller. D'une part, son *Utopie au pouvoir* est - de

M. Khrouchtchev – dont de nouveau la sincérité ne saurait être mise en doute – demande à l'un de ses collaborateurs, Ivan Khoudenko, de l'aider à découvrir le « goulot d'étranglement » de l'économie. Muni de l'aval du chef du Parti, Khoudenko décide de se livrer à une expérience : dans une entreprise, les travailleurs organiseront eux-mêmes la production et seront rémunérés en fonction de celle-ci. Les résultats stupéfient la Nomenklatura : la productivité est multipliée par sept, les salaires par quatre. Qu'importe! Khoudenko a violé le Dogme. Il n'est pas parti de lui. Il a redécouvert une forme de profit et une source d'inégalité entre ceux qui travaillent et ceux qui ne font rien. Son merveilleux système contient en germe la nécessité de remplacer la planification centralisée et bureaucratique par des mécanismes voisins de l'économie de marché. Khoudenko a beau protester qu'il pourrait multiplier la production nationale par trois cents pour cent, son expérience est stoppée net, il est arrêté, condamné pour « dilapidation des biens de l'État sur une grande échelle ». Un client de plus pour le Goulag.

On pourrait, hélas, multiplier les exemples : toute l'économie soviétique est ainsi fondée sur la prééminence du Dogme sur la réalité. D'après le Dogme, la nouvelle civilisation a créé les conditions de production et de travail idéales. La propriété collective des moyens de production permet, par la planification de l'État sous le contrôle du Parti, « avant-garde du prolétariat », de produire en abondance les biens nécessaires aux besoins de chacun. Libérés de la pieuvre du capitalisme, les travailleurs rayonnent de bonheur. Tout se passe tellement bien, au niveau du Dogme, qu'on peut annoncer périodiquement qu'on va sous peu rattraper et dépasser les États-Unis, ce monstre capitaliste fascinant et abhorré. Et pourtant rien ne se déroule jamais comme écrit dans le Dogme. « L'État ne paie pas, l'ouvrier ne travaille pas », grince l'humour moscovite. Sauf dans l'industrie lourde et d'armement, la production se révèle notoirement insuffisante. Le niveau de vie américain reste un mirage hors de portée. Les récoltes sont désastreuses et, d'après les chiffres les plus récents, la mortalité infantile s'accroît comme dans les pays les moins développés pendant que l'alcoolisme atteint des sommets mettant en péril la santé de la population. Alors – phase stalinienne de terreur – on massacre les récalcitrants, les « contre-révolutionnaires » et les « saboteurs », on déporte les populations, on asservit les paysans et les ouvriers. Ou – phase khrouchtchevo-brejnevienne – on s'attaque aux « goulots d'étranglement » avec une patience dont on ne sait s'il faut louer plus la naïveté que la ténacité, on défriche les terres vierges, on inonde les sols d'engrais, on restructure les administrations du Parti et de l'État pendant que les minuscules lopins individuels continuent à fournir entre 30 et 50 % de la production agricole et que l'État importe à tour de bras technologie occidentale, blé américain,

même que *le Communisme comme réalité* de Zinoviev – une œuvre monumentale : certes, elle peut être approfondie et complétée par d'autres recherches, mais j'aurais presque tendance à refuser de converser avec quiconque n'est pas familier avec elle : on ne discute pas mathématiques avec quelqu'un qui prétend que 2 et 2 font 64. D'autre part, je désire, dans ces chapitres introductifs, ne faire appel qu'à des textes soviétiques qui auraient pu être assez facilement accessibles à tout Occidental – à condition, toutefois, qu'il ait désiré se pencher un tant soit peu sur le problème.

canadien ou argentin – tant que le Dogme n'est pas remis en cause, les dirigeants de la nouvelle civilisation savent faire preuve d'un réalisme méritoire. Mais une constante demeure : plus le Dogme se révèle, pour nous Occidentaux, illusoire et utopique, contredit par les faits et balayé par les réalités, et plus la puissance de sa fiction se renforce à tous les niveaux de la nouvelle civilisation.

Maintenant que des informations, même imparfaites, même incomplètes, nous parviennent sur la vie en Union soviétique, maintenant que nos intellectuels cessent peu à peu d'être prisonniers de l'Utopie, le fossé nous paraît absolu – proprement abyssal – entre le rêve marxiste et la réalité soviétique, entre les affirmations mystiques du Dogme et ses applications terrestres, entre les objectifs solennellement proclamés par le Parti-État – promesses du XXIIe Congrès : « Dans la prochaine décennie, 1961-1970, l'Union soviétique dépassera (...) l'État capitaliste le plus puissant, les États-Unis; le bien-être et le niveau culturel et technique des travailleurs connaîtront une croissance considérable, l'aisance sera assurée à chacun » – et les résultats qu'il obtient – bilan dressé en 1970, par un Brejnev toujours aussi impavide : « On s'est permis de réduire sans raison le bétail et la volaille, la production de viande, de lait, des œufs, à la suite de quoi des difficultés d'approvisionnement sont apparues dans les grands centres industriels [17]. » Mais ce n'est pas pour autant que le Dogme cesse d'être le Dogme, que la nouvelle civilisation va être sapée par la stagnation économique qui la mine si profondément, par les revendications de plus en plus croissantes des hommes et des peuples pour plus de bien-être et de liberté.

Bien au contraire.

« *Je crois en un Parti unique, saint et apostolique.*

« *Je crois en la toute-puissance de la Révolution, à l'avenir radieux et aux lendemains qui chantent.* »

La menace à laquelle nous devons faire face, monsieur le Président, est un retour de l'humanité à l'obscurantisme du Moyen Age *. Et qui dit obscurantisme du Moyen Age dit croisades.

* Je suis parfaitement conscient du fait que l'école historique moderne a réhabilité le Moyen Age, en mettant en valeur sa profonde spiritualité, la qualité humaine de certains de ses modes de vie, le flamboiement de certaines de ses expressions artistiques et intellectuelles. Si la vision simpliste et protectrice du XIXe siècle – découlant d'une foi trop systématique et autosatisfaite dans le progrès dont nous aurons à découvrir des effets autrement dévastateurs – a été ainsi corrigée, il ne faut pas, pour autant, tomber dans un excès contraire et nier l'évolution intellectuelle de l'humanité, même si celle-ci s'est faite d'une manière plus progressive et moins sporadique que le pensaient nos grands-parents. Quand je compare la nouvelle civilisation au Moyen Age, je ne prodigue pas de condamnation, je ne formule pas de jugements de valeur : sans prétendre en rien que l'Histoire est un éternel recommencement, je constate simplement que par un effarant retour en arrière la civilisation née en 1917 dans une Russie en retard de deux siècles sur l'évolution de l'Occident européen et américain retrouve des mécanismes de réflexion et d'action empreints d'une religiosité niant tout ce que nous a appris, en Occident, l'observation objective de l'homme et de la société.

III

DU CARACTÈRE NATUREL ET INÉLUCTABLE DE L'EXPANSION DE LA NOUVELLE CIVILISATION

De la nouvelle religion universelle

Au nom de quelle logique manifesterions-nous de l'étonnement à voir le pape défendre la foi qui est la sienne, propager et servir la religion qu'il incarne? Au même titre que le nouveau contrat social communautaire, au même titre que le nouvel ordre politique du Parti-État, au même titre que le nouveau Dogme, l'expansion est l'une des propriétés de la nouvelle civilisation. Et, comme les propriétés précédentes, elle n'est pas plus justiciable des fantasmes et des souvenirs – jamais conceptualisés tant ils continuent à nous faire peur ou à nous faire honte – que nous ont laissés les conquêtes, les guerres, les invasions, auxquelles se sont livrés, hélas! les États-nations dont nous sommes aujourd'hui les bien – peut-être trop – pacifiques héritiers.

La nouvelle expansion n'est pas, comme cela s'est produit dans la Vieille Europe, la manifestation de la pulsion d'une nation qui banderait toutes ses forces pour augmenter et élargir par la conquête militaire le territoire qui est le sien : le peuple russe, modelé d'une autre façon depuis Octobre 1917, ne déploie en rien la volonté de jouer sur la scène de l'Histoire, dans une de ces rondes sanglantes décrites par Hegel, le rôle discutable jadis tenu par les États-nations anglais, français et allemand. Dans le développement historique concomitant aux grandes pulsions expansionnistes européennes, la nation russe, d'ailleurs, si elle a repoussé les frontières de ses steppes grandes ouvertes aux invasions, si elle a mobilisé toutes ses ressources pour obtenir un accès à des mers libres de glaces, si son État a manifesté sa solidarité avec les peuples slaves provoquant ainsi partiellement la tuerie de 1914, la nation russe, donc, n'a jamais cherché à mettre pied ni en Amérique – mis à part une poussée en Alaska, prolongement de son espace terrestre sibérien, et en Californie, terres qui ont d'ailleurs été, le détail est révélateur, vendues aux Américains – ni encore moins sur le sol de l'Afrique – continents qui intéressent pourtant tellement aujourd'hui le Parti-État central de Moscou.

La nouvelle expansion n'est pas plus le résultat de l'action d'un État qui, tout à la fois, provoquerait et servirait, pour mieux asseoir son emprise et sa pérennité, la pulsion de la nation qu'il incarne. « Les États sont des monstres froids », « un État n'a pas d'amis », aimait à répéter le général de Gaulle. Les Secrétaires généraux du KPSS qui dirigent en fait l'État soviétique ne diraient – et ne penseraient – jamais la même chose, à propos tout au moins des rapports entre le Parti-État soviétique et le Parti-État polonais, vietnamien, cubain, etc., pour lesquels ils ruinent leur économie déjà défaillante.

Et si, chassant de nos esprits le spectre de Napoléon et de sa caracolade à travers l'Europe, si, oubliant l'infâme Hitler, ses Panzers et ses SS, nous nous transportons dans ces couloirs feutrés et asiatiques du Kremlin où a régné Ivan le Terrible, dans ces bureaux anonymes dont les dirigeants de la nouvelle civilisation ne sortent que pour venir évaluer et lorgner nos richesses ou pour assister aux grandioses défilés de leurs Armées et de leurs peuples sur la Place rouge, c'est un spectacle lui aussi entièrement nouveau, entièrement original que nous devrions nous apprêter à découvrir.

Les « maîtres du Kremlin » – expression détestable – ne sont pas des conquérants armés surgis des profondeurs d'une Histoire continuant celle de la Vieille Europe juste capable, avant le prodigieux tournant de 1945, de « patauger dans son propre sang », pas plus d'ailleurs qu'ils ne sont, évidemment, des chefs d'État démocratiques élus au suffrage universel pour une époque limitée, à partir du choix du peuple entre différents hommes et différents programmes avec, pour stricte mission, de prendre en charge le bien de tous les libres citoyens. Choisis, formés, éduqués, par ce nouveau corps socio-politique qu'est le Parti communiste de l'Union soviétique, portés et maintenus au pouvoir par cette nouvelle Église pour des époques quasiment illimitées grâce à l'interaction complexe qu'elle entretient tant avec le peuple lui-même qu'avec les différentes tendances en son propre sein, les dirigeants de la nouvelle civilisation sont l'incarnation, l'expression, les serviteurs, bref, les Grands Prêtres du nouveau Dogme portant sur la nouvelle organisation de la société – organisation qui correspond, d'après eux, au devenir inéluctable, au bien radieux de l'humanité.

Or tout Dogme contient des germes d'expansion. « Dogme, définit le remarquable dictionnaire français *Robert,* point de doctrine établi ou regardé comme une vérité fondamentale, incontestable [18] », et quoi de plus normal – dans des époques de simplification et d'exacerbation dogmatique, – que de vouloir que des vérités aussi « fondamentales », aussi « incontestables » s'imposent à tous ses semblables?

Or ce Dogme-là est d'autant plus expansionniste qu'il porte – comme l'avait fait le catholicisme au Moyen Age dans une perversion du Dogme chrétien initial – sur l'organisation terrestre des sociétés, et que les Grands Prêtres qui le servent disposent – nouveauté historique fondamentale – d'un pouvoir temporel toujours croissant et dont aucun mécanisme intérieur ne vient contrarier et entraver la toute-puissance.

Or ce Dogme temporel et doté de la force présente la particularité abominable de faire de sa propre expansion une « vérité fondamentale », une « vérité incontestable ». Par la lutte des classes – révélation du « marxisme » –, par la lutte des peuples pour leur libération – additif du léninisme –, bref par le « processus révolutionnaire mondial », le « socialisme » *doit* – et donc *va* – s'étendre, en vertu de raisons strictement

« scientifiques », à toute la planète, à toute l'humanité. Le capitalisme – et sa forme suprême, l' « impérialisme », variante Lénine – *doit* – et donc *va* – s'effondrer en raison de ses contradictions internes et des coups que lui porte la lutte des classes et des peuples. Ainsi parle le Dogme et l'on ne m'en voudra pas de le simplifier à l'extrême, de le dépouiller – la psychose de la foi s'entoure toujours d'une fumée théologique et scolastique – de sa « langue de bois » : nous aurons suffisamment d'occasions, hélas, quand il s'agira de mieux cerner le mystère rouge et les menaces qu'il fait peser sur notre civilisation d'Occident, de nous cogner la tête contre ses multiples et abruptes arêtes. Et le Dogme ne serait pas le Dogme, la croyance dans la lutte des classes ne serait pas une croyance, la foi dans l'effondrement du capitalisme ne serait pas une foi si les Grands Prêtres, les papes, les cardinaux, les évêques et le bas clergé de la nouvelle religion ne s'impliquaient pas dans la réalisation de leur utopie sur terre.

Or le Dogme n'a rien de contemplatif et la nouvelle religion n'est pas une secte perdue dans une quelconque extase mystique, une Église spirituelle préoccupée uniquement de l'âme de l'homme, de son salut aux cieux et après sa mort. « Nous sommes », proclamait devant le XXIVe Congrès « en écoutant les interventions de nos amis et frères étrangers », un Brejnev décidément plus en forme que lors de ses lamentations sur les « goulots d'étranglement » paralysant l'économie de la nouvelle civilisation, « partie intégrante du grand mouvement international appelé à *transformer le monde* * [19] ». Et une fois Brejnev porté en terre – à propos, raconte-t-on à Moscou, qui est la ville du monde où courent, seule forme possible d'opposition, probablement le plus d'anecdotes mettant en cause les dirigeants, un fossoyeur rentre en retard à la maison. Sa femme s'indigne : « On enterrait Brejnev, s'excuse le pauvre homme – Ce n'est pas une raison – Si ! On a dû remonter et redescendre plusieurs fois le cercueil. Le public criait : Bis » –, lorsqu'il s'est agi de célébrer le centième anniversaire de la mort de Marx, le nouveau secrétaire général, Andropov, s'est cru obligé, dans un article d'une navrante nullité philosophique, de brandir une fois de plus le Credo du prophète : « Les philosophes ne faisaient qu'expliquer le monde de différentes façons. Le problème consiste maintenant à le *transformer* [21]. » Et centré sur ces grands esprits que sont les Secrétaires généraux, je laisse de côté les incantations masturbatoires des philosophes « marxistes » affirmant que leur enfant chéri est une « grande doctrine d'action », une « philosophie de la praxis », une « conception du monde où les masses du XXe siècle (...) déterminent les tâches à l'ordre du jour et se mettent en situation de les affronter [22] ».

Croire donc que les Grands Prêtres qui prétendent prendre en charge le salut matériel et le bonheur immédiat de l'homme sur terre puissent ne

* Ce qui donne, d'ailleurs, naissance au spectacle proprement absurde – et d'un comique grinçant – de Congrès où, dans le même mouvement intellectuel, à la même tribune, sur le même ton, un chef de Parti-État reprend sa lamentation permanente sur l'absence de viande et de volaille pendant qu'un autre Grand Prêtre affirme avec le même aplomb : « La nécessité évidente de trouver une solution urgente aux problèmes globaux qui se posent à l'humanité soutient la cause du socialisme et du communisme, de la libération sociale et nationale totale de l'humanité [20]. » Le messianisme consiste souvent, plus ça va mal chez soi, à vouloir expliquer aux autres ce qu'ils doivent faire.

pas s'intéresser activement à toute possibilité de « transformer le monde », à tout « processus révolutionnaire », à toute aspiration de « progrès social », à tout mouvement de « libération nationale », à toute possibilité d'affaiblir et de jeter à bas le « camp impérialiste », serait – comme l'ont fait, à des degrés divers et selon des nuances différentes, Roosevelt et de Gaulle, Nixon et Carter – ignorer et nier la nature profonde de la nouvelle civilisation. Le Parti ne serait pas le Parti s'il négligeait les possibilités qui lui sont offertes d'amener au pouvoir les hommes et les mouvements qui voient dans la réalisation du Dogme la solution aux problèmes de l'humanité. L'ordre politique du Parti-État que le Parti a créé ne serait pas un ordre politique s'il n'imposait pas sa profonde conviction qu'il constitue la seule manière de faire fonctionner la société selon les enseignements du nouveau Dogme.

Or ce Dogme qui doit se réaliser sur toute la surface de la terre pour des raisons « scientifiques », ce Dogme qui implique une mobilisation de tous les instants au service de sa réalisation, pose, on l'a vu, problème.

Un célèbre humoriste français avait conçu un sketch qui n'était pas sans rappeler, par son amertume, *le Manteau* de Gogol. Un petit employé visiblement désargenté allait confier ses économies à un tailleur quelque peu escroc. Le tailleur, très approximatif dans son art, coupait un costume qui faisait ressembler son possesseur moins à une gravure de mode qu'à un sac de pommes de terre. L'employé revenait voir son tailleur. Le tailleur, plus habile de la langue que des ciseaux, arrivait à le convaincre que sa création était parfaite. Revenu chez lui, l'employé se regardait dans la glace et repartait protester – fort timidement d'ailleurs – chez l'artiste. Son leitmotiv, tragique et lancinant, était : « Il y a comme un défaut. » Dans le Dogme aussi, « il y a comme un défaut » : le décalage total, vertigineux, entre la réalité, quotidienne, sinistre, oppressive, de l'« édification du socialisme » et le rêve glorieux, radieux, exaltant, de la « société humaine ».

Pendant des siècles, l'humanité a vécu sur le rêve judéo-chrétien que, dans un monde particulièrement dur, un Père rassurant l'aiderait à obtenir son pain quotidien et sur la certitude – combien réconfortante dans des temps sans médecine et de faible espérance de vie, pétris de guerres, de famines et d'épidémies – que les morts ressusciteraient. Dans une escalade effarante, avatar paradoxal du culte aveugle de l'homme et de la raison, la nouvelle religion balaie cet « opium du peuple » et affirme, elle, que le Père – Marx, Lénine, le Parti –, au lieu de rester invisible dans les cieux, est descendu sur terre pour y construire le paradis. L'ennui de cette fiction-là, c'est qu'à la différence de la croyance dans la résurrection des morts – où personne n'est venu protester qu'il n'avait pas ressuscité –, elle porte, elle, sur des réalités tangibles, perceptibles par tous. Malgré le rideau de fer qui ne permet pas de sortir du paradis pour découvrir et constater ce qui se passe ailleurs, malgré le brouillage infernal des radios « capitalistes » et « impérialistes », malgré les strictes restrictions apportées aux contacts avec les étrangers – poignées d'hommes d'affaires, de diplomates et de touristes, hypersurveillés par la police secrète, parqués dans leurs hôtels, leurs ambassades et leurs circuits de l'Intourist –, chaque citoyen de la nouvelle civilisation est à même de se rendre compte – tellement l'utopie est gigantesque, tellement l'oppression est forte, tellement le Parti-État est incapable de faire fonctionner une économie moderne – du décalage proprement vertigineux entre la fiction et la réalité. Pénurie et oppression sont les mamelles – visibles – de ce paradis-là.

Alors, l'Église doit faire quelque chose. Pour que le Dogme reste bien le Dogme brandi et invoqué par les Grands Prêtres, pour que les fidèles affluent dans les paroisses – pardon; dans les « cellules », dans les « appareils », dans les « organes » –, pour que le peuple, la classe ouvrière, les intellectuels, dans un de ses gigantesques sursauts dont on a senti quelques frémissements en Hongrie ou en Pologne, n'envoient pas tout ce beau monde dans les « poubelles de l'histoire » si souvent invoquées par Lénine, le Parti-État doit agir. Tout pouvoir est activiste mais celui-ci, emporté par ses spirales d'entraînement, aspiré par la démence de son Dogme, doit concilier l'inconciliable, réaliser l'impossible : combler le fossé entre la lamentable réalité quotidienne du « socialisme soviétique » et la fiction, combien radieuse, du paradis sur terre. Ce que l'humour soviétique – cette expression de l'inconscient collectif du peuple – appelle « franchir un précipice en deux sauts ».

Alors, retroussons nos manches et, dans un effort gigantesque mais relevant aussi et toujours du rêve, construisons-le, tous ensemble et sous la direction du Dieu-Parti, ce paradis qui, visiblement, n'est pas toujours là! L'électrification de Lénine! La collectivisation et l'industrialisation extensives de Staline! Les glorieux plans quinquennaux et leurs stakhanovistes! Le Donbass, le Dneprostroï, le canal de la mer Blanche! Le défrichement des terres vierges de Khrouchtchev! Mais le peuple souffre, mais le peuple renâcle et l'exploitation capitaliste de l'homme par l'homme – en nouvelle civilisation, dit le proverbe soviétique, « c'est le contraire » – est remplacée par l'exploitation de l'homme par le Parti-État : la plupart des « grands travaux » pharaoniques sont le fait de déportés du Goulag. Mais l'oppression vient ternir le paradis et, en nouvelle civilisation, si l'on ne sait pas très bien comment commencent les « purges », personne n'ignore plus comment elles finissent. Limitées au départ aux récalcitrants, aux « saboteurs » et aux « contre-révolutionnaires », elles dérapent bien vite, dans la spirale infernale de la croissance du Parti et de l'État, sur les fidèles pour écraser en fin de course, les Grands Prêtres eux-mêmes – soixante-quinze pour cent du Comité central éliminé, pendant la « Grande Terreur ». Mais le paradis n'est toujours pas là! Le pays est électrifié, le pays est industrialisé, hérissé de barrages, percé de canaux – pollué à un point inimaginable – mais, malgré ces pyramides, on manque toujours de blé, de viande et de chaussures. L'avenir radieux est toujours poursuivi, il n'est jamais atteint.

Rêvons un peu nous aussi. Et si ce paradis sur terre, toujours promis *pour demain,* on le réalisait tout de suite *ailleurs*? Conforme à tous les postulats du Dogme proclamant le triomphe du « socialisme » et l'effondrement du « capitalisme », offrant un champ d'action infini aux forces et appareils croissants du Parti et de l'État, exempt de tout danger de retombée policière – le Goulag n'est réservé qu'aux nouveaux convertis –, voilà, enfin, l'idée salvatrice! Se lancer dans des programmes titanesques, comme l'avait fait Staline, était peut-être vital, à l'époque, pour instaurer les bases industrielles de la nouvelle civilisation, mais ce choix demandait un effort titanesque au peuple – et donc pouvait devenir dangereux comme l'ont prouvé les manifestations de joie qui ont accueilli, le fait est trop souvent occulté, l'odieuse armée allemande – et s'est révélé, en fin de compte, suicidaire pour les dirigeants eux-mêmes. S'acharner – comme l'avait fait Khrouchtchev – à réaliser le rêve, avec la frénésie mais le peu de bonheur que l'on sait, s'est heurté aux règles les plus élémentaires de l'économie dont les Grands Prêtres de la nouvelle religion connaissent quand même – ce sont aussi des hommes d'État – les cruelles lois. Faire la chasse aux « goulots d'étranglement » est certes indispensable pour honorer le nouveau contrat social, mais une activité aussi peu récompensée de résultats doit, quand même, se révéler quelque peu lassante à la longue.

L'expansion est autrement facile, autrement riche en potentialités. N'est-elle pas le seul secteur de la nouvelle civilisation où les Grands Prêtres peuvent constater – à condition, bien entendu, de ne pas y regarder de trop près comme nous aurons l'impudence de le faire –, le seul domaine où les nouveaux Papes peuvent faire constater à l'« homme nouveau » qu'ils s'acharnent à créer, que le Dogme est juste? Le seul moment où, dans ce monde communiste à la Kafka, la réalité parvient – assez laborieusement, d'ailleurs, comme nous le verrons – à se hisser au nouveau de la fiction? Le Dogme est juste car le capitalisme, malgré ses insultants succès en Amérique, en Europe ou au Japon – ces gens-là nous épient et nous haïssent – affronte des problèmes qu'il ne parvient pas à résoudre ailleurs dans le tiers monde. Pendant que des grèves et des revendications – phénomène inconcevable pour les Grands Prêtres et pour l'*homo sovieticus* et donc fort impressionnant – le secouent, il recule en Amérique, en Afrique, en Asie, au Proche-Orient. Le Dogme n'est pas faux, la fiction du paradis n'est pas qu'un sinistre mirage, puisque le « socialisme » s'instaure aux quatre coins du monde, au Vietnam, à Cuba, au Yémen du Sud, en Éthiopie et, demain, au Nicaragua et au Salvador. Le Dogme garde sa valeur, la révolution n'est pas une lugubre mascarade – quoi de plus véritablement « réactionnaire » que la vie en Union soviétique? – puisqu'elle se propage sur toute la planète. Sorti de son usine-caserne, enfermé dans les quelques misérables mètres carrés de logement-caserne qui constituent la dotation par habitant, vêtu du costume de caserne qui lui a coûté plusieurs journées de travail, attablé devant le bout de saucisson qui lui a demandé des trésors de violence et de débrouillardise, l'*homo sovieticus*, s'il ne se réfugie pas dans les brumes de la vodka – « Boire ou ne pas boire, cogner ou ne pas cogner * » comme dit Zinoviev [23] – l'*homo sovieticus* peut constater – et cela, à la différence de ce qui se passait lors de l'expansion des États-nations, sans qu'aucun effort particulier lui soit demandé, le Parti et l'État, le Département international du KPSS et le KGB, voire l'Armée rouge au cours d'opérations un peu plus sanglantes que les manœuvres habituelles d'une brutalité qui ferait défaillir nos délicats jeunes gens, se chargeant de tout – que si l'avenir radieux est toujours aussi lointain, des kyrielles de peuples aux noms exotiques, de dirigeants dont les noms ont des consonances étranges ont décidé – librement, lui dit-on – de l'attendre à ses côtés. Oui, le paradis communiste existe bien, puisque d'autres peuples l'ont choisi. Oui, le capitalisme est bien le Mal puisque, malgré sa visible opulence, d'autres peuples le récusent. Oui, la révolution existe puisqu'elle se fait ailleurs.

* « Être ou ne pas être » se dit en russe : « *Byt' ili ne byt'* ». Or, boire se dit « *pit'* » et cogner « *bit'* ».

Ce n'est pas seulement parce qu'il est naturel à tout dogme de vouloir étendre ses bienfaits et ses mérites; ce n'est pas seulement parce que cette tendance est démultipliée lorsque le dogme porte sur l'organisation de la vie en société et lorsque ses Grands Prêtres disposent d'un pouvoir temporel toujours croissant sur les terres où ils officient; ce n'est donc pas seulement parce que ce Dogme-là postule sa propre expansion; c'est aussi parce que, jamais et nulle part, elle ne parvient à faire coïncider la fiction et la réalité que la nouvelle civilisation est condamnée – pour ne pas admettre sa propre faillite, pour maintenir la foi tant des Grands Prêtres que de l'« homme nouveau » – à vouloir se propager sur toute la planète. « Je crois donc je suis », pouvait proclamer le mystique. La nouvelle religion, temporelle et œuvrant pour un bonheur immédiat de l'homme sur terre qu'elle est incapable de réaliser, ne peut être aussi contemplative. « Je m'étends donc je suis... »

Deux grands esprits russes ont dépeint la nouvelle civilisation. L'un – Soljenitsyne – annonce que le bon et vertueux peuple russe a été asservi par une bande de brigands. L'autre – Zinoviev – démontre le caractère naturel et spontané des mécanismes soviétiques. Ces frères ennemis de la « dissidence » ne sont d'accord que sur un point et le fait est trop insolite pour ne pas attirer l'attention.

« La tendance de l'Union soviétique à l'hégémonisme découle, constate Zinoviev, de la nature même de la société et de son gouvernement. Ce dernier dispose pour cela d'un appareil docile, d'une armée et d'une expérience. Il peut donc le faire et il serait absurde d'attendre de lui autre chose. La tendance à l'élargissement et à l'hégémonie vise à transformer l'humanité en une sorte de sur-société, c'est-à-dire en un organisme social unique, doté d'un système de direction unique, en un communisme mondial [24]. »

Soljenitsyne est, on le devine, plus lyrique :

« Demandez à une tumeur cancéreuse pourquoi elle grandit. C'est simple, elle ne peut pas faire autrement. De même le communisme. [Je dirais plutôt : la nouvelle religion.] Il ne peut pas ne pas s'emparer de nouveaux pays, entraîné qu'il est par son instinct pernicieux [Je dirais : naturel] et pas du tout par la raison. [Je dirais au contraire : à cause de la raison profonde du Dogme.] C'est l'émergence d'une qualité *nouvelle**, inconnue jusqu'ici dans l'histoire du monde, si bien que toute recherche d'analyse s'avère *vaine* [25]. »

C'est pour tenter quand même cette analyse que Soljenitsyne estime « vaine » qu'il nous faudra, dans un effort qui ne sera pas toujours facile, bander toutes nos forces.

Des masses et des hommes

« Cancer »? « Hégémonie »? « Sur-société »? « Communisme mondial »? Voilà donc les terres arides qu'il nous faut explorer, voilà donc les sombres et fétides marais où il nous faut nous enliser. Mais avant de nous enfoncer – cette fois en compagnie des Grands Prêtres et des Grands

* A moins d'indication précise, tous les mots soulignés le sont par mes soins. C.M.

Prêtres seuls – dans la recherche des buts et objectifs poursuivis par la nouvelle civilisation, dans l'analyse des méthodes et des moyens utilisés et mis en œuvre par sa ténébreuse Papauté, il nous faut approfondir encore plus les raisons pour lesquelles l'expansion est inhérente à l'apparition sur terre d'une nouvelle religion *.

Ad majorem gloriam Partei.

Au nom du Parti, de Lénine et de Marx, ainsi soit-il.

Que de crimes ont été commis sous la bannière de ces orgueilleuses proclamations dont un marxiste-léniniste orthodoxe ne saurait – posez la question aux Grands Prêtres – refuser que la forme liturgique! Comme le marxisme-léninisme est, en nouvelle civilisation, une nouvelle religion, il n'existe pas un texte sacré qui, dans une abominable transposition, ne rende mieux compte de sa terrifiante réalité que des milliers d'ouvrages ne dépeignant, malgré tous leurs efforts, que l'apparence extérieure de son angoissante psychose :

ACTE DE FOI

« *O Lénine, je crois fermement toutes les vérités que vous nous enseignez par votre Parti, parce que c'est vous, la vérité même, qui les lui avez révélées et que vous ne pouvez ni vous tromper ni nous tromper*[26]. »

* Je sais que je prends ainsi le risque de lasser le lecteur qui, dans la société où nous vivons, n'a pas l'habitude, accoutumé à ce qu'on lui épargne le moindre effort, de telles pesanteurs. Mais la nouvelle civilisation n'est pas surgie *ex nihilo* de terres russes au destin original et exotique; mais la nouvelle civilisation n'est pas – comme tout événement historique – le fait d'une poignée d'illuminés marginaux, et seule notre volonté de ne pas voir en face, de ne pas soumettre à l'analyse, les grandes réalités du monde qui nous entoure explique qu'elle soit encore pour nous une *terra incognita* où nous serons obligés de ne progresser – l'esprit humain ne pouvant prétendre à une connaissance complète du premier essai – qu'en cercles concentriques, où nous serons condamnés quelquefois à défricher laborieusement des obstacles que nos illusions et nos habitudes dressent sur notre aride chemin.

Formé à ne faire tenir mes conclusions et synthèses opérationnelles – même si l'expérience m'a appris qu'il pouvait être nécessaire d'accumuler des milliers de pages pour parvenir à ce résultat – qu'en quelques feuillets – rarement plus de deux –, afin de permettre aux hommes de pouvoir de prendre leurs décisions; habitué, par le métier d'éditeur que j'ai dû exercer pour gagner ma vie, aux livres qui « vont vite » et, prenant le lecteur par la main, lui procurent une distraction facile et ininterrompue, je ne peux qu'être conscient du profond désagrément que je suis contraint d'imposer ainsi à ceux qui voudront bien me suivre. Déjà rendue difficile par la complication extrême de tout phénomène religieux, de toute théologie et de toute scolastique, encore plus compliquée par le fait que l'Occident éprouve une réticence extrême tant à s'analyser lui-même qu'à définir les nouveaux problèmes qui se posent à lui, mon approche m'obligera à ponctuer mon exposé, d'une part, de passages qui apparaîtront comme de la théorie pure des sociétés – indispensables pourtant pour apprécier l'originalité de la nouvelle civilisation – et, d'autre part, d'exégèses rebutantes par leur spécialisation des textes sacrés de la Papauté.

Je ne peux donc donner qu'un seul conseil au lecteur : ne pas hésiter à sauter tel sous-chapitre – ou tel chapitre – qui paraîtrait par trop pesant afin de mieux se reporter, avec l'œil neuf, au sous-chapitre – ou chapitre – suivant. Le fleuve coulant, je le crois, dans une seule direction, qui doit nous enfoncer de plus en plus au cœur du système de pensée et d'action des Grands Prêtres de la nouvelle religion, il est toujours possible d'éviter l'un de ses nombreux méandres.

Pas une seule parole, pas un seul discours prononcés lors des grand-messes des Congrès du Parti dans la salle des fêtes de Moscou ne sauraient, en quoi que ce soit, venir contredire cette aberrante affirmation.

ACTE D'ESPÉRANCE

O Parti, j'espère avec une ferme confiance que vous me donnerez, par les mérites de Marx et de Lénine, votre grâce en ce monde, le bonheur éternel sur terre, parce que vous l'avez promis et que vous êtes souverainement fidèle dans vos promesses *.

COMMANDEMENTS DU DIEU-PARTI

1. Un seul Parti tu adoreras et serviras parfaitement.
2. Le prolétariat en vain tu ne jureras, ni l'humanité pareillement.
3. Aux réunions du Parti tu assisteras, en servant l'homme dévotement.
4. Marx et Lénine honoreras, afin de vivre radieusement.
5. Homicide de la Révolution point ne seras, de fait ni volontairement.
6. Luxurieux idéologico-politiquement ne seras, d'esprit ni de consentement.
7. Le bien de tous tu ne prendras, ne retiendras à ton escient.
*8. ...***
9. L'œuvre de chair politique ne commettras qu'en Parti seulement.
10. Biens individuels ne convoiteras pour les avoir injustement.

Je laisse à d'autres, plus compétents que moi, d'approfondir – s'ils ne meurent pas étouffés d'indignation par l'insolence de ma démarche – les commandements de la nouvelle religion, d'établir par quels glissements le rêve d'un bonheur éternel aux cieux est transposé sur terre et dans

* Il est, en revanche, un acte de la religion chrétienne qui ne saurait, jamais, en aucune façon, être transposé, même de la manière la plus arbitraire, à la nouvelle religion : « Mon Dieu, je vous aime de tout mon cœur et par-dessus tout parce que vous êtes infiniment bon et infiniment aimable » et, surtout : « J'aime mon prochain comme moi-même pour l'amour de vous. » Pour ceux qui admettent que Dieu est amour et miséricorde, que la religion est charité, la nouvelle religion peut bien apparaître comme l'œuvre des « fils de Satan » dénoncés dans les épîtres de saint Jean.

** Par un gigantesque piège de l'Esprit, un seul commandement ne peut être transposé à la nouvelle civilisation : « Faux témoignage ne diras ni mentiras autrement. » Sans aller jusqu'à prétendre – je le pense pourtant profondément – que le « marxisme » et le « léninisme » sont, par essence, un « faux témoignage » – Marx et Lénine n'étant pas Dieu et n'ayant de toute façon aucune qualité pour témoigner au nom de qui que ce soit –, toutes les observations prouvent que la nouvelle civilisation est fondée, dans sa pratique quotidienne, sur le faux témoignage et le mensonge. Mensonge sur la démocratie. Mensonge sur la liberté. Mensonge sur le paradis sur terre. Mensonge sur l'avenir radieux. Mensonge sur les lendemains qui chantent, etc. « La désinformation, note Zinoviev, est à ce point perfectionnée que même ses auteurs finissent par ne plus pouvoir distinguer la vérité du mensonge (...) La manière de juger, le système des valeurs, le langage utilisé sont tels que la désinformation et le mensonge finissent par apparaître inévitables, fût-ce dans la recherche de la vérité [27]. »

l'immédiat, par quelle aberration la Divinité s'incarne dans des hommes, leur « science » et leurs œuvres – Marx et Lénine, le Parti et la Révolution –, par quels cheminements le matériel remplace le spirituel, les contraintes politiques et idéologiques chassent les enseignements d'ordre moral. Je me contente de proclamer que tout bon communiste – ce nouveau croyant de la nouvelle religion – obéit, qu'il veuille ou non l'admettre, aux préceptes que je viens d'égrener. J'affirme surtout – en praticien du pouvoir – que les actes et commandements qui sous-tendent ainsi tous les comportements de l'*homo sovieticus* fournissent une nouvelle illustration de la maladie congénitale qui ronge la nouvelle civilisation.

Comme tous les commandements et actes d'ordre religieux, les actes et commandements de la nouvelle religion présentent, en effet, des avantages certains : ils assurent la pérennité du Dogme et garantissent le maintien quasi éternel au pouvoir des Grands Prêtres qui le servent. Mais ils déploient aussi tous les inconvénients du genre : exaltant l'obéissance, les commandements sont générateurs de passivité et ne sauraient en rien – bien au contraire – aider au fonctionnement dynamique ni de l'État ni de l'économie dont il assume seul la charge. La société stagne en nouvelle religion comme stagne la société musulmane, comme stagnait la société catholique au Moyen Âge, comme stagnait la société orthodoxe dans la Russie pré-industrielle – comme stagnerait toute société dont le seul moteur serait une religion voulant régenter les comportements économiques, politiques et sociaux de l'homme. Or – contradiction interne – le Dogme postule que le nouvel ordre politique et économique, le nouveau contrat social sont les plus efficaces qui puissent être. Or le Dogme proclame que, grâce à ses lumineux et scientifiques bienfaits, l'homme cesse d'être l'objet de l'Histoire pour en devenir enfin le glorieux sujet. Or le Dogme tonne que les masses vont, en entrant dans l'Histoire, transformer le monde.

Comme toujours, le Parti, n'écoutant que sa foi et son courage, doit, pour concilier son utopie avec une réalité aussi « têtue », sauter le précipice en deux bonds.

Premier bond au-dessus de l'abîme.

La vie est action. L'action est le moteur de tout être vivant. Pour se nourrir, l'homme a, pendant des siècles, agi sur la nature qu'il a défrichée et cultivée, sur les animaux qu'il a chassés puis domestiqués. A l'âge industriel, les progrès scientifiques et techniques – produit de l'action intellectuelle de l'homme – permettent à l'*homo occidentalis* de créer de plus en plus de produits et de biens en démultipliant l'efficacité de son action. Du coup, les groupes dans lesquels l'homme s'est de tout temps rassemblé afin de se protéger de l'action d'autres hommes et d'améliorer le rendement de sa propre action, deviennent en Occident de plus en plus nombreux, actifs, productifs et sophistiqués. Les entreprises industrielles, financières, commerciales, accroissent la création des richesses. Les regroupements par catégories sociales – que nous avons tort d'appeler « classes » car nous leur donnons ainsi un caractère figé et définitif alors que le progrès entraîne, au contraire, leur évolution et leur diversification – luttent, pouvoir contre pouvoir, pour la répartition la plus juste des biens créés. Les organisations d'action sociale – syndicats –, d'action politique – partis –, les associations de pensée – Églises, franc-maçonnerie, écoles intellectuelles – s'emploient à définir et à imposer les principes et règles selon lesquels doit s'organiser cette lutte et s'administrer la cité. Mais si l'ensemble de la « société économique », de la « société sociale », de la « société politique » ainsi formées se regroupe dans la nation et entretient un État afin de mieux se protéger des autres grands regroupements humains et d'améliorer le rendement des actions individuelles et collectives de la communauté, ce sont, dans la civilisation dite d'Occident, l'individu et son action qui constituent le principe dominant de la société. Ce sont les groupes économiques, sociaux, idéologiques, politiques, formant l'ensemble que j'appellerai « société civile » qui, forces super-actives, démultiplient, au profit de l'individu, le rendement de son action. Dans l'Occident moderne – et de tout temps dans la civilisation créée aux États-Unis par l'*homo americanus* –, la nation et l'État ne sont, au cours d'époques ressenties comme normales, que des forces moyennement actives. Même si ces forces peuvent être activées lorsque l'individu et la société civile en éprouvent le besoin – en cas, essentiellement, de crise intérieure ou extérieure grave – ni la nation ni l'État n'ont plus de nos jours, et n'ont jamais eu en Amérique, la puissance et l'activisme qui étaient les leurs dans l'Europe du XIXe et de la première moitié du XXe siècle.

Or ce sont tous ces mécanismes qui libèrent une prodigieuse énergie créatrice, qui sont générateurs de développements économiques et progrès sociaux faramineux, qui donnent en Occident à l'éternelle action de l'homme sur la nature et sur les choses une efficacité jamais connue jusqu'à présent, que la nouvelle religion considère – au vu de certaines de leurs perversions passées, lorsque certains groupes sociaux désiraient acquérir et maintenir l'hérédité des biens (aristocratie), leur monopole (bourgeoisie), lorsque l'État était une entité trop puissante et oppressive entre les mains exclusives de ces groupes, lorsque la nation était utilisée comme dérivatif à toutes les frustrations –, que la nouvelle religion considère donc comme intrinsèquement nocifs, générateurs d'injustices tout à fait intolérables car jouant exclusivement au profit d'une prétendue « bourgeoisie » et de son entreprise d'« aliénation » d'un prétendu « prolétariat ». Or ce sont donc tous ces mécanismes que la nouvelle civilisation, que la nouvelle religion lorsqu'elle s'est emparée d'un pays, s'emploient à briser. Les Grands Prêtres et les nouveaux croyants croient édifier le paradis; en fait – dynamitant tous les groupes actifs, extirpant toute libre action de l'homme sur la nature et sur les choses –, ils ne produisent que du vide.

Bien entendu, le Dogme ne peut que détenir une réponse toute prête : après le dynamisme – insuffisant – du « féodalisme », après le dynamisme – déjà, lui, fort impressionnant – de la « bourgeoisie », c'est le « prolétariat » – principe éminemment actif pour la nouvelle religion – qui va, avec une énergie et une efficacité décuplées, faire fonctionner l'économie et la société, avant de se dissoudre – grâce au bonheur incommensurable qu'il aura créé – dans les béatitudes de la « société sans classes ».

Manque de chance : ce prolétariat – idole de la nouvelle religion – n'est pas, à la différence de la « bourgeoisie », un principe actif; il n'existe même pas en tant que principe permanent puisque le progrès économique entraîne la dissolution de la masse des aliénés, leur intégration progressive et inéluctable dans la « société civile ». Je suis, contrairement à bien des « communistes » et hommes « de gauche » que je connais, fils de prolétaire, et je peux certifier que seuls des mécanismes d'aliénation collective ultra-puissants auraient pu m'obliger à prendre, comme mon père et en tant que manœuvre non qualifié, le chemin de l'usine. Plutôt que de rêver que ma « classe » s'emparerait un jour du pouvoir – ou d'agir dans ce sens –, j'ai bandé toutes mes forces pour échapper à cette terrible condition sociale et pour y faire échapper mes enfants et petits-enfants. Le fils de bourgeois veut rester bourgeois et perpétuer le plus longtemps possible la bourgeoisie. Dans une société non bloquée, le fils de prolétaire ne veut pas perpétuer le prolétariat, même en exerçant sa « dictature » dans l'espoir de sa disparition – ce qui est quand même assez bizarre; il ne veut pas rester prolétaire, il veut devenir – et c'est là une forme d'action particulièrement enrichissante pour la société – autre chose – ne serait-ce qu'un de ces ouvriers hautement qualifiés et justement rémunérés qui contribuent à donner sa force au tissu social américain. Que ce soit sous l'angle social, idéologique ou culturel – la glorification des vertus du prolétariat, comme chez Zola ou Gorki, est une manifestation de l'ignorance et de la mauvaise conscience bourgeoises –, le prolétariat n'est qu'un phénomène essentiellement transitoire. Plus se modifient, en vertu des progrès scientifiques et techniques, les conditions de travail, plus le prolétariat améliore sa condition sociale, sa conscience politique, ses connaissances objectives, et plus il disparaît – comme le montre l'exemple des États-Unis – en tant que prolétariat.

Seule une oppression intolérable aboutit à son unité et fait de lui une force active – d'une manière d'ailleurs admirable comme en témoigne toute l'histoire du mouvement ouvrier ou sa résistance spontanée en Europe occupée contre l'occupant nazi – mais cette force n'est capable de se livrer qu'à des actions strictement *négatives*. Certes le prolétariat peut provoquer une grève, certes le prolétariat peut, par une grève générale, paralyser l'économie, tenir tête à l'État et bouleverser la nation; certes le prolétariat peut fournir des détachements armés qui seront le fer de lance de « mouvements révolutionnaires ». Mais ces puissantes – et souvent héroïques – actions ne doivent pas masquer la réalité : le « prolétariat » ne peut ni assurer la production ni gouverner le pays *.

Bien entendu, le Dogme – c'est le propre des dogmes – ne saurait s'arrêter

* Lors de la Révolution hongroise de 1919, il y avait, au sein de la « commune de Budapest », un observateur très intéressé. Il s'appelait Varga mais il n'entrera pas dans l'histoire aux côtés de l'héroïque Tibor Szamuely ou du fuyard Bela Kun : une fois réfugié en Russie, il deviendra l'économiste le plus écouté de... Staline. Écoutons cette grande âme : « Si nous cherchons la cause de cet amoindrissement (de la production), nous ne la trouvons pas dans la pénurie de matières premières mais *dans la suppression de la contrainte capitaliste.* Dans la production capitaliste, l'ouvrier travaillait forcément, car s'il ne produisait pas de travail convenable on le jetait à la porte. Maintenant nous avons détruit cette discipline. (...) Trop d'ouvriers (...) ne comprennent pas encore que chacun doit travailler autant qu'il peut et consommer selon ses besoins stricts [28]. » Passons sur les lamentations que cet état de choses attristant soit dû au capitalisme et sur les habituelles vaticinations – qui portent en germe toutes les contraintes et toutes les oppressions – selon lesquelles « la conscience socialiste naîtra dans les générations futures » pour ne retenir que le fait que la « contrainte capitaliste » a été, fort heureusement, dans le moderne Occident, remplacée par le plaisir du gain récompensant un travail bien fait.

devant de telles évidences. Et puisque le prolétariat n'existe pas comme principe permanent, c'est toute la société qui va être prolétarisée en son nom : l'appauvrissement, l'aliénation, l'exploitation n'existent plus, dans une société industrielle moderne, qu'en nouvelle civilisation. Et puisque le dynamisme du « prolétariat » n'est qu'un mythe – exaltant l'esprit des hommes comme tous les mythes –, ce sont les Grands Prêtres qui, se prétendant son « avant-garde », vont exercer la « dictature » en son nom. Mais les faits restent toujours aussi « têtus », le vide toujours aussi abyssal. Et pour pallier la non-activité naturelle d'un prolétariat qui n'existe pas en tant que principe permanent et actif, pour pallier la perte d'énergie découlant de la destruction des groupes actifs et de toute libre action de l'individu, c'est toute l'Église qui doit se lancer dans la frénésie de l'action. L'exaltation de l'action est au cœur – à cœur vaillant rien d'impossible et les Grands Prêtres qui passent leur vie à mobiliser leurs ouailles dans d'incessantes « luttes pour » et « luttes contre » parlent même d'« action active » – du nouveau clergé que la nouvelle civilisation appelle, combien typiquement, l'« *aktiv* » – terme soviétique traduit dans le dictionnaire russe-français par « militants de base, cadres * ».

Deuxième bond au-dessus du précipice.

Comme tous les révolutionnaires, amateurs de grands bouleversements de l'ordre politique, économique et social, Marx, Lénine et, derrière eux, les Grands Prêtres, éprouvent de la fascination pour les « masses » qui, au même titre que le « prolétariat », font partie des idoles outrageusement peinturlurées de la nouvelle religion.

De nouveau hélas! Pas plus que le « prolétariat », les « masses » – cette obsession de Lénine et de la nouvelle civilisation – ne sont un principe positivement actif. Pendant la guerre d'Algérie, lors des événements de mai 1958 qui ont balayé la IVe République, dans les premières années où le nouveau pouvoir du général de Gaulle – on l'oublie trop souvent : l'Histoire n'aime pas retenir ses tâtonnements initiaux et préfère dresser, toujours orgueilleuse et rassurante, des statues impérissables – se trouvait menacé, j'ai eu, responsable de fait du maintien de l'ordre, à affronter des manifestations de rue, des émeutes et des insurrections, qui auraient pu déboucher sur des situations révolutionnaires. Je sais donc – de cette expérience quasi charnelle indispensable à la vraie connaissance – que les masses, quand elles se mettent en mouvement, peuvent, en Occident, renverser n'importe quel régime, balayer n'importe quelle armée ou force de police. Mais je sais aussi que l'élan des masses s'essouffle, que les masses ne sont pas – pas plus que le « prolétariat » – capables de gouverner. Le fleuve peut sortir de son lit, emportant tout sur son torrentiel passage. Il ne peut cultiver les terres qu'il a inondées – même s'il les a, quelquefois, tout en les dévastant, enrichies de son puissant limon.

* Dans le dictionnaire franco-russe, la traduction du terme « action » et de ses différentes utilisations possibles n'occupe pas moins de trente-cinq lignes, alors que quatorze seulement sont réservées à notre chère « politique » et seize à « économie » dont on sait pourtant la place qui lui est, en théorie, dévolue dans le « matérialisme historique ». Les proportions sont différentes dans le dictionnaire français *Robert* : cinquante-sept lignes pour « action », cinquante-sept pour « politique », trente-huit pour « économie ».

Pour pallier la non-activité naturelle des masses, encore amplifiée par le respect aveugle des commandements, pour tenter de combler le fossé entre la désolante réalité et la fiction selon laquelle le marxisme est « une conception du monde où les masses du XXe siècle (...) déterminent les tâches à l'ordre du jour et se mettent en situation de les affronter [29] », c'est donc *sur* les masses que l'*aktiv* doit porter ses titanesques efforts puisque toutes les raisons que l'individu a eues, au cours des siècles, d'agir sur la nature et les choses – intérêt, gain, profit, plaisir, possession – sont considérées comme le Mal et ont été férocement extirpées.

Voici les définitions que, sans rire, donne le dictionnaire franco-soviétique du mot « *masse* [30] » : « 1. (humain) : masses laborieuses, masses travailleuses; 2. (au figuré, *sic*) : quantités, tas; 3. (technique) : pâte. » Et d'aligner, dans les trente-cinq lignes réservées au vocable « *action* », les édifiants exemples suivants : « action syndicale » (traduit en russe : « lutte de la classe ouvrière »), « action illégale », « action clandestine », « action culturelle » (traduit par : « travail d'éclaircissement culturel »), « action de masse » (traduit par : « campagne, manifestation de masse, propagande »), « action d'ensemble » (traduit par : « manifestation de masse »), « action combinée », « actions de rue » (traduit par : « manifestations de rue »), « action directe », « action subversive », « action revendicative ». Quant au mot – clef également – d' « *organisation* », le dictionnaire russe-français ne s'embarrasse pas de plus de nuances en définissant tant les moyens que le champ d'application de l'action de la nouvelle civilisation. Trois sens d'organisation – et trois sens seulement – sont ainsi catalogués : « 1. *Partiïnaïa organizatsia* : organisation du Parti; 2. *Massovaïa organizatsia* : organisation de masse; 3. Organisation des Nations Unies » – ce qui serait savoureux quand on pense à l'usage que fait le KGB de cet organisme si l'on ne considérait pas, comme moi, qu'il ne s'agit là que d'une esquisse en attendant la future – et fatale pour les dirigeants du Parti-État – « organisation du monde ».

Ne voyant toujours pas arriver la radieuse action *des* masses qui, selon le Dogme, doit transformer le monde, c'est bien dans une action frénétique *sur* les masses que doit se lancer l'*aktiv*.

Le résultat est, hélas, bien connu. L'Histoire se venge bien cruellement de ceux qui – avec quelle présomption! – prétendent pouvoir déterminer son devenir. Ce n'est pas une quelconque « contradiction intérieure » qui mine la nouvelle civilisation mais une véritable malédiction congénitale : quel que soit le caractère colossal de l'énergie déployée par l'Église, par le Parti et par l'État pour mobiliser les masses au nom du « prolétariat », l'énergie ainsi libérée s'embourbe dans un dramatique cul-de-sac. En éliminant l'individu et son action comme moteur dominant de la société, en détruisant les groupes qui démultiplient l'efficacité de cette action et en empêchant leur formation, en ne misant que sur l'activité de principes passifs ou inexistants, la nouvelle civilisation est condamnée à un terrifiant face à face avec la non-activité.

A la suite d'une histoire particulièrement mouvementée, l'Occident moderne a finalement adopté, après bien des convulsions et depuis la fin de la grande explosion de 1939-1945, le « modèle » bâti aux États-Unis par l'*homo americanus* – « modèle » qui, outre une remarquable stabilité socio-politique, déploie un dynamisme économico-social sans pareil :

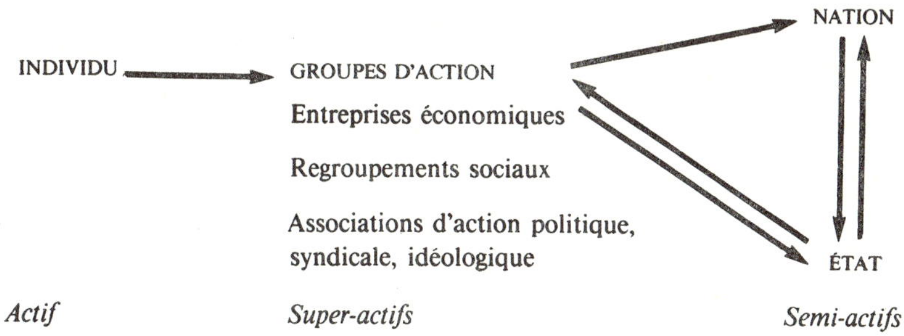

La nouvelle civilisation part, elle, de préceptes radicalement différents. Se fondant sur l'observation faite par Marx – et continuée par Lénine – des perversions de ce « modèle » au XIXe siècle *, marquée par les nécessités pratiques imposées par l'effondrement de l'État-nation russe en 1917, condamnant – et extirpant – tous les principes actifs du « modèle » occidental de l'État-nation – ou de la Nation-État – pour ne miser, selon le nouveau Dogme, que sur les vertus actives – et totalement mythiques – du seul « prolétariat », des seules « masses », elle ne peut que construire un « modèle » entièrement original. Toute l'énergie, tout le dynamisme, toute l'action contenus dans une collectivité humaine y sont concentrés au sein du Parti et de l'État. Pour assurer la « dictature » d'un « prolétariat » inexistant car passif, pour faire fonctionner l'économie selon la règle stérilisante de la « propriété collective des moyens de production », pour garantir néanmoins le nouveau contrat social communautaire, le Parti, « avant-garde du prolétariat », doit être hyper-actif. Il doit créer un État

* Le « modèle » occidental contemporain est, en effet, l'infléchissement de « modèles » européens qui offrent moins de bienfaits et en réaction contre lesquels il a, d'ailleurs, été construit en Amérique par les millions d'émigrants fuyant les oppressions, les blocages et l'hypocrisie de la Vieille Europe dont on ne voit pas de quel droit – avec ses guerres à répétitions, ses révolutions à la chaîne, ses répressions sociales en avalanche – elle continue à se parer de toutes les vertus. Il n'appartient à personne de porter des jugements de valeur sur les hommes et les sociétés, mais si j'insiste sur ce constat d'échec du système européen, c'est que le Parti-État est né – d'une certaine façon comme les États-Unis, mais sous une forme radicalement différente – d'un phénomène de rejet de l'État-nation européen du XIXe siècle qui continuera à sévir jusqu'à la fin de la Seconde Guerre mondiale. C'est une société irrémédiablement bloquée par le pouvoir exorbitant du regroupement social de la bourgeoisie qui a fait se monopoliser Karl Marx sur la prétendue « lutte des classes », donnant à l'affrontement une valeur éternelle et ne lui permettant pas de prévoir à quel point les structures de la société qu'il observait – loin de renouveler des schémas passés – seraient volatilisées par les effets tant des progrès scientifiques que des mécanismes de la démocratie. C'est en observant les sanglants avatars de la version bourgeoise de l'État-nation que Lénine, tout en se fortifiant dans la justesse des vues de Marx, a forgé sa théorie sur la nocivité de l'impérialisme. C'est en subissant dans sa chair, lors de la guerre de 1914, les dramatiques effets de l'aveuglement égoïste des États-nations européens que le malheureux peuple russe s'est laissé séduire par les chimères de la nouvelle religion.

Bien que la connaissance de schémas du passé soit donc utile à la compréhension de la nouvelle civilisation, je ne désire pas prolonger outre mesure les tunnels théoriques de ce livre, ni l'alourdir trop par des notes de bas de page : l'esquisse de l'analyse des modèles anciens des États-nations européens est donc renvoyée aux notes théoriques qui précéderont, en fin d'ouvrage, les notes bibliographiques (voir page 463).

« du peuple tout entier », super-actif à son image. Il doit faire fonctionner des entreprises industrielles et agricoles qu'il désire aussi actives que possible. Il doit mettre en place des « courroies de transmission » avec les masses : « syndicats », sections d'agitation et de propagande, etc. Mais il a beau se livrer aux actions les plus « actives », selon la belle et forte expression de ses Grands Prêtres, il se heurte – et se heurtera toujours – à la non-activité des masses :

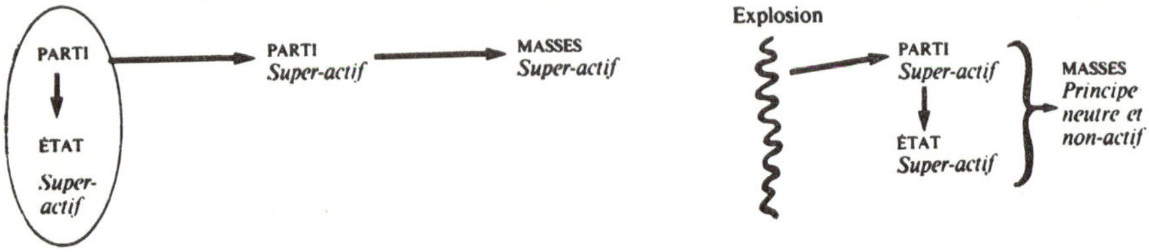

On ne triche pas impunément avec les réalités sociales : la déperdition d'énergie est telle dans ce « modèle » du Parti-État que le développement économique et le progrès social de la société ne peuvent se comparer avec ceux suscités par nos « modèles » d'Occident, fondés, eux, sur la libre action de l'homme. Loin de devenir, comme le promettait Karl Marx, le « sujet de l'Histoire », l'homme, privé de sa liberté d'action sur la nature et sur les choses, se transforme, en nouvelle civilisation, en son éternel objet.

Mais les choses peuvent – tout au moins dans l'esprit des Grands Prêtres, prisonniers des brumes de leur foi, englués dans leur croyance de ce qu'ils pensent avoir été leur « Grande Révolution d'Octobre » – en aller tout autrement. Sinon le « prolétariat » – de moins en moins facile à trouver par les temps qui courent : il n'existe plus dans les sociétés industrielles modernes, il n'existe pas encore dans les sociétés rurales, arriérées et ignorantes qui semblent les seules à être séduites par la nouvelle religion –, du moins les « masses » peuvent sembler vouloir se rebeller contre des injustices qui leur sont imposées, paraître actives tant qu'elles ne sont pas, sous les décombres d'un État, mises au pied du mur du pouvoir.

Toute action désire être suivie d'effet, toute action refuse de s'enliser dans les méandres de l'impuissance. C'est donc tout naturellement que la somme – assez prodigieuse – d'action déployée par les Grands Prêtres et le nouveau clergé va abandonner le schéma débilitant que nous avons rencontré pour une construction plus radieuse, qui s'impose à eux – faussement, d'ailleurs, comme nous aurons le plaisir de le découvrir au fil de notre analyse : mais nous n'en sommes pas encore là – comme une évidence :

Dans certains pays – extérieurs au Parti-État – et dans certaines

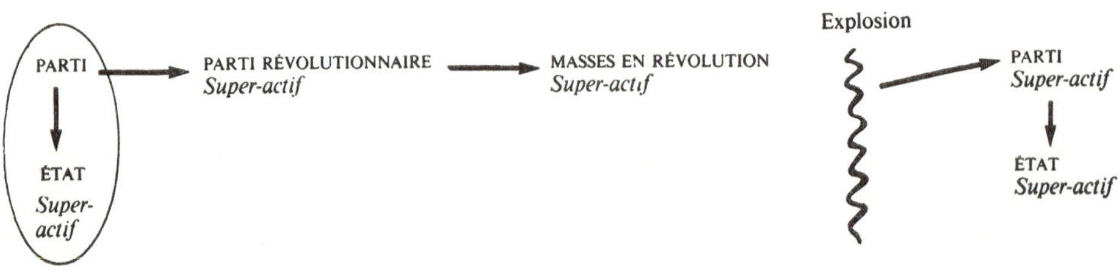

circonstances qualifiées par les Grands Prêtres de « situations révolutionnaires », les masses peuvent, en effet, reconquérir tout le dynamisme, toute l'énergie qui, soi-disant, a été la leur en Octobre 1917 :

Hélas! Même dans des circonstances aussi favorables, la nouvelle civilisation ne peut de nouveau que percuter la non-activité des masses :

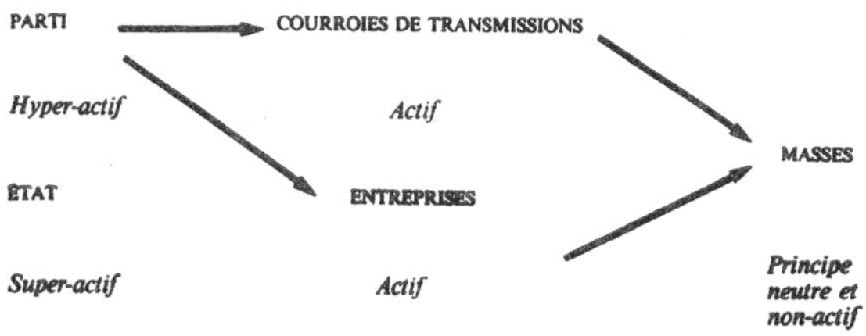

Mais, de nouveau, la nouvelle civilisation retrouve la possibilité d'exercer son activisme. Mais, de nouveau, sa malédiction congénitale fait que cet activisme ne porte ses fruits qu'à l'extérieur des frontières du nouveau Parti-État.

Au lieu, comme le fait l'Occident, de lancer le pays dévasté par la Seconde Guerre mondiale dans un programme de progrès économique et social, Staline refuse l'aide du plan Marshall et s'empare de la totalité de l'Europe de l'Est. Incapables de transformer en action dynamique interne les conditions favorables nées de la disparition du stalinisme, les Grands Prêtres, une fois débarrassés de l'encombrant Khrouchtchev, concentrent tout leur intérêt sur le Vietnam, sur Cuba, sur l'Afrique. Une fois acquise la victoire au Vietnam, le nouveau Parti-État vietnamien instaure le Parti-État au Cambodge et au Laos. Une fois le Parti-État implanté à Cuba, Castro participe à l'instauration du Parti-État en Angola et s'attaque à l'Amérique centrale. Profitant de la stabilité que lui octroie la non-activité des masses à l'intérieur – qu'il ne s'aliène pas autant que le croit l'Occident –, passé maître dans l'art, enseigné par Lénine, d'exploiter les aspirations des masses à l'extérieur, le Parti-État est condamné à faire boule de neige. Et comme il existe un Parti-État central, que le « processus révolutionnaire », que « l'action » sur les masses, ne sauraient se limiter à un seul pays ou à une seule zone géographique, c'est à l'inquiétant schéma reproduit à la page suivante que nous avons toutes les chances d'assister.

Le génie littéraire de Soljenitsyne a trouvé le diagnostic juste : le cancer.

Question à cent mille roubles : Monsieur le Président, peut-on parler de la « politique » d'un cancer?

Des terrifiants dangers de l'action de l'homme sur l'homme

Pendant de longs siècles, l'*homo occidentalis* s'est livré, au rythme des semailles et des moissons, à des activités simples, éternelles, littéralement vitales pour lui – « Nous sommes nés pour agir », proclame orgueilleusement Montaigne –, même s'il n'a pris que progressivement conscience de la signification des actions qu'il menait à bien et du pouvoir que son intelligence, sa volonté, son courage pouvaient exercer sur la nature et les choses. Le verbe « semer » apparaît dans la langue française en 1155,

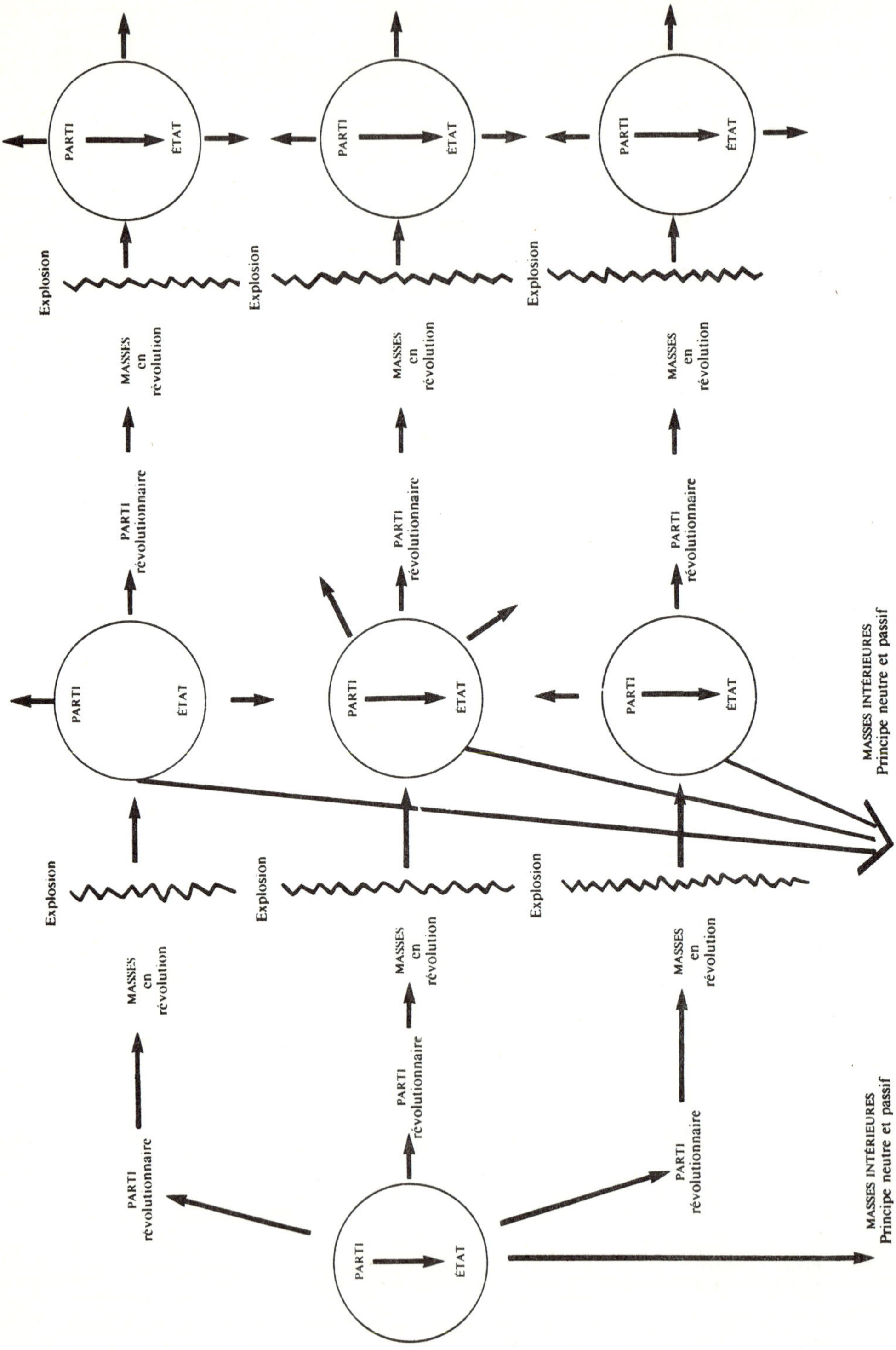
PARTI
ÉTAT
Explosion
MASSES en révolution
PARTI révolutionnaire
MASSES INTÉRIEURES Principe neutre et passif

« cultiver » vers 1200, « moissonner » en 1204, mais « semaille » est utilisé en 1343, « culture » en 1550, « ensemencement » – en tant qu'« action de semer, son résultat » – en 1552 *. Les changements dans la mentalité, les progrès techniques et économiques – et leur interaction réciproque – amènent l'*homo occidentalis* à employer, lors de l'accélération de son histoire, des verbes actifs rendant compte de la transformation du monde par sa volonté, puis des substantifs qui caractérisent, systématisent, amplifient l'action menant à cette transformation. Au XIVᵉ siècle, l'homme se contente encore de constater que la terre est fertile, que Dieu lui a donné la fertilité (1361, du latin *fertilitas*), mais il faut attendre la fin du Moyen Age, la Renaissance, la Réforme pour qu'il traduise, en un verbe, le fait qu'il peut la « fertiliser » (1564), le Siècle des Lumières et la révolution agricole pour qu'il officialise la constatation qu'il peut se livrer à sa « fertilisation » (1768). Dans le domaine des produits, la « forge » apparaît au XIIᵉ siècle, la « boutique » en 1241, l'« atelier » en 1332 – ce qui amène le verbe « produire » en 1349. La « manufacture » existe en 1601, la « fabrique » en 1679 – ces progrès entraînant l'apparition du concept « production » en 1695. L'« usine » surgit en 1732, l'« industrie » en 1735, mais l'action d'« industrialiser » n'apparaît qu'en 1836 et la conceptualisation de la possibilité de transformer ainsi le monde par l'« industrialisation » en 1896. C'est le développement de cette action, peut-être lente et progressive mais constante et dynamique, de l'*homo occidentalis* sur la nature et sur les choses qui amène – malgré ce que pensait Marx – la transformation du monde. Certes, nous vivons dans un siècle de masses, de production de masse, de consommation de masse(s), mais l'action des masses n'a rien à y voir : le progrès dont nous jouissons continue à être jalonné par les suffixes actifs en *tion, ation* et *ition,* ajoutés à des verbes traduisant l'action de l'homme sur les choses : mécaniser (milieu du XIXᵉ siècle), mécanis*ation* (1870); moderniser (1754), modernis*ation* (1878); commercialiser (1872), commercialis*ation* (1922); électrific*ation,* motoris*ation,* rentabilis*ation,* standardis*ation,* etc.

Hélas! L'homme ne serait pas l'homme si sa tendance constante à l'amélioration de son action sur les choses, par sa systématisation et sa conceptualisation, ne cohabitait pas avec une tentation permanente d'action sur les autres hommes. Si « imposition » remplaçant le sens ancien de 1335 « faire payer arbitrairement » apparaît dès 1538 et qu'on peut estimer qu'il s'agit là d'une action utile, dans une certaine mesure, au bien de la collectivité, il en va tout autrement dans d'autres cas qui me confortent dans le peu de crédit que j'accorde à l'*homo europeanus* et à l'utilisation qu'il a faite de son modèle d'État-nation : « occupation » apparaît en 1515 avant « production »; « mobilisation » en 1836 avant « industrialisation ». Le refus qui est le mien de sacraliser en bloc la Révolution française avant un examen plus approfondi est conforté par l'apparition à cette époque de mots en *tion, ition, ation,* qui ne se traduisent pas que par des progrès car ils expriment une volonté d'action non sur les choses mais sur les hommes, *par* et *sur* les masses : conscription (1783), colonisation (1769) bien avant coloniser (1790).

* Faute d'une étude spécialisée de l'homme sur sa propre action, j'utilise les dates d'apparition des mots telles que les indique le dictionnaire *Robert.*

Je ne sais qui disait – à très juste titre : c'en est devenu un adage – qu'il faut se méfier des mots en *isme*. Tout en partageant cette aversion, je me rebelle autant contre les suffixes *tion, ition, ation* quand ils s'appliquent à la vie d'autres hommes *. Si Marx avait raison de s'élever de toutes ses forces contre l'« exploitation » (1834) d'un homme par un autre homme, retombée inacceptable mais transitoire de la libre action de l'homme sur les choses, les avatars de sa légitime indignation confirment, s'il en était besoin, qu'on ne peut lutter contre le mal par le mal. Profiter du pouvoir limité et passager qu'exerce, au vu de certaines circonstances économiques et sociales, un homme sur un autre pour attribuer à l'homme un pouvoir absolu sur la vie de ses semblables est un piège de l'orgueil car c'est le principe même de l'action d'un homme sur un autre – fût-ce au nom de son bien – qui est inacceptable.

Or c'est sur ce toboggan de l'action sur l'homme et sur les masses que se précipite, tête baissée, la nouvelle religion.

Primo. L'intensité de la psychose de pouvoir et d'action, l'inefficacité des résultats obtenus sur les choses en raison de la malédiction congénitale de la nouvelle civilisation entraînent une escalade des concepts. En Occident, le caractère naturel de l'action fait que les mots en *tion, ition, ation* confondent d'habitude l'action et son résultat. La commercialisation, par exemple, est tant l'action de commercialiser que les résultats ainsi obtenus – freinés, dans ce cas particulier et selon le jeu de l'équilibre des pouvoirs qui est à la base de nos libertés, par l'action de commercialisation à laquelle se livre une autre entreprise. En nouvelle civilisation c'est le processus même de l'action qui est pris en compte par les mots. C'est la volonté de rendre actifs des masses passives et un homme privé de sa liberté d'action sur la nature et sur les choses, soumis aux commandements de la nouvelle religion, qui donne naissance à des substantifs aussi barbares qu'« activisation » – « *aktivizatsia* ». C'est une spirale sans fin qui surgit : faute de résultats tangibles, le fait d'agir, le fait de rendre actif ce qui est passif ne peut jamais s'arrêter.

Secundo. Terrain de l'action, moyen de l'action, les saintes masses se trouvent – pour justifier le Dogme selon lequel elles transforment le monde – au cœur d'une tourmente d'action qui caractérise la nouvelle civilisation et que nous, fils d'Occident, avons bien du mal à appréhender.

Au vu de leur douloureuse expérience en Indochine, les officiers français avaient essayé de cerner ce qu'ils pensaient être une « guerre révolutionnaire » par les notions d'« encadrement » et d'« endoctrinement » de la population. Parfaitement logiques – trop –, ces deux notions

* Si l'on excepte le mot « éducation » – qui a des relents antipathiques et très XIXe siècle de contrainte sur les enfants et les individus mais qui peut être remplacé avantageusement par « enseignement » ou, de nos jours, par « diffusion des connaissances et de l'information » – le seul mot en *ation* condamnable dans l'Occident contemporain en raison de son action sur les hommes est « taylorisation ». Encore s'agit-il d'une action sur une fraction du temps de l'homme, au service moins de son « exploitation » par d'autres hommes – sens, lui, totalement intolérable – que de son travail et de son pouvoir sur les choses. La « modernisation » a d'ailleurs remplacé bien vite la « taylorisation » par la « mécanisation », la « robotisation », l'« informatisation », etc. – un glissement, que je ne peux qu'approuver, semblant entraîner l'Occident moderne vers l'encore moindre agression de la « bureautique », de la « télématique »...

ne rendent pas assez compte ni de la complexité de l'action entreprise par la nouvelle religion ni de la façon tout à fait naturelle dont cette action découle tant du Dogme sur la transformation du monde par les masses que de sa totale inadaptation à la réalité. Malaxées par l'« organisation », les masses sont, en effet, soumises à une autre forme spécifique d'action sur les hommes : l'« agitation » – « *agitatsia* ». Traduction du verbe actif russe : *agitirovat' : « faire de la propagande; (courant : chercher à persuader quelqu'un)* ». Traduction d'« *agitator* » : « propagandiste »; d'« *agitatsia* » : « propagande ». Et, dans le dictionnaire franco-russe, après les multiples sens traditionnels – houle de la mer, émoi, exaltation, trouble, mouvement, effervescence des esprits, secouement – qui, dans l'une des langues les plus riches du monde, rendent compte des multiples nuances du substantif français « agitation », explose le mot d'origine étrangère, doté du dangereux suffixe *atsia* – équivalent russe de *ation* – avec les exemples : « faire de l'agitation », « campagne d'agitation » et « travail d'agitation », traduit, lui, par « *agit-massovaïa rabota* » – « *travail d'agitation des masses* ». Or, si nous nous reportons au dictionnaire russe-français – où le concept « travail d'agitation des masses » est suffisamment important pour figurer –, nous trouvons, dans l'un de ces fascinants jeux de miroirs où des sens divers rebondissent entre les dictionnaires russe-français et franco-russe, permettant de saisir par éclairs la complexité de la nouvelle civilisation, la traduction suivante d'*agit-massovaïa rabota :* « propagande dans les masses, *travail d'explication et d'éclaircissement* ».

La foi, ai-je dit. Il ne s'agit aucunement, comme le prétendait la folie nazie, de « violer les foules » mais d'expliquer le Dogme aux masses : éclairées, celles-ci ne peuvent qu'être illuminées par la vraie foi *. « Multiplication par voie de génération » en 1300, « propagation » prend le sens en 1608 de « propager la foi ». « Propagande » en dérive en 1792 – encore ! – et incarnera la façon encore plus active dont les États-nations d'Europe répandront, jusqu'à la démence nazie, les idéologies que suscitent leurs troubles pulsions. L'« agitation » est, elle, une création originale et typique de la nouvelle civilisation; elle diffère de la « propagande », même nazie, par son activisme accru, par son emphase sur le processus plus que sur le résultat, par sa mobilisation en profondeur des masses. Nous nous étonnons de la violence des revendications des masses travaillées au corps par les « agitateurs », nous nous indignons des « subversions » qu'ils provoquent, nous appelons « guerre » leur passage à l'insurrection – alors qu'il ne s'agit, pour la nouvelle religion, que du développement, tout à fait naturel et normal, de son « travail d'agitation », cette nouvelle action de propagation de la nouvelle foi.

Tertio. Mais – et c'est le seul enseignement de Lénine que devrait pour son usage propre retenir l'Occident – les faits sont têtus. Quel que soit le volume d'agitation, d'organisation, d'« activisation » des masses, l'action sur la nature et sur les choses se révèle désastreuse dans une civilisation qui élimine la libre action de l'individu, pourchasse la libre action des groupes qui démultiplient l'efficacité de cette action, s'appuie sur des masses

* La « propagande » nous apprend l'Encyclopédie soviétique est « la diffusion de l'idéologie et de la politique marxiste-léniniste dans le but de l'instruction, de l'éducation – que de mots en *ation* ! –, de l'organisation des masses [31] ».

inactives par nature et encore renforcées dans leur passivité par le respect des actes de foi et des commandements.

Il est de bon ton en Occident d'invoquer la spécificité russe, le fatalisme – voire la fainéantise – de son peuple, les retards immenses pris par son développement politique, économique et social. Ces facteurs me laissent de glace. Je ne crois pas que les différences entre « caractères nationaux » des peuples puissent peser bien lourd devant la force irrésistible du progrès des sociétés industrielles modernes. Certes la Russie a-t-elle eu à subir – douze lignes pour ce mot dans le dictionnaire franco-russe; cinq nuances différentes – l'invasion mongole qui, par rapport à l'Occident, a retardé, ai-je dit, de deux siècles son entrée dans l'Histoire. Certes son peuple a eu à vaincre d'immenses difficultés issues de l'espace et du climat. Certes les effets de ce retard se reflètent dans sa langue : dans une langue d'une richesse infinie qui évoque les proliférations verbales du Moyen Age, c'est pourtant le même mot *khoziastvo,* qui exprime tout à la fois et le ménage d'une famille et l'économie et l'outillage; c'est la même racine, *rab :* « esclave », qui donne naissance à « travailleur » : *rabotnik* et « ouvrier » : *rabotchiï;* ce sont deux mots voisins et profondément archaïques, *promysel* et *promychlennost'* qui signifient respectivement « métier » et « industrie ». L'étonnant n'est pas que ces mots anciens existent – ils ont existé en Occident avec boutique, atelier, manufacture –, c'est qu'ils continuent à écraser de leur pesanteur passéiste les expressions modernes que le progrès a introduites en Occident. Si *industria,* industrie, existe, il n'occupe que deux lignes dans le dictionnaire russe-français pour treize à *promychlennost'* qui, lui – et c'est essentiel si je ne me trompe pas dans des analyses linguistiques qui me fascinent par ce qu'elles révèlent de l'inconscient collectif mais qui devraient être approfondies par des spécialistes plus compétents que moi –, n'a donné naissance à aucun verbe actif, à aucun substantif conceptualisant l'action. Industrialiser se dit à l'occidentale : *industrialisirovat'* (une ligne) dans le dictionnaire franco-russe. Industrialisation se dit *industrialisatzia* (quatre lignes) et donne lieu à de bizarres périphrases explicatives renvoyant à l'ancien mot : « Région à taux élevé d'industrialisation : région dotée d'une *promychlennost'* hautement développée *. » Comme l'homme du Moyen Age, l'*homo sovieticus* constate un phénomène plus qu'il ne se voit agir ou qu'il ne conceptualise son action.

Et là, la Russie n'est pas en cause. Qu'il y ait un retard russe, qu'il existe une spécificité russe, d'accord. Mais que ce retard, que cette spécificité n'aient pas été – ne serait-ce qu'au niveau de la langue – pulvérisés par plus d'un demi-siècle d'« électrification », de « planification », d'« industrialisation », de « collectivisation » (que l'on appelle en russe « collectivisation de l'économie rurale » – choc horrible du mot occidental *kolektivizatsia* qui évoque le Goulag et une action féroce sur les hommes, avec le passéiste *sel'skoïe khoziastvo* qui signifie aussi « ménage » et « villageois ») n'a rien à voir avec les Russes – dont je connais les trésors

* Le non-sens du concept de « prolétariat » est illustré par la non-vie du mot : dix lignes dans le dictionnaire français Robert (pour trente-six à « ouvrier »); trois lignes dans le dictionnaire russe-français. Il est ainsi, dans toutes les religions, des mots qui n'ont aucune vie – telle « l'eschatologie », 1864, trois lignes dans le *Robert,* qui « traite de la fin du monde, de la résurrection, du jugement dernier ».

de travail et de courage, d'imagination et de volonté –, mais découle d'un Dogme qui brise l'action là où elle se manifeste – chez l'individu –, essaie de la susciter là où elle n'existe pas – dans les masses *.

Quarto. Nous en revenons toujours au même et dramatique point.

On aura beau dire et on aura beau faire, l'agitation, l'organisation, l'activisation des masses ne sauraient faire fonctionner une économie moderne. Mais ces agréables talents de société peuvent très bien, en certaines circonstances – toujours, proclame le Dogme –, ébranler une société, détruire un État et désintégrer une nation. L'escalade de l'activisme porte ici tous ses fruits et aucune spécificité russe, aucune pesanteur

* J'ai déjà suffisamment enfoncé ce clou-là et je ne vais pas insister de nouveau sur la différence fondamentale qui existe, de ce point de vue également, entre la société américaine et la Vieille Europe. L'Amérique – et ses gigantesques succès – a été construite par une action obstinée de l'homme sur la nature et sur les choses et grâce à un système politique garantissant et défendant la liberté de cette action. L'Europe, elle, s'est laissé séduire à deux reprises par la possibilité d'agir sur les hommes : lors des événements reliés à la Révolution française d'une part ; par la doctrine « socialiste » d'autre part : dans un élan typique d'orgueil, le mot « socialisme » apparaît en 1831 avant « industrialiser », 1836 ; « socialisation » apparaît également en 1836 avant « socialiser », 1859, et bien avant « industrialisation », 1896.

Face à la structure des choses et à l'organisation de la société, l'homme peut soit vouloir conserver le monde tel qu'il est, soit vouloir le transformer. Tout progrès est, bien entendu, lié à la seconde démarche qui a toujours sous-tendu – quelles que soient les nuances politiques et les divergences techniques – la civilisation de l'*homo americanus*. Mais l'obstination européenne à vouloir distinguer l'ordre et le changement, le conservatisme et le mouvement, l'incroyable prétention de la bourgeoisie à effectuer seule la transformation du monde à son profit exclusif – prétention qui a donné naissance au « marxisme » et dont les effets continuent à fausser le débat politique – font oublier que la distinction essentielle passe, une fois posée la volonté de transformer le monde, entre la transformation par l'action sur les choses et la transformation par l'action sur les hommes. Si l'on ne s'en tient qu'aux résultats obtenus par les deux approches, force est de constater que la seconde est *objectivement* conservatrice car, même si elle se réclame de la « gauche », elle ne parvient pas – faute de moteur approprié – à transformer le monde.

Quant à la tentation socialiste de l'Europe, elle est, quelle que soit la générosité de ses aspirations, essentiellement ambiguë. De deux choses l'une. Ou le socialisme va jusqu'au bout de sa logique de transformation du monde par une action sur les hommes et sur l'organisation de la société – et il ne peut, alors, que basculer dans le camp du « marxisme-léninisme » qui est, qu'on le veuille ou non, un système d'action logique ayant, au cours de son développement, imaginé et mis en œuvre les parades appropriées à la maladie congénitale de tout socialisme : la non-activité des masses et la disparition du moteur essentiel du progrès qui est la libre action de l'homme sur les choses. Ou – social-démocratie – il en est réduit, ne serait-ce que pour tenir ses promesses sociales, à faire appel – comme l'a découvert François Mitterrand en plein cours de son mandat – à l'efficacité de transformation du monde par les groupes actifs et par la libre action de l'individu sur les choses. Mais, dans ce cas, il ne s'agit que d'une redistribution – plus ou moins accentuée, plus ou moins longtemps acceptée par le corps social, peut-être périodiquement nécessaire pour lutter contre les effets du monopole bourgeois sur le progrès économique et politique – de richesses et de biens créés par autrui. Il reste bien sûr une troisième voie : celle du très estimable Salvador Allende. Faute d'une part de création de richesses et, d'autre part, d'organisation, d'agitation et d'activisation des masses dans le cadre d'un Parti-État, on connaît le triste aboutissement de son expérience qui semble donner raison à Lénine dans son refus des compromissions théoriques et de recherches de solutions mi-chèvre mi-chou.

économique, aucune résistance des choses, ne vient, en apparence, freiner le développement frénétique de l'action de l'*aktiv* sur les hommes et sur les masses - à condition, bien entendu, qu'elle se déroule à l'extérieur des frontières de la nouvelle civilisation. En épouillant les trente-cinq lignes de la miraculeuse « action » nous ne trouvons - avec les actions « syndicale » (traduite, je le rappelle, par « lutte de la classe ouvrière »), « illégale », « clandestine », « de rue », « directe », « subversive », « revendicative » - que de bien rares possibles applications de ces saines pratiques aux bienheureuses masses qui éprouvent les lumineux bienfaits de la nouvelle religion. Et si « commercialisation » et « rentabilisation » n'existent pas - et pour cause - dans le dictionnaire franco-russe, on y trouve le terme combien ravissant, combien activiste, combien lourd d'une action sur l'homme, de « révolutionnariser » : *revolutsionizirovat'*. Comme le caviar, gloire gastronomique de l'ancienne Russie, l'action sur les masses est avant tout un produit d'exportation.

Le Credo que j'avais proposé timidement au début de ce rapport était quelque peu poussiéreux et poussif et, pour tout dire, fortement passif. Écoutez comme il sonne haut et clair quand on lui donne son naturel et superbe complément :

Pour nous les hommes et pour notre bonheur terrestre, il (Lénine) est apparu sur terre, s'est incarné dans le Parti et est devenu le Prolétariat.

Il a fait la Révolution pour nous, a triomphé et a été embaumé sur la Place Rouge.

Ressuscité dans ses disciples, il est monté à l'avant-garde du prolétariat et il siège à la droite de Marx.

Et il revient avec gloire faire la Révolution pour les vivants et son paradis n'aura pas de fin.

(...)

Je crois en un seul Parti-État unique, saint, orthodoxe et apostolique.
Je confesse une seule Révolution pour le bonheur des hommes.
J'attends la société sans classes et le paradis sur terre.
Amen.

De l'inutilité de la foi pour la survie et l'expansion de la nouvelle religion

Jules II, le reître flamboyant des Médicis, Alexandre VI, le subtil et débauché Borgia, avaient-ils la foi? Il ne fait pas de doute que Lénine et Staline étaient, à l'instar des premiers apôtres, de vrais croyants. Khrouchtchev aussi, malgré une légère tendance à l'hérésie. Et Brejnev également, avec sa chasse patiente aux goulots d'étranglement et ses efforts tenaces pour l'expansion de la nouvelle foi. Et Andropov avec sa rigidité placide de Grand Inquisiteur. Et Tchernenko avec la brutale simplicité de son « travail idéologique ». Mais leur entourage? Mais les ministres, mais les hauts responsables du Parti, mais les cadres aux prises avec les problèmes concrets qui leur démontrent à l'envi tous les jours que le Dogme ne leur est d'aucune aide et qui rament, *aktiv* perpétuellement suractivé mais de plus en plus paralysé par la réalité têtue des faits, contre le courant de la passivité des masses? La corruption, le népotisme, le scepticisme envahissent – tous les témoignages concordent – les rangs de leur innombrable cohorte. Mais Gorbatchev? Mais la génération des hommes de cinquante ans qui vont, quand même, un jour prendre la relève et dont nous pensons que, nés dix ans après Octobre, enfants pendant les grands plans quinquennaux et les grandes purges, adolescents durant la guerre patriotique, ils ne peuvent être totalement indifférents aux grandes mutations du monde, mais dont nous oublions, d'ailleurs, qu'ils n'ont connu, pendant toute leur vie d'hommes, que la nouvelle civilisation?* Quant au pauvre peuple russe, la réponse est d'une limpidité sans ambages : le travail d'agitation et d'éclaircissement des masses, la pesanteur de la presse, les théorisations de la radio et de la télévision ne constituent pour lui qu'un fond sonore, analogue à la publicité et à la musiquette qui envahissent nos antennes d'Occident ou à ces interminables litanies qui ponctuent les longues liturgies orthodoxes qui ont bercé ma propre enfance. S'alignent-ils, tous ces prêtres du Parti-État dont on ne peut raisonnablement penser qu'ils ont la foi ardente et pure des premiers martyrs, sur ces moines illuminés qui existent dans toutes les religions et dont nous aurons l'occasion, au fil de ces pages, de rencontrer de bien inquiétants spécimens? ne savent-ils pas, eux, que le Dogme ne marche pas, que le Dogme ne marchera jamais?

La question n'a pas, je le pense, l'importance qu'elle semble revêtir. J'espère démontrer – fût-ce au prix d'une lourdeur excessive – que le « marxisme-léninisme » tel qu'il est pratiqué en nouvelle civilisation est un système de pensée totalement original et cohérent, doté d'une logique interne, susceptible de digérer n'importe quel événement embrassant n'importe quelle sphère de l'activité politique, économique, sociale, culturelle de l'homme – que cet événement fût petit ou grand, accessoire ou essentiel, contraire ou conforme au Dogme. Que notre logique occidentale en attrape le tournis importe peu : seul compte le résultat. L'Amérique subit-elle une défaite au Vietnam, multiplie-t-elle les conférences au sommet et les gestes d'apaisement? C'est la preuve que le sens de l'Histoire joue contre elle, la confirmation que « l'impérialisme » doit fatalement s'effondrer et le « socialisme » triompher. Les États-Unis, durcissent-ils leurs positions et parviennent-ils à « contenir », comme l'ont fait les présidents Truman et Reagan, la poussée de la nouvelle expansion? C'est la preuve que l'impérialisme est près de son effondrement puisqu'il mobilise ainsi ses forces pour essayer, dans un sursaut temporaire et bien entendu vain, de s'opposer à un sens de l'Histoire dont il perçoit soudain – comme en témoigne son action – à quel point il lui est irrémédiablement défavorable.

Telle la poupée russe *vanka-vstanka* – du sens caché des jouets... – où du plomb est coulé dans une base de celluloïd, la pensée « marxiste-léniniste » oscille ainsi dans un mouvement perpétuel à chaque chiquenaude de l'Histoire. Que des intellectuels isolés découvrent – tel Zinoviev – les failles logiques et les falsifications historiques contenues dans l'ensei-

1. Je ne change pas cette phrase écrite en pleine sénilité andropovienne : le rajeunissement des cadres effectué par le fringant Gorbatchev ne modifie en rien le problème de fond posé par la nouvelle religion et ne mérite donc pas qu'on s'appesantisse sur lui.

gnement prodigué si abondamment dans les séminaires – pardon : dans les écoles de cadres du Parti –, que les mauvais esprits prétendent que l'usage boulimique du terme « marxisme-léninisme » entraîne un taux faramineux de réparation des machines à écrire, ne peut pas peser bien lourd devant la cohérence envahissante du système de pensée, devant les immenses avantages matériels et psychologiques – il doit être bien reposant de voir ainsi le monde à travers des œillères aussi rigides et adaptables – que procure une soumission aveugle à son obsédant balancement. Il est des époques où une religion peut, par la pesanteur de sa vision du monde, se passer de foi. Je ne crois pas que l'Église catholique et la papauté de la fin du Moyen Age étaient habitées par la foi des premiers martyrs : Rome n'a pas, pour autant, pendant des siècles, connu de crise de recrutement ou perdu – malgré la Réforme ! – l'emprise qu'elle exerçait sur les esprits.

Mais le « marxisme-léninisme » n'est pas seulement un système de pensée conformiste et rassurant, c'est également une pratique d'action qui débouche sur un système de gouvernement d'une rare solidité et si, à nos yeux d'Occidentaux, le Dogme ne marche pas et ne marchera jamais, la pratique d'action et le système de gouvernement se révèlent, eux, d'une indubitable efficacité. Bien sûr que l'économie de la nouvelle civilisation est un monstre adipeux. Bien sûr que le nouveau contrat social est misérable. Bien sûr que le nouveau clergé s'émerveille quand il découvre l'Occident et qu'il se bat pour obtenir des postes à l'étranger qui lui permettent de recueillir à pleines mains la manne « capitaliste ». Mais aucun trouble mortel n'a ébranlé un corps social soumis pourtant à des épreuves sans précédent. Mais les révoltes ne se produisent qu'en Europe de l'Est, dans les marches de l'Empire, et ont toutes été surmontées. Mais vaille que vaille, l'économie boitille sur ses béquilles, ne s'effondre pas, ne connaît même pas les grandes crises qui, par leur nature même, ont secoué – et secouent – notre économie libérale. Mais si l'organisation, l'agitation, l'activisation des masses ne sauraient les amener à inonder les citoyens de machines à laver, de réfrigérateurs, de voitures, de téléviseurs, de magnétoscopes, de services de plus en plus raffinés, ces nobles vertus peuvent cependant accoucher d'une industrie lourde honorable quoique anachronique, fournir aux masses – à condition, bien entendu, qu'elles ne soient pas trop exigeantes – les biens de consommation les plus élémentaires, développer d'une manière très satisfaisante une industrie d'armement et certains secteurs de pointe tels que l'espace – domaines où l'agitation, portant sur des fractions limitées de la population, peut soit s'appuyer sur des pulsions patriotiques et chauvines, soit monopoliser à leur profit – en prenant le risque de les rémunérer en conséquence – le plaisir de la découverte, du travail bien fait, de la transformation des choses qu'on ne peut quand même pas extirper totalement chez l'être humain. De quel poids peuvent peser alors les doutes et les scepticismes individuels devant des résultats aussi tangibles, vieux maintenant de près de trois quarts de siècle ?

Certes la foi du nouveau clergé dans son Dogme ne peut que s'émousser – Marx, raconte-t-on avec l'habituel antisémitisme moscovite, était juif et antirusse. Il a donc partagé son héritage en deux : *le Capital* aux juifs américains, *le Manifeste communiste* aux Russes – et ses mœurs se corrompre, mais l'Église n'y fait que gagner en solidité et en stabilité : on n'assiste plus, comme en plein cœur de l'exacerbation léniniste ou stalinienne, à des débats passionnés sur la meilleure manière d'interpréter et d'incarner les Saintes Écritures ou à l'étalage de doutes – Djilas et Kravchenko : le Parti et l'État – sur le prix – combien effrayant ! – à payer pour construire ce qui ne se révèle, en fin de compte, qu'une « société inhumaine ». Le Goulag, les hôpitaux psychiatriques, les atteintes aux libertés – « Qu'on n'aille pas nous rebattre les oreilles avec l'humanisme, pontifiait Andropov alors qu'il était chef du KGB. Tous les citoyens soviétiques dont les intérêts coïncident avec ceux de la société bénéficient de nos libertés démocratiques. Il en va tout autrement pour ceux dont les intérêts divergent d'avec les nôtres [32] » –, la minceur du contrat social n'ébranlent plus guère un clergé désormais parfaitement tranquille, satisfait et repu. Toute Église connaît ainsi, au sommet de sa puissance temporelle et sans que celle-ci en soit en rien affectée, des époques de pourrissement qui tranchent avec la foi pure, illuminant la quête mystique des premiers apôtres.

Et si le progrès économique se faisait tout seul, comme en Occident, par la simple action de l'individu et des groupes actifs créés par lui, si le progrès social venait couronner l'effort individuel ou émanait d'actions quand même limitées d'un État assez squelettique, à quoi serviraient donc les cohortes – innombrables, actives et grasses – du nouveau clergé ? Un Gorbatchev ne s'est-il pas hissé au sommet précisément parce qu'il s'occupait du secteur le plus notoirement insuffisant : l'agriculture ? Et que deviendraient-elles – terrifiante perspective – si le système craquait, si le Dogme était jeté aux orties ? Depuis plus de soixante ans, il n'existe plus sur la terre russe d'autre système de pensée que celui de la nouvelle Église, d'autre force politique, intellectuelle – je passe sur les dissidents qui ne comptent pas –, économique, sociale, que celle du nouveau clergé. Un Dubček – Luther au petit pied – peut rêver, dans ce que fut jadis un État-nation démocratique, d'un « socialisme à visage humain ». Un Imre Nagy peut succomber à la tentation d'édifier un État-nation dans l'ancienne matrice de l'Empire austro-hongrois. Pas un Russe, qui n'a connu dans son histoire que l'occupation mongole et l'ébauche, bien maladroite et inefficace sous le tsarisme, d'un État-nation maîtrisant fort mal un Empire immense, disparate et turbulent, qui a appris quelle anarchie et quel chaos peuvent entraîner dans son pays ce que ses historiens appellent le « temps des troubles ». Pas un dignitaire du nouveau clergé qui, quel que soit son scepticisme, ne va pas – après des années de terreur et de tâtonnements – sacrifier son actuel confort matériel et moral, pour périr victime de je ne sais quelle vague de folie collective.

Certes ni l'ouvrier de l'Oural et du Donbass, ni le kolkhozien de la jadis fertile Ukraine, ni le berger du Kazakhstan ne déploient la foi ardente et cristalline que postulait le Dogme, l'empêchant ainsi – il y a comme un défaut – de se réaliser. Certes la foi des masses, abruties de violence et de vodka, laisse à désirer, se limitant – mais c'est déjà cela – à l'obéissance aux commandements. Certes ni la « dictature du prolétariat », ni la « propriété collective des biens de production » ne sont génératrices de miracles et la « chasse aux goulots d'étranglement » n'aboutit pas à des résultats qui suscitent un enthousiasme démesuré. Mais n'existe-t-il pas ailleurs, là où le Dogme reste encore nimbé de toutes les brumes du rêve, là où l'Église, vivant encore dans les catacombes, n'a pas eu, surgissant au grand jour, à affronter l'inexistence du « prolétariat » en tant que force active et la passivité congénitale des masses, des hommes et des femmes qui, opprimés, exploités, aliénés, emportés par les passions et dénués de véritable connaissance, ne savent pas encore que le Dogme n'est qu'une gigantesque foutaise et que Marx, Lénine et Gorbatchev ne sont pas des Einstein, fût-ce en modèle réduit, de la chose sociale, œuvrant pour le bien de l'humanité? Comment la foi de la Papauté et du clergé pourrait-elle s'altérer si continue à proliférer sur terre le « peuple de Dieu »? Comment en voudrions-nous au Pape de propager sa religion s'il y a des croyants pour la recevoir? Comment pourrions-nous accuser les Grands Prêtres d'exercer leur action sur les masses là où elle s'avère possible, d' « activiser » et de « révolutionnariser » ce qui paraît se prêter effectivement à l' « activisation » et à la « révolutionnarisation »?

Consentons un effort d'imagination. Repoussons de nos esprits les fermiers opulents du Kansas et de la Beauce, l'ouvrier travailleur et ambitieux de Detroit ou de Düsseldorf, le vendeur de *used-cars* de Los Angeles, l'employé de banque de Wall Street ou de la City, oublions la frénésie et le dynamisme new-yorkais, parisien ou turinois. Essayons, à la place, de nous introduire dans la peau misérable de l'ouvrier agricole de Cuba au temps de l'ignoble Batista, suant, pour un salaire de misère, dans les torrides plantations de canne à sucre, du *nha-qué* vietnamien au temps de Diem, de Thieu ou du colonialisme français, penché sur sa rizière de famine, de l'ouvrier esclave des mines infernales des Andes dont l'espérance de vie, dans les vapeurs d'étain, est limitée à trente-sept ans, de tout homme gâchant sa vie d'homme dans une société irrémédiablement bloquée dans ses inégalités et ses injustices.

Que lui offrons-nous, nous, quand nous passons devant lui dans nos voitures et autocars climatisés à la recherche de je ne sais quel marché ou de je ne sais quel loisir? Que lui proposons-nous quand nos experts du Fonds monétaire international, dans des bureaux aussi fonctionnels que leur pensée, étudient la manière de développer son pays; quand nos chefs d'État, dans le calme frais de leur palais présidentiel ou au cours de voyages « officiels » – quel mot! – entonnent les louanges des droits de l'homme et du citoyen? Du travail, toujours du travail. Et puis la mort, triste comme toutes les morts, mais encore plus lamentable car elle est celle d'un pauvre qui n'a connu de la vie que des joies bien précaires et fugitives. Ah oui, si tout va bien, peut-être un jour, dans deux ou trois générations sinon plus, un État-nation pourra se créer à notre image et répandre à satiété la démocratie, le Coca-Cola, le crédit et la télévision. Mais dans combien de temps? Au bout de quelles épreuves, de quelles oppressions sociales, de quelles intolérables injustices, de quels coups d'État, de quelles révolutions, de quelles guerres, de quelles conquêtes insensées – les Malouines, la guerre entre l'Irak et l'Iran?

Alors de deux choses l'une. Ou le pays est riche, doté de ressources suffisantes pour récompenser – comme, par exemple, dans l'Asie du Pacifique ou, je le crois, en Amérique latine – l'action sur la nature et sur les choses – motivation qui reste pour moi le moteur de la civilisation d'Occident. Les soubresauts politiques, les convulsions sociales, même le capitalisme sauvage et le scandale des *favellas* ne changent en rien la situation : comme en Europe au XIXe siècle, comme aux États-Unis, une voie est ouverte à l'individu, une possibilité raisonnable – palpable, dirais-je, par l'expérience personnelle – non seulement de survie mais – et c'est l'essentiel – d'enrichissement économique et de progression sociale. Ou le pays est pauvre, archaïque, pourvu de ressources insuffisantes, spécifiques et marginales, peu préparé à l'économie moderne : la seule voie offerte à l'homme est le respect ancestral – et quelquefois moralement vivifiant – des traditions et des règles anciennes.

Mais, dans les deux hypothèses, il existe, depuis Octobre 1917, l'*autre direction* – celle chantée par les voix troubles, rauques, inquiétantes, des Lorelei de la nouvelle religion. Lénine – et c'est là une nouvelle preuve de son génie – a compris, peut-être parce qu'il émanait d'un peuple très fruste et misérable, à quel point la « société humaine » de Marx pouvait capter les aspirations de justice et de bonheur des déshérités. Au fil de son expérience, il a découvert aussi, grâce à ses dons exceptionnels de praticien et à son unique volonté de réussite, que la force de l'utopie était telle qu'il n'y avait nul besoin de tenir les promesses faites en son nom. Que reste-t-il, pour ne prendre qu'un seul exemple historique, des célèbres et si efficaces slogans bolcheviks de 1917? « La terre aux paysans »? Elle leur a été arrachée de force. « L'usine aux ouvriers »? Elles sont redevenues les bagnes d'un « prolétariat » artificiellement maintenu en vie, qui, dans la société industrielle moderne, sont seules à ressembler encore au noir portrait qu'en a brossé Zola. « Le pouvoir aux soviets »? Il leur a été, bien vite et bien violemment, « confisqué [33] » au profit des technocrates politiques du Parti-État qui l'exercent maintenant depuis près de soixante-cinq ans *.

L'un de vos illustres prédécesseurs a dit, monsieur le Président des États-Unis d'Amérique, qu'il était possible de mentir une fois à quelqu'un, impossible de mentir tout le temps à tout le monde. Que voilà un raisonnement de démocrate décadent! Les Grands Prêtres de la nouvelle religion ont appris, eux, de leur maître Lénine, qu'il est possible de mentir tout le temps à tout le monde. Car pour eux, ce que nous croyons mensonge est la Vérité, ce que nous percevons comme tromperie n'est que tactique pour imposer la Vérité. « Est moral, comme le disait le doux camarade Brejnev, ce qui sert la cause du communisme. » En octobre 1917, Lénine n'a pas fait une révolution russe qui serait le prolongement des révolutions anglaises, américaine et française, une révolution « socialiste » après les révolutions « bourgeoises ». Non, il a chassé la raison de l'Histoire et y a fait entrer le rêve, et c'est ce rêve-là – qui n'a plus aucun pouvoir, devenu une bien sinistre réalité, sur l'ouvrier de Moscou ou le paysan d'Ukraine – qui peut venir, orchestré par les Grands Prêtres, répandu par le bas-clergé, travailler les ouvriers agricoles des *latifundia* ou les travailleurs enchaînés à leurs cadences.

Certes, à partir du moment où l'action sur la nature et sur les choses est récompensée à sa juste mesure, à partir du moment où elle procure

* Seule la paix a été accordée, en 1917, au peuple russe mais il l'avait déjà obtenue en quittant massivement le front et il n'était guère difficile de signer la capitulation de Brest-Litovsk à condition de comprendre – comme Lénine fut seul d'ailleurs à le faire – que des considérations d'État-nation n'avaient guère d'importance face à la naissance de la nouvelle civilisation.

des possibilités tangibles d'enrichissement économique et de progression sociale, le rêve a moins de prises – ce qui explique tant les flottements passés de la Vieille Europe à son égard que son rejet viscéral par l'*homo americanus,* rejet si absolu qu'il s'étend au *Lumpenproletariat,* blanc ou de couleur, aux millions de pauvres et de chômeurs qui enlaidissent la *welfare society* des États-Unis. Certes les progrès gigantesques de l'enseignement, le vertigineux bond en avant de l'information et de la communication réduisent encore plus la puissance du rêve en permettant à tous ceux qui jouissent de ces inestimables bienfaits d'apprécier aujourd'hui l'abîme qui les sépare de la réalité. Mais quel effet ces informations qui nous rassurent – bien à tort – sur la contrepartie sanglante de l'instauration de la nouvelle civilisation, sur sa faillite économique, sur le caractère désespérément terne et aliénant du socialisme quotidien à la soviétique, peuvent-elles bien exercer – à condition même qu'elles leur parviennent – sur les opprimés, sur les « damnés de la terre » – quel superbe chant que *l'Internationale*! – dont je demande, de nouveau et avec passion, d'imaginer la terrible condition ? D'un côté, une société entièrement bloquée ou un long, difficile, cheminement sur la voie de la construction d'une démocratie, d'une économie moderne, d'un État-nation. De l'autre, la Grande Fête de la Révolution – le Grand Rêve, dirais-je, tant les mots me paraissent proches l'un de l'autre – et l'édification – *tout de suite* et sans *effort apparent* puisque le Dogme et le Parti affirment se charger de tout * – de la cité idéale de Karl Marx que le « Grand Lénine » a bâtie à Moscou.

Que la cité de Marx et de Lénine ne soit pas parfaite, peut-être. Sanglante ? Mais les convulsions sont propres à toute révolution, et un peu de terreur, les stades transformés en champs d'exécution, sont le juste retour des choses pour tous ces possédants qui vous aliènent et vous méprisent et leurs policiers qui vous torturent et vous traquent. Inefficace ? Mais, malgré tous les défauts qu'on lui attribue, la nouvelle Rome subsiste depuis près de trois quarts de siècle et des foules pétrifiées par le respect continuent à faire la queue tous les jours devant le tombeau de Lénine, à défiler tous les ans dans des fêtes grandioses pour le 1er Mai et l'anniversaire d'Octobre, et de nouveaux pays n'arrêtent pas de devenir de par le monde, « socialistes », « marxistes », « léninistes ». Et même si les aliénés n'ont plus – ce qui reste à démontrer – pour le Cid les yeux de Chimène, le lamentable niveau de vie des Russes mais surtout des Tadjiks, des Ouzbeks ou des Kalmouks, est quand même incomparablement supérieur à celui des pays – les « misérables » peuvent être sensibles aux améliorations, même les plus minimes, de leur triste niveau de vie – dénués de ressources du tiers monde, sans être aussi vertigineusement éloigné d'eux et apparemment aussi inaccessible que la prospérité américaine, européenne ou japonaise. La nouvelle civilisation est répressive en Pologne ou en Afghanistan ? Mais les personnages hiératiques qui apparaissent à la

* Les fameux slogans bolcheviks ne font, d'une manière typique pour la nouvelle religion, aucun appel à l'effort. La paix, le peuple l'avait obtenue en désertant. La terre, les paysans s'en étaient emparés en une immense jacquerie spontanée. L'usine, les ouvriers y avaient arrêté tout travail et l'avaient transformée en des lieux de réunions politiques. Les soviets étaient de turbulents « cafés du commerce ». Le rêve de la « Révolution mondiale » allait miraculeusement voler au secours de toute cette anarchie.

tribune du Kremlin ou sur les oriflammes brandies par les foules sont rassurants à l'envi et sérieux à l'excès; et, dans le langage qu'ils tiennent, un peu obscur et mystérieux, incantation obsessionnelle et tranquille qui évoque les grands rituels religieux auxquels les malheureux seront toujours sensibles, flottent les mots merveilleux de paix, d'amitié, de libération des peuples et des classes opprimées. Ce rêve-là n'a pas fini de parler de lui et l'on ne peut en vouloir aux Grands Prêtres de venir gratter leur violoncelle sous les fenêtres de ceux à qui il peut apporter du réconfort *.

D'autant plus que ce petit peuple dont je me sens tellement proche – et que j'ai toujours voulu servir en maintenant l'ordre et en livrant les guerres nécessaires à son progrès – ne peut que susciter – j'ai trop fréquenté, dans les circonstances de paix ou de guerre, la classe politique française pour n'entretenir à l'égard des hommes qui ont choisi comme profession de gouverner leurs semblables que des illusions très précaires – de bien troubles convoitises.

L'historien américain Martin Malia, qui a été l'un des premiers Occidentaux à comprendre la Révolution russe, constate que le tsarisme a été renversé, le communisme instauré en Russie par les « bas-officiers [34] ». L'expression est heureuse et évoque bien – mieux encore que le « bas-clergé » qui serait, tout naturellement, venu sous ma plume – ce marais social où se recrutent les hommes liges du futur ordre politique de la nouvelle civilisation. Le phénomène est d'ailleurs plus général. Il existe, dans tous les pays et en tous les temps, toute une catégorie de personnes avides de pouvoir mais aussi animées du désir – sincère, je le reconnais – de servir l'intérêt de la collectivité mais qui, par leurs origines sociales, leur forme d'éducation, la nature de leurs opinions, leur manière d'être, ne sauraient recueillir avec succès les suffrages – ou la reconnaissance sociale – de leurs concitoyens. Ouvriers et contremaîtres dévoués à leurs frères de travail, instituteurs et professeurs aux idées bien arrêtées, employés et infirmiers aux compétences précises mais mal appréciées, adjudants et capitaines, ces « bas-officiers », selon les cas et les pays, encadrent les armées – « la force de l'armée allemande, me confiait un maréchal prussien, reposait sur son corps de sous-officiers » –, font fonctionner les syndicats et les mutuelles, se dévouent dans les écoles et les hôpitaux. Jadis, sous l'Ancien Régime, à partir de la polarisation de la société entre aristocratie et paysannerie, la volonté de pouvoir dans la marginalisation créait le clergé catholique ou orthodoxe. Aujourd'hui, dans les sociétés injustes et bloquées, et même dans certains États-nations industriels, elle

* Si la misère et l'aliénation sont les conditions nécessaires pour qu'apparaissent de nouveaux croyants, pour qu'ils parviennent à faire partager leur foi à des fractions significatives de la population, je ne veux pas dire pour autant – malgré ce que prétendent les Grands Prêtres, et comme nous avons, honteux de nos richesses et de notre impuissance à soulager immédiatement la misère, victimes de la fascination qu'exerce sur nous toute religion, que trop tendance à le croire sans que, pour autant, ce jugement soit consciemment formulé –, je ne prétends donc pas que ces deux facteurs – auxquels il faut, de toute façon, ajouter l'absence de véritables connaissances objectives – entraînent automatiquement et l'apparition de nouveaux croyants – cette « maladie infantile » de certaines sociétés à un certain stade de leur développement – et, encore moins, nous aurons l'occasion d'y revenir – le triomphe de leur tentative de conversion du peuple.

donne naissance au dévouement absolu, fanatique et inconditionnel, à la Papauté, à son Dogme et à ses œuvres *.

Plutôt que de rester attaché à une marginalité qui risque, dans un cadre démocratique, de tourner au corporatisme ou, comme me le reprochait avec haine un communiste très stalinien, à « une espèce de Croix-Rouge », plutôt que de ressasser en des chapelles closes des théories marxistes perçues de plus en plus comme utopiques et dépassées, plutôt que de rechercher une nouvelle voie à la révolution – apanage du romantisme flamboyant mais d'une rentabilité politique plus douteuse du « gauchisme » –, pourquoi ne pas bénéficier de l'expérience et de l'appui, toujours largement offerts, des Grands Prêtres de Moscou? Eux ont les moyens et le *know how*, eux, peuvent fournir – avec quelle générosité! – le *hardware* et le *software* pour conquérir le pouvoir, pour l'exercer et pour le garder quasi indéfiniment. Il est des hommes – qui, d'ailleurs, bizarrement, se ressemblent tous – pour qui Gomulka est préférable à Allende, Castro à Che Guevara.

Attention, j'ai parlé de « volonté de pouvoir », de « dévouement à la Papauté », je n'ai pas condamné l'engagement en faveur d'une idéologie ou d'une cause ni même le communisme. La souffrance des opprimés suscite et suscitera toujours, – ce qui est, d'ailleurs, encourageant pour l'homme – du dévouement, des enthousiasmes, des révoltes chez tous ceux qui côtoient la souffrance des humbles ou sont nés au sein de l'oppression. Les Che Guevara, qui veulent vivre et mourir « intacts [35] », méritent un grand salut et j'éprouve de l'amitié pour bien des militants – le terme est admirable – communistes, bien que je regrette que ce soit toujours par leur folle générosité que se propage, sur le terreau de la misère et de l'aliénation qui provoque, dans une abominable dialectique, et leur engagement et leur audience auprès des miséreux, le germe de cette atroce maladie sociale qu'est, pour moi, la nouvelle foi. Bien différente de cette démarche, qui est le prolongement naturel du malheur des opprimés, m'apparaît l'approche de gens de pouvoir – comme l'on dit « gens d'armes » – dont la motivation principale est le dévouement inconditionnel à l'ordre du Parti-État. Ceux-là ne peuvent pas ne pas savoir, en bons praticiens de la politique – tels Maurice Thorez, Jacques Duclos ou Georges Marchais – l'inhumanité de la nouvelle civilisation, la précarité de son nouveau contrat social, le caractère oppressif de son

* Le recours à la formule « Papauté » appelle de ma part les mêmes observations et réserves que ma comparaison avec le Moyen Age. Je ne prétends en rien identifier, en effet, le système dirigeant communiste au Saint-Siège catholique mais évoquer une parenté avec un organisme de pouvoir de nature religieuse s'occupant tout à la fois de problèmes spirituels et temporels. De ce point de vue strictement allégorique, l'image de la Papauté, avec sa connotation médiévale, me paraît préférable à l'identification jadis effectuée par Jules Monnerot avec l'islam (*Sociologie du communisme*, Gallimard, 1949) au vu de la confusion, en civilisation musulmane, entre pouvoir spirituel et temporel. Il reste que la nouvelle civilisation présente une si profonde nouveauté dans l'histoire de l'humanité qu'il serait nécessaire de ne lui appliquer que des termes eux-mêmes strictement originaux en analysant à l'infini les réalités strictement nouvelles que ces termes recouvrent. Comme je l'ai indiqué, ma propre démarche en cercles concentriques ne peut être que progressive et provisoire – mes premières approximations introductives ne pouvant, par exemple, que s'enrichir et s'affiner au fur et à mesure de l'exploration.

nouvel ordre politique. Ceux-là savent, du moins en Europe occidentale, au contact avec tous les courants de pensée modernes, non empêtrés dans le passé russe, chinois ou, même, centro-américain, qu'il existe une voie de développement économique et social autrement plus sûre. Croient-ils vraiment au Dogme – ce qui est stupéfiant – ou poursuivent-ils une volonté personnelle d'assouvir une soif de pouvoir? Ne se délectent-ils pas de la discipline atroce de leur Église – dont, sous nos yeux, ils ont toujours éliminé les purs et les justes qui expriment uniquement la souffrance des humbles? Ne se préparent-ils pas déjà aux sombres joies de l'inquisition si leurs plans étaient couronnés de succès? Et, quand ils sont, en bons hommes liges reçus avec faste à Moscou, je ne lis pas beaucoup d'estime et de fraternité sur les visages figés des Brejnev et des Gorbatchev qui, eux, nourrissent une machine dont même Lénine ne prévoyait pas la sanglante et irréversible direction et ont appris dans la chair de leur peuple et souvent par des expériences personnelles dramatiques – la femme de Molotov a été déportée par Staline; Krouchtchev dansait sur commande le *gopak* tel un ours dressé – le poids de souffrances qu'il a fallu pour en arriver là.

Heureusement qu'il y a les intellectuels – cette « intelligentsia » qui satisfait tellement les Grands Prêtres qu'ils consacrent neuf cent soixante-neuf lignes à chanter ses vertus dans leur Encyclopédie : sans devenir des croyants aussi pathétiques que ceux émanant du peuple des opprimés, aussi inquiétants que les « bas-officiers » avides de pouvoir, les clercs – d'après *Robert :* « du latin ecclésiastique *clericus* » – manifestent, bien souvent – trop – de troubles faiblesses pour le Dogme, son Église, ses Papes rouges et son clergé.

J'aime le paysan qui cultive la terre qui nous nourrit, j'aime l'ouvrier qui fabrique et assemble les monstres étonnants qui assurent notre progrès, j'aime l'ingénieur qui construit des barrages amenant la prospérité, le médecin qui, dans un hôpital moderne, à l'affût de nouvelles découvertes, organise les lits pour soigner ses contemporains, l'artisan de village qui fabrique la charpente de ma maison. Tous, à leur manière, simple ou complexe mais toujours ardue, vivent *dans les faits et les faits seuls.* Je ne me sens, en revanche, guère d'affinités – bien que j'aie été nourri dans ce sérail-là – avec l'intellectuel qui, dans sa chambre, au café de Flore ou du haut de la chaire d'enseignement que nous avons la faiblesse de lui confier, utilise la confiance qu'inspirent – le plus souvent à tort – sa prétendue intelligence, ses prétendues connaissances, pour porter sur le monde des jugements lyriques et péremptoires, nés dans la plupart des cas, de pulsions qu'il ne contrôle pas. Pour un Raymond Aron combien de Jean-Paul Sartre! Et ce n'est pas parce qu'on est un grand écrivain – ou un grand physicien ou un grand peintre ou un grand poète ou, *a fortiori,* une actrice dont le seul talent est d'être photogénique devant les caméras – qu'on a – bien au contraire – sur le monde qui nous entoure des vues analytiques mieux fondées que celles du paysan de la Beauce où j'écris ce livre ou de l'ouvrier avec lequel je vais prendre les déjeuners qui meublent ma solitude. Il est donc un phénomène avec lequel je ne me réconcilierai jamais : que l'intelligentsia d'Occident ait bien pu glorifier, au mépris des faits les plus clairs, des évidences les plus flagrantes, la « Révolution d'Octobre », Lénine, Staline et l'apparition sur terre de la nouvelle religion de l'obscurantisme *.

Certes, l'amélioration de notre connaissance de ce qui se passe en Union soviétique ou dans l'Europe de l'Est, l'extension à tout l'Occident du « modèle » américain de libre action de l'homme sur les choses – ou sein duquel les intellectuels, comme j'ai eu le plaisir de le constater, dans les années cinquante au moment où mon approche de l'URSS était récusée par le monde universitaire français, sont plus respectueux des faits, des « modèles » et des lois –, l'impact de l'œuvre monumentale de Soljenitsyne – qui n'échappe pas, en tant qu'analyste politique aux critiques que je formule contre l'intelligentsia –, tous ces facteurs font que le « maître penseur » du monde occidental désire moins étendre – à son cher Occident tout au moins – les charmes peu discrets de la nouvelle civilisation, de la « barbarie à visage humain » comme le dit si bien Bernard-Henri Lévy. Mais s'il restera toujours, tant qu'il y aura des opprimés sur terre, des chantres du rêve qu'il faut savoir écouter car ils expriment, quelle que soit leur irresponsabilité, la souffrance muette des humbles, demeurera aussi, hélas! la déplorable tendance des intellectuels d'Occident qui, par l'incompréhension de la nouvelle civilisation, par la vénération de tout ce qui présente un caractère religieux, par le détournement trop facile de principes généreux, se trouvent prêts à devenir – pour autrui, dorénavant – les « compagnons de route » des pires atrocités. L'un de mes amis, « médecin sans frontières », a soigné, dans les camps de réfugiés de Thaïlande, les survivants du génocide perpétré sur leur propre peuple par des Khmers rouges, souvent non sortis encore de l'adolescence. De retour à Paris, il est allé s'ouvrir de son expérience à un penseur estimé de la « gauche » – terme émotif que, vous l'avez remarqué, je n'emploie jamais – qui avait reçu dans son tranquille et noble cabinet le sanglant Pol-Pot. L'intellectuel a écouté le médecin des réfugiés avec une grande tristesse, une commisération infinie. En le raccompagnant, sur le pas de la porte, il l'a serré dans ses bras. « Ne soyez pas désespéré! a-t-il dit. L'expérience socialiste réussira bien un jour quelque part... »

Et si la louche fascination qui habite ceux que Lénine appelait, avec

* Cet aveuglement des clercs ne peut avoir que trois explications. La première n'est guère glorieuse : elle découle du conformisme, du respect de la mode, de la volonté de continuer à jouer un rôle dans une société de plus en plus tournée vers les réalités et, quelquefois – notamment en Europe après 1945, où j'ai quand même vu des chaires d'université se transformer en annexes de fait des instituts de marxisme-léninisme de Moscou –, de l'opportunisme, de l'ambition, voire de la peur. La seconde explication est navrante : à lire certains philosophes marxistes orthodoxes – une véritable profession en France, avant qu'André Glucksmann et Bernard-Henri Lévy n'aient fait, avec leur impétueuse jeunesse, passer là-dessus un grand courant d'air frais –, leur délectation devant la « révolution » que Marx a réconciliée avec la « philosophie » – et vice-versa – dégage la même impression de trouble jouissance qui baigne déjà les textes de sainte Thérèse face à l'Enfant Jésus. La troisième explication est heureusement plus noble : dans une société injuste et bloquée, l'intellectuel, investi de la confiance que placent en lui des pauvres accrochés au moindre fétu d'espoir, peut être emporté par le grand rêve des opprimés. Si « ne pas décevoir Billancourt », avec les immenses possibilités offertes à la France après la Libération par le développement de la société industrielle et le plan Marshall, relève de l'infantilisme sartrien, l'intellectuel cubain sous Batista ou vietnamien sous le colonialisme français est plus compréhensible – quoique j'aie la faiblesse de croire qu'il aurait pu, tout en combattant la dictature et l'injustice, rechercher une voie évitant à l'homme la misère et l'oppression.

son cynisme – mais aussi sa lucidité – habituel, les « idiots utiles * » ne peut – moins que le perpétuel surgissement de nouveaux croyants sur terre, moins que la perpétuelle sécrétion de nouveau clergé à partir du marais social des « bas-officiers » – influer en profondeur sur l'attitude des Grands Prêtres à l'égard des défauts de leur Dogme, elle n'en doit pas moins être bien agréable, bien profitable à la propagation de la foi. Car lorsque la foi s'étiole à l'intérieur des terres de l'Église, lorsque le Dogme paraît y boiter, la conversion – conforme au Dogme – de nouvelles masses ne peut venir qu'étayer un édifice qui se lézarde. Je crains de choquer une fois de plus. Plus chancelle la foi des populations, plus s'accroissent le doute et le scepticisme de la société, plus se développe la décomposition intellectuelle et morale du clergé, et plus une religion s'appuie sur des miracles – non pas de ces miracles spontanés issus de la naïveté sincère du peuple mais de ces appareils à grand spectacle qui donnent lieu à de si utiles et massives commémorations. Cette expansion qui ne s'arrête pas et qui vient justifier un Dogme que tout contredit, ce flottement moral de l'Occident incapable de comprendre ce qui se passe et de faire triompher les valeurs qu'il prétend être les meilleures et qui vient, tels Nixon, Kissinger ou Carter, négocier à Moscou, à Genève ou à Helsinki, avec, au cou, la corde qu'il s'est lui-même passée, cette propagation de la foi chez les Cubains, les Angolais, les Yéménites, les Éthiopiens, les Nicaraguayens, ces succès de la guerre sainte au Vietnam ou au Salvador – voire cette occupation militaire de l'Afghanistan –, voilà les apparitions de la Sainte Vierge dont a besoin une religion qui a perdu la foi primitive, fruste et brutale de ses débuts quand elle croyait qu'il suffisait de proclamer, avec hautbois et trompettes, la naissance du Divin Enfant ou de construire les cathédrales du Donbass et du Dnieprostroï pour créer l'avenir radieux et convertir le monde.

La nouvelle civilisation a une double face. Le visage bouffi de mauvaise graisse, obtus et oppressif, qu'elle présente aux masses qu'elle a asservies sous prétexte de les faire entrer dans l'Histoire. La face outrageusement maquillée de toutes les illusions qu'elle promène, dans les explosions de joie des nouveaux croyants et sous les applaudissements attendris de nos intellectuels, devant les peuples à qui elle offre de les guider sur les lumineux chemins rêvés par Karl Marx. Tout l'avenir de la nouvelle civilisation ne dépend ni de l'érosion de la foi chez ses dignitaires, ni de ses succès économiques intérieurs, ni de l'accroissement du progrès social qu'elle est à même de procurer, ni des révoltes de ses populations, mais de la façon dont elle parviendra ou non à conserver le pouvoir d'attraction qu'exerce – ne le nions pas – son visage de madone populaire et frelatée, de la manière dont ses Grands Prêtres continueront ou non à être à même de provoquer leurs douteux miracles aux quatre coins du globe. Tant que l'ordre politique du Parti-État continuera à s'étendre et à berner l'Occident, rien ne saurait l'empêcher, je le crains, d'absorber, plus ou moins facilement et quelle que soit la diminution de la foi chez le nouveau clergé,

* Il n'est que juste que de préciser qu'à moins d'infamies analogues à celle de l'académicien soviétique Mikhaïl Cholokhov qui vola l'admirable *Don paisible* à un ennemi « de classe [36] », ces intellectuels-là sont souvent les premiers à prendre le chemin du Goulag ou de l'exil – où d'ailleurs, curieusement, nous n'écoutons plus, comme nous n'avons pas écouté les socialistes russes après 1917, leurs avertissements angoissés.

quelle que soit l'absence – totale – de foi des masses converties, toutes les difficultés économiques, politiques ou sociales, découlant de son Dogme. En revanche, si le Parti-État reste renfermé sur lui-même, s'il demeure cantonné à la seule Europe de l'Est, si son audience internationale s'étiole, il sera forcé alors d'affronter – de plein fouet et sans aucune soupape de sécurité – sa malédiction congénitale : la passivité – voire la révolte – des masses. Attention, je ne prétends pas que le Parti-État s'effondrera – comme l'islam ne s'est pas effondré après le coup d'arrêt que l'Occident, déjà menacé dans cette phase de son histoire par une autre civilisation et une autre religion, est parvenu à donner à son expansion ; je veux dire que la nouvelle civilisation peut devenir *autre chose,* une société théocratique, amorphe et introvertie, consacrant les restes de son énergie perdue à traîner le ventre mou de son économie, à nourrir des appareils de Parti et d'État de plus en plus obèses mais de moins en moins utiles, à rechercher les meilleurs moyens et méthodes pour organiser et agiter des masses russes oubliant dans l'alcool leur désolante condition, à réprimer les révoltes éclatant aux marches de son Empire. Ses vaticinations, son radotage, son inlassable bégaiement théorique apparaîtraient alors comme un racolage suspect que des peuples prospères et équilibrés n'écouteraient même plus.

Tel le parti communiste français. Personne n'a jamais en France ignoré – malgré ce qu'en avance le souvenir conscient – ni son stalinisme exacerbé, ni son adhésion enthousiaste à un système oppressif et totalitaire – « les communistes, constatait Guy Mollet, ne sont ni à gauche ni à droite. Ils sont à l'Est » –, ni ses procès politiques intérieurs qui ont éliminé les meilleurs de ses fils, ni la manière violente, brutale, calomnieuse dont il traitait – et traite – ses adversaires. Mais tant que « le Parti » est parvenu à garder sa face radieuse, il est resté – sous Thorez et même sous Duclos et Séguy – une force dynamique, attirant à elle un bon nombre d'espoirs, de générosités et de suffrages. Le jeu conjoint du développement industriel de la France, de l'accroissement de la justice sociale, de politiques échappant, sous de Gaulle, Pompidou ou Mitterrand, à l'emprise égoïste de la bourgeoisie avec la lente prise de conscience par les masses européennes de la réalité qui se cache, en Union soviétique, en Afghanistan, en Pologne, derrière les « lendemains qui chantent », n'a plus laissé au Parti que sa face obtuse – si bien incarnée par Georges Marchais et Henri Krasucki. Et, du coup, le Parti – et sa filiale syndicale, la CGT – a vu fondre, au fil des ans, son emprise sur les esprits, son halo de force de progrès social, ses possibilités d'agitation des masses et ses voix populaires. Il est devenu *autre chose* qui ne menace plus directement – et pour l'instant – la civilisation occidentale –, cet autre chose en quoi peut se transformer, *mutatis mutandis,* la nouvelle civilisation si l'expansion lui devenait un jour impossible. Un autre chose qui ne nous intéresserait plus alors, comme ne nous intéresse pas – sauf à déplorer les immenses manques à gagner pour l'humanité – la stagnation économique, intellectuelle et sociale, de l'islam moderne.

Hélas, nous n'en sommes pas là, et je dirais plutôt que c'est le contraire qui se passe. Replongeons-nous dans le passé. Le 30 juillet 1919, le Conseil ouvrier de Budapest se réunissait pour la dernière fois après cent trente-trois jours – deux fois plus que la Commune de Paris – d'exercice du pouvoir « par le peuple ». « La dictature du prolétariat, constatait cette assemblée de nouveaux croyants *, a été proclamée dans l'espoir de la Révolution mondiale, de l'aide militaire soviétique et de l'esprit de sacrifice du prolétariat hongrois. Pas une seule de ces conditions n'a été remplie. La Révolution mondiale n'a pas éclaté, l'aide militaire russe n'est pas arrivée et la volonté de sacrifice du prolétariat est épuisée [38]. » Que d'eau – mais surtout que de sang – a coulé sous les ponts depuis cette terrible mais émouvante année 1919! Si « l'esprit de sacrifice du prolétariat » ne peut pas plus exister que n'existe ce dernier, bien d'autres méthodes originales et efficaces ont été mises au point par les praticiens du Parti-État. Si la « Révolution mondiale » reste un rêve toujours aussi profondément irréaliste, l'enseignement de Lénine qui, lui aussi, est à double face – maintenant la stabilité du nouvel ordre politique à l'intérieur, jouant à l'extérieur sur les aspirations des pauvres et des malheureux – a été perfectionné au cours de près de trois quarts de siècle. Quant à « l'aide militaire soviétique », elle arrive maintenant à temps et à bon port.

Vous vous levez de votre fauteuil, monsieur le Président. Vous jetez un coup d'œil sur les calmes pelouses où, au loin, des manifestants pacifiques tournent en rond pour réclamer je ne sais quelle liberté de plus. Tout est calme à Washington, mais ne vous y fiez pas. Regardez la carte rouge que nous avons scrutée ensemble. Pensez à la naissance du nouvel ordre politique du Parti-État. Rendez-vous compte que c'est une nouvelle religion qui est apparue sur terre. Réfléchissez à la nouvelle expansion. Après Octobre, on disait que l'URSS, patrie du communisme naissant, était la « forteresse assiégée ».

Aujourd'hui, la forteresse assiégée, c'est nous.

* Les aspirations populaires – en 1918 en Hongrie 1 131 000 paysans ne possèdent aucune terre, 1 440 000 exploitent moins de 5 arpents alors que 5 426 grands propriétaires possèdent plus de 1 000 arpents; en 1909, 569 044 ouvriers gagnent moins de 3 couronnes par jour – qu'exprimaient les rêveurs de la « commune de Budapest », les objectifs qu'ils fixaient à la société feraient sourire d'attendrissement les citoyens heureux de nos sociétés d'Occident. Pour réaliser leurs revendications, « l'art à la portée de tous », des caisses d'assurances et de secours contre les accidents et les maladies, « la coéducation des filles et des garçons pour qu'ils puissent mieux s'entendre à l'âge adulte (...), la réduction au strict minimum des formalités du mariage, l'obligation d'une visite médicale avant le mariage, (...) la suppression des maisons closes (...), la traduction devant les tribunaux populaires de tout homme ayant contraint une femme à des relations sexuelles [37] », il ne nous a pas fallu à nous, pauvres Occidentaux dégénérés, verser des fleuves de sang et faire asservir l'homme par l'homme, par le Parti et par l'État. Mais ce sont les moyens choisis par la commune de Budapest pour arriver à cette « société humaine » – « la terre hongroise appartient à la communauté des travailleurs (...), le commissariat à l'Agriculture est seul à pouvoir classer les propriétés (...) », « les usines et établissements industriels ou commerciaux employant plus de vingt personnes seront immédiatement communalisés », etc. qui l'ont entraînée vers sa perte – en trois mois, « Budapest est au bord de l'asphyxie », « la production industrielle s'avère incapable de satisfaire aux besoins ruraux » –, car tout ce bric-à-brac hérité de Marx et qui ne fait appel, lui, qu'à l'envie insensée d'obtenir tout, tout de suite et sans effort, est totalement inadapté aux réalités et aux lois de la vie en société.

DEUXIÈME DISCOURS.

SUR LA NOUVELLE CIVILISATION ET SUR SON EXPANSION

Monsieur le Président,

Je vous vois froncer les sourcils. Toutes ces affaires de nouveau Dogme et de nouvelle religion n'emportent pas votre adhésion. Elles vous inquiètent moins que ce que vous percevez, en homme d'État, comme la croissance proprement vertigineuse de la « puissance » de l'Union soviétique.

*Les fusées soviétiques. La flotte soviétique. Les blindés soviétiques. La capacité d'*over-killing *soviétique. Dans tous ces domaines que vous estimez, à juste titre, vitaux pour la sécurité de l'Occident, le Parti-État moscovite est parvenu, malgré son économie archaïque et défaillante, à vous égaler – à vous dépasser depuis les accords Salt –, alors que ses interventions « diplomatiques » se développent, intenses, avec des effectifs de plus en plus pléthoriques aux coins les plus reculés du globe ou dans les organisations internationales, s'incarnent dans un flot vertigineux de négociations, de propositions et de contre-propositions. Et je ne parle même pas de l'activisme tout à fait effarant – et effrayant – de ses services spéciaux.*

Votre préoccupation est donc légitime et croyez bien que je la partage : le rétablissement de l'équilibre stratégique, la prudence à l'égard de la « diplomatie » de la nouvelle civilisation et la vigilance devant ses services spéciaux sont nécessaires à notre sécurité. Mais constater les effets d'un phénomène est une chose, le comprendre en est une autre. Certes nous percevons désormais le gigantesque déploiement des forces du Parti-État de Moscou – même le myope parvient à la longue à distinguer ce qui est directement placé sous son nez –, mais nous continuons à n'en pas saisir la raison profonde. Nous ressentons la multiplication proprement démentielle des forces armées de la nouvelle expansion, l'activisme de sa diplomatie et de son KGB comme une manifestation de la « menace soviétique ». Mais, dans le même temps, prisonniers du schéma d'État-nation, nous sentons que des armées aussi colossales, une marine couvrant tout le globe, des fusées de plus en plus puissantes et précises, ne correspondent ni aux besoins de l'État soviétique ni à ceux de la nation russe ni à l'état réel de la situation internationale.

On entend pourtant un langage encore plus inquiet. Il vous arrive, monsieur le Président, à vous, à vos secrétaires d'État et à votre Pentagone, de proclamer urbi et orbi les dangers de l' « impérialisme » soviétique, comme il est arrivé d'ailleurs, dans un de ces grands balancements qui rendent votre politique si imprévisible, à l'un de vos prédécesseurs, Jimmy Carter, de considérer le monde comme « plus compliqué » et au général Eisenhower de croire à « l'esprit de Genève ». Mais êtes-vous sûr alors de convaincre les opinions publiques américaine et surtout européenne, incapables d'attribuer à autrui des sentiments qu'elles n'éprouvent pas? Pour les uns, n'est-ce pas là une affaire de « super-puissances » qui se disputent la « domination du monde », un affrontement naturel des « deux blocs »; pour les autres, une justification d' « une course aux armements » qui s'expliquerait par les intérêts de votre complexe militaro-industriel, par la volonté de vos hommes d'affaires de protéger leurs profits en Amérique latine ou en Afrique? Certes, la Chine d'après Mao tient le même langage – elle parle même d' « hégémonisme » –, mais n'est-ce pas là une querelle banale entre idéologues communistes, une manifestation supplémentaire de l'hostilité tutélaire des Russes et des Chinois?

Bien sûr quelques stratèges, des analystes de l'Union soviétique ou des spécialistes des services de renseignements volent à votre secours. Ils colorient de rouge, comme nous l'avons fait, la carte du monde, dressent la liste des pays qui sont, d'après eux, des « satellites » de l'Union soviétique, font l'inventaire des armes russes expédiées, des bases militaires installées, des alliances conclues. Ils épinglent les actions des services spéciaux de la nouvelle civilisation – du KGB et de ses services subordonnés, de la DGI cubaine à la Securitate roumaine. Ils tiennent à jour la liste des dirigeants du « mouvement communiste international », dissèquent leurs relations avec Moscou, évaluent leur influence dans tel ou tel pays, au cours de tel ou tel événement, à l'intérieur de tel ou tel « front de libération ».

Pas plus que vos déclarations, monsieur le Président, ces analyses n'emportent forcément l'adhésion : les rares Instituts de stratégie préfèrent s'intéresser surtout aux rapports macroscopiques entre forces armées, les rares Instituts de relations internationales continuent à raisonner en termes de rapports entre États-nations classiques – dont nous ne voyons pas toujours la relation avec la « politique » de Castro qui réussit le prodige d'être un « non-aligné » en faveur de l'URSS, ou même, avec l'invasion de l'Afghanistan. Les descriptions du « mouvement communiste international » semblent être, elles, entachées d'un parti pris politique et se retrouvent souvent d'ailleurs dans des publications qui laissent transparaître un engagement en faveur de systèmes sociopolitiques archaïques ou inacceptables. Les analyses de l'Union soviétique paraissent émaner de chercheurs marginaux, obnubilés par le caractère ésotérique de leur science, voire, si nous sommes mal intentionnés, de personnages désirant régler des comptes personnels avec leur patrie d'origine. Les évaluations des services spéciaux ne sont pas livrées au grand public et, quand elles le sont, tombent sous le coup de la douteuse mythologie et des passions inextinguibles qui entourent ces organismes. Lorsqu'elles proviennent de votre CIA – qui, pratiquement seule, a les moyens de les mener à bien –, elles deviennent, du coup, entachées de tous les miasmes suscités par la prétendue opposition des deux « blocs ».

En réalité, nous en revenons à mon point de départ : je crois que toutes *les déclarations sur l' « impérialisme soviétique », toutes les descriptions et analyses de l'expansion de l'Union soviétique et du « mouvement communiste international » se heurtent quelque part de plein fouet à la projection que nous faisons, sur l'URSS et sur l' « idéologie » communiste, de notre propre façon de concevoir l'organisation des sociétés, le phénomène révolutionnaire, les relations entre États. Certes, nous écoutons les experts et les stratèges, mais nous rejetons leurs avertissements car ils nous paraissent contraires à l'idée – souvent inconsciente et peu élaborée, toujours rassurante – que nous voulons nous faire du monde où nous vivons. Nous savons bien que et l'Union soviétique et le communisme menacent d'une certaine façon le Nicaragua et le Salvador comme ils ont menacé, hier, le Vietnam du Sud, mais nous ne comprenons pas très bien ni pourquoi ni comment.*

Démocrates, comment n'aurions-nous pas applaudi en effet à la chute de la dictature infamante de Somoza comme nous nous sommes réjouis devant le renversement de Batista? Républicains, comment pourrions-nous ne pas nous attendrir devant toute révolution – et même devant ses violences que nous voulons, à tout prix, provisoires et génératrices de progrès – puisque, dès notre plus tendre enfance, on nous a appris à sacraliser les révolutions anglaises, américaine, française qui sont à la base, il est vrai, de l'épanouissement des libertés et des valeurs individuelles dont nous jouissons aujourd'hui? Idéalistes, persuadés avec Renan que « les idées gouvernent le monde », comment n'accorderions-nous pas un préjugé favorable à tout homme, tout parti, tout groupement qui se réclament d'une idéologie généreuse, puisque la lutte contre les injustices politiques, économiques et sociales, la liberté des peuples et les droits de l'homme sont les buts vers lesquels nous tendons?

Mais, en Europe tout au moins, notre inconscient collectif de vieux peuples sceptiques et tolérants, portés de surcroît, avouons-le, vers de solides égoïsmes de « classes », de professions, d'individus, n'attache pas aux idéologies une importance primordiale car les mécanismes conjoints du suffrage universel, des débats parlementaires – voire des grèves, des manifestations de rues et des révolutions –, nous ont, à la longue et vaille que vaille, permis d'échapper à leurs excès. « Appuyez-vous sur les principes, ils finiront toujours par céder », m'ont appris, dès mes débuts en politique, les radicaux-socialistes de la IVe République alors que je sortais d'un Institut où l'on m'enseignait que les principes sont en France coulés dans l'airain républicain, et, donc, si le communisme est une « idéologie », il ne saurait durer éternellement – un homme d'État aussi sceptique que le général de Gaulle en était profondément convaincu. Les Russes finiront bien par sortir de leur arriération et par suivre notre exemple; à notre contact, ils découvriront bien les avantages de la démocratie – qui s'imposent à tout homme sensé – et les charmes encore plus évidents de la société de consommation, de l'automobile et des machines à laver. Quant aux Angolais, Nicaraguayens, Yéménites du Sud – à supposer que leur sort nous intéresse vraiment – et qui se proclament « marxistes », comment des élites du tiers monde, dont le moins qu'on puisse en dire est que leur culture politique et économique n'est pas encore parvenue à notre niveau, pourraient-elles bien comprendre toutes les nuances de la doctrine de Karl Marx et transposer aux conditions difficiles du sous-développement des schémas conçus pour la société industrielle du XIXe siècle? Comment le communisme, aspiration née du combat du mouvement ouvrier dans l'Europe industrielle contre l'exploitation sauvage du prolétariat par le capitalisme bourgeois, peut-il faire souche dans l'Amérique centrale des latifundia, *des terres africaines de monoculture ou des déserts d'Arabie? Tout cela n'est qu'enfantillage bien sympathique et attendrissant, que tâtonnements – comme les nôtres, dans le passé – dans la longue marche vers la démocratie et le progrès : le communisme ne viendra pas plus à bout du tiers monde que de la « Russie éternelle ». D'ailleurs pourquoi s'inquiéter puisque, visiblement, l'Union soviétique est incapable, en raison de son désastreux système économique, d'assurer le progrès des pays sous-développés? D'autant plus qu'il n'existe, de toute façon, tout le monde le sait et le sent bien, aucun lien logique et visible entre le peuple salvadorien et le peuple russe, entre l'État du Nicaragua et l'État soviétique... De l'idéologie, nous retombons bien vite dans nos références d'États-nations auxquelles nous ne parvenons jamais à échapper.*

Et puis, un jour, la nouvelle civilisation triomphe définitivement, l'ordre du Parti-État s'établit dans un pays, le Goulag s'installe – il s'installe toujours dans un premier stade –, des boat-people *s'enfuient. Et, en bons démocrates, en parfaits idéalistes, nous dénonçons le Goulag, nous nous apitoyons sur les exilés et les opprimés mais, adeptes du droit des peuples à disposer d'eux-mêmes et partisans de bons rapports entre États, nous « normalisons » progressivement nos relations diplomatiques avec le Viet-nam, nous recommençons à lui fournir des vivres, puis de l'assistance économique, puis des armes, et nous reportons – sans avoir rien compris mais avec une croissante mauvaise humeur à l'égard de l'Union soviétique qui nous a déçus – nos espoirs brisés sur le Salvador, le Honduras ou le Pérou. Et nous n'avons pas saisi le phénomène crucial auquel nous avons assisté : la conversion d'un peuple de plus à la nouvelle religion de l'obscurantisme. L'humanité a toujours éprouvé le plus grand mal à ne pas être aveuglée par l'incandescence de l'Histoire qui se fait sous ses yeux.*

Non, monsieur le Président, je ne puis, en mon âme et conscience, vous laisser tranquille. Votre golf, votre ranch, les désirs de vos électeurs et les aspirations de vos concitoyens pour toujours plus de confort et d'opulence peuvent attendre. Quel que soit l'ennui que je vous cause, je me vois forcé de vous demander de continuer notre pénible exploration. Ce n'est pas seulement notre survie qui est en jeu : il n'est pas acceptable qu'à l'approche du XXIe siècle, des êtres humains puissent continuer à être livrés à de faux dieux qui ne peuvent leur apporter que misère et oppression; il n'est pas tolérable qu'ils soient obligés d'adorer et de vénérer les idoles grossièrement peinturlurées que de faux prêtres continuent à brandir, avec quel succès, devant eux.

Il n'y va pas seulement de la liberté mais de la dignité de l'homme.

IV

DU BUT, DES OBJECTIFS ET DES MOYENS DE LA NOUVELLE EXPANSION

De la « parti-étatisation »

On raconte que pendant la bataille du désert, le maréchal Montgomery avait accroché dans sa tente le portrait de l'homme qu'il lui fallait vaincre : le maréchal Rommel. Si par impossible, vous désiriez faire de même, il vous faudrait, monsieur le Président des États-Unis, adapter ce réflexe d'homme d'action à la forme de la menace qui pèse sur l'Occident. Ce n'est donc pas la trogne fermée de Brejnev ou l'impassibilité épiscopale d'Andropov, le fanatisme estudiantin de l'idéologue Souslov ou le fanatisme borné de l'*apparatchik* Tchernenko, la technocratie moins rebutante de Gorbatchev, la tête du chef du KGB, du directeur du Département international du KPSS, d'un maréchal croulant sous des médailles ou de l'éternel ministre des Affaires étrangères Gromyko, devenu chef de l'État, qui auraient dû – ou devraient – surgir, incongrus dans votre bureau, à côté des clichés si touchants de votre femme et de vos petits-enfants. Quels que soient leurs titres, leur rang et leurs fonctions, quel que soit le « culte de la personnalité » qui les entoure, ces hommes ne sont, eux aussi, que les « vis » – plus ou moins petites, plus ou moins importantes – de la nouvelle expansion.

Devriez-vous faire alors comme les nouveaux croyants du KPSS et installer en face de vous, géant, le profil acéré et la barbiche pointue de Lénine qui apparaîtraient, comme dans la salle des Congrès du Parti à Moscou, tel un soc s'enfonçant dans notre florissante civilisation? Je ne le crois pas. Lénine n'évoque pas suffisamment pour vous, comme pour les Grands Prêtres de la nouvelle religion, « la ligne de classe, la fermeté dans les principes, la flexibilité dans la tactique, la prise en compte des conditions concrètes, des actions hardies mais réfléchies, l'art d'utiliser tous les multiples moyens de lutte contre l'impérialisme » – la formule est du secrétaire général du KPSS devant la réunion des Partis communistes [1] –, « ligne » que nous nous obstinons, bien stupidement, à appeler « politique étrangère de l'Union soviétique ». La cinquantaine de volumes où le nouveau Moïse partait, infatigable théoricien de la pratique révolutionnaire, à la recherche de la Loi, doit-elle venir envahir, bleu et or, votre bibliothèque? Ce n'est guère souhaitable non plus, car vous n'avez pas été, pendant des lustres et des décennies, formé aux subtiles manières de transformer ce Talmud en Dogme.

Mon conseil est donc simple : faites apposer, en lettres aussi immenses que possible, sur les murs de votre bureau ovale, entre les baies blindées donnant sur les pelouses paisibles de Washington, la phrase suivante :

LE BUT ULTIME DU COMMUNISME INTERNATIONAL EST DE REMPLACER L'ÉCONOMIE CAPITALISTE PAR UN SYSTÈME MONDIAL DE COMMUNISME.

V.I. LÉNINE [2].

Ou, comme le rappelait le regretté Brejnev au XXVIe Congrès – dernier Concile tenu avant la rédaction de cet ouvrage :

« La position de Lénine est bien connue (...) :

" TOUTES LES NATIONS VIENDRONT AU SOCIALISME. C'EST INÉVITABLE [3]. " »

Ou encore, dans la bouche de l'inquiétant chef du Département international du KPSS, citant les « mots prophétiques de Lénine » :

« LA VICTOIRE DU COMMUNISME EST INÉVITABLE. LA VICTOIRE EST A LUI [4]. »

Il n'y a, hélas, que l'abondance du choix en la matière, et seule la simplicité du but poursuivi par la nouvelle expansion nous le voile d'une manière aussi absolue : les hommes et les sociétés rejettent toujours les vérités premières qui remettent en cause leur essence, leurs habitudes et leur confort.

Or, en bonne stratégie, qui dit but à atteindre dit objectifs à réaliser; qui dit objectifs à réaliser dit moyens à mettre en œuvre; qui dit objectifs et moyens dit méthodes « opératives » pour réaliser les objectifs et utiliser les moyens. Un but sans objectifs et moyens débouche sur l'impuissance ou sur les rêveries du *wishful thinking*; des moyens sans buts et sans objectifs, sans méthodes « opératives » entraînent l'agitation stérile ou un aventurisme sans lendemain : or beaucoup de choses peuvent être reprochées aux dirigeants du Parti-État, sauf d'être des politiciens irresponsables, des idéalistes inconséquents ou des aventuriers inefficaces.

Or si des sociétés aussi raffinées et évoluées que la nôtre, ne poursuivant plus aucune volonté d'expansion territoriale, dévouées à des buts aussi difficiles à marier que la satisfaction des besoins des citoyens et la sécurité de la collectivité, éprouvant la claire conscience tant du coût et des aléas des moyens que de la relativité des buts, faisant appel au débat démocratique qui dilue le mécanisme des prises de décision, implique la recherche de l'accord du plus grand nombre tout en favorisant les déclarations et promesses non suivies d'effets, n'ont plus recours – sauf dans des situations de guerre, de très graves crises ou au cours d'interventions spécifiques de l'État – à des mécanismes aussi primaires, il en va tout autrement de sociétés plus frustes et plus rudes telles que la nouvelle civilisation ou l'hitlérisme : tournées vers la réalisation d'un but, ne tenant aucun compte de l'opinion publique, voire du bien-être des citoyens, c'est tout naturellement que le but entraîne en leur sein la définition d'objectifs et la mise en œuvre de moyens, que l'existence de moyens entraîne la définition d'objectifs stratégiques et de méthodes opératives servant le but.

C'est tout naturellement que le chef du Département international du KPSS, après avoir prophétisé la « victoire du communisme » parle de « perfectionnement de la stratégie et de la tactique révolutionnaires », de « l'utilisation à cette fin des mesures et des moyens indispensables » [5]. Et devant une volonté aussi clairement affirmée, devant un système d'action aussi dynamique, réaliste et cohérent, seule ce que j'appellerai la « dialectique » permanente entre but et moyens, entre moyens et objectifs - cherchant, face à une intervention donnée de la nouvelle Papauté, à déterminer l'objectif précis qu'elle pourrait bien servir, à découvrir, face à la proclamation d'un but (fût-elle formulée de la façon la plus indigeste et obscure) quel moyen d'action peut bien supposer sa réalisation - peut permettre de cerner les réalités que recouvre ce que la phraséologie officielle dénomme - tel est le titre des innombrables volumes mettant à jour les travaux du XXVIe Congrès du KPSS - « l'unité de la théorie et de la pratique ».

« La guerre, disait Napoléon, est un art simple et tout d'exécution. » De même de la nouvelle expansion : si son exécution est, comme nous aurons l'occasion de le voir, d'une complexité infinie - complexité dont les Grands Prêtres tirent une partie de leur immense pouvoir -, les objectifs qu'elle poursuit sont - tel le « but ultime » de Lénine - d'une simplicité parfaite.

Objectif n° 1 : Le Parti-État tu étendras sur la surface du globe.

Nous sommes là au cœur du problème et aucun dirigeant du Parti-État, aucun praticien « marxiste-léniniste » ne pourra venir nous critiquer sur ce point - même s'ils réagissent avec la vigueur de diables plongés dans un bénitier contre ma formulation néo-théologique.

Point n° 1 : l'enseignement de Karl Marx postule la transformation du monde par le processus révolutionnaire, la lutte des classes, la lutte des peuples pour leur libération. Point n° 2 : aux yeux des Grands Prêtres, cet enseignement n'est pas une idéologie floue *, un vœu pieux, une utopie, une croyance, mais une « science », qu'ils ont le devoir de servir par une « pratique » adaptée aux faits et aux réalités de la société. Point n° 3 : or cette pratique prouve que la seule forme d'organisation économique - la propriété par la collectivité, en l'occurrence par l'État, des biens de production -, la seule forme d'organisation sociale - le nouveau contrat social communautaire, préfiguration de la « société sans classes » - conformes à la « science » ne sont rendues possibles que par une seule forme

* Si le mot « idéologie » prolifère en nouvelle civilisation, il ne saurait être utilisé à des fins analytiques tellement son sens est différent de celui - très flou et moral - que nous lui donnons en Occident : « système d'idées, philosophie du monde et de la vie », constate le *Robert*. Pour les Grands Prêtres, qui considèrent, on l'a vu, que « l'idéologie scientifique marxiste-léniniste est l'un des facteurs de l'union de toute la société autour de la classe ouvrière et de son Parti dans l'intérêt du renforcement et du développement du socialisme », on peut prétendre que « tout ce qui est communiste est idéologique, tout ce qui est idéologique est communiste » et, s'il fallait trouver un équivalent à cette « idéologie » qu'ils brandissent à tout bout de champ, il faudrait plutôt chercher du côté de la « vraie foi », de son affirmation, de son enseignement et de sa propagation.

d'organisation politique : le Parti-État. Pour que se réalise le « sens de l'Histoire », un Parti, qui se prétend « avant-garde » de la classe ouvrière mais qui n'est en fait qu'un groupe hiérarchisé, discipliné, dévoué au Dogme, doit accéder au pouvoir et exercer sa « dictature » au nom d'un « prolétariat » qui peut très bien – étant donné son caractère mythique – ne pas exister. Ce Parti doit créer un État de type entièrement nouveau, dit « du peuple tout entier », dont la mission est de servir cette dictature ainsi que la réalisation de tous les autres postulats du Dogme et, notamment, la propriété collective de tous les moyens de production et la direction planifiée et centralisée de l'économie, le respect du nouveau contrat social « de chacun selon ses capacités à chacun selon son travail – « De chacun selon ses capacités, à chacun selon ses besoins » étant renvoyé à des temps meilleurs –, la construction par une « révolution culturelle » de l'« homme nouveau ».

De ce point de vue hautement pratique et utilitaire, le pauvre Salvador Allende, qui émeut tellement l'Occident socialiste et humaniste, n'est, pour la nouvelle expansion, qu'un véritable « non-être » politique. Certes le brave homme est marxiste, désire de tout cœur procéder à l'« édification du socialisme », mais il se refuse tant à détruire la démocratie et la société civile qu'à instaurer l'ordre oppressif et envahissant du Parti-État. Du coup, ce n'est qu'avec une curiosité d'entomologiste que les théologiens de la nouvelle religion examinent ce curieux insecte – notant (avec quel étonnement!) la possibilité d'une « voie pacifique et légale » d'accès au pouvoir, disséquant à satiété (comme pour la Commune de Paris) les raisons, combien fatales pour eux, de l'effondrement de son impossible entreprise. Certes, par la générosité de ses intentions, par les espoirs populaires qu'il a suscités, Allende entrera dans la galerie, hélas fournie, des « victimes utiles », figurera en bonne et due place à l'iconostase des saints martyrs – le massacre d'un innocent prouve bien que les Hérode impérialistes rôdent toujours autour des berceaux des Vierges populaires – mais le Parti-État central n'aura pas engagé son immense poids diplomatique et militaire pour empêcher l'irréparable de s'accomplir.

Exemple en sens opposé : Castro, Fidel. Comme cet homme-là, au contraire, est plein de ressources et de possibilités! Voilà un « agitateur » qui a réussi une révolution – bien sanglante comme les aime la nouvelle religion. Voilà un chef qui veut construire une société nouvelle, sans savoir d'ailleurs très bien ce qu'elle pourrait être. Voilà quelqu'un qui n'hésite pas – il y est peut-être contraint – à détruire la société ancienne, à jeter bas l'État ancien. Voilà un praticien de l'« activisation » des « masses », qui nourrit visiblement le désir de rester au pouvoir le plus longtemps possible et de jouer un rôle dans l'Histoire. Ni les scrupules, ni les convictions idéologiques, ni l'humanitarisme ne l'encombrent inutilement. Ne peut-on pas alors lui proposer – comme au colonel Mengistu en Éthiopie, le « Bonaparte rouge », ou à bien d'autres, hélas, dans le tiers monde –, lui imposer s'il renâcle trop sur certains détails, la formule miraculeuse du Parti-État? Ce n'est là que du troc bien compris : tu me fournis ta popularité auprès des masses dont tu ne sais que faire; je te procure le moyen de faire fructifier ce capital, de transformer une passivité congénitale en une construction homogène et cohérente – nouvel ordre économique, nouveau contrat social, nouvelle foi –, colorée de toutes les teintes attrayantes propres à l'image de marque extérieure de la nouvelle religion. Le nouveau pouvoir clefs en main...

Justification théorique d'activités qui, avouons-le, doivent être plus exaltantes que la chasse aux « goulots d'étranglement » dans la culture des pommes de terre en pays touvache : dans un article consacré au centenaire de la Commune de Paris, le chef du Département international, dont l'Occident aurait tout intérêt à mieux connaître la lumineuse pensée et le style éblouissant, après avoir constaté : « Les faits confirment toujours et encore la pensée de Lénine suivant laquelle la classe dirigeante (...) ne quittera jamais volontairement la scène et ne renoncera pas d'elle-même au pouvoir », écrit avec une simplicité encore pire que la mienne :

« Les jugements que Lénine a portés sur la signification de la Commune de Paris ont conservé à notre époque toute leur nouveauté et toute leur actualité. Il en a tiré à l'époque les conclusions suivantes :

" 1° *Nécessité de la dictature du prolétariat pour obtenir la victoire de la révolution socialiste*;

" 2° *Nécessité de briser la machine étatique bourgeoise et de la remplacer par un nouvel État prolétarien* [6] " »

De l'exportation du Parti-État...

Les Grands Prêtres de la nouvelle religion, en effet, ne sont ni des philosophes ni des idéologues. On peut, à force de colloques et de congrès, disserter pour savoir s'ils sont « marxistes », « humanistes », « socialistes » – la seule qualification que le plus grand nombre, à part quelques puristes marginaux de la pensée marxiste, ne leur refuse est celle de « communistes », mais cette étiquette émotive ne résout en rien le problème de savoir s'ils sont le Bien ou le Mal. On peut, dans des colonnes et des ouvrages entiers, se demander s'ils sont dignes ou non d'être décorés du glorieux titre de « révolutionnaires ». On peut s'interroger douloureusement pour découvrir s'ils servent les intérêts éternels de l'État russe ou le bien de l'humanité, la libération des peuples, la révolution et le communisme mondiaux. On ne peut nier – rendons-leur cette justice – qu'ils sont des praticiens absolument remarquables du pouvoir et de l'action, habités de la volonté de transformer le monde. Et seules notre peur, nos illusions, notre incapacité de concevoir des réalités étrangères à nos habitudes de démocrates ne voulant pas agir sur d'autres hommes, ne nous permettent pas de proclamer – comme, pourtant, les libertés que prend avec la langue la nouvelle civilisation nous y autorise – que toute l'action extérieure des dirigeants de la nouvelle expansion est celle de « parti-étatisateurs », que cette action est une action de « parti-étatisation ».

Car « marxisme », « socialisme », « communisme », « révolution » sont pour nous – et ce n'est pas très encourageant en ce siècle de technologie avancée – teintés de morale, constituent l'un de ces « jugements de valeur » qui, d'après le philosophe Ayer, « n'est pas une description de quelque chose de très spécial mais pas de description du tout [7] ». Et s'il est exact, comme l'affirment les philosophes « analytiques » que « la seule morale possible relève non pas de la spéculation mais de l'action [8] », l'appréciation de la nouvelle civilisation est facile. C'est la « parti-étatisation » qui a été menée à bien en Europe de l'Est grâce aux chars de l'Armée rouge. C'est la « parti-étatisation » qui s'est produite après le triomphe de Mao et après la victoire au Vietnam. C'est la « parti-étatisation » qui a été vendue et imposée à Fidel Castro. C'est la « parti-étatisation » – qu'elle serve, dans ce cas précis, les intérêts stratégiques de l'Empire est un autre problème – qui se déroule en Afghanistan. C'est la « parti-étatisation » qui est essayée maintenant en Afrique – Angola et Éthiopie –, au Proche-Orient – Yémen du Sud – ou en Amérique centrale – Nicaragua.

Approfondissons. Hommes d'action et parti-étatisateurs, les Grands Prêtres de la nouvelle religion ne retiennent de Marx que bien peu de formules. Alors qu'en Occident, le centenaire de la mort du Prophète a donné lieu à de bien touchantes et savantes dissertations et exégèses, le Secrétaire général du KPSS n'a jonglé, lui, dans le grand article théorique consacré à l'événement, qu'avec des commandements – dix ! – bien plus pratiques *. Mais c'est lorsqu'il plonge – avec quel courage ! – dans la piscine glacée de la « philosophie » que le brave homme révèle non seulement ses lacunes mais surtout ses fascinations. Nous l'avons déjà entendu proclamer avec Marx que « les philosophes ne faisaient qu'*expliquer* le monde de différentes façons. Le problème consiste maintenant à le *transformer* ». Écoutons-le maintenant faire sienne une seconde et dernière formule du Père fondateur qui mériterait, monsieur le Président, d'être affichée également dans votre bureau ovale – quitte à déparer votre élégant ameublement colonial anglais.

« De même que la philosophie trouve dans le prolétariat son arme *matérielle*, de même le prolétariat trouve dans la philosophie son arme *spirituelle* [9]. »

Une fois surmontés les maux de tête qu'occasionne cette formulation pseudo-logique, ruisselante de jugements de valeur non exprimés – « un jugement de valeur n'est pas », etc. – et qui illustre toute la folie d'un philosophe avide de pouvoir et tout le cynisme de praticiens désireux de justifier leur action, on découvre là, en effet, la nature des rapports qu'entretient le Parti-État avec le « marxisme », le « socialisme », le « communisme », la « révolution » – toutes ces idoles avec lesquelles nous pratiquons des amours limitées à des attouchements peut-être furtifs et que nous croyons platoniques alors qu'ils sont redoutablement contagieux.

N'hésitons donc pas à transposer la formule de Marx tellement

* Certains de ces commandements du Père fondateur sont banals à pleurer mais ne devraient pas être oubliés. Si la « société sans classes » est invoquée sans – réalité quotidienne oblige – phrase explicite et ronflante, il ne faut quand même pas perdre de vue les vérités premières : « Le premier pas de la révolution ouvrière est la transformation du prolétariat en classe dominante », « les communistes peuvent exprimer leur théorie par une seule position : la destruction de la propriété individuelle » et « seule l'union internationale de la classe ouvrière peut assurer sa victoire finale (...) Prolétaires de tous les pays, unissez-vous. » En revanche, les formules brandies par le Secrétaire général du KPSS à usage strictement interne seraient à hurler de rire si, violant le rêve, elles ne justifiaient pas toutes les oppressions. Passons sur la prétendue prévision faite par Karl Marx d'une « grandiose révolution sociale » en Russie pour ne retenir que les contorsions imposées par la célèbre chasse aux « goulots d'étranglement » : « L'*idée* s'est invariablement couverte de honte dès qu'elle se séparait de l'*intérêt* »... L'ouvrier « reçoit en retour de la société exactement ce qu'il lui donne lui-même »... « La régularisation et l'ordre (sont les formes) de la consolidation sociale d'un type donné de production »... Avis aux utopistes.

appréciée par le subtil Andropov aux réalités de la nouvelle civilisation :

« De même que la révolution trouve dans le Parti-État son arme *matérielle,* de même le Parti-État trouve dans la révolution son arme *spirituelle.* »

Ou :

« De même que le socialisme » - ou le « communisme », ou le « marxisme », ou l'« épanouissement de l'homme », ou la « libération des peuples », ou la « paix », ou n'importe quelle utopie ou aspiration généreuse que vous pouvez égrener au choix - « trouve dans le Parti-État son arme *matérielle,* de même le Parti-État trouve dans le socialisme » - ou le « marxisme », ou la « paix », etc, etc : ne vous gênez pas - « son arme *spirituelle* ».

Il n'y a pas à sortir de là. Le moteur, c'est le Parti-État. Le « marxisme », le « communisme », le « socialisme », la « révolution » ne sont que les roues sur lesquelles cahote le mastodonte. Mais, pendant qu'à l'intérieur des frontières de la nouvelle civilisation le moteur rugit et s'emballe sur des pneus complètement crevés - allez, donc parler de marxisme et de communisme à des ouvriers soviétiques! -, à l'étranger, la machine ne brinquebale pas - hélas - sur des jantes à nu. Car c'est nous, par notre aveuglement sur la nature réelle du Parti-État, par les débordements utopiques de nos intellectuels, par l'ignorance et les erreurs de nos gens de pouvoir, par le sordide égoïsme de certaines de nos classes sociales, qui regonflons sans cesse les pneumatiques du monstre qui veut nous passer sur le corps : en ne sacralisant pas la révolution et en ne déifiant pas tous les « ismes », en offrant à tout homme la possibilité de s'épanouir grâce à son effort individuel, en rendant les révolutions anachroniques et inutiles par l'enseignement, la démocratie et la libre participation de tous les groupes actifs au progrès économique et social, nous pouvons fort bien, en effet, si nous en avons le désir, immobiliser le char d'assaut.

Approfondissons encore. Ce n'est pas moi mais le Secrétaire général du KPSS, s'abritant derrière Karl Marx, qui a invoqué le « spirituel » en l'ajoutant au « matériel ». Or poser le problème en termes d'« arme matérielle » et d'« arme spirituelle », c'est déjà le résoudre. La nouvelle civilisation ne se targue-t-elle pas d'être fondée sur le *matérialisme* historique, dialectique, etc. ? Les Grands Prêtres n'ont-ils pas appris chez Marx la primauté du matériel sur le spirituel ? N'est-ce pas là la base même de leur nouvelle religion ? « L'arme matérielle » - le Parti-État, seule expression possible du mythique « prolétariat » - ne peut donc qu'être essentielle. Accessoires et secondaires ne peuvent donc qu'être les « armes spirituelles » du marxisme, du socialisme, du communisme, de l'humanité en marche vers sa libération. Salvador Allende en a fait la triste expérience.

De l'Europe de l'Est à l'Afghanistan, de Fidel Castro à Mengistu, du Vietnam au Nicaragua, l' « arme matérielle » prime ainsi l' « arme spirituelle ». Et le matériel - c'est sa force, sa vocation, la nature même de son essence en nouvelle religion - crée le spirituel. Il suffit que le Parti-État s'instaure - ne serait-ce que par les armes combien matérielles de l'Armée rouge -, pour qu'il soit, *ipso facto,* paré de toutes les vertus : application du marxisme, édification du socialisme, marche vers le communisme, libération des peuples et de l'humanité, révolution *. Sans Parti-État, en revanche, toutes ces aspirations ne sont que des songes creux ou des « déviations » – des « pseudo-révolutions », du « pseudo-marxisme », du « pseudo-communisme », destinés, selon les Grands Prêtres, à « trahir les masses ».

Chemine alors de par le monde un couple étrange. La lourde masse du Parti-État. L'alouette du marxisme, ou du socialisme, ou de la révolution. Or cette alouette, qui donne une apparence fraîche et printanière à un pâté fait de la chair des hommes – n'existe que dans nos rêves. Rêve d'opprimés qui souffrent en silence dans les entrailles de toutes nos injustices. Rêve déjà plus inquiétant de « bas-officiers » désirant capter les aspirations des malheureux. Mais, rêve irresponsable également d'intellectuels trahissant l'homme et l'esprit. Car c'est bien nous qui sommes les pourvoyeurs du Parti-État : si le « communisme », le « socialisme », le « marxisme » apparaissent comme la seule solution aux damnés de la terre, si la « révolution socialiste » apparaît comme la seule arme face à des régimes intolérables, si la « libération » apparaît comme une nécessité historique pour certains peuples, c'est nous – ô paradoxe – qui aurons continué à fournir au sanglant et matérialiste Parti-État les armes « spirituelles » sans lesquelles il ne pourrait s'étendre sur la surface du globe.

Les meilleurs alliés du Parti-État, c'est nous.

Du Saint Empire marxiste-léniniste

Revenons-en aux joies subtiles de la « parti-étatisation ».

Objectif n° 2 : *une fois le Parti-État instauré sur le globe, l'unité de la foi et de la pratique tu préserveras.*

Hégémonisme soviétique? Impérialisme russe? Certes les parti-étatisateurs viennent essentiellement d'Union soviétique, certes ils sont russes en leur majorité – attendons-nous, d'ailleurs, à de surprenants infléchissements : voyez le Vietnam au Cambodge, voyez Cuba en Amérique centrale – mais l'unité qu'ils cherchent à imposer transcende les simples intérêts de l'Union soviétique, éclipse les impératifs d'une quelconque volonté de domination du monde par le peuple russe – qui, à la différence de ce qui se passait dans l'Europe du XIXe siècle, n'éprouve, d'ailleurs, aucun besoin d'assumer ce rôle combien discutable. Même au Moyen Age, l'appartenance des papes et de la Curie à la civilisation italienne et au peuple italien n'était pas essentielle à la propagation du message que lançait l'Église de Rome.

Par deux fois déjà, nous avons rencontré, face à cette civilisation d'Occident à laquelle je me sens tellement attaché, le spectre ténébreux du Moyen Age. Foi frelatée et suspecte dans un Dogme obscurantiste, imposé à des masses plongées et maintenues dans l'ignorance. Esprit de croisade visant à étendre le Dogme au monde – fût-ce par le recours à la force la

* Au XXVIe Congrès, le Secrétaire général du KPSS parle ainsi de la « Révolution en Afghanistan ». Les événements qui se sont produits en Iran – et que la nouvelle civilisation doit prendre en compte car ils peuvent être utilisés par elle un jour – ne sont qualifiés que de « renversement de la monarchie ».

plus brutale. C'est encore vers le Moyen Age qu'il nous faut nous tourner pour trouver les comparaisons qui éclairent le mieux les rapports complexes et riches qui unissent le Parti-État central de Moscovie avec les Parti-États locaux créés à son image.

N'ayons donc aucun regret à tordre le cou auparavant à un de ces mots passe-partout que nous utilisons à n'importe quel escient : je veux parler des « satellites » de l'Union soviétique. Trop moderne dans ses résonances, le terme donne certes une vague idée de la gravitation douteuse d'un astre étatique autour d'un autre, mais il ne rend compte en rien de la nature des liens qui peuvent bien relier des entités aussi différentes que Moscou et, disons, Cuba, Varsovie ou Hanoï. En ne s'en tenant qu'à l'apparence extérieure suggérée par le mot, des analystes pourtant subtils ont pu ainsi recouvrir du même concept de « satellites » des réalités aussi différentes qu'un Parti-État tel que l'Allemagne de l'Est ou la Pologne – membres, pour l'éternité je le crains, de la nouvelle Église – et un allié, temporaire, ponctuel et surtout uniquement étatique, telle l'Égypte de Nasser.

L'Histoire n'est pas un éternel recommencement. Tous les mécanismes du Moyen Age ne sauraient, c'est évident, être transférés *ne varietur* à la nouvelle civilisation, mais il est un phénomène qui contribue à l'éclairer car il découle, lui aussi, de l'application de la foi à des situations de pouvoir : je veux parler de la « foi jurée » – base de la « vassalité ». Et c'est la « vassalité » – à condition de faire l'effort d'appréhender les raisons sous-jacentes à son sens initial – qui rend le mieux compte de la nature des liens qui s'établissent en nouvelle civilisation entre les divers Parti-États. Un Parti-État central – qu'il soit russe, situé à Moscou, au milieu des steppes de l'Eurasie, est un autre problème – a découvert la Vraie Foi. Depuis des lustres, il codifie son Dogme et la pratique d'action qui en découle. En raison de ce passé, du rôle de Prophète qui lui est ainsi dévolu, de ses plus grandes connaissances dogmatiques et pratiques, il estime que lui seul peut – et doit – guider les nouveaux postulants dans l'édification du socialisme et la marche vers le communisme, dans l'action face au monde des Satans impérialistes, au sein de l'univers des infidèles et des hérétiques contre lesquels il faut se protéger et qu'il s'agit de convertir. Si un Parti-État jure fidélité à la foi, il doit *ipso facto* accepter la primauté spirituelle du Parti-État central, suivre ses enseignements, organiser la société selon les règles conformes à la Loi, participer à la construction économique commune, lever les armées, les policiers, les diplomates nécessaires à la « lutte contre » Satan ou à la « lutte pour » la conversion des infidèles. En échange de ce serment, le Parti-État central assure à son « vassal » l'aide financière, commerciale, technique, nécessaire au fonctionnement de son économie, lui garantit et lui fournit sa protection contre les assauts – fatals d'après le Dogme – de Satan, contre les menées non seulement des infidèles mais aussi des apostats et des hérétiques. Nous nous indignons des chars russes à Budapest ou à Prague. Nous avons grand tort : c'est un service littéralement vital que le Parti-État central rend à son vassal en l'aidant à extirper les hérésies et les apostasies contraires à la foi jurée. « Dans l'intérêt de la classe ouvrière, proclamait le sinistre Kadar à Budapest en 1956, dans l'intérêt du peuple tout entier, nous nous adressons au commandement de l'armée soviétique pour qu'elle vienne à notre aide, afin d'écraser les sinistres forces réactionnaires et de rétablir l'ordre et le calme dans le pays. » On ne relit jamais assez les grands classiques...

Et c'est la manière dont la « foi jurée » est respectée, c'est la façon dont le « vassal » s'occupe de l'organisation intérieure de la société, de la protection contre les sataniques « menées impérialistes », de la propagation – par ses moyens de Parti et ses moyens d'État – de la foi parmi les infidèles qui crée de subtiles hiérarchies que nous avons grand mal à appréhender.

Encore un mot à éliminer de notre vocabulaire : le mot « bloc ». Préférable à « satellite » car donnant l'impression – valable – d'une unité, d'une entité et d'un regroupement, le terme, sans aucune valeur scientifique, ne rend pas compte pour autant – par ses résonances de physique et de science naturelle – de la nature réelle et de la subtilité des rapports existant au sein de la « communauté socialiste » avec les États « à orientation socialiste », pour employer la phraséologie officielle ; voire, rend impossible à appréhender correctement la relation avec les pays « non-alignés ». En parlant de l'Union soviétique et de ses « satellites », nous posons le problème en termes classiques – et faux – d'États-nations. En évoquant « l'Est », nous cernons mieux la réalité d'une nouvelle civilisation mais, par cette étiquette trop vague, nous n'approfondissons en rien le phénomène – crucial – de l'apparition sur terre d'une nouvelle religion qui se veut, elle aussi, universelle : l'Angola ou le Nicaragua sont-ils à l'Est ? En dissertant sur le « bloc soviétique », nous retombons de nouveau – par l'emphase mise sur l'enveloppe charnelle du phénomène – sur des appréciations d'États-nations mais, surtout, nous créons un parallèle totalement injustifié avec ce que nous qualifions de « bloc occidental » dans une tentative émouvante de nous rassurer en entretenant l'impression que nos États et nos nations forment, en se regroupant, une force suffisante : des valeurs politiques et éthiques communes, une alliance militaire défensive laissent apparaître, en effet et à la différence de ce qui se passe dans le « bloc soviétique », des brèches béantes sur les problèmes les plus importants du monde.

Oublions donc, pour parler de la nouvelle expansion, les « blocs » et les « satellites ». Les Parti-États disséminés dans le monde forment avec Moscou non des « satellites », non un « bloc », mais le *Saint Empire communiste.* La réalité politico-stratégique de l'extension au monde de l'ordre politique du Parti-État n'est pas autre chose qu'un *imperium in statu nascendi* – un Empire mondial en cours de gestation. Ce Saint Empire marxiste-léniniste – avec ses « républiques socialistes soviétiques », ses « républiques démocratiques populaires », ses « partis communistes » nationaux – reconnaît l'autorité spirituelle, temporelle et morale du patriarche de Moscou – dénommé en l'occurrence « Secrétaire général » du KPSS. Ce patriarche est entouré, au sein d'un Saint Collège permanent appelé Politburo, de cardinaux de la Curie – le cardinal-ministre des Affaires étrangères, le cardinal-ministre de la Défense, etc. – et de cardinaux-primats représentant les bastions essentiels de l'Empire – le cardinal-primat de la ville de Moscou – appelé Premier secrétaire du Parti de la ville –, le cardinal-primat d'Ukraine, le cardinal-primat du Kazakhstan, etc. Le premier cercle du Saint Empire communiste – les républiques dites « socialistes soviétiques » – est parsemé d'archevêques et d'évêques implantés dans les centres urbains ou républiques de moindre importance et qui attendent avec une impatience que l'on peut imaginer leur nomination aux villes et régions permettant l'accession au cardinalat et l'entrée au Saint Collège.

Le deuxième cercle de l'Empire - les républiques dites « démocratiques populaires » - entraîne des promotions plus difficiles. Je n'entrevois guère de pourpre cardinalice dans les pays de l'Europe de l'Est où la foi chancelle par trop. Tout au plus l'archevêque de Prague, l'évêque de Sofia - petit pays -, l'archevêque de Varsovie ou de Budapest - postes éminemment changeants -, doivent-ils s'incliner devant le métropolite de Bucarest dont la mitre couronne des mérites personnels particulièrement éminents au service de l'ordre du Parti-État en tant que tel, même si son caractère particulièrement fantasque le pousse à donner des coups de crosse périodiques à la « politique extérieure » de l'URSS - considérée *stricto sensu* comme un ensemble de mesures diplomatiques prises par les États sur la scène internationale - ou le métropolite de Pankow qui a l'avantage d'officier au sein d'un peuple dont le goût inné de l'ordre fait respecter naturellement toute foi d'où qu'elle vienne.

Dans le troisième cercle, dans cette Afrique dont tout le monde sait qu'elle est la terre traditionnelle des missions, des évêques officient en Angola ou en Éthiopie - voire dans le voisin Yémen du Sud. En Asie - plus proche spirituellement et culturellement de l'Eurasie des Slaves et des peuplades et nations de l'Asie centrale -, un cardinal-primat a jadis officié en Chine avant que son Excellence Mao ne se fût prise pour Sa Sainteté et ne se fût, patriarche de Pékin provoquant le patriarche de Moscou, lancée dans les voies combien douteuses du schisme. Par chance, le métropolite d'Hanoi s'est mieux conduit et ses évêques auxiliaires du Cambodge - pardon : du Kampuchéa - et du Laos, donnent toute satisfaction. Merci pour eux. La grande surprise est le rôle croissant au sein du Saint Empire de l'Église de l'Amérique latine : bien qu'il ne soit qu'un converti, l'évêque de Cuba mérite la pourpre et le chapeau et son rayonnement spirituel s'étend au-delà de ses frontières, voire de son continent.

Et n'oublions pas le quatrième cercle du Saint Empire marxiste-léniniste, tous ces vicaires apostoliques, tous ces Marchais, Carrillo, Cunhal, Berlinguer - bien que cet abbé-là ait été un peu porté vers l'hérésie - qui prennent en charge le peuple de Marx et de Lénine installé chez les infidèles. Hélas, l'aune de la nouvelle religion se mesurant à la prise de pouvoir et comme ils ne sont pas parvenus à s'en emparer, tous ces chanoines et abbés n'ont aucun droit, eux, malgré leurs éclatants mérites, à l'anneau épiscopal, à la pourpre cardinalice ou à la mitre des métropolites. Jadis Thorez... Mais ces temps sont révolus.

Je ne prétends pas - il n'y a jamais eu beaucoup de cardinaux à être travaillés par la tentation de jeter leur robe aux orties et les autres se refusent à un dialogue ouvert et confiant avec les infidèles - connaître toutes les infinies subtilités du saint sérail. Mais j'affirme - toujours avec, à mes trousses, la meute des professeurs d'université et des parti-étatisateurs indignés - que cette vue du Saint Empire marxiste-léniniste est, malgré ses simplifications et approximations dues plus à l'ignorance qu'à la provocation, plus proche de la réalité que toutes les véhémentes incantations contre « l'Est », que toutes les analyses pseudo-objectives du « bloc soviétique », de « l'URSS et de ses satellites ». Et lorsque les cardinaux de la Curie et les cardinaux-primats se réunissent autour du patriarche de Moscou au sein de leur Saint Collège-Politburo, pour définir l'attitude du Saint Empire face au monde extérieur, le résultat de leurs – très feutrées, dit-on – délibérations n'a rien à voir avec la « politique étrangère » de nos États-nations. Lorsque l'archevêque-primat de Varsovie se rend à Moscou, ce n'est pas – fût-ce au sein d'un « bloc » – un chef d'État rencontrant un autre chef d'État, un « homme de main » rendant compte de « l'exécution de la volonté du chef » – telle est la définition médiévale de « satellite » –, mais un vassal venant discuter avec son suzerain de la meilleure façon, dans l'organisation intérieure de la société ou dans ses rapports extérieurs avec le monde, de respecter et de faire respecter la « foi jurée ». Lorsque les cardinaux, les primats, les métropolites, les archevêques et évêques s'assemblent, flanqués des vicaires et devant une sélection, selon la tradition orthodoxe, de simples croyants choisis pour la qualité de leur dévotion, ils ne forment pas un congrès de parti mais bien le concile chargé de maintenir l'unité indestructible de la foi et de la pratique qui constitue le fondement même du Saint Empire.

Objectif nº 3 : *Une fois le Parti-État instauré, par les infidèles, les apostats ou les hérétiques, tu ne le laisseras pas détruire.*

Persuadés que le « régime soviétique » est un régime comme les autres; bercés par nos belles histoires du peuple souverain qui, mobilisant ses forces, fait éclater ses liens, ébranle puis renverse un ordre ancien par trop injuste; passionnés, quand nous vivons en régime parlementaire, par le jeu des majorités qui jouent aux quilles avec les gouvernements; nous nous attendons, à chaque craquement dans l'édifice du Saint Empire, à un « renversement » de ce régime on ne peut plus discutable à nos yeux. Or l'idée même du renversement de l'ordre du Parti-État est absolument inconcevable pour les dirigeants de la nouvelle civilisation. Sur le plan de la foi, comment pourrait-on imaginer, ne fût-ce qu'une fraction de seconde, que le sens de l'Histoire fût inversé, que l'humanité, parvenue enfin à son aboutissement naturel, revînt en arrière dans la progression inéluctable qu'a découverte, pour son bien, la « science » du prophète Marx? Sur le plan de la pratique, comment pourrait-on admettre un instant que tout ce savoir-faire qui est la raison d'être des Grands Prêtres pût être battu en brèche? Seule notre ignorance d'Occidentaux nous laisse supposer, à chaque crise qui secoue l'Europe de l'Est, que le sentiment national, le sentiment religieux, les revendications de la classe ouvrière, les doutes des partis locaux, le poids de l'opinion publique internationale – quelle peut bien être la valeur de l'opinion des infidèles? –, la « situation internationale », les rétorsions diplomatiques voire économiques, l'affaiblissement de la « détente » puissent en quoi que ce soit infléchir cette loi, fondamentale, de la nouvelle Église *.

* Une erreur fréquente commise en Occident – faute d'une théorie appropriée de l'ordre du Parti-État et en raison du recours abusif aux notions approximatives de « bloc » et de « satellites » – amène les meilleurs analystes [10] à ne pas faire la distinction qui s'impose entre les liens de vassalité unissant les Parti-États et les relations ne mettant en cause que la seule composante État.

Pour servir la « politique extérieure » du Parti, l'État soviétique est amené, en

Seules varient, en effet, les formes d'application de la Loi – strictement fonction, elles, de la nature des atteintes portées à l'ordre du Parti-État. Les révoltes ouvrières de l'Allemagne de l'Est ou les premiers soulèvements en Pologne ne peuvent, pour le Saint-Collège, être des sursauts de la classe ouvrière - celle-ci, par son « avant-garde », est au pouvoir –, mais des troubles passagers de masses mal éclairées, travaillées au corps par les tentations du Malin, attisées par l'insidieuse propagande des Satans impérialistes. Elles ne relèvent donc que de la simple intervention des forces de maintien de l'ordre - on ne se révolte pas contre la volonté de Dieu - et la reprise en main d'une Église locale dont visiblement la dialectique avec les masses ne fonctionne pas avec la perfection souhaitée. Couple combien typique d'une répression d'abord massive puis sélective avec la réorganisation – et souvent l'assouplissement – des organes chargés de l' « organisation » et de « l'agitation ». Budapest en 1956 constitue une atteinte autrement grave à l'ordre du Parti-État. Comme la révolte de la population tout entière et l'effondrement de l'État ne peut être qu'un phénomène satanique - proprement incompréhensible pour les cardinaux même si le Diable impérialiste a visiblement attisé les infidèles –, les considérations canoniques impliquent le recours, face à l'abominable apostasie, au rite effrayant de l'exorcisme, alors que les nécessités pratiques de reprise en main du pays entraînent tout naturellement l'intervention des

effet, à conclure des alliances avec des États qui, pour autant, ne partagent pas la croyance dans le Dogme et ne font pas partie du Saint Empire. Certes, la mission organique confiée à l'État soviétique – défense de la « patrie du socialisme » et de la « communauté socialiste », « lutte pour » le « progrès social » et la « libération nationale » –, la fixation obsessionnelle sur les « menaces » provoquées par l' « impérialisme » donnent à ces alliances une allure boulimique - tendant à transformer les pays qui les acceptent en « États-clients », d'autant plus facilement que de tels traités dits « d'amitié et de coopération » ne peuvent être conclus que sur la base d'une certaine communauté de vues concernant « la lutte contre l'impérialisme » et la défense de la « cause » du « progrès social » et de la « libération nationale ». Certes, la nature tentaculaire de l'État soviétique le pousse à assurer dans l'État-client des tâches d'assistance économique, militaire, administrative et technique, tentaculaires elles aussi. Certes, la volonté permanente d'affaiblir l'Occident, le non-respect absolu des notions d'équilibre et de stabilité internationale amène l'État soviétique à armer les pays les plus turbulents – pire, à les surarmer. Certes, la dynamique propre aux services spéciaux de la nouvelle civilisation les pousse à profiter de cette situation privilégiée pour essayer, par des agents dits « d'influence », à rendre les États-clients de plus en plus favorables au Parti-État central. Certes, le Département international du KPSS redouble de prosélytisme pour convaincre ces États des bienfaits du Dogme et de l'ordre du Parti-État et d'adopter une « orientation socialiste ».

Mais dans ce type – nouveau lui aussi – de relations entre États – hier l'Égypte de Nasser, aujourd'hui la Syrie – il ne s'agit en rien, au départ tout au moins, de l'osmose toute particulière qui existe entre Parti-États. Il ne s'agit en rien d'un alignement sur le Dogme en raison de l'acceptation d'une foi commune – certains États-clients peuvent même continuer à réprimer et à massacrer les nouveaux croyants. Il ne s'agit pas, quels que soient les intérêts « objectifs » communs sur la scène internationale, de la subordination qui découle de la « dialectique » entre le vassal et son suzerain. Et il ne s'agit en rien d'un phénomène irréversible : à la différence de ce qui se passe entre Parti-États, la dénonciation, le renversement des alliances d'État sont parfaitement admis et acceptés. Congédié, l'État soviétique replie sans manières ses bases militaires et ses conseillers économiques, sans qu'il puisse jamais être question de faire respecter une quelconque foi puisque celle-ci n'a jamais été « jurée ».

forces du cardinal-ministre de la Défense, chargées, selon la terminologie officielle, de venir à bout des « hordes contre-révolutionnaires ». Seuls les chars du Saint-Collège peuvent exorciser le Mal, rétablir l'autorité d'un Parti tout à la fois normalisé, dépoussiéré dans ses relations avec les masses, mais témoignant néanmoins d'un respect absolu du Dogme. Prague en 1968 pose un problème encore différent. C'est l'Église locale elle-même qui, avec son évêque en tête, prend des positions contraires à l'orthodoxie et contenant donc en germe une abjuration de la foi jurée. C'est toute la « communauté socialiste » – le mot « communauté » ne vous dit rien? – qui doit être mobilisée pour extirper l'hérésie et ramener la population, après une épuration et une normalisation de l'Église, au respect de la Vraie Foi.

Nouvelle différence en Pologne. Certes l'apparition d'associations syndicales libres rendue possible par le maintien de cette association non contrôlée par le Parti qu'est l'Église catholique ébranle le Parti local, diminue la foi de son bas-clergé, prouve le mauvais savoir-faire de ses évêques, mais on ne note nulle part – comme dans la Tchécoslovaquie empreinte de souvenirs démocratiques et dont le Parti gardait certaines racines dans la population et l'intelligentsia non communistes – une renonciation de sa part au Dogme et à la foi jurée. Pas l'ombre d'une hérésie chez Gierek, Kania ou Jaruzelski. Seulement une difficulté à organiser et à éclairer des masses écoutant de mauvais bergers. Les tâtonnements polonais – interprétés aussitôt par un Occident béat, qui avait déjà rêvé pour Budapest d'un renversement du « régime » ou pour Prague d'un « socialisme à visage humain », comme un recul devant la « classe ouvrière », devant le sentiment national polonais ou le catholicisme, comme la volonté de ne pas durcir la « situation internationale » – ne masquent que la recherche patiente des éléments du Parti susceptibles de faire preuve du savoir-faire adéquat dans l'organisation des masses et dans la transformation éventuelle de Solidarnosc' et de l'Église catholique en de classiques « courroies de transmission ». Finalement, après l'association des éléments les plus habiles du Parti – police secrète de Kania – avec les éléments les plus sûrs de l'État – armée de Jaruzelski –, c'est la fraction militaire du Parti qui se voit confier la « normalisation ». Alors que l'Europe, prisonnière des schémas hérités de son histoire, s'interroge sur le « coup d'État militaire » ou le « bonapartisme », on assiste tout simplement à la démonstration que l'Armée – comme l'État, comme le KGB, comme la diplomatie – est, en nouvelle civilisation, non une force autonome, mais le simple prolongement opérationnel et spécialisé du Parti. Les formes d'organisation communautaire, la soumission à la foi et à la pratique étant visiblement adaptées à la vie militaire – mieux en tout cas qu'au bouillonnement individualiste et hérétique des intellectuels fussent-ils sincèrement « communistes » du type de ceux qui entouraient Dubček – on voit surgir ainsi une variante de « communisme militaire » qui n'a pas, je le crains, dit encore son dernier mot.

Mais vous paraissez surpris, monsieur le Président. Nous sommes à la page 112 de cet interminable rapport qui s'étire et s'allonge sans que vous en aperceviez la fin, et je ne vous ai toujours pas parlé de la Chine, des relations sino-soviétiques, de tous ces problèmes qui avaient obsédé ces adorateurs de l'État-nation qu'étaient vos prédécesseurs Nixon et Kissinger. Je vous ai pourtant promis de ne vous entretenir que de questions dont j'avais l'impression d'avoir, en toute une vie peuplée d'éclairs d'action et de longues lectures, acquis non une connaissance définitive mais du moins les quelques lumignons qui permettent de progresser dans les ténèbres. A la différence des Marco Polo des modernes médias qui reviennent chargés de lourds volumes d'un bref séjour dans l'Empire céleste, je ne vous ennuierai donc pas avec la Chine car sa civilisation m'est inconnue, je ne parle pas sa langue, je ne ressens pas ses soubresauts, ses espoirs et ses déceptions, au plus profond de ma chair.

En revanche, vous me voyez convaincu que la Chine – comme hier la Yougoslavie et aujourd'hui l'Albanie –, une fois réalisé le premier commandement – « Le Parti-État tu instaureras sur la surface du globe » – et une fois effectuée la dramatique constatation de l'impossibilité d'appliquer le deuxième commandement – « L'unité de la foi et de la pratique tu préserveras » – ne saurait relever en rien de la dernière composante de la Sainte Trinité : « Le Parti-État par les infidèles, les apostats ou les hérétiques tu ne laisseras pas renverser. »

On n'a jamais vu, en effet, les chars de l'Armée rouge ou de la « communauté socialiste » camper dans les rues de Pékin, de Belgrade ou de Tirana. Certes le géant chinois pourrait sembler ne pas être à la mesure du bras séculier soviétique – je ne le pense pas, mais c'est un problème de technique militaire profondément complexe. Il n'en allait guère de même, hier, de la petite Yougoslavie. Comment! Voilà Staline, sanctifié de son vivant comme le « petit père des peuples », homme de toutes les rudesses et de toutes les répressions, ouvert, en pleine « guerre froide », à tous les risques internationaux, et qui se laisse défier impunément – à part les habituelles manœuvres de services secrets chargés d'amener au pouvoir leurs habituels protégés – par le minuscule Tito qui brise l'unité de la splendide construction de l'Europe de l'Est arrachée au nazisme et à l'« impérialisme » anglo-saxon et convertie – de force – à la nouvelle religion! Peur, dit-on, de la réaction nationale yougoslave. L'explication n'est pas valable quand on connaît la manière dont le Parti-État dispose de ce genre de résistance et dont il vient, lorsque Tito jette son gant, d'en disposer dans les États baltes et dans la Pologne de 1939 ou dans toute l'Europe de l'Est après 1945. Absence de frontières communes? Et la Hongrie, la Roumanie, la Bulgarie? Peur des réactions internationales et respect de la zone d'influence laissée aux Occidentaux dans les Balkans? Et la « guerre froide » et le blocus de Berlin et la guerre de Corée? Et en quoi, aujourd'hui, disons l'invasion aéroportée de l'Albanie susciterait-elle plus de résistances nationales et plus de risques internationaux que l'occupation de l'Afghanistan? Non, l'explication est ailleurs et nous ne pouvons pas la trouver dans nos mécanismes d'États-nations. L'ordre devait « régner » à Varsovie en 1830 parce qu'il s'agissait de maintenir le pouvoir de l'État-nation russe et d'empêcher toute renaissance de l'État-nation polonais. L'ordre doit régner à Budapest, Prague et – de nouveau mais dans d'autres conditions – à Varsovie, parce qu'il s'agit d'empêcher l'éclatement du Parti-État et le triomphe des infidèles ou des hérétiques. L'ordre n'a pas à régner à Belgrade, à Pékin ou à Tirana car il y règne déjà : quels que soient les insultes, les anathèmes et les excommunications, ni Tito ni Mao n'ont porté la moindre atteinte à l'ordre du Parti-État et l'intérêt supérieur de celui-ci transcende de loin, avons-nous dit, l'intérêt de l'Union soviétique et de ses dirigeants.

Les escarmouches de frontières se transformant même, en s'éternisant, en des miniguerres de frontières? D'accord, à condition toutefois de ne pas arriver à la « guerre absolue » et à ses « ascensions aux extrêmes ». D'après le Dogme – accepté en l'occurrence par toutes les parties concernées –, la guerre entre États socialistes est inconcevable au même titre que la lutte des classes. Les menées des services spéciaux? Bien entendu, mais elles n'ont pour objectif, dans le respect de l'ordre du Parti-État, que le remplacement d'une équipe indépendante par une équipe acceptant la soumission au Parti-État central. Le rapatriement des experts et des conseillers, la suppression de toute aide économique, militaire, administrative, technologique? Normal, car la foi jurée a été trahie : le vassal a récusé l'autorité de son suzerain et celui-ci, voyant disparaître toute réciprocité, n'a plus aucune raison de lui venir en aide. Tito et Mao, au lieu de rester soit un obscur évêque ayant à se faire pardonner son audace pendant la dernière guerre soit le cardinal-primat de Pékin, se sont respectivement proclamés métropolite et patriarche, défiant ouvertement la primauté spirituelle du Saint-Père des peuples. L'excommunication? Indispensable, et dans ce genre d'affaire, les casuistes ont appris à découvrir le point obscur pour les profanes mais essentiel pour les fratricides anathèmes des conciles.

Mais là se clôt l'éventail des mesures que peut prendre le Parti-État central. Ce colosse qui nous terrorise tellement avec ses chantages et ses fusées, qui écrase si allègrement sous les chenilles de ses chars les « hordes contre-révolutionnaires », se révèle, finalement, devant un autre Parti-État, dans toute sa nudité : « un tigre de papier ».

Passons sur les difficultés techniques entraînées par toute intervention – et occupation – militaire. Certaines sont probablement grossies par le système de pensée en vigueur : aux yeux des stratèges du Parti-État central, le Parti-État rebelle dispose, lui aussi, de l'« arme matérielle » du Parti-État, de l'« arme spirituelle » du communisme, du marxisme, de la révolution, etc. D'autres obstacles, en revanche, sont plus réels. Comment briser la profonde osmose qui existe, elle aussi, à tous les niveaux horizontaux et verticaux, entre le Parti rebelle et son État et sa population? Comment, surtout – et cette crainte-là me paraît particulièrement fondée – justifier auprès de ses propres exécutants, de sa propre armée, de l'*aktiv* de son propre Parti, de l'Armée et de l'*aktiv* des Parti-États vassaux, une action contre un autre *aktiv,* contre d'autres *agit-prop,* contre d'autres « communistes »? Comment, en effet, non plus passer à la tondeuse du KGB et de l'Armée rouge tout ce qui vous est – société civile et intellectuels, paysans et opposants – étranger, mais épouiller, une par une, des cellules qui vous ressemblent? Comment organiser et éduquer des masses non privées de toutes leurs structures passées mais déjà organisées et éduquées par d'autres? La difficulté essentielle est, en effet, bien là : Tito et Mao sont des schismatiques et non des infidèles ou des hérétiques.

Et le schisme, lui, ne relève pas de la croisade. L'excommunication, oui. A condition qu'elle soit bien juteuse, bien blessante et bien insultante, empreinte de toutes les revigorantes joies de la querelle de famille et d'Église. La « normalisation », non *. Ce monde, l'ai-je dit, obéit à sa propre logique et si nous n'avons pas fini, hélas, de continuer à nous enliser dans ses vénéneux marais, tirons-en une loi fondamentale :

S'il lui est arrivé – bien plus souvent que nous ne voulons l'admettre en raison de notre faiblesse envers les idéologies généreuses – d'être arrêté dans son expansion, il n'est pas d'exemple, depuis sa création en 1917, où le Parti-État, une fois instauré dans un pays, ait cédé la place à un autre ordre politique. Irréversible, le Parti-État continue à régner sur terre partout – en Russie, en Mongolie, en Europe de l'Est, à Cuba, au Vietnam mais aussi en Chine ou en Yougoslavie – où il a été imposé ou choisi.

Comment, d'ailleurs, pourrait-il en aller autrement?

* Si la Yougoslavie et l'Albanie restent des États balkaniques en marge des grandes mutations historiques, l'avenir lointain de la nouvelle civilisation ne peut pas ne pas dépendre du devenir de la Chine. Les limites de mes connaissances dans ce domaine ne me permettent que de procéder par hypothèses.

1. L'explication du schisme ne devrait pas être recherchée dans des divergences sur des points du Dogme – et, bien entendu, surtout pas dans des divergences d'intérêts de deux États-nations –, mais dans une différence fondamentale dans l'exacerbation dogmatique. La mort de Staline et le « dégel » de l'activisme du Parti russe se produisent à un moment où l'activisme du Parti chinois – incarné par Mao – aux prises avec les difficultés d'instauration de l'ordre du Parti-État et de la nouvelle organisation économique est, lui, à son apogée tant au plan mystique qu'au plan intérieur – où il s'investira dans un domaine d'application agraire différent de l'industrialisation massive de type soviétique – ou extérieur – où jouent à plein les velléités expansionnistes entraînées par le décalage du rêve et de la réalité. La dénonciation des crimes de Staline, la proclamation de la « coexistence pacifique », la normalisation khrouchtchevienne puis brejnévienne sont littéralement incompatibles avec l'exacerbation dogmatique chinoise. (Bien entendu, celle-ci séduit aussitôt le peuple des intellectuels « de gauche » occidentaux qui se proclament « maoïstes ».) A l'inverse, c'est la modération yougoslave qui avait fait rejeter par Tito l'exacerbation stalinienne, alors que la folie intrinsèque à la marginalité albanaise la fait regimber devant toute normalisation.

2. En raisonnant en décennies, il paraît probable que la diminution actuelle de l'activisme chinois va se traduire par une normalisation comparable à celle de l'époque brejnévienne.

3. Une telle normalisation devrait entraîner une diminution de la tension avec le Parti-État central et un rapprochement des Parti-États de Pékin et de Moscou.

Sur le plan tactique, le problème se pose de savoir si le Parti-État central parviendra à utiliser le Parti-État chinois comme il est parvenu à remettre sur une orbite qui lui est favorable le mouvement des non-alignés lancé par Tito. Hypothèses à ne pas exclure pour nos « diplomates » – le général de Gaulle prononçait « diplotames ».

4. Quant à la forme que peut prendre – dans un futur encore plus lointain – la nouvelle civilisation en Chine, elle reste, pour moi tout au moins, aussi énigmatique que ne l'était, pour Churchill, le mystère russe. Seuls des experts hautement qualifiés pourraient se prononcer sur la façon dont la spécificité chinoise influerait sur les mécanismes de la nouvelle civilisation, sur une reprise éventuelle de l'expansion de cette variante céleste, sur ses chances d'affrontement – ou de rapprochement – à très long terme avec le Parti-État de Moscou.

« Notre Parti qui êtes sur terre, que votre action soit sanctifiée, que votre règne arrive, que votre volonté soit faite sur la surface du globe comme en Union soviétique. Vous nous donnez aujourd'hui notre pain de chaque jour. Ne nous laissez pas succomber à la tentation et délivrez-nous du Mal. Ainsi soit-il *. »

* Inutile de vouloir, ne fût-ce qu'un instant, essayer d'intégrer : « Pardonnez-nous nos offenses comme nous pardonnons à ceux qui nous ont offensés. » Cette religion-là n'est pas celle du pardon.

V

DE LA NOUVELLE NATIVITÉ

Des moyens d'action de la nouvelle Église

Nouvelle religion, avons-nous dit : il est normal que l'ensemble des moyens dont dispose la nouvelle civilisation soient mis, conformément à son Dogme, au service exclusif de cette religion et de sa foi. Nouvel ordre politique du Parti-État, avons-nous répété. Il est normal que nous trouvions en face de nous non seulement les moyens d'État auxquels, États-nations, nous sommes habitués, mais également les moyens propres du Parti.

« *Je vous salue, Masses pleines de grâce, Karl Marx est avec vous, vous êtes bénies entre tous les peuples et la Révolution, fruit de vos entrailles, est bénie.* »

La nouvelle Nativité ! Une fois de plus, on va croire que je me livre à de la provocation. Une fois de plus, je vais être cloué au pilori par nos intellectuels. Une fois de plus, je crois pouvoir démontrer qu'une approche aussi sacrilège rend mieux compte de la subtilité et de la complexité de la nouvelle expansion, des moyens qu'elle met tout naturellement en œuvre, que la définition trop claire, trop logique, que j'ai donnée des objectifs qu'elle poursuit.

La nouvelle Nativité, donc.

La conception de la révolution, en nouvelle religion, n'a rien d'immaculée. Devenu grâce à Marx « sujet » de l'Histoire, l'homme – et donc sa seule expression valable : le Parti – n'est plus le spectateur de sa propre aliénation et doit agir sur son propre devenir. C'est le Département international du Comité central du KPSS qui s'emploie, avec une ardeur, une vigueur et une rigueur dogmatique à laquelle l'Occident athée ne rend pas suffisamment hommage, à féconder des masses qui – souillées par l'ignoble capitalisme – ne sont plus, il faut bien le constater, ni très vierges ni très pures. C'est le Département international du Parti central qui encourage, soutient, guide, les Partis communistes locaux, les « mouvements de libération », les organisations dites « de masses » ou « de front » – ces trois composantes qui forment ce qu'il est convenu d'appeler le

« mouvement communiste international * et que les Grands Prêtres qualifient plutôt, eux, de « mouvement ouvrier international ». C'est le Département international qui forme dans des universités et instituts spéciaux de Moscou – telle l'université Patrice Lumumba – les « cadres » nécessaires à cette lumineuse activité. C'est le Département international moscovite qui manie avec adresse, dans un type de rapports qu'on ne peut assimiler ni à la « diplomatie » classique des « monstres froids » que sont les États ni à une subordination d'ordre militaire ni – encore moins – à ces relations détendues et bon enfant qui caractérisent l'Internationale socialiste, la célèbre dialectique « haut-bas », « bas-haut ». C'est le département international qui fait passer le courant électrique entre ses faibles lumières et celles – éclatantes – du génial Politburo, entre sa lucide connaissance du Dogme et celle, plus fruste, des exécutants, fussent-ils aspirants au rang de futur chef du Parti-État local, entre ceux-ci et les forces « progressistes ». C'est le Département international qui s'efforce de catéchiser lui-même, si cela s'avère possible, certaines forces « progressistes » telles que l'OLP palestinienne, l'IRA irlandaise, voire certains sociaux-démocrates qui, passant pour être « de gauche », pourraient se montrer sensibles à ses charmes. Bref, c'est le Département international du Comité central du KPSS – pratiquement ignoré d'un Occident coupé des mécanismes de la foi et assimilant le Dogme à une quelconque, imprécise et volatile idéologie – qui est chargé de répandre dans le monde la divine semence.

L'Esprit Saint.

Mais, dans ce secteur glorieux pour lequel le système de Parti-État est tellement mieux adapté que pour la chasse aux « goulots d'étranglement » de l'économie, les Grands Prêtres savent bien – c'est la source même où ils puisent leur immense pouvoir – que les enfants, même divins, ne peuvent pas faire l'objet d'une facile insémination, artificielle et massive. Il ne suffit pas de former un leader communiste à Moscou pour qu'il réussisse à créer un Parti communiste dans son pays. Il ne suffit pas d'instaurer un Parti communiste même puissant pour qu'il parvienne au pouvoir. Il ne suffit pas d'agir sur un « mouvement de libération », de l'abreuver de conseils, de le marier avec les forces communistes locales, de lui fournir des armes – ainsi l'attitude du Parti-État moscovite à l'égard du FLN telle que j'ai pu l'observer pendant la guerre d'Algérie – pour qu'il adopte *ipso facto* et le Dogme et l'ordre du Parti-État. Tout dépend, pour parler en jargon d'*apparatchik*, de la « dialectique » : dialectique entre les masses et les organisations communistes, dialectique entre les organisations communistes et les autres forces de « progrès social », de « libération nationale » et de « lutte contre les menées impérialistes », dialectique entre les organisations

* Si la formulation est correcte – il s'agit bien d'un ensemble de forces exerçant une action internationale en faveur du communisme – son emploi en Occident m'a toujours gêné. La soumission du « mouvement » à la formule du Parti-État telle qu'elle est incarnée par le Parti-État soviétique n'est pas suffisamment mise en valeur. Mais, surtout, le mot « communiste » a une valeur émotive et entraîne soit toutes nos indulgences à l'égard d'idéologies généreuses, soit des haines incontrôlées. Toutefois les formulations du genre « ensemble d'organisations de nature religieuse œuvrant pour l'instauration dans tout le monde d'un système de Parti-État sur le modèle du Parti-État de l'Union soviétique » sont, quand même, trop difficiles à manier.

communistes locales et les organisations du Parti central, dialectique entre les forces de progrès social et de libération nationale avec le Parti-État de Moscou.

Quelquefois, ça marche et ça s'appelle le Vietnam. *« Hosannah! Saint, Saint, Saint est le sens de l'Histoire! »* Une Vierge collective a été fécondée, un enfant divin a été engendré et le Parti-État, ému, le porte sur les fonts baptismaux de l'Histoire.

Elle est née la divine Révolution.
Sonnez hautbois, résonnez musettes.

Les masses ont bien réagi au message communiste dont le mouvement, la force et la conscience politique se sont transformés et bonifiés à leur contact. L'ensemble ainsi formé entretient des relations dynamiques, amicales et constructives, avec les autres forces de progrès et de libération suscitées par les masses – en clair, cela veut dire qu'il les dévore. La nouvelle branche du « système mondial du socialisme » ainsi créée, le nouveau bambin de la « communauté socialiste », réagit favorablement à l'impulsion et aux conseils du Parti central de Moscovie. Bref, tout va pour le mieux dans le meilleur des mondes marxistes-léninistes. Paix sur terre aux communistes de bonne volonté et les Rois Mages n'ont plus qu'à venir signer les traités d'amitié et de coopération économiques, politiques, diplomatiques, policières.

Mais, une fois né le divin enfant, encore faut-il qu'il ne se transforme pas en punk trotskiste ou maoïste ou que, devenu adolescent, il ne se taille pas, purement et simplement, avec la caisse. Un autre Département du Comité central s'y emploie : Andropov y a exercé ses talents pendant dix ans après avoir prouvé à quel point il était doué pendant le soulèvement du peuple hongrois. Là, la dialectique « bas-haut » devient résolument « haut-bas » et dans l'ensemble de la « communauté socialiste », l'Esprit Saint souffle à pleins poumons à partir des sommets. De Moscou, le département ex-Andropov éduque, guide, surveille les dirigeants des Partis locaux « arrivés au pouvoir », comme l'on dit sans fausse modestie dans « l'appareil », afin qu'ils créent bien des Parti-États conformes en tout point au Parti-État central. Quelques adaptations aux conditions locales sont bien sûr tolérées – elles sont indispensables au bon fonctionnement du système –, mais il ne saurait être question que les Partis locaux prennent la moindre liberté ni avec l'ordre politique du Parti-État ni avec la « ligne générale » du Dogme ni avec la primauté du Parti-État central à qui la foi a été jurée. Le Comité « central » moscovite, son Politburo, ses secrétariats et ses départements détiennent seuls, en effet, les mystérieux secrets d'instauration et de fonctionnement d'un Parti-État. Ils disposent seuls, en raison des gigantesques richesses de la terre russe, des énormes moyens – ultra-coûteux – pour le faire rouler ne serait-ce que cahin-caha. Ils savent seuls se livrer à la curieuse alchimie qui permet de tirer du magma – à vrai dire assez contradictoire et confus – de Marx et de Lénine l'or pur du Dogme. Et comme le Dogme n'est pas une quelconque idéologie bourgeoise ou une rêverie « gauchiste » mais l'expression « scientifique » du sens de l'Histoire, que l'ordre politique du Parti-État n'est pas un « régime » comme les autres mais la seule manière de vivre la nouvelle religion, le nouveau

Parti-État ne saurait être un accident, une parenthèse, une transition mais constitue bien l'aboutissement – absolument irréversible : nous l'avons vu en Hongrie, en Tchécoslovaquie, en Pologne – de l'humanité en joie. M. Brejnev était – comme avant lui Staline et après lui Andropov et demain, plus que probablement, M. Gorbatchev – un homme de parole. Les dirigeants de la nouvelle civilisation ne sont pas des « politiciens petits-bourgeois » mais des papes encore plus infaillibles que le Saint-Père : c'est bien le monde qu'ils parviennent ainsi à véritablement « transformer » *.

Il est de bon ton en Occident, notamment depuis le désastre du Vietnam et le gigantesque règlement de comptes qui a lancé la nation américaine contre son État après la lamentable affaire du Watergate, de mettre à tout bout de champ en accusation la CIA. Si la « recherche » et la « protection » n'ont pas été trop égratignées, le principe même des opérations dites d' « action » – troisième composante de ce que les Français appellent le « concept RAP », Recherche, Action, Protection, qui d'après eux, caractérisent les services spéciaux modernes – a été violemment mis en cause par le Congrès, récusé par le président Carter, sans qu'il ait été assez souligné d'ailleurs que l' « action » a été imposée à l'Occident par l'occupation de l'Europe par Hitler et – une fois que ses méthodes se furent révélées efficaces dans la lutte contre le totalitarisme – par le déferlement, sous Staline, de la nouvelle civilisation **. Or, en nouvelle religion, c'est toute la mise en œuvre des moyens propres de Parti qui peut se comparer à une colossale « action » de ces services spéciaux que nous décrions tant. Mais ce qui en Occident est mis en œuvre sur une échelle très limitée – et, de nos jours, à dose quasi homéopathique –, d'une manière ponctuelle, sporadique et quelque peu honteuse, est ici permanent et universel,

* Le Dogme, ai-je dit, a « comme un défaut », et la « classe ouvrière » lui pose un problème digne de celui des « goulots d'étranglement ». Si les travailleurs se révoltent dans la « communauté socialiste », ils ne font pas preuve, dans les « pays du capital », d'une ardeur démesurée pour donner vie au célèbre slogan : « Prolétaires de tous les pays, unissez-vous ! »

Le Dogme ne pouvant être remis en cause, c'est – comme toujours en nouvelle religion – un surcroît d'activisme qui vient compenser un état de fait aussi déplorable. Un département spécialisé de l'Union des « syndicats » soviétiques s'attache, grâce à l'intensité de ses relations internationales et à la Fédération mondiale syndicale, à susciter, au plan syndical, le même type de dialectique – avec les syndicats d'obédience communiste, avec les syndicats « progressistes », avec les syndicats sociaux-démocrates – que met en œuvre le département international du Comité central.

** Je ne veux pas, dans ce livre et ne serait-ce que dans une incidente, me livrer à ce panégyrique des services spéciaux démocratiques qu'il m'arrive périodiquement de faire, bien qu'il me soit possible d'affirmer qu'il est nécessaire qu'un État d'Occident puisse « agir » – essentiellement en soutenant les forces qui lui sont favorables – sans engager sa responsabilité ou mobiliser la nation. Je pourrais souligner que l' « action » a porté des fruits dont nous n'avons pas à rougir sous le président Truman en permettant notamment aux forces démocratiques de l'Europe de l'Ouest de faire face victorieusement au stalinisme et que les opérations plus discutables menées ensuite par mon ami Allen Dulles dans le tiers monde découlent moins d'une erreur des services spéciaux eux-mêmes que de l'Occident tout entier qui pensait résoudre ainsi à bon compte des problèmes qui le dépassaient et qu'il ne désirait pas affronter véritablement : même vivace, même utile, un arbre ne peut rien contre la dégénérescence d'une forêt.

systématique et poussé jusqu'à sa logique la plus extrême, conformément au Dogme qui postule tout à la fois la nécessité morale de cette « action » de transformation du monde et l'inéluctabilité scientifique de sa victoire. Ce qui est perçu en Occident comme quelque peu condamnable et confié à des organismes clandestins et marginaux, se trouve au centre même des préoccupations du Parti-État qui en tire sa raison d'être.

Pour comprendre le Département international du Comité central, imaginez donc une immense CIA, un Allen Dulles persuadé qu'il est l'instrument d'une nouvelle Nativité révolutionnaire, manipulant et orientant aux quatre coins du globe des forces proprement gigantesques. Pour tenir compte du département de l'Union des syndicats, ajoutez une petite CIA *bis*, spécialisée dans l'action syndicale. Pour corser le tout et intégrer le département ex-Andropov, pensez à une CIA *ter*, encore plus puissante que les deux premières, dirigée par un Allen Dulles encore plus dogmatisé, imposant sa loi de fer à des nations pour qu'elles n'échappent plus jamais à la mouvance d'un autre pays, au nouveau système d'organisation politique, économique, social, religieux qui lui a été imposé. Et n'oubliez pas, comme nous allons le voir, que ces CIA ont à leur disposition pleine et entière les moyens d'action d'un État ultra-puissant, que la mise en œuvre de leurs moyens propres de Parti peut être relayée, si nécessaire, par l'engagement massif de moyens d'État titanesques. La CIA se vit refuser l'appui de la marine et de l'aviation des États-Unis pendant sa tentative de débarquement à la baie des Cochons; une fraction du Parti communiste afghan obtint, elle, l'intervention de l'Armée rouge.

A vrai dire, l'intensité des moyens mis en œuvre, le volume des forces sociales et politiques mobilisées, l'étendue des ramifications internationales de ces moyens et de ces forces, le poids de la foi et le fouillé du Dogme créent, en fait, par rapport aux branches « action » des services spéciaux démocratiques – que le tentaculaire et boulimique KGB n'a même pas à abriter en son sein – une réalité qui défie toute comparaison *.

* Dans le même temps où les mécanismes les plus élémentaires de la nouvelle religion restent ignorés de l'Occident, le KGB excite, lui, l'attention des journalistes et des romanciers. Certes le KGB se trouvant, par ses fonctions, le plus directement « en contact » avec notre civilisation, nous permet d'apprécier la nature a-morale – pour nous – des méthodes du Parti-État. Certes le KGB est à même, dans le domaine de l'« action », d'exécuter n'importe quelle mission clandestine dans n'importe quel pays du monde. Certes le KGB est capable de procurer aux terroristes de tous ordres un immense « self-service » en armes, entraînement, liaisons, faux papiers, etc. Certes le KGB dispose d'un redoutable « département V », fortement implanté dans toutes les ambassades des Parti-États, chargé des opérations de commando, des sabotages militaires et des attentats politiques et qui pourrait, par des « actions » bien choisies « déstabiliser » nos pays, voire réduire à néant leur capacité de riposte en cas de conflit nucléaire. Mais ce « département V » paraît essentiellement prévu pour le cas de guerre – *« voïna »* en russe, d'où son nom – et il n'a, pour l'instant, pas plus « agi » lui-même que l'Armée rouge ne nous a envahi.

Et, de toute façon, rendre la « Centrale » soviétique responsable de tous les maux de la terre constitue une simplification un peu trop facile – et trop dangereuse. Ressentant les services spéciaux comme marginaux, projetant sur eux de bien troubles passions, nous risquons – à force de centrer exclusivement notre regard sur eux – de ne pas prendre en compte l'essentiel. Bien que j'aie passé une partie de ma vie à dénoncer – et combattre – les méfaits du KGB, je ne veux donc pas le singulariser dans cet ouvrage.

Écoutons le chef du Département international parler de sa mission de fécondation des masses : je me suis permis de mettre bout à bout ses saintes formules sans en déformer le sens [11] :

Ce moine-soldat assume *la lutte accrue, intense, de la classe ouvrière, de tous les travailleurs des pays du capital, des forces de libération nationale, du mouvement anti-impérialiste en tant que tout et de toutes les forces démocratiques éprises de paix.*

Excusez du peu.

Accroissant la capacité de combat du mouvement communiste international et élargissant le front anti-impérialiste, ses ouailles mènent une *lutte démocratique et révolutionnaire contre un ordre d'exploitation, pour le progrès social et pour la libération nationale.*

Ces combattants ne dédaignent pas la *lutte idéologique* car – et cette formulation-ci qui m'a toujours glacé les sangs ne devrait jamais être oubliée – *la lutte pour l'esprit des gens est, en fin de compte, l'une des places d'arme décisives de la compétition des deux systèmes.*

Ces croyants de la *lutte des classes* sont prêts – autre révélation de taille à garder présente dans nos esprits – *à changer de forme de lutte, pacifique ou non pacifique, à employer les moyens de lutte les plus décisifs.*

Voilà donc « le cheminement mesuré des bataillons d'acier » qui, d'après Lénine, est plus utile à la révolution que les « élans hystériques ». Ce sont ces combattants-là – et non les services spéciaux ou les forces armées de la nouvelle civilisation – qui veulent « transformer le monde ».

Définition de « lutte pour » et de « lutte contre » dans le dictionnaire *Robert* : « *Action soutenue et énergique d'un* individu ou *d'un groupe* pour résister à une force hostile ou *atteindre un certain but.* »

Et c'est en pure logique formelle, au vu de cette définition a-politique, sans la moindre passion partisane ou l'ombre d'une hostilité quelle qu'elle soit, que se pose alors la question : *Où est, en Occident, l'action soutenue et énergique pour résister à cette force hostile*?

Des moyens d'action du nouvel État

A parler franc, ma référence à l'action des services spéciaux démocratiques était particulièrement mal venue. Moins parce qu'on ne peut mettre sur le même plan une bombe atomique et une arquebuse, mais parce que toute comparaison entre la nouvelle civilisation et l'Occident ne peut que nous fourvoyer car il lui est impossible de prendre en compte la violence et la simplicité des mécanismes d'ordre religieux.

Si l'on souhaite, après ce détour indispensable par les moyens de Parti, comprendre la raison d'être des moyens de l'État qu'il a créé, de ces forces armées démentielles, de cette assistance économique boulimique, de ces services spéciaux tentaculaires et dévastateurs, ce n'est toujours pas, en effet, du côté de l'État qu'il faut se tourner. Transportons-nous au Kremlin. Dans la grande salle du Palais des Congrès, des milliers de congressistes attendent devant le gigantesque et inquiétant portrait de Lénine. Paraît le Grand Prêtre du communisme. Sous les ovations, il ouvre par un rapport-fleuve les « travaux » du Concile – pardon : du Congrès du Parti.

Et c'est au cours de cette grande messe pontificale – qui n'a rien à voir, bien entendu, avec nos réunions électorales ou nos séances de Parlement –, c'est en tête de ce rapport « d'activité » du Comité central que l'on trouve – douze mille mots sur trente-six mille au XXVIe Congrès [12] – la clef que nous recherchons : « La politique extérieure du KPSS ». Du Parti, pas de l'État.

Monsieur le Président des États-Unis d'Amérique, si vous désirez percer le secret de cette croissance des moyens d'État qui vous obsède, si vous désirez déceler à temps les intentions du Parti-État à votre égard, découvrir dans quelle direction et selon quel axe va s'effectuer son expansion, ne demandez donc pas à vos services de renseignements de fouiller les corbeilles du ministère des Affaires étrangères : ils ne feraient qu'anticiper sur des initiatives qui vous seront présentées bientôt. Ne leur demandez pas – bien que cela fût déjà bien plus utile – de s'attaquer au ministère de la Défense : vous ne feriez qu'acquérir une longueur d'avance sur les photographies prises par vos satellites. Ordonnez plutôt à tous vos services – hélas, ils en sont bien incapables : comment se renseigner sur les mystères d'une foi ? – de percer le secret des deux cent trente-six réunions que tient le Politburo entre deux Congrès, des deux cent cinquante réunions du secrétariat du Comité central [13], des « commissions extraordinaires » créées pour prendre « dans un esprit opérationnel », Brejnev *dixit,* les « mesures pratiques nécessaires » – réunions et mesures dont nous ne savons, hélas, strictement rien. Car c'est là – dans cet « état-major de combat de notre Parti », comme le regretté M. Brejnev appelait son Politburo –, là uniquement et dans aucun ministère ou état-major dépendant de l'État, que se trouvent, monsieur le Président, les réponses aux questions que vous vous posez avec une angoisse de plus en plus justifiée.

Il existe certes des raisons normales à la croissance en nouvelle civilisation de l'État et des moyens d'action qui lui sont spécifiques. La dissuasion nucléaire pour être crédible implique, en raison des prodigieux bouleversements de la science et de la technologie, une gamme d'armements de plus en plus étendue et perfectionnée afin de ne jamais être prise en défaut. La volonté de ne pas recourir à ces armes d'holocauste rend nécessaire le maintien de forces conventionnelles dont la faiblesse ne doit pas constituer un appel à l'agression. Les turbulences politiques, économiques et sociales d'une grande partie de la planète, l'interdépendance des marchés, la dilution des instabilités imposent – même à de petits pays comme la France – tant le maintien de forces d'intervention militaire que d'organismes de coopération économique et d'assistance technique et administrative à des pays en difficulté. Les dangers de ce monde combien explosif obligent les États à se renseigner, par des services spéciaux efficaces, sur les menaces qui les guettent, à se protéger contre les menées d'autres États, voire à « agir » clandestinement pour défendre leurs intérêts *. La spécificité soviétique ne peut qu'amplifier ces tendances propres

* A condition, toutefois, de ne pas se livrer à des « actions » aussi discutables au plan moral – nous ne sommes pas en état de guerre –, aussi infantiles au plan de la conception et de l'exécution, aussi inutiles au plan stratégique que l'attentat contre un bâtiment de Greenpeace. Le lamentable de cette affaire, c'est que l'ensemble de la classe politique – opposition et majorité confondues – semble

à notre temps. L'État russe ne peut qu'y trouver une justification à ses traditions tentaculaires et une société très primitive à son goût naturel pour la violence, la force et les armes. Et, alors que dans nos États-nations démocratiques d'Occident, le développement du pôle nation et des aspirations de bien-être des citoyens freine ce développement, c'est le contraire qui ne peut que se produire dans un système qui ne tient aucun compte des aspirations populaires et où aucun contre-pouvoir ne peut venir exercer une salutaire fonction de modération. J'ai suffisamment insisté sur mes spirales de développement mais je me vois forcé de récidiver : plus le Parti croît et plus croît l'État. Plus le Parti est présent dans le « concert des nations », plus se développe son action en faveur de la réalisation du but assigné par Lénine et plus croît le nouvel État sur lequel il s'appuie. Et plus croissent l'État et ses moyens propres d'action, son armée, sa diplomatie, son KGB, ses organismes d'assistance économique, et plus croissent le Parti et sa volonté de réaliser le But. Et plus croissent le Parti et sa volonté, plus croissent les moyens du nouvel État. Etc.

Et c'est là que nous perdons pied. Déroutés par des mécanismes qui nous sont si peu familiers, hantés par le souvenir des catastrophes qu'a provoquées, dans notre histoire, la croissance de l'État dans les États-nations autoritaires et totalitaires d'Europe – Napoléon, Bismarck, Hitler –, nous passons à côté de l'essentiel. En nouvelle civilisation, le Parti n'est pas un parti politique, une société civile, une administration ou une classe sociale. C'est la nouvelle Église au service du nouveau Dogme. Le But n'est pas l'objectif d'un État, d'une nation, d'une administration, d'une société civile ou d'une classe sociale mais l'expression de la nouvelle foi. Et la seule raison d'être du nouvel État – l'État, d'après Marx et Lénine, était voué à la disparition – est de mettre la totalité de ses moyens d'action, au même titre que les moyens d'action du Parti, au service de la nouvelle foi et du nouveau Dogme.

Or, si nous parvenons à comprendre que l'État puisse être à l'intérieur propriétaire des moyens de production, nous n'arrivons absolument pas à concevoir le rôle que lui assigne la nouvelle religion sur le plan extérieur, tant la nouvelle foi et le nouveau Dogme sont, sur ce point – crucial pour notre survie – littéralement aberrants, absolument contraires aux réalités, à l'opposé des actes et intentions qui sont les nôtres. L'impérialisme! Le communisme triomphera, affirme la nouvelle foi, et le capitalisme s'effondrera. « Comme se dissipe la fumée, il se dissipera, chante la lyrique liturgie orthodoxe en parlant du Malin, le soir de Pâques, comme fond la cire devant la lumière, il fondra. » Mais, précise le Dogme – et croyez bien que ça arrange les affaires des Grands Prêtres car cela justifie leur pouvoir insensé –, l'hydre impérialiste ne se laissera pas abattre sans réagir : jusqu'au bout, elle bandera ses ignobles forces pour livrer, partout et avec

avoir trouvé normal, derrière de sordides querelles de personnes, que nos services spéciaux puissent se conduire ainsi : comme les services de pays sous-développés. L'inquiétant, c'est que l'État français – dont l'inadéquation à la vie économique moderne apparaît chaque jour de plus en plus évidente – se décompose également – voyez les querelles sur la défense – dans ses secteurs les plus traditionnels. Il faut dire que la France – profondément arriérée dans son fonctionnement étatique – n'a jamais voulu consentir, après la fin de ses guerres coloniales, l'effort nécessaire pour se doter de services spéciaux modernes.

tous les moyens, un combat désespéré. Satan, nous sommes Satan. Et pas cette idée abstraite du Mal que nous cultivons dans nos temps de scepticisme, mais la Bête immonde, effrayante, omniprésente et omnipuissante, du Moyen Age qu'une société hystérique pourchassait à grand bruit.

Là éclate la différence avec Hitler et toutes les comparaisons que nous inspire la nature « totalitaire » des deux systèmes tombent à faux. Le parti nazi avait envoûté la nation allemande, avait fait main basse sur l'État mais il ne les avait pas remodelés au nom d'un Dogme. Tous les moyens d'État, en pleine croissance eux aussi, étaient au service du Parti et du But poursuivi par lui, mais ce but était simple et connu : il ne faisait qu'exacerber certaines tendances à l'expansion territoriale armée tant de l'État prussien que de la nation allemande – tendances qui avaient déjà habité certains autres États-nations européens. L'accès aux renseignements détenus par la *Wilhelmstrasse* ou l'*Oberkommando* de la *Wehrmacht* pouvait dévoiler tout le Plan – ce qui a été d'ailleurs fait et l'absence de réactions des démocraties s'explique moins par l'incompréhension et l'ignorance que par un défaut de volonté. Il en va tout différemment de la nouvelle civilisation et, en la comparant avec l'hitlérisme, nous nous enfonçons encore plus dans l'abîme car nous constatons *de visu* que ni l'Armée rouge ni la diplomatie soviétique ni même le KGB ne déploient leurs immenses moyens au service d'une conquête territoriale, armée et classique, d'État ou de nation. C'est la perception tout à la fois de la croissance des moyens d'État en nouvelle civilisation et de leur inadéquation aux objectifs habituels et communs d'autres États qui nous plonge – faute de pouvoir comprendre le Dogme – dans l'ambivalence et l'angoisse *.

Avez-vous jamais vu une icône de saint Georges, saint patron des armées russes? Un gaillard bouclé et joufflu, juché sur un cheval ressemblant à un mastodonte, piétine allègrement un dragon qui se convulse en crachant le feu et dans lequel il enfonce avec jubilation une lance grosse comme un pieu. Survivance de superstitions religieuses passées, me direz-vous. Ouvrez donc le somptueux livre pour enfants consacré à Gagarine [14], le pionnier de l'espace enterré sous les murs du Kremlin auprès des autres héros de la nouvelle civilisation : Staline, Dzerjinski, Sverdlov – des millions de vies humaines ont été ôtées, en leur temps, par ces squelettes honorés. L'ouvrage commença, me dit-on, à être distribué aux enfants polonais pour leur premier Noël après que le brave général Jaruzelski eut proclamé son valeureux « état de guerre » et je connais peu d'objets qui soient aussi révélateurs de la nouvelle civilisation. Les icônes succèdent aux icônes, la même facture – les artisans du village de Palekh, annoncent fièrement les éditeurs de la « Jeune Garde » –, les mêmes couleurs, les mêmes thèmes – la Nativité, l'Ascension, l'Assomption –

* En revanche, l'atroce mini-Dogme nazi sur la supériorité de la « race aryenne » et la nocivité de la « race juive » était, lui aussi, et totalement nouveau – il dérivait, d'ailleurs, d'une appréciation erronée de la nouveauté de la civilisation soviétique perçue comme « judéo-bolchevique » – et d'essence religieuse et donc proprement inconcevable si l'on n'entrait pas dans sa démence. Sous Hitler, pour les déments du nazisme, les juifs étaient bien Satan et on sait ce que cela a donné. Aujourd'hui, pour les Grands Prêtres de la nouvelle religion, Satan, c'est nous.

célèbrent Lénine et l'espace, la Révolution et l'âme - oui, l'âme. Et, au milieu de phrases combien édifiantes, « La vie est un combat et dans un combat, il faut un vainqueur », « Lève-toi, pays immense, lève-toi pour le combat à mort », « Pour la victoire! Seulement en avant! Et si tu ne réussis pas au premier coup, sabre de nouveau et de nouveau, jusqu'au but désiré! », je n'ai pas trouvé moins de six de ces nouvelles icônes où des malabars, splendides et résolus à souhait, se livrent avec vigueur à l'extermination du Mal. Or j'affirme, solennellement, que les « valeureuses forces armées » - comme disent les Grands Prêtres -, les « travailleurs du front de la politique extérieure » - telle était l'appellation savoureuse donnée aux diplomates par le Secrétaire général Brejnev -, les « glorieux tchékistes » - comme on appelle, en nouvelle civilisation, les bourreaux, les tortionnaires et les corrupteurs du KGB - sont, chacun à leur manière, les saints Georges prêts à aider le Parti à terrasser le Dragon impérialiste. Il est des images et des accents qui ne trompent pas. « Chaque fois, *dixit* notamment le Secrétaire général du KPSS au XXVIe Congrès, que l'exigent la sécurité du pays, la défense de la paix, l'aide aux victimes des agressions, le guerrier soviétique se dresse devant le monde comme l'intègre et valeureux patriote, l'internationaliste prêt à surmonter toutes les difficultés. » Saint Georges, vous dis-je.

La nouvelle Nativité n'est pas, en effet, une mince affaire. Les Vierges ne peuvent être fécondées en paix. Les impérialistes les bouclent à double tour, les font croupir dans l'ignorance et la superstition, les empêchent de rencontrer les Esprits Saints - dits en nouvelle civilisation « marxistes-léninistes » et surnommés familièrement en soviétique, je n'ose dire en russe, *« marxistolenitzi »* - ce qui, prononcé, ajoute à Marx une curieuse et combien significative contraction des deux pères fondateurs Staline et Lénine. Les Esprits Saints sont, eux, pourchassés, traqués, torturés, emprisonnés. « Camarades, s'exclamait Brejnev au XXVIe Congrès, c'est à travers la terreur et la persécution, les prisons et le fil de fer barbelé des camps de concentration, dans l'abnégation et un travail quotidien souvent très dur pour le bien des peuples que les communistes des pays du capital expriment leur fidélité aux idéaux du marxisme-léninisme et de l'internationalisme prolétarien. » Je ne savais pas MM. Marchais, Berlinguer ou Hall si héroïques et si malheureux. Quand ils arrivent à se produire, les timides et chastes accouplements - grèves et occupations d'usines, prises de parole et manifestations de rues - sont impitoyablement brisés par la réaction. Les saints Georges de l'État doivent donc voler au secours des Églises persécutées du Département international. La Banque d'État et ses filiales - telle la célèbre Banque commerciale pour l'Europe du Nord - leur fournissent les gigantesques fonds nécessaires pour « agiter », « éduquer », « organiser » les masses. Le KGB leur procure fournitures, contacts et liaisons clandestines, les conseille afin que des brebis galeuses ne viennent s'introduire traîtreusement dans le troupeau. Et si la réaction est trop forte, les « sociaux-traîtres » de la social-démocratie « de droite » trop actifs, le « fascisme » trop virulent, les forces alliées aux « monopoles » étrangers trop vigoureuses, il peut arriver que le saint Georges de l'Armée rouge, le « guerrier intègre, patriote et internationaliste » dont nous avons fait la connaissance doive sortir lui-même de ses frontières afin d'assurer les « conditions favorables » à la fécondation. Au plus grand étonnement des

Grands Prêtres de la nouvelle Nativité, nous appelons cela l'« invasion » de l'Afghanistan ou l'« occupation » de l'Europe de l'Est après 1945.

Mais c'est une fois l'enfant divin engendré que commencent les vraies difficultés. Tout le monde sait que le capitalisme et ses monopoles, l'impérialisme et sa soldatesque ne reculent devant aucune infamie, assènent les coups les plus violents et les plus bas pour faire avorter, avec leurs bottes sanglantes, les Saintes Vierges populaires. Ces gens ont tous les vices, il leur arrive même – je l'ai appris avec stupeur sous la plume d'acier du chef du Département international – de se livrer aux plus obliques manœuvres pour que les Vierges mettent au monde – ô horreur – des mongoliens trotskistes *. Bien sûr, le Département international se mobilise pour que la divine grossesse se déroule aussi bien que possible, pour que le divin fœtus se développe dans les meilleures conditions « politico-idéologiques » – et c'est presque là, bien que se déroulant sur la scène internationale, de la politique « intérieure » du Parti – et aboutisse à la naissance d'un enfant plus divin que nature. Mais que peut-il faire tout seul, pauvre Esprit Saint, contre le déchaînement de forces aussi puissantes et mauvaises? Alors saint Georges arrive. Alors le KGB et ses filiales, les services spéciaux cubains, les services spéciaux de l'Allemagne de l'Est, etc., accroissent le volume de leurs liaisons clandestines, de leurs conseils « conspiratifs », ouvrent de plus en plus grand leurs circuits de livraisons d'armes et d'entraînement des combattants mais aussi – comme pendant la guerre d'Espagne – organisent le massacre des trotskistes, anarchistes, « gauchistes » qui ont l'indécence de vouloir continuer à engrosser des Vierges déjà pleines. Alors, l'Armée rouge, l'armée cubaine, l'armée de l'Allemagne de l'Est prennent le relais et doivent montrer de quoi elles sont capables. Le combat contre les impérialistes est rude. Fatale est – comme Lénine, les dirigeants de la nouvelle civilisation sont des grands lecteurs de Clausewitz – l'« ascension aux extrêmes » que revêt cette forme de guerre qu'est la « lutte des classes ». La subversion devient guérilla, la guérilla devient guerre conventionnelle. Des spécialistes doivent donc exister en nombre suffisant pour pouvoir venir prodiguer aux quatre coins du globe leurs « conseils » en guérilla et en guerre conventionnelle, en utilisation des armements les plus sophistiqués, en organisation des forces de police, de renseignement, de contre-espionnage et d'« action ». Les armements les plus modernes et les plus divers doivent donc exister en nombre suffisant pour pouvoir venir équiper des corps d'armée tout entiers – rappelez-vous le Vietnam. Des forces armées doivent être prêtes afin d'intervenir n'importe où si les forces locales de « libération » ne parviennent pas à venir à bout toutes seules de la réaction et de l'« intervention » étrangère – voyez les forces de combat cubaines en Afrique. Des moyens de transport adéquats, une aviation de transport à longue portée – souvenez-vous des ponts aériens d'Angola et d'Ethiopie –, une flotte titanesque sont nécessaires puisque le « processus révolutionnaire » est – par définition – international et mondial. « La fonction historique des forces armées soviétiques,

* « Le trotskisme est une sorte de cheval de Troie que la réaction veut introduire dans les rangs des combattants révolutionnaires. Dévoiler sa véritable nature est donner un coup d'arrêt décisif à la diversion idéologique (?) qui joue de nos jours un rôle croissant dans les plans de l'impérialisme (??) [15]. » De la paranoïa.

expliquait le maréchal Gretchko avec un manque de malice très militaire, n'est pas limitée seulement à la défense de la mère patrie et des autres pays socialistes. L'État soviétique (...) s'oppose activement à la contre-révolution et à la politique d'oppression, il aide la lutte de libération nationale (...) en quelque distante région de la planète qu'elle se manifeste [16]. »

Si les instruments chirurgicaux les plus perfectionnés sont ainsi nécessaires à ces sublimes accouchements des divins enfants – on est loin des forceps vigoureux mais un peu simples du brave docteur Staline –, n'oublions pas ces « conditions favorables » dont parle l'article 28 de la Constitution soviétique : « La politique extérieure de l'URSS vise à assurer les conditions internationales favorables à l'édification du communisme en URSS (...), à renforcer les positions du socialisme mondial, à soutenir la lutte des peuples pour leur libération nationale et leur progrès social (...) [17]. » La diplomatie doit donc être active afin de créer non seulement les conditions globales favorables à la fécondation – comme à Yalta lors du partage de fait de l'Europe entre Staline et le malheureux Roosevelt – mais aussi les conditions particulières permettant à la grossesse d'arriver heureusement à son terme – voyez les prouesses de la diplomatie soviétique pendant la guerre du Vietnam, ses succès pour transformer les pays soi-disant « non alignés » en une force diplomatique soutenant la « juste lutte des peuples pour leur libération » et le « maintien de la paix (soviétique) dans le monde ». Le KGB doit donc multiplier ses agents d'« influence » afin de peser sur les décisions du monde impérialiste, activer ses agents de « désinformation » afin de détruire son système de connaissance et de valeurs. Quant à saint Georges, il doit déployer des forces armées d'une telle puissance qu'elles dissuadent – s'il montre les crocs – toute intervention militaire de l'impérialisme qui serait susceptible d'empêcher la divine naissance. Comme disent les dirigeants du Parti-État avec une bonne foi que je crois totale : « Les peuples doivent pouvoir décider eux-mêmes de leur destin. » A-t-on jamais vu, en effet, une Vierge refuser d'être fécondée par l'Esprit Saint et ne pas vouloir donner le jour à un fils de Dieu?

Mais il peut se produire – les voies du Seigneur sont impénétrables – des choses bizarres. Des Vierges marginales peuvent accepter des accouplements quelque peu suspects avec des Esprits pas toujours rigoureusement saints – telles l'OLP palestinienne, l'IRA irlandaise, l'ETA basque. La liturgie orthodoxe célèbre avant la « liturgie des fidèles » une « liturgie des catéchumènes » qui ne sont chassés du temple, à grands renforts de hurlements de diacres, qu'avant la consécration. Le Département international s'emploie donc, nous l'avons vu, à essayer que de ces étreintes – sympathiques quand même car conformes quelque part au Dogme de la conception et combattues, en tant que telles, par l'odieux impérialisme – aboutissent à la naissance d'enfants aussi proches que possible de la divinité. Avec l'OLP je crois, hélas, que le Comité central n'est pas loin du but. Et les moyens d'État, le soutien de la diplomatie, les armes et les camps d'entraînement, les conseils et les agents d'influence du KGB sauraient d'autant moins être refusés qu'ils épaulent la noble tâche de la catéchisation. D'autres grossesses, encore plus marginales avec des Esprits saints encore plus douteux – Brigades rouges italiennes, bande à Baader et autres « Actions directes » du « terrorisme de contestation * » – ne sauraient, en revanche, arriver à leur terme. Mais peut-on – la question est presque d'ordre moral – priver de tout secours ces petits êtres où palpite déjà la vie et qui donnent de si vigoureux coups de pied aux corps impérialistes qui les ont enfantés qu'on peut rêver – délicieuse perspective – à leur mort en couches? Saint Georges KGB n'a qu'à faire des heures supplémentaires au noir, à démultiplier – pour ne pas être pris la main dans le sac dans des affaires aussi ténébreuses et inexplicables pour le profane – ses réseaux turcs ou bulgares, ses circuits d'armement libyens ou cubains, ses camps d'entraînement yéménites ou nord-coréens – quitte, si ces tristes fœtus de l'Histoire risquaient d'en contrarier le sens, à les vendre – cela s'est vu – purement et simplement à la police. Pas de pitié pour les hérétiques. « Est moral, comme disait le cher Brejnev, ce qui sert la cause du communisme. »

L'inverse peut aussi arriver. Les Vierges populaires sont prêtes. Elles ont – comme au Proche-Orient – secoué le joug impérialiste et capitaliste. Mais c'est l'Esprit Saint qui est en panne, qui affronte ce que le général de Gaulle appelait une situation « insaisissable ». Tous les hommes d'action en ont connu et même Lénine n'a pas fait la révolution en un jour. Alors, les Rois Mages de l'État doivent, par la qualité somptueuse de leurs présents, ne permettre à personne de s'apercevoir de la divine défaillance. Alors saint Georges doit se couper en quatre. Il équipe des armées entières – comme en Syrie –, il signe des traités d'« amitié et de coopération » à tour de bras – avec l'Égypte de Nasser, avec l'Inde de Nehru, avec la Libye de Kadhafi, avec qui on veut et quand on veut –, il rédige des projets de règlements à la pelle, il multiplie ses agents d'influence, il promet de faire fonctionner des économies à lui tout seul. Qu'importe que ces efforts aient la grâce d'un éléphant privé de cornac, provoquent les sourires des adeptes de Talleyrand et de Metternich, fassent se dresser sur la tête les cheveux des économistes et des militaires classiques! La responsabilité du Parti n'est pas engagée, le Dogme n'est pas mis en cause, mais il ne sera pas dit, grâce à la fébrilité des moyens d'État, que la nouvelle civilisation ait pu se désintéresser d'une fécondation, d'un accouchement, d'une révolution. Et qui sait si, sur ce nouveau terrain, l'Esprit Saint ne retrouvera pas son souffle et saint Georges, du coup, toute son efficacité?

Si gigantesques que soient les efforts demandés aux moyens du nouvel État pendant la conception et la mise au monde, ces travaux d'Hercule ne sont pourtant rien, en effet, comparés à ce qu'il est attendu d'eux une fois né le divin enfant. Un nouveau Parti-État doit être créé à l'image du Parti-État central, des liens de dépendance absolue doivent relier, comme il sied, le nouveau Petit Jésus à son papa Dieu. Pendant que la dialectique « haut-bas » se déchaîne entre Partis, pendant que l'Esprit Saint souffle à

* On peut distinguer le « terrorisme de contestation » qui remet en cause l'organisation même de la société – et qui succède au terrorisme « politique » du XIXe siècle – du « terrorisme nationaliste » qui se propose de faire triompher certaines revendications d'indépendance. Si le terrorisme est, de nos jours, « international », c'est que ses manifestations ne se déroulent plus exclusivement à l'intérieur de certains pays, c'est qu'il existe une interdépendance entre toutes les variétés et nationalités du terrorisme, c'est qu'elles bénéficient du soutien de certains pays – Libye, Cuba –, de certaines organisations – KGB.

pleins poumons à partir des sommets, pendant que les Rois Mages arrivent porteurs de planification et de « progrès social », de projets d'édification en commun du socialisme, l'État central doit aider les Partis locaux à créer des États qui lui ressemblent : servant le Dogme et lui seul, s'emparant de l'appareil de production, garantissant le nouveau contrat social, combattant le Dragon impérialiste, suscitant à cette fin des forces armées puissantes, des KGB et des diplomaties super-actives, dotés des techniques policières et carcérales nécessaires pour déporter, exiler, terroriser les forces résistant à la nouvelle religion et surveiller le magma qui reste. Aux relations diplomatiques entre États vassaux et confiées généralement non à des diplomates de métier mais aux mêmes *apparatchik* qui assurent les relations entre Partis, s'ajoutent des relations extrêmement lourdes et complexes d'intégration économique – Comecon –, militaire – pacte de Varsovie –, culturelle, policière, etc., entre l'État du Parti-État central et les États nouveaux. Et lorsque des résistances se produisent de la part de peuples qui, à la différence du bon peuple russe, considèrent que le nouveau contrat social est un peu chiche et le décalage trop criant entre la fiction et la réalité, la reprise en main idéologique, la « normalisation », conçues par le Comité central du KPSS, effectuées par le Parti local bénéficient de tout le soutien des forces armées et des polices locales, bref des saints Georges du cru tels Kania ou Jaruzelski ou – si ceux-ci faillissent à leur noble tâche, comme en Hongrie ou en Tchécoslovaquie – par les forces armées, les « diplomates » style Andropov, les polices de l'État central et des autres États de l'ensemble dit de la « communauté socialiste ». Non, en nouvelle civilisation, les saints Georges ne manquent pas d'emploi.

Et quel travail lorsqu'un enfant paraît, né d'une Vierge un peu simplette fécondée – comme à Cuba – par un Esprit Saint pas très orthodoxe ! Au Dogme, rien d'impossible. Une bonne éducation – avec ce qu'il faut de punitions et de leçons de ce catéchisme que la religion orthodoxe appelle « la loi de Dieu », de récompenses mais aussi de contrainte : la nouvelle religion est très conservatrice – peut permettre à un bambin, bien que né en dehors de Bethléem et sans intervention très nette des œuvres de Lénine, d'accéder à la divinité. Pendant que les Grands Prêtres du Parti central se déchaînent dans leurs temples, leurs Départements et leurs Congrès, pour rendre plus claires et plus droites les impénétrables voies du Seigneur, pendant que défilent les diplomates de charme et les Rois Mages chargés de présents, une assistance d'État, économique, militaire, policière, administrative, technique, culturelle, s'acharne à doter « l'État à orientation socialiste », comme on dit, d'un nouvel État ressemblant à celui du nouvel ordre du Parti-État et donc lié – enchaîné plutôt – tant à l'État central qu'à travers lui au Parti central lui-même. Un peu plus de séduction, un ou deux grands coups de chantage, le déchaînement des agents d'influence de l'indispensable KGB et l'on peut assister alors à de bien touchants baptêmes, à de bien édifiantes – et utiles – premières communions *.

* La création et l'implantation – œuvre de longue haleine – d'un nouveau Parti-État, l'intégration qui se produit alors entre moyens de Partis et moyens d'État correspondants, entre les moyens centraux et les moyens locaux de Parti et d'État, entraînent une nouvelle accélération des phénomènes de croissance que

Hélas, nous vivons dans un monde bien dur. A peine le divin enfant est-il né, à peine a-t-il revêtu la chasuble de lumière, à peine gravit-il, ému, les marches du temple, à peine commence-t-il ses prêches balbutiants – car comment pourrait-il bien échapper à sa vocation divine? – que se dresse au-dessus de son touchant et pauvre berceau, devant ses pas titubants, une bien vilaine force. Hérode! Et vous n'avez rien compris à la nouvelle religion si vous ne frémissez pas à ce moment d'une sainte horreur. L'impérialisme n'a pas désarmé et ses ignobles efforts pour empêcher la fécondation des Vierges populaires, pour faire avorter les saintes entrailles des masses, ne sont rien à côté de la rage meurtrière qui s'empare de lui lorsque s'est accompli le miracle de la nouvelle Nativité. Hérode! vous dis-je. Les « gardes blancs », les pays de l'Entente, la puante bête fasciste, les grands monopoles, les exploiteurs du colonialisme et du néocolonialisme, les militaires du Pentagone, les fauteurs de guerre de l'OTAN, les revanchards allemands, les espions et les saboteurs de la CIA, nous

nous connaissons. A la spirale classique entre la croissance d'un Parti local et celle de son État s'ajoute une spirale entre la croissance des Partis locaux – qui développent leurs moyens propres de Parti pour peser, eux aussi, sur la transformation du monde postulée par le Dogme, et la croissance du Parti central qui doit pouvoir prendre en compte ces nouvelles possibilités d'action; entre la croissance des États locaux – qui font croître et diversifier leurs moyens pour pouvoir répondre à toutes les demandes que pourraient leur présenter tant les Partis locaux que le Parti central et son État – et celle du Parti et de l'État central. Les armées du pacte de Varsovie s'accroissent et s'intègrent dans une Armée rouge en pleine croissance et de mieux en mieux intégrée dans l'ordre politique du Parti-État central. Les forces armées et les services spéciaux de Cuba deviennent des instruments de l'expansion en Afrique et en Amérique centrale – accroissant l'intérêt du Parti central pour ces régions un peu neuves pour lui – et supposant des forces aériennes et maritimes centrales de grande portée.

Une diversification apparaît, chaque Parti, chaque État, chaque Parti-État apportant sa contribution spécifique – et mouvante – à la grande œuvre commune du combat pour la victoire du communisme – le Parti tchécoslovaque épaule le Département international en ce qui concerne le « travail idéologique » et les « organisations de masses » dont Prague est la capitale. Les services spéciaux de l'Allemagne de l'Est épaulent le KGB en ce qui concerne la formation et l'encadrement de combattants en Afrique; les services spéciaux bulgares en ce qui concerne le traitement des affaires les plus délicates – ce qui fut, avant 1968, le rôle des services spéciaux tchèques. La diplomatie polonaise épaule la diplomatie soviétique dans la mise en œuvre de la « détente » comme l'a montré la rencontre entre Gierek et Giscard d'Estaing, les frasques du président Ceaucescu servent la « désinformation » sur le prétendu manque d'unité du Saint Empire, etc.

En fait, c'est toute la réussite de l'implantation du système de Parti-État qui peut être mesurée par la croissance et le dynamisme des moyens des nouveaux Partis et des nouveaux États. Le Vietnam, par une occupation militaire du Cambodge et du Laos semblable à celle de l'Europe de l'Est en 1945 par l'Armée rouge; Cuba par l'activisme de sa diplomatie – notamment par la participation de Castro à la récupération du mouvement des non-alignés –, par l'intervention de ses forces armées en Angola, par les opérations de son parti et de sa DGI tant en Amérique centrale qu'au sein des mouvements terroristes, ont fait preuve de plus d'efficience que, par exemple, la Pologne. Si toute création d'un nouveau Parti-État entraîne l'accroissement des moyens d'action de Parti et d'État – « de chacun selon ses capacités » – dont dispose le Parti-État central pour l'expansion de la nouvelle religion, les succès les plus nets au plan dogmatique et pratique donnent naissance à des foyers d'expansion secondaire – Vietnam en Asie du Sud-Est, Cuba en Amérique centrale – qui octroient à toutes les spirales de croissance des moyens que nous avons passés en revue une allure encore plus démentielle.

sommes tous les sanglants Hérode qui organisent avec effroi et délectation le massacre des innocents. Le procédé de l'amalgame propre à la paranoïa de la nouvelle religion – qu'avons-nous de commun avec l'horreur fasciste? –, la confusion historique la plus totale, le contresens dans l'appréciation des réalités découlent tous de cet acte de foi, de cet article du Dogme que l'Occident moderne, bardé de ses bonnes intentions à l'égard de la nouvelle religion, ne parviendra jamais à appréhender : pour les Grands Prêtres, l'impérialisme s'effondrera mais il fera tout pour essayer, en pure perte d'ailleurs, de terrasser, en mobilisant ses ignobles forces, la nouvelle et radieuse civilisation. « L'impérialisme international, disait Lénine, mobilise toutes ses forces contre nous. » La citation n'est pas de moi. Elle est – au XXVIe Congrès – du Secrétaire général du KPSS qui ajoute, impavide : « Ces mots sont confirmés par l'Histoire. Ces mots se confirment dans l'expérience de tous les jours. »

Alors saint Georges doit être prêt. Il ne sait d'où viendra la menace mais il sait qu'elle est là et il faut que, juché sur son cheval de guerre – ce *kon'* russe omniprésent dans l'album sur Gagarine et qui n'a rien à voir avec une paisible bête de labour, *lochad'* –, il fourbisse sans cesse ses missiles et ses sous-marins, ses avions à réaction et ses SS 20 *, sa flotte et ses blindés afin de terrasser le Dragon le jour où il se manifestera. « Les guerriers soviétiques, proclamait sur la Place Rouge le vieux maréchal Oustinov, ministre de la Défense, sont toujours prêts, dans un seul ordre de combat avec les guerriers des États participant au Pacte de Varsovie, à remplir avec honneur leur devoir patriotique et internationaliste [18]. » Et les « travailleurs du front de politique étrangère », les « glorieux tchékistes » – tous ces « chevaliers protecteurs » pour reprendre une expression du livre-icône sur Gagarine – montent la garde à ses côtés pour protéger la « patrie du socialisme », les États de la « communauté » du même nom, les États « à orientation socialiste » – bref toute la Sainte Famille – contre les sanglants Hérode. « L'histoire du socialisme, psalmodie le pape de la nouvelle religion dans l'un de ses Congrès, connaît des épreuves de tous ordres (...) Mais les communistes ont rencontré les attaques de l'adversaire et ont vaincu. (*Applaudissements.*) Il en a été ainsi et il en sera ainsi. (*Applaudissements prolongés.*) Et que personne ne doute de notre volonté commune de (...) défendre les conquêtes socialistes des nations. »

Telles sont – brutales et simples comme la foi, incompréhensibles pour nous – les seules explications de ce que vous percevez, monsieur le Président des États-Unis, comme la « croissance de la puissance soviétique ». Je crois que je vais vous décevoir : cette croissance et cette puissance ne peuvent, je le crains – et croyez bien que je le regrette pour le monde et pour l'Occident – être limitées par aucune négociation, par aucun accord, par aucune « maîtrise » des armements. Quoi que nous fassions, quels que soient les discours prononcés, les rencontres acceptées, les traités signés, pour la nouvelle religion Satan restera toujours le Satan, le Dragon restera le Dragon, Hérode restera Hérode. Il est des choses contre lesquelles on ne peut rien, car elles relèvent de l'irrationnel le plus total.

* Je voudrais bien qu'un jour un stratège m'explique la nécessité, au plan défensif, des quelque deux cent cinquante SS 20 braqués sur l'Europe de François Mitterrand ou de Giscard d'Estaing, de Helmut Schmidt ou d'Helmut Kohl ou des démocrates-chrétiens d'Italie.

Mais il y a des fois – et c'est, en fin de compte, fort heureux pour tout le monde – où tout le système de la nouvelle Nativité se casse carrément la gueule. La Vierge populaire recule devant le Saint-Esprit marxiste, la fécondation léniniste ne se fait guère. Les partis communistes anglais ou américain ne brillent pas, malgré la réception de leurs chefs au Kremlin, par leur nombre et leur qualité. Le parti communiste égyptien – accoucheur de personnalités aussi remarquables et entreprenantes que le regretté Henri Curiel – ne parvient pas à activer un seul fellah. Le parti communiste français, fils aîné de l'Église, n'arrive pas à convaincre des bienfaits du Parti-État ou de la beauté de l'invasion de l'Afghanistan un peuple vacciné contre toutes les illusions par sa tumultueuse histoire, ne réussit pas – malgré des efforts de titan – ne serait-ce que de s'approcher véritablement du pouvoir ni à influencer des forces « social-démocrates » qui, changeant de rôle, « plument » plutôt la « volaille communiste ». Le parti communiste italien, force politique dominante d'une mosaïque d'intérêts locaux, signe des « compromis historiques » avec les forces « réactionnaires » de la démocratie chrétienne et – ô horreur! – cherche même des poux théoriques dans la barbiche de Lénine. Quant à certains mouvements de libération – tel le FLN algérien ou l'Égypte post-nassérienne –, ils vont jusqu'à faire au Parti et à son État de gigantesques bras d'honneur.

Qu'importe! On vous a bien dit que la révolution « permanente » de ce pauvre fou de Trotski n'était qu'une hérésie, que « l'exportation » de la révolution chère aux maoïstes et autres gauchistes n'était que de « l'aventurisme » de bas étage *! Vous a-t-on assez seriné à longueur de colonnes et de Congrès qu'il faut tout le savoir-faire des dirigeants du Politburo et des Secrétariats et des Départements du Comité central pour réaliser la délicate et subtile fécondation? Ne vous a-t-on pas répété sur tous les tons que seul un Parti puissant, servi par un Etat fort, pouvait créer les « conditions favorables » à l'accouchement? N'avez-vous donc pas compris, comme le chef du Département international, que « l'enrichissement continuel de la théorie marxiste-léniniste avec l'expérience et de la lutte des classes et de la construction de la société socialiste (...) est la condition des succès futurs du mouvement communiste [19] »?

Allons, le Dogme ne saurait être remis en cause. Ses succès en Europe de l'Est, à Cuba, au Vietnam, au Cambodge, au Laos, en Afrique, en Amérique centrale, le prouvent à satiété. Seuls nos efforts étaient insuffisants. Alors, retournons au labeur. La dialectique doit rouler à un train d'enfer. Les masses doivent être mieux organisées. Les Partis communistes doivent apprendre à mieux comprendre et susciter leurs aspirations, à entraîner toutes les « forces progressistes » dans le sens du marxisme-léninisme. Le Département international du Comité central du KPSS doit

* L'exportation ou la non-exportation de la révolution revêt les délicats et subtils aspects des anciennes querelles sur le sexe des anges. En théorie, comment exporter artificiellement ce qui est naturel, inéluctable, inscrit dans le sens de l'Histoire? En pratique, les Grands Prêtres savent bien qu'on ne peut créer les meilleures choses *ex nihilo*. En réalité, bien que la Papauté proclame avec vigueur – et, je crois, sincérité – qu'elle n'« exporte » pas la révolution, elle ne peut, étant ce qu'elle est, se désintéresser, ne pas apporter son soutien le plus total à tout mouvement ou manifestation jugés « révolutionnaires » (cf pp. 57-58 ci-dessus).

renforcer les liens avec les composantes du « mouvement ouvrier international » et avec toute l'humanité progressiste. Le KGB doit recruter plus d'agents, l'Armée rouge fournir plus d'armes, la diplomatie plus de traités créant les « conditions favorables ». Alors, les forces social-démocrates deviendront des forces progressistes. Alors les forces progressistes et de libération nationale deviendront des composantes à part entière du « mouvement ouvrier international ». Alors les États qui ont « choisi l'orientation socialiste » deviendront, comme Cuba – un peu tard mais mieux vaut tard que jamais –, de véritables Parti-États et entreront dans le sein radieux et fraternel de la « communauté socialiste ».

Exportation ou pas exportation, le cercle infernal ne se brisera jamais.

VI

DE LA POLITIQUE, DES PULSIONS ET DES PSYCHOSES

Des pièges du concept « politique »

Comment peut-on espérer comprendre quoi que ce soit à l'action extérieure de la nouvelle civilisation en parlant de sa « politique étrangère »? Le but poursuivi – l'instauration dans le monde tout entier du « communisme » et de l'ordre politique du Parti-État – est entièrement nouveau dans l'histoire de l'humanité. La nature des moyens mis en œuvre, leur soumission exclusive au Dogme d'une nouvelle religion ne correspondent à rien qui soit connu de nos États-nations. Les objectifs stratégiques et tactiques, les procédés opératifs ne peuvent s'intégrer à aucune construction intellectuelle qui nous soit familière. Utiliser l'un de nos concepts pour parler d'une réalité totalement différente de la nôtre ne peut donc qu'épaissir encore « le mystère enveloppant une énigme » qui laissait perplexe un aussi grand homme d'État que Churchill lui-même.

Et encore fais-je preuve d'une rare indulgence en parlant de concept à propos de la « politique », cet ectoplasme linguistique, flou et ambigu à souhait, que l'Occident moderne s'obstine à employer à tout bout de champ, dans n'importe quel sens, face à n'importe quelle circonstance ou réalité – même dans la pratique langue anglo-saxonne qui a introduit la distinction, bien venue mais insuffisante, entre *« policy »* et *« politics »*. Le souvenir des grandes politiques volontaristes des États-nations d'Europe – angoissant pour tous ceux qui ont retenu, fût-ce inconsciemment, de Clausewitz, la notion d'une alternance quasi fatale entre la guerre et la politique – flotte encore dans nos mémoires. Quel que soit le rejet qu'elles provoquent – chez le plus grand nombre –, les adhésions qu'elles suscitent – chez les gens de pouvoir ou une minorité de passéistes –, la *Macht-Politik* de Bismarck et, plus récemment, la définition de Charles de Gaulle « la politique est une volonté », donnent, par la seule vertu que nous attribuons à ce terme, une apparence d'efficacité et de réalisme, de dynamisme et de cohésion, à des ensembles qui peuvent pourtant – telle la « politique des droits de l'homme » du malheureux Carter – en être bien cruellement dépourvus. Dans le même temps, la référence, fût-elle confuse et inconsciente, à la *polis* grecque, nos aspirations de démocrates de plus en plus raffinées et exigeantes pour une meilleure organisation de la « cité » et une meilleure satisfaction des besoins matériels de l'homme libèrent toutes les charges émotives, combien obscurcissantes – « un jugement de valeur n'est pas, etc. » –, découlant de notre désir de voir la « politique » respecter des valeurs d'ordre moral. Enfin, la « politique » ne saurait être, pour nous, qu'éminemment perfectible car devant tenir compte, d'une façon ou d'une autre, de la volonté populaire et des intérêts de la collectivité : chaque pays, chaque régime, chaque homme d'État, chaque parti « politique » essayant – selon ses caractéristiques et impulsions propres – d'offrir à ses concitoyens la « politique » la plus conforme à leurs désirs de rationalité et d'efficience, de morale et de respect de l'intérêt commun.

S'installe alors un jeu de miroirs proprement diabolique. La nouvelle civilisation met en œuvre, sur la scène internationale, un ensemble de moyens conformément à son Dogme – qui postule, entre autres, que nous désirons l'abattre à n'importe quel prix – afin de réaliser le But que lui impose la nouvelle religion : s'étendre à la totalité de la planète. En la voyant agir dans le « concert des nations », nous pensons, nous, qu'elle poursuit une « politique » qui ne peut qu'être semblable à la nôtre. Et puisque « politique » il y a, pourquoi la « politique » du « président » Brejnev serait-elle différente *par nature* de la « politique » du président Reagan ou du président Mitterrand ? Pourquoi la « politique » de « M. » Gorbatchev ne s'adapterait-elle pas mieux aux nécessités du monde que la « politique » de feu « M. » Brejnev ? Pourquoi la « politique » de la « Russie » – ou de l'Union soviétique – ne rejoindrait-elle pas quelque part la « politique » de l'autre « super-puissance », les États-Unis ? Et puisque « politique » il y a, la « politique étrangère de l'Union soviétique » doit bien prendre en charge d'une certaine façon le réalisme, la rationalité, l'efficience que nous attendons d'une activité humaine que nous voulons aujourd'hui aussi enrichissante que possible. La « politique étrangère du Kremlin » doit bien quand même rechercher quelque part le Bien – un Bien peut-être insuffisant, peut-être entaché de Mal de temps à autre mais, par essence, *moral.* Et, du coup, notre propre « politique étrangère » doit donc – pour être digne de notre sacro-saint concept – prendre en compte d'une manière aussi réaliste, rationnelle et morale que possible, un réalisme, une rationalité et une morale qui n'existent, hélas ! que dans notre imagination.

Tout ce qui est réel est rationnel, tout ce qui est rationnel est réel, s'exclamait, à la suite de Hegel, l'homme du XIXe siècle dans cet accès d'orgueil qui causa tout à la fois sa gloire et sa chute. Pour nous aujourd'hui, tout ce qui est politique est rationnel, tout ce qui est politique est conforme à l'éthique, tout ce qui est politique prend en charge le bien de tous, mais c'est bien plus frileusement dans le XXe siècle finissant que nous voulons – angoissés par les pulsions d'un passé que nous n'avons pas eu le courage d'analyser, effrayés par les passions qui explosent aux quatre coins de la terre autour de notre vie douillette, craignant de ne pouvoir maîtriser les problèmes qui se posent à nos sociétés d'Occident – nous rassurer en nous persuadant de cette triple vérité. C'est là que le bât blesse. Les multiples sens du mot « politique », les diverses émotions qu'il suscite en nous, permettent à nos gens de pouvoir de bien troubles manipulations et à nous-mêmes de bien agréables aveuglements. Que peut bien pouvoir dire

Ost politik ou – nous le verrons à satiété – « politique de détente », « politique de paix », « politique de désarmement »? Prisonniers de nos aspirations, nous n'analysons plus – en nous cachant derrière la magie du concept – la rationalité, le réalisme, la cohérence ni des buts à atteindre ni des moyens dont la mise en œuvre est nécessaire à leur réalisation. Prenant nos désirs pour des réalités, nous voulons, en appliquant le mot sacro-saint au Parti-État, nous convaincre à tout prix qu'il est habité par la même rationalité, la même éthique, la même conception du bien général que nous.

Il n'en est, hélas! strictement rien.

Qu'y a-t-il de rationnel pour les Grands Prêtres de la nouvelle religion? La « victoire du communisme », l'effondrement de l'« impérialisme », la disparition du « capitalisme » et l'instauration dans le monde de l'ordre du Parti-État. Qu'y a-t-il de moral? La « victoire du communisme », l'effondrement de l'« impérialisme » et l'instauration dans le monde de l'ordre de Parti-État. Qu'y a-t-il de conforme au bien de tous? La « victoire du communisme », l'effondrement de l'« impérialisme », etc. Et cette rationalité, cette éthique, ce respect du bien général ne découlent pas d'une quelconque « politique » d'hommes « politiques » quelconques de la nouvelle civilisation, qu'il s'agisse de Khrouchtchev, Brejnev, Andropov, Tchernenko ou Gorbatchev, d'une option « politique » d'un parti « politique » quelconque : ils sont l'expression de la volonté divine – pardon, du « sens de l'Histoire ».

Et c'est pour se conformer à cette rationalité, c'est pour respecter cette éthique – « est moral ce qui sert la cause du communisme » –, c'est pour prendre en charge le bien de l'humanité que le Parti – qu'il s'agisse du Parti central ou des Partis vassaux – doit, selon la terminologie officielle qui reflète ainsi toute la démence activiste de la nouvelle civilisation, « *lutter pour* l'édification du communisme », « *lutter pour* le progrès social », « *lutter pour* la libération nationale » – bref, « *lutter pour* » le Bien. Les Grands Prêtres et le peuple du Dogme dont ils ont la charge se doivent de « *lutter contre* l'impérialisme », « *lutter contre* les forces d'oppression »; il leur faut – et je complète ainsi les « luttes pour » et « luttes contre » du chef du Département international que j'ai citées – « lutter contre l'antisoviétisme, contre l'expansion accrue des monopoles des USA » – bref, la nouvelle religion doit *« lutter contre »* le Mal. Le mot « lutte » est ainsi utilisé trente-neuf fois par le chef du Département international dans le texte théorique de sept mille cinq cents mots qu'il consacre au « processus révolutionnaire [20] », trente-six fois dans la partie du rapport fleuve réservée aux problèmes internationaux par le Secrétaire général du KPSS au XXVIe Congrès. Et c'est l'ensemble de ces « luttes pour » et de ces « luttes contre » qui forment ce qu'on pourrait appeler les « actions de politique extérieure du Parti » – formule employée trois fois par le Secrétaire général dans son rapport d'« activité » –, le terme « action » ayant, pour nous Occidentaux, l'avantage d'être plus neutre que « lutte », tout en restant aussi dynamique et précis, aussi porteur de la nécessaire définition tant des objectifs à réaliser que des moyens à mettre en œuvre pour les atteindre. Et c'est l'ensemble des actions ainsi menées sur la scène internationale par les dirigeants du Parti-État, grâce à leurs moyens de Parti et à leurs moyens d'État, qui forme la réalité que les Grands Prêtres appellent « la politique extérieure du KPSS » – dont « la politique extérieure de l'Union soviétique », mobilisant, elle, exclusivement les moyens d'État dans leurs rapports avec d'autres États, n'est que la servante. Dans ce sens, strictement qualificatif, le terme « politique extérieure » – ensemble de mesures prises sur la scène internationale par une collectivité humaine – rejoint l'usage occidental pour s'en séparer d'ailleurs aussitôt d'une manière essentielle : la nature de la « politique » en général, le contenu de la « politique extérieure » en particulier, n'ont pas à être recherchés, définis ou caractérisés puisque leur seul but est de servir une entité qui leur est préexistante et qui les transcende : la rationalité « scientifique » du Dogme. L'esprit d'un dirigeant de la nouvelle civilisation ne peut pas plus concevoir une « politique de victoire du communisme », une « politique de destruction de l'impérialisme » – cette victoire et cette destruction sont inéluctables – qu'il ne peut concevoir une « politique de détente » – il parlera, comme Brejnev au XXVIe Congrès, de la « lutte pour l'approfondissement de la détente des relations internationales » – car la « détente » n'est qu'un moyen de « lutte » permettant à cette victoire et à cet effondrement de s'effectuer dans les meilleures conditions.

Mais qu'il arrive aux Grands Prêtres d'avoir recours à l'occasion à notre chère « politique » – le substantif « politique » apparaît ainsi quatre fois dans le factum du chef du Département international, dix-sept dans le rapport du Secrétaire général contre, respectivement, trente-neuf et trente-six « lutte » – ne devrait pas – tous les mots ont désormais, l'avons-nous dit, un double sens – nous offrir trop d'espoirs injustifiés. Certes, les Grands Prêtres donnent-ils ainsi – sur les dix-sept fois où le Secrétaire général du KPSS emploie le substantif « politique » au XXVIe Congrès, onze citations sont strictement et uniquement qualitatives – la définition catégorielle d'un secteur spécifique d'activité du pays, du Parti, de l'État : politique économique, politique sociale, politique « idéologico-morale » et – beaucoup plus rarement – politique intérieure. Dans ce sens la « politique extérieure » – et l'adjectif dérivé qui existe en russe *vnechnepoliticheskyi, « de* politique extérieure » – différencie ce secteur d'activité par rapport à la politique économique, à la politique sociale, etc. *. Certes les Grands Prêtres, en bons praticiens de la « lutte pour l'esprit des gens » n'hésitent pas à faire appel aux charges émotives du mot – essentiellement chez leurs adversaires. Ainsi, dans les trois fois où Brejnev définit le contenu d'une « politique » dans son discours fleuve de douze mille mots au XXVIe Congrès, ces exceptions significatives sont réservées aux Chinois et aux Américains. Que devraient faire les Chinois, cette honte de la famille socialiste ? Pratiquer une *« politique de paix ».* Que devraient faire les Américains ? « Balayer l'épouvantail de la " menace soviétique " – les guillemets sont de Leonid Ilitch – de la *politique sérieuse* », car « ne pas essayer de briser l'équilibre existant » *(sic)* des forces militaires entre l'Est et l'Ouest serait une « preuve de sagesse ». C'est dans le même esprit que la notion interne de « lutte pour la détente, pour la défense de la paix » peut être remplacée par la « politique de détente », par la « politique de paix »

* Cette volonté – louable – de classement et de définition évite la caractérisation, comme nous le faisons à gogo en Occident, du contenu de la politique extérieure. Si l'Occident s'en tenait à cette pratique, le mal pourrait être limité : chaque collectivité humaine a une politique extérieure mais ce n'est pas pour cela qu'elle recouvre les mêmes réalités idéologiques, nationales et sociales.

qui sont, bien entendu, l'apanage exclusif de la nouvelle civilisation.

Certes les Grands Prêtres ne peuvent échapper aux tentations du flou et de l'ambigu. L'ordre politique du Parti-État ne faisant pas preuve, en ce qui concerne l'économie, des talents qui sont les siens dans les domaines international ou d'organisation interne de la société, le Secrétaire général du KPSS, s'il reste, dans son exposé économique au XXVIe Congrès, toujours avare du substantif « politique » – treize citations –, commence cette fois à avoir pour lui – et cela me paraît hautement révélateur – des faiblesses très occidentales. La « politique économique du KPSS » n'est plus, comme sa « politique extérieure », l'un de ses secteurs d'activité mais une entité génératrice de rationalité et de bienfaits : « Tout cela est le résultat de la *politique* à longue vue du Parti... », « La *politique économique* que le Parti avance pour les années quatre-vingt reflète les intérêts fondamentaux, vitaux, du peuple soviétique », « Pour faire entrer cette *politique* dans la vie... ». Dans ce secteur, dont tout le monde sait avec quelle incomparable maestria il est dominé par la nouvelle civilisation – « Le travail concret pour l'homme concret *(sic)*, pour ses besoins et nécessités, est l'alpha et l'oméga de la *politique* du Parti » –, le Secrétaire général ne résiste pas à la tentation d'imiter notre approche occidentale de la « politique étrangère » en se référant à un contenu, flou à souhait, que doit avoir ce concept salvateur. « L'intensification de la vie économique, l'accroissement de sa rentabilité » sont, apprend-on avec joie, l'un de ces « problèmes qui embrassent toutes les sphères de l'économie nationale et, notamment, la plus importante d'entre elles : terminer le passage à une voie principalement intensive de développement ». Si la tâche est aussi lourde que la pensée, on comprend qu'il faille « soumettre à la solution de ce problème, la planification, la *politique scientifico-technique, la politique des structures, (...) la politique de gestion* ».

Non. Ce n'est pas cet exemple bien peu encourageant qui saurait en quoi que ce soit nous inciter à rechercher une « politique » derrière l'action extérieure de la Papauté.

Des pulsions des nations

Et comment pourrions-nous espérer comprendre quoi que ce soit à cette dynamique incessante de « luttes pour » et de « luttes contre » en jetant sur elle notre voile moral de « politique » puisque cet objet de notre un peu stupide vénération émane – nous rappelle et nous évoque – des réalités occidentales qui, non seulement n'existent pas en nouvelle civilisation, mais que nous ne désirons même pas, prisonniers de nos peurs ancestrales, habités par nos aspirations pour plus de bonheur et de bien-être, accrochés à l'histoire de nos nations et de nos États, que nous voulons morale mais dont nous sentons, ne fût-ce que confusément, que nous n'avons pas toujours à en être entièrement fiers, soumettre à l'analyse?

Freud a mis au jour les pulsions de l'individu; nous dissertons sur l'agressivité des animaux; nos anthropologues dissèquent le comportement de tribus éloignées de nous dans le temps et dans l'espace; mais en ce qui concerne nos propres sociétés, nous ne sautons toujours pas le pas. Inquiets – à juste titre – de ce que nous pourrions bien découvrir, nous nous trouvons incapables à cause d'un gigantesque refoulement collectif, ne serait-ce que de définir – et *a fortiori* d'intégrer dans un corps de doctrine cohérent – les pulsions qui ont travaillé – et travaillent – les grands groupes humains que nous formons. L'*homo occidentalis* vit, pour reprendre la distinction d'Erich Fromm, sous le mode de « l'avoir [21] ». S'il accepte le principe dominant de l'effort individuel, s'il agit avec énergie sur la nature, les animaux, les autres hommes, s'il crée des richesses industrielles ou s'il se livre au commerce, c'est essentiellement pour accroître ses possessions car, à part les communautés mystiques, « l'être » passe, pour lui, par « l'avoir ». Or si les richesses et les biens sont insuffisants sur son propre territoire, l'homme va, selon une tendance naturelle à l'espèce, les chercher ailleurs. Or la création de l'État, puis la glorification de la nation dans le « modèle » bâti par l'*homo europeanus,* ont démultiplié l'efficacité de ce type d'action, donné naissance à ces grandes pulsions d'expansion territoriale qui caractérisent l'histoire de la Vieille Europe. Or, si nous admettons que les États autoritaires, obéissant au même mode de « l'avoir » et faute de contre-pouvoirs appropriés, accroissent le champ et l'intensité du pouvoir qu'ils exercent tant verticalement sur le plan intérieur qu'horizontalement sur le plan extérieur, nous affrontons plus difficilement des vérités plus déplaisantes : l'expansion de l'État le plus totalitaire ne serait pas possible si elle ne s'appuyait pas sur une volonté d'expansion de la nation. Et même dans les États-nations les plus démocratiques, la pulsion d'expansion des groupes et des individus peut mobiliser – comme dans l'aventure coloniale européenne – l'État à son profit. Or, c'est cette action de l'État servant – ou amplifiant pour mieux accroître son pouvoir – cette pulsion que nous ressentons – pour lui donner les apparences rassurantes de la rationalité, encouragés par un État désireux d'augmenter ainsi son prestige – que nous ressentons donc comme une « politique » :

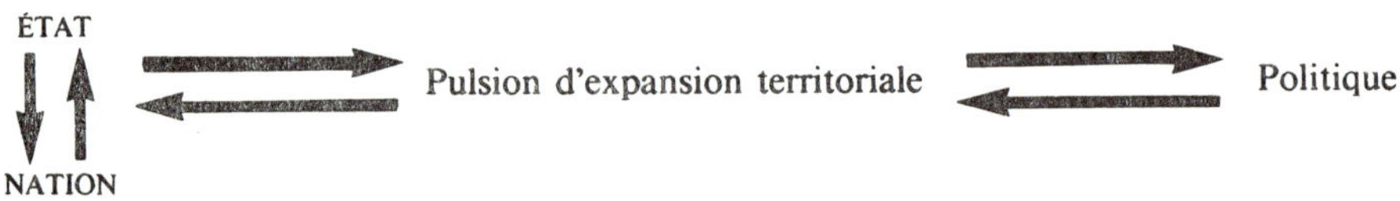

Hélas! Le seul pouvoir qui puisse – faute d'un pouvoir de l'Intelligence et de la Morale – arrêter cette expansion, briser cette pulsion, stopper cette politique est un autre pouvoir. Or l'équilibre des pouvoirs – pris dans un sens plus large que la « séparation » de Montesquieu : le pouvoir social arrêtant le pouvoir économique, le groupe « social » ouvrier arrêtant la bourgeoisie, le pouvoir politique arrêtant les pouvoirs économiques ou sociaux – joue autant sur la scène internationale que sur la scène intérieure : un État-nation expansionniste ne peut être arrêté que par un autre État-nation – comme le montre l'exemple de Napoléon qui ne rencontre son destin que lorsque naît, pour lui faire face, une esquisse d'État-nation en Russie. Le propre du groupe humain semble être, hélas, de profiter de tout déséquilibre des forces à son profit : l'aventure coloniale européenne au XIXe siècle en témoigne – faute d'États-nations solides dans le tiers monde capables de l'arrêter. Or, si sur le plan intérieur de la « société civile », l'équilibre des pouvoirs semble avoir, vaille que vaille, produit ses effets bénéfiques en Occident – malgré des épisodes aussi horribles et sanglants que ceux de la Commune –, il n'en va pas de même sur la scène internationale : en faisant entrechoquer leurs pouvoirs, leurs forces, leurs pulsions, les États-nations d'une Europe dont on ne comprend pas qu'elle continue à donner autant de leçons se sont, dans la première moitié de notre XXe siècle, entre-dévorés.

Dans cette mystérieuse alchimie entre l'inconscient collectif et un grand esprit qui marque le cheminement de la pensée humaine, Clausewitz pressentait-il que les pulsions expansionnistes et nationalistes qu'il observait se traduiraient dans des politiques volontaristes et des guerres « absolues » – comme Marx pressentira plus tard les aspirations et bouleversements sociaux à partir du développement du mouvement ouvrier? Ou l'inconscient collectif s'est-il emparé de sa formulation d'autant mieux qu'elle correspondait à ses besoins profonds? Quoi qu'il en soit, la Formule – la majuscule est de Raymond Aron – « la guerre, poursuite de la politique par d'autres moyens » et son inversion « la politique, poursuite de la guerre » marque bien, en effet, l'histoire des États-nations d'Europe jusqu'en 1945 *.

* La guerre de 1870 est l'aboutissement de la politique d'unification de l'Allemagne de Bismarck, la politique d'annexion de Hitler est la poursuite par l'Allemagne de la guerre perdue de 1914, la guerre de 1939-1945 est l'aboutissement de cette politique d'expansion. Que cette alternance n'ait pas été voulue ou consciemment acceptée – Bismarck connaissait peu Clausewitz et n'aurait jamais déclenché la guerre de 1914 – ne change en rien le problème. On peut bien sûr – et l'on doit – blâmer les États-nations de type autoritaire ou totalitaire, la tendance naturelle de leurs États super-actifs à l'expansion interne et externe du pouvoir illimité qu'ils exercent et leur jeu à cette fin sur les sentiments les plus primitifs de la nation. Mais les États-nations démocratiques ne sont pas à louer pour autant avec toute leur incapacité – malgré leur arrogante et hypocrite bonne conscience – de limiter leurs propres pulsions à l'expansion et d'instaurer, à l'extérieur, un jeu de contre-pouvoirs pacifiques. La guerre de 1914 résulte ainsi d'un gigantesque malentendu, chacun suivant une politique volontariste qui ne peut se régler que par une alternance politique-guerre, d'autant plus fatale que la guerre est effectivement soumise alors à l'« ascension aux extrêmes ».

L'erreur s'amplifie après 1919 où ce sont les États-nations démocratiques qui, au lieu d'engager une action constructive en faveur de la République de Weimar, poursuivent la guerre de 1914 par une politique fort discutable de réparations et d'humiliations qui contribue à amener Hitler au pouvoir et réenclenche le mécanisme fatal. En revanche, la peur de ce mécanisme est désormais telle dans l'inconscient des démocraties que la France et l'Angleterre emportées cette fois par une pulsion, elle aussi irrépressible, de démission de la scène internationale, semblent essayer de conjurer la guerre en ne pratiquant, face à Hitler, aucune « politique » – ce qui ne fait que renforcer celui-ci dans la sienne et entraîner la guerre.

Et seule notre adoration bébête de la « politique » nous permet de recouvrir du même concept émotif et flou des réalités aussi dissemblables – voire opposées – que :

Modèle hitlérien :

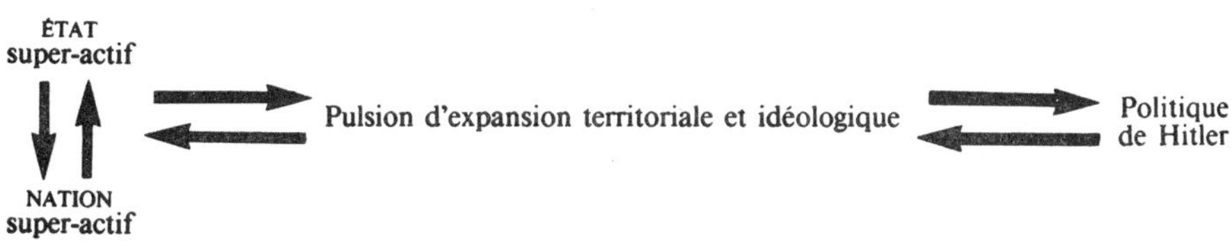

Et c'est cette perversion combien inquiétante, combien nuisible

qu'a observée Lénine en forgeant sa théorie de « l'impérialisme, stade suprême du capitalisme » – commettant, comme à l'accoutumée, ses deux habituelles erreurs d'analyse : la faisant découler de l'abominable, mais éphémère, « lutte des classes », lui attribuant une pérennité qui n'est pas la sienne.

Car il en va tout autrement, en effet, dans le cadre du « modèle » de Nation-État édifié par l'*homo américanus.* Est-ce un plus grand respect des

---

Modèle franco-anglais :

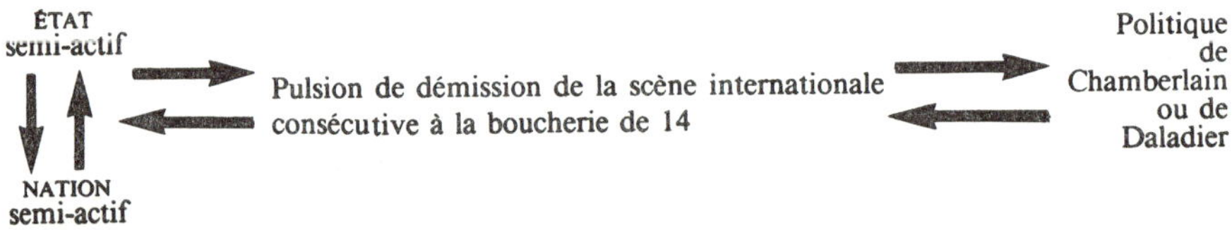

Désastreux au plan analytique, ce constant bariolage de réalités différentes par le combien complaisant concept de la « politique » n'est cependant pas dépourvu de sérieux avantages : il nous permet, quelles que soient nos pulsions et les actions douteuses qu'elles nous inspirent, de nous cantonner dans un conscient fort rassurant et de nous fabriquer un sur-conscient très honorable. Dans nos livres d'histoire, la « politique de Neville Chamberlain » permet de jeter un voile pudique sur une réalité intolérable – la capitulation de fait des démocraties devant Hitler ; la « politique coloniale de la Grande-Bretagne » ou de la France –, de rendre acceptables des faits ressentis comme répréhensibles : la colonisation et l'exploitation des peuples de ce qu'on n'appelait pas encore le tiers monde. En revanche, si l'étiquette « politique » sert à donner une apparence de rationalité à ce qui n'en a pas – « la politique étrangère de Napoléon III », la « politique » de Carter, puzzle surréaliste ballottant sur la mer de pulsions, contradictoires et incomprises, suscitées dans un corps social distendu par la défaite au Vietnam – les « politiques » qui ont conquis leurs lettres de noblesse en réalisant – quel que soit, d'ailleurs, leur contenu moral – les objectifs qu'elles se fixaient sont, elles, caractérisées, en général, par ces objectifs eux-mêmes. On parlera ainsi de « l'unification de l'Allemagne » par Bismarck, de « la décolonisation réalisée par le général de Gaulle » – comme si, ce qui est d'ailleurs exact, la politique n'était, si on la débarrasse de tous ses apprêts et faux-semblants, qu'un moyen au service exclusif d'un but.

Immenses, ces mérites du flou sont encore plus évidents dans notre approche de la « politique internationale », de cette espèce de conte de fées télévisé dans lequel nous nous complaisons quotidiennement. Aucune interrogation déplaisante ou dérangeante ne peut – face au défilé des « politiques » de nos gens de pouvoir – être formulée tant sur les pulsions qui habitent nos propres collectivités que sur la nature véritable des passions qui bouleversent un monde que nous désirons aussi confortable que possible. Seule la responsabilité de nos dirigeants – ou, pour les Européens, horripilants avec leur moralisme et leurs angoisses, la responsabilité des dirigeants des deux « super-puissances » – semble engagée sans que soient définis ni les raisons profondes de leurs actions ni les objectifs qu'elles poursuivent ni les moyens nécessaires pour les réaliser.

valeurs démocratiques et de la morale? Un meilleur équilibre intérieur des forces, groupes et pouvoirs? Un moindre activisme de la nation et une plus grande méfiance à l'égard de l'État? Une plus grande confiance, pour accroître les possessions de l'individu et récompenser son action et son effort individuel, dans les effets de la libre entreprise et du libre commerce – et, donc, une meilleure création de richesses? Un moindre décalage consécutif entre la réalité et le « rêve américain »? Un rejet, né de l'histoire et du passé des émigrants, de la domination d'un peuple par un autre? Ou tous ces facteurs n'ont-ils pu s'épanouir aux États-Unis – comme mon ambivalence à l'égard de l'espèce humaine me pousse à le croire : le sort réservé au peuple indien, qui découle d'une certaine façon des mêmes pulsions que l'expansion coloniale de la nation britannique, n'est guère réconfortant –, n'ont-ils donc pu se réaliser pleinement que grâce à l'existence d'espaces immenses libres de tout État-nation, d'un marché intérieur aux possibilités jadis quasi infinies, de marchés extérieurs faciles à conquérir – notamment en Amérique latine – en l'absence d'États-nations pouvant s'opposer à l'expansion commerciale et économique? Toujours est-il que le « modèle » américain n'a jamais donné naissance – et c'est fort heureux pour l'Occident – aux pulsions d'expansion étatique armée qui ont dévoré les États-nations d'Europe. Toujours est-il que la « politique », au sens volontariste et dynamique du XIXe siècle, est – sans jeu de mots – étrangère à l'esprit de la nation américaine et aux habitudes et possibilités de son État. Toujours est-il que la politique de l'État américain se voit contrainte de concilier – avec, d'ailleurs, des difficultés certaines – la satisfaction des pulsions concernant l'organisation intérieure la plus favorable possible de la cité avec les impératifs découlant de la défense des intérêts essentiels de la collectivité dans la communauté internationale *.

* Une fois de plus, le recours à notre chère « politique » nous fait comparer des réalités strictement incomparables. Comment peut-on utiliser le même concept pour la « politique » de Hitler et celle de Roosevelt, quand les pulsions des collectivités en cause diffèrent non seulement par leur nature mais, aussi, par leur champ d'application – la pulsion allemande étant une pulsion d'expansion extérieure, la pulsion américaine une volonté isolationniste de repli sur les problèmes intérieurs du pays? Quand les actions menées sur la scène internationale sont le fait d'États aux capacités d'action très différentes? Quand ces États entretiennent avec les pulsions du groupe des relations qui ne peuvent être comparées – l'État allemand de Hitler, super-actif, servant et amplifiant les pulsions expansionnistes de sa nation et soudé ainsi à celle-ci dans un tout dynamique et cohérent; l'État semi-actif de Roosevelt s'efforçant d'infléchir, tout en la respectant, la pulsion de repli sur l'intérieur d'une nation avec laquelle il forme un ensemble peu homogène et relâché? Quand, dans le modèle hitlérien, la nature de la pulsion, son dynamisme et son intensité contiennent en germe – si la pulsion n'est pas satisfaite par des moyens pacifiques – le recours à la violence armée, alors que, dans le modèle américain, l'usage des armes par la collectivité n'est possible que si des modifications suffisamment importantes – Pearl Harbor! – viennent bouleverser la pulsion initiale?

Modèle hitlérien :

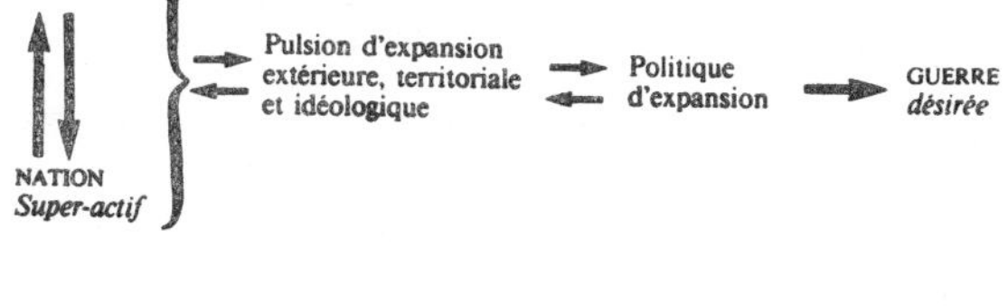

Toujours est-il – et c'est là le mérite essentiel du « modèle » de la Nation-État de l'*homo americanus* – que l'Amérique est parvenue à briser l'alternance, fatale en Europe, de la « politique » et de la guerre : en 1945 – à la suite d'une guerre qui leur a été imposée et qu'ils n'ont en rien désirée –, c'est grâce aux États-Unis que la « politique » à l'égard de l'Allemagne et du Japon vaincus n'a plus été, pour la première fois depuis Metternich, la poursuite de la guerre qui venait d'être gagnée, mais est parvenue à créer un nouveau type de relations entre États-nations, fondé sur la création de richesses, l'identité des valeurs et des modes de vie, l'interdépendance des économies. Et lorsque, sous le président Truman, l'Amérique a affronté l'expansion du stalinisme, elle s'est livrée à une multitude d'actions constructives, depuis la reconstruction et le développement économiques de l'Europe par le plan Marshall jusqu'à la constitution de l'alliance défensive de l'OTAN et à l'emploi limité de la force armée en Corée ou pendant le blocus de Berlin; les États-Unis – rendant ainsi leur volonté crédible – ont affiché leur résolution d'accepter – et de gagner – une guerre si, de nouveau, elle leur était imposée; mais la « politique » qui a été alors menée avec un succès que la nouvelle civilisation n'est prête ni à comprendre ni à pardonner, n'avait pas – malgré l'écrasante supériorité militaire d'une époque où les USA étaient les seuls détenteurs de l'arme nucléaire – la guerre comme prolongement inéluctable.

Le fait est d'importance. Plus encore que le fait nucléaire – dont les effets d'empêchement de la guerre « absolue » pour cause de suicide mutuel vont, à moins que n'aboutisse l'initiative de défense stratégique du président Reagan, s'amoindrir en raison de la précision des vecteurs et de la réduction de la puissance et de la radio-activité des explosifs –, plus que l'accroissement des moyens d'action économiques et sociaux des sociétés modernes, plus que la diversification des moyens limités d'intervention militaire, plus que la diminution consécutive du pouvoir des Chancelleries et de leurs manœuvres, c'est la « nouvelle politique » du « modèle » américain de Nation-État, c'est son extension à l'Occident tout entier – y compris à ces monstres expansionnistes et guerriers qu'étaient l'Allemagne et le Japon – qui pulvérise le cercle infernal politique-guerre pressenti par Clausewitz *.

Modèle américain :

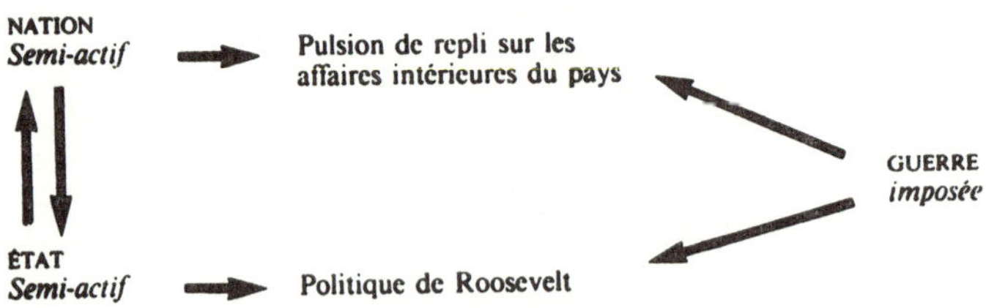

Entre la guerre, voulue et désirée par une collectivité dynamique et expansionniste, prolongement naturel de la « politique » que lui inspire sa pulsion expansionniste, et la guerre imposée à un groupe – sans aucun report avec sa pulsion de repli sur lui-même ou avec sa « politique » – il y a, quand même, une sacrée différence.

* L'alternance politique-guerre ne joue plus que pour les petits États de type ancien – dotés malheureusement d'armes modernes – dans des conflits style

Désormais la pulsion qui habite l'Occident tout entier en ce dernier quart du XXe siècle est une pulsion entièrement nouvelle dans son histoire mouvementée et que je caractériserai, faute de mieux, d'aspiration au « bonheur » et au « bien-être ». L'individu et les groupes d'action qu'il crée, pris par les plaisirs du mode « avoir », travaillés par les tentations du mode « être » que permet un certain niveau d'« avoir », désirent, selon la percutante expression d'un vulgarisateur scientifique français, « toujours plus [22] » – peut-être parce qu'ils craignent inconsciemment le crépuscule d'une civilisation aussi proche de la perfection, l'arrivée au « point zéro » de notre croissance économique, la décision toujours possible de la nouvelle civilisation d'apporter un terme brutal à ce déséquilibre des richesses et du bonheur.

Moins instinctifs, dotés de plus de moyens de connaissance et de possibilités d'analyse, moins prisonniers – en ce qui concerne le personnel qui en a la charge – des mécanismes du « toujours plus » de la société dite de consommation, plus préoccupés par l'intérêt général et national, les États réagissent d'une manière plus lucide et consciente aux menaces de ce monde que Raymond Aron qualifiait de « littéralement terrifiant ». Et c'est le fossé qui s'instaure alors, dans le domaine international, entre la « politique » telle qu'elle est dictée par l'intelligence de l'État – la politique est bien, dans les États-nations, « l'intelligence de l'État personnifiée » – et la pulsion dominante habitant la nation, qui caractérise – comme au temps de Roosevelt face au nazisme – l'Occident de la fin du XXe siècle.

La dernière grande pulsion qui ait habité l'Occident, mobilisant en un tout homogène et dynamique, la nation et l'État, date, en effet, de la fin des années quarante et du début des années cinquante quand, revenue dans ses foyers jouir d'une paix bien méritée après l'indispensable écrasement du nazisme, la nation américaine a, dans ses tréfonds, jugé inacceptable l'expansion de la nouvelle civilisation sous sa forme stalinienne à l'Europe occidentale et à l'ensemble qu'elle ressentait alors comme le « monde libre ». L'intensité du refus de la nouvelle expansion s'est transformée tout

Irak-Iran ou, hélas! pour Israël, environné de ce type d'États. La seule tentative de briser cette alternance vient – typiquement – des États-Unis : la « politique » dite du « camp David » visant, effectivement à empêcher la guerre.

Inconsidérées, suspectes quand on sait de quel passé elles sont issues, sont donc les pleurnicheries européennes sur les dangers que ferait courir au monde sa coupure en « deux blocs ». Je n'y répondrai que par l'une de ces « hypothèses négatives » chères à la philosophie analytique et dont j'ai appris, à la Rand Corporation, la remarquable efficacité intellectuelle : quelle aurait été la politique des États-Unis *si la nouvelle civilisation ne s'était pas emparée de la Russie?* Quiconque raisonne honnêtement, sans passions ni préjugés, peut-il prétendre que la politique des États-Unis aurait été, dans cette « hypothèse négative », semblable en tous points à ce qu'elle a dû devenir? Aurait-on assisté à un risque de guerre, à une course aux armements, à l'affrontement de Russes et d'Américains en Europe, en Asie, en Afrique, en Amérique centrale? La rupture de l'alternance politique-guerre, l'application du « modèle » des Nations-États démocratiques modernes à ces aberrations qu'étaient l'Allemagne nazie et le Japon expansionniste a exercé des effets suffisamment impressionnants pour qu'on puisse rêver, sans aucunement tomber dans la politique-fiction, à la paix et à la prospérité qui auraient régné sur le monde si la Russie, avec ses immenses richesses, son gigantesque marché intérieur, avait été mise au service non d'un Dogme empreint de démence mais d'une *welfare society* construite pour le seul bien de l'homme.

naturellement dans la « politique de l'endiguement » qui est moins la manifestation de l'intelligence, de la volonté, du courage – réels – du président Truman, de son appel aux hommes qui étaient pourvus de ces trois qualités essentielles aux hommes de pouvoir, qu'à la perfection, née de l'intensité de la pulsion, avec laquelle se soudaient alors l'action de l'État et la volonté de la nation. Claire et nette définition – parfaitement naturelle à la société tout entière – tant du but à atteindre que des moyens à mettre en œuvre pour y parvenir; déploiement de tous les moyens – diplomatiques, économiques, sociaux, militaires, de services spéciaux – dont disposent dans le monde moderne l'État et les groupes actifs de la nation; soutien apporté aux autres États-nations et à toutes les forces démocratiques dévouées à travers le monde au but à atteindre; claire conscience donnée à l'adversaire qu'une action inconsidérée de sa part pourrait déboucher sur l'usage limité de la force, voire sur l'acceptation d'une guerre « absolue » – et victorieuse – si celle-ci était imposée; réalisation conséquente du but fixé; destruction du cercle infernal politique-guerre : dans ces noires années, l'Occident animé par les États-Unis d'Amérique démontre – comme il l'avait prouvé pendant la guerre déclenchée par Hitler – que l'extraordinaire dynamisme qui découle de son « modèle », de l'action de l'individu, des groupes, de l'État, de la nation, – quand elles sont fondues en un tout harmonieux – dégage une énergie, une puissance, une intelligence incomparablement supérieures à celles dont peuvent faire preuve les « modèles » autoritaires et totalitaires en apparence les plus efficaces.

Mais la mort de Staline, le relâchement de la tension internationale consécutive à l'adoption par la nouvelle civilisation de la « politique de coexistence pacifique », l'aveuglement sur le fait – pourtant central, nous y reviendrons, dans la nouvelle religion – que cette « politique » n'est que la poursuite du même but par d'autres moyens, ont entraîné le retour de la nation américaine et de l'Occident à des pulsions exclusivement centrées, elles, sur la satisfaction des aspirations personnelles de l'individu. A la différence du « modèle trumanien » reproduit ci-dessous, nous vivons avec le « modèle » dont je ne proclamerai jamais assez – bien que je sache parfaitement que je n'arriverai jamais à convaincre les Grands Prêtres qu'il ne présente pour eux aucun danger – qu'il est le seul à devoir être pris en compte pour comprendre l'Occident contemporain :

Modèle trumanien :

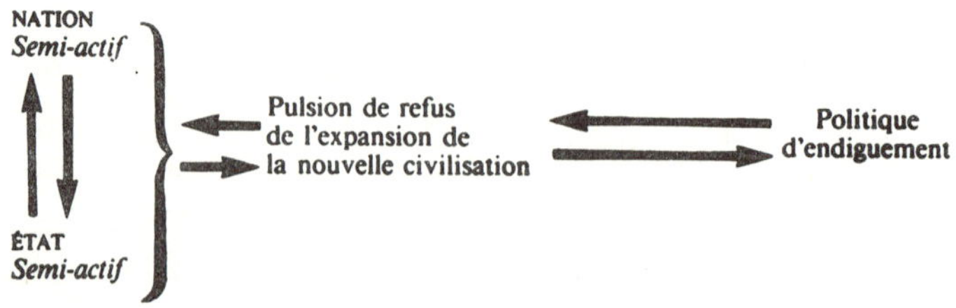

Modèle actuel :

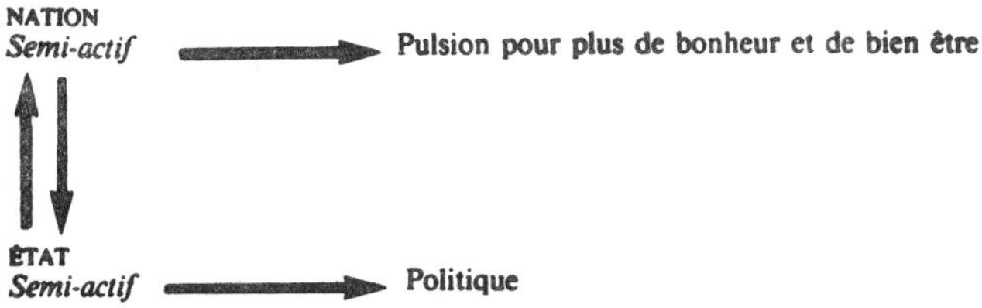

Malgré ce qu'en disent les penseurs de droite – à supposer que les deux termes puissent être associés –, il ne s'agit en rien d'une pulsion de démission collective face à la nouvelle expansion, analogue à celle qui a paralysé et les nations et les États des démocraties européennes devant Hitler. Dès que la nouvelle expansion franchit un seuil d'expansion et d'action jugé inacceptable – Afghanistan, Pologne – et, surtout, si elle revêt des apparences d'expansion militaire classique, des bouffées de rejet, de refus et d'endiguement se manifestent, en effet, tant de la part des États qu'au sein des nations. Mais la forme diffuse et planétaire, semi-idéologique et semi-violente prise par la nouvelle expansion – elle était, sous Staline, frontale et périphérique à l'Empire, fanatisée et ultraviolente, d'allure militaire –, l'habillage pacifique et de « détente » qu'elle réussit à lui donner, viennent bien vite nous induire en erreur en nous permettant de projeter sur la nouvelle civilisation les bienfaits de notre nouveau mode de conduite. Pourquoi la « Russie » et les « Russes » ne participeraient-ils pas avec nous au jeu si exaltant du « toujours plus », en laissant, par la « détente » et le « contrôle des armements », « au vestiaire » selon une expression qu'aurait pu employer le général de Gaulle, ce que nous ressentons – abusivement – comme de simples rivalités d'États et de nations? Pourquoi la « politique » de leurs « dirigeants » ne serait-elle pas, comme celle des nôtres, empreinte de rationalité et de morale?

Car tel est le paradoxe de notre temps : c'est au moment où ne se manifeste plus en Occident aucune pulsion territoriale ou idéologique, dans le même temps où nos nations ne sont plus habitées que par des pulsions concernant le bonheur et le bien-être des individus, que nous rencontrons sur notre chemin une expansion dont les mécanismes ne correspondent à rien de ce que nous avons vécu et connu, divergent de tout ce que nous pouvons ressentir et imaginer.

D'une psychose para-religieuse

La nouvelle expansion n'est pas, répétons-le, l'émanation d'une quelconque pulsion d'expansion de la nation russe. La nouvelle expansion n'est pas l'expression ni de l'intelligence de l'État russe traditionnel ni de sa soumission à – ou de son action sur – une pulsion d'expansion nationale. L'État et la nation ne sont, en nouvelle civilisation, qu'au service, unique et exclusif, *perinde ac cadaver,* du nouvel ordre religieux constitué par le Parti. Or la manière extrêmement logique – pour eux – dont les croisés du Saint Empire marxiste-léniniste intègrent tous les événements qui bouleversent le monde dans le délire du Dogme, relève non d'une pulsion de la collectivité tout entière mais de ce qu'il faudra bien avoir un jour le courage d'appeler par son nom : une folie du pouvoir et de l'action sur les autres êtres humains – phénomène que je qualifierais pourtant, pour utiliser des mots aussi peu chargés que possible de résonances émotives, de « psychose de groupe ».

La victoire finale des croisés du Saint Empire postulée par le nouveau Dogme ne saurait être remise en cause. Le dynamisme de leur action pour servir et accélérer cette victoire – « luttes pour » et « luttes contre » – constitue un facteur permanent. Seuls peuvent varier le champ d'application et l'intensité de la psychose qui habite les nouveaux croyants. Appliquée dans un premier temps à l'organisation de la cité en nouvelle civilisation – « la construction du socialisme dans un seul pays » –, la psychose communiste a revêtu, sous Lénine et Staline, une forme suraiguë. Transportée désormais au monde tout entier, nous n'en voyons plus aujourd'hui – et c'est pourquoi nous sommes tellement désarmés devant elle – que des manifestations – tout est relatif – beaucoup plus bénignes. Adeptes de l'État-nation, étrangers aux grandes fois – et folies – collectives, refoulant nos propres pulsions passées, nous avons voulu voir en Staline un dictateur, considérer le « stalinisme » comme une paranoïa strictement individuelle et, donc, comme un phénomène transitoire de l'histoire combien mouvementée de la Russie. Une fois de plus, nous nous sommes trompés. Le « stalinisme », comme l'analyse si bien Zinoviev, n'est qu'une forme d'application du Dogme à un moment donné de son histoire. L'intensité de la foi, des conditions particulières et contraignantes, propres au stade initial d'instauration de la nouvelle civilisation, nées de la nécessité de lui donner une base industrielle solide dans un pays essentiellement rural et d'activer des masses russes encore plus habitées que d'autres par la passivité, ont entraîné une exacerbation de la psychose des nouveaux croyants. Un Parti super-dogmatisé et super-actif – « bas » ultradynamique aux prises avec des tâches aussi gigantesques et des masses aussi passives – agissait sur un « haut » à qui il demandait un dynamisme et une intransigeance dogmatique tels qu'ils impliquaient une direction unique et super-activiste qui, à son tour, par la brutalité et l'intransigeance de son action, renforçait le dynamisme et l'intransigeance de la « base » qui, elle-même à son tour... Que la paranoïa personnelle de Staline correspondît aux besoins de cette « dialectique » ne change en rien le phénomène : soixante millions d'êtres humains ont payé de leur vie cette dynamique-là.

Il en va tout autrement de la phase actuelle d'édification du socialisme « mûr » ou « réel », « développé » ou « avancé » comme disait le regretté Brejnev, qui se déroule sous nos yeux. Après les difficultés d'adaptation du dynamisme quelque peu brouillon, parfaitement bien intentionné, de Nikita Khrouchtchev face à un Parti ne sachant quel sens donner à son activisme, nous avons assisté à une régularisation – « normalisation », pourrait-on dire en utilisant un autre de ces mots en *ation* familier à la nouvelle civilisation – assez remarquable. Un « bas » moyennement activiste, soucieux avant tout de sa survie, de son devenir et de ses avantages propres, s'incarne dans un « haut » collégial et en apparence modéré – « médiocrate », juge Zinoviev. Peu encourageante sur le plan économique – la psychose stalinienne pouvait quand même, malgré son effroyable déperdition en hommes, se targuer de résultats plus spectaculaires –, la diminution de l'activisme se révèle, en revanche, particulièrement avantageuse dans le domaine international. L'action de fécondation des masses peut se dérouler en douceur. Elle peut déployer une souplesse dogmatique et pratique que n'auraient jamais tolérée l'activisme et l'intransigeance staliniens : imagine-t-on Staline conversant avec Castro ou accordant un soutien aux hérétiques Brigades rouges? Rassurant – nous aurons, hélas, l'occasion de l'approfondir – un Occident qui, replié sur ses pulsions de bonheur et de bien-être, s'accroche aux fétus des illusions les plus ténus, elle ne provoque pas les réactions de peur et de rejet, de défense et d'« endiguement », les oppositions brutales et frontales que faisait lever sur son lumineux chemin l'activisme de l'expansion de type stalinien.

Psychose de groupe et non pulsion de la collectivité tout entière, oligarchie religieuse et non démocratie, la nouvelle civilisation choisit donc – et honore – les gens de pouvoir d'une manière différente de la nôtre – ce qui accroît d'autant notre incompréhension de la « politique » que nous leur attribuons. Si le propre de notre « modèle » d'État-nation – éminemment dynamique mais éminemment mouvant en raison de son dynamisme même – est de dépendre, en effet, pour une large part, de la qualité des hommes de pouvoir dont la « politique » et l'action varient selon leurs idées et leurs capacités, leur personnalité et la manière dont ils font face tant aux pulsions de la collectivité qu'aux menaces qui pèsent sur elle ; si le propre des pulsions qui habitent nos sociétés est de s'incarner dans les hommes susceptibles de les exprimer le mieux – l'art de nos gens de pouvoir étant de capter de la meilleure manière possible ces pulsions et aspirations * –, rien de tel ne se passe en nouvelle civilisation. L'extraordinaire puissance du Parti-État, son étonnante stabilité ne sont pas dues aux qualités des hommes qui le dirigent, même s'ils font l'objet d'un culte particulier, mais à la foi – qu'ils sont parvenus à insuffler dans tous les rouages de l'Église et de l'État et à faire respecter par le peuple tout entier – dans la justesse – « scientifique » ou divine, au choix – de leur nouvel ordre politique et de son nouveau contrat social. Le ciment unificateur du Dogme, l'absence de toute pulsion populaire ** – qui, si elle existait, ne pourrait pas, d'ailleurs, s'exprimer, faute de groupes organisés, ou serait aussitôt extirpée et réprimée –, la psychose communiste, bref, donnent ainsi naissance, par couches de générations formées par les mêmes événements, par une même manière d'assumer le Dogme et d'assurer son emprise sur les réalités, à des hommes quasi sanctifiés mais quasiment

* Voir, en fin d'ouvrage, la note *Des gens de pouvoir*, p. 456.

** Sauf, bien entendu, au cours de la Seconde Guerre mondiale où c'est la pulsion nationale de refus par le peuple russe de l'oppression germanique – et non une quelconque volonté de défendre la nouvelle Église et la nouvelle religion – qui explique, dans une résurgence de l'État-nation russe traditionnel, l'écrasement des prodigieuses armées nazies. Après avoir exploité cette pulsion – nationalisme des discours de Staline, appel au patriotisme, suppression de l'*Internationale* comme chant national, réouverture des églises orthodoxes, rétablissement de la hiérarchie et de la discipline dans l'armée – la psychose stalinienne, dans un second accès d'exacerbation, s'arc-boutera pour l'extirper une fois le péril passé.

Sauf, également, pendant l'interlude Khrouchtchev où le Parti – et la nation – ont éprouvé ce qui peut, après les événements dramatiques du stalinisme, ressembler à une pulsion : mettre un terme à l'enfer du Goulag généralisé. Mais la façon dont cette pulsion – rapport Khrouchtchev, publication d'*Une journée d'Ivan Denissovitch* – a été digérée, est hautement significative.

interchangeables et dont les capacités ne sauraient, en aucune façon et en aucun cas, être appréciées selon des critères occidentaux.

C'est uniquement notre recours occidental en époque de crise aux « hommes providentiels » - Churchill, de Gaulle - que nous écartons, d'ailleurs, dès que le péril s'est éloigné, c'est notre assimilation abusive du Parti-État à une dictature, c'est la tendance de la nouvelle religion de s'incarner en un seul homme - tendance exacerbée à cette époque par l'intensité même de la psychose - qui nous ont amenés à parer Staline de qualités dont je pense, à voir ne serait-ce que sa conduite des opérations militaires en juin 1941, qu'il était - comparé à Winston Churchill ou au général Eisenhower - assez démuni. Ce qui n'a pas empêché le Parti-État de surmonter avec quel succès, nous en avons longuement parlé, les plus grandes épreuves qu'un système politique ait jamais eu à affronter. J'ai moi-même rencontré Khrouchtchev à Paris en 1960 et le moins qu'on puisse dire, c'est que ce paysan madré et tonitruant n'aurait pas fait une bien grande carrière en Occident. Quant à Brejnev et à son cortège de vieillards se hissant aux pouvoirs, comme l'a montré cette fois correctement Hélène Carrère d'Encausse [23], par couches d'âges successives, ses prouesses intellectuelles, l'originalité de sa pensée et la puissance de sa prose n'ont pas suscité, malgré les décorations, grades, titres, prix Lénine qui l'ont submergé, des flots d'enthousiasme chez ceux qui l'ont approché. Mais, de grâce, ne nous fions pas pour autant à l'ironie acerbe de nos diplomates ou aux déclarations enflammées des « dissidents ». Le « crétin baveux » décrit par Cyrille Henkine « qui déchiffrait presque lettre par lettre, du haut de sa tribune, des discours écrits par d'autres et qu'il débitait d'une voix pâteuse [24] »; l'homme qui, d'après l'anecdote rapportée par Voslensky et qui courait les couloirs du Comité central, lisait à la file et sans s'en rendre compte, deux versions différentes d'un discours qu'on lui avait préparées [25], a amené le Parti-État à une puissance inégalée depuis Staline qui n'a en rien été atteinte ni par sa vieillesse de plus en plus décrépite, ni par sa maladie de plus en plus dévorante, ni par le cortège de moribonds qui se devait - le système de la Papauté étant ce qu'il est - de lui succéder avant que puisse arriver au pouvoir la génération suivante. Et si nous louons la jeunesse et l'intelligence de Gorbatchev, ses discours sont tout aussi ternes, monocordes, dogmatiques et, disons-le, à nos yeux parfaitement ineptes. Ses décisions - collégiales, répétons-le - ne sauraient être marquées du sceau d'une personnalité à vrai dire inexistante en dehors de la psychose de groupe qui l'a formée, suscitée, portée au pouvoir.

Êtes-vous jamais allé à Moscou? Avez-vous rencontré un sous-chef de service, un chef de service, un chef de Département, le « premier ajdoint » du chef du Département, le premier adjoint du premier adjoint? La bureaucratie ecclésiastique accouplée au bureaucratisme russe a ainsi le culte des « premiers adjoints » - appelés « remplaçants » : *zamestitel'* - et de la prolifération hiérarchique. Tous ces hommes se ressemblent. Aucun n'évoque Winston Churchill, le général de Gaulle ou - même - Ronald Reagan. Tous disent du même ton la même chose. Tous ont la même forme d'esprit - en apparence indolore et inoffensive. Leur raison d'être, chacun dans le secteur dont il est chargé - sous-chef de quelqu'un d'autre, dépendant de l'action de sous-chefs placés en dessous de lui - est de servir la « victoire du communisme », d'entreprendre les multiples - et quelquefois contradictoires - « actions » qui étayent la justesse du Dogme.

« L'homme-fonction » a bien remplacé « l'homme-personne ». « L'échelle des valeurs, constate Alexandre Zinoviev, est faussée : les personnalités remarquables sont humiliées, les nullités sont portées aux nues. *Cela n'a aucune importance** (...) L'orientation d'ensemble, *les lois générales du système ont leur mot à dire* (...) A partir d'un certain niveau de la hiérarchie, le cours des choses ne dépend *pas généralement de celui qui est au sommet* [26]. » Un bulldozer n'a pas besoin d'être conduit par Einstein. Une Église n'a pas besoin – surtout pas – d'être confiée à un Napoléon.

Et puis, il y a le Temps qui fausse, lui aussi, notre jugement. Vous êtes, monsieur le Président des États-Unis, élu pour quatre malheureuses petites années dont la longueur pèse d'ailleurs à nos habitudes démocratiques. Leonid Brejnev, lui, a siégé au Politburo pendant vingt-cinq ans, en a été la figure de proue pendant dix-huit ans et plutôt que de nous extasier sur la jeunesse – relative – de Gorbatchev, nous devrions nous préparer plutôt au fait que c'est un règne du même ordre qu'il inaugure. André Gromyko a dirigé la diplomatie soviétique pendant vingt-cinq ans; il a, pendant ce quart de siècle, rencontré une dizaine de vos secrétaires d'État. Ces charmants jeunes gens n'avaient pas tous – ce n'est qu'un euphémisme – la même opinion sur l'Union soviétique, alors que les bureaucrates expérimentés du Kremlin, les Brejnev, les Gromyko, les Gorbatchev jugent, eux, le monde d'après un Dogme immuable que Lénine a codifié il y a près de trois quarts de siècle.

Car cette pérennité du pouvoir, de l'action et de l'analyse – qui nous est tellement étrangère que nous en arrivons à l'oublier – n'est que le reflet d'un phénomène autrement important. Le recours aux règles démocratiques du suffrage universel – et donc à la précarité des mandats –, la frénésie de l'action des individus et des groupes sur les choses qui caractérise notre modèle de société; le caractère foudroyant des progrès scientifiques, techniques, économiques et la coupure conséquente avec les modes traditionnels de pensée; l'intensité des pulsions à satisfaire font vivre l'Occident dans le mode du futur immédiat. Toujours plus, mais le plus vite possible. Garant tant des aspirations de la nation que des impératifs de l'État, vous courez, ainsi, monsieur le Président, d'un problème à l'autre, de la croissance des taux d'intérêt à la guérilla au Salvador, de la dépression ou de la reprise économique à la décomposition de la volonté politique de l'Europe, de l'exportation du grain du Kansas aux convulsions du Proche-Orient, en étant obnubilé par les jours, les semaines, les mois qui passent. « Le temps, dit au contraire le Secrétaire général du KPSS, en citant Lénine, le temps et l'expérience viennent à bout de toutes les difficultés [27]. » Le maintien en Russie des genres de vie et de pensée traditionnels, déjà fortement empreints, faute de progrès, d'un fatalisme immense devant le temps, seul vainqueur possible de l'immensité de l'espace – quel pays au monde aurait-il, par deux fois, laissé l'envahisseur s'approcher ou s'emparer de sa capitale? –; l'absence de toute pulsion de la nation; la passivité des masses; la croyance dans un Dogme qui se réalisera bien de toute façon un jour puisqu'il est infaillible; le mariage de la spécificité russe, de la

* Encore faudrait-il se mettre d'accord sur ce qui correspond dans une société donnée à « une personnalité remarquable » ou à une « nullité ». Dans la logique de la nouvelle civilisation et selon ses besoins, Brejnev était une « personnalité remarquable ».

passivité de sa société avec la nouvelle foi donnent à la nouvelle Église l'impression qu'elle a l'éternité pour alliée.

Et il suffit de raisonner comme elle en lustres, en décennies – en siècles – pour que toute l'optique change. Braqués sur le futur immédiat, obnubilés par nos habitudes démocratiques de changement, nous dissertons sur les difficultés économiques de l'Angola, nous nous réjouissons de l'appel à nos capitaux lancés par les pays « marxistes » du tiers monde – alors qu'il y eut, il y a soixante ans, dans le Parti-État soviétique lui-même, le temps de la NEP. Nous disséquons à l'envi les différentes nuances d'incarnat, de rouge, de rose, des mouvements de « libération » du Salvador ou des dirigeants du Nicaragua –, alors qu'en Europe de l'Est, il y eut, il y a trente-cinq ans, le temps des compromis – la « tactique du salami », comme disaient poétiquement les stratèges de la nouvelle expansion. Nous plaisantons sur les tendances dictatoriales de Mengistu et sur son ignorance du marxisme – alors qu'il y eut, il y a vingt ans, pour Castro, le temps de l'ambition, de l'illusion et des approximations idéologiques. Nous nous torturons fort savamment l'esprit pour savoir si la « Russie », le « communisme », parviendront ou non à venir à bout de la spécificité tribale et ethnique de l'Afrique, de la spécificité islamique du Yémen et de l'Afghanistan, des turbulences politiques propres à l'Amérique centrale – alors que les spécificités et les turbulences géorgiennes, arméniennes, kazakhs, ouzbeks, tadjiks, turkmènes, et j'en passe, ne les prédisposaient en rien à former « l'Union soviétique » dont on a pourtant fêté à Moscou le soixantième anniversaire. Je ne prends donc aucun risque en donnant rendez-vous, en ce qui concerne l'avenir du Saint Empire, dans vingt, trente, cinquante, soixante ans. Dans un siècle.

Conclusions du Secrétaire général du KPSS au XXVIe Congrès – oui, déjà vingt-six réunions du concile de la nouvelle religion – en présence et avec des interventions oratoires des dirigeants de Cuba et du Nicaragua, de l'Angola et du Mozambique, de l'Afghanistan, du Yémen du Sud et de l'Éthiopie, du Vietnam, du Cambodge et du Laos, de la Yougoslavie, sans parler des démocraties populaires classiques et des représentants des partis communistes français, italien, espagnol, portugais, etc., bref devant cent vingt-trois délégations de cent neuf pays : « Oui, nous sommes optimistes parce que nous *croyons* à la force du travail. Parce que nous *croyons* dans notre pays, dans notre peuple. Nous sommes optimistes parce que nous *croyons* à notre Parti, nous savons que la voie qu'il montre est la seule voie juste (*Applaudissements prolongés*). Gloire et honneur au KPSS – le parti de l'édification du communisme! (*Applaudissements prolongés.*) Vive la paix! (*Applaudissements prolongés.*) Vive le communisme! » Les participants accueillent les derniers mots du camarade L.I. Brejnev par une ovation tumultueuse qui ne se calme pas pendant longtemps. Tous se lèvent. Sous les voûtes du Palais des Congrès fusent les exclamations : « Gloire au Comité central léniniste du KPSS! « Vive le KPSS! », « Gloire au Parti communiste de l'Union soviétique! », « Gloire au grand peuple soviétique! », « Vive l'unité indestructible du KPSS et du peuple soviétique! » [28].

La foi. Et qu'il ne s'agisse pas de la foi mystique et pure des chrétiens des catacombes, mais de la foi suspecte et louche d'Églises moyenâgeuses, frelatées et corrompues, s'occupant exclusivement de troubles affaires temporelles, n'en est que plus inquiétant.

TROISIÈME DISCOURS.

SUR LA MALÉDICTION CONGÉNITALE DE LA NOUVELLE EXPANSION

« Réfléchissez, camarades! Mais il n'y a pas, s'extasie le Secrétaire général du KPSS au XXVIe Congrès, un seul pays actuellement socialiste où les formes, les méthodes, les voies de la révolution socialiste aient été la répétition mécanique d'une expérience étrangère! (...) Il y eut la lutte armée, il y eut des formes pacifiques de passage au nouveau système social, une arrivée rapide au pouvoir des classes travailleuses et des processus s'étendant dans le temps. » Bref, tout va pour le mieux dans le meilleur des mondes de la « révolution socialiste » – étant bien entendu, comme le précise doctement l'enthousiaste Secrétaire général en exergue de son couplet où j'ai le mauvais esprit de percevoir un étonnement quelque peu émerveillé, que toute cette « pratique historique » confirme, d'après lui, la « directive (sic) *de Lénine » que je demande, moi aussi, de ne jamais oublier : « Toutes les nations parviendront au socialisme – c'est inévitable. »*

Nous avons beaucoup souffert au fil de ces pages mais nous avons bien progressé. Une nouvelle civilisation a été identifiée, fondée sur l'application à l'organisation de la cité d'une nouvelle religion, matérialiste et non transcendantale, portant non sur le salut de l'âme de l'homme aux cieux mais sur le fonctionnement de la société destinée à assurer le bonheur de l'homme sur terre, condamnée, en raison du fossé abyssal entre la démence de son rêve et la réalité des choses, à vouloir s'étendre, pour ne pas croupir sur elle-même, à toute la planète.

Table rase ayant été faite de nos schémas d'États-nations et de nos chères « politiques » et « idéologies », nous avons singularisé le But fixé par Lénine, défini les objectifs de parti-étatisation qu'il impose aux Grands Prêtres, catalogué les moyens – immenses – que le nouvel ordre politique du Parti-État peut mettre à la disposition de cette noble mission de conversion du monde. Nous pouvons donc, libérés de poids inutiles et munis des nécessaires boussoles, emboîter allègrement le pas au Secrétaire général pour réfléchir de concert avec lui, comme il nous y convie si agréablement, sur les différentes et lumineuses incarnations de la « révolution socialiste », sur les « formes, méthodes et voies » de l'expansion de son Saint Empire – quitte à lui révéler au passage, comme je l'espère, quelques petits détails et vérités issus de nos expériences occidentales et que son système de pensée ne lui permet pas d'appréhender.

Nul ne peut prétendre à des connaissances universelles et notre décadence occidentale pourra peut-être – à quelque chose athéisme est bon – réserver au cher homme une ou deux savoureuses surprises.

VII

D'UN FANTASME APPELÉ « RÉVOLUTION SOCIALISTE »

Du nouvel apostolat

Reprenons.

Le Dogme tonne que le « socialisme », édifié par et pour le « prolétariat » et les « masses », constitue le devenir inéluctable et combien joyeux de l'humanité en liesse. Le Dogme proclame sur tous les tons que la « révolution socialiste », effectuée par le « prolétariat » et par les « masses », succédant aux « révolutions bourgeoises » qui ont permis à l'homme de se dégager du stade « féodal » et « pré-féodal », est un mouvement fatal – sanglant peut-être, mais harmonieux – de l'Histoire en marche. Tout étant ainsi inscrit dans les Saintes Écritures, le problème du « passage au socialisme » apparaît d'une simplicité tout à fait biblique. Pour que triomphe la « révolution socialiste », pour que s'instaure enfin le « socialisme » et puis le « communisme », il suffit d'organiser une « avant-garde » – le Parti – dont la lumineuse mission est d'éclairer les « masses » et le « prolétariat » sur leur merveilleux devenir. Illuminés par l'inéluctabilité de leur triomphe, enthousiasmés par la justesse de leur cause et par la conformité du « processus révolutionnaire » non seulement à leur bien propre mais aussi à celui de l'humanité tout entière, le « prolétariat » et les « masses » se réalisent enfin et, dans un mouvement puissant, spontané, naturel, viennent renverser le « capitalisme » et l' « impérialisme » qui livrent un combat féroce mais de pur retardement contre le flot matérialiste, dialectique, scientifique de l'Histoire. Titanesques dans les efforts qu'implique leur mise en œuvre, subtiles dans leur application, les méthodes de conquête du pouvoir et de la construction de la nouvelle société ne peuvent donc, dans leur essence, qu'être, elles aussi, d'une simplicité absolue.

C'est donc sans phraséologie excessive et avec une sobriété méritoire dans ce monstrueux rapport, que je crois pouvoir inscrire dans le marbre la règle fondamentale d'action, l'alpha et l'oméga du parfait petit révolutionnaire marxiste-léniniste : *« Les masses tu agiteras et tu organiseras. »* Élémentaire, docteur Watson. Sans organisations appropriées, les masses ne sauraient être agitées valablement : personne n'est jamais parvenu à labourer la mer. Sans agitation appropriée, sans travail adéquat de « propagande d'explication et d'éclaircissement » – tel est, souvenez-vous, le sens du mot russe *« agitatsia »* –, la meilleure organisation ne servirait à rien : tant que durent l'aliénation et l'exploitation de l'homme par l'homme, l'Histoire ne saurait être un lac suisse.

Est-ce la simplicité de la règle fondamentale d'action des nouveaux révolutionnaires? Est-ce la complication extrême de sa mise en œuvre? Il n'est guère facile, on l'imagine aisément, d'agiter et d'organiser des masses dont le propre est d'osciller entre une passivité congénitale et des pulsions incontrôlées. Est-ce l'ignorance des hommes de pouvoir d'Occident qui n'ont pas pour habitude, comme moi, de mettre les pieds dans les usines, d'habiter les banlieues ouvrières ou de jouer aux cartes avec les militants? Toujours est-il que même dans un climat d'incompréhension générale de la nouvelle religion, l'apostolat de son clergé est particulièrement mal appréhendé.

Sous nos yeux blasés de démocrates habitués à la liberté d'association – et souvent, en Europe, avec la participation de fonds publics –, les nouveaux prêtres organisent à tout vat. Les « masses » sont, par leurs soins attentionnés, découpées en tranches horizontales, verticales, de biais, de travers. Par catégories d'âge (les jeunesses communistes). Par sexes (les femmes communistes). Par catégories socio-professionnelles (les juristes, les métallurgistes, les écrivains, les joueurs de pipeau communistes). Par lieux de résidence (les écrivains communistes du 15e arrondissement de Paris). Par lieux de travail (la section communiste, la section CGT de l'atelier des tôles cabossées de l'usine de Pétaoushnock). Par affinités émotives (les amis de l'URSS, de la Tchécoslovaquie ou du bilboquet). Par expériences vécues (les anciens combattants, les anciens résistants, les anciens anciens). Par aspirations généreuses et humanitaires (les défenseurs de la paix, les opposants au racisme, les zélateurs des droits de l'homme, de la femme ou de l'animal). A l'infini, la toile se tisse et se croise (les jeunes juristes communistes du 15e arrondissement, les peintres abstraits œuvrant pour la paix), car elle constitue l'armature des grands courants populaires que veut, à tout moment, pouvoir susciter le Parti. Charles Tillon, le valeureux chef des Francs-Tireurs et Partisans, me racontait qu'en pleine occupation allemande, quand les militants communistes combattaient la *Wehrmacht* avec l'héroïsme que l'on sait, les meilleurs éléments lui étaient enlevés et remplacés par des étrangers – peu aptes, par définition, à agiter des Français de souche, mais fort capables de bien mourir les armes à la main – afin de préparer, au sein de quelconques « comités de joueurs de violoncelle du 20e arrondissement » – la formule est de Tillon lui-même – les combats autrement rentables que le PCF s'apprêtait à livrer contre d'autres Français après la libération du territoire.

Sous notre regard inquiet et désorienté en période de crise, dans l'indifférence générale en époque de calme – seuls les syndicats libres de toute attache avec la nouvelle Église appréhendent le phénomène avec uniformité et réalisme –, le nouveau clergé « agite » nos populations sans la moindre retenue. Des thèmes simples, frappants, émotifs, embrassent et déforment la réalité quotidienne. D'un côté, le Mal – le capitalisme, les monopoles, les patrons, les riches, les Américains, la réaction, le fascisme –, générateur de toutes les injustices et il n'est pas de mots assez durs, d'insultes suffisamment virulentes, d'« amalgames » suffisamment bien ficelés pour le démasquer. De l'autre, le Bien incarné par la nouvelle Église, radieux et lumineux, solution de tous les problèmes, source de tous les bonheurs à venir.

Règle nº 1 du parfait « agitateur-organisateur » : A l'écoute des masses tu resteras.

Pour être entendu, un message doit être plausible et seul l'état d'esprit des masses, leur degré d'éducation et de connaissances, la portée de leur éventuel mécontentement déterminent la combien saine puissance des injures et des anathèmes, la vivacité coloriée des teintes données à l'avenir radieux. Il n'y a pas de différence de nature entre le discours de Lénine et celui de Marchais, mais seulement une différence d'intensité dans la dénonciation incessante du Mal et dans l'incantation obsédante des vertus du Bien – différence provenant d'une adaptation à l'esprit du temps.

Règle nº 2 : Les réactions de rejet des masses tu amplifieras.

Cette religion-là n'est pas celle de l'amour et de la charité, et c'est avec une maestria qui lui est parfaitement naturelle que le clergé rouge utilise et attise tous les sentiments négatifs qui peuvent exister ou surgir dans une société. J'ai rencontré dans ma vie toutes sortes de « communistes ». J'ai déjà dit toute l'estime que je porte à ceux qui, « militants », rêvent d'une vie meilleure pour tous, se dévouent sans compter pour leurs semblables. J'ai exprimé aussi – avec, je l'espère, suffisamment de force – les réserves que m'inspirent, en revanche, les dirigeants poursuivant, pour des raisons d'ambition que je trouve suspectes, la volonté d'exercer leur trouble pouvoir – quitte à sacrifier, comme ils l'ont toujours fait, les « militants » et leurs utopies, ces dérisoires « petites vis », au sens de l'Histoire. Parlons maintenant de la « base ». Dans une société bloquée sur les injustices et dans des situations d'aliénation personnelle ou collective intolérables, je ne peux que m'incliner devant le rêve des opprimés et je me souviendrai toujours avec émotion de ces immigrés portugais qui, à une « Fête du livre marxiste » *(sic)* où j'étais allé traîner, vêtus de chandails, de jupes et de pantalons rapiécés avec un soin amoureux, tiraient de portefeuilles usagés des billets froissés et des pièces de monnaie pour dépenser, sous l'œil narquois des grands chefs, leurs maigres économies à acheter au kilo les œuvres du cher Lénine. Mais dans des sociétés plus ouvertes, dans des situations où l'effort de chacun est justement récompensé, j'ai connu des types de « communistes » bien plus spéciaux. Sans aller jusqu'à cette aristocrate russe devenue communiste car la société démocratique occidentale n'honorait pas la folle devise « J'ai tous les droits » qui avait valu à sa famille d'être exterminée après Octobre 17, que de névropathes refusant la libre action de l'homme sur la nature et sur les choses et qui, appuyés sur un balai, refont le monde au lieu de travailler et clament que la seule solution à tous les problèmes est de faire « payer les riches », de « prendre l'argent où *elle* se trouve », de faire « rendre gorge aux patrons »! L'envie et la jalousie, la fainéantise et le goût des palabres, voilà ce que j'ai le plus souvent rencontré à la « base », voilà les motivations que le nouveau clergé sait si bien exploiter – parvenant même, dans des situations de crise, à entraîner dans le hideux tourbillon de la haine – toute haine est une maladie – les militants les plus purs.

Là encore, on ne trouve aucune rupture dans la pratique du nouveau clergé qui consiste à amplifier toujours au maximum la spirale réactions de rejet des masses–agitation–réactions de rejet des masses. La variable, en l'occurrence, est la situation objective – d'ouverture ou de blocage, d'équilibre ou d'instabilité, de pauvreté ou de prospérité – de la société : de faible amplitude en période de calme, désagréable alors comme le roulis mais quelque peu risible – à écouter M. Marchais, la France opulente des années quatre-vingt est une terre de misère, d'oppression et d'injustice –, la spirale peut présenter des dangers mortels en époque de crise.

Règle n° 3 : Les aspirations au bonheur des masses tu capteras.

Là, notre pensée occidentale, à condition toutefois de prêter attention au charabia pourtant lancinant du nouveau clergé, monte sur ses grands chevaux. Au vu de ce que nous savons de la réalité économique et sociale en nouvelle civilisation, nous crions au mensonge ou à la mauvaise foi : ce ne sont pas quand même ces gens-là qui vont nous donner des leçons de bonheur! Nous avons tort : le rêve est la seule richesse des malheureux et les promesses des prêtres rouges ne s'expliquent pas seulement par l'adage de la fin qui justifie les moyens. Je ne doute guère de la sincérité du militant qui proclame avec fougue que les communistes défendent la paix, les droits de l'homme, le progrès et même – cela s'est vu – la propriété privée. Pour le vrai croyant, l'avenir radieux ne peut être que global. Si je suis plus réticent à l'égard des dirigeants qui savent, eux – depuis la découverte quasi géniale de Lénine – que les promesses sont faites pour ne pas être tenues – comme les traités sont, nous le verrons, signés pour ne pas être respectés –, je ne les condamne pas pour autant. Personnifiant le Bien, ils croient en leur forme de paix, en leur forme de progrès, en leur forme d'épanouissement de l'homme. « Le communisme, affirme en conclusion grandiloquente *l'Histoire du KPSS* de 1962, remplit la mission historique de la libération de tous les hommes de l'inégalité sociale, de toutes les formes d'oppression et d'exploitation, des horreurs de la guerre et installe sur terre *la Paix, le Travail, la Liberté, l'Égalité, la Fraternité et le Bonheur** de tous les peuples [1]. » Le nouveau clergé peut tout promettre aux masses puisque, bonheur incarné, il sait mieux qu'elles ce dont elles ont besoin.

Règle n° 4 : Des organisations dites de front tu créeras.

Comme les masses ont un déplorable penchant pour le pluralisme, comme elles aspirent – de même que tout être sensé – à la liberté, à la paix, au désarmement, mais que, mal éclairées, elles rejettent encore la nouvelle Église et son Dogme, il est souhaitable d'élargir les possibilités de leur agitation et de leur organisation, de la captation de leur soif de bonheur en utilisant pour cette noble tâche des « idiots utiles » pour qui la défense d'une noble et généreuse cause est une fin en soi.

Prenez une poignée d'intellectuels, ajoutez une demi-douzaine de

* Souligné dans le texte qui prodigue, lui aussi, les capitales.

savants, secouez avec un chanteur en renom et une actrice exhibitionniste, n'oubliez pas le quarteron habituel d'écrivains au cœur en bandoulière, rehaussez par un général ou un amiral en retraite, saupoudrez de noms flamboyants – Mouvement pour la paix, Mouvement pour le désarmement, Front pour la démocratie, Ligue contre le fascisme –, mélangez avec des organisations et des « cadres » communistes selon la recette bien connue du pâté d'alouette – un cheval communiste, une alouette idéaliste, un cheval communiste, une alouette idéaliste –, effacez soigneusement toute appartenance à la nouvelle Église, et vous obtenez une belle et juteuse organisation dite de « front ». Servez chaud. La recette est infaillible pour se faire pâmer les masses. Bien entendu, jetez après usage les ingrédients à la poubelle de l'Histoire : les Jean-Paul Sartre et les Lord Russell n'ont pas droit de cité sur les terres de la nouvelle civilisation.

Faut-il égrener les sens du mot « front » que donne le dictionnaire russe-français? « Front : groupe d'armées, front d'attaque, front unique, front populaire, front idéologique, front culturel », sans compter ces expressions combien éloquentes : « se mettre au garde-à-vous, s'aligner, se former en ligne ».

Garde à vous, idiots utiles!

Règle nº 5 : Des alliances tu concluras, des fronts tu constitueras.

De nouveau, un problème simple, d'une complication extrême dans ses applications.

QUESTION : Quelles raisons peuvent pousser un vrai croyant à conclure une alliance avec un infidèle?

RÉPONSE (évidente quand la question est bien posée) :

Primo : pour asseoir le triomphe de la Vraie Foi.

Secundo : pour assurer sa défense et son illustration par l'amélioration de la pratique fondamentale d'agitation et d'organisation des masses.

Tertio : et puisque le Dogme implique la destruction de l'État bourgeois : pour assurer la désorganisation de ce monstre afin de précipiter – grâce à son « noyautage » – sa chute nécessaire et inéluctable.

QUESTION : Une alliance peut-elle changer la nature profonde des rapports entre le vrai croyant et l'infidèle?

RÉPONSE : Jamais et en aucune façon.

Primo : un pacte avec le Démon ne saurait en rien porter atteinte ni à l'existence de Dieu ni à la justesse du Dogme.

Secundo : à moins de se convertir à la Vraie Foi – le vrai croyant s'emploiera à essayer d'obtenir de telles conversions qui risquent pourtant de ne porter que sur des cas isolés –, les infidèles resteront toujours des infidèles.

Compte rendu – dédié à François Mitterrand qui, d'ailleurs, n'en a plus guère besoin car il peut désormais trouver tous les jours aussi bien dans *l'Humanité* – de la « Grande Encyclopédie soviétique » relatif aux événements de 1945-1948 en Tchécoslovaquie :

« Tous les partis entrés dans le Front national avaient pris l'engagement de réaliser un programme gouvernemental commun et de construire une république démocratico-populaire. Cependant les socialistes nationaux, le Parti national tchèque et slovaque s'efforçaient dès les tout débuts de freiner le processus révolutionnaire et de rétablir progressivement le régime qui existait dans la République bourgeoise (...) Seuls les communistes luttaient avec résolution pour une transformation révolutionnaire de la vie politique et économique. »

QUESTION : Un front électoral, une participation au gouvernement peuvent-ils – doivent-ils – influencer l'état d'esprit du vrai croyant?

RÉPONSE : Non, en aucune circonstance. Ces hochets petits-bourgeois, ces colifichets de la démocratie « formelle » ne sauraient en rien détourner le vrai croyant de la vision radieuse du vrai Ciel.

La victoire électorale n'est pas une fin en soi mais une manière d'accroître les possibilités d'agitation et d'organisation des « masses ». Le succès du « Front populaire » dans la France de 1936 n'est pas important par le nombre de sièges obtenus, mais parce qu'il a permis au Parti communiste d'arriver au zénith de la vie politique du pays en effaçant le dangereux discrédit qu'avait entraîné son acceptation des 21 points de Lénine.

Une participation éventuelle au gouvernement n'a pas non plus pour but la mise en œuvre d'une politique commune avec l'infidèle. Si une telle participation risque de nuire à l'efficacité de l'agitation et de l'organisation des masses, elle sera soit refusée comme en 1936 – le nouveau clergé s'attachant alors à capter, comme dans les organisations de « front », le bénéfice de la satisfaction des aspirations des masses tout en s'efforçant qu'elles ne puissent être portées au crédit du gouvernement en place : le PC soutiendra ainsi Léon Blum « comme la corde soutient le pendu » –, soit interrompue comme en 1984.

Et si une participation jugée utile à l'agitation et à l'organisation des masses et à la désorganisation souterraine de l'État se trouve rompue – que ce soit le fait du Parti ou de ses alliés –, ce ne peut être qu'une éclatante manifestation de la trahison – combien normale – des infidèles, entraînant aussitôt fatalement contre une telle infamie la recrudescence de l'agitation des masses – agitation dont l'ampleur dépendra, bien entendu, de la disponibilité de celles-ci *.

* L'appel à des ministres communistes par François Mitterrand après la victoire électorale de mai 1981 a entraîné en France d'innombrables discussions sur la « participation communiste au gouvernement ». Catastrophe cosmique et ontologique pour les uns, elle n'aurait, pour d'autres – oublieux tant des grèves insurrectionnelles et des émeutes qui ont suivi la rupture de 1947 que de la profondeur du « noyautage » de l'appareil de l'État, qui ne put être assaini qu'après de nombreuses années – exercé aucun effet sérieux en 1945 sous le général de Gaulle ou pendant l'époque dite du « tripartisme ».

Trois remarques (toute cette analyse a été rédigée pendant que quatre ministres communistes se pavanaient au nom de l'Union de la gauche dans le gouvernement Mauroy) :

1. Les infidèles ne sont pas, forcément, des imbéciles et des naïfs. Charles de Gaulle et François Mitterrand se rendaient parfaitement compte de certains dangers encourus et caressaient plutôt le rêve de « plumer », à leur tour, au niveau des urnes, et en la paralysant par une participation à des mesures impopulaires, la « volaille communiste ».

2. Les nouveaux prêtres ne sont pas Dieu : ils peuvent se tromper sur les possibilités que leur offre – dans le cadre d'un front électoral ou d'une participation au gouvernement – la possibilité d'agiter et d'organiser leurs saintes masses.

3. De toute façon, ces possibilités échappent au contrôle du commun des mortels – fussent-ils « marxistes-léninistes » – et dépendent en dernière analyse de l'état de la société. Les retombées des alliances conclues par les communistes portugais pendant et après la « Révolution des œillets » ne peuvent être comparées

Monsieur le Président des États-Unis, je crains de vous avoir de nouveau ennuyé. Vous avez la chance de présider aux destinées d'un pays qui ignore ce genre de douteuses plaisanteries. Votre peuple ne compte que sur lui-même et sur sa tenace action sur la nature et sur les choses pour construire le bien-être et la prospérité de la société. Votre « classe ouvrière » et vos syndicats qui sont, sans grand problème et allègrement, entrés – comme on dit en nouvelle civilisation – dans l'arène de l'Histoire, n'éprouvent pas, à la différence de la Vieille Europe, la moindre tendresse pour les fantasmes abracadabrants de la nouvelle religion. Vos « masses » d'immigrés, de fils et de petits-fils d'immigrés, ont trop d'orgueil pour se laisser agiter et organiser par n'importe qui. Mais si vous évitez ainsi le type d'écueils sur lesquels butent nos hommes de pouvoir européens – qui ont tendance à croire que ce qu'ils perçoivent de l'agitation et de l'organisation des « masses » par le nouveau clergé est une forme comme une autre du libre débat démocratique, alors qu'elles ne visent qu'à les renverser et à nous envoyer tous au Goulag –, il vous arrive, devant une crise, avec ses émeutes, ses combats et ses violences, de vous indigner, vous aussi, de l'éclosion de la « subversion » communiste. Permettez-moi de vous dire que vous posez alors mal le problème. Pour les Grands Prêtres, en effet, la « subversion » n'est qu'une forme annexe, très étroite et fortement spécialisée, quelque peu honteuse et sur laquelle il est préférable de ne pas trop s'étendre, de leurs dévorantes activités. Après des sens très négatifs – renversement (dans le sens livresque), démolition, ruine, destruction – le dictionnaire franco-russe annonce tranquillement sous ce vocable : « action de sape » – expression dont le dictionnaire russe-français précise qu'elle est dérivée de « sapeur, mineur, explosif » et qu'il fait apparaître dans la traduction du mot français « noyautage » à propos duquel le docte lexique précise : « création de cellules, action de sape *à l'intérieur d'une organisation quelconque* ».

Quand on les accuse de « subversion », les Grands Prêtres peuvent donc se montrer sincèrement étonnés. D'accord. Certains de leurs spécialistes se livrent à quelques « actions de sape » dans quelques organisations judicieusement choisies – les armées, les forces de police, les centres de transmission, les nœuds ferroviaires, les ports et les aérodromes, etc. –, mais quel rapport peut bien exister entre ces activités – généralement mal connues – et la légitime indignation des masses qui se manifeste enfin pleinement lorsque les efforts d'agitation et d'organisation ont porté à maturité leurs merveilleux fruits? Tout cela est naturel, conforme aux lois scientifiquement établies de l'Histoire en marche.

De quoi se plaignent-ils, tous ces capitalistes et ces réactionnaires? Ne savent-ils pas – c'est écrit, noir sur blanc, dans la Grande Encyclopédie soviétique, proclamé sur tous les tons dans tous les discours – que « dans l'époque du passage du capitalisme au socialisme *se développe un processus révolutionnaire mondial* »? Le sens du mot « processus » – « ensemble de phénomènes conçu comme actif et organisé dans le temps » – n'est-il pas

– pour violentes qu'elles aient été – avec la vague de grèves et d'émeutes qui faillirent – on l'oublie trop souvent – jeter à bas, en 1947-1949, la République française. Et si rien de véritablement sérieux ne s'est produit en France après 1984, ce n'est pas au bon vouloir de MM. Marchais et Krasucki qu'est dû cet heureux état de choses.

clair à souhait? Comment peuvent-ils bien ignorer, ces cancres, que « l'activité *consciente de la classe d'avant-garde est la condition indispensable* du développement et *de la victoire de la Révolution* », que le Parti est *« la forme la plus haute de l'organisation révolutionnaire »* de cette classe d'avant-garde? Que cette « Révolution socialiste » a, « dans un complexe de tâches destructives et constructives » *(sic)*, notamment pour objectif : « la prise du pouvoir par la classe ouvrière, la destruction de l'ancienne machine étatique * » et qu'elle constitue « le passage de la préhistoire de l'humanité » – merci pour nous ! – « à son Histoire authentique » [2].

Comment peuvent-ils ne pas savoir, ces ignares, que toute l'agitation, que toute l'organisation des « masses » – parfaitement légitimes et naturelles elles aussi et conformes, de surcroît, à leur propre conception de la démocratie : on le leur fait suffisamment comprendre s'ils n'ouvrent pas tout grands leurs usines, leurs locaux publics, leurs universités et leurs rues, aux agitateurs et aux organisateurs – ont pour seul but de parcourir les différentes étapes – toujours aussi naturelles et légitimes – du « processus révolutionnaire »?

La grève. Introduction de l'article « Grève » de la Grande Encyclopédie : « Une des formes *essentielles* de la lutte des classes du prolétariat dans les pays capitalistes. » Conclusion de l'article : « " L'accord entre le Capital et le Travail ne peut être conclu sur des bases justes. " Karl Marx. » Comme l'article – parfaitement pensé et admirablement documenté – condamne avec la rigueur nécessaire les « " idéologues de l'impérialisme " cultivant l'idée de l'" extinction " de la lutte de classes sous le capitalisme, du caractère " fortuit " et " a-typique " de crises sociales aiguës dans les conditions contemporaines de la société dite " super-industrielle " (...), de l'inévitable " collaboration de classes " dans les conditions de la prétendue transformation de la société capitaliste en société de " bien-être général " et de " chances égales " », son texte exprime quelques vérités bien senties sur la façon dont les Grands Prêtres conçoivent l'art de la grève : « L'époque de la crise générale du capitalisme a été marquée par diverses révolutions dans divers pays (...) où les grèves ont joué un rôle gigantesque », « Après la deuxième guerre mondiale, le mouvement de grève est utilisé dans les pays colonisés et dépendants comme un *moyen de lutte* pour la libération nationale » ou, enfin : « En réclamant des transformations démocratiques radicales, la classe ouvrière crée, en fin de compte, *une menace directe contre les fondements mêmes de l'ordre capitaliste.* »

A vos souhaits, monsieur le Président.

Manifestation de rues – appelées dans la Grande Encyclopédie « Manifestation politique », le qualificatif « politique » a de ces sens en nouvelle civilisation : déjà l'organisation d'assassins et de bourreaux de la Guépéou était qualifiée de « Direction politique générale » : « Forme *essentielle* de la lutte politique de la classe ouvrière... La manifestation (de rues) revêt

* Les autres objectifs poursuivis par le « complexe destructif et constructif » comportent, si nous excluons les habituels vœux pieux sur la « liquidation des antagonismes sociaux et nationaux et de l'exploitation de l'homme par l'homme », les tâches bien concrètes de « la confirmation de la propriété collective des biens de production, (de) la création d'un système conscient de direction des processus économiques et sociaux, (du) développement de la démocratie socialiste et de la révolution culturelle ».

un caractère particulièrement aigu à l'époque de l'impérialisme, se développe largement tant dans les métropoles que dans les colonies, constituant un *moyen puissant de lutte* contre l'impérialisme, contre le colonialisme, pour le socialisme, contre le racisme, contre le déclenchement de guerres impérialistes, pour la paix. »

Et, enfin, le couronnement :

« Soulèvement armé » : « Avec l'arrivée de la classe ouvrière sur l'arène de l'Histoire, le soulèvement armé *devient son outil de lutte révolutionnaire* contre le capitalisme et l'un des moyens de conquête du pouvoir. (...) Dans le développement du soulèvement armé, un rôle gigantesque appartient au parti révolutionnaire prolétarien dont l'activité d'organisation permet de l'amener à la victoire. (...) Les marxistes examinent le soulèvement armé comme l'une des méthodes les plus importantes de conquête du pouvoir *dans les cas où la conquête pacifique du pouvoir s'avère impossible* et où les hommes et les classes réactionnaires ont recours à la violence. »

Il est difficile d'être plus net.

L'une des règles qui s'imposent à celui qui a eu à connaître des activités soviétiques et communistes est – constations-nous un soir dans le bureau directorial de la DST au cours d'une de nos conversations désabusées avec Marcel Chalet, le meilleur spécialiste occidental de contre-espionnage de ces dernières années – que ses analyses les plus pessimistes, que ses vues les plus noires, que les conclusions qui lui valent le plus d'être traité d'« obsédé » même par une classe politique qui se croit pourtant éclairée se révèlent toujours, à l'usage des faits et des faits seuls, en dessous de la réalité. Même rompu aux arcanes les plus subtils de la nouvelle civilisation, un esprit occidental ne peut en concevoir toute l'horreur et prévoir, disons, le sort tragique d'un Boeing sud-coréen. C'est donc un peu par hasard que je suis tombé dans la fascinante Encyclopédie soviétique sur l'article théorique – avons-nous le même dans nos dictionnaires ? – traitant de la... « Guerre civile ».

Écoutons, cela en vaut la peine :

« Selon leur rôle objectif dans l'Histoire, de telles guerres apparaissent comme *le moyen indispensable* de la réalisation des objectifs politiques de la Révolution, soit par la voie du soulèvement de classes opprimées luttant pour leur libération sociale, soit par la voie de l'écrasement d'émeutes contre-révolutionnaires (...) *Dans l'époque contemporaine, la classe ouvrière internationale, son avant-garde communiste, apparaissent comme les défenseurs conséquents de la guerre civile pour la libération des travailleurs de tout joug* (...) Dans certains pays capitalistes, la classe ouvrière a la possibilité de réaliser la transformation révolutionnaire de la société sans guerre civile, par d'autres moyens de lutte des classes, d'écrasement de la résistance de la bourgeoisie monopolistique. Cela n'exclut pas, avec la modification de la situation concrète dans tel ou tel pays, que la *guerre civile peut devenir, dans une étape appropriée, la forme principale de la lutte pour le socialisme**. »

* Bien entendu, la « classe ouvrière » – pauvre « classe ouvrière » : que de crimes et d'infamies sont, ici, commises en ton nom ! – est « intéressée par le renversement de la souveraineté du capital monopoliste (...) sans amener l'affaire *(sic)* jusqu'à la guerre civile », mais « son déclenchement dépend de la force de

Grève. Manifestation de rues. Soulèvement armé. Guerre civile. Le propagandiste de l'« avant-garde » qui appelle à l'amitié avec le « peuple soviétique » ou au désarmement, le syndicaliste communiste qui se bat pour l'accroissement des salaires et l'amélioration des conditions de travail, sont – en apparence et pris individuellement – des gens fort sympathiques et bien intentionnés. Ils n'en font pas néanmoins partie d'une entreprise d'une démence absolue et qui se veut – résolument et consciemment – sanglante.

De l'incompétence des nouveaux croyants en matière de révolution

Eh bien, monsieur le Président, je vais vous annoncer – une fois n'est pas coutume – une excellente nouvelle : les Grands Prêtres et leur nouveau clergé sont peut-être des fous sanglants mais un fait est sûr : le système d'agitation et d'organisation des masses dont ils attendent de si grands bienfaits pour étendre leur nouvelle civilisation au reste du monde, les « formes, méthodes et voies » de la « Révolution socialiste » qui leur paraissent tellement conformes à leur Dogme ne marchent pas, mais alors pas du tout.

Jamais et nulle part, le bon peuple n'a proclamé, par la voie d'un scrutin libre au suffrage universel – seul « moyen pacifique », pour nous démocrates, sinon de « conquérir » le pouvoir du moins de l'exercer : dorénavant, c'est le sens de l'Histoire que nous voulons suivre ; désormais, c'est sur notre chère « avant-garde » du prolétariat – et sur sa dictature combien éclairée – que nous comptons pour nous sortir de la préhistoire ; à partir de maintenant, c'est le Parti – avant-garde de l'avant-garde – que nous investissons de la noble mission de nous gouverner. Jamais, je dis bien : jamais. Et nulle part.

Trois exemples tirés des différents stades de développement du Saint Empire marxiste-léniniste – pardon, du « système mondial de socialisme » :

En Russie, à l'aube de la nouvelle civilisation, les élections à l'Assemblée constituante, tenues neuf mois après le renversement du tsarisme et dans *les trois mois suivant le coup de force d'Octobre*, ne donneront aux bolcheviks que 23,9 % des voix (contre 40 % aux « socialistes révolutionnaires », 2,3 % aux mencheviks et 4,7 % au parti libéral des « cadets » [3]) – malencontreuse erreur qui amènera Lénine à faire chasser les représentants du peuple par des « marins rouges » dont Gorki lui-même disait qu'ils étaient non ces archanges de la révolution célébrés par l'intelligentsia occidentale mais « des bêtes déchaînées et affolées, (...) des

résistance (re-*sic*) des classes réactionnaires ». Et il n'est pas question de se lancer dans cette entreprise exaltante mais délicate, dont « le succès dépend du degré d'organisation des masses populaires », en « n'importe quelle circonstance » comme le veut le « blanquisme » et le « révisionnisme de gauche ».

L'erreur la plus fréquente en Occident est de croire que si les partis communistes participent en Europe au jeu démocratique et n'ont pas recours au « soulèvement armé », c'est qu'ils ont renoncé à cette forme d'action. L'explication est pourtant simple : « Toute tentative d'organiser un soulèvement armé en l'absence d'une situation révolutionnaire est condamnée à l'effondrement et ne peut causer que des dommages au mouvement révolutionnaire. »

Russes sauvages, corrompus et harassés par l'ancien pouvoir [4] ». Explication de l'historiographie officielle : les « masses » n'étaient pas suffisamment éclairées sur les mesures prises par le nouveau pouvoir.

En Tchécoslovaquie, à l'heure de la première expansion du Saint Empire après la Seconde Guerre mondiale, l'exemple est encore plus probant. Le pays sort de l'oppression nazie. La Résistance communiste a été active et glorieuse. L'Armée rouge a libéré le pays. La Russie, à la frontière voisine, est glorifiée, car c'est par l'effort de son peuple que l'occupant allemand a été écrasé. Le vieux sage de la démocratie Beneš a donné son aval aux communistes en signant un accord avec Staline en 1943 et ils siègent à tous les organes de gouvernement. D'après les accords entre Churchill et le « petit père des peuples », la Tchécoslovaquie est placée à 80 % dans la zone d'influence soviétique. On ne saurait rêver conditions plus « favorables ». Eh bien, le Parti, avec son rêve de société humaine et de planification, a beau capter les aspirations au bonheur du peuple – sa popularité est certaine –, agiter et organiser dans tous les sens, frontiser à tout vat, il obtient... 38 % des suffrages.

Et dans « l'époque contemporaine », comme dit l'Encyclopédie soviétique, les choses ne s'arrangent guère. Dans nos démocraties « superindustrielles » d'Amérique et d'Europe, où nous votons à tout bout de champ, où la liberté d'expression confine à la boulimie, où les « alternances » les plus brutales peuvent faire changer radicalement de cap à un pays – Carter succédant à Nixon, Reagan à Carter, Mitterrand à Giscard –, où l'accroissement permanent du niveau de vie nous rend d'autant plus sensibles à la moindre crise, à la moindre anicroche dans notre pouvoir d'achat, aucun peuple n'a choisi de proclamer par la voie des urnes : voilà le modèle que nous voulons, c'est l'ordre politique du Parti-État qui va résoudre tous nos problèmes, c'est l'organisation économique fondée sur la propriété collective des biens de production qui va nous donner la prospérité, c'est le contrat social communautaire qui va assurer notre dignité d'hommes.

Et si j'ai choisi ces trois exemples qui ponctuent notre histoire, c'est que les nouveaux prêtres ne peuvent leur appliquer leurs habituelles lamentations sur la répression féroce qui étouffe le « prolétariat », sur la réaction échevelée menée par le capital, ses soudards et ses alliés *. Après le renversement du tsarisme en février 1917, la Russie devient, d'après Lénine lui-même – elle va en mourir –, « le pays le plus libre du monde », et c'est le nouveau pouvoir bolchevik qui organise lui-même la consultation électorale. La Tchécoslovaquie de 1946 vit, comme toute l'Europe de l'Est, à l'ombre de l'Armée rouge. Quant à nos démocraties contemporaines d'Occident, il faudrait faire preuve de la plus grande mauvaise foi ou être atteint de débilité mentale pour en nier la liberté absolue – voire la permissivité. Et qu'on ne me parle pas non plus – comme fait le nouveau clergé à propos de l'Assemblée constituante russe de 1918 – du fait que les

* La faramineuse ignorance de l'Occident de sa propre histoire est un allié de la « désinformation » permanente menée par les Grands Prêtres. La plupart des Français sont persuadés, je le crains, que les bolcheviks ont renversé le tsarisme – et non un gouvernement socialiste –, que le communisme a été réprimé en Allemagne par le nazisme – et non par les socialistes –, etc. Et dans ces cas précis, les socialistes européens – par l'habituel tribut que nous payons à la nouvelle religion – ne désirent guère rappeler ces faits.

« masses » sont mal « éclairées ». La « Révolution d'Octobre » va fêter dans peu de temps son soixante-dixième anniversaire. Le « système mondial du socialisme » fonctionne à nos portes en Europe depuis près de quarante ans. Je veux bien que les peuples soient un peu sourds d'oreille, mais personne ne peut plus ignorer de nos jours – même si l'on ne connaît pas toutes les subtilités de son fonctionnement – les avantages ou les défauts du système de Parti-État. Si le Dogme marxiste-léniniste n'était pas un assemblage de fantasmes, si l'avenir radieux avait été effectivement construit en URSS, si ses lumineux bienfaits s'étaient réellement étendus à l'Europe de l'Est, il y a belle lurette que nos démocraties l'auraient choisi : et l'Italie et l'Allemagne ont bien pris le risque de voter pour le fascisme.

Non. Il faut bien nous rendre à la triste – ou heureuse – évidence : malgré ce que proclame le XXe Congrès post-stalinien, malgré ce qu'affirme l'Encyclopédie soviétique, l'hypothèse selon laquelle existeraient des « moyens pacifiques » de conquête du pouvoir n'est qu'une utopie de plus.

Encore faudrait-il s'entendre sur le sens du mot « pacifique » et, fort heureusement pour eux, les Grands Prêtres ne s'embarrassent pas pour le faire de nos préjugés petits-bourgeois. Les élections libres, ils n'en ont – comme l'a découvert le pauvre Roosevelt après Yalta – strictement rien à faire. Les « moyens pacifiques » ne sauraient donc être, pour leurs esprits combien éclairés, l'arbitrage du suffrage universel – cette « illusion » de la démocratie « formelle » et « bourgeoise ». Les « moyens pacifiques » – restons dans leur système de pensée – sont le recours, dans le « processus révolutionnaire », aux seuls moyens de la grève et de la manifestation de rues – quand leur intensité est telle qu'on peut ne pas « amener l'affaire » jusqu'au soulèvement armé et à la guerre civile – moyens, eux, visiblement non pacifiques. En d'autres termes, l'agitation et l'organisation des masses – auxquelles il n'est question ni de renoncer puisqu'elles découlent du Dogme ni de leur donner une quelconque « retenue » démocratique – doivent, par la grève et la manifestation de rues, parvenir à un degré suffisant pour que, la « machine étatique ancienne » étant suffisamment délabrée, le peuple suffisamment déboussolé, hypnotisé, découragé, le pouvoir glisse tout seul – sans soulèvement armé ou guerre civile – entre les mains du nouveau clergé rouge.

Eh bien, ça ne marche pas mieux. A partir de 1947, quand les socialistes français eurent le courage de congédier de la coalition gouvernementale des communistes par trop endiablés, une vague de grèves sauvages – appelées à tort « insurrectionnelles » – et de violentes émeutes ravagèrent la France ainsi d'ailleurs qu'une partie de l'Europe occidentale. J'eus le curieux privilège de participer à partir du cabinet du ministre de l'Intérieur, l'énergique Charles Brune, à certains de ces événements qui amenèrent les émeutiers à quelques centaines de mètres de nos postes de commandement, et ils me paraissent, avec le recul du temps, bien plus inquiétants que les putschs militaires et le terrorisme FLN ou d'extrême-droite que j'eus, plus tard, à combattre *. Mais « l'ancienne machine

* Je ne suis en rien anticommuniste : désireux de faire table rase d'un passé russe qui nous avait fait tant de mal, habité par le rejet de l'arrogante bourgeoisie balzacienne qui règne encore à Paris – « droite » et « gauche » confondues –, je n'ai

étatique » tint bon, le peuple – grâce, d'ailleurs, à l'aide morale et matérielle que lui apporta la nation américaine – ne se laissa pas impressionner et rejeta, du plus profond de son être, la violence de l'« avant-garde » – à tel point que la Grande Encyclopédie soviétique escamote ces « péripéties » et ne rend compte en passant rapidement que de quelques grèves et manifestations « pour la paix ».

Restent donc, pour sauver l'honneur un peu défaillant de l'expansion inéluctable du « socialisme », ces « soulèvements armés », ces « guerres civiles », ces « révolutions » dont les Grands Prêtres s'enorgueillissent tant, se présentant à nos yeux ébaudis et, hélas, complices – quand cesserons-nous donc de croire que la révolution est un bien en soi et que les nouveaux croisés, incarnant la révolution, ne peuvent donc que représenter le Bien? « Lénine, proclame – avec quelle grandiloquence! – la Grande Encyclopédie, est le plus grand révolutionnaire prolétarien (...), le maître et le guide des travailleurs du monde entier », le « marxisme-léninisme », affirme un « mot d'ordre » du KPSS, est un « enseignement révolutionnaire international éternellement vivant ».

Quittons donc les voies de la démocratie et admettons un instant que la révolution est légitime, que sont légitimes les soulèvements des opprimés. Admettons – ce qui est d'ailleurs exact – qu'au début du XXe siècle, la « classe ouvrière » était effectivement exploitée et aliénée dans les États-nations d'Europe; admettons – ce qui est toujours aussi exact – qu'un chemin immense devait être parcouru – tant dans les États-nations autoritaires que dans les États-nations de démocratie « formelle » – pour que s'instaurent la démocratie « réelle », une véritable justice politique, économique et sociale. Mais alors, puisque les Grands Prêtres et les nouveaux croyants sont l'avant-garde du « prolétariat », puisqu'ils sont à l'extrême pointe des combats contre l'oppression, puisqu'ils transforment le monde, puisqu'ils sont des experts en agitation et en organisation des masses, puisqu'ils sont des artistes du soulèvement armé et de la guerre civile, bref, puisqu'ils sont la quintessence de la révolution, ils ont dû en faire de grandes choses! Et si le Dogme est exact, si le « prolétariat » doit, dans un « processus révolutionnaire » puissant, spontané, conforme au sens de l'Histoire, accoucher naturellement sinon sans douleur de « révolutions socialistes » comme, naguère, la « bourgeoisie » enfantait des révolutions « bourgeoises », il a dû – en bonne logique marxiste-léniniste – s'en passer, des « Grands Soirs » et des « luttes finales », déferlant en cascade sur toutes les concentrations industrielles et ouvrières de la planète! Il a dû s'en produire, des grèves se transformant en manifestations de rues, des manifestations de rues débouchant sur des soulèvements armés, des soulèvements armés se traduisant enfin dans de combien merveilleuses révolutions!

jamais fait partie, dans ma nouvelle patrie française, de groupements, d'organismes, de partis ou de gouvernements faisant de la lutte contre le communisme leur principe dominant. C'est uniquement en raison des fonctions qui ont été les miennes – et que j'ai acceptées sans vouloir les chercher parce qu'elles me paraissaient prendre en compte l'intérêt général – que le communisme – et le soviétisme – se sont dressés sur mon chemin avec une régularité et une persévérance d'ailleurs significatives. Je n'ai jamais – c'est, d'ailleurs, le propre des services spéciaux occidentaux – choisi les menaces : ce sont les menaces qui se sont toujours imposées à moi.

Aux débuts de ce volumineux ouvrage, j'ai choisi de faire appel, principalement – pour montrer que mes analyses sont bien à la portée de tout esprit occidental – à des textes quasi exclusivement publiés en Occident. Ensuite, je me suis appuyé – mis à part quelques articles théoriques mais plutôt confidentiels du chef du Département international du KPSS et les radotages d'Andropov sur la pensée de Marx qui n'ont pas bouleversé la communauté intellectuelle – sur le rapport très public et très officiel du Secrétaire général du KPSS à son XXVI Congrès ou, encore plus simplement, sur les dictionnaires franco-russe et russe-français. Pour nous engager sur les lumineux chemins des glorieuses révolutions, je propose maintenant de nous plonger, non dans des textes plutôt abscons de spécialistes ès idéologie tels que le regretté Souslov ou dans des documents plus ou moins secrets, mais, comme nous avons déjà commencé à le faire, dans ma chère Encyclopédie soviétique – dont je ne sais toujours pas pourquoi on l'appelle « *Grande* ». Voilà l'ouvrage de référence par excellence. Voilà des livres accessibles à tous – n'était le délicat problème de langue et un machiavélique système d'abréviations du genre « lib.nat. » pour « libération nationale ». Voilà un temple où ne saurait se glisser la moindre erreur – chaque Secrétaire général de quelque importance met un point d'honneur à faire rédiger sa propre version : Lénine s'y attela dès Octobre, Staline fit détruire ces exemplaires un peu empreints de naïveté pour mieux imposer sa vision plus abrupte du monde, Brejnev ne pouvait être en reste, et c'est l'édifice qu'il a fait construire qui nous servira d'appui. Voilà trente volumes auxquels fait appel tout *homo sovieticus* cultivé, tout *apparatchik* de poids – et j'aime penser que le Secrétaire général du KPSS y recherche comme moi le chiffre ou la date qui lui manquent, y vérifie, comme moi, un point précis du Dogme [5].

Je n'ai pas voulu imposer au lecteur le lyrisme encyclopédique et échevelé où baignent la révolution « socialiste » ou le soulèvement armé – « Le soulèvement est un art au même titre que la guerre ou que les autres catégories d'art (Engels) »; « Ordonner un soulèvement si nous l'avons effectivement préparé et si le soulèvement populaire est possible (...) est une chose tout à fait réalisable (Lénine) » –, mais l'on doit bien se douter, à lire les quelques citations que j'ai sélectionnées, que les Grands Prêtres ne sont pas manchots et qu'il ne manque pas un bouton de guêtre à leur théorie. Quant à leur « pratique » – ils adorent, on le sait, célébrer, « l'unité de la théorie et de la pratique » –, notre expérience quotidienne de leur agitation et de leur organisation de nos « masses » prouve, hélas, qu'elle se défend parfaitement bien.

Et la réalité? L'un de ces petits films français sans prétention par lesquels la patrie de Hugo et de Zola oublie et sa grandeur passée et les affres du monde moderne porte un titre émouvant : *Et la tendresse, bordel?* Et chaque fois que je lis la théorie des Grands Prêtres, que je contemple l'agitation des nouveaux croyants, j'ai tendance moi aussi à me demander : « Et la réalité, bordel? » Eh bien, la réalité de la révolution ne se porte pas mieux que la culture du maïs en Ouzbékistan ou la fabrication de chaussure à Dnepropetrovsk. Face aux pavés théoriques des articles sur la révolution – 2 014 lignes, près de 24 colonnes pour les articles Grève, Manifestation de rues, Soulèvement armé, Guerre civile, Révolution, Révolution sociale, Révolution socialiste –, face aux monuments baroques érigés aux « grandes » révolutions du temps passé – 5 449 lignes, près de 65 colonnes plus 6 pages d'illustrations hors texte dépeignant la « Grande Révolution socialiste d'Octobre », 640 lignes, 7 colonnes immortalisant la « Grande Révolution française » –, face aux torrents lyriques sur les innombrables révolutions du XIXe siècle – ce qui donne à l'Histoire vue par les Grands Prêtres une allure inquiétante de fureur et de chaos et non ce fascinant développement économique que décrivent certains historiens occidentaux en partant des fulgurantes intuitions de Marx –, je trouve bien maigrelettes et, disons-le, franchement souffreteuses, les notes consacrées aux effets concrets de l'agitation et de l'organisation des « masses » dans les grandes concentrations industrielles et ouvrières où, d'après le Dogme, la révolution socialiste aurait dû déferler.

Ainsi l'Europe n'a enfanté, de 1917 à 1945, que neuf grèves que les Grands Prêtres jugent dignes de passer à la postérité et aucune ne se serait produite en Amérique du Nord : 274 lignes en rendent compte et occupent donc moins de la moitié de l'espace – 644 lignes – consacré à la théorie de la grève. Certaines de ces « grèves générales » n'ont d'ailleurs qu'un rapport lointain soit avec le « prolétariat » – « Grève des paysans de 1937 » en Pologne – soit avec la nouvelle religion – « Grève générale en Grande-Bretagne » de 1926, « Grève politique générale d'Octobre 1918 » des populations tchèques contre l'Empire austro-hongrois. Les autres, constate tristement l'Encyclopédie, ont été « écrasées » – « Grève politique générale de décembre 1920 » en Tchécoslovaquie, « Grève de février 1933 » en Roumanie – ou « brisées grâce aux sociaux-démocrates de droite » – « Grève générale de janvier 1918 » en Autriche-Hongrie.

Si quatorze « soulèvements » sont immortalisés en Europe pendant les mêmes vingt-huit années – toujours zéro pour les États-Unis qui se conduisent vraiment très mal –, huit éclatent non contre le capitalisme mais contre l'occupant nazi de 1943 à 1945, avec souvent une participation communiste minime ou franchement inexistante – ghetto de Varsovie ou Varsovie 1944. Écartons tout de suite les « Soulèvements de Silésie 1919-1920 » : les révoltes des populations polonaises contre la domination allemande sont, elles aussi, loin du sujet. Ce qui nous laisse donc à la tête de seulement cinq expressions de cet « art » qui impressionnait tellement Engels et Lénine. 155 lignes en tout et pour tout. Et, sur cinq soulèvements, un seul réussit : le « Soulèvement de Kiel 1918 » qui « marqua le début de la Révolution de Novembre », mais les marins de la Flotte germanique sont peut-être particulièrement virils, ils n'en donnent pas moins une vision assez particulière du « prolétariat ». Les quatre autres ont plutôt connu des ratés : selon la dualité habituelle, le « Soulèvement de Kotor 1918 » – des marins austro-hongrois – est « écrasé », alors que le « Soulèvement de Cracovie 1923 » est trahi par le parti socialiste qui, ô horreur, désarme les manifestants. Les deux soulèvements restants n'aboutissent pas. Dans le « Soulèvement de Vlada 1918 », l'armée bulgare se révolte et marche sur Sofia – notons, au passage, à quel point la vision des Grands Prêtres, déjà fortement passéiste, est également résolument provinciale : on ne connaît bien l'application du Dogme que sous son nez –, mais le parti socialiste – toujours lui : cette hydre qui sera combattue plus énergiquement que le nazisme – « ne se trouve pas encore pleinement sur les positions du léninisme ». Le « Soulèvement de Hambourg 1923 » –

« combats de barricades héroïques, tactique hardie et souple » – tombe sur un gros os : « Il est apparu que les masses de la classe ouvrière n'étaient pas suffisamment préparées au soulèvement » – c'est bien gênant –, mais « la faute principale (...) revient » – on s'en serait douté – « aux leaders de la social-démocratie qui ont rompu l'unité d'action du prolétariat ».

Restent les révolutions qui sont parvenues à maturité malgré des conditions générales aussi déplorables *. La « Révolution espagnole » – dont on apprend qu'elle permit « la formation d'une république démocratique de type nouveau », ce qui souligne avec éclat l'irresponsabilité des intellectuels occidentaux pour qui elle était, et continue d'être, l'incarnation du Bien – a connu le sort que tout le monde sait. La « Révolution finlandaise 1918 » a été liquidée par « les armées blanches du général Mannerheim ». La « Révolution de novembre 1918 » en Allemagne « n'est pas sortie, bien que menée par des méthodes et moyens prolétariens, des cadres bourgeois-démocratiques » : « La bourgeoisie et les junkers ont, grâce à l'aide des leaders sociaux-démocrates, écrasé le mouvement ouvrier. » La « République soviétique de Bavière » qui, en avril 1919, « introduisit le contrôle ouvrier des usines, nationalisa les banques, forma une Armée rouge et une Tchéka », ne dura, malgré ces brillantes prédispositions, que dix-sept jours. Motif : « trahison socialiste, lutte velléitaire contre les contre-révolutionnaires ». Quant à la « République soviétique de Hongrie 1919 », qui prouve que « la dictature du prolétariat n'est pas un phénomène spécifiquement russe » et qui créa – précursion oblige – grâce à son « Armée rouge » une « République soviétique de Slovaquie », elle ne put – « écrasée par l'Entente », trahie par « les socialistes de droite et les syndicalistes » – triompher que pendant cent trente-trois jours – ramenant la durée de vie de sa progéniture slovaque à vingt-deux belles et rudes journées.

Et, si une série d'explosions – datant, d'ailleurs, pour la plupart plus du début des années vingt que des années trente, marquées, elles, par le danger du fascisme et de l'expansionnisme armé des États-nations européens et japonais – marque ainsi « l'entre-deux-guerres », la situation change radicalement après la fin de la Seconde Guerre mondiale. Pendant les quelque quarante années – deux générations déjà ! – qui nous séparent de la fin de la dernière déflagration mondiale, plus aucune grève, plus aucun soulèvement, plus aucune révolution ne méritent pour les Grands Prêtres – dans l'Amérique du Nord ou dans l'Europe qui n'a pas la chance immense de vivre sous la botte de l'Armée rouge – d'être immortalisés dans leur bible pleine de bruit et de fureur. Ou alors, quelques broutilles. La « Grève générale 1968 » en France « démontre (ainsi) les grandes capacités d'organisation et de cohésion de la classe ouvrière ».

Avouez que ce n'est pas très gras **. Les papes rouges ont beau

* J'exclus, bien entendu, la « Révolution kémaliste » dans la Turquie de 1918-1919 qui est résolument nationaliste et strictement « bourgeoise ».
comptabiliser avec un amour quelque peu maniaque les grèves qui se

** Quelques lignes attristées – ne méritant pas, elles, un article séparé – soulignent qu'en Grèce « l'union des forces patriotiques dans le but de faire avorter les desseins de la réaction a été empêchée par des erreurs gauchistes et sectaires (...) Une guerre civile commença dans le pays (...) Dans un but d'auto-défense, les forces démocratiques créèrent en octobre 1946 une Armée démocratique qui combattit de

comptabiliser avec un amour quelque peu maniaque les grèves qui sedéroulent en Occident – ils dénombrent 297,9 millions de grévistes de 1946 à 1961, soit « 3,5 fois plus » que de 1919 à 1939, 300 millions de 1960 à 1968, etc. –, ils ont beau, dans l'article « Mouvement des défenseurs de la paix », se réjouir – à très juste titre : nous y reviendrons – des « manifestations de masse et meetings », apparus « comme résultat des modifications fondamentales après la Seconde Guerre mondiale lorsque les forces de la paix se sont activisées (*sic*), en s'appuyant sur le soutien des pays du système mondial du socialisme (...), de la pacifique classe ouvrière et de son avant-garde – les partis communistes » (re-*sic* : quel aveu!), mais – sœur Anne de la « révolution socialiste » – ils ont beau écarquiller les yeux à se les sortir des orbites, ils ne voient toujours pas venir les soulèvements armés, les guerres civiles, les révolutions pour lesquels leurs fidèles œuvrent avec un enthousiasme si mal récompensé *.

Et nous voilà donc face à une bien douloureuse alternative : ou bien la « classe ouvrière » est effectivement exploitée et aliénée, les peuples ne connaissent effectivement ni la démocratie réelle ni la justice politique, économique et sociale. Et, dans ces conditions qui ont donné naissance à leur Dogme et qui constituent leur raison d'être d'agitateurs et d'organisateurs des masses opprimées, les Grands Prêtres et les nouveaux croyants se révèlent comme le contraire de ce qu'ils prétendent être. Cette « révolution socialiste » pour laquelle ils œuvrent avec tant de persévérance et qui, d'après eux, est inscrite dans le sens de l'Histoire, ils la ratent à tous les coups et avec une remarquable continuité.

Ou bien la « classe ouvrière » participe au progrès économique et social conformément à ses immenses mérites et à la plus-value qu'elle apporte à la production industrielle, les peuples connaissent enfin la démocratie « réelle » et la justice sociale, et alors, plus augmente la liberté des citoyens, plus se développe le progrès technique, économique et social, plus la meilleure diffusion des connaissances permet à chacun de choisir en toute liberté sans aucune pression ou « opium du peuple », moins le « capital » – éparpillé ou concentré dans des sociétés sans réels moyens d'intimidation ou de « désinformation » – est capable de jouer un rôle d'aliénation, plus les classes sociales – et même l'horrible « bourgeoisie » – éclatent en une « société civile » multiforme dans laquelle désirent figurer toutes les catégories de la population, et plus s'estompent les possibilités et la nécessité de révolutions qui apparaissent non comme un « processus » spontané et inéluctable, mais comme un phénomène éphémère provenant du déséquilibre des sociétés. Et ce sens-là de l'Histoire est tellement impétueux – si nous voulons bien nous donner la peine de le maîtriser – qu'il est parvenu à s'imposer à tout l'Occident industrialisé – regardez autour de vous – malgré les regrettables, et bien plus redoutables au plan de

1946 à 1949 la réaction grecque et les impérialistes des États-Unis et de la Grande-Bretagne ». Pas de quoi pavoiser, effectivement.

* Est-ce la lassitude devant le bégaiement perpétuel de l'Histoire, est-ce la prémonition de « l'époque contemporaine »? Toujours est-il que les événements précédant directement la période d'après-guerre qui nous intéresse ne sont guère singularisés. C'est en quelques lignes que l'on apprend qu'en 1944 en Grèce, grâce à l'ELAS, « les bases d'un pouvoir de démocratie populaire sont jetées dans les régions libérées », mais que « les forces de la réaction, s'appuyant sur les baïonnettes anglaises, déclenchèrent dans le pays une terreur de masse ».

l'agitation et de l'organisation des masses, parenthèses du national-socialisme et du fascisme.

Telle est donc la réalité : l'oppression et l'injustice entraînent des « révolutions socialistes » ratées, le progrès et la justice se traduisent par pas de révolution du tout. Et les Grands Prêtres et les nouveaux croyants auront beau – avec toute leur agitation et toute leur organisation des « masses » – se frapper la tête à se la faire éclater contre des faits aussi têtus, jamais ils ne sortiront de ce dilemme-là.

Dans ce domaine également, le Dogme a « comme un défaut ».

D'une nouvelle fausseté du Dogme

Glissons maintenant vers l'autre versant de l'Eurasie russe, vers cette Chine où d'immenses concentrations urbaines et semi-industrielles, un statut « semi-colonial » et « dépendant » – comme disent les Grands Prêtres –, une turbulence de populations énormes due à la décomposition du pays et à la conduite tout à fait inqualifiable de tous les États-nations d'Occident – y compris les États-Unis – permettaient à Lénine – et à Staline – de croire que la « lutte des classes » pourrait s'y développer avec une vigueur particulière et prendre un aspect résolument « anti-impérialiste ».

L'aventure – plus fouillée et mieux développée dans l'Encyclopédie soviétique que celle de l'Europe de l'Ouest et de l'Amérique du Nord – commence donc comme dans un rêve. Le « Mouvement du 4 Mai » 1919 donne, malgré son caractère d'émeute estudiantine, à Pékin « une poussée au développement du mouvement ouvrier et de libération nationale et diffuse le marxisme en Chine ». La « Grève des Marins de Hong Kong 1922 » est la « première importante grève anti-impérialiste en Chine ». Le « Mouvement du 30 Mai » 1925, à la suite du feu ouvert à Shanghai par la police internationale des concessions sur les étudiants, témoigne – avec son prolongement, la « Grève de Hong Kong-Canton 1925-1926 » – de la « montée de la lutte anti-impérialiste des masses, la force essentielle (étant) la classe ouvrière, guidée par le Parti communiste chinois ». Arrivent – toujours dans une lumineuse et inexorable foulée – les « Soulèvements de Shanghai 1926-1927 ». « Le premier soulèvement du 24 octobre 1926, le deuxième soulèvement des 22-23 février 1927 se terminèrent par une défaite car ils avaient été faiblement préparés », mais « dans une clandestinité absolue, les communistes préparaient le troisième soulèvement, en prenant en compte les insuccès passés ». Lorsque, le 21 mars, l'Armée nationale-révolutionnaire termine sa « Campagne du Nord 1926-1927 » aux portes de Shanghai, « commence la grève générale se transformant dans le soulèvement armé des travailleurs ». La « Révolution chinoise 1925-1927 » parvient à son climax. Patatras! il ne sera pas dit que la révolution socialiste pourra échapper à sa maladie congénitale : « L'approfondissement de la Révolution faisait peur à la bourgeoisie nationaliste (...). La pression des impérialistes (en particulier le bombardement de Nankin en mars 1927 par les navires de guerre des USA, de la Grande-Bretagne, de la France et du Japon) poussa l'hésitante bourgeoisie nationaliste dans une action armée contre les masses. Le 12 avril 1927, Tchang

Kaï-Chek et ses partisans effectuaient un renversement contre-révolutionnaire à Shanghai » – suivi du même scénario à Wou Han le 15 juillet 1927.

Rien n'arrête jamais la révolution « socialiste ». Le 11 décembre 1927 – « Soulèvement de Canton 1927 » – des « éléments de la Garde rouge et les soldats d'une unité d'instruction s'emparent des dépôts de munitions » et arment vingt et un mille ouvriers. Gouvernement révolutionnaire. Habituelles nationalisations. Et... « le 13 décembre, les forces militaires de la réaction écrasent le soulèvement ». L'orthodoxie grèves-manifestations-soulèvement en prend alors un vieux coup. Le « Soulèvement de Nanchang 1927 » est celui « d'unités de l'Armée nationale-révolutionnaire » battues après cinquante jours de campagne. Le « Soulèvement de la Récolte d'automne » est une série d'émeutes paysannes dans les provinces du Centre, Hou-Han, Chen-Si, etc. Les « Soviets en Chine » subsisteront de 1927 à 1937 – plus donc que les deux petits jours de la « Commune de Canton » –, mais la cinquième offensive gouvernementale en octobre 1934 impose la « Campagne du Sud-Ouest » 1934-1936 – que nous appelons, nous, toujours aussi bon public, « la Longue Marche » – et le repli de ces intéressantes expérimentations sur les « Régions frontalières Chan-Si et Kan Sou ».

La suite – glorieuse au demeurant – appartient à un tout autre registre : c'est à juste titre que les Grands Prêtres ne parleront plus que de guerre, « Guerre de Libération nationale du peuple chinois contre les impérialistes japonais 1937-1945 », « Guerre de Libération populaire 1946-1949 ».

C'est qu'on peut prendre le problème sous tous les angles, sur n'importe quel continent, dans n'importe quel pays, dans n'importe quel secteur de l'activité humaine, on en arrive toujours à la même éclatante évidence : comme le roi était nu, le Dogme, lui, est faux.

Si le groupe social ouvrier s'oppose aux groupes sociaux agglutinés autour du capital pour obtenir une plus juste rémunération de son action et empêcher la monopolisation du pouvoir politique, cette « lutte des classes » – à supposer que ces termes soient adéquats et qu'il s'agisse bien de « lutte » et de « classes » * – ne constitue jamais nulle part un « processus », aboutissant quasi automatiquement à une « révolution socialiste ».

* Je suis suffisamment contraint, pour expliquer la nouvelle civilisation, de me fonder sur de la théorie politique pour que je ne me sente pas obligé d'approfondir le concept de « classe » qui est parfaitement maîtrisé par les sociologues modernes bien que l'usage courant qui en est fait à tout bout de champ ne clarifie guère le débat politique en Occident. Certes on peut parler de « classes » alors que des groupes sociaux – aristocratie, bourgeoisie – ont voulu asseoir leur pérennité. Certes, dans la société bloquée par les modes de production de l'industrie naissante et par l'emprise égoïste de la bourgeoisie, le groupe ouvrier, encouragé par les penseurs « socialistes » s'est-il ressenti comme une « classe » – aspiration moins discutable que pour la masse informe du « prolétariat ». Mais les modes de production de l'industrie moderne, le développement de la démocratie, de l'équilibre des pouvoirs, de la redistribution des revenus par ce que j'appellerai plus la « correction » que la « justice » sociale, les progrès dans la technologie et dans la libre action de l'homme sur la nature et sur les choses ont dynamité ces tendances, ne laissant que des groupes de plus en plus fluides, les « classes » – qu'elles soient bourgeoise ou « ouvrière » – se dissolvant dans une « société civile » de plus en plus large. Loin d'être éternelle, la « lutte des classes » n'a donc été qu'un phénomène transitoire.

Si une fraction de ce groupe social ouvrier peut, dans certaines conditions de faible développement économique et social de la société, vivre dans des conditions absolument intolérables, la poussant aux pires extrémités, la rendant sensible aux rêves et aux pulsions de rejet les plus débridés, il n'existe pas, pour autant, de « prolétariat » qui aurait envie de perpétuer son lamentable état et de s'emparer en son nom d'un quelconque pouvoir.

Si des secousses et des explosions très graves ébranlent les sociétés à un certain moment de leur histoire, il ne peut donc exister de « révolution socialiste » succédant inexorablement à de prétendues « révolutions bourgeoises ».

Or, si tout le Dogme se révèle aussi irrémédiablement et radicalement faux, l'ensemble des pratiques d'agitation et d'organisation des « masses » qui en découle directement ne peut, lui aussi, et par voie de conséquence, que s'écrouler lamentablement.

Les Grands Prêtres, le nouveau clergé, les nouveaux croyants sont des agitateurs de « masses » remarquables. Ce sont des organisateurs hors pair et des « frontisateurs » fort doués. Et ils se révèlent pourtant absolument incapables de mener à bien et à terme la moindre révolution. Le paradoxe paraît monumental. De fait, son explication est aussi simple qu'est simple – voire simpliste – le Dogme, que sont simples – et simplistes – les pratiques d'agitation et d'organisation. Les Grands Prêtres, le nouveau clergé et les nouveaux croyants ne sauraient être les servants d'un processus révolutionnaire irréversible puisque ce processus n'existe pas. Ils ne peuvent non plus être des révolutionnaires efficaces et conséquents puisque leur système de pensée ne leur permet pas de prendre en compte la réalité des aspirations des peuples et de l'humanité. Ce sont – et c'est déjà une novation d'une portée proprement inouïe – des diffuseurs, talentueux et dévorés de passion, des fantasmes dont ils sont eux-mêmes les prisonniers. Fantasme du bonheur sur terre dans le cadre d'une « République socialiste ». Fantasme des effets bénéfiques de la propriété collective des moyens de production qui ne peut qu'exercer des ravages sur les malheureux qui n'ont pas la plus minime parcelle de propriété. Fantasme du capitalisme et de l'impérialisme – hydres anonymes dont découleraient tous les maux, toutes les injustices et toutes les oppressions. Fantasme d'un « prolétariat » – Christ collectif crucifié et investi d'une lumineuse mission de rédemption. Fantasme de la « révolution socialiste », apportant le salut sur terre par la révolte du « prolétariat ». J'en passe et des meilleurs : fantasme de la « société sans classes », fantasme de la grève instrument du bonheur sur terre, fantasme du soulèvement armé – « Grand Soir » de fête et « lutte finale » de rêve, etc.

Mais, les faits étant « têtus », une tenaille d'acier se referme, inexorable, sur cette nuée de fantasmes. Ou la société est démocratique et équilibrée : un jeu harmonieux de pouvoirs et de contre-pouvoirs donne à chaque groupe social et à chaque citoyen une part de pouvoir politique et de prospérité économique. La diffusion de l'enseignement et de l'information accroît les connaissances de tous. Chacun peut, sans être prisonnier de sa « condition » et en récompense de son effort individuel et de groupe, s'intégrer dans une « société civile » en développement et en expansion, détenir une parcelle de pouvoir politique, posséder une parcelle de biens.

Et alors les fantasmes des nouveaux croyants n'ont guère de prise sur les esprits. Loin de dépérir, les mécanismes d'équilibrage de la société par la séparation et la concurrence des pouvoirs jouent à plein. La grève – légitime, naturelle, fréquente, voire violente – permet de défendre des revendications justifiées face à un « patronat » ou à une technocratie qui éprouvent, eux aussi, la tendance à vivre sur le mode du « toujours plus ». La manifestation de rues – nous ne nous en privons guère en démocratie et nous risquons en Europe de manifester plus que nous ne travaillons – permet d'exprimer les sentiments et aspirations collectifs qui ne sont pas pris en compte par le suffrage universel. Mais les autres stades définis par le Dogme restent lettre morte : le « soulèvement armé », la « guerre civile », la « dictature du prolétariat » – qui en est l'aboutissement – sont à juste titre rejetés par la sagesse populaire comme générateurs de maux inexpiables.

Ou la société est déséquilibrée, l'injustice intolérable et les fantasmes fleurissent alors comme des brumes vénéneuses sur un marais fétide. Le fantasme du bonheur sur terre, le fantasme du Démon « suçant le sang du peuple » sont naturels – on ne saurait les en blâmer – aux « damnés de la terre ». Et il arrive, hélas! que la réalité paraît donner raison aux fantasmes qui ne sont quand même pas entièrement issus *ex nihilo* de cerveaux totalement aliénés. Les nouveaux croyants ne sauraient, à l'aube du XXIe siècle, agiter et organiser valablement le « prolétariat » de Detroit ou de la Ruhr puisque ce « prolétariat » n'existe pas. Le nouveau clergé, en revanche, a beau jeu, en 1920, pour agiter et organiser le « prolétariat » des marins de Hong Kong, surexploité par un capitalisme international impitoyable, entassé dans des cahutes misérables avec pour seule perspective d'avenir, l'épuisement et la faim.

Mais le propre des fantasmes c'est qu'ils ne sauraient ni survivre en bloc ni être partagés par la totalité du peuple – ou même par sa majorité. Passons sur les groupes sociaux favorisés dont l'intérêt immédiat est de défendre le statu quo. Passons sur les cadres de l'armée et de la police dont certains peuvent vouloir servir l'ordre pour l'ordre. Livrés à eux-mêmes, ils ne pourraient venir à bout d'une révolution mobilisant le reste de la population. Ce sont – et peu de gens veulent voir cette vérité en face – les peuples qui répriment, encadrés dans des armées, des polices ou des partis appropriés, qui n'ont – parti nazi, Kuomintang – rien de bourgeois. Ce sont les peuples qui laissent réprimer, motivés par l'attachement aux structures traditionnelles de la société, par la volonté de vivre et de travailler en paix, par le désir d'acquérir, grâce à un effort individuel ou de groupe, une parcelle de biens et de prospérité au sein d'une « société civile » dans laquelle les citoyens veulent s'intégrer. Ce sont les partis politiques les plus proches du groupe social ouvrier – les socialistes si vilipendés par les Grands Prêtres – qui, captant les aspirations au bonheur et les pulsions de rejet, voire partageant les fantasmes d'ordre général – rejettent le plus fermement les fantasmes concrets relatifs à l'organisation de la société – « dictature du prolétariat », propriété collective des biens de production. Si une révolution – comme la Révolution française de 1789 ou la Révolution russe de février 1917 – mobilise tout le peuple, elle est invincible. C'est parce qu'elles ne parviennent à rallier qu'une minorité à des fantasmes proprement abracadabrants que les « révolutions socialistes » sont « réprimées », « étouffées », « brisées », « trahies » avec une si dérisoire facilité.

La « société civile » française de 1789, en soufflant le vent, avait récolté la tempête. Les Grands Prêtres, eux, soufflent la tempête, mais ne récoltent que du vent *.

Mais – et c'est également une autre caractéristique du fantasme – un fantasme collectif ne saurait se dissoudre aisément et rapidement. Et c'est ainsi que naît la spirale révolution-répression-révolution où nous nous débattons en attendant que le progrès économique, la justice sociale, la diffusion des connaissances ne rendent finalement la société véritablement démocratique, imperméable à tout fantasme – ce qui ne devrait pas nous empêcher, tant que ces temps heureux ne sont pas encore arrivés comme aux États-Unis, de tordre le cou aux autres vertus « révolutionnaires » que les Grands Prêtres auraient soi-disant héritées de leur apôtre Lénine et qu'il arrive à nos intellectuels occidentaux d'admirer abusivement, tout en restant, bien entendu, douillettement allongés sur leurs chaises longues [6].

Règle complémentaire n° 1 du parfait révolutionnaire marxiste-léniniste : La situation révolutionnaire tu apprécieras. 194 lignes sont consacrées dans la Grande Encyclopédie au concept de la « situation révolutionnaire ». A voir les exemples précis immortalisés par le même ouvrage, il semble bien que les Grands Prêtres et les nouveaux croyants ont, en ce qui concerne l'opportunité du déclenchement des grèves, des soulèvements armés et des révolutions, une vue plutôt trouble et basse.

Règle complémentaire n° 2 : De prudence, preuve tu feras. L'aventurisme tu éviteras.

Faux et archi-faux.

Lorsque l'« Union de Spartacus », dans l'Allemagne de 1919, crée des Soviets et prône le soulèvement, il n'y a pas, apprend-on dans la Grande Encyclopédie, de « situation révolutionnaire » à Berlin. Lorsque le Parti lance le « Soulèvement de Hambourg 1923 », les « masses » sont, elles, si l'on utilise l'imagerie simpliste des Grands Prêtres, plutôt « en arrière-garde ». « Absence de véritable Parti léniniste, conscient et organisé », diagnostique le nouveau clergé pour qui seule l'existence de cet organe miraculeux permet d'éviter les écueils de l'« opportunisme de droite » – traduisez : la renonciation à la révolution – et de l'« aventurisme gauchiste ». Toujours aussi faux. En mobilisant les masses en juillet 1917, Lénine lui-même fait preuve du pire aventurisme : seule la faiblesse extrême du gouvernement socialiste due à la décomposition de l'État-nation russe lui permettra de se sortir de ce mauvais pas. Quant à Staline, personne ne peut

* Les fantasmes ont des facultés de mobilisation populaire et des durées de vie inégales. Plus ils sont généraux – le bonheur par la révolution – et plus ils peuvent mobiliser pendant un long laps de temps des fractions importantes de la population. Mais dès qu'ils prennent un contenu concret – l'effet bénéfique de la propriété collective des biens de production –, leur impact se resserre et ne peut plus mordre que sur certaines catégories, sociales et psychologique. Enfin, la prise de mesures concrètes, affectant directement la vie des groupes et des individus, transforme le fantasme en réalité et, dissipant le rêve, lui enlève de son pouvoir mobilisateur. Le caractère systématique du système de pensée, la nécessité de mesures concrètes découlant de ce système de pensée dépouillent ainsi la « Révolution socialiste », au fur et à mesure du passage du temps, de pans entiers de son soutien populaire initial.

prétendre que les soulèvements de Shanghai et de Canton face à l'armée de Tchang Kaï-Chek soient de brillantes illustrations de la prudente sagesse de l'esprit humain.

Un malheur n'arrive jamais seul. Dans d'autres circonstances, le nouveau clergé et l'« avant-garde » font preuve – même lorsque l'intensité de la psychose des nouveaux croyants est à son maximum – d'une irrésolution tout aussi marquée et stupéfiante que leurs accès d'aventurisme. A la fin des années quarante, à la suite de grèves et d'émeutes insurrectionnelles, le pouvoir en France tenait bon, mais mon expérience directe de ces événements me donne à penser qu'il aurait suffi d'une poussée un peu plus brutale – le soulèvement armé – pour le renverser à tout jamais. Eh bien, non. Face à des forces spécialisées de maintien de l'ordre réduites et à une armée n'existant qu'en apparence, le PCF – appuyé, lui, sur des organisations de masses puissantes et une agitation confinant à l'hystérie – ne franchit pas le Rubicon et n'eut pas recours à une méthode d'action pourtant inscrite dans son Dogme. Staline lui-même, que nous avons vu si joyeusement à l'œuvre à Shanghaï et Canton, donnera plus tard, dans un revirement significatif mais couronné de bien peu de succès, des conseils d'atermoiement et de recul à Mao, ainsi d'ailleurs, sur l'autre versant de l'Eurasie, qu'à Tito. Prudence superintelligente de techniciens de génie de la révolution? Appréciation lucide de situations par des analystes « scientifiques » des grands bouleversements sociaux du monde? Soyons sérieux et, réservant notre romantisme révolutionnaire à de meilleures causes, constatons donc que cette oscillation entre l'aventurisme le plus échevelé et les dérobades les plus piteuses – voire la passivité absolue – évoque moins une quelconque « science » tactique que la cyclothymie de certaines maladies mentales où l'exaltation la plus enthousiaste alterne avec l'abattement le plus dépressif *.

Règle complémentaire nº 3 : En position de force, tu attaqueras. En position de faiblesse, tu reculeras. A coup sûr, tu agiras.

Encore des balivernes relevant plutôt de l'autosatisfaction de la méthode Coué : « Je dis que je suis beau, donc je suis beau », mais qui nous rapprochent un peu de la triste réalité. Les Grands Prêtres ont beau être des puits inépuisables de la nouvelle science, les rapports de force entre les « masses » et le pouvoir sont quasiment impossibles à apprécier. Même en ajoutant tous les correctifs possibles et imaginables – « travail de sape » des forces armées, accroissement de l'énergie et de la discipline des masses par le décuplement de leur agitation et de leur organisation –, le problème, posé en termes de masses, reste rigoureusement insoluble. A moins d'une mobilisation totale et durable de la population – impossible en raison du caractère fantasmagorique de la « révolution socialiste » –, à moins d'une décomposition absolue des forces armées et de police – situation quand même assez peu fréquente –, la position de force et de faiblesse, déjà

* Dans l'époque dite stalinienne, marquée par l'exacerbation de la psychose néo-religieuse, l'aventurisme triomphe, pondéré cependant par des poussées d'atermoiements et de reculades. Dans l'époque de « médiocratie » poststalinienne, on assiste plutôt à une tendance générale – en ce qui concerne, notamment, l'agitation révolutionnaire des masses – vers l'assoupissement sans qu'on puisse exclure pour autant des bouffées d'aventurisme.

difficile à apprécier sur le plan de la stratégie militaire classique quand il s'agit de l'affrontement de forces armées conventionnelles à la puissance plus facilement mesurable, ne peut être déterminée lorsqu'il s'agit de masses à l'humeur changeante et à l'armement disparate.

Écoutons Staline : les Grands Prêtres sont toujours des gens de réconfort. Dans une envolée lyrique de bandit de grand chemin – sa deuxième occupation dans la vie après le séminaire orthodoxe –, le « petit père des peuples » appelait à la rescousse, dans un texte inoubliable figurant rien moins qu'en conclusion de la célèbre *Histoire du Parti communiste bolchevik,* la mythologie grecque : « Chez les anciens Grecs *(sic),* dans le système (re-*sic*) de leur mythologie, il y avait un héros célèbre, Antée, qui était, comme le raconte la mythologie, le fils de Poséidon – dieu de la mer – et de Géa – déesse de la Terre. » – Quelle science, quelle culture ! – « Il nourrissait un attachement particulier pour sa mère qui l'avait mis au monde, nourri et élevé. » On ne se lasserait pas du style – le style c'est l'homme – du grand penseur du « matérialisme historique ». « On tenait Antée pour un héros invincible. En quoi donc résidait sa force? Elle résidait dans le fait que chaque fois que sa lutte contre un ennemi devenait difficile, il se penchait contre la terre, contre sa mère qui l'avait accouché et nourri, et recevait une nouvelle force (...) Je pense, méditait Staline, que les bolcheviks nous rappellent le héros de la mythologie grecque, Antée. Eux aussi sont forts comme Antée car ils gardent la liaison avec leur mère (re-*sic*), avec les masses qui les ont mis au monde, nourris et éduqués [7]. »

Mais quelle foutaise, mon Dieu ! Les « masses » n'existent pas en tant qu'expression d'une volonté et d'un objectif, d'une stratégie ou d'une tactique. Capter leurs confuses aspirations négatives et positives est à la portée du dernier des hommes politiques – à condition qu'il fût plus doué que Carter ou Giscard d'Estaing –, mais attendre d'elles la claire définition d'une action et d'une direction précises relève de la sorcellerie – tâche où excellent, d'ailleurs, les Grands Prêtres –, des douteuses pratiques du médium qui chevrote : « Esprit, es-tu là ? » Jamais donc le Popeye bolchevik, même éclairé par Lénine, même bourré jusqu'à la gueule de son épinard collectif, n'est parvenu, en se prosternant sur sa maman – au secours, docteur Freud ! – à réussir l'une de ces belles et grandes révolutions dont il prétend abusivement être le champion toutes catégories. Et il est arrivé plus que de raison qu'il se soit tout simplement endormi sur sa terre nourricière et que les masses se soient, malgré et sans lui, mises en mouvement pendant qu'il ronflait sur le sein maternel.

C'est que derrière l'extrême complication des règles tactiques du parfait petit révolutionnaire marxiste-léniniste – ce qui se conçoit bien s'explique clairement – se cache une vérité aussi simple que le Dogme ou que les pratiques d'agitation et d'organisation qui en découlent. Les Grands Prêtres aiment les masses et qui aime bien châtie – et dévore – bien. On les comprend : c'est de leur prétendue expertise dans la manipulation des masses que naît leur pouvoir. Mais les masses, elles – en tant qu'addition d'individus et de groupes aspirant à plus de bonheur, de progrès et de justice – n'aiment guère, on les comprend aussi, les Grands Prêtres. A la passivité des masses à l'intérieur des terres dont s'empare la nouvelle Église s'ajoute donc une autre et dramatique malédiction congénitale : le refus par les masses, sur les terres encore à convertir, des fantasmes des nouveaux croyants.

Le Dogme externe de la « révolution socialiste » est, en effet, tout aussi faux que celui, interne, du « paradis sur terre ». Ce n'est donc pas sur la seule agitation et organisation des masses, ce n'est donc pas sur la grève, la manifestation de rues, le soulèvement armé, la révolution, que peuvent compter les Grands Prêtres pour assurer l'infaillibilité du Dogme de la victoire du « communisme », de la disparition du « capitalisme », de l'effondrement de l'« impérialisme ». Ce n'est donc pas par ces seuls moyens-là que la nouvelle religion peut procéder à l'expansion qui lui est indispensable, si elle ne veut pas, comme l'islam, s'enliser dans l'obscurantisme et la misère, si elle veut rester une force dynamique de l'Histoire.

VIII

DE LA FOLIE ET DE LA FORCE

De la démence dangereuse mais ordinaire des Grands Prêtres

Curieux spectacle.

Tel un boxeur sonné, le Popeye bolchevik semble éprouver un bizarre penchant pour les coups dans la gueule : la tête en sang et le visage tuméfié, le nouveau croyant ne se lasse pas, malgré d'incessants KO, de remonter sans cesse sur le ring de l'Histoire, titubant toujours de la même façon entre les mêmes cordes, esquivant toujours les mêmes parades, portant toujours les mêmes coups qui s'enfoncent toujours dans le même vide.

En Occident, nous aurions depuis belle lurette renoncé à des pratiques aussi peu rentables et productives, nous aurions progressivement laissé - pour reprendre la distinction de Max Weber - notre « connaissance objective » des réalités infléchir notre « connaissance idéologique » du monde. Le nouveau croyant, pas. Et s'il paraît aussi stupéfiant à nos yeux d'athées, c'est que nous ne comprenons pas qu'habité par la foi, sa connaissance n'est pas idéologique mais religieuse, mystique, théologique. « La foi, nous enseigne le dictionnaire *Robert,* est le fait de croire en Dieu » - la nouvelle religion, elle, honore des idoles telles que Marx, Lénine en tant que prophètes infaillibles, le prolétariat, les masses - (c'est) « *le fait de croire en un dogme par une adhésion profonde d'esprit et de cœur qui emporte la certitude* ». Ce qui, pour tout esprit sensé, est un jeu de fantasmes constitue pour le nouveau croyant un faisceau de certitudes. Certitude que les schémas établis par Marx au XIXe siècle et codifiés par Lénine définissent pour l'éternité le bien de l'humanité. Certitude que la « propriété collective des biens de production » est la seule forme possible de progrès économique et social. Certitude que la « lutte des classes » est le moteur de l'Histoire, que le « prolétariat » et les « masses » doivent s'emparer du pouvoir, transformer la société et faire progresser l'homme. Et - certitude des certitudes - certitude que toutes ces affirmations bizarres et démenties par les faits correspondent au devenir scientifiquement établi de l'humanité et au sens inexorable de l'Histoire.

Et c'est là que les choses se compliquent, comme disait le perroquet que le chat tirait par la queue.

A la différence des certitudes qui nourrissent les religions transcendantales de salut individuel, les certitudes entretenues par la nouvelle religion se heurtent de plein fouet, en raison de leur caractère temporel et immédiat, à toutes les connaissances objectives que nous inspirent la vie et l'action de l'homme sur terre. Si aucune connaissance objective ne peut venir directement battre en brèche la certitude de l'existence de Dieu, de la résurrection des morts ou du salut de l'homme aux cieux, tout individu un tant soit peu renseigné sur l'état réel du monde qui l'entoure ne peut que constater, au vu des faits – ces faits que Lénine ne peut qu'honorer en les qualifiant de « têtus » –, que la propriété collective des biens de production – qui n'est, dans la réalité, que la propriété par l'État de tous les biens – n'est pas génératrice de bienfaits économiques et de progrès social, que la lutte des classes et le prolétariat n'existent plus dans la société superindustrielle, que les masses ne sont pas les Belles au bois dormant de l'Histoire, etc., car la liste continuerait à l'infini.

La nouvelle religion se retrouve ainsi, par un effrayant retour de l'obscurantisme, dans la situation du Moyen Age où la connaissance théologique désirant embrasser la totalité des phénomènes terrestres percuta, avec la force que l'on sait, la connaissance objective au fur et à mesure que celle-ci était acquise et dévoilée par les hommes de science. Avec, cependant, deux différences de taille. Si la terre apparaît effectivement d'une platitude indiscutable et Copernic un farceur pour tous ceux qui n'atteignent pas son niveau, spécialisé et d'avant-garde, de connaissance scientifique, le terrain sur lequel se place la nouvelle religion fait que la connaissance objective peut être atteinte sans effort particulier : il n'est pas besoin d'être un physicien de haut vol ou un sociologue de grand talent pour se rendre compte que la paupérisation ne dévore pas l'Amérique du Nord et que la « révolution socialiste » n'y est pas pour demain. D'autre part, ce sont les nouveaux théologiens, avec toutes leurs simplifications et leur obscurantisme – l' « état théologique » est, d'après Auguste Comte, « l'état le plus primitif du développement de l'esprit humain dans lequel il se représente les phénomènes comme produits par l'action directe et continue d'agents surnaturels », tels que, en nouvelle religion, la « lutte des classes », le « prolétariat » ou les « masses » –, ce sont les Grands Prêtres qui proclament avoir éliminé de leur pensée toute trace de religiosité et prétendent être des hommes de « science », affirmant, dans une étonnante mais logique inversion, devant l'œuvre monstrueuse qu'ils ont réalisée à partir de théories abracadabrantes : « Et pourtant ça tourne ! » Personne ne peut prétendre que ces différences avec le Moyen Age de l'inquisition constituent de bien notables progrès.

Car, pour empêcher que la connaissance objective ne vienne éroder la connaissance théologique – théologie « positive », bégayant sans trêve les textes sacrés de Marx et de Lénine ; théologie « scolastique », justifiant sans arrêt l'application de ces textes à la réalité du monde – il faut le « rideau de fer », il faut la coupure des populations converties à la nouvelle religion avec le bouillonnement intellectuel de l'Occident, l'interdiction de ses livres, revues ou journaux, le brouillage de ses radios, la limitation des voyages sur ses terres à une fine élite fortement théologisée ; il faut la « propagande », l' « agitation », le « travail idéologique », l'incessante formation par le nouveau catéchisme de l' « homme nouveau ». Mais les

Grands Prêtres? Cette religion n'est pas celle du salut aux cieux mais de l'action sur terre : or, toute action un tant soit peu efficace implique un minimum de connaissance objective de la chose sur laquelle on agit, un minimum d'appréciation objective de l'effet exercé sur cette chose par les moyens mis en œuvre à cette fin. Hommes d'Église, responsables de la propagation de la vraie foi dans le monde – selon une forme de connaissance théologique que l'on pourrait appeler « pratique » et dont nous avons rencontré le douteux charabia dans les articles de l'Encyclopédie sur la grève, le soulèvement armé, la guerre civile – mais ayant, en raison de leurs fonctions à la tête du Parti-État, une vision de cette propagation qui ne peut être que planétaire et globale, les Grands Prêtres ne peuvent ignorer les limites de l'agitation et de l'organisation des masses, ne peuvent pas ne pas savoir que leur « révolution socialiste » ne peut se produire dans les sociétés superindustrielles modernes, qu'elle a, toujours et partout dans ces sociétés, été vouée à l'échec. Hommes de pouvoir assumant – avec quelle efficacité – la défense des intérêts matériels et spirituels du Saint Empire dans le monde, les Grands Prêtres ne peuvent ignorer ce qui s'y passe véritablement : ils ont, d'ailleurs, ordonné à cet effet à leur inquisition de créer le service de renseignements le plus puissant et sophistiqué de tous les temps – l'un de ses chefs accédera, d'ailleurs, à la Papauté – et tout le monde sait que les rapports du KGB n'ont rien de commun, par leur objectivité, avec les élucubrations théologiques du Département international du KPSS. Garants du Dogme enfin, c'est à eux que revient la lourde et difficile tâche – dans des exercices intellectuels dont nous avons grand tort de nous gausser en raison de leur « langue de bois » car ils sont toujours fascinants et souvent remarquables, telle la prévision par Staline dès les débuts des années trente de l'inéluctabilité d'une nouvelle guerre mondiale – la mission douloureuse mais exaltante de triturer la palpitante réalité pour la faire entrer dans les cadres abrupts de la théologie.

Alors? Alors comment peuvent-ils bien vivre, réfléchir – les Grands Prêtres consacrent leur vie à des analyses d'une minutie proprement extraordinaire –, agir – ils n'arrêtent pas non plus –, écartelés entre une connaissance objective qui ne peut pas ne pas les envahir ne serait-ce qu'à des doses infinitésimales et une connaissance théologique totalement contradictoire à laquelle ils ne peuvent échapper, soit parce que comme Lénine ou Staline ils sont de vrais croyants, soit parce que, dans des périodes de moindre intensité de la foi, il leur est totalement impossible, à moins de jeter à bas tout leur système politique, de remettre en cause la moindre des certitudes? Alors, comment peuvent-ils bien assumer le paradoxe proprement extraordinaire – n'oublions pas qu'ils se considèrent non comme des théologiens mais comme des hommes de « science » – de la seule science au monde qui soit perpétuellement et constamment contredite par toutes les expérimentations?

Ces gens devraient être fous et, le cerveau humain étant ce qu'il est, j'ose affirmer après les avoir observés pendant près de quarante ans, qu'ils ne peuvent pas ne pas l'être.

« Il serait indécent, me disait à propos d'Althusser Bernard-Henri Lévy qui ne peut pourtant pas être suspecté de sympathie à l'égard de la " barbarie à visage humain ", d'invoquer des exemples d'ordre personnel et privé. » Eh bien, cette indécence, je suis contraint de l'avoir car il n'y a rien de privé dans l'Histoire – au contraire, la moindre défaillance humaine y est significative –, il n'y a rien à respecter s'il est possible d'affiner un diagnostic du mal congénital – toutes les causes exerceront toujours le même effet – qui affecte les Grands Prêtres habités par la volonté de transformer un monde qui se refuse à être transformé par leurs soins. D'autant plus que les croyants – présents ou anciens – n'éprouvent pas les mêmes réserves que Lévy et qu'une admiratrice d'Althusser, la pittoresque ex-communiste italienne Macciocchi, s'est empressée, dans ses intéressants Mémoires, de casser le morceau [8]. Donc Althusser était le philosophe français marxiste-léniniste le plus orthodoxe et qui n'avait jamais manifesté la moindre réserve – malgré Budapest, malgré Prague qui ébranlèrent bien des consciences – à l'égard tant du Kremlin que de sa zélée « fille aînée de l'Église », le PCF. Bien entendu, la République française lui confia l'éducation des meilleurs de ses fils dans la prestigieuse École normale – alors que Raymond Aron mettra des années à obtenir une chaire. Très naturel, tout cela, et l'on ne peut reprocher au philosophe les discours pâteux, et à la limite antimarxistes, qu'il lui arrivait de tenir à des militants éberlués ou la location sous un faux nom d'une voiture de grande remise pour faire le tour des boutiques de luxe de Paris. Excentricités d'un intellectuel ami du peuple... Le problème est ailleurs : à la fin des années soixante, Althusser perçoit l'insatisfaction des « masses » sous ce Louis XIV vieillissant qu'était devenu le général de Gaulle, prévoit leur inéluctable soulèvement mais quand, un matin de mai 68, il franchit radieux la porte de son bureau, c'est pour y découvrir ses chères analyses piétinées et, indiqué à la bombe rouge sur les murs, l'usage que la jeunesse révoltée lui conseille de faire de sa philosophie. Désespoir. Et, de désespoir en désespoir, Althusser un jour se pencha sur sa femme, sur l'être qu'il avait le plus aimé et qui l'avait soutenu dans ses épreuves. Mais à la différence d'Antée revu par Staline, il n'y puisa pas de nouvelles forces. La suite est connue et dans des circonstances comparables, Karl Marx lui-même, bien que n'ayant pas vécu des drames aussi éprouvants, n'écrivit – après l'effondrement sans gloire de la Commune de Paris qui contredisait ses théories – plus rien de véritablement novateur et marquant.

Les Grands Prêtres ne connaissent pas cette angoissante solitude du penseur marxiste et, hommes d'action, ils se sont, au fil des ans et des lustres, dotés de ballons d'oxygène qui leur permettent de supporter l'intolérable rupture entre la connaissance théologique et la connaissance objective.

Premier ballon d'oxygène : le Parti. Des marxistes, fort éclairés, affirment fort judicieusement qu'il est impossible d'expliquer l'échec révolutionnaire de la Commune de Berlin car cet échec ne saurait, d'un point de vue strictement marxiste et conformément au pinacle sur lequel Marx hissait le prolétariat allemand *, ne serait-ce qu'exister [10]. Colmatage

* « Comment ne pas prédire une *stature d'athlète* à la Cendrillon allemande? Il faur reconnaître que le prolétariat allemand est le *théoricien* du prolétariat européen, tout comme le prolétariat anglais en est l'*économiste* et le prolétariat français le *politique*. Il faut en convenir, l'Allemagne possède une vocation *classique* à la révolution *sociale* dans la mesure même où elle est inapte à la révolution

de ce trou béant de la pensée « marxiste » par la pensée « léniniste » – et c'est pourquoi le « marxisme-léninisme » n'est pas *stricto sensu* marxiste et qu'il n'existe pas d'article « Marxisme » dans la Grande Encyclopédie soviétique : « Le mouvement ouvrier n'avait pas à sa tête un parti marxiste-léniniste aguerri et véritablement révolutionnaire. » (Grande Encyclopédie [11].)

De tout temps, la foi désirant devenir religion a eu besoin d'une Église adaptée à sa propagation.

Deuxième ballon d'oxygène : l'autocritique permanente. Si la révolution n'a pas réussi, c'est que le Parti n'a pas assez bien agité, n'a pas assez bien organisé, n'a pas frontisé comme il le fallait, s'est laissé séduire par tel ou tel courant d' « opportunisme de droite » ou de « sectarisme gauchiste ». Si le « Soulèvement de Hambourg 1923 » a connu le sort malheureux que l'on sait, c'est que « le Parti communiste allemand (...) n'était pas encore assez mûr. (...) Les fautes admises par la direction du PCA, dans certains cas gaucho-sectaires, dans d'autres droito-opportunistes *(sic),* compliquèrent encore plus le développement du mouvement révolutionnaire dans le pays ». Et, de même que le chrétien croit, par la confession et la communion, tendre vers le salut, « les communistes allemands ont tiré de grandes conclusions du soulèvement de Hambourg. Ces leçons jouèrent un rôle important dans le développement conséquent du PC allemand en un parti marxiste-léniniste de combat [12]. »

Troisième ballon d'oxygène : l'activisme le plus échevelé. Dans les périodes d'exacerbation de l'intensité de la foi, l'activisme permet – en glorifiant les certitudes de la théologie « positive » et de la théologie « scolastique », en se concentrant sur l'agitation et l'organisation de la théologie « pratique » – de faire fi de toute intrusion, fût-elle minime, de la connaissance objective. Il n'est pas besoin d'une licence de psychologie pour savoir que la psychose de l'action pour l'action et la sur-activité permanente permettent de ne pas regarder les réalités en face.

Quatrième ballon d'oxygène : l'impérialisme. L'impérialisme répugnant et féroce, auquel les papes rouges devraient en raison de l'usage intensif qu'ils font de ce démon, édifier une statue aussi gigantesque que celle de Lénine qui se dresse, blanchâtre et hideuse, au-dessus des réunions du Présidium du Soviet suprême, l'impérialisme qui permet de tout expliquer et de tout comprendre.

La certitude concernant l'existence du Mal, de Satan, du Malin permet de balayer tous les doutes nés de la connaissance objective et concernant la fausseté du Dogme et l'inefficacité de la pratique. Si la révolution n'a pas triomphé à Berlin ou à Hambourg où officie le « théoricien du prolétariat

politique (...) Ce n'est que dans le socialisme qu'un peuple philosophique peut trouver la praxis qui lui convient, et c'est donc dans le prolétariat seulement qu'il peut trouver l'élément actif de sa libération [9] ». A lire des phrases aussi émotives, aussi ruisselantes de jugements de valeurs, à penser au soutien qu'a dû, volontairement ou non, accorder la classe ouvrière germanique à Hitler dans une époque de folie collective quand jouaient à plein des « modèles » de société et des formes de pensée démentes; à penser, les « modèles » et les aspirations ayant été inversés, à l'apport éminemment constructif du groupe social ouvrier au fonctionnement de la société industrielle moderne en RFA, on ne peut que conclure qu'il serait quand même temps de jeter des pans entiers des divagations d'un Prophète – par ailleurs, génial – dans les poubelles de la pensée humaine.

européen », ce n'est pas seulement que le véritable Parti marxiste-léniniste n'existait pas ou n'était pas arrivé à sa glorieuse maturité, c'est que le « Grand Capital » veillait et a lancé, avec l'aide des forces de la réaction et de leurs alliés les militaires, une terreur de masse, subjuguant et débauchant les « sociaux-traîtres ». Si l'Amérique du Nord superindustrielle ne prépare pas la « révolution socialiste », c'est qu'elle est dévorée par le Grand Capital, c'est qu'elle est devenue, grâce à lui, l'Impérialisme incarné. Si le « processus révolutionnaire mondial » a comme des ratés, c'est que, tout bon croyant ne l'ignore pas, c'est Satan qui mène le bal : tout échec des Grands Prêtres ne peut ainsi que les confirmer dans la justesse de leur foi.

Cinquième ballon d'oxygène : la dialectique. Il est lassant à la longue de recevoir toujours des coups en pleine figure et si le monstre de l'impérialisme est extrêmement utile pour la mobilisation des masses, il est quand même gênant, quand on est Grand Prêtre, de le voir triompher avec autant de constance et de continuité. Heureusement que pépé Hegel et papa Marx ont inventé la dialectique dont Lénine – toujours lui – a découvert le « noyau » : la « loi de l'unité et de la lutte des oppositions ou, plus clairement (?), le développement pour ainsi dire en spirale et non en ligne droite – le développement par bonds, catastrophique, révolutionnaire *(sic)*... ; les impulsions internes données par la contradiction et le choc de forces et de tendances diverses agissant sur un corps donné soit dans les limites d'un événement donné soit à l'intérieur d'une société donnée, l'interdépendance et le lien le plus étroit et indestructible de tous les aspects d'un même événement... lien qui donne un processus de mouvement mondial, unique et soumis à des lois [13] ». Ouf.

Ce qui accouche – assez laborieusement, avouons-le – du concept pourtant superbe de la « contre-révolution » : bien que « condamnée dans une large perspective historique car elle est contraire à la *nécessité (sic)* historique », la contre-révolution est capable cependant, avec le bonapartisme, le fascisme, l'intervention étrangère, les liens internationaux d'une réaction assise sur le Capital, la terreur blanche, d' « arrêter sensiblement le progrès communautaire, d'imposer au développement des zigzags et des pas en arrière ». Pas de quoi se désespérer donc devant, disons, l'effondrement de la Révolution allemande de 1918 ou de la Révolution espagnole car « par son développement même, notait K. Marx, la révolution entraîne la contre-révolution [14] ».

Le « communisme scientifique » qui perce « les lois, les voies et les formes de la lutte des classes du prolétariat, de la révolution socialiste, de la construction du socialisme et du communisme », le « matérialisme historique », « théorie marxiste de développement de la société et méthodologie de sa connaissance », le « matérialisme dialectique » qui est – attention, les yeux ! – la « vision scientifique du monde, méthode universelle de connaissance scientifique du monde, science des lois les plus générales *(sic)* de la nature, de la société et de la conscience (re-*sic*) », bref le « marxisme-léninisme » dans toute sa gloire et sa splendeur, « science de la connaissance et de la transformation révolutionnaire du monde, des lois de développement de la société, de la nature et de la pensée humaine, des lois de la lutte révolutionnaire de la classe ouvrière pour le renversement du capitalisme [15] » ne peuvent, nouveaux Credo, qu'avoir réponse à tout.

Voilà donc les Grands Prêtres entourés de leurs bonbonnes d'oxygène – l'usure physique du pouvoir est plus forte, à comparer la santé d'un Ronald Reagan aux cadavres ambulants Brejnev, Andropov et Tchernenko, en nouvelle civilisation que dans l'Occident démocratique – en train de subir le supplice combien terrifiant de l'écartèlement entre la connaissance objective de faits désespérément têtus et une connaissance théologique envahissante et quasiment invariable. Le système de Parti-État est leur gloire, leur rempart, leur réconfort. Grâce au Parti, à l'autocritique permanente, à un activisme débridé – et à d'autres charmants adjuvants que nous aurons le plaisir de découvrir –, ils sont parvenus à surmonter le fossé entre leur connaissance scolastique et quasi mystique de ce qui est bon pour l'humanité et leur connaissance objective de l'immense opposition populaire, ouvrière et paysanne que rencontrent leurs desseins. Maintenant, ils respirent. Qu'importe la faillite éclatante et totale de la planification et de la centralisation, comparée à la réussite des pays du Capital puisque, vaille que vaille – grâce aux stupéfiantes richesses de la terre russe et à l'aide céréalière et technologique d'un Occident peu rancunier – l'économie fonctionne tant bien que mal. Qu'importe la passivité terrifiante des masses puisque le peuple russe, les peuples d'Ukraine, du Caucase et de l'Asie centrale qui n'ont connu dans leur histoire que l'oppression et la misère ne peuvent qu'accepter cette lamentable comédie – enfermés qu'ils sont dans une connaissance théologique dont ils n'ont rigoureusement rien à faire mais qui leur est imposée comme unique système de référence et de pensée. Qu'importe même la rupture de la réalité avec la théologie « positive » des écrits de Marx et de Lénine puisqu'il est toujours possible de créer une nouvelle branche de la théologie, « casuistique » pourrait-on dire, qui, magnifiant le système du Parti-État, remplace la « société sans classes » par la « révolution culturelle » ou par l'« homme nouveau », la non-disparition de l'État par l'État « du peuple tout entier », etc. L'ordre règne sur les terres du Saint Empire parce que s'y déploie l'obscurantisme le plus total.

Mais cette religion n'est pas contemplative et s'affirme « praxis ». Mais le Dogme proclame que le socialisme doit et va s'étendre à la planète tout entière. Mais le Saint Empire marxiste-léniniste ne saurait rester replié sur sa forme achevée du Parti-État moscovite s'il ne veut pas connaître la décadence formaliste de l'Empire ottoman après le siège manqué de Vienne. Mais cette foi est condamnée à s'étendre si elle veut rester vivante et ne pas perdre toute sa puissance, toute sa cohérence et sa logique. Mais alors, face au grand large de la connaissance objective du vaste monde, tous les ballons d'oxygène des Grands Prêtres se révèlent vite inopérants, porteurs d'un répit bien temporaire et passager. Un peu partout sur la terre fonctionnent des partis véritablement « marxistes-léninistes », se soumettant à l'autocritique la plus fouillée, déployant l'activisme le plus louable, sans que les Grands Prêtres voient pour autant poindre à l'horizon la moindre « révolution socialiste ». Bien sûr, c'est la faute à l'impérialisme et la dialectique l'a prévu mais, à force de triompher, l'impérialisme risque de ridiculiser le Dogme et dans la spirale révolution-contre-révolution il ne faut quand même pas que l'horloge définitivement cassée s'arrête à tout jamais sur la case « contre-révolution ».

Peut-on alors changer le Dogme dans l'un de ces gigantesques et difficiles efforts collectifs dont parle quelque part le théoricien Souslov [16]? Non. Pas sur ce point crucial, certitude des certitudes, que le socialisme est le devenir scientifiquement établi de l'humanité. Certes Staline l'a fait – à quel prix! – avec son « socialisme dans un seul pays », mais ce n'était qu'un « zigzag », un « pas en arrière » ne remettant pas en cause le devenir et, dès 1945, l'admirateur d'Antée créait, dans une prodigieuse poussée expansionniste, le « système mondial du socialisme ». Alors, si l'on ne peut modifier le Dogme, c'est la réalité qu'il faut changer. Et, « les choses étant ce qu'elles sont », s'offre alors la tentation permanente de l'homme depuis les fins fonds des temps lorsque ses congénères résistent à ses désirs et à ses pulsions : la force. C'est par la force que Lénine a réduit à néant la résistance qu'opposait la société politique russe à ses fantasmes. C'est par la force qu'il a converti la terre et le peuple russe à sa nouvelle religion. C'est par la force – aidé sur le terrain par un Staline alors à ses débuts – qu'il faisait revenir, entre autres, dans le giron du Saint Empire, la Géorgie qui avait eu la curieuse idée de croire qu'Octobre signifiait indépendance et confié le pouvoir aux socialistes mencheviks : « Le 25 février 1921, nous apprend impavide l'irremplaçable Encyclopédie, les unités de la IIe Armée rouge avec des détachements d'insurgents géorgiens entrèrent à Tbilissi et renversèrent le gouvernement menchevik. » C'est par la force armée du Parti-État central que triomphe, sur la périphérie de l'Empire, la seule des « révolutions » immortalisées par l'Encyclopédie qui ait connu un succès dans la cascade de catastrophes s'abattant, dans les années vingt et trente, sur les « révolutions socialistes », la « Révolution nationale mongole 1921 ». « Le 28 juin 1921, en réponse à la demande du gouvernement populaire provisoire » – ô la belle terminologie!– « des unités de l'Armée rouge (...) pénétrèrent sur le territoire de la Mongolie et développèrent avec l'Armée populaire mongole une offensive contre les bandes de Gardes blancs *. » C'est grâce à la force armée que Staline, fidèle continuateur de Lénine, parviendra à créer dans toute l'Europe de l'Est généreusement confiée à ses affectueux talents, des Parti-États à l'image du Parti-État central.

L'exemple de l'expansion en Europe orientale et centrale mérite d'être médité. Vers la fin des années vingt, divers avatars enregistrés par la connaissance objective – et qui restent fossilisés dans la conscience collective de la Grande Encyclopédie – viennent apprendre aux Grands Prêtres que la théologie concernant la révolution prolétarienne mondiale n'a pas porté de fruits. Qu'importe, la théologie ne peut être fausse, la certitude remise en cause : armés de connaissances théologiques, scolastiques et pratiques, revues et corrigées, de nouveaux missionnaires partent – dans l'aventure fascinante du Komintern, au cours de l'épopée de Borodine et de Blücher en Chine qui occupent une place de choix dans la Grande Encyclopédie – organiser de par le monde des partis « marxiste-léninistes » adéquats, leur enseignant l'autocritique appropriée, les poussant à l'activisme le plus ardent. Échec sur toute la ligne du nouvel apostolat : ni l'Europe ni la Chine ne veulent, dans leurs tréfonds les plus populaires, de

* En nouvelle civilisation, l'histoire – obscurantisme oblige – bégaye toujours et les mêmes termes pourront être un jour, je le crains, utilisés pour l'Afghanistan.

la nouvelle religion née en Octobre 1917 à Pétrograd. Fort heureusement pour la fiabilité de la connaissance théologique, c'est la forme la plus virulente, la plus voyante de la « contre-révolution » qui, en fin de compte, triomphe avec le fascisme – « contre-révolution » parfaitement comprise, à la différence de l'Occident, par Staline qui, en partant de prémices partiellement fausses sur la « lutte des classes » et l'« impérialisme », parviendra à des conclusions globalement justes concernant l'inévitabilité de l'expansionnisme armé des États-nations allemands et japonais * – et la brutalité de la « dialectique » de la « spirale » fasciste vient effacer, et justifier même, l'effondrement de la connaissance théologique.

Le soulagement psychologique des Grands Prêtres est alors tel que tout en comprenant les dangers du fascisme, ils déploient pour lui les faiblesses les plus coupables : priorité accordée à la lutte contre les sociaux-démocrates, livraison à Hitler de militants communistes, pacte germano-soviétique, refus de croire à l'imminence de l'agression, la liste est longue...

Catastrophe. L'impérialisme, la contre-révolution s'effondrent – après quelle guerre, après quel recours aux valeurs les plus traditionnelles de l'État-nation russe! – et le Saint Empire se retrouve à la croisée des chemins. Si Staline avait été le « tsar rouge », le dictateur classique d'un État-nation qu'imaginait le général de Gaulle, il aurait pu – il n'était pas à cela près – pendre haut et court tous les nouveaux croyants et gouverner pour sa gloire personnelle et celle de l'État russe **. Mais Staline est – comme Lénine – un vrai croyant porté au pouvoir par le « peuple des croyants » au moment de l'exacerbation la plus intense de leur foi. Mais s'il rétablit avec sauvagerie à l'intérieur l'ordre du Parti-État, il se trouve à l'extérieur face à un problème de taille : quelle que soit la puissance de sa foi, quelle que soit la qualité de la connaissance scolastique à laquelle il a consacré toute sa vie, l'appliquant dans ses vieux jours aux problèmes les plus insensés – bien que simpliste, son œuvre théologique, *Des principes du léninisme,* 1924, *le Matérialisme dialectique et le matérialisme historique*

* Fondé sur de fulgurantes intuitions de Marx au vu de la société qu'il observait au XIXe siècle, le Dogme ne peut être complètement faux. Bien que la plupart des extrapolations et des « projections » faites par Marx – lutte des classes, accroissement de l'exploitation et de l'aliénation, révolution socialiste – aient été contredites à long terme, les réalités détectées peuvent garder une force suffisante dans des époques où l'Histoire se fait, oscillant entre son passé et son devenir. Une conceptualisation effectuée par Marx, une systématisation effectuée – combien lourdement – par Lénine découlent, en outre, de l'observation de phénomènes réels, certes mal analysés et abusivement projetés dans l'avenir, mais dont l'effet pernicieux – bien que découlant de causes différentes – peut subsister : l'abominable expansion armée des États-nations d'Europe et du Japon n'était pas due à l'action du Grand Capital ou à l'« impérialisme » – monstre imaginaire – mais elle n'en était pas moins une réalité détectable à l'avance.

** Seul un dictateur de type classique, disposant d'un pouvoir total, aurait pu extirper le communisme de Russie. D'où les épurations de l'armée sous Staline, l'intense éducation « idéologique » de ses cadres, leur transformation – tel Jaruzelski – en une branche du clergé spécialisée dans les affaires et la technique militaires, leur étroite surveillance par tout un Département du KGB. D'où, également, la « direction collégiale » par le Saint Collège des Grands Prêtres.

1938, *A propos du marxisme en linguistique* 1950, mérite d'être relue * –, la connaissance objective ne peut pas ne pas venir frapper à sa porte – ne serait-ce que par une réflexion sur les innombrables échecs qu'il a connus dans ses tentatives de conversion du monde par l'apostolat de l'agitation et de l'organisation des masses, ne serait-ce que par les contacts permanents que la guerre, en le sortant du fin fond de sa Moscovie, lui a imposés avec des hommes d'État aussi bien informés des problèmes réels du monde que Churchill et Roosevelt, ne serait-ce que par l'efficacité proprement démentielle de ses services de renseignements qui, exploitant le noble mobile de la lutte antifasciste, lui procurent, par Alger Hiss, Mac Lean, Burgess, Philby et consorts, la teneur des moindres réflexions du monde anglo-saxon.

Or les conclusions tirées de la connaissance objective ne peuvent qu'être claires et en pleine contradiction avec les conclusions découlant de la connaissance théologique, qu'elle soit scolastique ou pratique. Raisonnons de nouveau par l'hypothèse négative. Peut-on imaginer une seconde, si l'Armée rouge n'avait pas pesé de tout son poids sur l'Europe de l'Est, que ces pays auraient choisi d'eux-mêmes l'ordre du Parti-État? Peut-on penser que la Tchécoslovaquie libérée, avec sa forte « société civile » et son expérience de la démocratie, aurait renoncé à des bienfaits qu'elle a déjà connus, qu'elle n'aurait pas donné l'exemple à une Pologne disposant déjà d'un gouvernement en exil à Londres, de forces armées combattant aux côtés des Alliés et d'une forte Résistance nationale intérieure? Et par quelle aberration l'Allemagne de l'Est aurait-elle – toujours en cas de retrait ou de neutralisation de l'Armée rouge – suivi, une fois dénazifiée, une voie différente de celle de l'Allemagne de l'Ouest? Par quel miracle la Roumanie n'aurait-elle pas imité l'Italie, la Hongrie exprimé une volonté de démocratisation qu'elle a manifestée dès 1848? Oui, hors Armée rouge, les choses se présentent plutôt mal en 1944-1945 pour la nouvelle religion. Certes la Résistance communiste – née de la combinaison des sentiments nationaux propres au peuple et de la révolte viscérale contre l'hérésie populiste et simpliste du nazisme – a été partout valeureuse, alors que la conduite de la bourgeoisie envers les Allemands n'est pas toujours un exemple à donner aux enfants. Certes l'intensité de la foi des nouveaux croyants est revivifiée partout en Europe – et dans le monde – par la victoire sur les nazis, par l' « ascension aux extrêmes » des passions propres à toutes les guerres et encore plus exacerbée quand celles-ci sont le choc d' « idéologies ». Mais qui peut garantir, au vu de leurs précédents et continuels échecs, au vu de l'immense vague d'espoir qui, avec la Libération, déferle sur l'Europe, au vu des projets démocratiques que cet espoir inspire à Churchill et Roosevelt, que l'après-guerre de 1945 ne ressemblera pas à l'après-guerre de 1918, que les peuples une fois de plus ne refuseront pas la nouvelle religion?

Or la connaissance théologique implique, elle, que l'heure du triomphe a enfin sonné pour la « révolution socialiste ». Finis les « pas en arrière »! Maintenant que la contre-révolution s'est effondrée, la spirale dialectique *doit* s'arrêter sur la case révolution : de quoi aurait l'air le Dogme si, après

* Toujours à la pointe du bon combat, le Parti communiste français n'a pas su résister à ce plaisir et a rassemblé en 1983 (!) tous ces textes dans une édition populaire [17].

la contre-révolution nazie succédant à la contre-révolution bourgeoise, l'aiguille de l'Histoire revenait sur la case de la contre-révolution de la démocratie « formelle »? Maintenant que le prolétariat, la classe paysanne, les masses, les peuples ont été libérés de l'oppression et de l'impérialisme, ils *doivent,* dans un dernier sursaut, se libérer du joug capitaliste. Ce que Churchill, ce que Roosevelt n'ont pas compris – et qu'ils ne pouvaient pas comprendre en raison de l'absence, à l'époque en Occident, de toute connaissance objective de la nouvelle religion, de la persistance d'approximations issues d'une connaissance idéologique d'États-nations républicains postulant les vertus du progrès, de l'homme, de la démocratie –, c'est que la rupture entre les certitudes de la connaissance théologique – parée de toutes les vertus émotionnelles nées de l'ascension aux extrêmes des passions entraînées par la guerre et qui en faisait une connaissance quasi émotive – et les données de la connaissance objective était, après tant d'années de luttes et d'échecs, après la défaite humiliante frôlée devant Moscou, après l'intensification de la foi provoquée par les épreuves, devenue, cette rupture, proprement intolérable. C'est probablement sans plan clairement établi, par des sursauts de connaissance intuitive permettant de marier par à-coups les données de la connaissance objective avec les certitudes de la connaissance théologique, que Staline utilisa le seul moyen dont il disposait pour changer la réalité et la rendre conforme au Dogme : la force.

Aux mêmes causes, ai-je dit, les mêmes effets : pour combler le fossé de plus en plus béant entre la connaissance objective et la connaissance théologique, pour faire entrer une réalité frémissante de vie dans les cadres rigides et morts de leur Dogme, c'est aux peuples que les grands Prêtres s'en prennent. La Russie et ses nombreux peuples : soixante millions de morts. La Pologne. La Hongrie. la Tchécoslovaquie. L'Allemagne de l'Est. La Bulgarie. La Roumanie. La Corée du Nord. Le Vietnam. Le Laos. Le Cambodge. Cuba. L'Angola. L'Éthiopie. Le Nicaragua. Demain le Salvador. Telles sont – j'en passe, hélas – leurs victimes.

Existe-t-il en Union soviétique un psychiatre désirant lancer à l'Occident une pathétique bouteille à la mer? Ou la folie est-elle si forte que – autre signe clinique – elle ne se reconnaît pas en tant que folie?

Toujours est-il que voici la définition de la paranoïa donnée par la Grande Encyclopédie soviétique et que je demande à tous ceux qui désirent la survie de l'Occident de méditer avec le soin qu'elle mérite :

« *Paranoïa* (du grec, paranoia – folie), dérangement psychique permanent se manifestant par un délire systématique (...) qui se caractérise par la complication de son contenu, par la suite logique de ses démonstrations et par la vraisemblance externe (idées de persécution, de jalousie, d'une haute origine, d'un génie inventeur, de découvertes scientifiques, d'une mission spéciale de transformation sociale, etc.). Tous les faits contredisant le délire sont rejetés; tout être qui ne partage pas les convictions du malade est qualifié par lui de personnalité ennemie. Le fonds émotionnel correspond au contenu du délire. La lutte pour l'affirmation, la réalisation du délire est inflexible et active. »

Vous avez bien lu. Délire systématique. Complication du contenu. Suite logique des démonstrations. Idée de découvertes scientifiques.

Mission spéciale de transformation sociale. Rejet des faits contredisant le délire. Qualification des autres de personnalité ennemie. « Lutte pour » inflexible et active. Il est difficile de mieux brosser le portrait des nouveaux croyants, de leur clergé et de leurs Grands Prêtres.

Portrait de l'artiste par lui-même.

Du seul et unique moyen de donner vie à un fantasme en perdition

« On peut tout faire avec les baïonnettes, disait Clemenceau, sauf s'asseoir dessus. » Encore une affirmation d'un praticien d'État-nation – étayée de surcroît par le triomphe initial et les mésaventures consécutives des forces armées de Hitler en Europe et du Japon en Extrême-Orient – qui ne s'applique en rien à la nouvelle civilisation et à son expansion. En Europe de l'Est, les Grands Prêtres ont réussi là où Hitler avait échoué : ils ne se sont pas seulement assis sur les baïonnettes de leur Armée rouge, ils se sont vautrés dessus, construisant sur elles, dans des pays pourtant disparates, l'ordre uniforme du Parti-État. Constatation au demeurant approximative, vraie et fausse à la fois, tant il est impossible de rendre compte de la nouvelle civilisation en partant de nos a priori occidentaux : si la force de l'Armée rouge a été – et reste toujours – la condition nécessaire de la parti-étatisation de l'Europe de l'Est, elle n'en a jamais été la condition suffisante. Le « Panzer-communisme », pour reprendre l'expression imagée d'un observateur avisé [18], est une création, elle aussi, totalement originale.

Hélas! En nous engageant dans l'exploration de l'emploi de la force par le Saint Empire, nous abordons une véritable *terra incognita* sur les rives abruptes de laquelle nos guides habituels ne peuvent que nous faire défaut. La théologie, positive ou scolastique, proclame en effet que la révolution est un processus naturel et spontané. Sa branche pratique ne traite que de la force du prolétariat – sujet qui ne peut être que hautement fantasmagorique. Le recours à la force pour réconcilier ces points du Dogme avec la réalité fait donc partie de la connaissance objective des Grands Prêtres mais, quelle que soit la place – cruciale – que ce recours y occupe, il ne peut qu'être occulté afin de ne pas ternir le Dogme. Je veux bien que l'avant-garde de l'humanité soit le prolétariat, que l'avant-garde du prolétariat soit le Parti, que l'avant-garde de l'humanité, du prolétariat, du Parti soit le système mondial des Parti-États, que l'avant-garde du système mondial de Parti-États soit le Parti-État central d'Union soviétique, « patrie du socialisme », que l'avant-garde de la patrie du socialisme soit son armée, son KGB et sa Tchéka et qu'en conséquence les Grands Prêtres, dans cette cascade d'avant-gardes qui confirment s'il en était besoin la nature de minorité activiste de la nouvelle Église, aient, pour les interventions de leur Armée et l'action de leurs polices, toutes les faiblesses et – souvenez-vous de la Mongolie, souvenez-vous de la Géorgie, écoutez les éloges déversés sur les « valeureuses forces armées » et les « glorieux tchékistes » – l'admiration la plus naïve. Mais les Grands Prêtres ne se considèrent pas – et ne sont pas – des conquérants militaires ou des policiers, fussent-ils de haut vol comme Andropov. Ce sont des serviteurs de la volonté divine – pardon, de la « nécessité historique » – et ils ne peuvent donc discourir de la force avec la brutalité d'un Bismarck ou l'impudeur d'un Hitler. Certes il est impossible que ces praticiens émérites de l'action, ces analystes chevronnés et perpétuels – il est, dans la littérature russe, un type qui leur ressemble : « l'éternel étudiant » de Tchekhov – n'aient pas, mieux qu'un Occident paralysé par ses peurs et sa morale, intégré la force et ses œuvres dans leur système de pensée et d'action. Mais, refoulé en ce qui concerne ses origines – la nécessité de pallier la fausseté fondamentale du Dogme –, dévorant comme toutes les pulsions meurtrières d'un dément, bref installé en plein cœur du « délire systématique » de leur paranoïa, le recours à la force reste enfoui dans les profondeurs de la mémoire collective d'un Politburo dont – faute d'archives, faute de Mémoires détaillés et circonstanciés – nous ignorons toujours strictement tout, car il est difficile de considérer comme un moyen de connaissance les souvenirs complaisants, parés de toutes les approximations rapides de Marco Polo s'ébahissant devant l'Empire céleste, que rédigent sur les Grands Prêtres nos hommes d'État à la suite de brefs entretiens qui aboutissent tous, en raison de notre ignorance de la nouvelle religion, à la livraison de nouveaux territoires, de nouvelles populations à leur amicale voracité.

Or, pour percer ce mystère du succès de la force, nous ne pouvons nous appuyer, à des fins de déduction ou de comparaison, sur aucune connaissance du problème qui nous soit propre et particulière. Certes dans le domaine de la stratégie militaire classique, quand il s'agit de l'affrontement entre les forces militaires de nos États, l'Occident élabore des doctrines qu'il estime appropriées – et où les erreurs sont d'ailleurs monumentales : la doctrine française de la ligne Maginot, l'impréparation et l'imprévoyance américaines à Pearl Harbor, l'invasion de l'URSS par Hitler et nous ne pouvons qu'espérer que nos doctrines nucléaires soient mieux au point –, sans que les grandes pulsions collectives qui sous-tendent ces doctrines – pulsion de démission française, pulsion d'isolationnisme américaine, pulsion expansionniste allemande – soient clairement appréhendées pour autant. Mais, dès que nous quittons ce domaine hautement spécialisé, nous pédalons carrément dans la semoule. Aucun Clausewitz n'a jamais écrit *De la force,* cette force qui fait l'objet des exaltations – « la force prime le droit », de Bismarck – les plus suspectes, comme si le simple fait d'y avoir recours, voire d'employer le mot, exerçait des vertus *sui generis,* cette force qui suscite les condamnations et les réserves, morales ou pratiques – Clemenceau – les plus péremptoires, comme si, le monde étant ce qu'il est, le recours à la force n'était pas – qu'elle soit militaire ou civile, qu'elle fasse appel à de plus ou moins grandes doses de violence armée effective – une contrainte, regrettable peut-être mais inévitable, de la vie des sociétés tant qu'elles n'ont pas atteint un stade d'équilibre politique, social et moral avancé. Certes, plus les sociétés se développent et s'améliorent, et moins le recours à la force de la part des populations civiles et contre elles ne se manifeste à l'intérieur de nos « modèles » démocratiques contemporains, mais lorsque de tels phénomènes de violence nous interpellent en dehors de nos sociétés bien policées, nous nous trouvons face à eux, au Vietnam, en Algérie, au

Salvador, dotés de forces militaires à la puissance de feu redoutable mais intellectuellement et moralement démunis.

Les Grands Prêtres n'ont pas de ces difficultés et pour comprendre la manière dont ils parviennent à convertir par la force les populations qui tombent sous leur ténébreuse emprise, il faut, faisant une fois de plus table rase de toutes nos approximations, illusions et fixations négatives sur la force, effectuer un bond en arrière et nous replonger dans une époque de l'Histoire où la foi – foi en nous-mêmes et dans un absolu – baignait encore profondément l'esprit des hommes. Le guide qui, après des années de réflexion sur une force que j'eus malheureusement à employer et pour laquelle je n'éprouve donc ni fascination ni rejet, me paraît le mieux approprié, va donc surprendre : il s'agit du croyant du « pari » entre l'« infini » et le « rien », de l'ardent apologiste de la foi chrétienne, j'ai nommé Blaise Pascal que je regrette – mais foi oblige – de faire figurer en la si détestable compagnie du nouveau clergé.

« Il est juste, notait Pascal, que ce qui est juste soit suivi. Il est nécessaire que ce qui est le plus fort soit suivi [19]. »

Si l'on admet – et je crois qu'à ce stade de notre réflexion on ne peut pas ne pas l'admettre – que le communisme, le « socialisme », la « dictature du prolétariat », l'ordre du Parti-État, la propriété collective des moyens de production sont, pour les Grands Prêtres, *justes;* si l'on admet – et on ne peut non plus le récuser – que leur vision du monde et de ses nécessités est simple, dénuée de tous les scepticismes et subtilités propres à nos esprits démocratiques, cette formule peut, à juste titre, orner la salle de réunion du Politburo. Je la répète tant elle nous est à nous désormais étrangère : « Il faut que ce qui est juste soit suivi. Il est nécessaire que ce qui est le plus fort soit suivi. »

« La justice sans la force, poursuit Pascal, est impuissante; la force sans la justice est tyrannique. »

Comme le Dogme du socialisme, de la révolution, du Parti-État est juste, comme la réalisation du Dogme sur terre par l'agitation, l'éducation et l'organisation des masses, est juste, nous en arrivons au postulat suivant :

« Le communisme, la révolution, l'instauration du Parti-État, la collectivisation des moyens de production ou de la terre, sans la force sont impuissants. »

Octobre, toute l'histoire interne du Parti-État russe – ainsi d'ailleurs que de tous les autres Parti-États – en porte témoignage.

Et sur le plan pratique :

« L'agitation des masses sans la force est impuissante. »

Voilà l'explication de la cascade de « révolutions socialistes » manquées dans les années vingt : elles n'ont pas disposé de la force, elles ont été brisées par des contre-forces qui leur étaient supérieures. En revanche, le succès en Europe de l'Est de ce que les théologiens appellent la « Révolution démocratique populaire » fournit une éclatante confirmation *a contrario.*

Quant au pendant logique – « la force sans le communisme, sans la propriété collective des biens de production, sans la dictature du prolétariat, sans le Parti-État est tyrannique » –, il n'étonnera que l'Occident victime comme toujours de son incompréhension de la nouvelle religion.

Les Grands Prêtres ne se considèrent en rien comme des tyrans et ils ne se privent pas d'utiliser l'accusation pascalienne contre toutes les dictatures qui ne sont pas du prolétariat et, bien entendu, contre l'hérésie fasciste. En les comparant, comme nous le faisons trop souvent, au fascisme, en renvoyant dos à dos ces « totalitarismes * », nous exprimons notre rejet de leur système, mais nous ne contribuons en rien à clarifier le problème puisque la caractéristique des Grands Prêtres est de croire, de vouloir faire croire - et d'y parvenir, hélas, trop souvent - qu'ils sont des justes. Sur le plan pratique, la force sans agitation des masses n'est d'ailleurs jamais utilisée par leurs soins éclairés.

« La justice sans la force, continue à développer Pascal, est contredite puisqu'il y a toujours des méchants. »

Évident : « Le communisme, l'instauration du Parti-État, la propriété collective des biens de production - et l'agitation des masses - sont contredits car il y a toujours des contre-révolutionnaires et des infidèles. »

C'est contre ce fait têtu que s'est heurté Lénine après Octobre. C'est lui que Staline et la première génération de nouveaux croyants ont dû affronter. C'est la connaissance de cette vérité première qui sous-tend toute

* Émotif à souhait, le concept du totalitarisme reste assez flou. Certes le mot introduit un contraste indispensable avec la démocratie et une gradation, une transformation de nature, par rapport à l'État autoritaire ou autocratique. Mais de quoi s'agit-il? De la volonté d'exercer une emprise *totale* sur la *totalité* des manifestations d'une société, sur la *totalité* des actes et des pensées de *tous* les hommes? Mais si tel était le désir du national-socialisme, il ne pouvait qu'essayer d'y tendre sans jamais y parvenir totalement - sauf dans certains secteurs tels que la SS ou dans certaines formes de pensée - l'expansionnisme germanique, la supériorité de la « race aryenne » - ou d'action - la guerre, l'extermination des juifs et des « races inférieures ».

D'une part, l'État - même commandé et noyauté par un parti tel que le parti nazi - ne peut réussir seul dans une aussi gigantesque entreprise, faute, quel que soit l'accroissement de sa puissance, d'un bouleversement tant de sa structure que de sa mission à l'égard de l'homme et de la société. Appliquée à l'État nazi, l'expression « État totalitaire » est donc approximative car elle ne fait qu'exprimer une tendance et non une réalisation achevée.

D'autre part, l'idéologie nazie, pour envahissante et contraignante qu'elle ait été, ne s'attaquait pas - sauf, toujours et hélas, dans le domaine « racial » - à la totalité de l'être humain, à la totalité de sa vie en société. Le Dogme n'a pas de ces limites et le système de Parti-État - avec sa création d'un ordre politique nouveau, deuxième raison pour écarter l'expression « État totalitaire », avec sa destruction de la société civile, avec sa transformation des rapports et des pulsions économiques et sociaux, avec son éducation théocratique d'un homme « nouveau » - permet aux Grands Prêtres et au nouveau clergé d'aller beaucoup plus loin que leurs pâles et approximatifs imitateurs fascistes.

Mais, à force d'avoir trop fort crié au loup, nous ne savons plus quel terme appliquer à une entreprise effectivement « totalitaire ». Et, de toute façon, le mot rend compte plus des effets constatés que des causes profondes du phénomène. La nouvelle religion est, comme toute religion, soumise à un absolu, à quelque chose qui, d'après la définition qu'en donne le dictionnaire *Robert,* « existe indépendamment de toute condition ou de tout rapport avec autre chose ». Sa nouveauté par rapport aux autres religions est qu'elle transfère cet absolu à l'organisation de la société, à la vie économique, politique et sociale de l'homme sur terre. D'où le recours quasi naturel à des moyens absolus, c'est-à-dire d'après le *Robert,* « qui ne comportent aucune restriction ni réserve ».

l'action de Staline en Europe de l'Est quand le Saint Empire est sorti de ses frontières *.

Conclusion de Pascal qui n'était pourtant pas un sanglant :

« Il faut donc marier la justice et la force et pour cela » – écoutez bien car cela vaut la peine d'être retenu – « *faire que ce qui est juste soit fort ou que ce qui est fort soit juste.* »

Nous voilà au cœur du problème. C'est le mariage du « communisme » et de la force qui est la caractéristique de la nouvelle civilisation. C'est le mariage de l'agitation et de la force qui caractérise l'action sur les masses en Europe de l'Est.

Approfondissons.

« Il faut dire que ce qui est fort soit juste » – porteur, donc, de la « révolution socialiste » et de l'agitation des masses.

Extrait de l'histoire de la Roumanie résumée par la Grande Encyclopédie soviétique :

« Dans la situation créée par les victoires obtenues par l'Armée soviétique, un soulèvement populaire organisé par le Parti communiste de Roumanie commençait en Roumanie le 23 août 1944 (...) Le soulèvement marquait le commencement de la Révolution démocratique populaire. »

Ou pour la Hongrie : « L'anéantissement des troupes fascistes allemandes et hongroises par les troupes soviétiques accéléra le mûrissement d'une situation révolutionnaire existant depuis l'automne 1944 et entraîna sa transformation en une révolution démocratique générale **. »

Deuxième point : « Il faut faire que ce qui est juste – communiste et révolutionnaire – soit fort. »

Dès son arrivée sur le territoire des pays de l'Europe de l'Est – qu'il s'agisse de pays alliés de l'Allemagne tels que la Bulgarie, la Hongrie, la Roumanie, ou de pays libérés tels que la Tchécoslovaquie et la Pologne, de pays à la démocratie déjà avancée et, en apparence, acceptée par les Grands Prêtres tels que la Tchécoslovaquie ou de pays dotés encore de fortes

* Le pendant « la force sans le communisme est accusée » témoigne à quel point la nouvelle religion est parvenue à convaincre l'Occident et le monde entier qu'elle est juste. « La force sans la justice » a été – fort justement – « accusée » à Nuremberg. Mais il ne viendrait à l'idée de personne de faire comparaître les Grands Prêtres devant un tribunal – fût-il moral – de l'Histoire, alors qu'ils sont responsables de bien plus de millions de morts que les nazis et que leurs crimes contre l'humanité sont aussi atroces, quotidiens – le Boeing sud-coréen – qu'innombrables.

** Ou pour la Tchécoslovaquie, pays, lui, allié : « L'armée soviétique vint à l'aide des insurgents. Le 9 mai, les troupes soviétiques entraient dans Prague, achevant la libération de la Tchécoslovaquie. Le résultat de (cette) libération (...) fut la renaissance sur de nouvelles bases démocratiques d'un gouvernement indépendant des Tchèques et des Slovaques. La révolution nationale-démocratique développée dans le pays amena l'instauration d'un ordre démocratique populaire. » Ou pour la Pologne : « A l'époque de l'offensive d'été 1944, les troupes soviétiques, en liaison avec la Ire Armée polonaise qui combattait à leurs côtés, libèrent 80 000 km² du territoire de la Pologne (...) Dans les conditions du refoulement des occupants fascistes, la formation du Comité polonais de Libération nationale fut l'expression de la victoire politique de la révolution démocratique-populaire en Pologne (...) Sur les territoires libérés se déroula la formation de l'appareil du pouvoir populaire. » Etc. Seules des nuances marquent les différentes façons dont le fort est juste.

structures traditionnelles tels que la Bulgarie, de pays industrialisés ou de pays ruraux, de pays pourvus de partis communistes importants, puissants et reconnus ou de pays où les partis communistes sont marginaux, voire quasi inexistants –, l'Armée rouge fait attribuer aux croyants locaux, fussent-ils une Église constituée ou une simple chapelle, les postes civils, gouvernementaux et provinciaux, qui permettent – ministère de l'Intérieur, police politique et secrète, police militaire, justice – de détenir la force et d'exercer la violence d'État.

A la différence de Hitler ou des démocraties dans leurs « guerres coloniales » au XXe siècle – toutes expériences marquées par une surévaluation de la force militaire, par sa séparation avec le pouvoir politique, par une méfiance congénitale à l'égard de tout ce qui n'est pas l'État-nation et, surtout, par une dramatique évanescence de la valeur « justice » –, les Grands Prêtres savent, en sincères hommes d'Église, que la force militaire ne peut, par nature même, jouer le rôle du juste. Le juste ne peut être que le nouveau croyant qui, quoique civil, doit être fort par lui-même. Par l'un de ces dédoublements dont elle est familière – nous avons déjà rencontré l'arme matérielle du Parti-État cahotant aux côtés de l'arme spirituelle du communisme et de la révolution –, la nouvelle civilisation accouche alors d'un nouveau monstre : la force militaire de l'Armée rouge qui donne vie à et soutient la force civile armée des nouveaux croyants, force civile qui s'appuie sur l'Armée rouge et se renforce à son vivifiant contact. L'aveugle et le paralytique. Mais un aveugle aux muscles d'acier et un paralytique en cours de régénération par des injections de force. Si, requinqué, le paralytique quitte son fauteuil en gambadant, le colosse aveugle peut tolérer qu'il vive sa vie : l'Armée rouge se retirera de Tchécoslovaquie dès 1945 mais en laissant aux nouveaux croyants, avec la bénédiction naïve des infidèles, le poste de Premier ministre, de ministre de l'Intérieur, de chef de l'Armée confié au « compagnon de route » Svoboda, le mal nommé. Mais si le paralytique en attente de miracle reste encore cloué sur sa chaise, le géant aveugle sera toujours là pour lui donner un secourable coup de main : en Roumanie où les communistes, au nombre de mille avant la guerre et encore moins à la Libération, n'avaient pu obtenir que le poste de vice-ministre de l'Intérieur, lorsque le général Radescu – Premier ministre choisi pour sa russophilie, mais se révélant désespérément rebelle à la nouvelle foi – envisagea d'avoir recours à des élections, c'est l'Armée rouge qui désarma les troupes roumaines sur lesquelles il pouvait s'appuyer *. Lorsqu'en Hongrie, le Parti des Petits Propriétaires,

* Bien entendu, le recours à la force, qu'elle soit militaire ou civile, est occulté par le Dogme. A partir de l'arrivée de l'Armée rouge – « il faut que ce qui est fort soit juste » –, c'est la volonté des masses éclairées par un Parti infaillible qui constitue le moteur de la « Révolution démocratique populaire ». Tout au plus apprend-on, par exemple pour la Roumanie, que cette révolution « s'est développée dans une situation complexe (...), dans les conditions d'une lutte des classes aiguë (...). Les forces réactionnaires unies autour des partis " historiques " et détenant la majorité au gouvernement freinaient le processus de démocratisation (...) Le 6 mars 1945, à la suite d'une démonstration populaire, fut formé le premier gouvernement réellement démocratique sous la direction de P. Grozea ». Ce qui donne, sous la plume d'un historien occidental parfaitement documenté : « Au retour de Moscou, le 7 janvier 1945, d'Anna Pauker et du Secrétaire général du Parti communiste, Gheorghiu Dej, le général Radescu subit des attaques de plus en plus violentes de

majoritaire au Parlement, refusa de lever l'immunité parlementaire de son Secrétaire général, c'est l'Armée rouge qui procéda elle-même à l'arrestation du « traître » en invoquant un « complot » imaginaire ourdi contre elle... Et si le paralytique, même aussi peu vaillant et miraculé que celui de Pologne, affronte des forces qui, malgré les circonstances, ne sont pas – Église catholique, paysannerie, Résistance nationale intérieure, gouvernement et armée de Londres – entièrement moribondes, il n'est pas question de le laisser tout seul face à l'épreuve – comme ce fut le cas en Tchécoslovaquie où le Parti revigoré se heurtait quand même à beaucoup plus paralytique que lui en la personne d'hommes politiques croyant, tel Beneš ou Masaryk, aux vertus de la démocratie face à un nouveau clergé doté pourtant de la force armée civile. Se justifiant et s'épaulant, le couple terrifiant broie tout sur son chemin : pays ennemis ou alliés, sociétés industrielles ou rurales, nations à l'indépendance orgueilleuse ou séduites par la slavophilie, démocraties dotées d'une « société civile » parfaitement enracinée ou monarchies régnant sur les sociétés les plus traditionnelles et arriérées.

Car, comme il ne s'agit pas de conquérir des territoires, de tenir des points stratégiques et des axes de communication mais de s'emparer des âmes et des esprits, la force matérielle et armée est partout doublée d'une force spirituelle et morale. Devenus forts grâce à l'Armée rouge et à leurs postes dans les ministères de l'Intérieur et dans les polices, les nouveaux croyants doivent d'autant plus apparaître justes. Justes, ils le sont car ils luttent contre le Mal qui a revêtu sur terre la forme quasi parfaite du « fascisme ». Justes, ils ne peuvent pas ne pas l'être car ils œuvrent pour le Bien, pour l'extirpation du fascisme, pour l'instauration de la démocratie, de l'indépendance nationale, du progrès social, bref du bonheur ici-bas.

Merci à Hitler qui a créé, en Allemagne et dans les pays qui étaient effectivement ses « satellites », un monstre incarnant miraculeusement bien les fantasmes de la contre-révolution, de la réaction, de la terreur de masse foulant aux pieds l'immaculée révolution. Merci à Adolf, sa Wehrmacht et ses SS qui ont lâché la bête répugnante sur l'Europe,

la presse et de la radio contrôlées par les communistes. La crise atteignit son paroxysme en février, lorsque Radescu, encouragé par les déclarations de Yalta, annonça sa décision d'organiser des élections. Le 24 de ce mois, de grandes manifestations furent organisées par les communistes et leurs sympathisants (...) A Bucarest, près du ministère de l'Intérieur, des coups de feu furent tirés, faisant plusieurs victimes. Les communistes rendirent le général responsable de l'incident. Le général prétendit que les balles retrouvées lors de l'autopsie des cadavres étaient d'un calibre différent de celui utilisé par ses troupes (...). Le 26 février (...) Vychinski (ministre des Affaires étrangères de l'URSS et ancien procureur des procès de Moscou) arriva à Bucarest. Au cours d'un entretien avec le roi, l'homme d'État soviétique exigea le départ de Radescu (...). Entre-temps, les unités de l'Armée rouge occupèrent le quartier général de l'armée et désarmèrent les troupes de la capitale (...). Des manifestations de masse se déroulèrent dans tout le pays, réclamant la mise à mort de Radescu. L'attitude de Vychinski à l'égard du roi se fit plus pressante encore (...). Radescu, qui démissionna le 28 février, chercha refuge à la mission militaire britannique. Le 6 mars fut annoncée la formation d'un cabinet du Front national démocratique présidé par le chef du Front des Laboureurs, Grozea. Dans le nouveau gouvernement, les communistes détenaient les portefeuilles de l'Intérieur (Gheorghescu), de la Justice (Patrascanu) et de l'Économie nationale (Gheorghiu Dej)[20]. »

donnant vie au fantasme effrayant mais poussiéreux de l'impérialisme. « Le fascisme au pouvoir, proclame la Grande Encyclopédie soviétique, est la dictature terroriste des forces les plus réactionnaires du capitalisme monopolistique (...). Les plus importants traits qui caractérisent le fascisme sont l'utilisation des formes extrêmes d'oppression afin d'écraser la classe ouvrière et tous les travailleurs, un anti-communisme, un chauvinisme, un racisme militants (...). La politique extérieure du fascisme est la politique des conquêtes impérialistes. » Le Mal absolu. Satan. Et sans Satan, où serait Dieu ?

Mais merci aussi, démocraties d'Europe de l'Ouest et d'Amérique, qui avez laissé cette hydre s'installer en plein cœur de l'Europe et qui n'avez pas su trouver la riposte indispensable à cette force sans la justice et qui, poursuivant et préfigurant l'attitude qui avait été et sera la vôtre face à la nouvelle civilisation – et qui, je le crains, peut causer votre perte –, n'avez pas voulu, vous qui étiez justes – mais l'étiez-vous ? –, savoir être fortes *.

Mais merci aussi, MM. Churchill et Roosevelt. On vous accuse – bien à tort – d'avoir, dans un marché cynique, livré l'Europe de l'Est à Staline. Vous avez fait pire. Bien avant Yalta, vous avez accepté de faire croire, en vertu d'une alliance qui arrangeait vos peuples en faisant supporter tout le poids de la lutte contre l'expansionnisme germanique au malheureux peuple russe qui y laissera vingt millions des siens, que la « Russie soviétique » incarnait le Bien contre le Mal nazi. Non seulement vous avez retardé le deuxième front pour diminuer les risques courus par vos *boys,* vous n'avez pas laissé Patton arriver le premier à Prague, vous n'avez pas franchi le Rhin à temps parce que vos généraux s'effrayaient d'un imaginaire « réduit bavarois » et que vos troupes s'enlisaient à trafiquer de l'essence et à sauter les petites femmes françaises qui ne demandaient d'ailleurs que cela, mais encore vous n'avez, afin de ne pas affoler vos peuples, rien fait – bien au contraire – pour proclamer que la nouvelle religion était un mal encore pire que le nazisme. Aucun mythe, aucun fantasme ne surgissent *ex nihilo* dans l'esprit des hommes et ce n'est pas pour rien que Yalta est devenu le symbole de la reddition de l'Occident. Après avoir permis à la nouvelle civilisation de laisser toute seule déferler sa force – et quelle force ! – en Europe de l'Est, vous avez accepté de la parer de toutes les vertus du juste. La « déclaration sur l'Europe libérée » faite à Yalta prévoit, dans un texte que cite avec jubilation la Grande Encyclopédie soviétique, en vous reprochant d'ailleurs de ne pas l'avoir respecté, que « le rétablissement de l'ordre en Europe et la réorganisation »

* Je ne veux pas me livrer ici au jeu auquel j'ai consacré tant de soirées avec Allen Dulles et qui consiste à imaginer le rôle bénéfique qu'auraient pu exercer, dans le renversement de Hitler et du nazisme, les services spéciaux s'ils avaient existé dans leur forme moderne : l'expérience m'a appris que l'« action » la plus parfaite des services les plus parfaits ne saurait se substituer à la politique des gouvernements et encore moins à la pulsion des nations. C'est une action d'une tout autre envergure, mobilisant comme sous le président Truman face à Staline les démocraties d'Occident dans leur profondeur, qui aurait dû mettre fin à la misérable politique de revanche de la bourgeoisie française et à l'abominable isolationnisme américain et, en empêchant peut-être la crise économique mondiale, donner vie à la République de Weimar. Si une démocratie prospère et équilibrée s'était installée en Allemagne, qui pourrait prétendre que l'Armée rouge aurait pu venir jouer les justes en Europe centrale ?

– je cite, bien entendu, le texte russe. Dans le texte français, on lit, au lieu de « réorganisation » : ...« reconstruction [21] » – de « la vie économique nationale doivent être réalisés par une voie qui permettra aux peuples libérés de détruire les dernières traces du nazisme et du fascisme et de créer des institutions démocratiques selon leur propre choix ». On ne demande pas au Diable d'exorciser le Mal et d'œuvrer pour le Bien. Et pendant que vous pleurnichiez sur la Roumanie, pendant que vous imposiez au pauvre Premier ministre polonais de Londres Mikolajcik de ne pas enflammer le monde par sa condamnation du communisme et sa défense de la liberté en Pologne, pendant que vous rêviez au bon fonctionnement de la démocratie en Tchécoslovaquie, le mariage de la force et de la justice, la combinaison de la force et de l'agitation avaient déjà scellé le sort de la malheureuse Europe de l'Est en réconciliant enfin la connaissance objective des Grands Prêtres – « le communisme, constatait le sage Staline, va à la Pologne comme une selle à une vache » – avec leurs certitudes théologiques.

En arrière-fond : l'Armée rouge et sa force militaire. Sur le devant de la scène de l'Histoire : le nouveau clergé brandissant sa force armée civile, ses polices et ses organes de sécurité. Voyez soudain comme tout s'éclaire et comme s'agitent bien, dans cette merveilleuse lumière, les délicieux termites rouges. Nous avions vu leurs méritoires et tenaces efforts d'agitation, d'organisation, de front, patiner sur le béton abrupt des faits; mais voilà qu'avec l'aide de la force fonctionnent enfin efficacement leurs adorables mandibules.

Les masses tu agiteras et tu organiseras.

L'homme étant ce qu'il est, mû par l'ambition ou par le simple désir de survivre, c'est par milliers que de nouveaux « militants », des sympathisants de fraîche date, voire de simples moutons conduits à l'abattoir, se précipitent dans les bras du plus fort, auréolé de surcroît de la couronne du juste et pourvu de la quasi-totalité des moyens d'information.

En revanche, rester dans les rangs – ou rejoindre – des syndicats et partis libres, considérés comme « historiques » s'ils ne sont pas traités de « sociaux-traîtres », de « bourgeois » et de « fascistes », demande d'autant plus d'héroïsme que tous les mécanismes du nouvel ordre jouent désormais contre eux. Je rends donc ici l'hommage qu'ils méritent à tous ceux, hommes politiques et syndicalistes, qui ont eu l'infini courage – au cours des élections d'octobre et de novembre 1946, vingt-quatre agents électoraux du Parti agrarien furent assassinés en Bulgarie, plusieurs chefs de l'opposition condamnés par un tribunal militaire pour « organisation terroriste » en Roumanie, etc. – de défendre leurs valeurs et leur dignité d'hommes : il était plus facile et plus exaltant de défiler et de crier derrière les oriflammes et les icônes du nouveau clergé rouge.

Les aspirations au bonheur des masses tu capteras. Ses pulsions de rejet tu exploiteras.

Comme de toute façon les partis non communistes sont condamnés à disparaître et que les nouveaux prêtres feront, pour servir leur Dogme, ce qu'ils voudront quand ils le décideront, le Parti peut promettre tout et n'importe quoi, s'attribuant les plates-formes et programmes de ses adversaires s'ils exercent le moindre attrait sur les populations.

En revanche, si le bon peuple s'avère mécontent de la disette, du ravitaillement, de la vie chère, le bouc émissaire est là : ce « fascisme » qui a tant fait souffrir et dont les germes ne sont pas encore suffisamment extirpés. Et comme, de surcroît, les Grands Prêtres sont le Bien, ce sont eux qui définissent, dans leur infinie sagesse, qui sur terre incarne et véhicule le Mal.

Des organisations de front tu créeras.

Pour démultiplier au maximum les possibilités d'agitation et d'organisation de peuples qui restent quand même profondément nationalistes – Pologne, Roumanie, Hongrie –, viscéralement démocrates – Tchécoslovaquie – et dont les frontières communes – ou peu lointaines – avec l'Union soviétique les ont vaccinés contre les « bienfaits du communisme » dont certains ont d'ailleurs pu expérimenter les charmantes et expéditives procédures, ou les ont prémunis contre les délicates vertus – mis à part la slavophile Bulgarie ou la Tchécoslovaquie abandonnée par l'Occident en 1938 – de la Russie éternelle, pour camoufler donc les objectifs de la nouvelle foi sous des oripeaux aussi attrayants et rassurants que possible, plus besoin non plus de partir à la recherche de la denrée quand même rare de l'« idiot utile ». Ce sont les « désespérés utiles » qui, constatant, dans la lutte dramatique entre le pot de terre et le pot de fer, l'inefficacité d'une action politique autonome, croiront – ou feindront de croire : l'homme a l'espoir chevillé au corps – que c'est à l'intérieur des « fronts » – créés dans l'exaltation euphorique de « l'Union sacrée » contre le fascisme – que le service de leur cause pourra être le mieux poursuivi et sauvegardé. Ce sont, surtout, les « ambitieux utiles » qui, plutôt que de risquer leur vie et leur liberté, se précipiteront dans les fronts aux étiquettes mirobolantes, créant, pour une quelconque prébende, les partis socialistes « de gauche » ou les sous-partis de droite qui plaisent au juste et au fort.

Des alliances gouvernementales tu concluras.

Un régal. Dans les tristes pays de démocratie « formelle » où le suffrage universel reste un arbitre et une sanction – « il était indispensable, note la Grande Encyclopédie en analysant la " Révolution démocratique populaire ", de lutter pour que le système électoral démocratique ne soit pas utilisé par la bourgeoisie à ses fins criminelles » : la lutte n'a pas dû être difficile –, où les partis et syndicats « historiques » jouissent des libertés les plus impudiques, les talents d'agitation des masses et de noyautage de l'État qui font le charme des nouveaux prêtres, leur dévouement sans limites à la réalisation sur terre de la vraie foi, les amènent à ne pas participer aux gouvernements, voire à en être expulsés quand ils y entrent et que leurs alliés et les électeurs constatent qu'ils manquent par trop de retenue. Rien de tel quand les élections, organisées par les Grands Prêtres et leurs policiers, n'influent en rien sur les rapports de force avec des « alliés » qui ne sont là que pour faire de la figuration très provisoire : après la victoire en Hongrie du Parti des Petits Propriétaires en novembre 1945, c'est le même communiste qui restera ministre de l'Intérieur, tenant dans ses blanches mains la sinistre police secrète. Rien de tel quand les Grands Prêtres exercent non des fonctions secondaires mais détiennent les postes disposant de la force armée civile et permettant d'exercer la violence politique. Rien de tel quand ils sont les seuls à pouvoir organiser et agiter les « masses » avec une facilité qui, dans ces lumineuses conditions, confine au sublime. Se crée alors une tenaille d'une stupéfiante efficacité. En bas, les « masses » – d'autant plus facilement mobilisables qu'il ne s'agit pas, à ce stade, de les mettre au travail mais de désigner des boucs émissaires à leur saine vindicte. En haut, les nouveaux prêtres chargés de l'inquisition policière et dont l'exaltante tâche consiste à faire exécuter par la force les missions épuratrices qu'ils se font eux-mêmes confier par les masses. Dans les branches de la tenaille, les ministres, les syndicats et les partis politiques condamnés par le sens inexorable de l'Histoire.

Un vrai régal, vous dis-je. Et c'est peut-être parce que des pratiques aussi savoureuses ne peuvent que faire saliver les vrais connaisseurs que le Hongrois Rakosi a enrichi les émouvantes évocations mythologiques du Petit Père Staline par une référence moins lyrique mais plus goulue à une spécialité gastronomique locale : « la politique du salami ». C'est à la vue du plus petit ennemi qu'Antée se prosterne devant les « masses » – avec d'autant plus d'aisance que sa chère maman est devenue une poupée gonflable à laquelle il est le seul à pouvoir insuffler vie. Une petite génuflexion pour écouter la condamnation du « fascisme » qu'on a soi-même soufflée et voilà une tranche de salami – un parti interdit, une personnalité expulsée de la vie politique – qui tombe dans la sciure. Et le ministre de l'Intérieur et la police secrète qui sont là pour mitonner un complot bien juteux. Et les « masses » qui les approuvent et qui réclament encore plus. Et les « ambitieux utiles » qui se bousculent pour occuper, au sein du « front », les places laissées ainsi vacantes – en attendant d'être découpés à leur tour en tranches fines à souhait. On ne se lasserait pas de jouer à ce jeu-là *.

Car le miracle se produit. Toutes ces manifestations, ces grèves, ces soulèvements que nous avons vu échouer si lamentablement et avec une telle régularité, les voilà qui n'en finissent pas de réussir. Plus de « sociaux-

* La « politique du salami » n'a pas fini d'exciter les bons appétits. « La tactique des partis marxistes-léninistes, explique l'Encyclopédie du bon M. Brejnev, consistait, en avançant des exigences révolutionnaires, à démasquer, progressivement, fraction par fraction, les partis bourgeois devant les masses et, avec les masses qui les privaient de leur confiance, à chasser les représentants de la bourgeoisie du Parlement et des organes du pouvoir. » Cependant, dans sa sagesse, l'Encyclopédie constate bien qu'il ne s'agit là que d'un effet bénéfique d'une cause plus profonde. « Dès les tout débuts, les travailleurs *(sic)* s'emparèrent (re-*sic*) d'une série de postes clefs (polices, organes de sécurité, etc.) » Et : « Le renforcement de la dictature du prolétariat se déroula avec l'utilisation *(sic)* du Parlement, dans le cadre de la Constitution, quand, sous la pression “ d'en bas ” des masses et avec l'utilisation “ d'en haut ” de la partie du pouvoir appartenant (re-*sic*) déjà à la classe ouvrière, le Parlement éliminait du pouvoir les représentants des exploitateurs. »

Quelle que soit la volonté d'occulter un usage de la force qui dépare par trop le Dogme, il était fatal que le plaisir pris survive quelque part. Les lignes qu'on vient de lire – et qui laissent entrevoir toute la richesse que pourraient présenter les archives ou les Mémoires du Politburo – ne figurent ni dans l'article théorique « Révolution démocratique populaire » ni dans les articles consacrés à son déroulement dans les divers pays de l'Europe de l'Est. Elles viennent de l'article... « Démocratie populaire » qui, en revanche, ne comprend aucune indication sur les spécificités nationales, économiques, sociales de ce type de Parti-État. Le processus de parti-étatisation est donc bien plus important que son aboutissement.

traîtres » : les voilà ou éliminés ou métamorphosés en « socialistes de gauche ». Plus de syndicalistes venant stopper l'élan de l'avant-garde ; les voilà ou broyés ou transformés en leaders communisants de syndicats « unifiés ». Du coup, toutes les contre-révolutions qui triomphaient avec une impudeur proprement intolérable n'arrêtent pas d'être écrasées à leur tour.

« En Hongrie, raconte l'Encyclopédie brejnevienne, les élections de novembre 1945 donnèrent 57 % des voix au Parti des Petits Propriétaires alors que le Parti communiste et le Parti social-démocrate obtenaient 17 % et le Parti national-paysan 7 % (...) Mais les forces démocratiques dirigées par les communistes relâchèrent la pression de la réaction et passèrent à la contre-offensive (...) En mars, dans le cadre du Front hongrois d'indépendance nationale, est créé le Bloc de gauche où entrent le Parti communiste, le parti social-démocrate, le Parti national-paysan et les syndicats. Le 7 mars, une manifestation de quatre cent mille personnes représentant les forces réunies dans le Bloc de gauche » – donc 24 % des suffrages – « réclamait du gouvernement l'arrêt de l'action des forces réactionnaires du pays, la purge de l'appareil gouvernemental (...) La réaction fut contrainte de reculer *. »

Couronnement de cette action positive des masses qui, à Prague, efface

* Suite et fin de l'histoire, donnée, elle, par un historien occidental – le Dogme ne se réfère, dialectique oblige, qu'à « la découverte et la neutralisation » d'un complot contre-révolutionnaire : « Ferenc Nagy se déclara prêt à épurer son parti. C'est à la suite de cette décision que Désider Sulyak fut expulsé du Parti des Petits Propriétaires. Il forma aussitôt un " Parti de la Liberté " qui, après une histoire tumultueuse, jalonnée d'innombrables bagarres avec les communistes, fut interdit en 1947 (...). L'offensive décisive contre le Parti des Petits Propriétaires fut déclenchée en décembre 1946 par l'arrestation de plusieurs personnalités importantes, accusées de conspiration contre le régime. Les aveux des hommes arrêtés provoquèrent de nouvelles arrestations en chaîne. Le groupe parlementaire des Petits Propriétaires ayant refusé de lever l'immunité parlementaire du secrétaire général du parti, Bela Kovàcs, les Soviétiques interviennent directement en procédant, le 26 février 1947, à son arrestation pour " complot contre l'Armée rouge ". (...) Ferenc Nagy, qui se trouvait en Suisse en congé, fut contraint de démissionner. Ce qui restait du parti écrasé était désormais entre les mains des communistes. Aux élections organisées fin août 1947, les Petits Propriétaires n'obtinrent que 14 % des voix, contre 22 % aux communistes, 15 % aux socialistes, 9 % au Parti national paysan. Les 35 % allant à l'opposition étaient partagés entre le Parti de l'Indépendance (...), le Parti Démocratique (...) et le parti du Père Balogh [22]. » Bon appétit, monsieur Rakosi.

Parmi les innombrables sources d'irritation que provoque l'attitude de l'opulente et larmoyante Europe de l'Ouest à l'égard de ses malheureux frères de l'Est, la moindre ne provient pas des sanglots chevrotants sur les « procès » de Prague, Budapest, Sofia et autres lieux où souffle le communisme. Rajk et Slansky, sur qui l'on verse autant de pleurs, avaient pratiqué avec ardeur, avant de tomber victimes des procédés qu'ils avaient largement employés, l'art de la tenaille et la politique du salami. Il serait préférable – et plus utile pour elle – que l'Europe de l'Ouest se souvînt plutôt d'hommes tels que le Bulgare Nicolas Petkov. Résistant authentique, russophile notoire, leader du parti paysan, Petkov accepta de siéger au gouvernement provisoire mais le quitta, en signe de protestation contre tout ce qui s'y déroulait, dès août 1945, et refusa de participer à une liste commune avec le Parti communiste. Arrêté en juin 1947, il fut condamné à mort et pendu le 16 août. Tant qu'à faire à honorer des victimes, il vaudrait mieux qu'elles aient combattu pour la liberté et qu'elles n'aient pas – comme Rajk, maître d'œuvre du martyre du Parti des Petits Propriétaires en Hongrie, Slansky, auteur du « coup de Prague » – du sang sur les mains.

le mauvais souvenir des soulèvements « brisés », « écrasés », « trahis » de Berlin, Hambourg, Shanghai, Canton et autres mauvais lieux :

« Le 20 février 1947, les ministres représentant les partis bourgeois démissionnèrent, espérant provoquer une crise gouvernementale et le renversement du gouvernement Gottwald (...) Le Parti communiste de Tchécoslovaquie appela les masses populaires à se lever pour la défense de l'ordre démocratique *(sic)*. Des meetings et des manifestations se déroulèrent dans le pays contre l'action des réactionnaires. Le congrès des délégués des soviets d'usine (Prague, 22 février) réclama, au nom de la classe ouvrière, l'éloignement du gouvernement des réactionnaires et la réalisation de nouvelles transformations révolutionnaires. En signe de protestation contre les actions de la réaction *(sic)*, le Congrès fixa au 24 février une grève générale d'une heure. La classe ouvrière de Tchécoslovaquie créa dans ces journées une milice populaire (dix mille combattants) et paralysa les tentatives de manifestations organisées des éléments bourgeois. A l'appel du Comité central du PCT et des organisations du Front national, des comités d'action furent créés. Le 23 février fut organisé le Comité central d'action du Front national comprenant les représentants progressistes de tous les partis politiques, organisations sociales et des forces armées. Le 25 février, le président Beneš accepta la démission des ministres réactionnaires et chargea Gottwald de compléter son gouvernement. La victoire des travailleurs entraîna la concentration de la totalité du pouvoir gouvernemental entre les mains de la classe ouvrière, la création des prémices d'une construction socialiste. Par elle s'achevait le processus de transformation de la Révolution démocratique populaire en Révolution socialiste [23]. »

Voilà qui est parlé ! Emballé c'est pesé, et honte à tous ceux qui osent s'indigner d'un quelconque « coup de Prague » ! Le processus révolutionnaire est irrépressible. Gloire aux « masses » qui le mettent en œuvre. Gloire au Parti qui, avec ses « courroies de transmission » et ses « fronts », peut seul les éclairer.

Mais gloire aussi au non-dit ! Gloire à la force militaire de l'Armée rouge qui, en désarmant – ou en la laissant massacrer comme à Varsovie en 1944 – toute autre force militaire susceptible de s'opposer à d'aussi belles manifestations, confie le monopole de la violence au nouveau clergé ! Gloire donc au monopole de la force civile armée, des polices et des organes de sécurité, détenu par les nouveaux prêtres ! Si les masses de Prague ont pu s'exprimer avec une si touchante spontanéité, c'est qu'au « bas », contrôlé entre autres par le secrétaire général du Parti Slansky ou par le président du Syndicat ouvrier unique, le communiste Zapotocky, s'ajoutait un « haut » incarné par le Premier ministre Gottwald, par le ministre de l'Intérieur communiste Nosek qui, depuis 1945, contrôlait toutes les polices, par le ministre communiste de l'Information Kopecky qui détenait la haute main sur les radios, par le chef de l'armée Svoboda, sympathisant auquel on avait ordonné de ne pas adhérer au Parti. Gloire donc à la tenaille créée entre le « bas » des masses et le « haut » de l'inquisition policière * qui vide entièrement de leur substance les méca-

* C'est la nomination de huit commissaires de police communistes à Prague qui, faisant déborder le vase, entraîna la démission des ministres « socialistes-nationaux » – propre parti du président Beneš.

nismes démocratiques établissant un équilibre entre forces politiques et sociales autrement que par la violence des foules et des flics, qui permet d'extirper, un à un, par la « politique du salami », tous les « méchants » qui, les choses étant ce qu'elles sont, ne peuvent que s'opposer à la « justice »! Finis donc les temps où les « révolutions socialistes » étaient écrasées par des forces militaires – junkers allemands, armées de Tchang Kaï-check, armée de Franco – s'appuyant sur le rejet par le peuple de la réalisation oppressive des fantasmes abracadabrants de la nouvelle religion. Rangé au magasin des accessoires, le couperet de la démocratie où le peuple peut – comme en Europe occidentale et quelles que soient les bouffées d'affection qu'il lui arrive d'éprouver pour les émouvants fantasmes des nouveaux croyants – faire savoir librement, par la voie des urnes, qu'il ne veut pas confier son destin à une si flagrante et sanglante absurdité. Écarté le risque de la guerre civile qui a ravagé la Russie après Octobre ou des affrontements avec des populations désespérées puisque la tenaille du « bas » populaire et du « haut » policier et la « politique du salami » rendent possible l'élimination graduelle – à un moment où le peuple n'est mobilisé que sur les fantasmes les plus généraux et généreux et n'éprouve pas encore de rejet à l'égard des effets désastreux des fantasmes plus spécifiques tels que la collectivisation des terres – de tous les acteurs de la vie politique et sociale susceptibles d'exprimer le désespoir de la population. Avant que ne s'instaure la « révolution socialiste » et que l'ordre du Parti-État ne bouleverse toute la société économique et civile, l'antichambre du paradis permet à un Parti-Police de détruire, de l'intérieur et avec une louable progressivité, toutes les structures et tous les hommes de l'ancien État-nation.

Dernière précision. Cette « révolution démocratique-populaire » – si je comprends bien la scolastique qui recherche, ou la comprend, une spécificité ailleurs que dans le recours à la force, ce type de « révolution » s'impose quand le passage du stade « bourgeois » au stade « socialiste » doit s'accompagner tant d'un décollage du stade « féodal » (ou « semi-féodal ») que d'une lutte contre l'impérialisme du grand capital étranger et qu'il est nécessaire d'y faire participer (il est bon que les victimes participent à leur propre exécution) toutes les classes de la nation : paysannerie, petite bourgeoisie, bourgeoisie moyenne et « nationale » (?) –, cette septième merveille du monde donc présente aux yeux des Grands Prêtres un avantage de taille. Elle est – tenez-vous bien – *pacifique.* « Tout cela (*sic*) modifie, explique doctement la Grande Encyclopédie [24], les tâches et les formes du développement de la Révolution socialiste qui suit directement la Révolution démocratique populaire, *ouvre une voie pacifique de passage au socialisme.* »

Engager une armée pour désarmer une autre armée est pacifique. Assassiner des agents électoraux est pacifique. Pendre haut et court pour trahison les opposants politiques est pacifique. Mobiliser une milice de dix mille « combattants » est pacifique. Briser par la force les manifestations hostiles du peuple est pacifique.

De la paix, les Grands Prêtres ont une conception très particulière dont nous aurons, hélas, l'occasion de reparler. Notons cependant ce point : est pacifique l'usage de leur force armée – qu'elle soit militaire ou civile –, est pacifique le recours par leur force à la violence armée si cet usage et ce recours n'entraînent aucune réaction de violence armée de la part de ceux qui y sont soumis.

Je te dépouille. Je te viole. Je t'étripe. Mais, toi, tu ne dis et tu ne fais rien. Et c'est alors que la paix plane enfin sur la terre...

La recette n'a pas pris une ride et, je serais socialiste ouest-allemand, j'y réfléchirais avant de m'enthousiasmer pour MM. Willy Brandt et Egon Bahr et de condamner les Pershing américains qui peuvent seuls neutraliser les pressions que permettent les titanesques SS 20.

QUATRIÈME DISCOURS.

DE LA RÉVOLUTION

Vous hochez la tête, monsieur le Président. Visiblement les cruelles mésaventures des premiers croyants dans les années vingt vous paraissent, à très juste titre, bien lointaines et, plutôt que la manière dont la nouvelle Église a pu, grâce à sa force militaire et civile, réussir à convertir des peuples là où ses missionnaires avaient échoué par le simple apostolat, vous préféreriez que je vous entretienne de ces guerres « révolutionnaires » que l'Occident a livrées et perdues, que je vous parle de cet autre Prophète qu'était Mao ou du mystère de Fidel Castro qui, débutant comme un marxiste remuant et bien peu orthodoxe, termine sa vie dans la peau tranquille et replète d'un Secrétaire général du Parti communiste de Cuba. Vous aimeriez mieux que nous nous penchions ensemble sur ces embrasements et soulèvements qui menacent le back-yard *de vos États-Unis ou que nous abordions cette politique étrangère du Parti-État de Moscou qui vous cause tellement de soucis, qui soulève tellement de points d'interrogation, alors qu'ayant eu l'incroyable prétention d'affirmer qu'elle ne pouvait être appréciée d'après aucun de nos critères occidentaux, un début d'explication doit bien être fourni si l'on plonge encore plus avant dans les buts et les objectifs, les méthodes et les moyens de la nouvelle Papauté.*

Patience. Cent fois sur le métier remets ton ouvrage, et les Grands Prêtres, avec leurs continuelles et complexes analyses des situations politiques, économiques et sociales qui contrastent tellement avec nos jugements rapides et à l'emporte-pièce, ne nous donneront pas tort sur ce point. Pour mieux comprendre la façon très particulière dont fonctionne le système de pensée et d'action des nouveaux Papes, mais pour appréhender également les stupéfiantes raisons pour lesquelles l'Occident, ses gens de pouvoir, son intelligentsia et ses opinions publiques parviennent, en entrant dans leur jeu, à prendre les Grands Prêtres non pour ce qu'ils sont mais pour ce qu'ils désirent paraître, il nous faut nous pencher sur ce berceau de la nouvelle civilisation que fut, après les folles tueries de la Grande Guerre, la « Révolution d'Octobre ».

Car l'on se condamne à ne jamais rien comprendre à la nouvelle civilisation si l'on ne s'attache pas à découvrir quels fantasmes et illusions continuent à inspirer sa naissance tant à la nouvelle Papauté qu'à nous-mêmes, quelles leçons pratiques en ont tirées les Grands Prêtres, quelles réalités recouvre ce premier accès de démence des nouveaux croyants qui, hélas! n'en fait que préfigurer bien d'autres. Octobre est à la nouvelle religion ce que sont la vie et la prédication du Christ à la religion chrétienne, et c'est ce qui se cache derrière ces nouveaux Évangiles qu'il nous faut maintenant, avant d'aborder les guerres et la politique extérieure de la Papauté, nous attacher à découvrir.

IX

DU VRAI SENS D'OCTOBRE

Des flamboyantes parures de la déesse Révolution

Si, comme le constate correctement le chef du Département international du KPSS, dans une formulation qui, elle, démontre à l'envi toute la démence de l'action de l'homme sur l'homme, « la lutte pour l'esprit des gens constitue la place d'armes décisive de la confrontation des deux systèmes », la bataille commence par le sens des mots.

Et après « politique » ou « idéologie », « satellite » ou « bloc » – et aussi, évidemment, « socialisme », « démocratie », « liberté » –, c'est le mot « révolution » qui se dresse, opaque et volumineux *, sur notre rude chemin, constituant le plus difficile et le plus redoutable obstacle que nous ayons eu à affronter jusqu'ici.

Si nous définissons la « révolution » comme un soulèvement spontané du peuple visant à renverser un régime politique et social abhorré, Octobre n'a rien d'une « révolution ». La monarchie tsariste est à terre depuis Février 1917 – à la suite, effectivement, de ce qu'on peut appeler, dans ce sens-là tout au moins, une « révolution ». Le peuple paysan est au front ou revenu dans ses campagnes. Le 24 octobre, la ville de Petrograd dort. C'est une minorité armée qui renverse, par la force et sans grande violence d'ailleurs, un gouvernement provisoire dirigé par des socialistes qui se disent, eux aussi, « révolutionnaires » – les fameux « S.R. » qui seront les premières victimes d'Octobre – et qui obtiendront, ô ironie, dans les mois qui viennent 40 % des suffrages populaires.

Si nous définissons la « révolution » comme l'édification, à la suite d'un renversement du pouvoir provoqué par la réussite du soulèvement, d'un ordre nouveau désiré et accepté par le peuple, Octobre n'est pas non plus une « révolution » **. La dissolution par la force de l'Assemblée

* Et auquel la coutume typographique française attribue une majuscule comme à Dieu ou à Parti.

** En ce qui concerne l'histoire de l'Angleterre, de l'Amérique, de la France, toutes les « révolutions » cataloguées comme telles se caractérisent également par la *réussite* du soulèvement populaire. Rien de tel pourtant pour la « Révolution russe de 1905 » – qui n'est d'ailleurs qu'une série de grèves, d'émeutes, d'embryons constituante légalement élue; des soulèvements commençant dès novembre 1917 et se traduisant en une inexpiable guerre civile de quatre ans qui, par l'ampleur des territoires conquis et la diversité des groupes sociaux et des courants politiques représentés dans l'Armée blanche, n'a strictement rien à voir avec les soulèvements de Vendée auxquels nous voulons, en réduisant l'Histoire à un stupide bégaiement, les assimiler; soixante millions de morts; des millions de prisonniers, des populations offrant le pain et le sel à des envahisseurs hitlériens pourtant haïs, des millions de volontaires pour servir sous leur sinistre uniforme ne constituent pas des indices très probants de satisfaction et de soutien populaire. Même si je me refuse à considérer actuellement le peuple russe, selon la vision de Soljenitsyne, comme étant exploité par une clique de bandits, même si je proclame que la nouvelle religion est parvenue – à la longue et par des moyens que nous aurons à approfondir – à incarner la légitimité, personne ne peut prétendre que les peuples russe, ukrainien, biélorusse, géorgien, etc., aient, dans leur ensemble, ni appelé de leurs vœux le nouvel ordre instauré par Lénine ni se soient, avec l'unanimité et l'enthousiasme de la guerre d'Indépendance ou de Valmy, reconnus en lui. Disserter donc pour savoir, dans ces sens-là, si la « révolution » a été « arrêtée » ou « trahie » est d'une totale incongruité : on ne peut ni arrêter ni trahir ce qui n'a jamais existé.

Mais si l'on donne à la « révolution » – comme on le fait, hélas! trop souvent, ne fût-ce que partiellement – le sens d'une explosion de violence, d'une merveilleuse fête du sang, alors là on est servi : Octobre marque bien le début des plus gigantesques massacres de tous les temps. Si nous déclarons – cela va de pair – que la « révolution » signifie un bouleversement de l'ordre politique, économique, social, Octobre 1917 est bien le début également de la transformation la plus radicale de l'organisation de la société qu'ait connue l'humanité. Soumission de la communauté à un Dogme. Dictature impitoyable, politique, économique, sociale, intellectuelle, culturelle d'une minorité prétendant, au nom du Dogme, incarner un groupe social lui aussi minoritaire et promis à la disparition – groupe dont elle affirme que la nécessité historique l'amène à œuvrer pour le bien de tous. Condamnation et extirpation de la liberté d'action de l'homme et de groupes librement créés par lui sur la nature et sur les choses. Abandon du moteur du profit et de l'avoir personnel. Propriété des biens de production confiée à un État de plus en plus tentaculaire – ce qui fait de la

de soulèvements – ou pour la Révolution hongroise de 1848. C'est à partir du triomphe de la « Révolution française » qu'apparaît, en effet, le premier signe de la croyance que la voie du progrès – voie analogue, d'ailleurs, pour tous les peuples – passe nécessairement par la révolution.

La crise morale de l'Occident moderne est, sur ce point précis de terminologie, illustrée par deux faits. Primo, en ce qui concerne le progrès de nos propres valeurs démocratiques et humanitaires, cette croyance s'est évaporée : on parle difficilement de la « Révolution hongroise de 1956 » ou de la « Révolution tchèque de 1968 ». Secundo, la nouvelle civilisation a longtemps bénéficié – et bénéficie encore – de cette croyance. On a ainsi disserté – et l'on disserte dans nos écoles et universités – de la « Révolution spartakiste » qui ne fut, pourtant, que le soulèvement d'une *partie* du peuple. De l'incitation involontaire, entre autres effets négatifs du fantasme, à la « contre-révolution » : le nazisme ne s'est pas fondé seulement sur un rejet de la République de Weimar mais sur un refus de l'inévitabilité des « révolutions socialistes »...

nouvelle Église le plus grand propriétaire de l'Histoire; et encore j'énumère davantage les causes que les effets : planification centralisatrice et bureaucratique, destruction, voire massacre, de la société civile, de la paysannerie, des élites intellectuelles libérales, surveillance inquisitoriale des survivants, ambiguïté du nouveau contrat social, égalitaire et communautaire – misérable pour ceux qui travaillent, plantureux pour ceux qui ne font que semblant. Prise dans ce sens, la naissance sur terre d'une nouvelle civilisation constitue bien l'une des plus importantes « révolutions » de l'humanité.

Ce qui me gêne, c'est que ce ne sont pas ces sens-là – et eux seuls – qui sont retenus quand l'Occident parle de la « Révolution d'Octobre ». Ce qui me gêne, c'est que le même mot puisse être ainsi employé dans des sens aussi différents, sans, d'ailleurs, qu'aucun d'entre eux ait un rapport direct avec la signification fort précise du terme en astronomie – « retour périodique d'un astre à un point de son orbite » – ou en géométrie – « rotation complète d'un tour entier d'un corps mobile autour de son axe » – à moins que, dans une incapacité dramatique à se débarrasser de ses fantasmes, l'homme ne croie qu'une rotation aussi simple puisse le ramener à un paradis initial qu'il aurait perdu – tendance amplifiée en France par la parenté des mots « rêve » et « révolution ».

Ce qui me gêne, c'est que le même mot « révolution » puisse caractériser des phénomènes historiques totalement différents – tant au plan de leur déroulement que de leurs objectifs : la « Révolution d'Octobre » ne présente guère de parenté avec la « Révolution américaine » qui, elle-même, n'entretient que des rapports lointains avec la « Révolution française de 1789 ». Ce qui me gêne, c'est qu'en établissant ainsi une continuité – Révolutions anglaises, Révolution américaine, Révolutions de 1789, 1830, 1848, Révolution de 1905, Révolution d'Octobre –, nous confortons les fantasmes de la nouvelle religion, son prétendu « sens de l'Histoire », son prétendu « processus révolutionnaire » qui veut que les « révolutions bourgeoises » soient inéluctablement suivies par des « révolutions socialistes ».

Ce qui me gêne, c'est que, dans la plus prodigieuse nébuleuse créée par l'homme depuis l'idée de Dieu, nous considérons que « révolution » est synonyme de progrès et de bien et, en attribuant une naissance quasi divine à la nouvelle civilisation, nous la créditons par là même des qualités dont elle est totalement dépourvue. Ce qui me gêne, c'est qu'en sacralisant et en déifiant toute « révolution », nous rendons légitime tout recours à la violence effectué en Son Saint Nom et en arrivons, par une aberrante et terrifiante transposition de la formule de Pascal sur la force et la justice, à considérer qu'il est normal – voire nécessaire – « que tout ce qui est révolutionnaire soit sanglant, que tout ce qui est sanglant soit révolutionnaire * » – justifiant ainsi, à nos propres yeux et à ceux du monde que la

* Un Suisse bien pacifique, socialiste renommé et fort généreux, éprouve ainsi le besoin, en 1983 – l'Université de Genève lui a, bien entendu, confié l'éducation de nos élites et de celles du tiers monde – de commencer son livre, d'ailleurs monumental : *Contre l'ordre du monde, les Rebelles, mouvements armés de libération nationale du tiers monde*, par ces lignes : « Sur la terre, aucune liberté ne s'obtient sans souffrance et sang versé. Là réside une des lois les plus sinistres, les plus constantes de l'histoire humaine [1]. »

nouvelle religion désire convertir, les pires crimes qu'elle commet contre l'humanité.

Ce qui me gêne, c'est qu'en procédant ainsi, notre connaissance objective de nos pulsions passées – certaines légitimes et porteuses de progrès, d'autres empreintes de la démence la plus absolue –, notre connaissance objective des mécanismes – certains naturels, d'autres aberrants – de redistribution du pouvoir dans la société, reste nulle, noyée dans les brumes d'une connaissance idéologique particulièrement approximative et floue. J'en reviens à mon obsession : « Un jugement de valeur » – et Dieu sait si de tels jugements sous-tendent toute notre vision de l'Histoire dès que nous prononçons le mot « révolution » – « n'est pas une description de quelque chose de très spécial; ce n'est pas une description du tout ».

Ce qui me gêne, c'est que du coup notre attitude, face aux bouleversements politiques et sociaux de pays moins évolués et moins équilibrés que les nôtres, reste profondément irresponsable, diluée entre une connaissance objective insuffisante et une connaissance idéologique, confinant plus à l'émotivité qu'à un choix conscient de valeurs. Ce qui me gêne, c'est que, pendant que la nouvelle religion transforme toutes ses psychoses – avec souffrance peut-être, mais avec un indubitable succès – en un instrument d'expansion redoutable, nous collaborons à la conversion qu'elle mène des âmes et des esprits en n'entreprenant pas les actions adéquates que pourrait nous inspirer une véritable connaissance objective des phénomènes dits « révolutionnaires », en restant, dès que tinte la sonnette du saint mot, la bouche grande ouverte dans une admiration béate peut-être, mais parfaitement stupide et paralysante.

Reprenons donc les choses à zéro et, dans un de ces grands efforts dont parle Souslov, dynamitons sans remords l'idolâtrie que nous inspire cette déesse des temps modernes, cessons une fois pour toutes de croire aux vertus miraculeuses qu'apporteraient ses apparitions sur terre.

Une précision d'importance. Si nous excluons le sens, par trop primitif quand même, d'explosion de violence et de fête du sang – qui ne séduit plus que des fractions de notre jeunesse, fût-ce sous la forme totalement édulcorée de Mai 68 ou des trouvailles certes limitées mais pourtant inventives des bandes à Baader et autres Brigades rouges –, le seul sens de « révolution » qui justifie tous les espoirs que nous mettons dans le mot est celui qui apparaît lorsque le vocable recouvre tout à la fois un progrès effectivement enregistré et la transformation radicale et irréversible qui a rendu ce progrès possible. Tel est le cas lorsque nous parlons de « révolution agricole », de « révolution industrielle », de « révolution scientifique », de « révolution électronique » – constatations claires, car s'appliquant à des secteurs limités et précis de l'activité humaine, car dénuées de tout jugement de valeur et de toute référence à un absolu, car présentant des analogies certaines, car pouvant donner lieu à une connaissance objective acceptable par tous. Or les « révolutions » où l'on constate un progrès effectif fondé sur un bouleversement du système de pensée et d'action de l'homme, portent toutes sur l'action exercée par l'homme sur la nature et sur les choses. Lorsque Newton ou Einstein « révolutionnent » notre connaissance de la matière en faisant effectuer à l'esprit humain un bond en avant novateur de la connaissance objective de ses lois, lorsque Westinghouse ou Marconi « révolutionnent » par une démarche novatrice les possibilités d'application de ces découvertes théoriques, lorsque les « capitalistes » s'emparent de ces novations – dans le but, certes, d'augmenter leur profit et d'en profiter, au passage, pour essayer d'exploiter d'autres hommes, mais cela est un autre problème et l'on n'a jamais découvert de moteur économique plus efficace et mieux susceptible d'être corrigé – afin, en transformant les modes de production, de mettre un maximum de produits à la portée du plus grand nombre, nous assistons effectivement à un progrès de l'espèce et de la société humaines, à une véritable transformation du monde.

Mais par quelle aberration, par quelle naïveté, par quel refus de l'effort, bref par quelle recherche d'un paradis perdu, pouvons-nous bien parer de ces mêmes vertus de novation et de progrès tous ceux qui, se prétendant « révolutionnaires », désirent bouleverser non l'action de l'homme sur la nature et les choses mais son action sur l'organisation politique, économique et sociale de la société et, donc, instaurent l'action de l'homme sur les autres hommes? A la suite de quel piège un penseur aussi lucide qu'Erich Fromm peut-il tout à la fois démonter les mécanismes psychologiques sous-tendant « le Dogme du Christ » et écrire : « Le révolutionnaire est un humaniste (...) Il aime et respecte la vie (...) Il est à la fois un sceptique et un homme de foi (...) Il y a toujours eu des personnalités révolutionnaires dans l'histoire des hommes pour nous faire sortir de cavernes et de leur équivalent [2] », sans faire la distinction qui s'impose entre la novation de la connaissance scientifique – Newton ou Einstein –, la novation de la technique d'action sur les choses – la révolution industrielle – et les élucubrations de n'importe quel assassin névropathe qui se propose de bouleverser la société et d'imposer à cette fin – fût-ce pour leur bien – sa volonté à d'autres hommes?

Certes il a fallu, à un certain stade du développement des États-nations *, lorsque l'ordre politique existant ne permettait pas précisément le plein épanouissement des facultés novatrices en matière de connaissance objective, en matière d'action sur la nature et les choses, procéder à des « révolutions » politiques, à un renversement d'un ordre politique rétrograde par le recours à la force et à la violence, et à son remplacement par un ordre nouveau. Tel fut le cas des « révolutions » anglaises et américaine que l'on peut effectivement appeler « libérales » – le sens de « favorable aux libertés individuelles » apparaît en 1750, mais j'apprécie le sens médiéval de 1210 : *artes liberales*, « arts dignes d'un homme libre » – puisque leur raison d'être et leur objectif – réalisé – consistaient, dans l'essentiel et malgré d'inévitables flottements, à garantir la liberté d'action de l'individu et des groupes de la société – libertés entravées par le pouvoir autocratique de la monarchie, par les privilèges de la caste aristocratique, en Amérique par la forme coloniale du pouvoir. Mais si l'homme – effrayé peut-être par la hardiesse du renversement de l'ordre établi, présenté comme émanant de la volonté de Dieu et incarnant la sacro-sainte image du Père, écrasé par la grandeur et la complexité de la tâche à entreprendre, emporté par « l'ascension aux extrêmes » des passions qui ne caractérise pas seulement la guerre mais toute crise politique et sociale impliquant

* S'expliquant probablement par les progrès de pensée et d'action que permet la sécurité que cette forme d'organisation assure à la collectivité.

l'usage de la violence – s'abrite derrière le concept émotif et vertueux de la « révolution », le phénomène reste simple et dans la droite ligne de l'évolution de la société. Il s'agit non d'un bouleversement du monde mais de sa transformation, d'un ajustement * – effectué avec une dose de violence limitée – de l'ordre politique à l'ordre économique et social nouveau qui s'est créé à la suite de diverses novations de la pensée et des moyens d'action de l'individu et de ses groupes sur la nature et sur les choses, d'un prélude à l'épanouissement d'autres novations bien plus importantes – la « révolution industrielle » – rendues possibles par la plénitude de la liberté d'action ainsi donnée à l'individu et par le constant équilibrage des effets de cette action grâce, par les mécanismes des contre-pouvoirs, à la liberté accordée à l'ensemble des groupes sociaux.

Le tournant ne se situe qu'à la « Révolution française », lorsqu'à partir du renversement d'un ordre ancien anachronique, le phénomène de création d'un ordre nouveau plus approprié aux besoins de la société est soudain marqué par un dédoublement. Sur la volonté d'ajuster l'ordre politique aux nouvelles réalités économiques et sociales – ajustement au départ bien peu violent – se greffe en France le fantasme de la cité idéale, la volonté d'instaurer sur terre – par les seules vertus accordées à la déesse Révolution – rien d'autre que l'Utopie de Thomas More et de Rabelais, ce « pays imaginaire où un gouvernement idéal règne sur un peuple heureux » – qui se souvient qu'*utopia* a été forgé sur le grec *ou* et *topos* et veut donc dire « en aucun lieu »? Est-ce que la monarchie absolue française et sa tentaculaire bureaucratie étaient devenues d'autant plus paralysantes qu'elles avaient été – en forgeant l'État-nation dans des conditions d'insécurité continentale – condamnées à la sur-puissance? Est-ce qu'aux privilèges exorbitants d'une aristocratie de droit divin s'ajoutait un obscurantisme particulier de l'Église ** auquel la Réforme avait porté remède en pays anglo-saxons? Ou bien n'assiste-t-on pas plutôt à une brutale inversion des espoirs fondés pendant des siècles dans le monarque – le mythe de la « poule au pot », du bon Henri IV et du brave Sully – et dans les enseignements envahissants d'une Église dont l'envoûtante pesanteur marque encore, par ses superbes églises, le moindre village de France?

* Le mot « réajustement » est plus élégant mais je me refuse à employer des termes qui, par le préfixe « re », donnent l'impression que le progrès suppose le retour à une perfection préexistante.

** Que l'on me permette ici de définir mon attitude personnelle à l'égard de la religion chrétienne. Certains des lecteurs qui m'ont fait l'amitié de se pencher sur cet interminable manuscrit m'ont reproché ma virulence en cette matière. D'autres, pourtant très proches de la hiérarchie de l'Église catholique, n'ont, eux, été scandalisés en aucune façon. Mon attitude est simple : si l'on excepte la quête mystique personnelle, la religion chrétienne est fortement fonction – comme toute création de l'esprit humain – du degré d'évolution spirituelle de l'humanité. Si l'homme vit dans les ténèbres, la religion est obscurantiste – les ténèbres de l'un agissant sur l'obscurantisme de l'autre dans une dialectique qu'essaient seuls de briser les François d'Assise. Si l'homme connaît le progrès, la religion peut être source de lumière – à condition, toutefois, que le clergé la considère bien comme telle. Ou Dieu n'existe pas et il est alors le plus grand hommage que l'homme rende à la meilleure partie de lui-même – hommage malheureusement fonction de son degré d'évolution spirituelle – ou Dieu existe et gloire à Lui au plus haut des Cieux, mais Il ne saurait être en rien tenu responsable des idées successives que les hommes se font de Lui.

Toujours est-il que, ne se contentant pas de créer des conditions favorables à sa libre action sur la nature et sur les choses, l'homme nourrit alors l'illusion – « croyance erronée, définit le dictionnaire *Robert*, qui abuse l'esprit par son caractère séduisant » – que son intelligence, tellement glorifiée au Siècle des Lumières, peut maîtriser aussi bien l'organisation et le fonctionnement de la société, donc la vie sur terre des autres hommes.

Naît alors, à côté de l'ajustement libéral, à la violence limitée, de l'ordre politique aux réalités économiques et sociales nouvelles, une autre « révolution » profondément utopique, fortement irrationnelle et totalement passionnelle. Et plus le « délire systématique » de cette révolution-là se coupe des réalités – la vie quotidienne sous la Révolution française n'était pas un modèle de bonheur et de progrès –, et plus s'exacerbe son discours et s'enflamme sa volonté de transformer la société, plus elle s'invente – et massacre – des ennemis imaginaires. Le rêve, l'illusion, l'utopie – bref le fantasme de la révolution – font irruption sur la scène de l'histoire moderne et, les lois de l'économie et de la vie en société étant ce qu'elles sont, ils ne peuvent que s'évaporer ou, quand ils sont appliqués, se transformer en démence – la Terreur – de type paranoïaque. D'où l'irréductible opposition – qu'il est quand même trop simple d'expliquer par une seule rivalité d'États-nations – des héritiers de la Révolution libérale anglaise à la Révolution française. D'où la glorification de la « Grande Révolution française » par la Grande – que de « grandes »! – Encyclopédie des Grands Prêtres. D'où toutes les faiblesses de l'Europe et d'élites intellectuelles, bien peu « révolutionnaires » en ce qui concerne la novation de l'action de l'homme sur les choses, à l'égard de la nouvelle religion et de sa « Révolution d'Octobre ».

Car, si l'homme continue à améliorer sans trêve sa connaissance de la matière et des choses, s'il parviendra même, après Freud, à tourner les immenses ressources de son esprit vers une tentative de connaissance de lui-même, la peur que lui inspirent ses pulsions et psychoses collectives, les illusions qu'il continue à nourrir au sujet de la cité idéale, la domestication – habile mais assez éhontée – du monstre révolutionnaire par la bourgeoisie française, qui le gardera, comme ornement vidé de toute substance, pour mieux asservir le groupe social ouvrier, ne permettront guère d'approfondir les raisons et les dangers du fantasme. « Je définis, écrit Michelet en 1847 dans un texte qui sous-tend encore tout l'enseignement français, la Révolution, l'avènement de la Loi, la résurrection du Droit *,

* A ce point de sa lecture, un ami que j'aurais, général de parachutistes français, soupçonné d'être « d'extrême droite » – autre catégorie de pensée parfaitement stérile – m'affirma avec vigueur son accord avec Michelet. De la discussion qui s'ensuivit, je compris enfin un fait que ma russitude ne m'avait pas permis d'appréhender complètement : les Français, après leur expérience de la Terreur et de l'expansion armée en Europe, se sont – malgré leur adoration de la déesse Révolution, malgré leur exportation fervente de son culte au reste du monde – comportés, face à leurs propres turbulences politiques, économiques et sociales, d'une façon résolument modérée et prudente. Ce qui donne d'ailleurs à leur politique intérieure – proclamation des idéaux les plus généreux, mais défense par tous des privilèges les plus abusifs – et à leur politique étrangère – soutien du président Reagan face au Parti-État moscovite mais critique de sa politique centro-américaine – une allure assez schizophrénique.

la réaction de la Justice (...). Je ne vois encore sur la scène que deux grands faits, deux principes, deux acteurs et deux personnes, le christianisme et la Révolution [3]. » Une nouvelle pulsion – une nouvelle névrose – religieuse est née à qui Marx donnera un contenu et des Lois, Lénine un Dogme et une Église.

Attention, je ne reproche en rien à l'homme de vouloir transformer en bien le monde où il vit. Bien au contraire, je pense que le progrès, gloire de l'espèce humaine, le distingue de l'animal, et que ses différentes étapes ponctuent l'évolution spirituelle de l'humanité. Ce que j'affirme, c'est que cette transformation du monde ne provient que soit de novations apportées par l'homme dans son action sur la nature et sur les choses, soit d'ajustements de l'ordre politique pour permettre le plein épanouissement de cette liberté d'action. Tous les progrès dont nous bénéficions si largement en cette fin du XXe siècle découlent exclusivement – une fois créée la société de liberté – de novations – de « révolutions » si nous désirons à tout prix employer ce mot fétiche – de la pensée et de notre connaissance de la matière, de novations des formes d'action sur les choses, de novations dans les mentalités individuelles et collectives qui découlent quasiment d'elles-mêmes – telle la « révolution sexuelle » – de ces novations de la pensée et de l'action. Ce que j'affirme c'est qu'aucun de ces progrès ne provient d'une « révolution » politique, économique, sociale qui aurait, au nom d'une idée préconçue, décidé d'agir sur la vie et l'organisation des hommes et des sociétés.

Les transformations économiques du monde qui accroissent le nombre des biens que nous consommons, qui améliorent nos conditions de travail, proviennent toutes de novations dans les modes de production, issues elles-mêmes de novations de la recherche et de la technique. Aucune transformation économique génératrice de progrès n'a surgi, en revanche, d'illusions sur la meilleure façon d'organiser la société autrement que par la liberté d'action de l'individu sur les choses, de fantasmes concernant les effets bénéfiques de la « propriété collective des biens de production » ou de la « dictature du prolétariat ». Bien au contraire, tous ces déplacements de l'action sur l'organisation et la vie des hommes n'ont amené, en nouvelle civilisation, que l'oppression et la misère. Si transformation du monde il y a eu, du fait de la nouvelle religion, ce n'est que dans le sens de la régression. Quant aux transformations sociales qui nous permettent d'atténuer les injustices, d'instaurer l'égalité des chances et des conditions de vie, de tendre vers un épanouissement maximum de tout être humain, elles découlent toutes de ces transformations économiques et de la libre action accordée à tous les groupes sociaux – une grève en société de liberté est plus génératrice de progrès social que tous les décrets des Grands Prêtres – et non de rêves et d'utopies d'illuminés qui, imposant de force l'égalitarisme, ne créent que l'injustice et ressuscitent des privilèges disparus chez nous depuis bien longtemps.

Si je ne me méfiais pas du mot « révolution » comme d'un serpent à sonnettes dardant sur nous tous les venins de l'illusion et de l'utopie, si je n'étais pas persuadé que l'Occident n'a, dans « la lutte pour l'esprit des gens » et en raison de sa modération même, aucune chance de triompher de la nouvelle religion dans une quelconque ascension aux extrêmes des passions, je dirais que la « révolution » c'est nous qui la faisons tous les jours et sans verser de sang, que s'il faut parler de « révolutionnaires », les « révolutionnaires », c'est nous *.

Contentons-nous donc de constater – et d'en être fiers – que le monde, c'est nous qui le transformons. Il serait temps que la nouvelle religion s'arrêtât de nous voler nos propres valeurs – valeurs auxquelles elle se révèle dramatiquement incapable, malgré les pires épreuves, malgré les pires souffrances imposées aux peuples et populations qu'elle a convertis, de donner le moindre semblant de vie.

Des chocs entre consensus

C'est donc sans remords excessifs que nous pouvons, pour aborder la terre de feu, de feu et de sang, d'Octobre, jeter par-dessus bord, dans le sillage écumant de notre civilisation en marche vers un progrès toujours croissant, toutes nos vieilles et bien peu vénérables idoles de révolution radieuse, de cité idéale, de peuple triomphant miraculeusement de l'injustice. Mais gardons pourtant un œil sur ce bric-à-brac qui continue à tressauter derrière nous dans l'écume de nos idées : si nous oublions qu'il fut, au-delà de l'imaginable, adulé par nos pères comme furent seulement idolâtrés les fantasmes chrétiens au Moyen Age, nous ne pourrons comprendre ni la façon dont le monstre d'Octobre a bien pu voir le jour ni la manière dont, en donnant à son visage convulsé par les pires passions les traits d'un Petit Jésus raphaélique, nous nous aveuglons sur la nouvelle religion.

Mais, de grâce, ne nous débarrassons pas pour autant de la réalité que j'ai tenue à placer en tête de cet ouvrage : en Octobre, la Russie est en retard de deux siècles sur l'Occident. En 1917, le servage n'y est aboli que depuis cinquante-cinq ans, alors que l'ordre humaniste et libéral règne depuis plus de deux siècles en Angleterre, que l'Amérique l'a choisi, que la France le recherche depuis plus d'un siècle. L'invasion tatare et les ténèbres de la nuit mongole, un climat implacable, des espaces immenses, l'obscurantisme orthodoxe incarné dans une foi intense et primitive, la soumission au tsar situent l'*homo russeus* à des années-lumière de l'*homo occidentalis*.

Je suis né dix ans – curieusement jour pour jour – après Octobre et tous les personnages pittoresques et hauts en couleur qui ont peuplé mon enfance russe ne ressemblent en rien aux héros de la grande littérature russe dont nous étions abreuvés – ce qui, à la réflexion, me paraît tout à fait normal car, à part l'étonnant Gogol dont Milan Kundera note à juste titre à quel point son univers est à l'opposé de celui de l'Occident, la prose et la poésie russes sont le produit d'intellectuels plus ou moins occidentalisés, plus ou moins coupés de la profondeur du peuple. Enfant, je n'ai découvert un équivalent aux officiers de l'Armée blanche qui

* En tout cas d'après la définition de Fromm du « révolutionnaire » – qui est « l'homme qui s'est émancipé de ses liens avec le sang et la terre, de son père et de sa mère, de loyautés particulières à l'égard de l'État, de la classe, de la race, du parti ou de la religion (...) Il est indépendant; ce qu'il est, il le doit à son propre effort; il est libre et n'est le serviteur de personne » [4] – le moins qu'on puisse dire c'est qu'il n'y a jamais eu de « révolutionnaire » en Union soviétique.

nous faisaient – dans ce Midi de la France où nous ne parlions pas français et ne nourrissions à l'égard de la population autochtone qu'un étonnement assez condescendant – défiler au pas et saluer les couleurs impériales, aux cosaques qui nous apprenaient les travaux de la terre, aux princesses et comtesses qui veillaient sur notre éducation, aux commerçants juifs qui nous consentaient les larges crédits sans lesquels nous serions morts de faim, aux popes barbus et aux diacres tonitruants qui nous enseignaient en slavon – dans les mêmes livres qui avaient probablement servi à Lénine, à Staline et, inchangés depuis des siècles, à des générations de petits Russes – ce que l'orthodoxie appelle modestement « la Loi de Dieu », que lorsque, sur le conseil d'un professeur de littérature slave du lycée de Nice qui compatissait aux difficultés que j'éprouvais pour appréhender les nuances et la modération de la civilisation française, je délaissai l'aimable Tourgueniev et le spectaculaire Tolstoï – et même le ténébreux Dostoïevski et les populistes Leskov et Saltykov-Schtedrine – pour me plonger dans l'univers tout à la fois simple et flamboyant du Quichotte, de la Divine Comédie, des commentaires de Montluc ou des romanciers français du Moyen Age. Là, et là seulement, je trouvai des personnages qui me rappelaient et m'expliquaient ceux que je fréquentais tous les jours.

Et c'est à travers le filtre de leurs souvenirs, c'est à travers le prisme de récits obscurs, confus, mille fois rabâchés – sur la « Grande Guerre », sur Février et Octobre 1917, sur la « Guerre civile » – par des hommes et des femmes qui n'avaient plus désormais d'autre but dans la vie que de ressasser sans fin le passé qui les rattachait à leur patrie perdue, que j'ai effectué ma propre réflexion, mes propres lectures sur Octobre – réflexion et lectures éclairées, fort heureusement, par une vision plus rationnelle de l'Histoire, née tant de mes études universitaires françaises que, surtout, de mon expérience personnelle du pouvoir en Occident sous le général de Gaulle.

La stabilité de tout ordre social, qu'il s'agisse d'une collectivité primitive – tribale ou féodale –, d'une collectivité ayant pris la forme d'un État-nation – qu'il soit autoritaire, démocratique ou même dictatorial : la nature des « régimes » n'a, en la matière, qu'une importance relative –, d'une collectivité régie selon les pratiques du Parti-État, repose sur un équilibre entre les trois composantes du pouvoir, du peuple, de cette couche intermédiaire qui se forme entre le pouvoir et le peuple et que j'appellerai, en raison des différences fondamentales qu'on y trouve, soit « société traditionnelle » – féodale, aristocratique, voire ecclésiale – soit « société civile », celle-ci étant caractérisée par le développement, dans le monde moderne, de groupes dynamiques et puissants d'action économique, sociale et politique.

Si le dynamisme d'une collectivité, son pouvoir et son type d'action sur la nature et les choses, sur les autres hommes et sur les autres collectivités, s'exprime, selon la nature du principe actif qui l'anime – groupes féodaux, État, individu, groupes d'action créés par l'individu, monopole du groupe d'action de la « bourgeoisie », nation, Parti néo-ecclésial – dans les multiples « modèles » que nous avons passés en revue, la stabilité d'un ordre social obéit – quel qu'il soit – à un schéma unique :

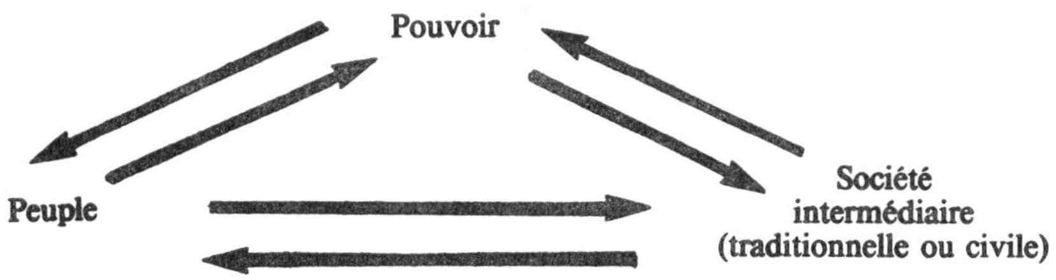

L'équilibre du corps social naît et se perpétue lorsque trois conditions fondamentales et interdépendantes sont remplies :

Primo : Lorsque – et tant que – le peuple se reconnaît dans le pouvoir par les multiples liens d'acceptation psychologique tissés par les réalités quotidiennes de la vie politique, économique, sociale de la collectivité – liens qui créent le mécanisme mystérieux de la « légitimité ».

Secundo : Lorsque – et tant que – le peuple se reconnaît dans la société traditionnelle – féodale, aristocratique, ecclésiale – ou dans la société civile moderne, dont il admet – selon une légitimité que l'on peut, elle, appeler « sociale » – les privilèges inévitables dans toute vie et action hiérarchisée.

Tertio : Lorsque – et tant que – la société traditionnelle ou civile se reconnaît dans le pouvoir politique, dont elle est tout à la fois l'émanation et l'inspiratrice *.

La rupture de la stabilité de l'ordre social se produit lorsque, à la suite de transformations économiques – l'analyse faite par Marx de l'influence des modes de production relève du génie –, à la suite de changements dans les mentalités, le peuple ne se reconnaît plus dans le pouvoir ou/et dans la société traditionnelle, lorsque la société intermédiaire récuse l'autorité d'un pouvoir qui lui paraît exécrable et étranger. C'est alors que se produisent les grands bouleversements politiques, les grandes explosions sociales que nous appelons « révolutions ».

Mais la sacralisation de ces bouleversements et explosions, le récit

* La manière dont les trois composantes pouvoir, peuple, société intermédiaire interagissent les uns sur les autres caractérise l'évolution politique et sociale de l'humanité.

Dans les collectivités de type traditionnel, les liens entre le peuple – qui constitue alors l'écrasante majorité de la population – et le pouvoir, entre le peuple et la société traditionnelle – féodale, aristocratique, ecclésiale – sont ceux d'une subordination acceptée – voire désirée dans les stades primitifs de l'humanité –, fondée tant sur des modes de pensée découlant de l'éducation prodiguée dans les cellules familiales et religieuses et qui impliquent une soumission « sans restriction ni réserve » à des valeurs intangibles et ancestrales, à une chaîne sociale de « pères » à l'autorité incontestée, à la volonté d'un Être Suprême, qu'à la recherche des avantages matériels que peuvent dispenser le pouvoir et la société intermédiaire : protection, possibilité de cultiver des terres, de se nourrir, de travailler, etc.

Dans une société moderne, les relations entre le peuple – en constante réduction car absorbé de plus en plus par la société intermédiaire – et le pouvoir, entre le peuple et la société civile, entre la société civile et le pouvoir, s'affinent et se compliquent : la société civile devient le modèle d'ascension sociale pour le peuple, inspire le pouvoir tout en acceptant ses directives ; le pouvoir tend à se transformer en émanation – par la voie, notamment, du suffrage universel – tant de la société civile que du peuple.

En ce qui concerne l'emploi que je fais du concept « peuple » voir note p. 458 en fin de l'ouvrage.

complaisant et mille fois rabâché de leur déroulement, la sanctification de leurs protagonistes repeints en héros antiques, la glorification du recours à la force et à l'usage de la violence quand ils sont le fait des « révolutionnaires », leur condamnation vertueuse et méprisante quand ils émanent du pouvoir en place *, bref la tendance naturelle à tout groupe quand il défend les valeurs collectives qui le cimentent et qui consiste à s'attribuer le monopole de la vertu et de la légitimité aboutissent à violer l'évidence sans, pour autant, lui faire un enfant : les « révolutions » qui font l'objet de notre culte ne sont que les manifestations apparentes d'un phénomène autrement crucial, autrement profond : la mutation du « consensus », cet accord des profondeurs collectives sans lequel aucune collectivité ne saurait subsister en tant que collectivité.

Car cette mystérieuse légitimité qui maintient le pouvoir et l'ordre social – et dont le principe n'a été découvert par l'Italien Ferrero que près d'un siècle après les bouleversements révolutionnaires français – n'est que l'envers, ne constitue que les effets d'un autre phénomène tout aussi mystérieux : l'assentiment collectif du groupe pour une certaine forme d'organisation politique – consensus politique –, pour une certaine forme d'ordre social – consensus social. Car la manière dont, à partir de transformations économiques et de mutations psychologiques, naissent, s'imposent, s'épanouissent, s'infléchissent, s'étiolent et meurent les consensus explique non seulement notre histoire quotidienne – avec ses temps de stabilité et ses époques de tempêtes – mais détermine aussi toute l'histoire des grandes civilisations. Car le recours systématique à la force et l'usage systématique de la violence à l'intérieur même de la collectivité n'est pas fonction de la volonté d'un seul – fût-il Robespierre ou Staline –, d'un groupe – fût-il les Jacobins, les nazis ou la Tchéka –, ne relève pas d'un quelconque affrontement entre le Bien et le Mal, le vice et la vertu, mais provient, le plus souvent dans les temps modernes, de flottements, de déchirements dans le consensus. Car la cascade des révolutions – ces batailles entre un consensus qui se meurt et un consensus qui naît – qui ont marqué l'histoire de l'Occident – essentiellement, d'ailleurs, dans la Vieille Europe – ne sont que des conséquences du remplacement de l'ancien consensus ecclésial et autocratique, fondé sur la soumission de l'homme à un destin défini par Dieu et à un ordre politico-social voulu par Lui et garanti par le Monarque – infléchissement du consensus précédent qui était ecclésial et féodal – par le nouveau consensus humaniste et libéral, bâti, lui, sur la recherche de l'épanouissement de l'individu et sur la liberté d'action en toutes choses – fût-elle, cette liberté, dans l'infléchissement « socialiste » du consensus, dans l'Occident contemporain, accompagnée de mécanismes de redistribution des richesses ainsi créées **.

* Un État qui déploie son armée ou une foule qui se rassemble ont, tous deux, recours à la forme de force dont ils disposent. Une police qui charge ou une foule qui s'empare d'un édifice public font, toutes deux, usage de violence. A moins d'introduire des notions de Bien et de Mal étrangères à une analyse, on ne voit pas pourquoi, au pur plan stratégique, l'une des formes de force et de violence serait glorifiée et l'autre clouée au pilori.

** Parenthèse sur le « consensus ». Je n'aime guère le côté flou du terme que lui confère la mode, même s'il paraît difficile de l'affubler de valeurs émotives et

Or, lorsque le malheureux peuple russe affronte, dans des conditions littéralement intolérables, les tueries de la grande boucherie de 1914, deux types de rupture de consensus se sont produits dans cet Occident dont personne ne sait – la querelle entre « slavophiles » et « occidentalistes » – s'il en fait ou non partie.

Dans le cas de la Révolution anglaise de 1688 – bien nommée *The Glorious Revolution* tant ce « modèle » est, et lui seul, générateur de progrès politique, économique et social –, dans le cas de la Révolution américaine et, dans une certaine mesure, de la Révolution française de 1830, la rupture totale de consensus a eu lieu au moment où *le consensus de rejet s'accompagnait de l'existence d'un nouveau consensus.*

Le cas le plus pur est celui de la Révolution américaine, où le fait colonial entraîne un rejet de l'ordre et du pouvoir existants par la quasi-totalité du peuple et la quasi-totalité de la société civile, alors que les expériences des Révolutions anglaises permettent l'union de la quasi-totalité de ce peuple et de la quasi-totalité de cette société civile, déjà cimentées par un consensus social, autour d'un nouveau consensus politique fondé sur le respect de l'individu et la liberté d'action de tous en tous domaines.

éthiques. Si j'attache une telle importance au concept, c'est qu'il s'est lentement imposé à moi, presque sans que je le veuille et malgré toutes les réticences qu'il m'inspire, au cours de l'obsédant tournoiement autour de l'usage de la force et du recours à la violence auxquels m'ont entraîné mes fonctions pendant la guerre d'Algérie.

Tout homme ayant eu à effectuer des opérations de maintien de l'ordre face à des foules a dû, comme moi, constater un phénomène mystérieux : à un certain moment, dans certaines circonstances, les troupes obéissent sans aucune réticence et les foules ou groupes armés issus de la population s'effondrent avec une facilité dérisoire, et cela quel que soit le rapport de forces quantitatif et qualitatif sur le terrain. Ainsi les forces que nous avons engagées en Algérie contre l'OAS lors de son insurrection contre le cessez-le-feu avec le FLN signé par le général de Gaulle sont venues à bout sans aucun problème de commandos très expérimentés – à Bab-el-Oued – ou de foules très motivées – rue d'Isly –, alors qu'elles étaient, elles, en nombre très insuffisant et de très faible qualité opérationnelle : gendarmes, appelés du contingent. A d'autres moments en revanche, des troupes parfaitement entraînées renâclent, voire pactisent avec l'émeute, et des foules et des groupes sans grande importance obtiennent des succès qui paraissaient tout à fait impensables : barricades d'Alger en février 1960, événements de mai 1958. Le moral, le commandement, la technique d'emploi ne sauraient seuls expliquer ce phénomène.

C'est en confrontant ces expériences personnelles avec tous les exemples tirés de l'Histoire que je suis parvenu à la conclusion que le mystère ne se dissipe que si l'on fait entrer en ligne de compte la nature, l'intensité, l'enracinement du « sentiment » qui cimente – ou ne cimente pas – tant les foules que les forces armées et de police. Or ce phénomène est presque mesurable. Les sondages d'opinion – près de 80 % des Français de métropole approuvaient le cessez-le-feu en Algérie, ce qui poussait en avant nos forces et désespérait les foules algéroises qui, tout en rejetant ce cessez-le-feu, n'étaient unies autour d'aucune solution de remplacement – pourraient fournir un tel instrument de mesure. Pour le passé, il serait peut-être possible de chercher à remplacer les sondages et les résultats d'élections par des indicatifs tels que le nombre d'exactions commises au sein de la population, le volume des complaintes et doléances, le pourcentage de désertions ou de cas de désobéissance dans les forces armées, etc.

Le concept du « consensus » me paraît donc valable. En tout cas, je n'en vois pas d'autre.

C'est tout naturellement que le schéma oppressif et instable :

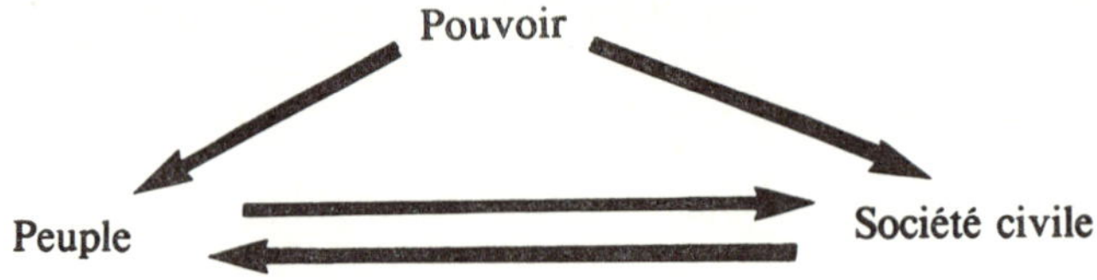

se transforme en :

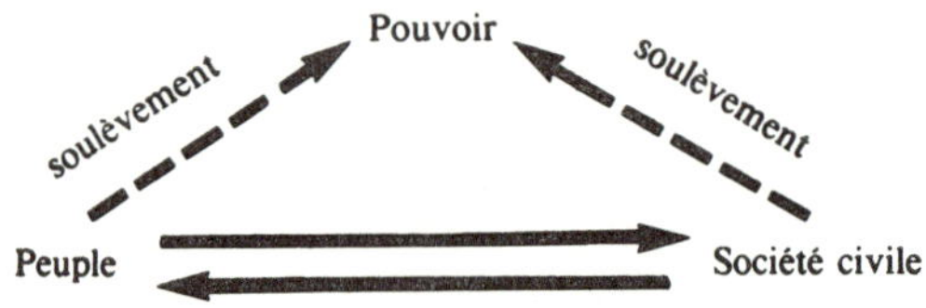

puis dans le schéma d'une stabilité parfaite exprimant un véritable renversement de pouvoir :

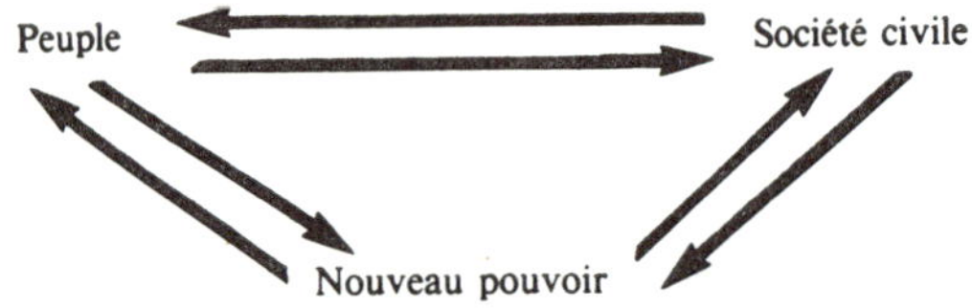

Toutefois, ce modèle – qui n'implique, malgré toute notre prédilection pour les bains de sang « révolutionnaires », qu'un recours limité à la violence au sein de la collectivité – semble réservé à des collectivités déjà très évoluées, disposant d'une société civile bien enracinée et acceptée, de conditions économiques permettant à chaque individu de croire qu'il pourra, d'une manière tangible et dans un futur prévisible, participer, grâce à son effort, à cette société civile, semble limité à des collectivités enrichies par de précédentes et plus malheureuses expériences – Révolution anglaise de 1640, Révolution française de 1789 – ayant démontré les dangers du déchirement et du flottement du consensus *.

Tout autre est le cas de la Révolution anglaise de 1640, de la Révolution française de 1789 – accompagnées, à tort, d'une seule année,

* L'ancien pouvoir peut être renversé non à la suite d'une manifestation violente du consensus de rejet – révolution – mais en conséquence d'une défaite militaire infligée par les forces militaires d'un autre État-nation. Si le consensus sur lequel ce pouvoir s'appuyait était fragile – ou en cours de mutation –, un effondrement militaire – provoqué, notamment, par la faiblesse du consensus – peut entraîner l'apparition tant d'un consensus de rejet que d'un nouveau consensus – France de 1870, Allemagne de 1918 – si la collectivité est évoluée et prospère, porteuse d'une société civile et vaccinée contre les errances de consensus. Le progrès est alors du côté de Thiers ou du social-démocrate Ebert, et non de la Commune de Paris et du groupe Spartacus. Mais allez expliquer aux intellectuels et aux chefs du « peuple de gauche » que les communards, que Rosa Luxemburg étaient peut-être généreux, peut-être héroïques mais totalement irresponsables et marginaux et balayés comme tels par l'osmose entre le peuple et la société civile...

car ces dates ne marquent que le début de périodes troublées où les consensus s'étripent entre eux –, des Révolutions de 1848 qui secouèrent les États-nations d'Europe : dans ce type de rupture totale du consensus, *le consensus de rejet s'accompagne, en effet, de divergences sur le contenu du nouveau consensus.*

Au départ, la collectivité est plus instable encore que la collectivité américaine d'avant la révolution en raison des privilèges exorbitants détenus par la société traditionnelle aristocratique, émanation et inspiratrice d'un pouvoir autocratique en pleine décomposition – couche sociale qui, en raison du développement économique et du changement dans les mentalités, est ressentie de plus en plus comme injuste et inutile par le peuple, comme un concurrent parasitaire par une société civile en plein développement :

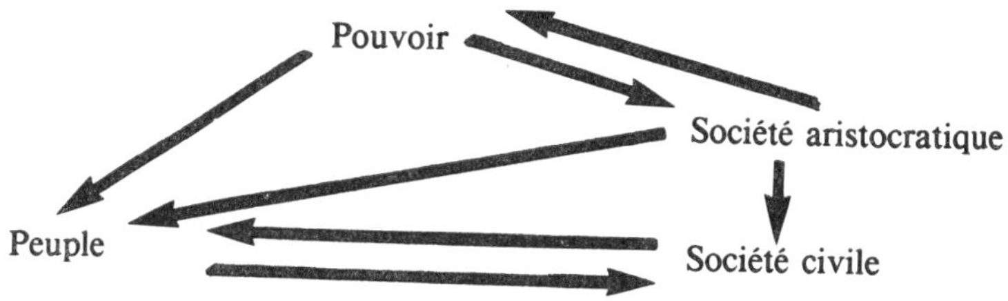

Lorsque se produit l'explosion, elle ne peut être que plus violente que dans le « modèle » américain, plus riche de tensions internes, car le soulèvement est tout aussi social que politique :

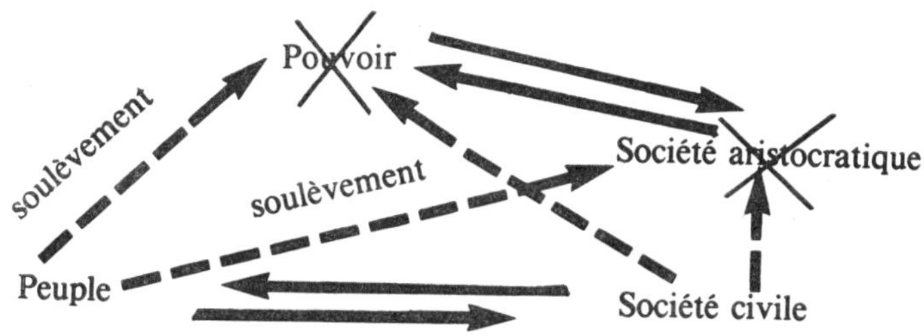

Mais l'important est ailleurs. En France, par le jeu de différents facteurs – poussée démographique et crise économique affectant le peuple de plein fouet, égoïsme d'une société civile bourgeoise marquée, sur le continent, par l'avidité féodale et, surtout, forme catholique du consensus ecclésial initial, forme hiérarchisée, envahissante, exerçant une profonde emprise sur tous les aspects de la vie de l'homme, confiance illimitée dans le pouvoir *en soi,* née probablement et du catholicisme et des luttes des rois contre les féodaux –, une fraction importante du peuple ne se reconnaît pas dans le consensus humaniste et libéral que lui propose la société civile sur le modèle anglo-saxon – modèle qui part, lui, d'un consensus protestant récusant l'autorité, le dogmatisme et toute la grande machinerie des super-croyances. Passons sur le fait qu'une partie du peuple reste indéracinablement attachée tant aux formes traditionnelles du pouvoir qu'à la société aristocratique et à la religion qui garantit le droit moral de l'un et de l'autre : cette persistance de l'ancien consensus entraînera la guerre de

Vendée, mais n'influera pas sur le cours de l'Histoire car rien ne saurait résister longtemps à une poussée irrésistible du progrès. L'important, c'est que la France de 1789 amplifie, en raison de sa spécificité catholique et royale, un phénomène déjà constaté dans l'Angleterre de 1640 : le consensus populaire éclate en morceaux et ne s'identifie pas à un seul consensus qui serait commun au peuple et à la société civile :

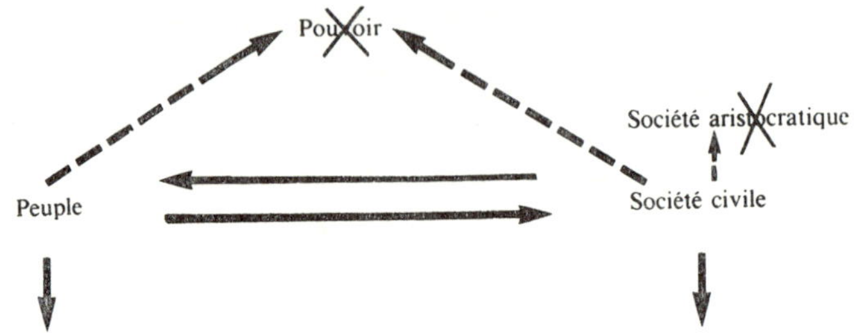

Là où, en Amérique ou dans l'Angleterre de 1688, un nouveau pouvoir découlait harmonieusement d'une poussée convergente du peuple et de la société civile cimentés par un consensus social se transformant tout naturellement en un nouveau consensus politique de liberté, on assiste à des poussées, elles, totalement divergentes qui, tout en déchirant la collectivité, ne permettent la création d'aucun pouvoir stable et efficace. Alors qu'une fraction du peuple – la plus aisée et évoluée – reste liée à la société civile et se trouve prête à se reconnaître dans un pouvoir garantissant la liberté d'action de tous, une autre fraction – la plus démunie et la plus aliénée – reporte sur la société civile les sentiments de rejet qu'elle éprouvait pour la société aristocratique et rêve – dans une brutale inversion du consensus catholique et superautocratique – d'un pouvoir entièrement nouveau, colosse aux vertus miraculeuses qui ne peut, lui, répondre aux besoins de la société civile – ni, d'ailleurs, aux contraintes des lois économiques *.

Se déclenche alors cette terrifiante ascension aux extrêmes des passions qui caractérise toutes les grandes crises collectives de l'humanité : pendant que la soif d'action libre de la société civile se transforme en une voracité assez effrayante, une fraction du peuple appelle de plus en plus de ses vœux le miracle et réclame l'élimination de tous ceux – même les plus modérés – qu'elle ressent comme hostiles à ses illusions. Seuls moyens d'empêcher, dans une gigantesque pulsion de survie, la collectivité de voler en éclats : la glorification exacerbée de son principe unificateur – la

* Faut-il rappeler que la glorification française – et continentale – du « despotisme éclairé » est postérieure aux Révolutions anglaises? Ce qui donne le découpage suivant dans l'*Histoire universelle de l'Encyclopédie française* de la Pléiade : premier nœud, comme dirait Soljenitsyne : « Le XVIIe siècle, stabilisation et absolutisme » – cinq pages sur « la monarchie anglaise » où l'on traite... des Révolutions de 1640 et 1688. Deuxième nœud : « Le siècle des Lumières » – cinq pages sur la révolution industrielle qui, par un hasard inexpliqué, se passe en Angleterre sans intervention du roi et où, apprend-on, se forme le prolétariat; trente-trois pages sur le « despotisme éclairé ». Troisième nœud : « Les Révolutions », « le despotisme éclairé se heurtant aux classes éclairées [5] ».

Pour moi, le concept de « despotisme éclairé » est bien la préfiguration de celui de la « dictature du prolétariat ».

nation –, la déification de l'événement pouvant tout à la fois permettre la liberté d'action de la société civile et apporter le miracle au peuple – la révolution –, la projection à l'extérieur par la force de principes – Liberté, Égalité, Fraternité – dont on sent bien que, cimentés dans un consensus social et politique, ils pourraient être générateurs de progrès, mais que, faute de pouvoir appliquer chez soi, on exporte ailleurs afin qu'ils ne meurent.

Et surgissent alors deux types de personnages dont l'humanité, je le crois, aurait eu tout intérêt à se passer.

L'agitateur du peuple. Suscité par les besoins psychologiques d'un peuple en quête d'un nouveau pouvoir et d'un nouveau consensus, l'« ami du peuple », comme disait le bon M. Marat, exacerbe ses passions en prêchant l'utopie, en déifiant la Révolution, en offrant à la foule de plus en plus de têtes. Mais dans les convulsions européennes d'avant 1917, les agitateurs du peuple ne disposent – Lénine en tirera toutes les leçons – ni d'un Dogme, ni d'une Église, ni de la force armée : après s'être dévorés entre eux dans le carrousel de sang de la « Terreur », ils finissent par tomber eux-mêmes, terrassés par la volonté de survie de leurs futures victimes.

Les remplace sur la scène de l'Histoire, non plus à la suite de soulèvements du peuple mais à la suite de coups de force, de prises de pouvoir grâce à la force militaire ou à des groupes armés, un nouveau venu : le rassembleur du peuple et de la société civile. Surgi de je ne sais quel néant historique – quel aurait été le destin du petit capitaine d'artillerie corse Buonaparte? –, doté d'une mégalomanie certaine, l'« homme providentiel » répond tout à la fois à la soif de miracle du peuple et aux besoins de stabilité et de liberté d'action de la société civile. Hélas! Quel que soit l'apparat extérieur dont ils font montre – Empire de Napoléon en attendant le « Reich de mille ans » de Hitler –, quels que soient les titres flatteurs qu'ils s'octroient, les rassembleurs du peuple et de la société civile ne peuvent susciter qu'un consensus artificiel et passager, fondé sur le plus simple, le plus primitif dénominateur commun au peuple et à la société civile : la glorification de la nation et de l'État, leur expansionnisme armé. Comme la liberté d'action de tous sur la nature et les choses ne peut, en raison du flottement du consensus, être assurée à l'intérieur, toute la dynamique du groupe – immense, d'ailleurs, comme le prouve l'explosion révolutionnaire – se projette sur l'action à l'extérieur, sur les autres hommes et sur les autres collectivités. Mais comme ceux-ci opposent à cette action – plus ou moins rapidement, plutôt moins que plus en raison de la pesanteur de collectivités traditionnelles face à un ordre et à une menace nouveaux – une contre-action de défense et de survie, les rassembleurs du peuple et de la société civile connaissent tous le même triste sort sur les décombres embrasés de leur pseudo-consensus *.

* L'histoire de la France de 1789 à 1870 n'est donc pas cette lumineuse progression de la déesse Révolution qu'on enseigne dans ses écoles – sans jamais expliquer, d'ailleurs, le mystère de la Terreur ou de Napoléon –, mais près d'un siècle d'un flottement désespérant, représenté sur la page ci-contre, du consensus – ce mot devenu tellement à la mode dans les années 1970 en France, probablement parce qu'il a fallu près d'un autre siècle pour que le phénomène s'installe véritablement dans les profondeurs de la collectivité. Les historiens russes auraient dit : « Le temps des troubles »...

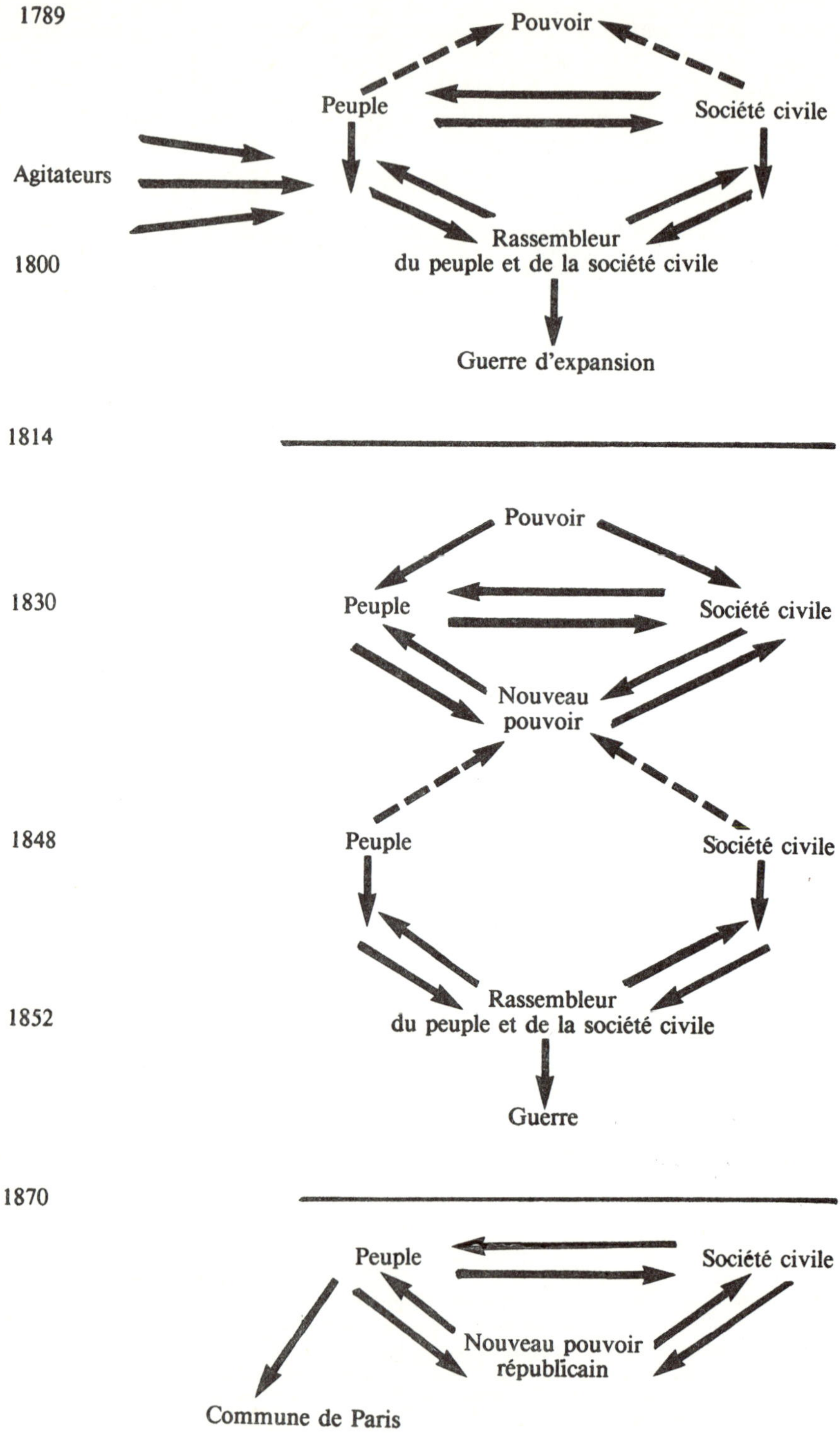
1789
Pouvoir
Peuple
Société civile
Agitateurs
Rassembleur
du peuple et de la société civile
1800
Guerre d'expansion
1814
Pouvoir
1830
Peuple
Société civile
Nouveau
pouvoir
1848
Peuple
Société civile
Rassembleur
du peuple et de la société civile
1852
Guerre
1870
Peuple
Société civile
Nouveau pouvoir
républicain
Commune de Paris

Or, à force de glorifier ou de condamner leurs douteux exploits, à force de sacraliser la déesse Révolution, nous passons à côté de l'essentiel : à savoir l'extrême danger – voyez ne serait-ce que Cromwell – que présente le flottement du consensus, l'exacerbation de ce danger dans l'Europe continentale du XIXe siècle.

Premier danger du flottement du consensus.

Au tout début de la rupture du consensus, la violence est tout aussi limitée que dans le « modèle » précédent : le renversement d'un ordre traditionnel brutalement privé de son consensus se produit avec un usage très circonscrit de la force. Même si ce phénomène est soigneusement occulté par les participants qui, tels les libérateurs français de Paris en août 1944 face à une Wehrmacht déliquescente, désirent magnifier leur rôle personnel, glorifier l'action collective du groupe et, pour accroître leurs mérites, dépeindre l'ogre dont ils sont venus à bout sous les couleurs les plus noires et les plus brutales, la force s'avère si impuissante lorsque le consensus sur lequel repose le pouvoir est rompu, lorsque s'instaure à sa place un consensus de rejet, que l'ancien pouvoir se révèle incapable d'y avoir recours. Louis XVI est emporté par le torrent des foules aussi inexorablement que l'empereur russe Nicolas II, qui abdiquera à partir de son train de commandant en chef des Armées sans la moindre tentative de résistance quand il s'avérera que Février 1917 n'est pas un simple rassemblement de foules, une simple kyrielle de soulèvements locaux comme 1905, mais la manifestation d'un rejet profond du consensus sur lequel était fondé l'Empire russe.

La suite, entraînée par le flottement du consensus, est, en revanche, moins plaisante : la soif de miracle d'une fraction du peuple entraîne l'apparition d'une violence autrement exacerbée et dont seule notre coupable indulgence pour les réjouissances « révolutionnaires » ne nous permet pas d'apprécier à sa juste valeur toute la sanglante nouveauté. Les agitateurs du peuple, les « tribuns du peuple » du doux M. Babeuf, ne peuvent, pour satisfaire la foule et en raison de leur rejet de la libre action de l'homme sur la nature et sur les choses, qu'avoir recours à un Absolu – la Nation, la Révolution, la Liberté, la Raison ou toute autre valeur abstraite, le Siècle des Lumières étant passé par là, que le peuple peut ressentir comme génératrice de miracle –, à quelque chose « qui existe indépendamment de toute condition ou de tout rapport avec autre chose ». Du coup, la violence effectivement mise en œuvre contre tous ceux qui – société aristocratique, société ecclésiale, société civile, fraction du peuple liée aux unes et aux autres – non seulement ne croient pas à cet Absolu mais aussi, selon une tendance que nous aurons, hélas, à découvrir, n'y croient pas d'une manière absolue, la violence donc est exercée selon des pratiques elles aussi absolues, « sans restriction ni réserve » : la manière dont la Terreur française disposa des « ennemis de la Révolution » ne peut être citée comme un exemple de limitation de la violence. Mais, au XIXe siècle – les siècles, tout le monde le sait, ne commencent ni ne finissent pas des chiffres ronds –, les agitateurs du peuple des États-nations d'Occident, sans Dogme ni Église – et sans une force armée mise au service de ce vautour bicéphale – ne sont encore que des précurseurs : le meilleur, hélas! reste à venir.

Deuxième danger du flottement du consensus. Durant près d'un siècle on assistera, en Europe continentale, à une prolongation et à une transformation de l'ascension aux extrêmes des passions. Pendant que, sur un fond d'exacerbation du sentiment national – seul principe d'unité de la collectivité écartelée –, la société civile donne un caractère abusif aux principes de liberté en les détournant au profit exclusif de son groupe dominant, la vorace « bourgeoisie », la fraction du peuple récusant le consensus est, elle, condamnée à l'impuissance. De tout temps, cette fraction se recrute pour une large part dans les couches sociales privées de leurs structures traditionnelles, parquées dans de sinistres concentrations urbaines où elles sont coupées de la société intermédiaire. Or le développement industriel entraîne la croissance de telles « masses » – dans ce sens précis, le mot est exact – et ne leur fait connaître de la société civile que des « patrons », des « capitalistes » lointains et oppressifs : dans ce stade, strictement provisoire quand jouent les mécanismes de liberté d'action des groupes et des contre-pouvoirs, et à condition de donner au terme un sens purement sociologique, on peut effectivement parler de « prolétariat ». Or la croissance de ces « masses », le développement de ce « prolétariat » n'entraînent, en raison de leur misérable condition, ni leur adhésion au consensus humaniste et libéral qui – on les comprend – n'est pour eux qu'un jeu d'illusions, ni la possibilité pour autant – condamnés qu'ils sont à osciller entre la soumission quotidienne et des révoltes aux allures sismiques – d'exprimer leur rejet de ce consensus et, encore plus, leur choix d'un consensus nouveau.

Et c'est sur ce fond d'insatisfaction permanente et d'impuissance congénitale que, suscités par les souvenirs révolutionnaires, nourris par la glorification de la participation du « peuple » à ces grandes fêtes, émanant de réminiscences qui remontent au plus profond du Moyen Age catholique, fleurissent les fantasmes – « production de l'imagination, dit le dictionnaire *Robert,* par laquelle le moi cherche à échapper à l'emprise de la réalité » – de la « Révolution », déesse miraculeuse qui, par ses apparitions sur terre, transforme le Mal en Bien, la misère en opulence, les ombres en lumière *.

Et c'est alors qu'après l'agitateur du peuple – désormais sans autre emploi que des meetings et des pamphlets qui permettent à des Jaurès d'acquérir, à bon compte, une auréole de générosité angélique, voire de se faire élire, mais sans jamais parvenir aux exaltantes joies de l'action sur les autres hommes –, qu'après le retour du rassembleur du peuple et de la société civile qui, en attendant sa sinistre heure, hiverne dans quelque asile de nuit ou dans quelque lointaine garnison, apparaît un troisième larron, bien peu recommandable lui aussi : le prédicateur social. Depuis le Siècle des Lumières – la garantie morale accordée par les « philosophes » aux « despotes éclairés », l'appui de Hegel à l'ordre prussien –, un amateur

* Déjà l'impossibilité matérielle d'agir sur la réalité a joué un grand rôle dans la naissance de la religion chrétienne : c'est parce que toutes les tentatives de soulèvement palestiniennes contre la domination romaine ont été écrasées, c'est parce que l'ordre socio-économique était irrémédiablement bloqué que la croyance dans le retour de Dieu sur terre « pour juger les vivants et les morts » et dans le royaume des Cieux – événements ressentis alors comme imminents – a trouvé, dans les premiers temps du christianisme, un terrain favorable.

d'action sur les autres hommes – depuis la Révolution : un agitateur du peuple – sommeille dans le cœur de tout penseur qui se respecte et l'on voudrait être sûr que notre époque de meilleure connaissance objective des réalités sociales, de connaissance scientifique tournée vers l'action sur la nature et les choses ait bien dissipé cette tentation permanente de l'intellectuel de singer les gens de pouvoir. Bien au chaud dans son cabinet de travail, entouré de disciples rares mais exaltés, le « maître penseur », pour reprendre la forte expression d'André Glucksmann, procède, face à une collectivité écartelée entre le blocage imposé par la société bourgeoise et l'impuissance insatisfaite du peuple, non à une ascension aux extrêmes de l'action – impossible dans ces circonstances et dont il serait, d'ailleurs, bien incapable –, mais à l'ascension aux extrêmes des idées – ces idées qui ne gouvernent pas le monde comme le pensait Renan, mais habillent ses espoirs et ses illusions. Du saint-simonisme au fouriérisme, du proudhonisme au bakounisme et à l'anarchisme, du babeuvisme au blanquisme, « la naissance de rêveries » – pour reprendre une expression de l'Encyclopédie soviétique qui a l'avantage extrême de savoir de quoi elle parle – « engendrant des éléments des idées socialistes, exprimait les réactions des masses travailleuses contre l'apparition de la propriété privée *(sic),* l'inégalité de classes et l'exploitation, leurs aspirations de libération [6] ».

Et si la secte du prédicateur Karl Marx émerge du lot, c'est que, poussé par un orgueil philosophique hérité de Hegel, par une intelligence et une capacité de travail hors du commun mais par des passions également démesurées, l'irascible anachorète se trouve à même, après des lustres de tâtonnements – la pensée et les passions humaines progressent avec une désespérante lenteur : il faudra près d'un demi-siècle pour passer de Saint-Simon au *Manifeste,* près d'un autre demi-siècle pour que cette « rêverie » de la « société humaine » soit rendue applicable par Lénine, et nous n'avons pas fini de nous débarrasser de ses vénéneuses illusions –, d'amener l'ascension aux extrêmes des idées jusqu'à sa logique la plus folle. Ces « masses » passives et impuissantes, le nouveau prédicateur social les transforme en principe actif et sur-puissant. Ce « prolétariat » morcelé, dont il analyse si justement l'aliénation, il lui promet la gloire et l'unité. Cette pénible lutte quotidienne pour la survie, il en fait une traversée du désert du Sinaï, annonciatrice de miracles. Cette révolution déifiée par la collectivité mais qui n'a pu tenir toutes ses fantasmatiques promesses, il affirme qu'elle n'était qu'une apparition prémonitoire et que c'est lorsque ce Messie reviendra parmi nous que l'homme connaîtra enfin le salut sur terre. Cette Utopie qui a suscité tant de rêves, il lui donne une forme quasi idéale de paradis sur terre en promettant « à chacun selon ses besoins, de chacun selon ses capacités » – qui ne voudrait pas vivre dans de si idylliques conditions? Enfin, s'étant, dans l'exacerbation des passions nées de l'écartèlement de la collectivité et du refus du consensus par une fraction du peuple, inventé des troupes imaginaires, leur ayant fixé un but de guerre transcendant leur impuissance, il ne reste plus au soudard de papier qu'à faire appel, pour garantir la victoire, comme l'ont fait tous les chefs de guerre avant lui, à l'appui et à la volonté de Dieu. Mais comme nous sommes au siècle de la Raison et du Progrès, c'est l'appui et la volonté de la Science qu'invoque le Prophète. *Gott mit uns!* La Science avec nous!

Sur le fond de religiosité né de la sanctification de la révolution, une nouvelle religion est née à laquelle le Saint Moine-guerrier a donné – notamment avec la solution miracle de la propriété collective des biens de production et la fatalité de la « révolution socialiste » succédant aux « révolutions bourgeoises » – des lois, un embryon de Dogme, un Credo – « Prolétaires de tous les pays unissez-vous ! »

Troisième danger du flottement du consensus dans l'Europe continentale du XIXᵉ siècle.

Mais si le « marxisme » n'est encore qu'une secte, mais si cette secte n'est pas unique, l'accumulation de « masses » et de « prolétariat » sensibles à ses chants de sirène, habités par les fantasmes de la « révolution » entraîne une mutation d'importance.

De tout temps, les sociétés ont connu des émeutes, des révoltes, des rébellions qui ne sont, elles, que des ruptures *partielles* de consensus, caractérisées par le fait qu'un *mini-consensus de rejet n'est accompagné d'aucun consensus de remplacement.*

Or, expression du mécontentement d'une fraction du peuple – les jacqueries paysannes – ou de la société intermédiaire – la Fronde française –, ce type de rupture partielle est condamné à l'avance car il se heurte à son propre rejet par la majorité de la population sans mobiliser pour autant en profondeur ses participants autour d'une croyance positive. Quoique spectaculaires à nos yeux de démocrates, quoique brutaux, l'usage de la force armée, le recours à la violence d'État apparaissent – contre Mandrin, contre Stenka Razine, contre Pougatchev – presque de pure routine. Comme dans le cadre du consensus ecclésial et absolutiste, la stabilité de l'ordre politique et social repose essentiellement sur le respect d'un Absolu par la collectivité tout entière, c'est tout naturellement – quoique souvent avec lenteur et sur une longue durée en raison de la confiance accordée aux mécanismes de contrainte psychologique – que la violence est appliquée contre ceux qui, en faisant appel eux-mêmes à la violence, semblent remettre en cause l'Absolu. Or, comme l'Absolu des valeurs continue à habiter l'esprit de tous – et même des révoltés dont le mini-consensus de rejet non seulement ne mobilise qu'une fraction du peuple mais, en fait, ne porte pas atteinte à leur propre respect de l'Absolu –, aucune ascension organique aux extrêmes des passions, aucune escalade en spirale dans l'affrontement de groupes et forces armées ne s'installent au sein d'un mécanisme violence-contre-violence. La violence, en quelque sorte naturelle, est acceptée par tous, par le pouvoir, par ses forces armées, par la majorité du peuple, par les rebelles eux-mêmes. « La journée sera rude », constate le matin de son écartèlement le régicide Damien, qui ne mourra pas en criant : « Vive la liberté » ou « A bas, la Royauté ».

Or tout change avec l'irruption dans l'Histoire du prédicateur social : la rupture partielle du consensus se caractérise désormais par le fait que *le mini-consensus de rejet est accompagné d'un mini-consensus de remplacement.* A la différence de Mandrin ou de Damien, les nouveaux rebelles récusent l'absolu qui cimente la société, se réfèrent à un autre absolu qui justifie leur lutte et leur sacrifice, entraînent derrière eux – comme dans la Commune de Paris – un mini-consensus de remplacement, peut-être flou, peut-être approximatif, mais néanmoins indubitable. Or la présence d'un mini-consensus de remplacement derrière le mini-consensus de rejet suscite – voyez toujours la même Commune de Paris – un déchaînement de violence plus fort que la révolte sans consensus de remplacement : au rejet du pouvoir et de la société intermédiaire s'ajoute la défense d'une croyance concernant la meilleure organisation de la collectivité.

Et l'on assiste alors à une ascension aux extrêmes de la violence. Celle-ci, qui se déplaçait en spirale, en quelque sorte, sans se fixer lors du flottement du consensus de 1789 à 1793, sous-tend maintenant le choc brutal de deux croyances. Non seulement la Commune de Paris ne fait pas preuve de limitation de la violence, mais elle entraîne une féroce – et aveugle – répression menée par le pouvoir et la société intermédiaire qui n'ont pas seulement à rétablir l'ordre mais doivent extirper ou absorber un embryon de consensus. Car le problème n'est pas celui du triomphe de la force militaire dont dispose le pouvoir, il réside dans la manière dont cette force a mis en œuvre la violence face à la fraction révoltée du peuple : comme sous la Terreur – mais cette fois-ci contre un groupe précis et en sens inverse – la violence a été utilisée au nom de quelque chose qui – la République pour Thiers – « existe indépendamment de toute condition ou de tout rapport avec autre chose » – phénomène qui entraîne le recours à des moyens de violence eux aussi absolus, « sans restriction ni réserve ».

Car toutes les nouvelles rébellions nées de la prédication sociale

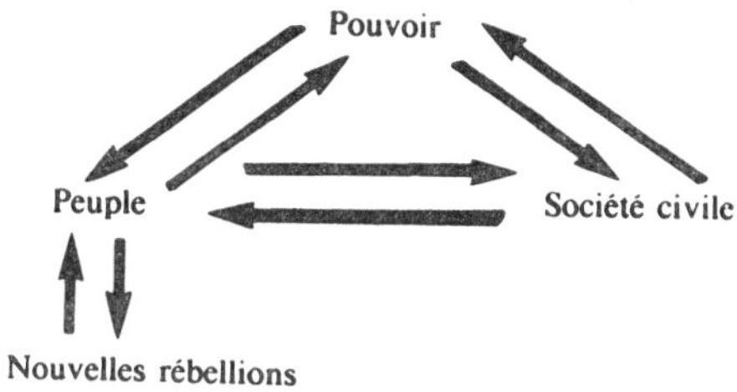

se produisent dans ces conditions et se heurtent donc à la stabilité de la collectivité, à son adhésion au consensus humaniste et libéral, apparaissent comme une excroissance sur un corps qui suscite tout naturellement les contre-corps nécessaires à sa résorption. Et du coup, les théories de Karl Marx concernant la « révolution socialiste » succédant inéluctablement à la « révolution bourgeoise », concernant le fait que le « prolétariat » doit faire éclore un consensus de rejet du consensus humaniste et libéral et donner naissance à un nouveau consensus, semblent voler en éclats.

Et c'est alors, dans les immensités de l'Eurasie rurale et moyenâgeuse, qu'explose la « Révolution russe ». En pleine guerre, dans la déification de la « révolution » et dans l'adoration de l'État-nation, à un moment où triomphe le consensus bourgeois alors que s'exacerbent les fantasmes et les illusions du « prolétariat » qu'il aliène et exploite, l'événement n'avait aucune chance d'être compris, ne pouvait que susciter – dans la joyeuse inconscience d'une Amérique parfaitement naïve et innocente – la peur immonde des uns – le « bolchevik au couteau entre les dents » – et l'enthousiasme le plus débridé, le plus irréaliste des autres.

Espérons seulement que tous mes schémas – et c'est la seule justification de l'ennui que j'ai pu causer en les présentant – nous prémunissent contre des passions aussi funestes et obscurcissantes.

Du vide, de la force et de la foi

La foi! Au cours de l'enfance mystique qui m'a été imposée dans l'exil consécutif à la « Révolution d'Octobre », j'ai vu, en plein hiver, des bébés plongés tout nus, pour leur baptême, dans des bassines d'eau glacée, et l'idée qu'une pleurésie aurait été possible – idée qui ne fut jamais formulée – aurait été écartée comme un blasphème. J'ai entendu un diacre nous intimer l'ordre de traverser la rue devant une église catholique – antre du Mal –, nous expliquer, avec beaucoup de conviction, que les guerres étaient gagnées par des actions de grâces ou qu'il était nécessaire, lorsque flambait une église de bois, d'en faire le tour, le cierge à la main, en procession derrière les saintes icônes. J'ai vu des cosaques s'arrêter de moissonner leur blé qui pourrissait sur pied parce que le 15 Août est l'une de ces fêtes religieuses où toute activité s'arrêtait en Russie. J'ai vu, au moment où, après le débarquement d'août 1944 en Provence, la Résistance se manifestait en ville et le canon allié tonnait dans les collines, l'archevêque Vladimir – *staretz* dostoïevskien encore très honoré de son jour qui avait été l'un des rares évêques de Russie à échapper à l'atroce massacre d'Octobre, mais dont le père, humble pope, avait été fusillé sur une charrette – s'enfermer pour une nuit de prières dans la superbe cathédrale russe de Nice, dite du Tsarévitch, et en ressortir le visage illuminé pour proclamer : « Dieu nous a entendus! Les Allemands sont partis! »

En août 1914, dans ces journées merveilleusement ensoleillées qui marquent le début de la grande tuerie, la Russie est donc arriérée, moyenâgeuse, mais elle n'en est pas moins – précisément en raison de ces caractéristiques – pourvue d'un ordre politique et social particulièrement stable. Dans ce monde essentiellement rural – le mercantilisme n'a jamais été, dans ces immensités autarciques, une vertu russe; le développement industriel en est à ses premiers, mais très spectaculaires, balbutiements –, le peuple paysan, encadré par une société ecclésiale omniprésente et professant une soumission mystique à la volonté de Dieu et de toute autorité, se reconnaît dans le pouvoir tsariste, seul recours, en raison de la lutte historique entre la monarchie et les « boyards », contre les excès d'une société aristocratique déliquescente. Le « moujik » admet les privilèges d'une société semi-féodale de noblesse terrienne de plus en plus parasitaire mais aux prérogatives progressivement rognées par le pouvoir. Faute de mercantilisme, faute d'industrie, faute de libéralisme, la société civile est squelettique en Russie et le consensus libéral et humaniste ne bénéficie d'aucun support ailleurs que dans les rêves d'intellectuels désirant imiter l'Occident. Quant au « prolétariat », en cours de formation dans les grandes villes – essentiellement dans la capitale –, il est certes travaillé au corps par d'innombrables sectes plus ou moins socialistes, plus ou moins marxistes – plutôt moins que plus d'ailleurs –, mais s'il lui arrive, comme en 1905, d'éprouver des pulsions de rejet du pouvoir et de la société traditionnelle, on ne peut même pas prétendre qu'il soit sensible ne serait-ce qu'au besoin d'un nouveau consensus. S'il est difficile d'affirmer, en raison de turbulences encore très moyenâgeuses, que l'ordre règne dans l'Empire russe, seule une vision par trop républicaine et démocratique permettrait de nier que sa collectivité est cimentée par un consensus orthodoxe et monarchique, version eurasienne très puissante du consensus ecclésial et autocratique de l'Ancien Régime européen, fait de soumission à l'Église, expression de la volonté de Dieu, et au tsar, père du peuple – « Majesté impériale, Seigneur et Empereur, Autocrate de toutes les Russies », tel est le titre officiel du monarque.

Spéculer sur la façon dont cette collectivité russe aurait bien pu évoluer est un jeu fascinant pour l'esprit mais d'une parfaite inutilité. La dégénérescence des Romanov, l'étouffante bureaucratie de l'État hérité des Mongols, l'immobilisme égoïste de l'aristocratie et de la noblesse terrienne auraient-ils permis l'aboutissement de réformes – de Witte, Stolypine – visant l'enrichissement, par l'industrialisation, d'une société civile urbaine, l'apparition, sur les ruines du servage, d'une société civile rurale? La nouvelle société civile aurait-elle été en mesure, comme suite à son rejet normal de l'autocratie, d'imposer et de soutenir un consensus libéral et humaniste de type anglo-saxon? L'accumulation du prolétariat, le capitalisme sauvage, le déracinement de masses paysannes devenant ouvrières auraient-ils, au contraire, entraîné une instabilité foncière du peuple urbain et la recherche d'un nouveau consensus? Personne ne peut savoir si la monarchie – pour la Russie de l'époque le plus mauvais régime... à l'exception de tous les autres * – était ou non capable de résoudre ce problème car elle se précipita, peut-être en raison de la difficulté du défi, de l'impossibilité où elle était d'y faire face, tête baissée, poussée par l'égoïsme de la bourgeoisie française et du mercantilisme anglais, provoquée par le militarisme prussien, dans la folle aventure de la Grande Guerre.

Alors, tout change. En deux ans d'une guerre atroce – qui aura pour seul effet stratégique d'empêcher, en divisant les forces allemandes, la France bourgeoise de s'effondrer comme elle le fera en 1940 – où, sur de grands espaces, le modernisme de la machine de guerre prussienne ne peut porter que les coups les plus dévastateurs et les plus sanglants à des masses certes héroïques mais mal armées, mal équipées, mal commandées, pendant que, sur les arrières, la mobilisation et l'effort d'armement entraînent l'inflation et la pénurie, le consensus orthodoxe et monarchique explose. Traîné à la boucherie sur le front – le « hachoir à viande », affirme l'expression populaire – au nom du tsar et de Dieu par une société aristocratique et nobiliaire d'une totale incompétence militaire et d'une morgue inimaginable de stupidité, condamné dans les villes à la disette et à la vie chère, le peuple trouve soudain tout à fait intolérables les privilèges et le rôle dominant de sa société traditionnelle, éprouve, dans une immense

* Fort curieusement, les deux branches de ma famille – qui ne se sont croisées qu'en raison d'Octobre – étaient arrivées séparément à cette conclusion – qu'il s'agisse des intellectuels occidentalisés et libéraux de ma famille maternelle, les Botkine – mon grand-père était médecin de la famille impériale malgré son aversion pour Raspoutine – ou des paysans ukrainiens et fort entreprenants de ma famille paternelle, les Melnik – mon père, sous-lieutenant de l'Armée impériale, participa, malgré de multiples brimades nobiliaires, aux tentatives malheureuses de libération de Nicolas II en Sibérie.

et douloureuse désillusion à la mesure de son ancienne soumission, une pulsion gigantesque de rejet à l'égard du pouvoir, de l'Église, du tsar. Alors que l'épreuve de l'invasion de la Russie par Napoléon – dont le souvenir, amplifié par le très discutable feuilleton de Tolstoï *Guerre et Paix* marque la monarchie et la société traditionnelle – avait renforcé le consensus et fait émerger l'État-nation, c'est à un tout autre schéma que l'on assiste *.

Du modèle stable d'août 1914 :

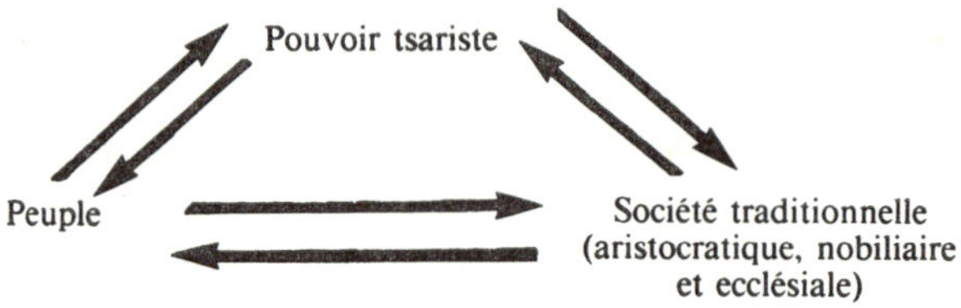

on passe, à partir de la fin de 1915, à un bien dangereux déséquilibre :

et à sa conclusion logique en Février 1917 :

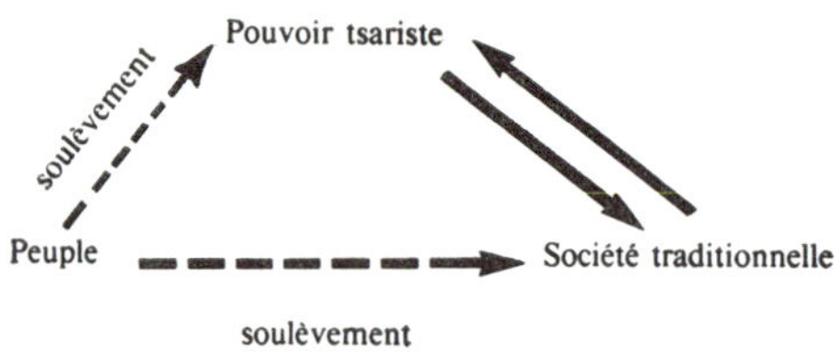

* Un mot sur Soljenitsyne et sa *Roue rouge*. Lors de la première parution d'*Août 14* en Occident, mon père – officier de l'Armée impériale plusieurs fois blessé au front – m'écrivait : « Il est impossible que Soljenitsyne » – qui était encore en Union soviétique – « ait écrit ce livre. A moins que le trou creusé par les massacres ait été tel que même le Soviétique le mieux intentionné ne puisse rien comprendre à cette époque. Relis plutôt *le Don paisible* » œuvre, je le rappelle, volée par Cholokhov à un officier de l'Armée blanche.

Avec *Une journée d'Ivan Denissovitch* et *le Pavillon des cancéreux*, Soljenitsyne – le philosophe marxiste Lukács l'admet dans un texte admirable et peu connu : *Soljenitsyne*, Gallimard, 1970 – est un peintre extraordinaire de la « réalité soviétique ». *L'Archipel du Goulag*, pierre tombale sur le martyre du peuple russe, a toute la beauté mais aussi toutes les servitudes des requiem. La *Roue rouge* appartient, elle, à un genre encore différent. La qualité de la peinture que fait un grand écrivain de la société où il vit provient essentiellement du fait qu'il transcende par son génie la réalité quotidienne qu'il observe – son œuvre différant ainsi des variations, complaisantes et dominées par l'idéologie collective du moment, que charrient les souvenirs et autres Mémoires. Or, pour appréhender la Russie impériale et la « révolution », Soljenitsyne – comme, avant lui, Tolstoï pour *Guerre et Paix* – ne dispose que des données du « sur-moi » historique. Quelle aurait été la valeur du *Pavillon des cancéreux* s'il avait été écrit à partir des seuls souvenirs des médecins et des ministres soviétiques de la Santé ?

L'abdication sans gloire du tsar en février, à la suite des émeutes embrasant sa capitale, ne fait qu'amplifier – et démultiplier – le rejet par le peuple du pouvoir, de la guerre, de la société traditionnelle, de l'Église, des bribes de la société civile *.

Février 1917 – phénomène majeur tant de l'histoire de la Russie que du XXe siècle – ne marque pas seulement le passage fulgurant d'un consensus particulièrement puissant – que ce soit à la suite d'une guerre cheminant vers l'absolu de la violence est certes crucial, mais moins important qu'il y paraît à première vue dans la mesure où d'autres causes pourront produire, comme dans l'Iran de Khomeyni, les mêmes effets – à un consensus tout aussi puissant de rejet, mais constitue aussi un événement entièrement original dans l'histoire des États-nations : à la différence de ce qui s'était passé en Angleterre et en Amérique où l'existence d'une société civile puissante et enracinée entraînait tout naturellement l'apparition d'un consensus de remplacement, à la différence de ce qui s'était passé dans la France « révolutionnaire » où le consensus proposé par la société civile se heurtait aux désirs d'un peuple, travaillé par des agitateurs, pour un consensus entièrement nouveau, on assiste en Février 1917 en Russie à *une rupture totale de consensus avec une absence totale de tout consensus de remplacement.* Comme il n'existe pas en Russie de société civile puissante et enracinée, comme le peuple paysan ne connaissait que l'attachement – et la soumission – au tsar et à l'Église, comme le peuple ouvrier, concentration récente dans les grandes villes de masses rurales, est privé de toute attache, l'Eurasie slave accouche d'un monstre : sur des espaces immenses, en pleine guerre, des masses turbulentes en raison de la spécificité de leur développement historique et dotées d'une capitale artificielle et encore plus turbulente, sont amputées de toute possibilité de consensus.

Commence alors une comédie surréaliste. Pendant que l'Occident – uniquement intéressé d'ailleurs par la bienveillante participation du peuple russe au massacre général qu'il a déclenché – applaudit à la « révolution » –

* Le tsar aurait-il pu empêcher les émeutes de Février en prenant les mesures préventives, simples et efficaces – qui, de nos jours, seraient de pure routine – de maintien de l'ordre, que lui proposaient de jeunes officiers [7] ? Une fois les émeutes déclenchées aurait-il pu les réprimer en déplaçant rapidement du front des unités de combat n'ayant rien à faire des états d'âme d'unités de garnison se trouvant à l'instruction et ne désirant guère, on les comprend, partir se faire tuer ? Bien que réalisables au plan purement technique, les deux questions ne se posent même pas. La première s'est heurtée à une confiance absolue dans la solidité du consensus monarchique et ecclésial, la seconde à un rejet tellement fort de ce consensus qu'il ébranla le propre état-major du tsar, la société traditionnelle aristocratique et nobiliaire, voire la société ecclésiale, sans oublier, bien entendu, les embryons de société civile et politique. Le seule solution pour la monarchie aurait consisté, tout en réprimant les émeutes, à mettre fin à la guerre en signant une paix séparée avec l'Allemagne et à procéder dans la foulée à de larges réformes. Le malheureux Nicolas II n'était pas l'homme de telles situations. Mais quelle probabilité a une monarchie de produire, au moment où elle en a le plus besoin, non des hommes qui se contentent d'exprimer, d'incarner, de suivre un consensus dont ils peuvent même ne pas comprendre le sens mais des personnalités capables, tout en s'appuyant sur le consensus, d'infléchir les structures politiques, économiques, sociales, psychologiques dans le sens du bien de tous ? Les hommes de pouvoir à même d'effectuer de telles prouesses sont aussi rares que les génies novateurs dans les autres formes de la pensée et de l'action humaine.

certains iront même jusqu'à affirmer que l'élan révolutionnaire va, à l'image de Valmy, galvaniser l'effort de guerre [8] – ou s'effraye, dans les milieux dirigeants, de la décomposition de l'armée, la squelettique société civile russe rêve des bienfaits d'une démocratie à l'occidentale; la société politique – qu'elle soit libérale ou socialiste – se grise d'Assemblée constituante et de respect des engagements militaires pris à l'égard des démocraties d'Europe; les syndicalistes – admirables et bien vite massacrés après Octobre – défendent les intérêts de la « classe ouvrière » [9]; mais tous, prisonniers des schémas du XIXᵉ siècle propres à des États-nations aux structures différentes, se heurtent, tels des papillons affolés, à une réalité pourtant aveuglante mais qu'ils ne peuvent appréhender : ce n'est pas seulement le tsarisme qui a été balayé en Février 1917, c'est l'État-nation russe qui s'est effondré, c'est tout le peuple de l'Eurasie qui est plongé dans un état entièrement nouveau d'a-guerre, d'a-pouvoir, d'a-légitimité, d'*a-consensus.*

Et c'est là qu'intervient Lénine.

Mais pourquoi Lénine?

Que cet intellectuel russe ait consacré toute sa vie à l'étude, à vrai dire assez laborieuse, de l'enseignement tonitruant et apocalyptique du Prédicateur social juché sur le plus haut sommet de l'ascension aux extrêmes des idées est compréhensible, et point n'est besoin, bien qu'il soit intéressant de déterminer une fois pour toutes – je ne suis pas psychiatre – de quelles failles de personnalité découle une soif aussi dévorante d'action sur les autres hommes, d'invoquer à cette fin les mannes de son frère exécuté par le tsarisme : prenant à la lettre la glorification française de la « révolution », toute l'intelligentsia de l'Empire croit – dans la coupure des intellectuels de l'époque des réalités économiques, sociales et politiques et dans leur soif d'action sur les autres hommes – que c'est l'apparition de la radieuse déesse sur la terre russe qui va – plus que les réformes agraires, l'industrialisation ou la législation sociale – résoudre ses insondables problèmes *. Par ailleurs, l'accumulation dans les concentrations urbaines d'immenses masses déracinées – bien que la Russie reste rurale à 80 % et ne compte que 5 % d'ouvriers, le volume global de la population et la polarisation du phénomène sur la capitale le rend d'autant plus sensible – ne peut que maintenir en vie la secte fondée sur l'adoration du « prolétariat ».

Que Lénine, penseur en bibliothèque, orfèvre en motions enflammées, divisant ou rassemblant des cénacles où, selon l'expression russe, il suffit de deux participants pour accoucher de trois opinions, se soit précipité, après la rupture du consensus orthodoxe et impérial russe en février 1917 – rupture à laquelle, on ne le rappellera jamais assez, il ne prit, de Zurich, aucune part, qu'il ne fut pas à même de prévoir et sur laquelle sa secte n'exerça aucune influence marquante –, pour mêler sa voix pointue au

* Tourneboulée par les idées de « révolution » si généreusement exportées par une France qui, elle, n'y croit plus guère – elle a déjà vu le film et chat échaudé craint l'eau froide –, l'intelligentsia russe détient le discutable privilège d'avoir inventé le terrorisme – ce mal qui fait encore de tels ravages aujourd'hui. Alexandre II – qui abolit le servage et qui était considéré par les paysans comme le « tsar-libérateur » –, Stolypine, qui voulut structurer et enrichir la paysannerie, périrent ainsi de mort violente.

concert discordant où s'exprimaient les idées les plus abracadabrantes est plus que naturel : le propre d'une secte est la prédication illuminée.

Qu'il ait alors été entendu, bien que son éloquence soit loin d'être celle, torrentielle et bouillonnante, d'un Danton et que la force de ses formules, due à un talent de polémiste rodé par une longue pratique d'empoignades fratricides de congrès en chambre, soit desservie par une élocution plate, maniérée et, avouons-le, quelque peu aristocratique – la Grande Encyclopédie offre généreusement à ses souscripteurs, à l'article « Lénine », un disque qui n'a pas de quoi faire bondir d'enthousiasme – n'étonnera pas : dans les époques terribles où flotte le consensus, la prime revient, on l'a assez vu, aux agitateurs du peuple, quels qu'ils soient, leurs dons propres étant moins importants que les besoins psychologiques auxquels ils répondent.

Que dans cet exercice, Lénine ait déployé un rare talent de démagogue, promettant à tous et à chacun ce dont ils avaient envie et besoin – « la paix au peuple, la terre aux paysans, l'usine aux ouvriers » – ne saurait surprendre : c'est là une loi du genre et ce n'est qu'en démocratie, face à des hommes libres et évolués, que le mensonge se retourne contre ceux qui le profèrent, alors que devant l'effervescence et le flottement du peuple, il n'est guère conseillé de ne lui offrir que « du sang et des larmes ».

Le stupéfiant est ailleurs : comment, avec des atouts certes importants mais en rien décisifs, cet homme, profondément coupé, ne serait-ce que par des années d'exil et par l'adhésion absolue à une doctrine qui, de l'avis même de son fondateur, est totalement inadaptée à la barbarie russe *, d'un peuple pour qui, il l'avoue abondamment, il n'éprouve qu'une profonde aversion, a-t-il bien pu réussir là où ont échoué tous les agitateurs du peuple avant lui, triompher là où les autres agitateurs russes – ils sont légion depuis Février – n'ont connu que la défaite et s'emparer, au milieu d'un déchaînement de passions difficilement imaginable dans nos époques de modération, du pouvoir?

Que Lénine ait déployé, dans ces circonstances, une intelligence remarquable, qu'il ait poussé jusqu'à sa logique la plus extrême sa pensée et son action, qu'il ait fait preuve de talents de tacticien hors pair, tirant un parti maximum de chaque situation, reculant dès que nécessaire, avançant quand il le fallait, qu'il ait séduit et phagocyté ses concurrents en les enfermant dans des alliances provisoires et de pure circonstance, qu'il ait imposé sa loi et ses vues à des fidèles tumultueux ou hésitants, fait de lui certainement un des hommes de pouvoir les plus doués de l'Histoire, mais ne saurait seul expliquer son triomphe : des qualités aussi tranchées ne sont que l'expression de structures beaucoup plus profondes de la personnalité et, de toute façon, ne trouvent à s'employer, ne réussissent à modeler les événements, que lorsqu'elles rencontrent sur leur chemin des conditions politiques, psychologiques, sociales qui leur sont favorables.

* Entre autres amabilités du Prophète : « C'est le bourbier sanglant de l'esclavage mongol (...) qui fut la matrice de la Moscovie, voire de la Russie moderne (...) La Moscovie est née et a grandi à l'école abjecte et terrible de l'esclavage mongol (...) Même après son émancipation, elle garde la mentalité d'un esclave devenu maître [10]. »

Et bien que les Grands Prêtres actuels s'efforcent, dans un effort souvent risible, de se convaincre – et de convaincre le monde – qu'ils sont dotés des vertus tactiques et intellectuelles du « Grand Ilitch » – comme si l'intelligence des hommes et des faits pouvait être le seul produit de l'analyse et de la formation –, ce sont ces conditions favorables qu'il nous faut nous efforcer de projeter en pleine lumière car les nouveaux Papes – qui n'ont pas notre approche individualiste de l'Histoire, avec son défilé, à vrai dire assez incompréhensible, de « grands hommes » et de « superstructures » – ne peuvent que les avoir, en les malaxant à leur connaissance théologique, intégrées dans leur système de pensée et d'action.

Première condition favorable : le vide.

La situation qu'affronte Lénine après Février n'est pas celle de la Révolution américaine où le remplacement d'un consensus par un autre n'offre aucune chance aux agitateurs du peuple :

Elle n'est pas celle de la Révolution française de 1789 où les agitateurs du peuple se heurtent à un embryon de consensus libéral sur lequel ils ne parviennent pas à mordre :

Après le rejet du pouvoir monarchique et de la société traditionnelle et ecclésiale, la Russie de Février se trouve dans une situation d'a-consensus extrêmement simple mais entièrement nouvelle dans l'histoire des États-nations :

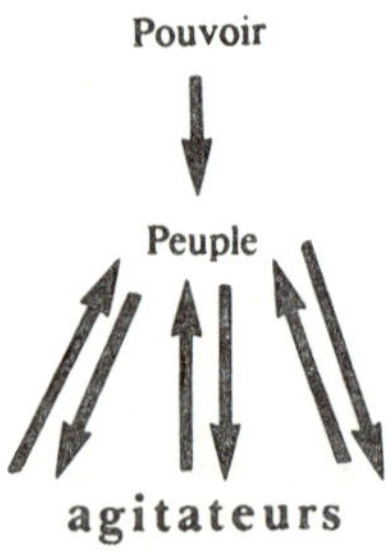

Dans cette explosion du consensus, Lénine et son petit groupe de fidèles ne trouvent aucun obstacle sur leur chemin. Aucune société civile enracinée et puissante n'est en mesure de proposer au peuple un modèle de progrès et d'ascension sociales. Certes, prisonniers des schémas du XXe siècle propres aux États-nations occidentaux, une minisociété civile, une minisociété politique, de minisyndicats poursuivent leur rêve éveillé de démocratie, de Constitution, de Parlement, mais ils ne sont que de l'écume sur la mer tumultueuse du peuple qui, dans les campagnes et sur le front, appelle de ses vœux la fin de la guerre et le partage des terres ou, dans les villes et essentiellement à Petrograd, écoute le chant de sirènes des multiples agitateurs des multiples sectes qui s'épanouissent au sein des « soviets d'ouvriers, de soldats et de paysans » qui poussent alors comme champignons sous la pluie. Aucune autorité politique ou administrative ne se trouve à même de proposer à ce peuple en effervescence de respecter un ordre qui s'imposerait à lui comme un absolu ou paraîtrait servir ses intérêts : l'État et la bureaucratie qui, lorsque existait encore le consensus tsariste, constituaient le ciment unificateur de l'immensité et de la turbulence russes ne représentent plus rien et les « gouvernements provisoires » – qui, prisonniers d'une idée d'État-nation n'existant pourtant plus, désireux de complaire aux États-nations démocratiques et républicains d'Occident leur servant de modèle, s'acharnent à poursuivre une guerre contre laquelle se manifeste un consensus de rejet – ne disposent que d'un pouvoir de papier *. Aucune société civile, aucun pouvoir, mais non plus aucune armée qui puisse se dresser, déployer ses troupes et se servir de ses armes. Certes des unités d'élite se regroupent autour de chefs prestigieux – tels l'ataman Krasnov ou le général Kornilov : le pays est en guerre et il y a toujours, en période de troubles, des hommes, des groupes et des hiérarchies qui aspirent à l'ordre –, mais ces troupes sont paralysées par le consensus de rejet populaire de la guerre, de la société traditionnelle, de toute forme de pouvoir classique, ne sont pas poussées en avant par la croyance dans l'absolu d'un consensus, de valeurs, d'un État. Aucune pulsion ne jette la nation – bien au contraire après trois ans de guerre – vers une quelconque expansion extérieure armée qui aurait pu servir de tremplin à un quelconque rassembleur.

Mais si l'agitateur du peuple, devenu roi dès que flotte le consensus, se transforme en roi absolu auquel personne ne peut plus s'opposer lorsque la

* Du coup, ceux des agitateurs de Février qui, trop confiants dans les vertus de la seule révolution et dans la pérennité du système d'État-nation, ont choisi de faire partie de ces gouvernements sont totalement disqualifiés – tels les « socialistes-révolutionnaires » qui, par leur étiquette, par leur implantation dans la population, par leur modernisme à l'occidentale, par les qualités de tribun de leur chef Kerensky étaient pourtant le parti politique le plus populaire du pays.

La seule voie offerte aux socialistes était, en s'appuyant sur le rejet de la guerre, de mettre fin à celle-ci – ce qui supposait chez eux les mêmes qualités dont le tsar et toute la moyenâgeuse société russe étaient dépourvus : le rejet de toutes les idées reçues concernant la nation, l'État, la « révolution », la captation viscérale de la nature réelle du consensus populaire, la volonté de trouver et de mettre en œuvre des solutions novatrices. Et il est, hélas! probable que les difficultés qu'auraient éprouvées alors les socialistes de faire aboutir des réformes susceptibles de reforger un consensus auraient laissé le champ libre aux rassembleurs du peuple venus de l'armée.

collectivité entre dans une époque d'a-consensus, sa royauté reste tout aussi multicéphale – les sectes sont multiples et changeantes : « socialistes-démocrates », mencheviks et bolcheviks, « socialistes révolutionnaires » de droite et de gauche, anarchistes, etc. –, éphémère car dépendant de sentiments populaires mouvants et instables et ne brasse finalement, dans ce vide politique, que du vide.

Le vide, l'a-pouvoir, l'a-consensus sont donc – les Grands Prêtres en tireront toutes les leçons en s'attaquant en priorité dans les pays qu'ils veulent convertir à la société civile, à l'État, à l'Armée – des conditions nécessaires, mais elles ne sauraient en aucune façon constituer des conditions suffisantes.

Deuxième condition favorable : la force.

Au cours des longues et intenses méditations sur la révolution qui ont marqué sa vie de moine dévoué à cette cause bizarre, Lénine a réfléchi sur les raisons qui expliquent les échecs de ses prédécesseurs dans le noble art de l'agitation du peuple : point n'est besoin d'avoir lu Clausewitz dans le texte – ce que Lénine a d'ailleurs fait – pour découvrir que l'effondrement de Robespierre et surtout de la Commune de Paris provient d'un mauvais recours à la force, les foules rassemblées par les agitateurs étant mal ou pas armées, n'étant pas transformées en une force de nature et valeur militaires, alors que subsistent en face d'elles des forces militaires de qualité.

Or le vide russe après Février est un vide armé. Le pays est en guerre et le consensus de rejet de la tuerie par le peuple ne le pousse pas à abandonner pour autant les armes qu'il a reçues. Petrograd, où bouillonnent les masses déracinées que veulent capter les agitateurs, est un arsenal qui permettrait de surarmer les milices les plus pléthoriques. Petrograd est une ville de garnison. Petrograd est un port de guerre. Petrograd est proche du front d'où peuvent faire mouvement, dans la situation d'a-pouvoir, toutes les unités qui le désirent. Pour la première fois dans l'Histoire, les agitateurs du peuple non seulement ne rencontrent rien sur leur chemin, mais peuvent aussi avoir recours à la force armée.

Nous qui aimons tant les beaux contes révolutionnaires où la belle fée du peuple abat les méchants et vilains ogres de la soldatesque, nous qui versons chaque année une petite larme sur l'anniversaire de la « Révolution d'Octobre » – qui est célébré le 7 novembre : tout est tricherie dans cette affaire –, lisons donc le compte rendu qu'en donne la Grande Encylopédie soviétique. Je résume car il y en a quatre colonnes. Le 6 novembre, des « détachements de la Garde rouge et de soldats prennent le contrôle de la plupart des ponts sur la Neva. Dans la soirée, les soldats du régiment de Keksholm occupent le télégraphe central, des détachements de matelots s'emparent de l'agence télégraphique, les soldats du régiment Ismaïlovskiï de la gare de la Baltique » ; le 7 novembre, à 1 h 25 (*sic*) du matin « les gardes rouges de la région de Vyborg, les soldats du régiment de Keksholm et des marins révolutionnaires occupent la poste principale. A 2 heures, la 1re compagnie du 6e bataillon de réserve du Génie s'empare de la gare Nicolas. Dans le même temps, un détachement de la Garde rouge occupe la station électrique centrale. Aux environs de 6 heures, les marins de la flotte d'équipage de la Garde s'emparaient de la Banque d'État. A 7 heures du matin, les soldats du régiment de Keksholm occupaient le standard téléphonique central. A 8 heures du matin, les gardes rouges des arrondissements de Moscou et de Narva s'emparaient de la gare de Varsovie. Dans la nuit le croiseur *Aurore* a pris position au pont Nicolas et le vaisseau *Amour* le long du quai de l'Amirauté (...) Dans la journée du 7 novembre, les forces révolutionnaires occupèrent le Palais Marie où se tenait le Préparlement et procédèrent à sa dissolution. Les matelots occupaient le port militaire et arrêtaient l'état-major naval (...) A 9 h 40 du soir, sur un signal de la forteresse Pierre-et-Paul, résonnait un coup de canon de *L'Aurore* et commençait l'assaut du Palais d'Hiver (...) A 2 heures le Palais était pris et le gouvernement provisoire arrêté ».

« Révolution d'Octobre »? Allons donc! Disons plutôt le coup de force du 7 novembre. Robespierre, oui. Mais Robespierre revu et corrigé par Bonaparte.

Approfondissons. Les bons artisans trouvent toujours le mot juste, le détail touchant, pour parler de leur technique, et la Grande Encyclopédie ne lésine donc pas sur les précisions qui feraient rougir de plaisir la plus endurcie des culottes de peau. Voilà le rapport de forces que les nouveaux théologiens brossent avec délectation :

Du côté de Lénine-Bonaparte :

– garnison de Petrograd : 150 000 hommes;

– flotte de la Baltique : 80 000 marins et 700 bâtiments de guerre et d'appui;

– Garde rouge de Petrograd : 40 000 hommes. Cette « avant-garde armée de la Révolution » – que même la Grande Encyclopédie n'ose qualifier de « prolétariat » – ne représente donc que moins de 15 % des effectifs globaux qui comptent 270 000 hommes *.

Du côté du « gouvernement provisoire » qui, je ne le rappellerai jamais assez tant le fait est gommé de la conscience collective occidentale, n'est pas celui du tsar, d'une quelconque soldatesque ou de la bourgeoisie, mais se trouve aux mains des « socialistes-révolutionnaires » :

– garde du Palais d'Hiver : 2 700 hommes;

– 3 régiments de cosaques – qui se soucient autant d'un gouvernement socialiste que de leur première paire de bottes – mis en « état d'alerte »;

– 6 écoles d'officiers;

– Bref, soyons larges, un effectif de 10 000 hommes et donc un rapport de 1 à 27.

La force! Et pas n'importe quelle force – cette leçon-là ne sera pas non plus oubliée par les Grands Prêtres – mais la force absolue : *la force dont la supériorité est si écrasante qu'elle interdit à l'adversaire la moindre réaction.*

* A ces 270 000 hommes – « Dans le soulèvement armé d'Octobre, avoue modestement la Grande Encyclopédie, les bolcheviks s'appuyaient sur d'importantes forces armées » – peuvent s'ajouter, d'une part, « 200 000 gardes rouges dans les autres villes de la Russie » et, d'autre part, des « millions de soldats révolutionnaires du front (principalement du Nord et de l'Ouest) et des garnisons des arrières ».

Troisième condition favorable.

« Attention, dit la sagesse ferroviaire française, un train peut en cacher un autre. » De même des idées : Lénine n'est pas seulement Robespierre, n'est pas seulement Bonaparte, et la force – même absolue – ne saurait seule expliquer Octobre. Ces quarante mille « gardes rouges » des quartiers populaires de Petrograd, il fallait les rassembler, les armer, les faire marcher, je ne dirai pas « au canon » car les pauvres élèves-officiers du Palais d'Hiver en étaient dépourvus, mais ne serait-ce qu'à l'assaut de bâtiments publics peu défendus. Ces deux cent quarante mille soldats et marins, il fallait les convaincre, non pas de ne plus obéir à une hiérarchie – de cela le consensus de rejet de la guerre et du pouvoir s'en était chargé –, mais de mettre leurs armes au service d'une secte d'illuminés.

Glissons sur les qualités de tribun de Lénine : elles ne ressemblent en rien à celles de Danton ou de Hitler et le grand portrait officiel – peint par Guerassimov en 1947 – le représentant poitrail en avant sur un fond de foule et de drapeaux rouges est une escroquerie de plus. Ne nous attardons pas sur ses qualités de stratège : comme Bonaparte le 18 Brumaire, il flotta – le mouvement étant lancé, les hésitations des chefs, qui sont des hommes comme tout le monde, n'ont aucune importance *. Passons même sur les qualités, plus indéniables, d'agitateurs et d'organisateurs des bolcheviks : elles aussi ne sont que des conditions nécessaires mais pas suffisantes. Voyons plutôt la réalité en face : si la force put être employée c'est qu'Octobre fut un acte de foi, c'est que l'apôtre du « prolétariat » et de la « lutte des classes » parvint, avec l'aide de sa poignée de fidèles, à faire partager, depuis Février 1917, sa foi – frénétique – à de plus en plus de groupes et d'unités armés. Que la captation de la force militaire accumulée à Petrograd, que son lancement dans la voie de la violence aient été favorisés par le rejet de la guerre, par la situation d'a-consensus et d'a-pouvoir, par le fait qu'aucune autre force ne pouvait, dans ces conditions, lui être opposée, est évident : le vide, la force et la foi sont ici interdépendants et les éléments de cette dialectique n'ont pas fini de marquer les esprits des Grands Prêtres.

La foi, dis-je. Toute névrose religieuse primitive s'appuie sur des apparitions plus ou moins hallucinatoires. « Dieu existe, je l'ai rencontré », écrivait un croyant converti en titre d'un ouvrage qui fit fureur en France dans les années soixante [11]. En observant les foules miséreuses et déracinées défiler en 1905 pour solliciter la bonté du tsar; en regardant – de loin! du paisible Zurich! – les émeutes de la disette et du rejet de la guerre en février 1917, en prenant, combien brutalement, contact avec le bouillonnement

* Il m'a été ainsi donné d'assister à de tels flottements du général de Gaulle pendant la guerre d'Algérie, à des moments où le succès était précisément à portée de sa main, notamment quand, pendant le putsch d'avril 1961 – époque où, pendant quelques jours, je me retrouvai de ce fait, malgré un titre officiel assez vague, pratiquement à la tête du pays – il incarnait pleinement le consensus, mais recherchait le moyen de l'exprimer de la manière la plus convaincante possible. Flottements qui n'ont changé en rien ni le déroulement des événements ni l'admiration que je porte au Général – sur ces points précis et non, bien entendu, sur son attitude à l'égard de la nouvelle civilisation.

d'un Petrograd, symbole et détonateur d'un pays brutalement privé de toute forme de consensus politique, social, religieux, Lénine aurait pu – et cela bien que le Dogme du Père fondateur de sa secte barrait à la Russie, pour cause d'absence de société industrielle, les voies de la Révolution socialiste – s'écrier, comme l'avaient fait pendant des siècles d'autres croyants bien avant lui mais fort heureusement pour un autre Dieu : « Le prolétariat existe, je l'ai rencontré ! »

Et en voyant l'anarchie gagner la Flotte et l'Armée, en voyant – détail piquant quand on connaît la suite : les agitateurs bolcheviks y étaient opposés – s'y former des « soviets », en voyant les unités ne vouloir plus ni obéir aux ordres ni partir au front, mais ne pas renoncer pour autant à la trouble puissance que confèrent les armes – il n'y a rien de pire qu'un homme ou un groupe armé –, l'apôtre a pu s'exclamer également : « La lutte des classes existe, je l'ai rencontrée ! » – et cela bien que ses concurrents agitateurs du peuple formant et dirigeant le « gouvernement provisoire » ne ressemblassent en rien ni à la « bourgeoisie » ni au « Capital ». La foi, quand elle est intense, brutale et primitive, permet ainsi de s'accommoder tant des réalités qui la contredisent que même du Dogme qui l'inspire *...

Et quant aux masses déguenillées et affamées de Petrograd, et quant aux soldats de l'arrière et aux marins de la Flotte d'un pays continental – bandes de gueux déracinés, brimés, non soudés par le combat : je ne me fais guère d'illusions sur l'armée d'un pays rural et arriéré : les ouvriers étaient pour la plupart « affectés spéciaux » dans les usines et les paysans nantis se battaient sur le front –, comment n'écouteraient-ils pas, déboussolés par l'explosion du consensus, le Prophète qui leur crie : « Tu es le prolétariat. Lève-toi et combats ! » ? Quel être humain, se croyant atteint par la douleur et l'impuissance de la paralysie, ne serait-il pas heureux de s'entendre conseiller : « Lève-toi et marche ! » ? Quel miséreux ne serait-il pas, dans le noir tunnel de son désespoir et après des siècles où sa sinistre condition n'était rendue acceptable que par l'affirmation qu'il était créé à

* Ainsi, dans la remarquable analyse quasi léniniste de la Commune de Paris faite par Talès en 1921 avec une significative préface de Trotski, on lit ces phrases impitoyables [12] : « La Révolution de 1871 s'est terminée par une catastrophe (...) L'ensemble du pays était indifférent ou hostile (...) La foule en armes rencontra des troupes reconstituées qui la mirent en déroute (...) Pour beaucoup de membres du Comité, l'action se résolvait en proclamations parfois verbeuses où la pensée se diluait (...) Grande est la différence des conditions sociales du Comité. Il y a beaucoup de petits bourgeois, employés, médecins, instituteurs, hommes de loi, publicistes (il y en eut jusqu'à douze). *A côté d'eux, nous trouvons des ouvriers* (...) L'incohérence et l'impuissance du gouvernement communal n'était guère favorable aux réalisations sociales. On est obligé de reconnaître que la Commune ne manifesta guère d'aversion pour la Propriété et même pour le Capital (...) Le gâchis était général, toute la machine n'était que rouages grinçants, se froissant mutuellement et tournant à vide. » Sur quoi l'auteur conclut, impavide : « La Commune a donc manifesté avant tout *la merveilleuse* (sic) *vitalité du prolétariat.* »

Ainsi de l'Encyclopédie soviétique qui entrecoupe sa prolixe description de faits d'armes militaires par la petite phrase : « Au matin, la capitale se trouvait aux mains du peuple révolté. » A supposer que des forces armées puissent représenter le peuple – abominable assimilation –, les résultats, on s'en aperçoit tous les jours avec la nouvelle civilisation, obtenus avec des baïonnettes sont différents de ceux qui découlent du suffrage universel et du respect de l'*habeas corpus.*

l'image de Dieu et que le fils de Dieu était venu, pour assurer son salut aux cieux, supporter sur terre des souffrances infiniment plus grandes que les siennes, heureux de s'entendre crier : « Tu es Dieu. Agis sur terre en Dieu! »? Mais aussi, hélas, l'homme étant pétri de violence, quel miséreux en armes – je répète qu'il n'y a rien de plus atroce qu'un homme ou un groupe tirant sa cohésion et sa puissance de la possession d'armes face à d'autres hommes désarmés – qui ne serait heureux qu'on lui dise : « Tu es Dieu. Voilà le Démon. Prends tes armes et terrasse-le! », surtout quand l'injonction précise : « C'est la lutte finale » et qu'aucun message crédible de bon sens et de modération ne peut être perçu dans le vide de l'a-consensus.

D'autant plus – et ceci est également naturel et explique cela – que cette révolte des gueux est couverte du drapeau rouge – ce rouge qui, en cette Russie moyenâgeuse, n'est pas seulement la couleur de la violence et du sang mais, surtout, sur cette terre de froid et de neige, le symbole du feu, de la chaleur et du bien-être. La « Place Rouge », la place accueillante, la place du bonheur et de la joie de vivre, est « rouge » en Moscovie bien des siècles avant Octobre.

D'autant plus que tous les mots prononcés par le Prophète et par son nouveau clergé sont strictement incompréhensibles pour un Slave et ne peuvent donc, dans ce pays encore pétri de la religion la plus fruste et primitive, n'avoir que des résonances sacrées : si révolution – 1190, du bas-latin *revolutio* –, Internationale – 1861 mais du latin *inter* et, 1160, du latin *natio* –, classe – 1135, du latin *classis* –, bourgeoisie – 1180, de *bourg* – émergent en Europe occidentale d'un fonds culturel latin, font partie depuis des siècles d'un paysage social familier, ils n'évoquent pour un Russe, confronté à des réalités sociales bien différentes de maître – le célèbre *barine* – et de *moujik,* brassant les vieux mots slaves – *miatej :* révolte; *narod* : peuple; *mejdounarodnyi* : international; *rabotchïi,* de *rob,* esclave : ouvrier; *krepostnoï* : serf –, aucun souvenir, ne correspondent à aucune réalité sociale connue, sonnent comme les mots obscurs et magiques qui émaillent les interminables prières en slavon de l'interminable liturgie orthodoxe *.

D'autant plus que, dans ce décor de bonheur rouge, sur ce fond de mots incompréhensibles, étrangers et donc magiques, flottent des promesses, elles très réelles : la paix au peuple, la terre aux paysans, l'usine aux ouvriers, le pouvoir aux soviets – toutes propositions formulées dans un russe, lui, entièrement traditionnel et uniquement basique, le mot « soviet » avec son sens de « conseil, avis », de conseil de famille de « *derjat' sovet,* tenir conseil, délibérer », ayant l'avantage de plonger ses racines dans les profondeurs de palabres communautaires, guerrières et tribales qui n'ont rien à voir avec l'idée de confiance déléguée, convoyée par le

* Nombreux seront les « aristocrates » qui fuiront Petrograd dans des wagons protégés par l'appellation « Compagnie *internationale* des wagons-lits » et le mot populaire « *bourjouï* », ne traînant derrière lui aucune référence précise – la « bourgeoisie » se limite en Russie à une poignée de familles –, résonnant en russe d'une manière profondément incongrue, oscillera de l'insulte peu méchante, du style : « Va donc, plein de soupe », jusqu'à l'évocation, dans le féminin *bourjouïka,* de la chaude rondeur d'une bouillotte ou d'un poêle bourré de charbon incandescent.

mot « comité » - de l'anglais et du latin - cher aux « révolutions » d'Occident *.

Que les discours de Lénine soient, avec leur maniérisme intellectuel, leur jargon marxiste, leurs mots étrangers, largement incompréhensibles pour le peuple n'a donc guère d'importance. Bien au contraire, car j'affirme, fort d'une enfance à l'orthodoxie exacerbée par l'exil, qu'ils ressemblent non aux aboiements de Hitler - qui, chez des Russes vivant encore au stade de la violence, auraient provoqué des aboiements encore plus forts -, mais au prêche onctueux, rassurant, terrifiant, magique, mystérieux - deux mots sur trois dont on ne saisit pas le sens - des métropolites et évêques de notre Sainte Mère l'Église orthodoxe.

Car tel est le vrai sens, la seule signification d'Octobre. Sous l'impulsion de la foi granitique de son apôtre, poussée en avant par l'ascension aux extrêmes des idées que l'industrialisation et le flottement du consensus en Europe occidentale ont intégrées dans son Dogme, favorisée par le vide russe né de l'explosion du consensus impérial et orthodoxe sous les effets dévastateurs, sur un État-nation vermoulu et une économie arriérée, de la première des guerres modernes et industrielles tendant vers l'absolu de la violence, la petite secte de Lénine a accouché d'une religion.

Marx avait défini un Dogme. Lénine, grâce aux conditions favorables découlant de l'état d'a-pouvoir et d'a-consensus du pays et du vide armé à Petrograd, crée, lui, une Église. Et le 7 novembre 1917 - date funeste entre toutes pour l'humanité - la nouvelle Église, dotée de la force, propulsée par la logique interne du délire de son Dogme, ne rencontrant rien sur son chemin, s'empare, par un acte gigantesque de violence, du pouvoir.

Il ne lui reste plus qu'à convertir le peuple russe. En attendant, hélas, de s'attaquer, avec notre aide béate d'imbéciles heureux, à la conversion du monde.

* De même si *grajdanin,* citoyen - du slavon *grad,* ville -, n'a rien de bien réjouissant, il n'en va pas de même du très tribal *tovaritch* qui charrie, lui, toutes les idées de camaraderie, de compagnonnage, d'amitié et de fruste fraternité.

X

DE LA NOUVELLE CONVERSION

Du temps des holocaustes

Alors se déclenche l'horreur.

La première étape d'Octobre n'a – et le recours, dans un sursaut de foi, à la force absolue l'explique – entraîné que peu d'effusion de sang. Il n'en ira pas de même dans le second stade d'Octobre que doit affronter maintenant la « Sainte Russie » : à l'image des Grands Prêtres de la nouvelle religion, je ne considère pas une « révolution » comme la fête miraculeuse d'un jour, mais comme un processus lent, puissant, inexorable, et désormais ce sont soixante millions de morts, ce sont soixante millions d'hommes, de femmes et d'enfants qui, des salles de torture et des caves d'exécution de la Loubianka et des autres temples de la Tchéka, du Guépéou ou du NKVD, des Solovki, de la Kolyma et de tous les autres lieux de sacrifice collectif de l'archipel du Goulag, des wagons à bestiaux, des camions frigorifiques et des hôpitaux psychiatriques, nous interpellent de leurs visages figés dans la souffrance et l'incompréhension, de leurs yeux grands ouverts qui auraient voulu voir non la torture et la mort mais la « société humaine » qu'on leur promettait.

Car voici venu, pour les Russes qui aiment tant ponctuer leur pauvre passé de « temps » et de « nœuds », un nouveau et terrifiant temps qui, après le temps de l'occupation mongole, après le « temps des troubles », va, pendant près d'un demi-siècle, de 1917 à 1953-1956, rougir de sang leur histoire. Car voici venu, atrocité des atrocités, le temps des holocaustes d'Octobre – ce mot qui rend seul compte de l'indicible réalité car il puise ses racines dans deux courants qui, chacun à sa manière, ont accouché de la nouvelle religion, du latin ecclésiastique du XIIe siècle d'origine grecque, *holocaustum,* « brûlé tout entier » – mot que le dictionnaire russe-français traduit, avec la simplicité des croyants soumis aux durs caprices de la foi : « victime, sacrifice ».

Déjà les Français, peuple pourtant modéré naturellement par la dimension humaine de son territoire et par la douceur de son climat, déboussolés par une confiance aveugle accordée à la monarchie absolue et aux valeurs du catholicisme temporel, déstabilisés par les orgueilleuses illusions du Siècle des Lumières, s'étaient, avec leur déesse Révolution et leur « Terreur », payé une sacrée tranche. Les Russes, campant sur leurs immenses steppes ouvertes à toutes les invasions, tenaillés par un climat torride ou glacial, émergeant à peine, après la longue nuit mongole, du Moyen Age et du servage, prosternés devant leurs Ivan le Terrible et leurs Pierre le Grand, empêtrés dans un mysticisme orthodoxe qui confère, en comparaison, au catholicisme la douceur d'un conte pour enfants, vont, aidés par la redéfinition de la Raison effectuée par Karl Marx, faire beaucoup mieux. Car si l'horreur que porte en soi Octobre apparaît inconcevable et indicible à l'Occident – au point qu'il se refusa à voir les holocaustes qui se déroulèrent sous ses yeux et même aujourd'hui où, grâce à Soljenitsyne, il en a pris conscience, se refuse à les appeler par leur nom –, c'est que la perception de sa logique absolue – logique d'acier, pourrait-on dire si Staline n'avait pas abusé du qualificatif – supposerait une connaissance moins complaisante du passé de l'Europe continentale et une vision moins chargée d'illusions sur les véritables pulsions qui dévorent ce bizarre et merveilleux animal qu'est l'homme.

Depuis le 7 novembre 1917, la Russie dispose enfin d'un pouvoir. Ce pouvoir est sûr de lui, s'appuie sur une doctrine d'action cohérente, dispose de la force – l'un de ses premiers actes sera, d'ailleurs, de créer une force civile armée, la Tchéka, qui, mieux qu'une force militaire – trop lourde, trop hiérarchisée, pas assez souple et diversifiée – peut agir sur la population.

Hélas, hélas, hélas! Même cette trinité incantatoire chère au général de Gaulle ne saurait suffire pour rendre compte de la terrifiante réalité.

Premier hélas. Si le pouvoir existe désormais, s'il est doté d'une doctrine et de la force, il n'existe toujours, dans ce pays tumultueux qui, dans un immense sursaut, a fait craquer le consensus monarchique et ecclésial qui l'unissait et se berce encore de toutes les illusions, aucun consensus pour l'accepter. Et le phénomène ne saurait se limiter à la concentration du pouvoir quasi exclusivement dans la capitale d'un immense empire : quelles que soient les difficultés naturelles engendrées par l'espace et la turbulence russes, l'expérience prouve que l'existence d'un consensus permet précisément de les dominer et le choix des Romanov en 1613 – moins de trois lustres avant la première Révolution anglaise! – permit ainsi de mettre un terme au « temps des troubles ». Rien de tel avec Octobre : quels que soient les espoirs nourris par le peuple, aucun consensus n'appelle de ses vœux la « dictature du prolétariat », la création du système de Parti-État qui permet seul de mettre en œuvre la « propriété collective des biens de production ». Et quant à celle-ci, point central du Dogme du nouveau pouvoir, personne ne la désire dans les campagnes – où Octobre a été plutôt perçu comme une accession générale à la propriété personnelle par une redistribution spontanée des terres –, personne n'est prêt, dans les rares usines ou dans les villes où la population s'entasse avec une certaine délectation dans les appartements jadis privés et partage les biens personnels, à en assumer les inévitables conséquences – notamment en ce qui concerne l'emprise étouffante et tentaculaire de la bureaucratie étatique sur la production et l'organisation de la vie sociale.

Deuxième hélas. Pis encore : non seulement il n'y a aucun consensus autour du nouveau pouvoir, mais il existe, dans ce vaste pays et au sein d'immenses populations, des miniconsensus sous-tendant des fractions de la population – consensus qui ne sont, bien entendu, qu'embryonnaires, mais qui, bien qu'informes, latents, potentiels, n'en attirent pas moins des secteurs entiers de la collectivité dans des directions opposées à celles du pouvoir et suscitent même contre lui des miniconsensus de rejet. Le paysan non seulement ne proclame pas : « Je veux la propriété collective des terres », ne se reconnaît pas dans un pouvoir – ou même le rejette – qui, en attendant de procéder à la collectivisation, se livre à des réquisitions sauvages, favorise et excite les éléments marginaux – les célèbres « *bedniak* », paysans pauvres – des campagnes, mais ne se reconnaîtrait que dans un pouvoir qui lui garantirait la libre disposition – et l'accroissement – de ses terres et de ses troupeaux. Dans les usines, les ouvriers – même s'ils sont plus enclins à accepter les postulats idéologiques et politiques du Dogme – soit désirent, ce qui est la moindre des choses, travailler dans la dignité et manger à leur faim, soit attendent des transformations quasi miraculeuses de leur condition. Et bien que la Russie ne soit pas le havre du mercantilisme, que sa société civile soit squelettique, que son expérience démocratique soit nulle, il ne faut pas exclure tous ceux qui – sans parler même des fractions du peuple qui restent viscéralement attachées à la société traditionnelle, au principe monarchique ou à la religion orthodoxe – ne se reconnaîtraient que dans un pouvoir qui garantirait la liberté du commerce, l'épanouissement d'une société civile ou, tout simplement, la liberté d'action de tous sur toutes choses.

Que les miniconsensus de rejet du nouveau pouvoir et de son Dogme qui découlent de ces aspirations aient entraîné des révoltes et des soulèvements se transformant en une inexpiable guerre civile de quatre ans est déjà un phénomène nouveau de l'Histoire, mais comme ce phénomène ressemblait en apparence à des phénomènes déjà connus – l'Occident, tourneboulé par la « Révolution » française, se reprojetant stupidement le film des émigrés de Coblence, des guerres de Vendée, de « princes » désirant restaurer l' « Ancien Régime » –, il fut non seulement occulté dans son originalité mais masqua une nouveauté encore plus significative, encore plus lourde de conséquences.

Troisième hélas. Ce consensus qui n'existe pas, Lénine et ses fidèles sont, en effet, persuadés – la perception d'un consensus, du moins dans les époques peu évoluées, ne découle pas d'une analyse rationnelle – qu'il existe bel et bien.

Pis. Du plus profond de leur être, Lénine et ses fidèles sont persuadés que ce consensus qu'ils ont imaginé est le seul qui puisse exister, car il correspond seul au bien des hommes, car il est seul conforme au devenir inéluctable, scientifiquement établi, de l'humanité.

Et c'est cette distorsion entre le consensus imaginé, idéal, inévitable, et l'absence de tout consensus – ou la présence de miniconsensus potentiels divergents et de miniconsensus de rejet – qui donne au deuxième stade d'Octobre toute sa folie.

Quatrième hélas. Pis encore, si c'est possible : la distorsion entre le consensus idéal imaginé et l'état réel du consensus est amplifiée jusqu'à l'insoutenable par la nature même de la construction imaginaire.

Sortant résolument de la sphère politique, le consensus imaginé ne se limite pas à l'acceptation par tous du pouvoir, de ses directives, de ses privilèges, de son Dogme, mais postule hardiment la participation active de tous au nouvel ordre économique dont il est également indiqué qu'il est, grâce à la propriété collective des biens de production, lui aussi idéal, lui aussi conforme au bien de l'homme et au devenir de l'humanité. Or la réalité prouve le contraire : faute de liberté et de possibilité de profit, personne ne participe plus à rien, le nouvel ordre économique ne fonctionne pas *, la manne sociale promise se réduit à un plat de lentilles.

Ayant ainsi trouvé une solution globale, idéale et inévitable, au destin global de l'homme sur terre, le consensus imaginé conclut pourtant à la participation joyeuse de tous à la nouvelle vie sociale, à la nouvelle vie culturelle, à la nouvelle vie intellectuelle. Or la réalité prouve le contraire : malgré une intense explosion artistique, la cité idéale n'est pas en vue et l'enthousiasme, la joie et le bonheur ne sont pas au rendez-vous.

Cinquième hélas. Un pouvoir privé de consensus n'est pas chose extraordinaire. Il peut, dans ces difficiles conditions, faute d'être balayé à plus ou moins long terme par la montée d'un consensus de rejet accompagné ou non d'un consensus de remplacement, soit essayer de capter le consensus réel qu'il croit percevoir, soit se démettre – et la chute de Robespierre est, par l'étonnant « passage à vide » du député d'Arras pendant Thermidor, par les manœuvres de ses pairs détenteurs avec lui de la légitimité révolutionnaire, une forme de démission.

Le malheur, c'est que Lénine et ses fidèles ne sont pas un pouvoir classique, désireux de gouverner plus ou moins bien ses semblables, voire de tirer de cette trouble occupation des satisfactions personnelles : ils forment – phénomène nouveau dans l'Histoire – une secte qui s'est emparée, par la force, de l'autorité en Russie, non pour gouverner les hommes mais pour appliquer sur terre le Dogme dont ses prêtres sont persuadés du plus profond de leur être qu'il est conforme au devenir de l'humanité.

Une distorsion entre le monde imaginé, ressenti comme idéal et inéluctable, et le monde réel n'est pas, non plus, d'une fulgurante nouveauté : les asiles d'aliénés sont pleins d'obstinés qui prêchent que la terre est hexagonale. Comment disait déjà l'Encyclopédie soviétique? « Paranoïa : délire systématique... idée de découverte scientifique... d'une mission spéciale de transformation sociale. »

Le malheur – jamais terme n'a été aussi juste – c'est que Lénine est entouré d'une secte qui partage ses convictions. Le malheur, c'est que Lénine et sa secte sont à même, dans un pays tumultueux et arriéré, brutalement privé de son ancien consensus, de transformer leur délire en réalité. Le malheur, c'est que Lénine et sa secte disposent à cette fin de la force absolue qui ne peut, faute d'un autre consensus, rencontrer sur son chemin que des résistances sporadiques.

Une tenaille de sang se referme alors sur la Russie. Car le problème est simple : la distorsion entre le monde – et son expression politique : le consensus – tel que la secte l'imagine, l'idolâtre, le conçoit comme fatal, et le monde et le consensus tels qu'ils se révèlent au fil des jours, des mois,

* Une seule statistique. Avant Octobre : 783 000 tonnes de céréales en moyenne mensuelle. Novembre 1917 : 641 000. Juin 1919 : 2 000. Après : 0[13].

des années dans leur dure réalité, est si profonde qu'elle ne laisse la place qu'à deux possibilités.

Ou la secte change sa vision du monde. Et ce n'est pas possible car il ne s'agit pas chez elle d'une opinion, d'une doctrine, d'un programme, d'une idéologie, d'une *Weltanschaung,* mais d'une foi – du « fait, nous a appris le dictionnaire *Robert,* de croire (...) en un dogme par une adhésion profonde du cœur et de l'esprit qui emporte la certitude ». Et cette foi, cette adhésion, cette certitude sont si profondément ancrées – après Octobre, elles sont à leur zénith – que la seule possibilité de changement offerte à la secte résiderait, en cas de triomphe du monde réel sur le monde imaginé, dans la destruction de sa personnalité collective, dans sa dilution, dans sa décomposition.

Ou la secte restant ardente, exacerbée, animée par sa logique interne, ne peut que vouloir modifier et transformer le monde qui l'entoure. « La lutte pour l'affirmation, la réalisation du délire, précise la Grande Encyclopédie de la paranoïa, est inflexible et active. » Quelles que soient les aspirations des paysans, quels que soient les désirs des ouvriers, quelles que soient les délibérations des soviets, quelle que soit la situation économique – la famine, la disette –, quelle que soit l'absence d'enthousiasme populaire, quels que soient même certains points du Dogme – la disparition de l'État –, Lénine prend les unes après les autres – mis à part le ballon d'oxygène économique de la NEP –, d'une manière on ne peut plus « active », les mesures qui permettent la « réalisation du délire ».

Mais le « délire » doit être également « affirmé » : face à l'absence de consensus, face à l'existence de miniconsensus potentiels et divergents, face à la faiblesse de la participation au nouvel ordre économique, face aux défaillances de l'enthousiasme populaire, la secte, dans un immense effort qui lui est aussi naturel que la respiration, a recours à la prédication, à l' « agitation » comme disent ses prêtres, à la « justification » comme précisent les psychiatres.

Mais la prédication, l'agitation, la justification ne créent pas le consensus, n'extirpent pas tant les miniconsensus potentiels de propriété et de liberté d'action que les miniconsensus de rejet, n'entraînent pas la participation active de tous à la nouvelle construction économique et sociale. Il ne reste plus alors à la secte – selon le dilemme atroce où est enfermée toute paranoïa – qu'à détruire tous ceux qui s'opposent au – pis : tous ceux qui ne partagent pas, pis encore : tous ceux qui partagent d'une manière jugée insuffisante, imparfaite, déviationniste, hérétique, le « délire systématique » de son Dogme. « Tous les faits contredisant le délire sont rejetés, constate la Grande Encyclopédie. Tout être qui ne partage pas les convictions du malade est qualifié de personnalité ennemie. » Et éliminé, massacré, torturé, fusillé, déporté en tant que tel.

Et pendant que l'Occident regarde pudiquement ailleurs, pendant que l'Europe, la peur ignoble serrant ses tripes, s'enferme dans le pire immobilisme conservateur et bourgeois en attendant d'accoucher de la bête immonde du fascisme et du nazisme, pendant que l'Occident se gave d'illusions sur la fée Révolution qui, après quelques inévitables excès un peu accentués par la « sauvagerie » naturelle de ces pauvres Slaves, ne peut que déverser sur eux ses inépuisables bienfaits, le temps des holocaustes s'abat sur la terre russe, steppe chevauchée – l'image est fréquente en

Russie pour qualifier le destin dont le mot *soud'ba,* aux tonalités effrayantes, évoque plus le *fatum* latin, le *fate* anglo-saxon que les plaisantes destinées - par un fou armé d'un rasoir.

Un fou bicéphale. D'un côté, l'agitateur, l'*agit-prop,* le prêtre, le commissaire, le Parti. De l'autre, le garde rouge, le marin, le tchékiste - tous ceux qui vont former cette entité que les Grands Prêtres appellent encore aujourd'hui les « organes », peut-être parce que l'acte de détruire, d'éliminer, de donner la mort est une fonction naturelle d'une nouvelle civilisation sous-tendue par un phénomène que l'on pourrait appeler, si le terme n'était par trop ésotérique, le « tchékisme ». Armé jusqu'aux dents, le tchékiste fraie la voie à l'agitateur, lui ouvre les portes des usines, les maisons des villages où il n'oserait pénétrer tout seul. L'agitateur prend la parole, prêche, justifie, désigne au tchékiste la victime, fait approuver son choix et les raisons du sacrifice au troupeau apeuré. Appuyé sur son jumeau aux mains dégoulinantes de sang, l'agitateur explique - sinistre requiem de la nouvelle religion - que le forfait a été commis au nom de tous, selon le consensus imaginé, pour le bien des hommes et de l'humanité et, si le supplicié a la chance d'être pauvre, prolétaire, communiste, de la victime elle-même. Soixante millions de morts. Un demi-siècle pendant lequel les bûchers des holocaustes embraseront l'Eurasie russe.

Mais attention! Nous n'avons pas voulu cela! Nous sommes des humanistes! Nous sommes innocents de tout ce sang qui ne peut retomber sur notre tête et sur celle de nos enfants! D'après le Dogme, tout aurait dû se passer autrement! Une fois instaurée, sans effusion de sang ne l'oubliez pas, la dictature du prolétariat - que Lénine, Molotov, Kamenev, Zinoviev, Boukharine, Trotski n'aient jamais mis ne serait-ce que le bout d'une espadrille dans une usine, d'ailleurs peu nombreuses en Russie, n'a pas d'importance : où irait-on si l'on demandait aux moines de connaître la vie? -, une fois décrétée et proclamée la propriété collective des biens de production, une fois mis en application, grâce à la volonté de fer de Lénine, les schémas du Prophète, le peuple enfin libéré, les masses enfin désaliénées, l'homme devenant enfin « sujet de l'Histoire », auraient dû, sous la conduite du prolétariat dont la fin de l'exploitation ne pouvait qu'épanouir les valeurs, construire dans la joie la « société humaine » du Grand Prédicateur! Rien de tel ne s'est passé, et je ne vais pas retourner le couteau dans la plaie en rappelant les usines arrêtées, les villes affamées, l'économie désorganisée, les paysans désemparés. C'est la faute des contre-révolutionnaires! Comment a-t-on bien pu oublier qu'il y avait des contre-révolutionnaires, la dialectique pourtant l'avait bien prédit! Voilà les « personnalités ennemies » qui empêchent, de toutes leurs forces, la réalisation du rêve! « Au mur », les contre-révolutionnaires! Au mur, l'aristocratie! Au mur, la noblesse terrienne! Au mur, le clergé qui distille l'opium au peuple! Au mur, les officiers de l'ancienne Armée! Le slogan « Au mur » marquera plus le deuxième stade d'Octobre que « Prolétaires de tous les pays unissez-vous », et sa saine virilité - « même pas besoin, affirme dans un bon rire l'humour tchékiste, de quatre murs pour cet usage » - continue à sous-tendre de nos jours bien des imprécations de nos délicieux communistes d'Occident.

La Tchéka ne chôme pas, mais le monde pour autant ne change pas, le consensus flotte tout autant que la situation économique et l'enthousiasme populaire. Heureusement que le Dogme est là qui, dans son infinie sagesse, a parlé de « lutte des classes ». C'est bien ça! C'est la « lutte des classes » qui continue! Les confiscations et nationalisations ne suffisent pas, l'accession du prolétariat à la dictature ne suffit pas, on ne fait pas « le communisme par décret ». Il faut extirper, massacrer, fusiller, déporter la « bourgeoisie », et comme il n'y a pas de bourgeoisie en Russie mais qu'il faut bien une « personnalité ennemie », ce sont les « riches » que l'on massacre, et comme il n'y a plus, depuis le gigantesque brassage d'Octobre, de riches en Russie, l'on fusille, l'on déporte ceux qui l'ont été, ceux qui le paraissent – on trouve toujours plus riche que soi et l'on dresse le chien tchékiste à détecter la richesse mais l'on stoppe le zèle de celui qui voulait fusiller tous ceux (« J'entre. La marmite fume. Au mur! ») chez qui la table était mise : trop de membres du Parti auraient péri –, ceux qui donnent l'impression de vouloir, ne serait-ce que rêver de richesse. Mais le monde ne change toujours pas et les ouvriers veulent manger à leur faim et travailler dans la dignité. Au mur, les syndicalistes! Au mur, les socialistes! Au mur, les « social-traîtres »! Au mur, tous les travailleurs qui osent prétendre que leur arrivée – purement platonique – au pouvoir n'a rien changé à leur dure condition, qui osent ne pas hurler de joie à l'idée de travailler plus en gagnant et en mangeant moins!

Mais le monde ne change toujours pas et l'on s'attaque aux campagnes. Au Goulag, les « koulaks » qui « sucent le sang du peuple »! Au Goulag, tous ceux qui, possédant un peu de terre, renâclent à la confier à la collectivité! Au Goulag, le pauvre moujik qui, plutôt que de conduire sa vache – son unique bien – au kolkhoze, a préféré la tuer! Mais le monde ne change toujours pas. Il faut massacrer, déporter, exterminer tous ceux qui, au sein du Parti et du nouveau clergé – et ce n'est qu'à cet instant que les intellectuels d'Occident commencent à s'émouvoir – sont responsables de ce déplorable état de choses parce qu'ils ont « dévié », ne serait-ce que d'un centimètre, ne serait-ce qu'en apparence, ne serait-ce qu'en pensée, de la « ligne générale » définie par la majorité – mouvante et affolée – de la secte. Mais le monde ne change pas, et il faut emprisonner, déporter, massacrer tous ceux qui, dans la conversation la plus privée avec un ami ou avec leurs enfants, dans la lettre la plus intime à leur femme, osent s'indigner de ce flot de sang, osent se plaindre de la disette, des queues, des logements collectifs surbondés, osent mettre en doute la compétence des dirigeants et la qualité de leur système, comme si l'on pouvait critiquer un prêtre ou nier l'existence de Dieu parce qu'il fait froid dans une église. Mais le monde ne change toujours pas et il faut massacrer les massacreurs, car même le massacre ne peut changer le monde.

Et soudain – génial et probablement inconscient observateur de la réalité soviétique, Soljenitsyne a trouvé la formule exacte mais qui ne s'applique ni à Février ni à Octobre mais au temps des holocaustes qui s'ensuivit et qu'il a vécu dans sa chair –, et soudain la « roue rouge » s'arrête de tourner. Non parce que Staline est mort et que tant que le séminariste géorgien était de ce monde il incarnait la paranoïa dans sa plus totale exacerbation; non parce que les Grands Prêtres ont changé de foi : même si elle est moins intense, eux non plus ne sauraient que se diluer et s'autodétruire si le monde ne se transformait pas pour ressembler à leur Dogme; mais parce que le pauvre peuple russe, si peu gâté par son histoire et à l'aube d'un XXᵉ siècle dont il connaîtra bien peu les progrès, aura accepté, après quatre ans d'une atroce guerre civile, après quatre lustres de tueries, de famines, de purges, d'holocaustes, non seulement de se soumettre au nouveau pouvoir et à ses contraignantes directives, non seulement d'accepter les privilèges et de prendre pour argent comptant les lancinantes prédications et justifications d'un nouveau clergé soudé dans une nouvelle et combien obscurantiste société ecclésiale édifiée sur les ruines de l'ancienne société traditionnelle, mais qu'il aura choisi, en l'absence de toute autre solution et sans que Staline s'en soit même aperçu, de proclamer avec toute la conviction qu'il lui est encore possible de déployer : « Non, je ne veux plus agir librement. Non, je ne veux plus penser librement. Oui, je participe avec enthousiasme au nouvel ordre économique, pardon, à la " construction socialiste ". Oui, je participe allègrement au nouvel ordre social, culturel, intellectuel, pardon à l' " édification de l'homme nouveau ". Oui tout est beau, tout est radieux dans la " patrie du socialisme ". » L'ivrognerie, la dénatalité, la brutalité des rapports humains, la constante délation aux « organes » sont les conséquences de cette soumission-là.

Car, pour la première fois dans l'Histoire, un consensus imaginé par une poignée d'illuminés a été, par l'action conjointe de l'agitateur et du tchékiste, par l'usage de la force absolue ne rencontrant aucune autre force sur son chemin, par le recours à la violence absolue exercée « sans restriction ni réserve » – qu'on pense aux famines d'Ukraine, aux fusillades d'ouvriers, à la déportation de vieillards, de femmes et d'enfants soumis à la « dékoulakisation » – au nom d'un Dogme « qui existe indépendamment de toute condition ou de tout rapport avec autre chose », imposé à un peuple de dizaines et de dizaines de millions d'hommes. Et je répète que si l'on donnait aujourd'hui à ces malheureux la possibilité de choisir librement, ils voteraient en masse pour les Brejnev, Andropov et autres Gorbatchev formant l'Église qui constitue, hélas, hélas, hélas! leur seul et unique horizon.

Plongeons encore plus dans l'horreur. Je ne vais pas psalmodier la litanie des massacres : au plan historique, lyrique, politique, le Conquest de *la Grande Terreur,* le Soljenitsyne de *l'Archipel du Goulag,* l'Akhmatova de *Requiem – Devant ce malheur, les montagnes se courbent / Et le grand fleuve cesse de couler* [14] – l'ont fait mieux que je ne saurai jamais le faire et la relation des faits, l'émotion, le désespoir ne sont pas une explication *. Je

* Je ne citerai qu'un seul texte, le rapport suivant du parti socialiste russe que je dédie bien volontiers aux intellectuels d'Occident :

« Astrakhan est un chef-lieu important à l'embouchure de la Volga, jadis la mère nourricière des prolétaires. Des dizaines de milliers d'ouvriers. De nombreuses organisations professionnelles. Il ne manque que des organisations socialistes. C'est qu'aussi la plupart des militants ont été fusillés en 1918. (...) Les usines métallurgiques (...) avaient été militarisées, les ouvriers soumis à un recensement militaire. Depuis la proclamation du monopole du blé et de la suppression du libre commerce, la ville d'Astrakhan, qui avait toujours vécu du blé importé, se trouvait soudain dans le plus cruel embarras. Depuis la socialisation des pêcheurs et l'exécution des principaux pisciculteurs (...), la ville autrefois riche en poissons (...) n'eut même plus de harengs (...) Affamées, fatiguées, obligées après le travail de faire la queue aux boulangeries pour obtenir cinquante grammes de pain, des foules d'ouvriers se constituaient en autant de meetings qui cherchaient à résoudre la ne vais même pas témoigner des faits dont j'ai, enfant, entendu directement parler. Un cousin de ma mère, officier de l'Armée impériale, a été laissé agonisant dans la neige, nu, les quatre membres tranchés : aucun homme – celui-ci, n'était, probablement qu'un officier un peu stupide et arrogant – ne mérite un tel sort. Un prélat, ami de l'archevêque Vladimir que j'ai déjà évoqué, a été éventré, un bout de son intestin grêle a été cloué à un arbre autour duquel les gardes rouges l'ont fait tourner à coups de cravache : quelle que soit sa participation à l'obscurantisme orthodoxe et

situation devenue intenable. (...) Voici ce que dit le communiqué officiel : " Le 10 mars 1919, à 10 heures du matin, les ouvriers des usines Vulcan, Etna, Caucase et Mercure, sur un signal d'alarme de la sirène, suspendirent le travail et se mirent à meetinguer. Les représentants du pouvoir les ayant sommés de se séparer, les ouvriers s'y sont refusés (...) Nous fîmes alors notre devoir révolutionnaire et eûmes recours aux armes. " (...) Le meeting de dix mille ouvriers délibérant paisiblement sur leur situation matérielle fut cerné de mitrailleurs, de matelots, de grenadiers. Les ouvriers ayant refusé de s'en aller, on fit feu. Immédiatement les mitrailleuses crépitèrent, dirigées sur la foule (...), les grenades à main se mirent à éclater en un fracas retentissant (...) On tire sur les fuyards. On accule les retardataires dans des locaux fermés et on les fusille à bout portant. Près de *mille* cadavres marquent l'emplacement du paisible meeting. (...) Parmi les corps des ouvriers convulsés, on aperçoit quelques " pacificateurs révolutionnaires " écrasés par la foule. Soudain, au loin, le canon gronde (...) Un obus éclate. Puis un autre. Encore et encore. En un clin d'œil la foule devient un troupeau affolé. Et l'artillerie continue à tirer. Quelqu'un règle le tir et les obus atteignent les fuyards (...) Deux mille victimes viennent de tomber dans les rangs des ouvriers (...) Un certain nombre d'ouvriers furent faits prisonniers et répartis dans six " commandantures ", dans les cales des chalands et des vapeurs (...) Des télégrammes parlant d'insurrection furent envoyés à la métropole. Le président du Conseil de guerre révolutionnaire (...), Trotski, répondit par un télégramme laconique : " Réprimez sans pitié. " (...) Des embarcations, les hommes furent précipités dans la Volga. Quelquefois on attachait des pierres au cou des malheureux. D'autres furent jetés par-dessus bord, les mains et les pieds liés (...) Quant aux " commandantures extraordinaires ", dans la ville même, il y eut tant de fusillés qu'on réussissait à peine, la nuit, à les emmener au cimetière (...) Le 13 et 14 mars, on continua à fusiller les seuls ouvriers (...) On ne pouvait pas mettre la responsabilité de ces exécutions sur le dos de la " bourgeoisie " insurgée (...) Pour voiler la brutalité de la répression, on décida de s'emparer des premiers " bourgeois " venus et de leur " régler leur compte ". Le système était simple : on n'avait qu'à mettre la main sur n'importe quel propriétaire d'immeuble, pisciculteur, petit commerçant et à les fusiller (...) Le 14 mars, on publia un ukase intimant aux ouvriers l'ordre de se présenter aux usines sous menace d'arrestation (mais) ce ne fut que le 15 mars que la cavalerie rouge rattrapa une partie des fugitifs dans les steppes (...) Le 16 mars (...) tous les ouvriers et les ouvrières avaient à se présenter à des endroits déterminés pour assister aux funérailles des " victimes de l'insurrection " (...) Il n'était venu que quelques dizaines d'ouvriers. La cavalerie rouge reçut l'ordre d'amener de force tous ceux qui se trouvaient dans les rues, de faire sortir les habitants de leurs maisons (...) Escortée de troupes armées de piques et de cravaches, la procession se dirigea vers le jardin municipal. Les ouvriers, mornes et accablés, sans lever la tête, remuaient les lèvres en silence (...) Quelle ironie diabolique : les ouvriers suivaient les obsèques de leurs bourreaux (...) " Nous vengerons chaque communiste, nous le vengerons au centuple ! " grondait la voix de l'orateur officiel (...) Les têtes des ouvriers s'inclinent plus bas encore (...) Et l'orateur continue sur le même ton de vainqueur triomphant. Et il menace, menace toujours (...) Une épouvante insaisissable mais tangible paralyse l'esprit et le mouvement (...) Dans l'histoire du mouvement ouvrier, la tragédie d'Astrakhan sera inscrite en lettre de feu et de sang [15]. »

Bien entendu, ce texte rédigé en Russie en 1920 par P. Siline était disponible dès 1922 en français à Paris.

aux contraintes psychologiques exercées sur le peuple, aucun homme ne mérite un tel sort. La tante de mon ami, le prince S., a été liée, avec ses enfants de cinq et sept ans, dans une meule de foin et brûlée vive : quelle que soit la richesse de cette princesse, aucune femme, aucun enfant ne mérite un tel sort *. Et je ne parle pas de mon grand-père maternel, Eugène Botkine, président de la Croix-Rouge russe, exécuté comme médecin ayant accepté de soigner la famille impériale en exil : la balle qui l'a frappé dans une cave d'Ekaterinenbourg n'est qu'un doux destin. Et je ne parle pas de ma famille paternelle, les Melnik, car tout ce que je sais de ces paysans d'Ukraine, c'est que pas un n'a survécu à l'holocauste de la paysannerie ukrainienne et que personne ne peut me dire contre quel mur, contre quel arbre, dans quelle meule de foin, dans quel wagon à bestiaux ou dans quel camp de la mort lente ont péri ces suppliciés dont je ne connais même pas les tombes.

« L'histoire n'est pas un cimetière que l'on traîne derrière soi », et, pour mieux faire comprendre la nature et la portée du phénomène, je ne vais procéder que par comparaisons. Nous n'avons pas fini – et nous avons raison car il y va de notre dignité d'hommes – de verser des larmes sur le *génocide* des juifs par les nazis. La démarche d'Octobre n'est pas différente. C'est parce qu'un mini-Dogme proclame, chez les nazis, la nocivité de la race juive et impose l'élimination de cette « personnalité ennemie » – peut-être parce que, par des mécanismes rappelant la nouvelle religion, rien ne permet de démontrer la supériorité de la « race aryenne », qui n'existe pas plus que le « prolétariat » – que des moyens « sans restriction ni réserve » – qui restent la honte de l'humanité – viennent, au nom de cet Absolu, « indépendant de toute condition ou de tout rapport avec autre chose », exterminer six millions d'êtres humains. Et c'est parce que le Dogme marxiste postule la « lutte des classes », proclame la nocivité du « féodalisme » et de la « bourgeoisie », que des catégories sociales entières – l'aristocratie, la noblesse terrienne, la minibourgeoisie – sont soumises à un *génocide.* C'est parce que le Dogme postule la nocivité de la religion chrétienne, « opium du peuple », que l'on assiste – dans des conditions particulièrement atroces – au *génocide* du clergé orthodoxe. C'est parce que le Dogme marxiste proclame la nocivité de la propriété que l'on assiste au *génocide* de la minisociété civile russe et, surtout, de la paysannerie un tant soit peu aisée, dont aucun survivant, dont aucun indécent photographe de la *Propaganda Staffel* n'est venu – villages condamnés, par la confiscation du blé, au cannibalisme, enfants aux ventres gonflés pour n'avoir eu que des orties pour nourriture, « koulaks » sélectionnés uniquement sur des listes de dénonciation, convois et camps de la mort lente – immortaliser le martyre. Et c'est parce que ces sanglantes fumisteries sont ressenties comme des actes de foi par nos intellectuels d'Occident qui aiment tellement jouer à un pseudo-clergé dans le sillage sanglant des papes rouges qu'ils parviennent non seulement à ne pas s'indigner du *génocide* mais à l'applaudir avec une frénésie qui m'a toujours soulevé le cœur et pas seulement parce que mes familles paternelle et maternelle y ont laissé leur vie.

* Tous les témoignages concordent sur ces forfaits. La situation de rejet de la société traditionnelle a entraîné une vague spontanée d'exactions, de pillages – voire d'assassinats. L'horreur, provoquant souvent des réactions populaires hostiles, n'est venue que plus tard – commise par les « gardes rouges ».

Mais la comparaison s'arrête là et, pour comprendre le temps des holocaustes, il nous faut plonger encore plus profond dans l'horreur. Si l'aristocratie, la noblesse, le clergé correspondent à une catégorie précise, facilement identifiable pour des bourreaux, fondus dans ce que j'ai appelé la « société traditionnelle », il n'en va pas de même de la « bourgeoisie » et des « koulaks » dont la faiblesse numérique en Russie n'a rien à voir avec le volume des masses massacrées *. En rencontrant les foules de 1917, Lénine pouvait s'exclamer : « Voilà le prolétariat », et c'est dans une hallucination analogue mais fondée, elle, sur aucun fait concret, que lui-même et Staline s'inventeront les ennemis imaginaires dont s'alimentera leur folie. Mais si le génocide peut être décrété de catégories qui n'existaient pas – Lénine et ses fidèles connaissaient encore moins, si c'est possible, les campagnes que les usines –, c'est que la réalisation du Dogme supposait que fussent extirpées, par la violence absolue et au nom de l'absolu de son « délire systématique », les aspirations les plus élémentaires et les plus profondes de l'être humain : en massacrant la paysannerie et la société civile, c'est l'instinct de propriété, c'est la volonté d'une libre action sur les hommes et sur les choses qui furent happés par le génocide. C'est comme si les nazis s'étaient attelés, ne trouvant pas assez de juifs à exterminer, à tous ceux qui avaient l' « esprit juif », à tous ceux qui ne manifestaient pas une adhésion suffisante au fantasme de la supériorité de la race aryenne. Je n'affirme pas que Hitler, dans sa démence, n'aurait pas voulu ou pu le faire, je dis seulement qu'à la différence de Lénine et de Staline, il n'a pas disposé de suffisamment de temps pour le faire sur une grande échelle – sauf, bien entendu, en ce qui concerne les malheureux « commissaires judéo-bolcheviks ».

Poursuivons donc les comparaisons, même si elles nous entraînent là où nous ne nous attendions pas à les découvrir. Les vingt mille morts de la Commune de Paris nous rapprochent du problème, car ces hommes-là ont été massacrés par un déploiement de violence absolue, « sans restriction ni réserve », au nom de l'absolu d'un consensus, en raison de leur appartenance plus ou moins marquée à une catégorie sociale assez floue, en raison de leur engagement plus ou moins réel, en faveur d'une cause ressentie comme plus ou moins hostile au consensus dominant. Mais cet holocauste – car c'en fut un – ne porta pas sur les mêmes chiffres, se déroula dans une seule ville, fut limité dans le temps, atteignit une seule catégorie sociale, visait à faire accepter un ordre politique et social conforme aux habitudes et aspirations du pays, soutenu par un consensus populaire indubitable et ne reposant pas, en raison de cette conformité et de ce consensus, en raison des valeurs défendues, sur l'usage prolongé de la violence. Je laisse à ceux qui mettent un point d'honneur à commémorer ces morts le soin de déterminer en leur âme et conscience ce que donnerait – ce qu'a donné en Russie – cette forme de violence appliquée, elle, pendant quarante ans à tout un pays et à toutes ses catégories sociales, au service d'un type d'organisation économique, sociale, politique entièrement nouveau, contraire aux habitudes et aux aspirations de l'*homo occidentalis*, exercée

* On ne voit pas par quel miracle une importante classe « koulak » aurait pu s'édifier, le servage ayant été aboli en 1862, en cinquante ans et pourquoi la paysannerie russe dont tout le monde admet la pauvreté pour expliquer Février et Octobre 1917 serait soudain devenue riche.

au nom d'un consensus n'existant que dans l'imagination des prédicateurs et des bourreaux d'une secte armée.

Encore plus proches des holocaustes d'Octobre sont les soubresauts sanglants qui endeuillèrent la France de Louis XIV quand un Roi-Soleil – les outrances françaises sont décidément à toujours prendre en compte quand on réfléchit sur la nouvelle religion –, fort éloigné d'ailleurs de l'Église romaine – qui se souvient de son excommunication? –, décida d'extirper par l'épée, au nom du consensus royal et ecclésial qu'il incarnait, toute trace du miniconsensus protestant qui, sans contester la royauté, avait l'inconvénient de laisser à l'individu plus de liberté dans l'acceptation de l'autorité du Roi et de l'Église. Car telle est bien la seule signification qu'on peut donner à ce phénomène européen qu'on appelle fort justement « guerre de religion » – phénomème que Clausewitz n'a pas su détecter car il avait disparu de son temps – avec cependant l'inconvénient majeur de lui donner ainsi, dans nos siècles de prétendue Raison et d'un athéisme qui ne touche finalement que l'Occident, l'allure d'un événement du passé, de pulsions irrationnelles surmontées, alors qu'avec l'apparition sur terre d'une nouvelle religion, ce type de guerre n'a jamais été d'une aussi brûlante actualité. Dans les « guerres de religion », en effet *, c'est au nom de l'absolu d'un Dogme, c'est au nom de l'absolu d'une foi qui s'incarne dans un État, d'un État qui s'appuie sur une foi, qu'une violence absolue s'est exercée, « sans restriction ni réserve » contre tous ceux qui se réclamaient d'un autre Absolu – voire, inquisition, n'étaient pas habités par l'Absolu d'une manière suffisamment absolue **.

* De fait, il ne s'agit pas toujours de « guerres » dans le sens – le seul qui devrait être retenu – de recours à la violence armée par des forces spécialisées, mais bien souvent, hélas, de massacre pur et simple de populations désarmées – l'escalade terminologique s'expliquant par l'exacerbation des passions religieuses et par une volonté d'autojustification de ceux qui recourent à la violence.

** En revanche et quelle que soit l'atrocité des moyens de violence mis en œuvre, la comparaison avec la violence déployée par les nazis à l'intérieur de l'Allemagne même et en dehors du génocide des juifs n'est pas valable.

Qu'on le veuille ou non, que cela nous soit ou non pénible, le nazisme était soutenu et porté par un consensus – consensus pervers, peu stable, fondé sur les pulsions primaires de l'expansionnisme armé, mais consensus quand même –, ce qui limitait d'autant le volume de la contrainte et le recours à la violence une fois Hitler arrivé au pouvoir (avant 1933, en revanche, on assiste à toutes les violences provenant d'un affrontement entre consensus). Qu'on le veuille ou non, le nazisme réclamait de l'homme de moindres bouleversements de ses habitudes historiques que la nouvelle religion. Certes, il lui demandait de renoncer – ce qui nous paraît déjà très dur – à la démocratie, aux libertés politiques et syndicales, mais il n'impliquait pas, une fois payé le lourd tribut à l'idéologie d'un Parti dément et à un État autoritaire et expansionniste, la réorganisation absolue du système économique et social sur des bases entièrement nouvelles, l'abandon total des valeurs occidentales de liberté d'action sur la nature et sur les choses (les paysans allemands n'étant pas, à ma connaissance, « dékoulakisés ») – ce qui limitait d'autant tant le champ d'application que l'intensité de la violence mise en œuvre. Qu'on le veuille ou non, l'Absolu nazi – la supériorité de la race aryenne – était assez flou et ne pouvait exercer – en excluant le génocide des juifs – que des effets pratiques plus limités à l'intérieur du Reich que ceux dont a accouché la « lutte des classes » après Octobre. La violence nazie n'a donc été mise en œuvre d'une manière absolue – les camps de concentration, les assassinats plus ou moins légaux – qu'au nom d'un Absolu approximatif et que contre ceux qui – de moins en moins nombreux en raison du caractère collectif de la pulsion – le récusaient ouverte-

Les dragonnades! Ce sont bien des dragonnades qui se sont déroulées dans les malheureuses campagnes russes comme elles ont ravagé les campagnes cénevoles. Ce sont bien des dragonnades qui ont eu lieu dans les villes et les usines d'Astrakhan, de Toula, de Smolensk et d'autres centres industriels. C'est bien la sainte alliance du prêtre et du dragon, de l'agitateur et du garde rouge ou du tchékiste qui a fait couler le sang d'innocentes et innombrables victimes. Ce sont les mêmes atrocités, qui marquent encore la sensibilité des protestants français mais qui ont été gommées de la conscience collective, qui se sont abattues sur les infidèles et les hérétiques. Mais des dragonnades à l'échelle industrielle. Mais des dragonnades au nom d'une foi autrement plus structurée, d'un Dogme autrement envahissant, d'une Église s'occupant d'une manière autrement tentaculaire de la vie terrestre de l'homme – quoique Louis XIV, Colbert et Louvois... Mais des dragonnades extirpant non l'appartenance à une autre Église mais toutes les valeurs séculaires de l'*homo occidentalis*. Lénine n'est ni Robespierre ni Bonaparte, c'est une espèce de Cortès, un conquistador terrifiant de certitude ayant décidé d'investir la force absolue dont l'a doté Octobre pour *convertir*, par la violence absolue, la terre russe, de même que Mao s'attachera – avec les mêmes millions de morts que nous comptabilisons avec une effroyable indifférence – à *convertir* la terre chinoise.

« Ainsi apparurent en Russie, en même temps qu'un nouveau Dogme, de nouveaux pouvoirs, une nouvelle instruction, de nouvelles lois, de nouveaux tribunaux, de nouvelles coutumes de propriété de la terre. »

D'où vient cette phrase curieuse mais juste? De notre chère Encyclopédie? D'une de ces Histoires de l'Union soviétique à l'usage des écoles élémentaires et secondaires qui ne peuvent que révulser les cœurs les mieux accrochés tant elles barbouillent les vérités historiques les plus élémentaires de teintes inconnues – à propos, qu'un Occidental imagine que Paris ait pu être débaptisé et appelé Robespierreville, Lyon devenir Maratville, Marseille Hébertville...? Non. Ce texte de bronze se trouve dans le très officiel « cours systématique » pour l'école secondaire de la bonne ville de Saint-Pétersbourg, édité, tenez-vous bien, en 1914 et consacré au « baptême » de la Russie en 900 – le mot « conversion » a, en russe, une notation péjorative tant il apparaît indécent de changer de foi ou de ne pas en avoir –, dans le chapitre consacré aux « Conséquences de l'adoption du

ment pour des raisons politiques et humanistes. Vouloir donc assimiler l'explosion de violence nazie à la violence d'Octobre, c'est prétendre pouvoir assimiler une explosion classique – aussi dévastatrice qu'elle soit – à une explosion nucléaire désintégrant la matière comme la nouvelle civilisation, elle, désintègre l'économie et la société.

Quant à l'Europe occupée – qui aurait pu se battre pour ne pas l'être : il vaut mieux résister avant qu'après –, on note une nette différence entre l'Europe slave où le minidogme sur l'infériorité du « sous-homme » slave entraîne des massacres, notamment en Russie et à l'égard des prisonniers de guerre soviétiques à allure de génocide et l'Europe occidentale où la violence germanique, même à l'égard du frère-ennemi communiste, est plus une riposte – maladroite, inefficace bien qu'augmentée du correctif nazi : « Pour un œil, les deux yeux ; pour une dent, toute la gueule » – aux actes effectifs de résistance. Et quand nous nous indignons – à juste titre – des holocaustes d'Oradour ou de Lidice, nous devrions nous souvenir des milliers d'Oradour et de Lidice perpétrés au temps des holocaustes par la nouvelle religion – Oradour dont nous ne connaissons même pas, dans les campagnes russes, le nom.

christianisme par la Russie » – lignes dont on peut imaginer, à voir leur formulation pour le moins archaïque, qu'elles servirent, à quelques nuances près, à l'éducation du séminariste Staline ou du petit Lénine [16].

Ou encore : « Il ne faut pas s'imaginer le baptême de la Russie comme un simple changement de croyance. Devenue la religion dominante *(sic)* de la Russie, la nouvelle foi * s'est traduite dans son sermon – le dictionnaire soviéto-français indique tranquillement les deux mots suivants comme traduction du mot russe *propoved'* : « 1. religieux : sermon; 2. par extension : propagande » – mais aussi dans tout une série de nouvelles institutions et organisations » **.

Et c'est parce que l'homme, animal épris d'absolu, éprouvant de ce fait un sentiment de respect, confus mais paralysant dans le monde moderne, devant tout phénomène religieux, c'est parce que l'*homo occidentalis* – et surtout l'*homo europeanus* –, occultant son propre passé de violences et de passions, sacralisant tant la « révolution » que, hélas, tout pouvoir, souhaitant à l'humanité tout entière l'évolution qui a été la sienne, mais ne s'intéressant guère, au fond, au destin des Russes ou des Chinois, des Cubains ou des Nicaraguayens, que l'homme de l'époque contemporaine donc en est arrivé à ne pas s'indigner comme il aurait dû le faire – que penseraient les survivants du génocide juif si, chaque année, les successeurs de Hitler, Himmler, Heydrich ou Eichmann célébraient avec grande pompe les événements qui ont permis le massacre de leur peuple? –, est resté insensible devant les génocides – génocide du peuple paysan, génocide des élites intellectuelles, génocide de l'aristocratie et de la société civile, génocide du clergé orthodoxe, génocide de tous ceux qui veulent agir librement sur la nature et sur les choses –, n'a pas frémi, dans le confort qui désormais est le sien, de l'horreur qu'il aurait dû éprouver devant le retour de l'humanité à des holocaustes aussi sauvages, aussi contraires à la dignité de l'espèce humaine.

* N'osant pas employer le mot « christianisme » – qui apparaît dans le texte – je préfère dire « nouvelle foi ». « Marxisme-léninisme » ferait, d'ailleurs, tout aussi bien l'affaire.

** On ne se lasserait pas d'énumérer ces « institutions et organisations ». Du Parti : « La véritable vérité du pouvoir en Russie venait avant tout de l'Église (...) Par son sermon et par sa pratique *(sic)*, l'Église montrait comment il fallait vivre et agir (re-*sic*) dans les affaires privées et politiques (...) Elle englobait tous les aspects de l'organisation sociale (re-*sic*), régentait autant l'action politique des princes que la vie privée de chaque famille (...) L'Église a organisé sa propre union » – *soyouz* ; même mot que dans l'Union des Républiques – « spécifique : la société ecclésiastique. » Du nouveau contrat social : « L'Église protégeait et nourrissait tous ceux qui ne pouvaient se nourrir (...) Ainsi l'Église donnait-elle à la société civile l'exemple d'un ordre nouveau *(sic)* plus parfait et humain. » Du nouvel ordre économique : « L'Église recevait en sa propriété des villages peuplés d'esclaves (...) L'Église jugeait et classait tous ces gens selon sa propre loi et les usages cléricaux : tous ces gens devenaient des sujets de l'Église. » Du Saint Empire communiste : « Une hiérarchie arriva en Russie : à Kiev commença à vivre un métropolite russe (...), dans d'autres villes furent établis des évêques subordonnés au métropolite. Dans tous les évêchés se construisirent des églises et des monastères, les paroisses des églises et les confréries des monastères se subordonnaient à l'évêque et à travers lui au métropolite. Ainsi le pouvoir du métropolite s'étendait à toute la Russie et unifiait tout le clergé du pays. » Du travail culturel du Parti : « L'Église agissait sur l'amélioration des relations familiales et en général sur la morale de la société russe. » Etc.

De la nouvelle révélation

La conversion donc. Mais comment la petite secte de Zurich, rameau ténu de la légère branche marxiste, a-t-elle bien pu se transformer en Église dotée de moyens spirituels et temporels d'une puissance rarement connue dans l'histoire de l'humanité? Comment est-elle parvenue, au cours de ce processus influencé par les résultats obtenus et les influençant à son tour, convertir la terre russe? Comment, privée de tout consensus dans le peuple, se heurtant à des miniconsensus potentiels plongeant leurs racines dans les traditions ancestrales de la Russie ou dans le développement jusqu'ici uniforme de la civilisation occidentale, a-t-elle réussi à imposer un consensus totalement imaginé, alors qu'un pouvoir politique de type classique ne se relève jamais, à plus ou moins long terme – comme le montre l'effondrement des dictatures –, d'une pareille infirmité? La force, la violence – même absolues – n'expliquent pas tout, et j'ai moi-même trop pratiqué la force d'État – strictement limitée, heureusement pour moi, en démocratie – pour ne pas en connaître toutes les faiblesses et ne pas avoir découvert que son efficacité dépend, en dernière analyse, d'autres et bien plus profondes conditions.

Écartons tout de suite l'hypothèse de la véracité du Dogme marxiste-léniniste. Tout le monde sait, ou devrait savoir, désormais – nous en avons nous-même parlé à longueur de pages –, qu'aucune « révolution socialiste » ne s'est jamais produite, selon les divagations du Prédicateur social du XIXe siècle, dans aucun pays industrialisé. Tout le monde sait qu'Octobre n'a triomphé que dans le pays le plus rural et arriéré qui soit. Tout le monde sait que le système de Parti-État, la misère et l'oppression n'entretiennent que de bien lointains rapports avec l'utopie rêvée par Karl Marx. Et une fois de plus, nous retrouvons donc sur notre rude chemin le problème insondable de la foi des hommes. Cette guerre civile de quatre ans contre les paysans et contre les cosaques, contre les ouvriers et contre les socialistes, contre les officiers et contre tous les tenants de la société traditionnelle, monarchique et orthodoxe, cette inexpiable guerre de religion, il fallait la gagner *. Ces agitateurs et ces tchékistes, ces prêtres et ces dragons, il fallait les trouver – et la secte, au départ, ne comptait que bien peu d'illuminés dans ses rangs clairsemés. Ce peuple russe, ces

* La guerre civile russe amena quand même les Armées blanches à quatre-vingts kilomètres de Moscou. Passons, pour expliquer leur victoire finale, sur les avantages dits stratégiques des Rouges : opérant à partir de la capitale et des régions centrales – et industrielles – de l'Empire, du centre de la toile ferroviaire, menant une guerre de défense (cf. Clausewitz) contre des forces offensives dispersées de l'extrême Nord à la Sibérie, du Sud-Est du Kouban au Sud de l'Ukraine. Passons sur le soutien naturel de la bureaucratie tsariste – seule catégorie sociale à ne pas nourrir un miniconsensus divergent – et des cadres a-politiques de l'Armée. L'essentiel est ailleurs : l'Armée blanche, mosaïque de miniconsensus potentiels, seulement ébauchés et quelque peu contradictoires, commandée par des officiers s'identifiant à la poursuite de la guerre contre l'Allemagne et soutenus par les Alliés, n'était pas en mesure de se battre au nom d'un consensus puissant et unique, susceptible de mobiliser toute la population. Pour la même raison – et sauf pour les atrocités militaires égales dans les deux camps –, les Armées blanches étaient moins en mesure que l'Armée rouge de monter aux extrêmes de la violence.

ouvriers et ces paysans, il fallait quelque part qu'ils participassent d'une manière ou d'une autre à ces holocaustes où allaient périr les meilleurs de leurs fils.

La Russie, par son histoire, par ses habitudes ancestrales, était-elle prédisposée aux misères de la vie en communauté? L'homme russe aime-t-il s'entasser dans des appartements exigus en soupirant *« nitchevo »*, palabrer dans les usines et rêver d'un monde meilleur en ne faisant rien devant son samovar? Ou est-ce l'homme lui-même – hypothèse inquiétante de Zinoviev – qui, par sa nature même, est communautaire? Est-ce la société industrielle qui, une fois atteint un certain niveau de prospérité, désire, dans un immense avachissement, que le citoyen soit pris en charge par la collectivité et, arrêtant le progrès à un niveau, avouons-le, confortable, s'adonne aux joies de l'indolence, prenant – comme on le dit de nos jours, le « temps de vivre » –, comme si le seul sens de la vie n'était pas, « l'homme est fait pour agir » de Montaigne, l'action?

Je ne crois à aucun déterminisme. Je ne crois à aucune fatalité. Mais je crois en la pesanteur de choses qu'on n'a pas su maîtriser, en la pesanteur de mentalités qu'on ne peut bouleverser : le développement des peuples et des civilisations n'est qu'une lente et immuable marche vers l'adolescence, les années folles, la maturité, la sagesse et, hélas, la mort. Le peuple russe n'a pas plus de prédispositions pour la vie en communauté que n'en avait le peuple occidental au Moyen Age dans ses entassements bigarrés autour de ses églises, de ses foires et de ses cathédrales, et toutes les thèses lui attribuant des penchants pour le *mir* – où est-il de nos jours? dans les kolkhozes? soyons sérieux! –, l'*obtchina,* l'*artel,* ne sont que des élucubrations d'une école philosophique – les « slavophiles » –, terrorisée par le progrès et qui, au vu d'un intolérable retard historique, voulait trouver à sa peur une justification. Quant à la société industrielle moderne, elle ne peut progresser que par une action de plus en plus libre et ardente dans la haute technologie, dans l'espace, dans la miniaturisation de l'électronique : on ne voit pas pourquoi l'homme aurait changé, et seule la mort guette ceux qui n'agissent plus.

En Octobre 1917 donc, le peuple russe n'est déterminé ni par le « matérialisme historique », ni par une spécificité slave, ni par une quelconque fatalité du monde moderne dont on ne voit pas d'ailleurs pourquoi il serait, en son état d'arriération et de retard, le précurseur : le peuple russe affronte, à un certain stade de développement de son histoire, certains problèmes qu'il ne peut résoudre qu'en fonction de son acquis politique et culturel du moment. Pas d'économie industrielle. Pas de société civile. Pas d'habitudes démocratiques. Pas de classe intellectuelle et politique. Mais tout le poids d'une religion, d'autant plus mystique, oppressive et étouffante, qu'elle permet seule de supporter les angoisses et les difficultés dues à l'espace et au climat, à des situations sociales et économiques rétrogrades et moyenâgeuses. Dans ce Moyen Age slave, le paysan a beau aspirer à la propriété privée, le citadin à la liberté du commerce et de l'action sur les choses, l'ouvrier à la dignité d'un travail libre, ils n'en restent pas moins tous sensibles à des degrés divers à la force d'attraction de fantasmes d'ordre religieux, et les mots « prolétariat » 1830, mais de « prolétaire » 1486, venant lui-même du latin *prolectarius,* lignée, « citoyen de la dernière classe du peuple, exempt d'impôts et ne pouvant être utile que par sa descendance », *prolès* « dictature », XIVe siècle, du latin *dictatoura,* « magistrature extraordinaire la plus élevée de tous chez les Romains », « révolution » et « lutte de classe » ne peuvent que susciter des résonances mystérieuses et mystiques dans les masses slaves, coupées du monde latin, d'autant plus que les réalités d'un pouvoir tentaculaire et oppressif, de la sauvagerie et de la violence qui, hélas, les habitent, d'une tendance effective à la vie communautaire propre aux collectivités proches encore de l'organisation tribale, font alors – mais alors seulement et non en raison d'une quelconque fatalité – partie de leur paysage quotidien.

Connaissez-vous la Grande Pâque russe dont la splendeur éclipse tous nos Noëls – Noël est peu important en Russie – d'Occident, de plus en plus aseptisés, paganisés, mercantilisés? Après six semaines d'un Carême ponctué d'offices interminables et lugubres dont les Russes prétendent, avec leur habituelle exagération, qu'ils n'ont pas varié depuis le temps des catacombes, des foules immenses s'entassent – encore aujourd'hui au monastère de Zagorsk près de Moscou ou, en notre siècle de consommation, dans les églises exilées en Occident – le Jeudi saint pour écouter un clergé vêtu de noir et baignant dans l'encens, psalmodier, pendant des heures dans un slavon incompréhensible mais qui vous glace le sang d'effroi, les sanglantes étapes de la Passion du Christ. Vendredi, Dieu est mort et un cortège funèbre apporte au milieu d'une église noyée dans les ténèbres, la *plostchenitza,* l'icône à taille d'homme représentant la sainte dépouille, et l'on a vraiment l'impression, dans les chants déchirants de tristesse, l'encens et les prosternations, d'avoir vu mourir et enterrer l'être qui vous est le plus cher au monde.

Nuit de samedi à dimanche. Les foules s'agglutinent, cierges rouges à la main, autour des églises, des monastères et des cathédrales. Pendant que tintent les cloches et que s'élève un chant sourd et monocorde, une lente procession d'archevêques, de prêtres et de diacres, encadrée de croix et d'oriflammes, « Il ne faut pas avoir peur! » balbutiait un jour près de moi une petite fille juchée sur les épaules de son père, se fraie un difficile chemin jusqu'au parvis et vient buter contre les battants fermés du temple. Soudain un cri sauvage : « Que Dieu ressuscite et que ses ennemis se dispersent! », et l'explosion indescriptible n'arrêtera plus de rouler dans ces vagues sonores et tumultueuses qui m'obligeaient, une fois que parvenu au pouvoir je m'étais débarrassé du mysticisme de mon enfance, de placer, dans un Paris placide et combien sceptique, un service d'ordre policier autour de la cathédrale russe de la rue Daru pour éviter des débordements qui, en Russie, prenaient des allures d'émeute.

Tumulte. Joie. Bousculades. Et toujours et toujours ce chant glorieux mille fois renouvelé :

Christ est ressuscité d'entre les morts
Il a vaincu la mort par la mort
Et à ceux qui sont au tombeau
Il a donné la vie.

Cette vie qui, en slavon, se dit encore « ventre ».

Au cours d'une existence pourtant riche en émotions fortes, je ne crois pas – grâce à l'intensité quasi charnelle du psychodrame de la mort et de la crucifixion, grâce à la force de la mise en scène de la Résurrection – avoir jamais éprouvé des sentiments aussi riches, et ce qui s'est passé en Russie en Octobre, ce qui s'est passé dans l'Europe de l'Est après l'effondrement des troupes nazies, ce qui s'est passé dans la Cuba de Batista ou au Nicaragua de Somoza, ce qui s'est passé dans le Vietnam colonial, ce qui se passe, je le crains, au Salvador, ce ne sont pas des « révolutions » ou des « libérations » – ces mots émotifs et bruissants de valeurs par lesquels nous habillons notre ignorance délibérée des grandes pulsions qui nous habitent – mais bien une de ces explosions de furie religieuse et mystique dont la Pâque russe est le point d'orgue.

Le peuple russe a subi la crucifixion de la nuit mongole. Le peuple russe a subi la crucifixion du servage. Le peuple russe a subi la crucifixion de l'industrialisation sauvage qui l'a écrasé autour de poêles incandescents dans des halls insalubres, ouverts à tous les vents. Pendant toutes ces années, pendant tous ces siècles, le peuple russe a pleuré à la Passion du Christ, explosé de joie à la nouvelle de sa résurrection. Mais si le Christ est ressuscité, où sont donc tous les autres, morts souvent eux aussi d'une mort atroce? Mais « ceux qui sont au tombeau », où est donc cette vie qui leur a été donnée et que signifie cette « victoire de la mort par la mort », alors qu'elle est toujours là, sinistre faucheuse, à vous guetter et à vous narguer à tous les carrefours de cette vie terrestre que le Requiem – ô, la superbe et poignante beauté de l'omniprésent Requiem russe! – appelle « la vallée des larmes »? Le peuple russe a subi enfin la crucifixion de la Grande Guerre où c'est par millions que la mort a moissonné dans ses rangs.

Et soudain, après cette nuit de longs carêmes, après l'horreur et la torture de lentes crucifixions, un cri, éclatant et fort, lancé à Moscou par le nouvel Apôtre :

L'humanité est ressuscitée d'entre les morts,
Elle a vaincu la mort par la Révolution
Et à ceux qui sont au tombeau
Elle a donné la vie.

Comment voulez-vous que ne se produisent pas alors des déchaînements de joie et de violences, des explosions que nous ne savons comment qualifier? Et tant qu'il y aura des opprimés sur le globe, tant qu'il y aura des damnés sur terre, tant que des hommes seront réduits à l'esclavage de fait, tant que des êtres humains seront soumis à la crucifixion, rien ne les empêchera de se laisser séduire par ce cri mystique :

L'humanité est ressuscitée d'entre les morts,
Les masses ont vaincu la mort par la Révolution
Et à ceux qui sont au tombeau
Elle ont donné la vie.

Et rien n'empêchera les Grands Prêtres de Moscou, de Cuba ou d'ailleurs, forts de l'expérience d'une Église qui exerce son douteux apostolat depuis près de trois quarts de siècle, de venir asservir les hommes en infléchissant ce cri primitif dans un chant harmonieux, selon un crescendo qui a déjà inspiré Octobre – chant lourd de tous les Credo, de tous les commandements, de tous les actes de foi dont nous avons égrené la terrifiante litanie :

> *L'humanité est ressuscitée d'entre les morts,*
> *Marx et Lénine ont vaincu la mort par la Révolution*
> *Et à ceux qui sont au tombeau*
> *le Parti donne la vie.*

Non, il ne s'agit pas de libération ni de révolution, mais de quelque chose de proche mais de totalement différent. Il suffit de changer deux lettres : « Révolution », certes pas. « *Révélation », oui.*

« Révélation : 1190, phénomène par lequel des vérités cachées sont révélées aux hommes d'une manière surnaturelle. » Octobre n'est pas autre chose : Lénine a révélé au peuple russe qui ignorait jusqu'au nom de Marx des vérités cachées sur la résurrection de l'humanité – à Moscou, la *Place de la Révolution* s'appelait jadis... *Place de la Résurrection* –, sur la dictature du prolétariat, sur la lutte des classes, sur le caractère bénéfique et inéluctable de la propriété collective des biens de production – vérités que le Prophète aurait découvertes. Et c'est cette révélation-là que les papes rouges continuent à vouloir apporter au peuple des gueux, des miséreux et des crucifiés afin, dans une mutation titanesque de l'Histoire, de remplacer de par le monde le consensus humaniste et libéral, fût-il coloré de « socialisme », par un nouveau consensus néo-ecclésial et dogmatiste, postulant que le destin de l'homme est prédéterminé par le Dogme et remettant la totalité de sa vie sur terre entre les mains d'une Église, de son Parti-État et de son Saint Empire.

De l'impossibilité de renouveler le miracle d'Octobre

Pauvres Grands Prêtres!

Leur Octobre a effectivement, comme le constate leur douteux admirateur John Reed, – dont on peut seulement s'étonner qu'Hollywood ait consacré des milliards à le glorifier – « ébranlé le monde [17] ». Non seulement la Sainte Russie va, par la violence absolue, être convertie à la nouvelle révélation, mais une nouvelle religion universelle s'instaure sur terre. Ce qui n'était avant Octobre que des sectes, des courants de pensée, des opinions politiques, se transforme en une Église puissante, structurée, dirigée d'une main de fer par une Papauté instaurée à Moscou, servie par des croyants galvanisés par le triomphe de la « Révolution de 1917 », se fixant comme objectif l'application du Dogme et de la nouvelle pratique du Parti-État à toute la planète.

Hélas! Ce miracle vivifiant, qui devait – religion oblige – rouler en cascades interminables sur le monde, se révèle une bombarde à un seul coup. Jamais, nulle part, les Grands Prêtres n'assisteront au renouvellement d'Octobre. Jamais, nulle part, les nouveaux papes ne verront – nous l'avons assez constaté – la réalisation des « révolutions socialistes » inscrites dans leur Dogme.

Certes, quelles que soient les convulsions sanglantes qui ont marqué la conversion de la terre russe, l'ordre politique et social du Parti-État est, de nos jours, particulièrement stable. Après des craquements dus au flottement du consensus et à l'imposition – par la force et la violence – d'un consensus entièrement nouveau dans l'histoire de l'humanité, un nouveau consensus dogmatiste et néo-ecclésial s'est implanté et le peuple se reconnaît dans – et accepte – le pouvoir des Grands Prêtres; se reconnaît dans – et accepte – l'enseignement, le pouvoir et les privilèges de l'Église-Parti. De nouveau, la boucle est bouclée :

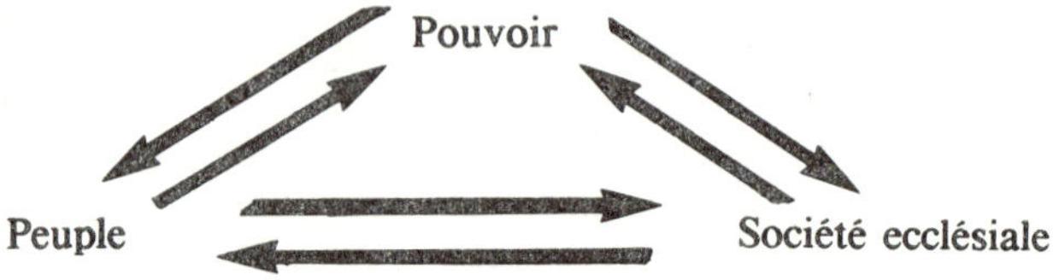

Attention. Je ne prétends pas bien sûr que la foi des populations dans le Dogme soit immense et pure – quelle était la qualité de la foi en la religion orthodoxe des serfs russes peints par Tourgueniev? Je ne dis pas que le peuple fait preuve d'un enthousiasme démesuré à l'égard du pouvoir des Grands Prêtres et de l'enseignement du nouveau clergé – que pensaient les mêmes serfs des *Mémoires d'un chasseur* d'une aristocratie et de popes qu'ils massacrèrent si allègrement en 1917? Je ne dis pas que le nouveau consensus soit, comme notre consensus humaniste et libéral, fondé sur une adhésion personnelle et raisonnée. Ce que je prétends, c'est que le peuple – et le phénomène n'a rien de spécifiquement russe puisqu'il se manifeste de l'Europe de l'Est au Vietnam et jusqu'à Cuba – n'a pas d'autre possibilité de juger le monde, l'économie et la société qu'à travers les connaissances dogmatiques dans lesquelles il baigne. Ce que j'affirme, c'est que les peuples convertis à la nouvelle religion ne peuvent que manifester une soumission plus ou moins résignée à l'Absolu de ses nouvelles valeurs. Ce que je crains, c'est que l'ordre du Parti-État soit tellement oppressif et son consensus néo-ecclésial et dogmatiste tellement contraignant, que ce nouvel Absolu ne laisse guère de chances à l'émergence d'un consensus de remplacement et réduise, lentement mais sûrement, par la seule apparition de la force armée, l'extension d'un miniconsensus de rejet quand celui-ci se manifeste périodiquement dans une Europe de l'Est marquée par un passé différent de celui de la Russie. La Fronde de Prague – née d'un miniconsensus de rejet dans la société ecclésiale –, la jacquerie de Budapest ne s'appuyaient sur aucun consensus de remplacement et ont été balayées avec facilité. Et si le malaise paraît plus profond et durable en Pologne, je crains que les revendications syndicales de Solidarité ne puissent déboucher sur un consensus politique de remplacement : malgré l'opinion généralement acceptée, je ne crois pas qu'une Église, fût-elle aussi ardente et bien implantée que l'Église catholique polonaise, puisse – à moins de tomber dans les excès de l'Église-État de l'ayatollah Khomeyni – être génératrice d'un tel consensus.

Mais que valent ces satisfactions rassises de l'âge mûr face à l'effondrement des rêves radieux de la glorieuse jeunesse d'Octobre? Oui, pauvres Grands Prêtres. Jamais et nulle part, il ne leur aura été donné de voir se mettre naturellement et harmonieusement en branle les dialectiques redoutables du vide, de la force et de la foi dont ils ne peuvent pas – prélats à l'affût des moindres commencements de réalisation de leur théologie pratique –, ne pas savoir qu'elles constituent l'essence de leur Octobre. Dans aucun pays d'Europe, d'Asie, d'Amérique – et surtout dans aucun pays industrialisé – ne se créera, quels que soient les coups de boutoir des nouveaux croyants mobilisés après 1917 par la nouvelle Église, le vide, car partout la stabilité de la société traditionnelle ou l'enracinement de la société civile suppléeront à tout éventuel flottement du pouvoir. Dans tous les pays d'Europe, d'Asie, la force créée par l'apostolat, l'agitation et l'organisation des masses, se heurtera, à la différence de ce qui s'était passé en Octobre, à des forces, à des masses, à des partis, à des Armées, qui ne leur permettront de s'emparer d'aucun Palais d'Hiver. Dans tous les pays d'Europe, d'Asie, d'Amérique, la foi des nouveaux croyants dans la nouvelle révélation restera circonscrite à des fractions de la population – aux travailleurs les plus exploités, aux étrangers les plus déracinés (je pense à l'épopée de la M.O.I.), aux intellectuels les plus échevelés, aux névropathes les plus exacerbés – et se heurtera aux croyances traditionnelles ou au simple bon sens – même si elle parvient, par époques, à mordre sur eux – de la majorité des peuples.

Même si le choc d'Octobre, même si la naissance d'une nouvelle religion universelle, même si l'instauration d'une nouvelle Papauté exaspèrent le miniconsensus de rejet, donnent – à la différence de ce qui s'était passé lors de la Commune de Paris – de la puissance, de la cohésion, un sens, au miniconsensus de remplacement, même si l'ascension aux extrêmes de la violence s'exacerbe encore plus au cours des Communes de Budapest et de Berlin, au cours des soulèvements de Hambourg ou de Munich, de Shanghai ou de Canton, on ne sort pas du schéma qui a triomphé de la Commune de Paris :

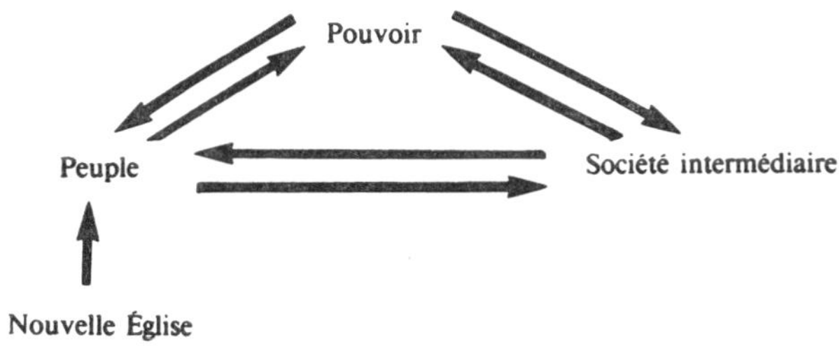

Et dans les pays où le consensus libéral et humaniste ne s'est pas solidement implanté, où l'ampleur du mini-consensus de rejet et du mini-consensus de remplacement prend une allure de flottement de

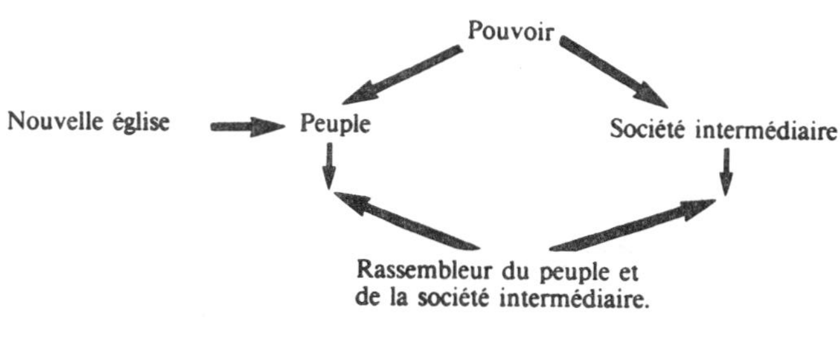

consensus, ce sont les rassembleurs du peuple et de la société intermédiaire qui font leur sinistre réapparition, selon des schémas qui ne nous sont pas, hélas, eux non plus, inconnus.

Mais, le choc entre consensus étant plus violent en pleine crise économique, dans une époque de désarroi moral dû à l'ébranlement des États-nations européens après 1914, plus exacerbé en raison de l'agitation du peuple, de ses « masses » et de son « prolétariat » par les nouveaux missionnaires et les nouvelles Églises, les rassembleurs du peuple et de la société sont encore plus caractérisés et virulents que dans les États-nations du XIXe siècle – même si, dernière flambée de l'ordre de l'État-nation, ils n'apparaissent nouveaux qu'en vertu des « idéologies » approximatives et sanglantes qu'ils brandissent en réponse au défi posé par la nouvelle religion *.

Et les Grands Prêtres devront boire la coupe jusqu'à la lie. Sous les assauts furieux de leurs fidèles, les sociétés où, d'après le Dogme, aurait dû, après Octobre, triompher la « révolution socialiste », loin d'éclater, se soudent en des blocs homogènes sous la férule musclée de rassembleurs particulièrement virulents du peuple et de la société – spectacle dont on peut penser qu'il aura accru d'autant, hélas, la paranoïa des nouveaux papes à l'intérieur du seul pays qui a eu le malheur de tomber entre leurs mains combien expéditives. Ils verront toute leur agitation et toute leur organisation heurter de plein fouet des agitations et des organisations de masses peut-être plus simples mais bien plus efficaces, les forces populaires qu'ils auront rassemblées sous le drapeau rouge d'Octobre se faire étriller par des forces tout aussi populaires mais elles brunes ou noires, encore plus brutales que les leurs. Ils verront leur foi et leur révélation battues en brèche – les pulsions religieuses obéissent, elles aussi, à la loi de l'ascension aux extrêmes – par une révélation tout aussi douteuse et perverse, mais encore plus primaire. Comme Napoléon à Waterloo, les Grands Prêtres attendaient, dans les berceaux du « prolétariat » en Europe industrielle, des petits Lénine et des petits Trotski : ce seront Hitler et Mussolini qu'il leur sera donné de voir apparaître sur le champ de bataille. Et le cri du Messie marxiste « *L'humanité est ressuscitée d'entre les morts* » ne pèsera pas bien lourd face au hurlement sauvage de l'autre faux prophète du XXe siècle qui, après la crucifixion à vrai dire honteuse de l'Allemagne par le traité de Versailles, proclamera, lui : « *L'Allemagne est ressuscitée d'entre les morts / Elle a vaincu la*

* Dans des pays aussi évolués déjà que l'Allemagne ou l'Italie – mais où une arriération politique due au maintien de l'ancien consensus autocratique explique tout à la fois la virulence des nouveaux croyants et la cohabitation d'une société traditionnelle puissante avec une société civile moins avide de bouleversements – Hitler et Mussolini, soutenus par la société civile et la société traditionnelle, mettent l'emphase sur l'agitation du peuple. Dans une collectivité aussi ancienne que la Chine, soumise aux effets centrifuges de forces divergentes, Tchang Kaï-chek, s'adaptant à la spécificité chinoise, s'appuie tant sur la société civile des villes que – ce qui le perdra – sur la société traditionnelle des campagnes et des « seigneurs de la guerre ». En revanche, dans des pays en marge des grandes évolutions politiques – Pologne, Hongrie, Roumanie, Portugal –, les Pilsudski, Horthy et autres Salazar émergent de la société traditionnelle et se trouvent soutenus et par la société civile et par la fraction du peuple liée tant à celle-ci qu'à la société traditionnelle.

mort par le national-socialisme * » Et c'est cette défaite, dans le domaine, crucial pour eux, de la « lutte pour l'esprit des gens » que les Grands Prêtres - qui ne lésinent pourtant pas, eux non plus, sur les génocides et n'ont, en matière de sang versé, de leçons à recevoir de personne - ne pardonneront jamais au « fascisme ». Le souvenir est si cuisant que la dénonciation perpétuelle du Mal - de moins en moins justifiée de nos jours - témoigne moins de la volonté de capter les légitimes sentiments de rejet des peuples que d'une terreur irrationnelle et quasi obsessionnelle.

Oui, pauvres Grands Prêtres. Cette guerre inexpiable avec le « fascisme », ils ne l'ont gagnée que grâce aux sacrifices du peuple russe - qui a eu à choisir entre deux démons chevauchant son pauvre dos -, grâce à une pulsion du sentiment national russe provoquée par les atrocités allemandes et nazies, grâce à l'exploitation des valeurs les plus traditionnelles de la société et de l'État-nation russes. Propulsés ainsi sur le devant de la scène de l'Histoire par des facteurs qui leur sont tellement étrangers qu'ils ont voulu les extirper, les Grands Prêtres auront encore à assister - après n'avoir pu que constater comme nous que les bouleversements de la société occidentale ne viennent pas du développement des modes de production industrielle et de l'accumulation du « prolétariat », mais de guerres entre États-nations tendant vers l'absolu et entraînant le renversement ou l'ébranlement de l'ordre politique, l'effritement de l'ordre social : la guerre de 1870 accouchant de la Commune de Paris, la guerre de 1914 des Communes de Berlin et de Budapest - à un nouvel échec, après les coups portés à l'ordre politico-social ancien au cours de la Seconde Guerre mondiale, des nouvelles rébellions de leurs nouveaux croyants dans l'Europe industrielle de l'Ouest : les nouveaux pouvoirs

* La résurrection de l'Italie, renaissant de ses cendres romaines, sera le thème central de Mussolini. La résurrection de la Chine sera voulue par Tchang Kaï-chek mais ne pourra, en raison de la pesanteur de la nuit chinoise, être exploitée comme en Europe. En revanche, le phénomène du franquisme est différent : il s'agit moins de fascisme que de retour, sous l'égide de la société civile, de la société traditionnelle, de la société ecclésiale catholique, à l'ordre traditionnel de l'Espagne autocratique et religieuse. Ce qui entraînera tant les réticences de Franco à l'égard de l'expansion armée des États-nations fascistes que la remarquable stabilité de son régime, la translation vers la royauté et l'aboutissement final de la démocratie.

Couvert d'opprobre par nos intellectuels - mais pas par l'Encyclopédie soviétique - Franco est l'un des hommes d'État les moins bien compris du XXe siècle : la manière dont il a eu recours à la force contre les entreprises des nouveaux croyants - qui, ne l'oublions pas, étaient parvenus, d'après l'Encyclopédie soviétique, à créer les prémices d'une démocratie populaire - relève plus, bien que sur une longue période, à l'échelle du pays tout entier, au service d'un consensus traditionnel de type autocratique et ecclésial, de l'approche de Thiers face à la Commune ou des socialistes allemands face aux soulèvements communistes, que de celle de Hitler ou de Mussolini.

La victoire des républicains aurait entraîné l'implantation de la nouvelle civilisation en Europe occidentale et l'Espagne serait encore aujourd'hui dans la situation, au mieux, de la Pologne sur laquelle nos inconséquents intellectuels versent pourtant tant de larmes. En revanche, moins d'un demi-siècle après la fin de la guerre civile - l'Occident aurait intérêt, tout en diminuant son émotivité, à intégrer la durée dans ses jugements historiques -, ce pays jouit maintenant de tous les bienfaits de la démocratie - et ceci grâce à la victoire des nationalistes dont le régime était, à ce stade précis de développement de la collectivité espagnole, le plus mauvais... à l'exception de tous les autres.

issus de la libération du Continent s'étant adaptés enfin aux besoins profonds du peuple et aboutissant – mieux vaut tard que jamais – à la perfection de l'équilibre entre le pouvoir, le peuple et la société civile, né aux États-Unis de la Révolution américaine humaniste et libérale, le peuple préfère, dans son immense majorité, plutôt que de choisir la voie du soulèvement derrière les bannières néo-ecclésiales et dogmatistes des nouveaux croyants brandies par des Églises au maximum d'intensité de la psychose de leur foi, faire confiance pour son progrès d'une part à l'action d'un pouvoir rénové, d'autre part à sa propre action sur la nature et les choses dont il ressent qu'elle peut, à l'image du monde anglo-saxon, l'intégrer dans une société civile désormais largement ouverte à tous *.

Oui, pauvres Grands Prêtres! Et comme on les comprend – pour donner vie à leur expansion qui crée une partie de leur légitimité, car elle est le seul domaine où, en apparence, le Dogme est juste – d'investir leurs immenses talents dans la conversion de Cuba ou du Nicaragua, de l'Éthiopie et du Yémen du Sud – pays qui, certes, ne sont pas des modèles de modernisme et d'industrialisation, mais peuvent présenter, par là même, de bien savoureuses situations de vide et d'a-pouvoir, permettre de bien intéressantes applications de la force, sinon de la foi. Mais quel abîme, mon Dieu, quand on y regarde de plus près, avec le Dogme de la « révolution socialiste » succédant avec une régularité de

* Dans le choc, après la Seconde Guerre mondiale, entre le consensus humaniste et libéral et le mini-consensus de la nouvelle religion, la violence – à la différence de ce qui s'était passé lors de la Commune de Paris ou après la Première Guerre – ne grimpe pas à l'absolu et se trouve, des deux côtés, limitée.

Souvenir inconscient gardé dans la mémoire collective des méfaits de la violence absolue quand elle se déchaîne au sein de la collectivité? Éloignement dans le temps de la guerre – les révoltes en faveur du nouveau consensus commencent en 1947 – avec la remise des armes au vestiaire, la dissolution des groupes armés, l'atténuation du goût pour la violence? Enracinement du consensus libéral et humaniste – il fonctionne en France depuis près d'un demi-siècle –, dont les bienfaits sont ressentis tant par les insurgents eux-mêmes, par les nouveaux croyants et leur clergé qui, malgré l'exacerbation de leur foi, évitent toute forme d'escalade, que par le pouvoir qui s'en remet, plus qu'à ses forces armées, aux besoins de stabilité de la collectivité? Fascination exercée par le modèle d'équilibre américain dont l'Armée vient de défaire le nazisme et de libérer l'Europe, dont les administrations participent – plan Marshall – à sa reconstruction? Toujours est-il que l'Occident découvre, dans des crises pourtant graves, la violence *limitée* – ce qui, par l'occultation immédiate et systématique qui se fait de pratiques passées, considérées comme honteuses – ne fera qu'accroître son incompréhension et son impuissance à l'égard tant de la nouvelle civilisation que des tempêtes qui continuent à agiter un monde hélas beaucoup moins évolué que le nôtre.

Trois formes de violence d'État peuvent ainsi être retenues par l'analyse : 1. la violence « naturelle » de sociétés encore peu évoluées, s'exerçant dans le respect général d'un Absolu contre ceux qui utilisent la violence; 2. la violence « absolue », exercée au nom d'un Absolu et selon des méthodes « sans restriction ni réserve » contre tous ceux qui remettent en cause l'Absolu; 3. la violence « limitée » des démocraties contemporaines où les valeurs de la collectivité ne sont pas considérées comme un Absolu et où, l'aboutissement logique du consensus humaniste et libéral étant que chacun est libre d'avoir son système de valeurs, la force n'est employée qu'en recours extrême contre ceux qui s'attaquent moins aux valeurs du groupe qu'ils ne risquent, par leur usage de la violence, de détruire la collectivité, ses biens et ses libertés. La violence est alors mise en œuvre – fort heureusement – avec toutes les « restrictions et réserves » de la terre.

métronome aux « révolutions bourgeoises » sur les terres de la grande industrie! L'état théologique – « l'état le plus primitif de l'esprit humain », d'après Auguste Comte – a de ces servitudes et rien, décidément, n'aura, depuis son lumineux Octobre, été épargné à la nouvelle Papauté.

De la nécessité d'une force absolue

Vive Staline!

Heureusement que le Petit Père des peuples a appris comment combler le fossé entre le Dogme et la réalité, même si c'est peut-être par hasard – mais toutes les grandes découvertes humaines ne sont-elles pas dues à une lente maturation qui peut revêtir l'aspect du hasard? – qu'il a découvert en Europe de l'Est le moyen de recréer – presque en laboratoire, pourrait-on dire – les mirifiques conditions d'Octobre.

Les voies du Seigneur sont impénétrables et voilà donc soudain les Grands Prêtres qui, grâce à la force de l'Armée rouge, sont en mesure de créer le vide en désintégrant toute forme de société, qu'il s'agisse de la société la plus traditionnelle ou de la société civile la plus puissante et la mieux enracinée. Les voilà, grâce à une occupation militaire, qui se trouvent à même de faire cadeau à leurs croyants – même quand ils ne sont rassemblés que dans des sectes bien squelettiques – de la force qui leur permet enfin, sans rencontrer aucune contre-force sur leur chemin, de s'emparer de tous les Palais d'Hiver – Prague! – qui leur paraissent bons. Les voilà, grâce au triomphe de leur diplomatie à Yalta qui accroît encore plus la valeur de leur force militaire, libres d'insuffler la nouvelle foi aux populations les plus sceptiques, aux rassemblements humains les plus empreints de croyances traditionnelles. Les voilà – la foi effectivement soulève les montagnes et ces déments de la nouvelle révélation n'ont jamais, face à l'Armée blanche, face à la paysannerie russe, face à la classe ouvrière russe, à ses socialistes et à ses syndicalistes, face à l'effondrement sans gloire des « révolutions socialistes », éprouvé, et ce n'est peut-être pas le cas face au fascisme, le moindre doute –, les voilà donc qui moissonnent enfin le prix de tous leurs efforts, la monnaie de tout ce sang qu'ils ont dû verser presque malgré eux. Car ce que réalisent les Grands Prêtres en Europe de l'Est s'inscrit pour eux dans le droit fil d'Octobre – mais d'un Octobre s'accomplissant, ô miracle, sans recours à la violence absolue, d'un Octobre qui ne serait pas inutilement alourdi par des holocaustes et des génocides toujours éprouvants. Car – et c'est là le cœur de la découverte de ce génial bienfaiteur de l'humanité qu'était Staline – la force de l'Armée rouge qui dissipe ce qui paraissait être la malédiction congénitale d'Octobre n'est pas la stupide *Wehrmacht*, impuissante devant les révoltes des populations que sa présence provoque, ce n'est pas la force civile armée de la Tchéka et des Gardes rouges qui, venant apporter son soutien éclairé aux agitateurs et aux apôtres, a embrasé puis massacré toute la Russie : c'est la *force absolue*, dont la puissance matérielle et psychologique est telle qu'elle n'a même pas à user de violence pour aider les Grands Prêtres à convertir les populations et leur imposer le nouveau consensus.

Hélas! Les grands inventeurs ne sont pas toujours compris de leurs contemporains, et ce n'est pas – après tous les abus de force qui ont marqué l'histoire de nos États-nations – notre actuel effroi de démocrates devant la force, ce n'est pas notre tendance humaniste et libérale à vouloir que son déploiement et son usage fussent aussi limités que possible qui vont, sur cette particularité de la force absolue, pourtant cruciale pour la survie de notre civilisation, nous aider à pénétrer dans les méandres de l'esprit des Grands Prêtres – d'autant plus qu'il existe effectivement pour nous en la matière un réel mystère à dissiper *.

Conçues pour vaincre, détruire, neutraliser d'autres forces militaires, nos forces militaires d'Occident se sont en effet – et mis à part quelques circonstances particulières que nous n'approfondissons jamais – montrées inefficaces et impuissantes quand il s'est agi de soumettre des populations. Napoléon et la plus puissante machine militaire du XIXe siècle ne sont pas venus à bout de la population espagnole. La stupéfiante machine de guerre qu'ont construite Hitler et le militarisme prussien s'est révélée pataude et peu opérative face aux réactions armées des populations de l'Europe occupée. Fils et héritiers spirituels des Résistances qui lui ont si bien tenu tête, aussi peu doués pour l'analyse de la force et de la violence que pour leur utilisation, nous nous sommes persuadés – à tort : nous y reviendrons – que les défaites et déboires français et américains au Vietnam – je ne parle pas de l'Algérie : conflit mineur – proviendraient d'une incapacité de nos forces militaires à faire face à des populations qui auraient inventé de prétendues « guerres révolutionnaires » qui nous mettent à genoux.

Or, là où Napoléon et Hitler – ces conquérants que nous continuons à vénérer ou à craindre – ont pataugé, là où nous n'atteignons qu'à de bien difficiles et faibles performances, l'Armée rouge, elle, triomphe avec une aisance impressionnante. Elle apparaît en Europe de l'Est en 1944-1945 et toutes les populations, les plus nationalistes, les plus indomptables, des pays les plus fiers se soumettent sans la moindre velléité de résistance. Ses chars surgissent-ils à Budapest ou à Prague et, de nouveau, voilà les populations les plus rebelles qui se couchent. L'armée de Jaruzelski – copie fidèle de l'Armée rouge – prend-elle les rênes du pouvoir et voilà que les syndicats et la classe ouvrière qui sont si chers – en paroles seulement – à notre cœur fondent comme neige au soleil. Échec en deçà du « rideau de fer » ou de « bambou », triomphe au-delà : je crains que faute d'une analyse de la force et de la violence, faute d'une compréhension véritable de la redoutable efficacité qu'elles acquièrent lorsqu'elles tendent vers l'absolu, nous en arrivions à n'entrer dans le système de pensée de la nouvelle Papauté que par le biais le plus contestable : si la force et la violence sont si efficaces quand elles sont mises en œuvre par la nouvelle religion et si peu opérantes quand nous y avons recours, c'est que, en arrivons-nous à penser, le Mal c'est nous, le Bien c'est eux **.

* En soi, le phénomène de la force absolue n'a pourtant rien de bien nouveau. Voir, en fin d'ouvrage, note p 460, *De la perennité de la force absolue.*

** Seuls les événements d'Afghanistan – où nous aurions d'ailleurs bien tort de croire que l'Armée rouge vit une sorte de Vietnam –, seuls les succès de la résistance armée en Angola – autrement lourds de conséquence bien que négligés par nos médias – commencent, bien tardivement et fort légèrement, à nous sortir de cet inquiétant sophisme.

Et cependant, une fois posé en termes purs – et éternels – de force, une fois celle-ci dégraissée de toutes nos approches émotives et morales qui viennent obscurcir un phénomène aussi vieux que l'humanité, le problème des effets exercés par l'Armée rouge sur les populations que les Grands Prêtres veulent convertir, ne semble pas devoir présenter des difficultés insurmontables. Écartons tout de suite, pour expliquer l'impact de la force militaire de la nouvelle religion, le fait déjà signalé que son déploiement est toujours accompagné, d'une part, d'une campagne d'agitation des masses et, d'autre part, du recours à la violence par une force civile armée, spécialisée dans la détection et la neutralisation des individus et des groupes dont l'existence est contraire au Dogme ou qui récusent – ou ne cadrent pas avec – le nouveau consensus à imposer à la population. Les mêmes causes, répétons-le à satiété, produiront toujours les mêmes effets : sans la présence de l'Armée rouge, l'action des seuls agitateurs et des seuls tchékistes n'aurait pu, dans des pays tels que la Pologne ou la Hongrie, qu'entraîner les mouvements de résistance qui se sont produits dans la Russie de post-Octobre – mouvements dont on ne voit pas comment ils auraient pu, eux, en l'absence de toute foi significative dans la nouvelle révélation, ne pas triompher *. Écartons également les infléchissements politiques, économiques et sociaux – les Grands Prêtres ne sont pas des crétins obtus, amoureux comme Hitler de la force pour la force, de la violence pour la violence : dans les limites, fort étroites, que leur laisse l'impossibilité de remettre en cause le Dogme, ils s'efforcent quand même de tenir compte des aspirations de leurs saintes « masses » et de remédier aux causes les plus criantes des révoltes populaires –, oublions les changements de cap qui accompagnent toujours toute répression en nouvelle civilisation : ce n'est pas l'enthousiasme soulevé par quelques « réformettes » qui explique la soumission de Budapest, de Prague ou de Gdansk.

Le cœur du problème est ailleurs. La force militaire qui, en 1944-1945, s'attaque à la conversion de l'Europe de l'Est n'est pas une force militaire comme les autres. Elle vient, en un effort titanesque, de jeter à terre et de réduire à néant la plus puissante et la plus violente machine de guerre de l'époque : sa supériorité – quantitative, opérative, morale – apparaît donc absolue, « sans restriction ni réserve ». Et aucune autre force militaire ne semble pouvoir – ou vouloir – s'opposer à elle : Yalta n'est pas le partage juridique du monde, c'en est le partage effectif. Les choses étant ce qu'elles sont, les *boys* anglo-saxons voulant rentrer chez eux le plus vite possible – je ne parle pas, bien entendu, des forces françaises : « Et les Français aussi ? » s'étonna fort justement le maréchal Keitel lors de la signature de l'acte de capitulation –, alors que personne ne s'aviserait, ne serait-ce que de s'enquérir si le bidasse de l'Armée rouge a le moindre avis sur la question; les équilibristes Roosevelt et Churchill s'emberlificotant avec le délicat Staline dans les textes les plus

* Le problème est différent dans les pays profondément slaves, profondément arriérés, profondément royaux, profondément orthodoxes, tels que la Bulgarie et la Yougoslavie : la nouvelle révélation y a trouvé – d'où le succès de Tito – un terrain analogue à celui de la moyenâgeuse Russie. La Tchécoslovaquie était, elle, marquée par les croyances fantasmatiques françaises dans les vertus bénéfiques de la déesse Révolution.

subtils – à propos, combien de toasts dans combien de conférences, au cours de combien de repas bien arrosés, ont-ils été portés au « valeureux allié de l'Armée rouge »? –, les choses donc étant ainsi, même le dernier des bergers magyars ne peut douter que ce ne sont pas les Alliés qui introduiront, autrement que par des protestations verbales et des notes diplomatiques vides d'effet, la moindre « restriction » ou « réserve » à l'usage de la force par le Pape rouge.

Et il y a encore mieux – sans parler même des viols, des massacres de bétail, des incendies de récoltes et de propriétés perpétrés, sinon dans les pays « alliés » du moins sur les territoires ayant été entraînés dans la « croisade contre le bolchevisme » : l'oppression des peuples se fonde, hélas, sur des procédés plus subtils que les simples atrocités. Cette force militaire qui déferle sur les steppes, les montagnes et les villes de l'Europe de l'Est, toutes les populations savent, en effet, en raison de leur proximité avec l'infortunée Russie, qu'elle est *fille d'un Absolu,* l'instrument d'un nouveau clergé qui pratique, au nom de sa foi, la violence *absolue.* A la différence de l'Europe occidentale emmurée dans son passé et ses illusions, l'Europe de l'Est sait qu'une nouvelle religion est née en Russie. Elle sait que des holocaustes et des génocides y ont été perpétrés au nom de la nouvelle révélation, et la conduite de la nouvelle civilisation dans les pays baltes en 1939, dans la Bessarabie ou la Pologne partagées avec Hitler, les déportations et les massacres – Katyn! – lui rappellent, s'il en était besoin, qu'elle peut, à tout moment, en devenir à son tour la victime. Que ces holocaustes et ces génocides aient été commis non par la force militaire mais par la force armée civile – les merveilleux « organes » chers aux Grands Prêtres –, que l'Armée rouge, une fois passé le premier temps des exactions, se conduise plutôt correctement et s'éclipse dans ses camps et ses casernes, ne change rien, bien au contraire, à cette perception : les populations ont la claire conscience que si l'ordre lui en était donné par les Grands Prêtres, la force militaire de la nouvelle religion mettrait en œuvre une violence tout aussi absolue que celle de la force civile armée, mais aux effets encore plus dévastateurs car amplifiés par la nature même – puissance de feu, nombre, discipline, uniformité – de l'organisation militaire.

Et l'irrésistible influence qu'exerce sur les esprits cette force absolue est telle que les nouveaux papes, au cours de la conversion à laquelle ils se sont attachés, n'ont pas – Staline, dont on connaît la bienveillante pondération et l'insondable amour de l'humain a dû en être le premier surpris – à lancer leurs armées sur les chemins de la violence effective. Ce qui, d'ailleurs, est très heureux. Car, création de l'esprit humain, l'Absolu a tout intérêt à rester insondable et baigné de mystère. Car les exemples pullulent de forces qui paraissaient absolues – Napoléon en Espagne, la *Wehrmacht* en Europe occupée – et qui ne se sont révélées, à l'usage, capables, malgré les pires atrocités et mis à part les abominables exactions SS dans le ghetto de Varsovie, que de violence limitée – la supériorité militaire absolue n'étant pas au service d'un Absolu véritable ou reculant, face à une population civile, devant des moyens « sans restriction ni réserve ». Car, si la nouvelle religion n'a pas de ces réticences, l'exemple de la conversion de la Russie par la violence absolue de la seule force civile armée prouve que l'ascension aux extrêmes est alors si irrésistible qu'une armée lancée sur une telle voie serait condamnée, elle, soit à limiter sa violence – perdant ainsi l'auréole de l'Absolu – soit à anéantir pratiquement toute la population *.

Éberlué, l'Occident assiste à la montée de la suprématie militaire soviétique, cherche des explications rationnelles au vertigineux et stupéfiant accroissement de la puissance de ses armes. Les uns glosent sur le rôle de plus en plus important – politique, économique, voire moral et social – de l'Armée rouge – appréciations qui correspondent à une réalité indubitable, mais n'en constituent pas moins une erreur de raisonnement si on les intègre dans les critères occidentaux. Certes l'Armée rouge est puissante, adulée, choyée, dotée des meilleurs hommes, des meilleurs salaires et, dans les usines qui travaillent pour ses immenses besoins, des meilleurs ouvriers. Mais l'Armée est surveillée et épiée – tout un département du KGB s'y emploie –, épurée, commandée non par des chefs opérationnels mais par des spécialistes militaires du Parti, bref ligotée, absorbée par le Parti qui, fidèle au schéma du Parti-État, en fait son instrument *perinde ac cadaver* comme le KGB est, d'après ses statuts, l' « organe opérationnel » du Parti. Mais cette Armée qui croît et embellit sous nos yeux n'a – l'avis de tous les experts convergent sur ce point – qu'une valeur militaire assez discutable, comme l'avaient déjà démontré la guerre avec la minuscule Finlande ou les premiers mois de l'invasion hitlérienne. Et pas seulement parce que l'industrie reste – même dans ce secteur crucial et privilégié – défaillante, parce que les méthodes d'organisation de la nouvelle civilisation sont intrinsèquement déplorables, parce qu'aucune de ces fortes pulsions qui firent la force des armées des États-nations du XIXe siècle ou pendant la première moitié du XXe siècle ne sauraient exister en système de Parti-État – attention! elles n'existent pas plus, semble-t-il, dans les « modèles » modernes de nos Nations-États démocratiques, même lors du renouveau américain incarné par le président Reagan –, mais aussi parce que la recherche des qualités octroyant la force absolue à l'égard de populations civiles n'entraîne pas la valorisation du combat et du sacrifice. D'autres observateurs, moins « soviétologues » et plus « internationa-

* « Montrer sa force pour ne pas s'en servir », disait déjà le maréchal Lyautey à une époque où la force absolue dont disposaient les colonisateurs européens face à des pays atteints d'arriération commençait à dissiper ses effets. Les Grands Prêtres semblent être arrivés à la même conclusion. D'où la recherche de la masse et du nombre – si complaisamment étalés pendant les défilés sur la Place Rouge. D'où l'allure uniforme, inhumaine, inquiétante des soldats de l'Armée soviétique – voyez les mêmes défilés. D'où l'éloignement des troupes dans des camps et des casernes où elles gardent leur terrifiant mystère. D'où la glorification permanente et obsessionnelle de la victoire passée sur le colosse nazi. D'où l'accent mis sans relâche sur les coups dévastateurs que l'Armée rouge serait en mesure de porter aux Armées « impérialistes » – incarnation de la puissance puisque instrument du Mal capitaliste. D'où l'exercice de la violence tant par les « organes » qu'en cas de troubles par la « milice » – de préférence à la force militaire qui, même lors de la proclamation de l' « état de siège » en Pologne, reste le recours dont l'efficacité psychologique dépend essentiellement de l'idée que s'en font les populations. D'où, lorsque le déploiement de la force militaire devient indispensable, l'accent mis sur le nombre – cinq cent mille hommes à Prague en 1968 –, sur la présence massive plutôt qu'au recours effectif à la violence : les chars de Prague se contentant plutôt de s'aligner les uns derrière les autres dans les rues et la principale mission militaire des soldats consistant à déféquer dans les couloirs des immeubles.

listes », mettent en cause la « course aux armements », condamnent l'existence de « deux blocs » et la voracité des « complexes militaro-industriels » – lamentations qui, malgré l'existence indéniable d'un effet d'entraînement des uns sur les autres, n'en négligent pas moins superbement la cause unique du phénomène : qui pourrait prétendre – toujours l' « hypothèse négative » – que face à une Russie pacifique, consacrée à l'accroissement du bien-être de ses habitants, les combien peu militaristes États-Unis auraient consenti des efforts et des investissements militaires aussi démentiels?

Plutôt que de nous noyer dans des subtilités « kremlinologiques » – l'un des moyens, en découpant en quatre des cheveux qui nous sont d'ailleurs inconnus, d'échapper aux vrais problèmes * – ou de bégayer inlassablement que c'est le Mal qui modèle – pourquoi? – les relations entre groupes humains, voyons donc les réalités en face : la seule cause dont découle tout le surarmement, depuis la Seconde Guerre mondiale, des grandes puissances modernes, dénuées dorénavant en Occident de toute pulsion d'expansion et dévouées au « toujours plus » de leurs citoyens, est la volonté des nouveaux Papes de se doter, face à un monde qu'ils ne peuvent convertir par aucun autre moyen, d'une force qu'ils cherchent à rendre absolue.

Certes les Grands Prêtres sont des réalistes. Ils connaissent donc aussi bien – mieux – que nous les défaillances de leurs armements et de leur matériel, la faiblesse des motivations de leurs peuples et de leurs troupes, l'inadaptation de leur machine de guerre au combat. Et ils savent que la seule manière de pallier ces défauts inhérents à leur système est la supériorité absolue en armes et en effectifs : déjà, pendant la dernière guerre, l'Armée rouge – peu portée sur le *Blitz-Krieg* ou des percées à la Patton – ne daignait passer à l'offensive que quand elle avait accumulé, face à l'ennemi, une quantité d'armes et d'hommes qui étonnait tous les stratèges et tacticiens allemands ou alliés.

Certes les Grands Prêtres sont des praticiens qui confèrent à leurs pratiques la valeur du Dogme. Et les sacro-saints principes léninistes – attaquer en position de force, reculer en position de faiblesse – qu'ils invoquent à tout bout de champ alors qu'ils sont strictement inapplicables quand il s'agit de soulèvements de populations ou dans des situations de parité militaire et qui, comme tels, n'ont abouti qu'à des bouffées d'aventurisme ou à des reculades époustouflantes – le parti communiste français après la guerre, les fusées de Cuba – ne deviennent lumineux et opérationnels que dans une seule et unique condition : quand on dispose d'une suprématie militaire incontestée. Déjà Lénine, après tous ses louvoiements, ne donnera l'ordre d'attaquer le Palais d'Hiver que lorsqu'il disposera d'une force vingt-sept fois supérieure à celle du « gouvernement provisoire » socialiste.

Mais les Grands Prêtres sont, avant tout des parti-étatisateurs et non des conquérants. Et ce n'est pas pour des raisons stratégiques rationnelles,

* Il est souhaitable de distinguer les « soviétologues » qui, tels Zinoviev ou Heller, s'attachent à mettre à nu les mécanismes propres à la nouvelle civilisation, des « kremlinologues » qui se noient dans des hypothèses et des supputations qui ne peuvent le plus souvent qu'être ou inventées ou alimentées, de Moscou, par la « désinformation » du KGB.

ce n'est pas en vertu d'une doctrine militaire et de plans opérationnels précis, ce n'est pas en fonction de l'arsenal américain – de toute façon, Carter ou Reagan sont la même incarnation du Mal et, à moins de se ligoter les mains, l'« impérialisme » sera toujours trop armé –, qu'ils accumulent des armes dont la quantité et la puissance de destruction n'ont jamais existé jusqu'à présent dans l'histoire de l'humanité, mais parce qu'ils savent – gloire en soit rendue une nouvelle fois au génial Staline qui en a fait la merveilleuse découverte –, que seul le caractère absolu de la force militaire permet de réconcilier leurs vérités théologiques avec leur connaissance objective des réalités du monde, de renouveler le miracle d'Octobre en donnant vie aux pratiques de l'agitation et de l'organisation des masses, d'imposer le nouveau consensus aux peuples à convertir en évitant l'ascension aux extrêmes de la violence absolue et en faisant l'économie d'holocaustes et de génocides qui laissent les peuples exsangues tout en mettant leur propre vie en péril. Aucun homme ne saurait vivre écartelé. Les Grands Prêtres ont compris – ils ont vu et senti la roue rouge s'enfoncer dans leur propre chair – l'atrocité du dilemme de la paranoïa – détruire ou s'auto-détruire; *kto kogo?* « Qui dévorera qui? » disait le délicat Lénine – qui a marqué le léninisme ou le stalinisme. Et c'est donc avec une sûreté particulière, provoquée par une pulsion d'autoprotection venant du plus profond de leur être, qu'ils maîtrisent un phénomène ressenti comme parfaitement naturel, parfaitement normal et permanent et qui a, de surcroît, l'avantage extrême de leur permettre d'échapper au dilemme effrayant destruction ou autodestruction, tout en restant fidèles à un Dogme qui est leur raison d'être.

Dans mon deuxième discours, lorsque partant des pulsions néoreligieuses des Grands Prêtres, nous avions pour la première fois rencontré l'irrationalité de l'effort de surarmement de la nouvelle civilisation – saint Georges protégeant les divins enfants des Parti-États accouchés des Vierges populaires contre les Hérode impérialistes – je m'étais permis d'ironiser sur le non-sens défensif du déploiement de SS 20 de plus en plus nombreux et destructeurs face à l'Europe de Mitterrand ou de Giscard, de Thatcher, de Kohl et autres Schmidt. La pratique confirme et enrichit la théologie : les SS 20 sont certes une absurdité stratégique, mais leur installation s'inscrit dans le droit-fil de la grande œuvre entreprise depuis 1945 : la conquête tenace, permanente, inlassable et obsessionnelle de la force absolue *.

Le Dogme des « révolutions socialistes » succédant selon le déterminisme d'acier de la science, aux « révolutions bourgeoises » ne peut que se réaliser, et l'Europe, berceau de l'industrie et du « prolétariat », se doit de rattraper le destin que lui promettait Karl Marx et qu'elle fuit, d'ailleurs, avec une remarquable vélocité. Un jour, je le crains, dans dix, dans vingt, dans trente ans, quand nous nous serons saoulés à satiété de désarmement, d'indignation contre les « deux blocs », de refus des Pershing américains,

* Lorsque les Grands Prêtres s'indignent, déclaration après déclaration, contre la recherche par les États-Unis, de la « supériorité militaire », ils sont sincères : envahis par le système de pensée de la force absolue, ils ne peuvent pas y échapper et concevoir que quelqu'un puisse poursuivre d'autres objectifs qu'eux. Cette tendance se retrouve fréquemment en nouvelle civilisation où il suffit souvent de reprendre ce que les nouveaux papes accusent les autres de faire pour savoir ce qu'ils font.

les papes rouges viendront parachever en Europe occidentale l'œuvre si brillamment entreprise en Europe de l'Est. Cette conversion que les nouveaux missionnaires et les petits apôtres du cru ne sont pas parvenus à réussir par leurs soulèvements armés des années vingt, par leurs grèves, par leurs manifestations et leurs fronts d'après la Seconde Guerre mondiale, la force absolue saura, comme en 1944-1945 en Europe orientale, la réaliser.

En attendant, un jour – les Grands Prêtres raisonnent en siècles –, de s'attaquer à l'insolente et impudique Amérique. Car ne vous y trompez pas, monsieur le Président des États-Unis – et songez-y lorsque vous envoyez vos ambassadeurs aux fêtes qui célèbrent les holocaustes et les génocides d'Octobre –, la dévorante soif qu'éprouve votre peuple pour la libre action de l'homme sur la nature et les choses, les succès vertigineux qu'il y obtient, votre prospérité – « ce qui fait souffrir Zinoviev en Occident, me confiait son éditeur, c'est que le moindre supermarché, le moindre Disneyland constituent des temples de ce " communisme à visage humain " dont est privé le pauvre peuple russe » –, l'enrichissement de votre « prolétariat » et son intégration dans une société civile de plus en plus large, constituent pour les Grands Prêtres une réalité littéralement inacceptable. Comme Carthage, vous devez être détruits. Ou convertis par la force absolue – ce qui, en l'occurrence, revient à la même chose.

CINQUIÈME DISCOURS.

DE LA GUERRE

Oui, pauvres Grands Prêtres!

Car c'est à ce moment béni entre tous où, en Europe de l'Est, après tant de zigzags et de tâtonnements, la connaissance objective des réalités têtues du monde se réconcilie enfin, grâce à la force absolue, avec les fantasmes théologiques, où se créent les conditions d'un Octobre qui n'a pas à sombrer dans une violence excessive, où apparaît un nouveau type de « révolution démocratique populaire » qui prend la relève de – et sert de strapontin à – la « révolution socialiste », cette célèbre Arlésienne de la fécondité que personne jusqu'à présent n'a vu accoucher du moindre enfant, que tout ce divin plaisir est soudain gâché par deux empêcheurs de tourner en rond, par deux des trois apôtres rouges surgis, un quart de siècle après Octobre, à la faveur de la gigantesque boucherie qui, pour la deuxième fois, aura endeuillé le XXe siècle. J'ai nommé les célèbres duettistes Tito et Mao.

Alors que la « révolution socialiste » garde, avec son cortège de grèves, de manifestations, de soulèvements armés, tout son attrait dogmatique, malgré ses nouveaux échecs en Europe de l'Ouest, alors que s'ébauche la théologie pratique de la « révolution démocratique populaire », ces nouveaux venus de l'apostolat, se drapant eux-mêmes dans une pourpre cardinalice quelque peu abusive, croient avoir découvert de nouvelles méthodes de parti-étatisation, affirment – surtout Mao – avoir accouché d'une nouvelle pratique, d'une « guerre révolutionnaire », disent-ils, valable en soi – toujours pragmatiques, les Grands Prêtres ne peuvent que constater que, dans certaines circonstances et avec beaucoup d'aléas, elle fonctionne – et susceptible d'être appliquée par tous les nouveaux croyants. Certes Tito est plus modeste que Mao – carrément condamné, lui, par l'Encyclopédie pour déviationnisme dès 1935 par rapport à l'« internationalisme prolétarien » –, certes le troisième apôtre Hô Chi Minh fait preuve, avec des hauts et des bas, de bien plus d'orthodoxie, mais les choses étant ce qu'elles sont et la pratique étant, dans cette religion de la praxis, indissociable du Dogme, les deux joyeux farceurs risquent de ne pas s'arrêter en si bon chemin et de s'attaquer, ô sacrilège, au cœur même de la scolastique, voire de triturer sans vergogne les textes sacrés.

Pauvres Grands Prêtres, ai-je dit.

Eh bien non! Finalement et quoique la grande joie ne leur ait pas été donnée d'assister au renouvellement d'Octobre, ils ne se débrouillent pas si mal que ça et, face aux divagations viciées de romantisme de leurs apôtres, ils ont déployé, en fin de compte, un bon sens de très bon aloi qui a permis à ce radeau de la Méduse qu'est la nouvelle civilisation de naviguer lentement mais sûrement au milieu de guerres qui nous donnent à nous tellement le tournis que, les ressentant comme nouvelles et « révolutionnaires », nous les avons, le plus souvent, perdues.

Pauvre Occident, en définitive, qui ne fait pas preuve, dans les domaines combien pénibles et délicats de la force, de la violence et de la guerre, de la même lucidité et du même pragmatisme que la nouvelle Papauté.

Déjà, ne considérant plus ses valeurs comme un absolu, il ne trouve plus naturellement les chemins de la force absolue – ce qui n'est pas en soi un mal, car ce genre d'approche a jadis accouché de la colonisation et que l'on voit difficilement de nos jours un Mac Arthur venir camper à Moscou pour apprendre aux Russes la démocratie. Déjà, n'étant plus habité par d'autres pulsions que celles du commerce et de la consommation, il a perdu les motivations qui l'amenaient jadis à guerroyer avec tant de science et de facilité – ce qui n'est pas non plus bien regrettable, car de telles pratiques ont entraîné, par des entre-égorgements successifs, la mort de la Vieille Europe.

*Oui, pauvre Occident. Tel Rome face aux barbares, contaminé jusqu'à l'os par les poisons de la nouvelle religion, il n'a plus, à l'égard des violences et des passions qu'il a enfin éliminées de son sein sans les avoir pour autant comprises, analysées, dominées et qui continuent à ravager des pays moins bien pourvus et moins évolués que lui et dont le cynisme tranquille des Grands Prêtres leur permet de tirer le meilleur parti, qu'une approche de vieillard qui, tout en oubliant son passé et en ne tenant aucun compte des réalités, se raccroche à un bégaiement sénile de grands principes moralisateurs. Pauvre Occident qui nourrit une peur si panique de la guerre – dit-on « révolution » et tout le monde s'extasie; profère-t-on le mot « guerre » et, après les massacres de notre histoire et devant l'*over-killing *terrifiant des armes nucléaires, les esprits s'embrument – qu'il en est réduit à errer dans un labyrinthe de miroirs déformants, à se cogner la tête dans un Luna Park de l'analyse où une réalité militaire déjà complexe, déformée par Mao ou Tito, par tout traîneur de sabre « révolutionnaire » ou par tout « théologien de la libération » –, est à son tour déformée selon ce que nous pensons – à tort – être la pensée du premier Grand Timonier venu ou des « maîtres du Kremlin » qui nous inspirent, en raison de nos anciens schémas d'États-nations, des frayeurs intenses mais souvent injustifiées, du moins dans la forme que nous leur donnons.*

Pauvre Occident qui, géant ayant perdu les penchants en quelque sorte naturels qui le poussaient à faire la guerre, n'a pas su remplacer – face à des Grands Prêtres qui, eux, ne sont ici que lucidité et pragmatisme – ses anciennes pulsions guerrières par une connaissance strictement objective, par une pratique dénuée de toute émotivité et qui oscille – en dehors du domaine nucléaire où la nature même des armes impose un semblant de rationalité mais, éloignant le débat de la conscience collective, entraîne celle-ci n'importe où – entre un romantisme discutable en la matière – Vietnam 1964 – et une peur panique de ce monstre – Vietnam 1975 – non identifié, toujours étroitement associé, à tort, à l'idée d'une ascension aux extrêmes de la violence et d'un penchant fatal vers l'absolu – la guerre.

XI

DE LA GUERRE « RÉVOLUTIONNAIRE »

Pendant la guerre française d'Indochine, alors qu'après avoir quitté le cabinet du ministre de l'Intérieur et le Deuxième Bureau du maréchal Juin, je découvrais – assez ébloui, dois-je le préciser – les charmes, la profondeur, mais aussi les extravagances des analyses de la Rand Corporation, je suivais de près le combat désespéré que menait, aux antipodes et dans l'indifférence générale, le petit et héroïque Corps expéditionnaire français – combat qui me passionnait tellement que je proposai à Rand d'en tirer les enseignements, me heurtant à un refus qui ne m'étonne guère, malgré ce qui s'est ensuite déroulé au Vietnam, en raison des difficultés que les groupes sociaux éprouvent à tirer profit des expériences d'autrui, mais dont je ne pouvais prévoir que j'en aurais un jour à assumer personnellement, en Algérie, les dramatiques retombées sur l'état d'esprit de nos forces qui y ont perdu leur âme et leur raison. Mais, si mes amis officiers venaient m'entretenir de la « guerre révolutionnaire » qu'ils étaient en train de perdre, les livres et périodiques soviétiques qui envahissaient alors ma maison beauceronne dans un raz de marée si puissant – aucune civilisation au monde ne sécrète autant de papier et n'approfondit autant de sujets divers – que je devais, pour qu'ils ne submergent pas ma cuisine et ma salle de bains, les canaliser vers mon garage et mes greniers, restaient désespérément muets sur la question. Glorification du génie de Staline, histoire militaire, batailles de la Seconde Guerre mondiale, budget et planification, stations hydro-électriques et machines-outils – les modes de l'époque – étaient à l'honneur, mais rien ne paraissait sur le nouveau type de guerre, de même qu'aujourd'hui rien ne paraît dans les maisons d'édition de la Papauté sur les « guerres de libération », dont tous les experts proclament pourtant à l'envi qu'elles sont dues à « la main de Moscou ».

Est-ce à dire que les vilains révolutionnaires soviétiques, ayant découvert la pierre philosophale, ont décidé de recouvrir leur trouvaille du monstrueux manteau de secret qui caractérise leur étouffante société? L'hypothèse pourrait être valable en ce qui concerne la pratique car les Grands Prêtres effectivement n'aiment guère – à la différence de l'insouciant Occident – partager leur savoir-faire, mais elle ne saurait être vraie pour la théorie : si l'organisation des grèves ou l'agencement de soulèvements armés dans les pays capitalistes et dans le tiers monde ne font l'objet d'aucun traité pratique jeté sur la place publique, les articles *Grève, Soulèvement armé* ne peuvent pas ne pas figurer – on l'a assez vu – dans la dogmatique Grande Encyclopédie.

Ouvrons donc ce pesant condensé de marxisme combien lourd. De « guerre révolutionnaire », point. La désolation, le désert. Sous le qualificatif sacro-saint de « révolutionnaire » – en russe l'adjectif précède le nom commun – défilent *Situation révolutionnaire* – un régal! –, *Situation révolutionnaire en Russie 1859-61, Situation révolutionnaire en Russie 1870-80, Dictature révolutionnaire démocratique du prolétariat et de la paysannerie, Comités révolutionnaires* – il s'agit des « organes de la dictature jacobine », toujours elle!, *Tribunaux révolutionnaires, État-major révolutionnaire de combat,* mais pas plus de « guerre révolutionnaire » que de sexe sur le corps délicat des anges. Et dans l'article *Guerre,* avec ses subdivisions « Guerres justes et injustes, progressives et réactionnaires », « Types historiques de guerres », « Théories bourgeoises contemporaines de la guerre », « Le marxisme-léninisme sur le problème de la guerre et de la paix dans l'époque contemporaine » – où l'on apprend d'ailleurs, voyez que les Grands Prêtres ne sont pas si cachotiers que cela, que « le moyen principal et décisif de la guerre nucléaire deviendra l'arme nucléaire qui sera utilisée tant pour détruire les moyens de frappe nucléaire et anéantir les forces armées de l'adversaire que pour ruiner massivement des objectifs et des régions importants au plan humain et ayant une signification économique, scientifique, militaire et politique » –, pas un mot n'est dit sur une guerre qui serait révolutionnaire, insurrectionnelle ou de libération. Et dans les articles très fouillés *Art de la guerre, Doctrine de la guerre, Science de la guerre, Stratégie, Art opératif, Tactique* – ah, le pacifisme revigorant de ces gens-là! – aucune allusion n'est jamais faite sur une façon particulière de faire la guerre « comme un poisson dans l'eau * ».

Ah si! En cherchant bien, les amateurs de sensations fortes et de rigolotes castagnes dans les monts et sous les baobabs peuvent toujours se reporter au *Mouvement des Partisans,* « l'un des moyens de lutte des masses pour l'indépendance et la liberté de la Patric *(sic)* ou pour des modifications sociales menées sur des territoires occupés par l'ennemi (...), moyen qui peut être dirigé contre ses asservisseurs tant étrangers qu'intérieurs ».

Dans cet article fort pertinent mais très concis – 95 lignes contre 692 pour *Guerre* et 289 pour *Situation révolutionnaire* – l'on apprend enfin que « depuis la Seconde Guerre mondiale, le mouvement des partisans » – et pas la guerre – « s'est développé dans de nombreux pays d'Asie, d'Afrique, d'Amérique latine au cours de la lutte de ces peuples pour l'indépendance

* S'il existe chez ces grands pacifistes que sont les Grands Prêtres une *Psychologie de la guerre,* « branche de la psychologie étudiant les problèmes psychologiques survenant au cours du processus de préparation des militaires et de la conduite de la guerre », on ne trouve pas non plus, bien entendu, chez eux cette « guerre psychologique » qui a tourné la tête en Indochine à une partie de l'Armée française et provoqué chez le général de Gaulle de si gigantesques – et saines – fureurs.

nationale contre le colonialisme et l'impérialisme. Il a pris une ampleur particulière dans les années quarante et cinquante au Vietnam, au Laos, au Cambodge, aux Philippines, à Alger, en Malaisie et à Cuba, au moment de la lutte contre la domination des colonisateurs et des régimes réactionnaires et, dans les années soixante et soixante-dix, au Vietnam du Sud, au Laos, au Cambodge, en Arabie du Sud et dans les colonies portugaises d'Afrique (Angola, Guinée et Mozambique) ».

Mais, attention, attention!

Toute cette affaire remonte quand même à Mathusalem : « Les mouvements de partisans sont connus depuis la profonde Antiquité (par exemple la lutte des peuples de l'Asie centrale contre Alexandre de Macédoine » – qui, lui, n'est pas Grand – « au IVe siècle avant notre ère » – c'est ainsi qu'on dit en nouvelle religion – « la lutte des peuples contre l'expansion de la Rome antique, etc.). »

Vous avez dit « nouveau », docteur Mao?

Et, toutes ces empoignades n'ont pas de rapport direct avec la vivifiante lumière du « marxisme-léninisme ». Certes « les guerres civiles des masses exploitées prennent souvent la forme d'un mouvement de partisans », mais, mais, mais... « les méthodes de la lutte partisane sont quelquefois utilisées par des forces réactionnaires ayant réussi à attirer provisoirement de leur côté la partie de la population arriérée au plan politique ».

Pourquoi tu tousses, tonton Mao?

D'ailleurs et de toute façon, cette pratique n'a rien de bien décisif. « D'habitude (les objectifs du mouvement de partisans) consistent à causer un dommage maximum à l'ennemi et *à créer les conditions nécessaires à la victoire* ». Ainsi « dans les pays occupés par l'Allemagne fasciste et ses alliés pendant la Seconde Guerre mondiale 1939-1945 est né un mouvement de Résistance qui, dans un certain nombre de pays, s'est déroulé sous la forme d'un mouvement de partisans et, dans d'autres, s'est transformé *en guerre de libération nationale* ».

Alléluia! Voilà lâché le maître mot qui impressionne tellement nos chers experts! Voilà donc le type de guerre que mitonnent et nous livrent les nouveaux papes! Hélas : on ne trouve pas plus de « guerre de libération nationale » dans la Grande Encyclopédie que d'auréole sur la tête du Président Reagan. Et s'il n'existe pas de « guerre de libération nationale » dans la théologie pratique, la raison en est simple : à la différence du « mouvement de partisans » dont « les formes sont les attaques par surprise et de caractère fulgurant (embuscades, raids) et différents moyens de causer des pertes et des dommages matériels à l'adversaire sans engager le combat avec lui », la guerre de libération nationale est certes une guerre « juste » selon la distinction essentielle des Grands Prêtres, certes une guerre dont le but est la « libération » d'une nation, mais, au plan pratique, c'est avant tout et tout bêtement, une *guerre comme les autres.*

Et si, à l'affût de tout ce qui pourrait servir l'extension de leur foi, les Grands Prêtres ne sauraient renoncer ni au « mouvement de partisans » ni à la « guerre de libération nationale », il ne s'agit pas pour autant, comme le pensait ce pauvre Mao, de moyens qui disposeraient d'une spécificité suffisante pour être intégrés dans la théologie pratique, de méthodes riches d'une efficacité indubitable permettant – telle la force absolue – de pallier les insuffisances de la pratique et de réaliser à coup sûr les prédictions de la théologie scolastique et positive en faisant émerger un sens de l'Histoire qui tarde à se manifester *. Pas question donc, même pour les plus sympathiques partisans luttant dans les montagnes les plus attrayantes, même pour les peuples les mieux intentionnés combattant pour la plus juste des « libérations », de modifier un Dogme qui n'est pas porteur de cette révélation-là.

Observateur hors pair de l'Histoire, qu'elle soit passée ou en marche, le KPSS constate bien, en 1960, que « l'écroulement du système d'esclavage colonial sous la pression du mouvement de *libération nationale* est le deuxième événement par son importance après la formation du système mondial du socialisme [1] ». Comptables maniaques de toutes les « révolutions » – même « bourgeoises » – puisqu'elles sont les signes précurseurs de l'apparition sur terre du Messie de la « révolution socialiste », les Grands Prêtres ont bien épinglé, dans leur docte Encyclopédie, une *Révolution de libération nationale* qui peut « surgir des mouvements » du même nom. Mais l'identification des grands courants socio-politiques qui façonnent l'Histoire, mais la volonté que la révolution – comme l'argent – aille à la révolution, même si l'on n'est soi-même qu'un révolutionnaire de pacotille, n'autorisent pas pour autant de plonger, tête baissée, dans l'irréalisme et les illusions.

Comme le Mouvement de partisans, la Révolution de libération nationale n'est, quand même pas, de toute première fraîcheur : « Les mouvements nationaux ont eu lieu, sous une forme ou sous une autre, dans l'époque précapitaliste à l'époque du féodalisme ». Moins attrayant encore : « L'époque du capitalisme » – ô la vilaine ! – « a donné vie à des mouvements nationaux et à des Révolutions de libération nationale (...). Ces mouvements avaient un caractère antiféodal, bourgeois, bourgeois démocratique. Ils étaient dirigés par la bourgeoisie. » Question à mille roubles. L'Amérique conservatrice aime accuser Moscou de fomenter contre elle des « guerres de libération » qui prennent ainsi, dans ces milieux austères, des connotations résolument « marxistes » et « soviétiques ». Mais, quelle est donc, pour les Grands Prêtres, une révolution importante de libération nationale, une guerre significative de libération ? Tout simplement... la Révolution américaine qui figure dans leur Encyclopédie sous le titre *Guerre pour l'Indépendance en Amérique du Nord, 1775-1783* **.

Certes, cette antiquité, vénérable mais archaïque, peut, une fois dépoussiérée, décapée et repeinte à neuf, servir l'expansion du système du

* En revanche, si Mao – et à un moindre degré Tito – a éprouvé un tel penchant pour la « guerre révolutionnaire », c'est qu'il a dû éprouver l'impression que la guerre permettait effectivement de substituer à une pratique qui, dans les conditions chinoises, aboutissait à l'écrasement de tous les soulèvements armés, des méthodes permettant d'accoucher d'un sens de l'Histoire qui, autrement, paraissait ne pouvoir jamais voir le jour. La possibilité de réconcilier les fantasmes théologiques avec la connaissance objective et pratique des réalités est au cœur du système de pensée et d'action des Grands Prêtres.

** Dans le même ordre d'idées, l'article *Révolution de libération nationale* conseille à ses lecteurs de se reporter à... la *Guerre pour l'indépendance des colonies espagnoles en Amérique, 1810-26*, à la *Révolution de libération nationale grecque, 1821-29* et à la *Révolution kémaliste*.

Parti-État et de la nouvelle foi: « Dans l'époque contemporaine, la Révolution de libération nationale dans les colonies et les pays dépendants (...) n'est pas seulement antiféodale mais avant tout anti-impérialiste, une partie constituante du processus révolutionnaire mondial, une force active de destruction de l'impérialisme. » Certes Octobre – qui a, on le devine, tous les bienfaits – ne pouvait que revivifier cette vieillerie : les révolutions de libération nationale « sont étroitement liées avec la lutte des forces sociales, constituent leur allié objectif (...). La Grande Révolution d'Octobre a pratiquement lié les mouvements de libération nationale avec la Révolution socialiste ». Certes, « la classe ouvrière est la force essentielle de la Révolution de libération nationale contemporaine, le lutteur le plus conséquent pour les intérêts nationaux, pour le progrès social et pour amener la révolution jusqu'à son terme ». Certes « le système socialiste assure un soutien au mouvement de libération nationale et sert de rempart contre les règlements de compte des colonisateurs avec les peuples soulevés dans la lutte ». Bref, le Parti-État ne sera jamais absent de ces batailles-là.

Mais – que c'est beau la dialectique poussée à ce degré de raffinement! – attention, attention, attention! *Achtung:* « Une force essentielle est la paysannerie qui joue un rôle dominant dans la lutte anti-impérialiste et de libération » – merci pour la chair à canon. « Jouent un rôle actif et important (...) différentes couches de la petite bourgeoisie, de l'intelligentsia patriotique » – belle formulation –, « l'Armée (...). Souvent y participe, en la dirigeant, la bourgeoisie ». *Attenzione:* « La peur des masses, des intérêts de classe étroits nourrissent en son sein (de la bourgeoisie) des tendances recherchant l'accord avec les impérialistes » et ce n'est que « dans les pays coloniaux et dépendants où la lutte de libération nationale est dirigée par les forces révolutionnaires-démocratiques que le gouvernement formé après la victoire de la Révolution de libération nationale prend le chemin de l'orientation socialiste ». *Beware of danger:* « La reconnaissance de la souveraineté nationale, victoire historique des peuples des anciennes colonies, ne résout pas la totalité des tâches de la Révolution de libération nationale. » D'où la nécessité « d'approfondir la révolution, de la faire entrer dans l'étape de transformations sociales radicales ».

Le poker, quoi! Loin de constituer l'une de ces martingales infaillibles qui, avec la chère « révolution socialiste », permettrait de gagner à tous les coups – à condition, bien entendu, de ne pas lésiner sur la force absolue en tirant résolument à soi la table de la roulette –, la « libération nationale » n'est qu'un jeu d'enfer, dont on ne peut nier qu'il soit conforme au sens de l'Histoire et que les Grands Prêtres soient contraints de toujours y participer, mais un jeu où ils sont forcés de ne jamais passer, de toujours payer pour voir, sans jamais, pour autant, être sûrs de gagner. Et quelle que soit la vigilance dont ils font preuve, quels que soient les armes qu'ils auront fournies, les soutiens diplomatiques qu'ils auront accordés, les nouveaux papes peuvent très bien ne pas avoir – comme dans l'Égypte de 1952 – vu venir la partie ou/et se retrouver – comme en Algérie : la *Révolution de juillet 1952* et la *Révolution démocratique populaire d'Algérie* sont deux des trois exemples de « Révolution de libération nationale dans l'époque contemporaine » que la Grande Encyclopédie propose à ses lecteurs – avec une paire de neuf face à un brelan d'as, ayant à poursuivre l'œuvre de conversion et de parti-étatisation au cours d'autres jeux et selon d'autres méthodes.

Quant à Tito et Mao, ils n'ont donc ni découvert une pratique qui serait nouvelle et imparable ni réalisé un type de révolution qui pourrait servir de modèle aux nouveaux croyants sur les vastes terres du tiers monde *. Ils ont – et la Grande Encyclopédie fait preuve sur ce point d'une logique qui me paraît d'acier – *livré et gagné des guerres.* Pour Tito : la *Guerre de libération populaire en Yougoslavie, 1941-1945,* 546 lignes. Pour Mao : la *Guerre de libération nationale du peuple chinois contre les agresseurs japonais, 1937-1945,* 398 lignes, puis la *Guerre de libération populaire en Chine, 1946-1949,* réduite, elle, à 178 lignes, essentiellement centrées sur le déroulement des opérations militaires contre Tchang Kaï-chek.

Pour Hô-Chi-Minh – qui suit une progression plus orthodoxe que Mao car la justification théologique de la « Guerre de libération populaire en Chine » n'est pas entièrement évidente : la *Guerre de résistance du peuple vietnamien 1945-1954* contre les « interventionnistes français » – typique et prévisible agression de l'Hérode impérialiste contre la « Révolution d'août 1945 au Vietnam » qui, après une série de grèves, de soulèvements armés, de formation de soviets religieusement recensés depuis 1917, créa – que l'événement ait été plus théorique qu'effectif est secondaire par rapport à l'importance de la révélation – le « premier gouvernement d'ouvriers et de paysans dans l'Asie du Sud-Est ». Puis, après les catastrophiques accords de Genève, non une quelconque « guerre révolutionnaire » au Vietnam du Sud – où ne se déroulent que des actions tout à fait normales de masses ne désirant pas être privées des bienfaits de la « Révolution d'août » mais l'*Agression américaine (USA) au Vietnam* **.

Des guerres, vous dit-on. Et dont le succès dépend, comme dans toute guerre, non d'un truc, fût-il « révolutionnaire », mais du nombre des combattants, de la qualité opérationnelle des troupes, des « possibilités morales », selon la pudique expression de l'article *Stratégie,* des peuples.

Toutes qualités dont l'Occident a – tourneboulé par les comportements imaginaires qu'il prête aux Grands Prêtres, à leurs apôtres et à leurs croyants, empêtré dans ses illusions, sa mauvaise conscience, voire sa lâcheté – été bien cruellement dépourvu.

* « Le maoïsme, critique l'Encyclopédie, a emprunté la conception trotskiste de la " révolution permanente " (...), s'efforce de démontrer que le cadre du mouvement révolutionnaire s'est déplacé dans la zone du mouvement de libération nationale. » Il s'attaque à une vérité fondamentale du Dogme qui, je le répète, acquerra un jour la vie lorsque la force des Grands Prêtres sera devenue absolue, en prétendant en particulier – ô horreur ! – que la « classe ouvrière des pays capitalistes développés s'est embourgeoisée et a perdu la révolutionarité *(sic)* ».

** Le « Vietnam du Sud » ne figure, en 1971, dans l'Encyclopédie soviétique que comme la deuxième subdivision de l'entité *Vietnam* après « 1. Données générales, 2. Le Vietnam jusqu'en 1945, 3. La République démocratique du Vietnam ». Et je serais responsable – ce qu'à Dieu ne plaise – des affaires de ce monde, je garderais un œil vigilant sur la Corée du Sud qui est soumise au même traitement de faveur dans l'article *Corée.* Quant à l'Allemagne, abordée en trois articles – *Allemagne, République démocratique d'Allemagne, République fédérale d'Allemagne,* il serait facile un jour de la réunir en un seul.

XII

DES GUERRES CIVILES

De l'impossibilité pour les nouveaux croyants de gagner une guerre civile

Non, les Grands Prêtres ne sont pas à plaindre. Face à ceux des bouleversements du monde qui ne se trouvent pas au centre de leur délire dogmatique, ils savent garder la tête froide : si l'on ne prend pas trop au sérieux la redondance émotive des mots « révolution » et « libération » – à propos, par quelle aberration masochiste, l'Occident utilise-t-il, lui aussi, ces termes, alors qu'ils ne peuvent que lui nuire sans faire progresser l'analyse? –, si l'on ne jette qu'un regard attendri mais rapide sur le charabia concernant les « classes » qui, d'ailleurs, semblent avoir, dans la « révolution de libération nationale », laissé leur « lutte » immortelle au vestiaire et livrent, en quelque sorte, des batailles « omni-classes », toutes les analyses qu'on vient de lire ne sont pas certes polies par la plume de Shakespeare, mais n'en témoignent pas moins, dans le fond, d'une louable pertinence.

Mais, attention! La religion est chose complexe, et, dès qu'un événement paraît relever du Dogme, surgissent, bottées et casquées, l'erreur et la démence. Les mêmes hommes, qui analysent avec froideur et lucidité les « guerres » de Tito, Mao et Hô Chi Minh, perdent toute mesure quand ils chantent l'épopée – 1130 lignes, soit deux fois plus que les campagnes du pauvre Mao – de « la guerre d'Espagne, pendant laquelle, apprend-on, se forma une république démocratique d'un nouveau type, créée au prix des efforts et du sang des masses populaires, première république incorporant certains des traits essentiels d'une démocratie populaire [2] » – poème d'un lyrisme extravagant, ponctué de grandioses manifestations de masses, d'homériques empoignades d'un Parti toujours infaillible et omniscient avec des hérétiques, socialistes et anarchistes, habités, eux, de l'esprit le plus malin.

Bien entendu, et comme il est impossible aux Grands Prêtres d'admettre que les populations espagnoles ne voulaient pas tellement de la nouvelle religion, c'est le Dogme de la « contre-révolution », c'est l'« intervention étrangère », mussolinienne, hitlérienne, américaine – 624 000 tonnes de pétrole fournies en 1938 par la Standard Oil, 12 000 camions par

Ford et Studebaker d'après la Grande Encyclopédie –, c'est la politique de non-intervention des capitalistes anglais et de l'Internationale socialiste qui expliquent seuls la catastrophe finale *.

Et s'il fallait plaindre quelqu'un dans une affaire particulièrement sanglante – « le sang des masses populaires » –, ce serait plutôt sur les nouveaux croyants dispersés sur le terrain des « guerres civiles » qu'il faudrait répandre des larmes. Ce sont eux, en effet, qui versent leur sang, tout en étant, il est vrai, fort peu économes de celui des « personnalités » qu'ils ressentent comme « hostiles » à leur délire. Ce sont eux qui, après avoir connu les désastres les plus cuisants, ne semblent pas tellement compris par la Papauté qu'ils ont cru servir.

De trois choses l'une, en effet :

Ou le Dogme s'applique à la lettre, et la défaite – quand on ajoute deux et deux, on trouve rarement soixante-quatre – prend des proportions si catastrophiques qu'elle en devient pour les Grands Prêtres – Espagne – une œuvre d'art célébrée comme telle à Moscou. Saintes, saintes, saintes sont les Révolutions ! – c'est sous ce titre sacré *Révolution espagnole, 1931-1939* que la guerre civile d'Espagne est encensée par l'Encyclopédie. Leur royaume n'est pas de ce monde ! Gloire à elles au plus haut des cieux !

Ou, les choses ne prenant pas la tournure d'un de ces cataclysmes que les Russes – comme tout peuple moyenâgeux – affectionnent lorsqu'ils sont emportés par leur mysticisme le plus douteux, les Grands Prêtres détectent bien vite l'abominable « déviationnisme », qui est alors – Grèce – cloué au pilori ou ne consacrent que quelques lignes hâtives à des combattants – « mouvements de partisans » de Malaisie et des Philippines – qui sont alors morts vraiment pour rien, même pas pour alimenter le rêve dément de la nouvelle révélation.

Ou, las de recevoir d'aussi gigantesques tannées – Mao ne devait guère être satisfait, et on le comprend, des successifs massacres de la « Révolution chinoise 1925-1927 » –, des apôtres particulièrement futés découvrent des moyens originaux pour assurer le triomphe de leurs ouailles, et « Pardon ! Pardon ! » s'écrient – fort justement mais ce n'est pas le problème – les Grands Prêtres. « Hors Jeu ! Votre façon de jouer est efficace certes, mais elle n'a rien à voir avec le Dogme ! »

Car les faits sont là, abominablement têtus, et seule la criminelle tolérance de l'Occident à l'égard de la nouvelle religion et de ses sanglants délires ne permet pas de proclamer cette loi de l'histoire tumultueuse de notre temps : toutes les fois où les nouveaux croyants ont voulu – ou dû – combattre à l'intérieur d'un pays, les armes à la main, des non-croyants récusant la nouvelle foi, dans le choc armé de consensus déchirant profondément le tissu social et que l'on appelle généralement « guerre civile », ils ont été cruellement et irrémédiablement défaits.

* Pour une fois, la Grande Encyclopédie parle de guerre « révolutionnaire ». « En raison de l'intervention étrangère, la guerre civile se transforma pour le peuple espagnol en une guerre nationale-révolutionnaire : nationale – parce que l'intégrité et l'indépendance nationale de l'Espagne étaient en jeu » – comme si Hitler et Mussolini avaient voulu démembrer et coloniser le pays ! Ils avaient tous les vices, mais pas celui-là –, « révolutionnaire – parce que ce fut une guerre pour la paix et la démocratie » – eh ben, voyons – « contre le fascisme ». On est bien loin des définitions de Mao.

« Guerre civile, proclame la Grande Encyclopédie, lutte armée organisée pour le pouvoir politique entre classes et groupes sociaux à l'intérieur d'un pays, la forme la plus aiguë de la lutte des classes. » Supprimons la « lutte des classes » – elle ne réussit guère aux analystes de la nouvelle religion – et nous arrivons à une définition fort acceptable : « lutte armée organisée pour le pouvoir politique entre groupes sociaux à l'intérieur d'un pays ». Mais quel théologien pourrait échapper aux postulats de son Dogme? « Dans une société à l'antagonisme de classes, enchaîne aussitôt l'Encyclopédie, la guerre civile constitue » – et les casuistes cèdent la parole au Prophète : « le prolongement et l'aggravation naturels, fatals dans certaines conditions, da la lutte des classes », Lénine, V.I., *Oeuvres complètes*, 5e éd., tome 30, p. 133 » – ce serait tellement plus beau si l'on comptait en versets.

Zéro pointé, camarade Lénine. Votre « prolongement » est tellement « naturel », tellement « fatal » qu'il ne s'est produit que dans de bien rares circonstances : en Espagne au moment des grandes convulsions européennes consécutives à Octobre, en Grèce – autre pays méditerranéen fortement religieux – au moment des grandes convulsions consécutives à la Seconde Guerre mondiale et, bien que la chose demande à être nuancée au maximum, au Vietnam du Sud, lors des grandes convulsions consécutives à la décolonisation du tiers monde – ce qui prouve, aucune « guerre civile » n'ayant éclaté dans les pays industrialisés, qu'il ne s'agit en rien de « luttes des classes », mais bien, « dans certaines conditions », très spécifiques d'ailleurs, de la réaction aux grands bouleversements de l'ordre et de l'équilibre du monde de certaines collectivités nationales dans certaines circonstances très particulières de leur histoire.

Et lorsque ces événements – combien peu naturels, combien peu fatals – se sont produits, ils ne se sont – nulle part et jamais – soldés par un triomphe des nouveaux croyants. Ils ont – toujours et partout – entraîné leur écrasement.

La guerre civile espagnole a été une défaite. La guerre civile grecque a été une défaite. Le mouvement de partisans en Malaisie, le mouvement de partisans aux Philippines ont été des échecs – et je ne parle même pas, puisque les événements d'Amérique latine et centrale demandent à être analysés à part en raison de leur profonde spécificité *, de la tentative très belle et très romantique mais stratégiquement grotesque, de ce pauvre Che Guevara. L'effondrement des nouveaux croyants a été indubitable et sans appel tant en ce qui concerne les « mouvements de partisans » – Philippines, Malaisie – que les guerres classiques – Espagne, Grèce – où le développement de l'affrontement des consensus entraîne la création, le renforcement, le choc de véritables structures étatiques, de véritables forces armées d'État, tant en ce qui concerne les guerres défensives – Espagne –, que les guerres offensives – Grèce, Malaisie, Philippines. Il s'est produit aussi bien en Europe qu'en Asie, aussi bien dans les pays dotés d'une industrie et d'un fort « prolétariat » que dans les pays les plus ruraux, et

* Voir ci-dessous, p. 351, en conclusion de cette exploration des guerres livrées par la nouvelle religion – exploration que j'ai voulue aussi dépassionnée et conceptuelle que possible.

ceci quels qu'aient été la bénédiction, le soutien ou les réticences du Saint Empire moscovite.

La seule fois où une « guerre civile » s'est transformée en victoire des nouveaux croyants, c'est lors de l'inexpiable guerre civile russe mais – et nous retrouvons là toutes les caractéristiques d'Octobre qui m'inciteraient à plaindre les Grands Prêtres avec encore plus de sincérité s'ils n'avaient pas trouvé, nous le découvrirons, le moyen de remédier à cette situation-là – cette victoire ne s'est jamais et nulle part renouvelée.

Car il faut bien nous rendre à l'évidence : fleuron particulièrement sanglant du Dogme, explosion périodique de démence des nouveaux croyants – flambée espagnole lors des convulsions européennes des années trente, bouffées plus marginales et limitées encore lors des soubresauts consécutifs à la Seconde Guerre mondiale, embrasement très spécifique du Vietnam du Sud lors de la décolonisation du tiers monde, le phénomène n'est reparu, sous une forme encore différente et à la suite d'événements eux aussi différents, que dans les années quatre-vingt en Amérique centrale –, la « guerre civile » si chère aux Grands Prêtres n'a pas plus de chances de réussir que leur « grève » en tant que moyen de renverser l'ordre établi, que leur sacro-saint « soulèvement armé » ou que leur ravissante « révolution socialiste ». A Dogme faux, pratique inefficace.

Et qu'on ne me parle pas, surtout pas, de Mao et de sa Chine – exemple combien typique, au contraire de toute la fausseté du Dogme : tous les « soulèvements armés » recensés par l'Encyclopédie – *Shanghaï 1926-1927, Canton 1927, Récolte d'Automne, Nanchong 1927* – ont été des catastrophes gigantesques, toute cette lamentable *Révolution chinoise 1925-1927* – on dirait vraiment le modèle d'un chassepot – n'a pas eu de « prolongement » du tout. La Longue Marche – 72 lignes dans la Grande Encyclopédie –, les « réduits révolutionnaires » – 24 lignes – n'étaient que des replis défensifs sans aucun intérêt – les sages encyclopédistes me donnent raison sur ce point et je fais toute confiance à leurs connaissances en la matière – ni dogmatique ni militaire. Sauf création d'un « sanctuaire extérieur », difficile à neutraliser, non pour des raisons de « politique internationale » qui, comme le prouve l'action fulgurante du général de Gaulle à Bizerte pendant la guerre d'Algérie, n'ont strictement aucune importance, mais de rapports de force avec des États disposant d'une puissance et d'une volonté comparables aux vôtres, Mao ne pouvait – bien entendu avec le temps – qu'être écrasé par l'État-nation central de Tchang Kaï-chek.

Et c'est l'invasion japonaise – et l'invasion japonaise seule et non tout le méli-mélo sur la « guerre révolutionnaire » – qui a sauvé le Grand Timonier d'une défaite irrémédiable. Les admirateurs de la « Longue Marche », les thuriféraires des « zones révolutionnaires » savent-ils seulement de combien de troupes Mao disposait après ces brillants exploits? 45 000 hommes en Chine du Nord, 10 000 en Chine du Sud, rapporte, mauvaise camarade l'Encyclopédie – gouttes d'eau face aux millions d'hommes de l'Armée du pouvoir central *. Et c'est l'invasion japonaise qui a intégré le choc de consensus déchirant le tissu social dans un autre

* Au plan stratégique, un « sanctuaire intérieur » – toujours dans l'hypothèse de l'absence d'un « sanctuaire extérieur » auquel il pourrait s'accoler et que l'on ne pourrait ni réduire ni isoler – ne constitue qu'un piège favorable à celui qui dispose

type de guerre – la « guerre, d'après l'Encyclopédie, de libération nationale du peuple chinois contre l'envahisseur japonais 1937-1945 » – type de guerre qui, lui, peut être victorieux et que nous aurons, donc, à définir à satiété.

Et la guerre qui est finalement venue à bout de Tchang Kaï-chek – voyez comme se dédouble la connaissance des Grands Prêtres : négligeant la fantasmagorie du Dogme, ils continuent à faire appel à leur irremplaçable connaissance de la guerre pour analyser avec froideur et logique la « Guerre de libération populaire 1946-1949 » – n'a rien à voir avec la « guerre civile » telle que la définissent les textes sacrés et telle que je la définis moi-même, en dégraissant leur remarquable diagnostic de toute la démence de la « lutte des classes ».

Et que l'on m'épargne aussi de grâce l'exemple claironnant du Vietnam qui, exploité d'une manière éhontée par les Grands Prêtres, par les nouveaux croyants et par leurs pitoyables alliés de notre intelligentsia, vicié par l'impression de défaite que nous retirons, à juste titre, de l'aboutissement final des événements, obscurcit les esprits.

Comme la Chine de Mao, le Vietnam du Nord est parvenu à l'être, non à la suite d'un choc armé de consensus d'une « guerre civile », mais par une « Guerre – toujours l'Encyclopédie – de résistance du peuple vietnamien, 1945-1954 » contre le colonialisme français. Ce qui s'est passé ensuite au Vietnam du Sud est d'une complexité assez unique dans l'Histoire – la guerre n'est un « art simple » que pour les soudards –, due aux retombées d'une guerre très spécifique de plus de neuf ans contre la force armée coloniale française, à un terrain qui permettait l'infiltration à partir d'un « sanctuaire » extérieur pratiquement inviolable, d'unités régulières d'un autre État, de la participation directe et massive aux combats de troupes américaines – complexité qui ne ressemble en rien à ce qui s'est déroulé en Espagne, en Grèce, en Malaisie, aux Philippines.

Mais même si l'on admet qu'il y ait eu effectivement, malgré toutes ces différences profondes, à l'intérieur du Vietnam du Sud, « une lutte armée pour le pouvoir politique de groupes sociaux » comme le veut le Dogme ou le choc armé de consensus déchirant le tissu social qui constitue pour moi, une « guerre civile », il faut donc en tirer toutes les conséquences : cette guerre civile-là a été, elle aussi, irrémédiablement perdue par les nouveaux croyants.

D'une part, et quelle qu'ait été la dureté des combats livrés par le Viet-Cong à partir de 1964, les nouveaux croyants ne sont jamais parvenus – malgré l'infiltration d'unités régulières du Vietnam du Nord – à obtenir des succès véritablement décisifs. Et ils ont, en fin de compte, été laminés lors de leur folle offensive dite du Thêt en 1968, les forces de Thieu étant, depuis cette date, en train de venir à bout, avec l'atout essentiel du temps et selon les conseils des spécialistes américains antiguérilla – pourquoi le

du temps, de la patience et des troupes aguerries pour venir à bout du « réduit ». Si les apôtres y attachent autant d'importance c'est que, soit ils affrontent des adversaires démunis de ces vertus – je ne veux pas faire de mauvais esprit mais je crains que le mot « sanctuaire » soit d'origine américaine et date de la guerre du Vietnam –, soit ils s'efforcent, dans leur délire de l'action, de compenser la faiblesse qui les a contraints à la retraite par le développement frénétique, dans les territoires ainsi occupés, de l'ordre du Parti-État.

know-how serait-il moins important dans la lutte contre les partisans que dans les autres activités militaires? Déjà l'exemple de la France de 1940 prouve qu'une force, même dotée de chars et d'avions mais organisée pour le combat de fantassins, est impuissante face à des unités pratiquant la percée de blindés –, des maquis et des appareils politico-administratifs du Viet-Cong. Et c'est par un autre type de guerre, singularisée comme telle par la Grande Encyclopédie et que nous aurons elle aussi à décrire, que le Vietnam du Nord a, comme Mao contre Tchang Kaï-chek, terrassé le malheureux Vietnam du Sud.

D'autre part, et quel que soit le côté détestable du régime Thieu, quel que soit le handicap psychologique que pouvait constituer une aide militaire américaine trop voyante et génératrice comme telle de sentiments de rejet dans la population, le développement économique du Sud-Vietnam, son ouverture vers la « société de consommation », l'impact du « modèle » japonais commençaient à instaurer, non bien entendu un consensus politique autour de Thieu mais tout au moins une adhésion au modèle de société dont on voit d'ailleurs aujourd'hui avec quelle rapidité il gagne les pays du Sud-Est asiatique. Et, après la chute sans gloire de Saïgon, la célèbre théorie des « dominos » – qui, en l'absence d'une analyse véritable des méthodes et des réalités de la nouvelle expansion, payait un bizarre tribut, même dans les milieux conservateurs, à la nouvelle religion et à sa prétendue emprise sur les populations – s'est révélée radicalement fausse : on n'a assisté nulle part en Asie du Sud-Est – quels qu'aient été les craquements des sociétés – à l'enclenchement « naturel », « fatal », de la dialectique des « grèves », « soulèvements armés » et « guerres civiles ».

Que dans tous ces cas de défaite des nouveaux croyants au cours d'une « guerre civile », l'Occident ait apporté son aide militaire, technique, économique aux populations s'arc-boutant contre la nouvelle expansion – on disait, dans le temps, « luttant pour la liberté » – est certes important – et indispensable et fort louable à mes yeux –, mais ne saurait en rien, et cela les Grands Prêtres ne peuvent, pour ne pas voir d'insoutenables réalités en face, que le nier, expliquer seul le résultat *. La cause principale de la

* Si l'aide – j'évite, on le devine, comme la peste le mot « intervention » utilisé par les Grands Prêtres dans le sens d'une immixtion dans les affaires intérieures d'un pays contre la volonté de son peuple – apportée par l'Amérique à la Grèce ou au Vietnam du Sud ravagé par les « guerres civiles » ne me pose aucun problème – ce qui m'interpelle plutôt, c'est le prix Nobel de la paix accordé à Kissinger pour des accords dont un enfant pouvait prévoir qu'ils ne pourraient que déboucher sur une nouvelle guerre et, en cas de perte ou de refus de livrer celle-ci, sur la condamnation de tout un peuple aux horreurs du Goulag et de l'exode –, il n'en va pas de même de l'Espagne où l'appui provenait de Hitler et de Mussolini, dont on ne peut admettre qu'ils représentaient en quoi que ce soit l'Occident.

Mais je reconnais trop souvent le bien-fondé de certaines vues, voire de certaines actions, des Grands Prêtres pour ne pas penser que le soutien de Hitler et de Mussolini, détestable au plan moral, était objectivement utile : la guerre est la guerre, sa seule raison d'être est la victoire et, dans la difficulté, on ne regarde pas les dents du cheval que l'on vous donne pour sortir de l'ornière. De toute façon, le soutien militaire et aérien que ces deux vilains messieurs ont apporté à Franco a aidé le Caudillo à restaurer le consensus traditionnel, autocratique et ecclésial de son pays – ce qui, à long terme, débouchera sans aucun heurt sur la démocratie –, sans le pousser pour autant à glisser vers le fascisme ni provoquer, à la différence de ce qui s'est passé lors d'autres aides accordées pourtant par les démocraties, de rejet défaite des nouveaux croyants – cause que nous masquons en raison tant de notre refus de penser la guerre que de notre tendance morbide à placer le « bien » du côté de tous ceux qui se réclament d'une « révolution » – est ailleurs : l'ascension aux extrêmes de la violence et de la passion a toujours joué, dans l'affrontement armé des consensus, contre les nouveaux croyants, s'est toujours exercée en faveur de ceux qui refusaient – je suis, hélas, forcé de mettre tous ces verbes au passé en raison de la façon dont l'Occident appréhende les événements d'Amérique centrale – le délire de la nouvelle foi.

Dans ce glissement *shuss* vers l'absolu de la violence et des passions qu'entraîne la « guerre civile », toute la folie, tout le goût du sang, toute la marginalité des nouveaux croyants éclatent, en effet, au grand jour, et les hommes se méfient, d'instinct et à juste titre, des déments, des assassins et des a-sociaux. En sens inverse – et sur ce point encore, le Dogme est, une fois de plus, pris en défaut –, aucun « capitaliste », aucun « patron », aucun « proprio » ne peut, quelles que soient les réactions négatives et violentes que peuvent provoquer leurs excès, susciter la haine prolongée, tenace, ascendante, que soulève, disons dans une guerre entre nations, le dernier des bidasses « ennemis ». Et si tous ces hommes et ces femmes que l'on abat et que l'on torture sous vos yeux parce que leur existence sociale n'est pas conforme au Dogme ou parce qu'ils refusent la nouvelle foi, font quelque part partie du paysage social et de la géométrie personnelle de la majorité du peuple – chacun pouvant se sentir menacé : on est toujours le riche de quelqu'un et il est difficile de ne pas dévier de la « ligne générale » –, si la société civile qu'on massacre n'est pas vue comme un repaire d'ennemis abominables mais plutôt comme un modèle d'ascension sociale, c'est que le Dogme se trompe : il n'existe pas de rejet du « capitalisme » en tant que réalité économique et sociale quotidienne. Et seul notre « marxisme » mal digéré, seul notre moralisme mal appliqué ne nous permettent pas de prendre conscience d'une réalité pourtant fondamentale des sociétés : malgré les réactions négatives que peut provoquer le « Capital » en tant qu'abstraction, le « capitalisme » vécu n'est jamais ressenti, en effet, comme une crucifixion, mais plutôt comme ce qu'il est, c'est-à-dire une source potentielle de progrès.

Et si la nouvelle révélation peut impressionner les fractions les plus déshéritées, les plus exploitées, les moins éduquées de la population – y formant un miniconsensus –, elle ne parvient pas, malgré l'appui bruyant des « intellectuels » de tout poil et de tous pays, à convaincre le plus grand nombre – pourquoi les opinions exprimées au cours d'élections libres, où jamais et nulle part, la nouvelle civilisation ne s'est imposée, seraient-elles différentes de celles qui voient le jour dans une « guerre civile »? –, la nouvelle foi donc ne réussit pas à gagner la majorité du peuple qui reste, elle, fidèle soit au consensus traditionnel soit au consensus libéral et humaniste.

de la population. Si Hitler et Mussolini ont pu expérimenter leur armement et leurs doctrines militaires, ils ont fait sur le plan politique – comme le prouve l'attitude de Franco pendant leur « croisade antibolchevique » – un marché de dupes. Quant aux injures que m'attirera cette constatation de la part des intellectuels, quant aux accusations de « fascisme » qu'elle me vaudra de la part des nouveaux croyants, je dois, hélas, en prendre mon parti.

Et si les nouveaux croyants perdent les « guerres civiles » avec la même régularité que les « soulèvements armés » et les « grèves insurrectionnelles », ce n'est donc pas à cause d'« interventions étrangères », mais tout simplement – et ce phénomène naturel est hautement bénéfique pour nos sociétés – parce que, faute d'un soutien du peuple tout entier, ils ne peuvent les gagner.

Du choc entre consensus se transformant en guerres de religion

Approfondissons, tant ces évidences jadis indiscutables, jadis quasi viscérales des sociétés, sont battues en brèche – et risquent donc d'être inversées – par notre vénération un peu louche de la nouvelle religion, par notre incapacité à penser l'usage de la force, qui fait partie, qu'on le veuille ou non, de la vie des grands groupes humains, par notre absence d'analyse des grandes pulsions collectives de notre Histoire.

« Guerre civile. » Déjà le concept est flou à souhait. Déjà le concept est incomplet : le sens correct de « guerre entre citoyens », donné par le *Robert*, définit certes la nature des protagonistes, mais n'éclaircit en rien les raisons – ni les formes – de l'affrontement. Déjà cette vague « connaissance idéologique » du passé que nous appelons « Histoire » fausse l'analyse : les « guerres civiles » dont nous ont abreuvé ces mythomanes de génie qu'étaient les historiens romains – Tacite! – en qualifiant ainsi de simples luttes armées de clans militaires, auxquelles le peuple participait si peu qu'il se contentait de dépouiller et de mutiler les cadavres de quelque camp qu'ils soient, ont installé le phénomène dans notre paysage historique, alors que les « guerres civiles » française et américaine avec la victoire du brave Nordiste sur le vilain Sudiste, du « révolutionnaire » aux habits de lumière sur la satanique réaction, ont créé l'illusion qu'en la matière le « bon » triomphe du « méchant » – ce qui, avec notre volonté de placer le « bien » du côté de la nouvelle religion, ne peut que nous enfoncer encore plus dans les ténèbres.

Or, contrairement à tout ce que nous avons appris, le phénomène de la « guerre entre citoyens » paraît plutôt intermittent et transitoire, limité à l'histoire contemporaine de l'Occident, cantonné à des époques où, comme suite à un bouleversement des mentalités plus ou moins dû à des bouleversements économiques, le consensus cimentant nos sociétés a tremblé sur ses bases.

C'est l'apparition, à la suite de la Renaissance et de la Réforme, du consensus protestant, libéral et humaniste, qui a entraîné les « guerres de religions * » – encore un phénomène français! – que lui a livré le consensus autocratique et catholique – guerres de consensus se traduisant d'ailleurs moins par la lutte armée de deux forces militaires que par l'écrasement, par la force royale et ecclésiale, du consensus minoritaire **.

* Contrairement à l'usage le pluriel me paraît préférable car, au plan descriptif, il s'agit bien de deux religions qui se sont affrontées, alors que singulariser le phénomène religieux, à notre époque où il paraît, en apparence, révolu, donne l'impression que les guerres qui en ont découlé constituent une manifestation unique et dépassée.

** Les théologiens de la nouvelle civilisation considèrent, fort justement, les « guerres de religion » comme des « guerres civiles ».

Ce sont les bouleversements de 1789 – toujours la France, quoique Cromwell... – qui ont entraîné une deuxième vague de guerres de consensus lancées par le nouveau consensus néo-autocratique et para-religieux – c'est ainsi que je me vois obligé de définir cette « Révolution française » qui fait pleurer de joie nos intellectuels, trop heureux de justifier par le Bien leurs douteux penchants pour l'action de l'homme sur l'homme. Et bien qu'il me paraisse dangereux d'employer le même terme de « guerre civile » pour la Guerre de sécession – car ne singularisant pas le fait qu'à la différence des « guerres de religions » ou de la guerre de Vendée, l'affrontement des citoyens d'une même nation avait pris une forme inter-étatique et sans déchirement du tissu social à l'intérieur des deux camps en présence – il s'agissait bien du choc armé de deux consensus, le consensus libéral et humaniste du Nord s'opposant à un consensus traditionnel admettant par l'abomination de l'esclavage, l'action de l'homme sur l'homme *.

Or, si ce phénomène de guerres de consensus était en voie d'atténuation depuis 1870 – bien qu'il se soit lourdement trompé sur tous les aspects de la Commune de Paris, Marx a eu bien raison de la qualifier de « Guerre civile en France » –, il ne pouvait que resurgir brutalement avec l'irruption sur terre en 1917 d'une nouvelle religion et l'intronisation à Moscou d'une nouvelle Église universelle.

C'est l'application du Dogme à la Russie, c'est l'instauration de l'ordre politique du Parti-État et de la nouvelle organisation économique de la propriété par l'État de toutes les richesses qui ont provoqué un rejet d'une fraction du peuple russe et cc que j'appellerai une inexpiable « guerre de néo-religion » – au singulier, car une seule religion cherche ici à imposer à des populations ne partageant pas ses fantasmes, son Dogme concernant l'organisation de la société.

Et l'on comprend mieux du coup les raisons de la seule victoire obtenue jusqu'ici, en Russie après Octobre, par les nouveaux croyants au cours d'une « guerre civile ». Le miniconsensus qu'ils incarnaient, amplifié par la force mais aussi par la bouffée de foi d'un peuple primitif et religieux à un moment où il était difficile de prévoir toutes les sinistres conséquences de la nouvelle religion, ne pouvait rencontrer sur son chemin – en raison tant de l'effondrement du consensus traditionnel et orthodoxe, à la suite des souffrances intolérables de la Grande Guerre que du faible enracinement, faute d'un développement politique, économique, social

* A examiner cet exemple, la liberté d'une fraction de la collectivité de disposer d'elle-même ne pèse pas lourd, semble-t-il, quand elle heurte le principe ultra-actif de l'unité de la nation. Quant à la liberté de commercer avec l'extérieur, elle limitait l'efficacité – voire rendait impossible l'exercice de – la liberté d'action sur la nature et les choses à l'intérieur de la collectivité américaine. La liberté n'est pas, en effet, une panacée, mais une lente conquête de l'homme, postulant comme telle des sacrifices, des choix et le recours éventuel à la violence armée – « La liberté des uns s'arrête là où commence celle des autres », « Il n'y a pas de liberté pour les ennemis de la liberté », etc.

Que la liberté réelle ait été l'objectif et l'enjeu de cette guerre-là est, en revanche, démontré en abondance non seulement par la politique du Président Lincoln mais surtout par le déroulement consécutif de l'Histoire : chaque individu, chaque groupe ayant acquis, aux États-Unis la possibilité – l'analyse de Marx sur le caractère illusoire de libertés qu'on ne peut exercer est particulièrement valable – d'exercer toutes les formes de liberté.

suffisant et en absence d'une société civile, du consensus libéral et humaniste – un consensus contraire suffisamment puissant. Que les combats – acharnés – aient pu durer quatre ans est tout à la gloire du peuple russe.

Quant au fond du problème, la différence entre la guerre de néo-religion russe avec la guerre civile américaine, sa parenté profonde avec les guerres de religions européennes sont éclatants. Comme la Guerre de Sécession était une « guerre de libertés », il n'y eut, dans une guerre pourtant très dure, aucune exacerbation des atrocités, aucun exode des populations du camp défait, aucune persécution, aucune excommunication des vaincus. Tel ne fut pas le cas en Russie – fils de « Russes blancs », j'ai vécu le phénomène dans ma chair, sous l'œil narquois et condescendant d'un Occident empêtré dans ses comparaisons abusives avec ses propres guerres « civiles » –, pays où l'exacerbation des atrocités, l'exode de toute une fraction du peuple, toutes « classes » mélangées, les persécutions, une excommunication qui a continué pendant plus de soixante-cinq ans – et qui n'est pas près de s'arrêter – rappellent, hélas, les pires excès des « guerres de religions » de l'Europe continentale.

Et, à la suite de la conversion de la Russie après cette guerre de néo-religion, c'est la tentative d'appliquer le Dogme en Espagne – tentative maladroite, plus ou moins consciente et élaborée chez les différents groupes politiques de la République, mais dominée, guidée, utilisée par les nouveaux croyants lesquels, dans l'ascension aux extrêmes de la violence, ont retrouvé tout naturellement les mécanismes de la parti-étatisation et la fureur des holocaustes – qui a provoqué un rejet de la part de l'Armée, de la société traditionnelle et civile, mais aussi d'une partie majoritaire du peuple, déclenchant, elle aussi, une atroce guerre de néo-religion.

Et c'est la volonté des nouveaux croyants, après les souffrances et les espoirs de la Seconde Guerre mondiale, d'appliquer le Dogme, qui provoque tant la « guerre civile » en Grèce que les « mouvements de partisans » aux Philippines et en Malaisie. Et c'est la volonté de certains regroupements militaires de nouveaux croyants issus de leur guerre de résistance contre le colonialisme français d'instaurer au Vietnam du Sud comme au Vietnam du Nord, l'ordre du Parti-État, le nouveau contrat économique et social, qui provoqua – dans des conditions très particulières – une guerre de néo-religion au Vietnam.

Car telle est bien la singularité tragique de la troisième vague des guerres de consensus qui a secoué et endeuillé le monde depuis 1917 et dont ne rend pas compte le seul terme « guerre civile », trop flou, trop incomplet, trop porteur de présupposés moraux et évoquant par trop un phénomène permanent et naturel des sociétés : en Russie, en Espagne, en Grèce, aux Philippines et en Malaisie, au Vietnam du Sud – et aujourd'hui en Angola, au Nicaragua, au Salvador – deux fractions de la population s'affrontent les armes à la main. L'une veut imposer le nouveau consensus – toutes les guerres de néo-religion sont provoquées par les nouveaux croyants qui ne peuvent que faire usage de la violence pour imposer un consensus dont ils croient, selon leur Dogme, qu'il est conforme tant à l'ordre du monde qu'à la volonté des hommes, alors qu'il est récusé par une fraction de la collectivité. L'autre partie du peuple s'arc-boutant, elle, pour refuser le délire de la nouvelle révélation.

Et ce phénomène de déchirement du tissu social est tellement caractérisé et spécifique qu'il ne devrait, en aucun cas, être confondu avec d'autres. La guerre de Mao contre Tchang Kaï-chek, l'invasion finale du Vietnam du Sud sont certes des « guerres de consensus », des « guerres de néo-religion » puisque leur objectif et leur enjeu sont bien d'imposer le nouveau consensus et de convertir le peuple à la nouvelle religion. Mais les protagonistes – et du coup la nature des opérations – changent radicalement : ce sont les forces armées d'un État déjà converti au Dogme qui se chargent, en détruisant et en neutralisant les forces armées de la collectivité traditionnelle, de créer le terrain favorable à l'imposition du nouveau consensus. Mais si une parenté existe avec la Guerre américaine de Sécession – où la guerre de consensus était, elle aussi, « inter-étatique » et non, en quelque sorte, « intra-tissulaire » – on ne peut pas, pour autant, parler de « guerre civile » : les forces armées de la nouvelle religion ne sont pas, en effet, comme en 1861-1865, l'expression de « citoyens » luttant pour le consensus qu'ils ont librement choisi mais des masses armées jetées en avant, au nom d'un consensus imposé à la population, par la seule volonté des Grands Prêtres ou de leurs apôtres *.

Mais, avant de nous attacher à découvrir par quels mécanismes les nouveaux croyants, si irrémédiablement défaits dans les guerres civiles, se trouvent soudain à même de livrer – et, souvent, de gagner – ce type de guerre aux méthodes de combat conventionnelles que nous aurons aussi à analyser, ne quittons pas les guerres de néo-religion sans enfoncer encore plus le clou, tant il met de difficulté à pénétrer entre les pierres disjointes de la connaissance approximative de notre passé et de nos faiblesses coupables à l'égard de la nouvelle religion :

Première évidence : Jamais, nulle part, les nouveaux croyants ne sont parvenus à convaincre le peuple de leur confier, par des élections libres, le destin de la collectivité.

Deuxième évidence : Jamais, nulle part, les nouveaux croyants n'ont – depuis l'Octobre russe – été portés au pouvoir par l'une de ces grandes explosions politiques et sociales que nous appelons « révolutions ».

Troisième évidence : Jamais, nulle part, les nouveaux croyants ne sont parvenus à renverser l'ordre politique, économique, social par les « manifestations de rue », les « grèves », les « soulèvements armés » qui figurent dans leur Dogme.

Quatrième évidence : Jamais, nulle part, les nouveaux croyants n'ont triomphé au cours de guerres de néo-religion qu'ils ont voulu – ou qu'ils ont été contraints – de livrer, car l'ascension aux extrêmes de la violence a, toujours et partout, joué à leur désavantage.

* Toujours la spécificité de la nouvelle civilisation dont les manifestations toujours originales ne sauraient être étiquetées sous des rubriques forgées au vu de réalités différentes. Plutôt que de parler uniment de « guerre civile », il serait préférable – mais les concepts sont difficiles à manier – de distinguer la « guerre intra-tissulaire de nouvelle religion » – Russie, Espagne, Grèce, Malaisie, Philippines, Vietnam du Sud –, de la « guerre inter-étatique – mais intra-nationale – de nouvelle religion » : Chine, Corée, Vietnam.

Des mécanismes de protection des Grands Prêtres contre les défaites des guerres civiles

Les choses étant ainsi, comme eût dit Machiavel, les défaites irrémédiables des nouveaux croyants dans les guerres civiles les auraient depuis bien longtemps réduits au rôle ingrat d'une secte suicidaire, au destin tragique de révoltés ne parvenant à rassembler autour d'eux que des mini-consensus – ce qui fut le cas, d'une certaine façon, et des « jacqueries paysannes » et des mouvements « prolétariens » du XIXe siècle tant en Europe qu'en Amérique du Nord – si l'Église et la Papauté nées en Octobre n'avaient, dans leur insondable sagesse et conformément à la vocation même de toute Église et de toute Papauté, sécrété au fil des années les mécanismes d'autoprotection permettant d'éviter ou de surmonter une fatalité de l'échec qui, à long terme, n'aurait pu se traduire que par la disparition de la nouvelle religion.

Première autoprotection : Si le croyant ne peut que respecter son Dogme, l'homme d'action – tel est le dédoublement des Grands Prêtres – cherche, lui, d'instinct, à éviter l'échec. Avec leur théologie pratique sur les « masses » qu'il faut savoir écouter, sur les « situations révolutionnaires » qu'il faut savoir apprécier, sur l' « aventurisme » qu'il faut savoir éviter, les nouveaux Papes, en définitive, éprouvent – voyez la Grèce, voyez les Philippines, voyez la Malaisie – moins de penchants pour les « guerres civiles » que leurs fidèles. Et même lorsque les guerres de néo-religion semblent, en se déclenchant, justifier le Dogme, les Grands Prêtres y participent – en Espagne, Staline se déchargea du gros de l'effort sur les « brigades internationales » et sur l'appareil illégal du Parti communiste français – avec une énergie et une conviction inversement proportionnelles à la fureur de leurs incantations liturgiques.

Deuxième autoprotection. D'instinct, l'homme d'action privilégie le type d'activité qui lui réussit le mieux, où il se sent le plus à l'aise et qui exerce le plus d'effets sur les réalités sur lesquelles il veut exercer son emprise. Or si la force absolue constitue le seul moyen de réconcilier les fantasmes du Dogme avec la réalité têtue de leur rejet par les populations, si sans elle l'agitation et l'organisation des masses ne peuvent, dans les « manifestations de rue », dans les « grèves », dans les « soulèvements armés », dans les « guerres civiles », que déboucher sur des échecs, les Grands Prêtres disposent d'autres atouts dont l'expérience n'a pu que leur démontrer à quel point ils pouvaient être efficaces.

De Marx, analyste génial de l'Histoire, ils ont hérité un outil analytique parfaitement opérant ; de Lénine, grand artiste s'il en fût de l'action politique, ils ont appris des pratiques d'une rare efficacité. Certes, appliquées au délire de la « lutte des classes », extrapolation abusive de Marx et fantasme religieux de Lénine, l'analyse s'enlise et la pratique s'effondre, mais dès qu'elles s'éloignent du centre du délire, la réflexion et l'action retrouvent – je ne dirais pas par miracle tant c'est naturel – fiabilité et efficacité, car elles baignent alors dans les sources vives qui ont donné naissance à un fleuve dont on ne saurait nier la puissance même s'il déborde, en fin de cours, dans des marécages sans issue. Violence et passions. Les analyses passionnées faites par Marx de la violence dans l'Histoire, l'usage violent qu'en fait Lénine, correspondent bien – les exprimant tout en les influençant – aux sentiments d'une fraction de la population – la plus pauvre, la plus aliénée, la moins pourvue de connaissance objective, donc la plus habitée par la violence et la passion – mot dont les différents sens sont révélateurs : de la « souffrance », on arrive, dans le dictionnaire *Robert,* à « l'affectivité violente qui nuit au jugement ». Sensibles – comme tout clergé – aux aspirations de leurs ouailles réelles ou potentielles, dotés d'un outil analytique et de pratiques d'action prenant en compte et satisfaisant ces aspirations, les Grands Prêtres ne peuvent que se trouver, en raison de leurs origines historiques et de la vocation qu'ils ont choisie, dans une situation hautement privilégiée pour percevoir et influencer tous les soubresauts de violence et de passion de l'humanité. Et lorsque le Dogme, par ses débordements et son délire, ne peut venir vicier l'analyse – 8 lignes seulement de citations de Marx et de Lénine sur les 258 de l'article *Révolution de libération nationale* dans la Grande Encyclopédie, alors que cette proportion est de 59 lignes sur 270 dans le cas, disons du *Soulèvement armé* et de 18 sur 149 pour la *Guerre civile* elle-même – l'analyse donc – et l'action par voie de conséquence – devient d'une pertinence qu'on a peine à trouver en Occident.

Troisième autoprotection. Tout homme d'action est habité par la tentation de la guerre, par la possibilité de briser par la force armée – dont il aura tendance à croire que la sienne est supérieure aux autres – les résistances rencontrées sur son chemin – tentation d'autant plus forte que la société qui l'a sécrété est primaire et primitive. Or les Grands Prêtres ont beau – par leur attachement à la force absolue, par des bouffées inévitables d'aventurisme comme en Corée, par leurs activités permanentes d'agitation et d'organisation – ne pas être des gens dont l'existence soit bénéfique pour la stabilité du monde, du moins différents mécanismes les prémunissent-ils contre la trop grande exacerbation de cette tentation-là – leur évitant ainsi les catastrophes qui peuvent en découler.

Comme le Dogme proclame que la guerre est contraire à l'esprit même du « socialisme » et qu'il ne saurait y avoir de conflits armés sur terre quand le « socialisme » aura partout triomphé – ni entre États « socialistes », ce qui, soit dit en passant, pose, à l'égard de la Chine comme un petit problème que le chef du Département international du KPSS demande à ses théologiens de résoudre au plus vite – il n'y a place, dans ce domaine hautement pratique et strictement utilitaire, pour aucune – comme dans les secteurs de la « Grève », du « Soulèvement armé », de la « Révolution socialiste », de la « Guerre civile » – démence d'essence théologique. Foin donc du romantisme de Mao ou de tout autre Timonier! Écartés les dangers qui pourraient naître de rêves de conquérants propres au système d'État-nation et voulant imiter le sinistre Napoléon ou de *Kriegspiel* passionnés d'états-majors désirant entrer dans l'immortalité en faisant joujou avec la vie d'autrui.

Mais, comme dans le même temps, le Dogme, qui n'est pas à une subtilité près, affirme que la guerre est le produit fatal du « capitalisme », que l' « impérialisme » est à même, à tout moment, de déverser un déluge de fer et de feu sur la « patrie du socialisme » et de passer au fil de l'épée les divins enfants nés de la Révolution, aucune démobilisation ne peut se produire chez les experts de l'art guerrier, qui doivent faire preuve d'autant plus de subtilité et de sagesse que les praticiens de la nouvelle religion ne peuvent ignorer les faiblesses de leur industrie, les déficiences de leur organisation, l'absence de toute pulsion dans leurs peuples, de toute volonté de combat dans leurs troupes et que les Grands Prêtres ne peuvent donc en conséquence que vouloir éviter toute ascension aux extrêmes, tout glissement vers l'absolu. Et comme la pratique du Parti-État ne se fonde nullement sur la *vox populi* mais sur le rôle dictatorial de l' « avant-garde », les états d'âme de la population et des individus ne risquent pas – à la différence de l'Occident – de venir troubler des réflexions et des actions aussi saines et sérieuses.

Or ne pas vouloir la guerre, ne pas entretenir avec elle des passions troubles et dévorantes, tout en étant, à tout instant, prêt à la livrer si nécessaire est encore la meilleure – la seule – façon de la gagner. Et c'est ainsi que tout ce qui est démence dogmatique, légèreté militaire, catastrophe finale dans les « guerres civiles » – auxquelles, d'ailleurs, les Grands Prêtres et leurs conseillers militaires, qui ne peuvent être insensibles à la connaissance objective, ne participent que de très loin – se transforme, dès qu'on s'éloigne du centre du délire, en tranquille et sage compétence et, hélas! en succès.

Pauvre Occident en revanche. Par le progrès économique et le développement des connaissances, il est parvenu – après, il est vrai, des errements abominables, d'ailleurs niés au nom de la Raison qu'il s'attribue –, il a réussi donc à éliminer en son sein les violences et les passions, mais sans comprendre, pour autant, quoi que ce soit aux violences et passions qui continuent à agiter des collectivités moins favorisées que lui. Et c'est l'oubli de ses propres, lents et sanglants, tâtonnements; et c'est l'illusion que tous les peuples peuvent et doivent obtenir tout de suite ce que nous avons mis des siècles à conquérir; c'est la sacralisation de la déesse Révolution et un douteux penchant pour l'action de l'homme sur l'homme; c'est l'incompréhension des objectifs et des méthodes de la nouvelle expansion, voire une trouble vénération de la nouvelle religion; c'est une révulsion irraisonnée devant le recours à la force et à la violence; c'est une confiance illimitée dans les vertus de la démocratie, alors qu'elle n'est qu'un bien précieux entre tous qui doit être conquis, mérité, défendu; c'est une déification des « droits de l'homme » qui sont un objectif à atteindre et non un moyen d'y parvenir; bref c'est l'accumulation de tous nos fantasmes et de toutes nos démissions qui risque de priver l'Occident de l'un de ses penchants vitaux : celui qui lui a toujours permis jusqu'ici d'écraser sans appel les « manifestations de rue », les « grèves », les « soulèvements armés » et autres joyeusetés de « guerres civiles » suscitées par les accès de démence des nouveaux croyants.

Crainte vaine d'ailleurs à l'intérieur de nos sociétés comme semble le démontrer le rejet viscéral par le peuple français – scrutins quasi dominicaux, gigantesques manifestations de rues pour l'école libre – du « socialisme à la française » qui a marqué les débuts du septennat Mitterrand et qui s'avérait moins dangereux par la présence au gouvernement de nouveaux croyants marqués eux-mêmes par l'amortissement général de la société que par la manière rampante, progressive, insidieuse dont la nouvelle civilisation inspirait – restrictions à la liberté d'enseigner ou de publier, à la liberté d'entreprendre par la voie d'une politique fiscale stérilisante, par le contrôle étouffant par l'État de l'économie et de l'embauche, définition sournoise d'un nouveau contrat social par la « gestion sociale du chômage » et autres âneries – l'action de l'ébauche de l'État-patron socialiste – rejet tellement puissant qu'il a entraîné une révision littéralement époustouflante, et particulièrement bénéfique à mes yeux, du « projet socialiste ».

Mais crainte plus que fondée pour le tiers monde quand on observe la stupéfiante incompréhension, la stupéfiante démission, la stupéfiante tolérance dont fait preuve l'Occident – même dans son avant-poste le plus solide d'Amérique du Nord et après la dramatique ambivalence que lui a inspirée la guerre de néo-religion au Vietnam du Sud – à l'égard des éruptions de démence des nouveaux croyants au cours des nouvelles « guerres civiles », des nouvelles guerres de consensus, des nouvelles guerres de néo-religion qui embrasent, en ces années quatre-vingt, la malheureuse Amérique centrale.

Oui, pauvre Occident. Risquant, dans une gigantesque mutation de l'Histoire, de perdre ces « guerres civiles » qu'il avait pourtant toujours gagnées jusqu'ici, son refus de penser la guerre, son oscillation entre le romantisme et la démission n'ont pas toujours fait de lui un adversaire bien dangereux dans les types de guerres par lesquels les Grands Prêtres ont appris à compenser la fatalité de la défaite de leurs fidèles au cours de leurs, hélas trop nombreux! accès de démence.

XIII

DES GUERRES DE RÉSISTANCE NATIONALE

Des atouts des nouveaux croyants lors d'une oppression militaire étrangère

Toujours écrasés, toujours défaits, toujours battus dans les « guerres civiles » et de « néo-religion », les nouveaux croyants n'ont – qu'ils soient orthodoxes comme Hô Chi Minh ou aux lisières de l'hérésie tels Mao et Tito – gagné de guerre que dans deux circonstances.

La première – heureusement fortement exceptionnelle dans le monde contemporain – est née lorsque se sont produites, comme dans la Russie martyrisée par la Grande Tuerie de 1914 après l'épreuve du servage, ces catastrophes humaines que sont les crucifixions de peuples. Alors – et alors seulement – les nouveaux croyants peuvent être emportés par la vague de révolte et de rejet qui s'empare des populations. On ne crucifie pas les peuples impunément, mais encore faut-il s'entendre sur les mots et les faits : notre Occident, nanti, repu et douillet, désireux également de justifier tous ses fantasmes révolutionnaires du passé, a tendance aujourd'hui à pleurnicher sur n'importe quelle « oppression », sur n'importe quelle « dictature » – sauf sur celle du « prolétariat » –, sur n'importe quelle « violation » des droits de l'homme, négligeant – peut-être parce qu'il perd trop de temps à s'admirer devant une glace – la prodigieuse vitalité de l'homme – tout médecin s'émerveille de la solidité de la nature humaine; pourquoi ne serait-ce pas vrai d'un « corps » social? –, l'espoir indestructible qui est le sien et qui est tout à sa gloire, la stupéfiante capacité d'endurer des épreuves et des souffrances qui, avec le courage, la volonté, l'imagination qui caractérisent l'espèce humaine se transforment souvent en transitions vers le progrès.

Or si le « capitalisme » vécu, malgré toute la sauvagerie de ses stades initiaux, n'est pas ressenti ni par le peuple ni par la « classe ouvrière » ni même par le « prolétariat » comme une crucifixion sans espoir et ne suscite pas de réactions profondes, durables, unanimes de rejet; si toutes les dictatures – Franco par exemple – ne les provoquent pas non plus automatiquement qui émergent d'un consensus autocratique; il n'est qu'un seul exemple où la crucifixion, atteignant effectivement un degré intolérable, un stade effectivement irréversible, provoque un rejet populaire suffisamment puissant pour servir de support à une guerre que je préfère ne pas appeler – terme trop technique – de « partisans » ou « de guérilla » – d'ailleurs, l'intensité du rejet peut entraîner la transformation de la guérilla en guerre conventionnelle – ou, terme trop émotif et moral, « guerre de libération », mais qu'après mûres réflexions, je propose de qualifier « guerre de résistance nationale » : cette condition unique est celle d'une oppression étrangère s'appuyant sur une occupation militaire, d'une privation de liberté politique, économique, sociale, sous la pression d'une force et d'une violence armées, déployées et exercées par des étrangers *.

Dans l'époque contemporaine, une Passion aussi abominable a été par deux fois imposée aux peuples : lors de l'invasion nazie et japonaise, lors de la nuit coloniale jetée sur l'Asie et l'Afrique par la Vieille Europe donneuse de si belles leçons – le consensus de rejet des peuples colonisés ne se manifestant qu'après que le consensus de soumission imposé par la force absolue des colonisateurs eut été dynamité au cours de la Seconde Guerre mondiale par la manière dont l'Europe s'est allègrement étripée – aucun de ses États ne parvenant à imposer une force absolue à l'autre – au vu de tout le globe et par la création d'une puissance militaire moderne dans un État-nation de race non blanche.

Et ce n'est que dans ces deux cas – Tito et Mao luttant contre l'invasion allemande et japonaise de la Yougoslavie et de la Chine, Hô Chi Minh ou, plus tard, le MPLA angolais ou le Frolimo mozambiquais combattant les nuits coloniales imposées par deux États européens, la France et le Portugal, particulièrement rétrogrades – que les nouveaux croyants, emportés par la vague puissante de la croisade antinazie ou de la décolonisation générale du tiers monde, sont, postérieurement ou simultanément à tous leurs désastres au cours de « guerres civiles », enfin arrivés à un port qui leur paraissait à jamais interdit.

Tel Mao. Le Grand Timonier était, dans ses secteurs frontaliers, virtuellement condamné à mort quand le lyrisme encyclopédique en frétille de joie, « commença le 7 juillet 1937, la guerre de libération nationale du

* Le terme de « résistance » me paraît présenter divers avantages : 1. Il a, en physique, un sens très précis : « Fait de résister, d'opposer une force à une autre, de ne pas subir les effets d'une action » ; 2. Il décrit une action au lieu de proclamer une fin et une aspiration – la libération, la paix – comme nous n'avons souvent que trop tendance à le faire ; 3. Malgré les souvenirs de la Résistance antinazie, il est moins chargé de valeurs morales et émotives.

Si l'on pouvait qualifier la première guerre du Vietnam – comme le fait d'ailleurs l'Encyclopédie soviétique avec laquelle je ne suis pas en désaccord sur ce point – de « guerre de résistance » contre le colonialisme français, une telle appellation ne pouvant qu'aider à prendre les décisions politiques appropriées –, il était déjà plus difficile, à moins de montrer clairement son adhésion au combat des nouveaux croyants, de parler de « guerre de résistance » du Viet-Cong contre le pouvoir politique du Sud ou l'aide américaine.

Quant au terme « guerre insurrectionnelle », je ne l'emploie pas, car on ne le trouve pas chez les Grands Prêtres, car il masque la dualité d'une part du « mouvement de partisans » – qui relève de la technique militaire – et d'autre part, de l'existence ou de l'absence d'un rejet populaire – relevant, eux, des grandes options politiques : au Vietnam du Sud, les techniques du Viet-Cong étaient effectivement « insurrectionnelles », mais l'on n'assistait en rien à l'insurrection de tout un peuple.

peuple chinois contre l'envahisseur japonais (...) La menace de perdre l'indépendance nationale entraîna un mouvement patriotique dans le pays (...) Le parti communiste chinois proposa de former un front national unique antijaponais (...) La base révolutionnaire devint une région spéciale de la République, des éléments de l'Armée rouge en Chine du Nord (45 000 hommes) devinrent la 8e Armée, ceux de la Chine du Centre (10 000 hommes) » – effectifs combien maigres, – « la Nouvelle 4e Armée ». La suite coule de source – et plus clairement que tout le charabia lyrico-dogmatique sur la guerre d'Espagne : « A la fin de 1938, les forces armées se montaient à 180 000 hommes (...) A la fin de 1940, les territoires occupés comptaient 100 millions d'habitants et les forces armées 500 000 hommes ». Etc.

Tel Tito. L'honorable camarade Broz n'était, avant l'immense flambée de rejet provoquée chez les Slaves du Sud par l'invasion allemande, qu'un militant peut-être remuant, peut-être formé par le Komintern, mais voué au travail strictement illégal et totalement confidentiel. Quant à Hô Chi Minh qui – tel Lénine – avait quitté le Vietnam à l'âge de vingt et un ans pour devenir marin, docker, aide-cuisinier puis *apparatchik* du Komintern, il ne revint, dans une envolée très Alexandre Dumas, que trente ans après en 1941, « dans sa patrie où (...) se développe un mouvement révolutionnaire contre les colonisateurs français et les envahisseurs japonais » – mouvement qui entrera dans l'Histoire moins d'ailleurs par les coups portés aux Japonais que par sa résistance effective, aidée par l'arrivée de Mao en 1949 à la frontière, à la volonté de la France de rétablir contre vents et marées un colonialisme particulièrement bête et parfaitement méchant.

Ce sont donc des facteurs aussi puissants – et heureusement peu fréquents et heureusement pour toujours révolus – que le nazisme allemand, que le militarisme expansionniste japonais, que le retour à la nuit coloniale française alors que les événements de la Seconde Guerre mondiale avaient dynamité en Asie tout consensus de soumission des populations, que le maintien en Afrique noire de la nuit coloniale par la dictature portugaise malgré la décolonisation du reste du monde, qui ont donné aux nouveaux croyants les possibilités de victoire qu'ils ne parviennent pas à obtenir dans les nouvelles guerres de néo-religion qu'ils livrent à leurs seuls concitoyens. On ne crucifie pas, l'ai-je dit, les peuples impunément – à condition, bien entendu, qu'il s'agisse d'une mise à mort véritable, prolongée, insoutenable, et non d'une de ces couronnes provisoires d'épines que nous n'avons que trop tendance à confondre avec une Passion – et c'est en proclamant : « La Chine (ou la Yougoslavie, ou le Vietnam) est ressuscitée d'entre les morts » que les nouveaux apôtres ont pu faire passer – fort mal d'ailleurs, comme la suite l'a prouvé pour Tito et Mao – le chant plus difficile à faire pénétrer dans leurs chères « masses » : « L'humanité est ressuscitée, etc., etc. »

Car se produit alors un phénomène qui aurait ravi le vieux Clausewitz : l'ascension aux extrêmes des violences et des passions qui, dans une guerre « civile » ou de « néo-religion », tourne toujours au désavantage des nouveaux croyants, s'effectue, dans les circonstances exceptionnelles de la Passion et dans les guerres de « résistance nationale » qui peuvent en découler, à leur avantage.

« *Les aspirations de rejet des masses, tu amplifieras.* » Or, si aucun rejet naturel ne se produit du « capitalisme », une oppression étrangère fondée sur la force et la violence armées procure aux nouveaux croyants la possibilité qui leur manquait de faire partager aux populations leurs folles passions, quitte à découvrir spontanément, et cela leur vient tout naturellement, les moyens d'amplifier encore les sentiments de rejet qu'ils exploitent, par la pratique d'attentats contre l'occupant qui entraînent des représailles qui, elles-mêmes, dans un atroce cercle vicieux, entraînent des attentats *.

« *Les aspirations au bonheur des masses, tu capteras.* » Dans le même temps et pour les mêmes raisons, les aspirations au bonheur et au renouveau s'exacerbent et se simplifient – procurant un terrain plus que favorable aux promesses débridées de lendemains qui chantent – « après la libération, on rasera gratis » – dont le nouveau clergé est si peu chiche. Enfin, dans une ambiance aussi exaltée, les « fronts » sont plus faciles à réaliser – qui ne voudrait pas, voyez Tchang Kaï-chek, de tous les concours pour sauver la patrie menacée et soupçonnerait, ignorant la nature de la nouvelle religion, que c'est là, pour les nouveaux croyants, une considération secondaire par rapport à la propagation de la vraie foi –, sont plus faciles à dénouer : il suffit de taxer l'allié encombrant, le concurrent dangereux ou tout individu dont la seule existence ne cadre pas avec le Dogme, de « collaboration avec l'ennemi » pour le coller devant les pelotons d'exécution ou le désigner aux assassins qui fleurissent alors par milliers. Et si l' « agitation » ne peut que s'épanouir quand règnent des sentiments primaires et simples, « l'organisation » parvient, elle aussi, à des sommets, imposés par les contraintes de la lutte armée, par la défense des intérêts du groupe national menacé dans son existence et dont les intérêts transcendent alors ceux des sous-groupes et de l'individu.

Et ce sont des embryons de Parti-État – cellules terroristes et d'organisation « politico-administrative », détachements de partisans avec leurs commissaires politiques régnant ou non sur des « fronts » – qui se forment, prolifèrent, et tout en combattant – admirablement – l'occupant, commencent à pratiquer des mini-génocides – des propriétaires, du clergé,

* On connaît à ce sujet la querelle du général de Gaulle à Londres et du PCF : de Gaulle, tout en autorisant des opérations de commando contre des objectifs militaires, voulait éviter des attentats contre les soldats allemands pouvant entraîner des représailles contre la population.

Les nouveaux croyants, au contraire, cherchent à amplifier les représailles pour provoquer – le mot « provocation » est chez eux obsessionnel – des sentiments de haine et de rejet. On en arrive ainsi à l'inimaginable : dans les régions de la Russie occupées par l'Armée allemande étaient laissés des militants communistes particulièrement méritants, particulièrement populaires et dotés de familles particulièrement nombreuses et sympathiques. Ces « saints » du communisme étaient alors torturés et assassinés par des unités spéciales du KGB du moment – où le camarade Tchernenko a accompli de si valeureux exploits – revêtus d'uniformes allemands.

Toute guerre de résistance est difficile à combattre, mais celle livrée par les nouveaux croyants se déroule dans des conditions d'une sauvagerie particulière car il s'agit tout autant, pour ces manipulateurs des violences et des passions humaines, de mobiliser les « masses » contre l'ennemi étranger que de créer les prémisses de l'ordre du Parti-État, de commencer à imposer le nouveau consensus et à réaliser le délire du Dogme.

des intellectuels, des socialistes, des modérés – et aboutissent ainsi, dans les territoires « libérés » – la seule « libération » pour le nouveau clergé est celle de la « révolution socialiste » – à la constitution de mini-Partis-États – Hô Chi Minh dans le nord du Tonkin –, voire de véritables – Mao en Chine du Nord – Parti-États.

La haine. Cette religion-là, nous l'avons assez vu, n'est pas celle de l'amour. Haine du capitaliste. Haine du bourgeois. Haine du prêtre. Haine du patron. Mais toute cette haine charriée par la nouvelle religion – j'ai trop dit l'estime que je porte aux militants pour ne pas exprimer la révulsion que m'inspirent les bourreaux et les tortionnaires qui surgissent à leurs côtés en période de troubles, toute cette racaille sanguinaire, venant tel un vol de vautours, attirée par la folie sanglante du Dogme, contaminer par l'abominable virus de la haine, les hommes les plus dignes de respect – la haine donc ne peut durablement correspondre aux sentiments profonds de la population que lorsqu'elle est effectivement justifiée par une Passion collective intolérable – c'est-à-dire dans les conditions d'exacerbation du sentiment national provoquée par un asservissement étranger *. Aucun capitaliste, aucun bourgeois, aucun prêtre, aucun patron ne suscitera jamais la haine profonde, viscérale, permanente – et c'est pourquoi le nouveau clergé laisse sciemment les mains libres à sa racaille sanguinaire – que provoquera le plus pauvre des « colonialistes », le plus timoré des « occupants ». Fusiller l'archevêque de Paris n'a pas fait grand bien à la Commune. Exécuter le *Feldkommandant* de Nantes – provoquant ainsi le massacre des otages de Chateaubriant et encore s'agit-il d'une opération menée, elle, par des jeunes gens estimables que j'ai eu plaisir à connaître – ou exécuter des « collaborateurs » ou supposés tels – tout le monde sait que certains « petits chefs » s'en sont fait, après la Libération, la réjouissante spécialité ** – ne provoquera, dans le peuple, aucune réaction de rejet personnel risquant, à la longue, de nuire au rejet collectif.

La haine appelle la haine. A exploiter et à amplifier la haine que suscitent tout naturellement l'occupation et l'oppression par une force et

* Toute guerre, tout trouble, toute armée, tout parti politique en position de puissance suscitent ou attirent les individus désaxés – j'en ai vu à l'œuvre parmi les déserteurs OAS de la Légion étrangère ou parmi les « polices parallèles » gaullistes –, mais la démocratie s'efforce de les contrôler et de les canaliser. Au contraire en nouvelle religion, comme dans le nazisme, les psychopathes les plus atteints sont encouragés, adulés – les « valeureux tchékistes » du cher Brejnev –, dotés du droit de vie ou de mort, car il faut bien réaliser les holocaustes et les génocides qu'implique l'application du Dogme.

J'estime tout combattant, quel qu'il soit, qui croit suffisamment à sa cause pour risquer sa vie, qui s'efforce, tout en faisant usage de la violence qui lui paraît nécessaire – à condition qu'il ne crucifie pas les peuples et ne porte pas atteinte à la dignité de l'homme –, d'en limiter l'usage et de le faire sans haine. Je méprise tous ceux – y compris les intellectuels qui lancent, au nom de la révolution, au nom du tiers monde, les appels au meurtre les plus débridés – qui, et quelle que soit leur cause, prennent plaisir à tuer et à torturer leurs semblables.

** A la Libération de la France, seuls l'envoi de troupes régulières, l'existence de maquis non communistes, la nomination par le général de Gaulle de « commissaires de la République » chargés de faire respecter les lois permirent de limiter ce phénomène dans un pays pourtant modéré. On s'imagine l'ampleur qu'il a pu prendre en Chine et en Yougoslavie.

une violence étrangère, à canaliser les sentiments de rejet du peuple vers tous ceux qui ne partagent pas la nouvelle foi – voyez la facilité avec laquelle ces gens-là vous accolent, avec une volonté évidente de meurtre moral, l'étiquette de « fasciste » : alors pensez à l'aisance avec laquelle ils vous collent « au mur » lorsqu'ils sont parvenus, dans le bain de haine d'une occupation étrangère, à justifier les holocaustes qu'ils affectionnent –, les nouveaux croyants se trouvent effectivement – Mao me pardonnera l'emprunt de son expressive formule – « comme des poissons dans l'eau * ».

Du détournement des valeurs de l'Occident

Mais attention. Sensibles aux glapissements de joie qu'inspirent alors leurs succès aux nouveaux croyants – tout étonnés probablement de gagner parce qu'ils sont d'habitude condamnés à la défaite et que toutes leurs « révolutions socialistes » et leurs « guerres civiles » se sont toutes et toujours, sauf cet Octobre qu'ils vénèrent avec d'autant plus de ferveur, terminées par des catastrophes ; impressionnés par la sauvagerie inexpiable que prennent les combats dans cette ascension aux extrêmes de la haine ; obnubilés par l'importance des bouleversements politiques, économiques et sociaux qui s'ensuivent, par l'instauration du système du Parti-État et par l'imposition par la force du nouveau consensus, nous en arrivons à oublier l'essentiel. Mais quand même, nom de Dieu, toutes ces guerres de résistance nationale, toutes ces luttes contre la crucifixion des peuples, elles ont été livrées, et gagnées, au nom de nos valeurs à nous !

Le déracinement du nazisme, l'écrasement de l'expansionnisme militaire allemand et japonais, ce sont quand même là des valeurs de l'Occident qui a entrepris pour les défendre une croisade les armes à la main ! Et, puisque ce sont nos valeurs occidentales de liberté individuelle, de liberté et de dignité des peuples qui étaient alors défendues, je ne vois pas par quelle ignorance des véritables objectifs de la nouvelle civilisation, par quelle coupable indulgence à l'égard de la nouvelle religion, nous continuons à accepter – malgré tout l'héroïsme des militants et des résistants de base – que les Grands Prêtres et leur clergé qui se battaient, eux, uniquement tant pour régler leurs comptes avec leur frère-ennemi du nazisme après avoir longtemps estimé qu'il était moins dangereux que la social-démocratie que pour préserver les terres et accroître la force de leur Papauté, mais pas du tout pour la liberté des individus et des peuples – dont on voit ce qu'ils en font – se placent, avec notre aide combien bienveillante, à la tête de ce combat-là. Ce n'est pas parce que la Mafia a

* « Le mouvement de partisans, jubile la Grande Encyclopédie, se manifeste sous plusieurs formes : lutte armée, sabotage, actions de diversion, action de sape de l'autorité des organes du pouvoir, propagande et agitation destinées à dévoiler les objectifs réactionnaires de l'ennemi et à mobiliser le peuple dans la lutte contre lui. »

Lorsque l'agitation des masses à partir de leur sentiment de rejet, leur organisation pour la lutte ont porté leurs fruits, lorsque des embryons de Parti-État ont essaimé jusqu'à créer un mini-Parti-État sur les territoires « libérés », c'est la guerre conventionnelle qui reprend tous ses droits – la décision étant alors question d'effectifs, d'armement, d'art opératif, de moral des troupes et de la population.

participé à la libération de la Sicile qu'il faut proclamer que l'Italie et l'Europe occidentale ont été libérées afin de faire triompher la morale du banditisme *.

Certes, si l'Occident avait respecté ses propres valeurs en empêchant la rapace Angleterre et l'égoïste France bourgeoise de crucifier l'Allemagne vaincue de 1919, si l'Occident avait agi pour étouffer dans l'œuf le monstre nazi, si l'Occident s'était battu pour l'écraser dès qu'il a relevé la tête et sorti ses crocs – la liste des démissions anglaises et françaises n'est pas à dresser, mais où en serait aujourd'hui Mao Tsé-toung si l'Amérique avait, dès 1937, volé au secours de la Chine crucifiée au lieu d'attendre que le Japon ne l'attaque par surprise? –, l'Histoire aurait pris un autre cours où l'expansion de la nouvelle religion n'aurait eu aucune place. Car, si seule l'invasion de l'URSS a permis à la Papauté d'acquérir la force absolue, seule l'invasion de la Chine et de l'Europe a permis aux nouveaux croyants de capter – dans les circonstances très précises de la crucifixion des peuples par une force armée étrangère – le rejet de populations qui, jusqu'à cette époque, s'était toujours exercé contre eux au cours de leurs grèves, de leurs soulèvements armés et de leurs guerres civiles. Quand comprendrons-nous que les victoires et les succès de la nouvelle religion ne témoignent pas d'une quelconque invincibilité de sa part, mais se produisent uniquement lorsque nous ne parvenons pas à établir ce qui est « juste », lorsque nous n'arrivons pas à consentir les efforts nécessaires – matériels, militaires mais aussi moraux en raison de notre aversion, légitime, pour la violence – pour faire que « ce qui est juste soit fort »?

Et ce qui est vrai pour le nazisme l'est encore plus pour le colonialisme – sur lequel l'article de la Grande Encyclopédie, avec 18 lignes seulement de citations de Marx et de Lénine sur 993, est *grosso modo* empreint de bon sens. Qui pourrait prétendre, en effet, et même en admettant que la colonisation ait apporté, à un certain moment, certains progrès économiques et matériels à certains pays, qu'elle pouvait assurer le progrès des peuples – mêlant le progrès politique, social, économique, en un tout

* La victoire sur le front de l'Est a été obtenue non par Staline, non par le Parti communiste, mais grâce au bouleversant héroïsme du peuple russe dont je me sens solidaire au plus profond de mon être. C'est en soumettant la malheureuse terre russe à une nouvelle Passion, c'est en crucifiant hommes, femmes, enfants, prisonniers de guerre, russes, ukrainiens, juifs, que le nazisme a provoqué le prodigieux sursaut du peuple qui s'est battu pour résister à la crucifixion et non pour la « patrie du socialisme » qui le poussait plutôt, au début de l'invasion, à accueillir les troupes allemandes avec des fleurs. Quand on pense aux soixante millions de morts de la guerre civile, de la famine, du Goulag, quand on se souvient de la manière dont, dès avant 1945, le Dogme a, de nouveau été imposé aux populations russes et dont ont été extirpées les valeurs traditionnelles qui avaient rendu possible la victoire, les perpétuelles invocations par la Papauté moscovite et par ses clergés occidentaux – le PCF y excelle – des « sacrifices du peuple soviétique » constituent une escroquerie particulièrement répugnante d'une religion fondée pourtant sur l'escroquerie et le mensonge.

Au plan analytique, le caractère dramatique de ces événements permet, tout au moins, de parvenir à une conclusion fondamentale : il existe un fossé entre les sentiments de rejet que provoque une oppression intérieure – qui fait saigner nos cœurs de démocrates – et la violence des sentiments de rejet que suscite une oppression étrangère. Le malheureux peuple russe a fait son plein de camps, de déportations, de massacres, mais il ne s'est révolté que contre ceux commis par une force armée étrangère.

spécifique à chaque collectivité à un moment donné de son histoire –, qu'elle pouvait correspondre, en quoi que ce soit, aux aspirations de l'humanité? Qui nierait que cet état déplorable des choses n'avait été rendu possible que par l'exercice par l'Europe de la force absolue – discutable au plan moral, totalement inopérant en 1945, un consensus de rejet ayant remplacé le consensus de soumission après la Seconde Guerre mondiale? Et qui nierait que lorsque l'Europe – l'Histoire est une longue maturation – est enfin arrivée à ces conclusions – la Grande-Bretagne, qui, si elle n'a pas exporté sa démocratie dans ses colonies a eu l'immense mérite de comprendre à temps qu'une page de l'Histoire était définitivement tournée; le général de Gaulle parvenant aux mêmes conclusions pour l'Afrique noire –, le processus de « décolonisation » n'a été accompagné d'aucune de ces grandes explosions sociales que les Grands Prêtres vénèrent et tentent d'exploiter ni, a fortiori et par définition, par aucune de ces guerres de « résistance nationale » qui redonnent un second souffle aux nouveaux croyants – les « guerres civiles » de Malaisie et des Philippines lancées après la fin de l'occupation japonaise ne s'étant soldées que par des catastrophes *.

Avec la naïveté un peu enfantine qui est la leur, les nouveaux papas aiment – le regretté Souslov en était friand – dresser et brandir à tout bout de champ d'impressionnants et fort jolis tableaux qui, en face des puissances coloniales – Grande-Bretagne, Pays-Bas, Portugal, États-Unis, France, Espagne, Allemagne, Italie, Japon, Belgique, Danemark (!), Afrique du Sud, Australie, Nouvelle-Zélande – font figurer à diverses dates – 1918, 1923, 1939, 1945, 1960 –, des colonnes de kilomètres carrés et de populations montrant par leur constante diminution la « crise et l'effondrement du système colonial de l'impérialisme ». Ainsi, d'après la Grande Encyclopédie, si 57 934,9 – appréciez la décimale – milliers de kilomètres carrés, 566 297,9 milliers d'individus – *ibid* – étaient colonisés en 1918, il n'y en avait plus, au 1er juillet 1972, que 4 471,3 kilomètres carrés et 34 015,2 milliers d'hommes. Soyons serviables avec les Grands Prêtres: 1944, 9 milliers de kilomètres carrés et 14 141,2 milliers d'habitants, si l'on retranche de leurs bizarres calculs tant la Rhodésie que les possessions africaines du Portugal, promises depuis 1972 à un sort qui aurait été meilleur si la nouvelle religion ne s'en était pas mêlée. Mais bon Dieu de bon Dieu! Qu'est-ce que tous ces chiffres ont à faire – à moins de proclamer, ce qui est aberrant bien que courant, en raison de notre vénération plus ou moins consciente de la nouvelle religion, que les Grands Prêtres sont comptables du progrès de l'humanité –, qu'est-ce que

* Au début des années soixante, quand l'Amérique effarée découvrait la guerre « révolutionnaire », il était de bon ton de s'extasier dans ses instituts de recherche sur les méthodes de lutte « anti-insurrectionnelles » anglaises en Malaisie. Quel que soit leur intérêt technique, je préfère, pour expliquer l'effondrement du « mouvement de partisans », retenir la clef qu'en donne la Grande Encyclopédie qui, en quelques phrases, va au fond du problème: « Les colonialistes anglais lancèrent contre les partisans des forces armées importantes. En même temps, ils furent contraints de consentir des concessions, autorisant non seulement les partis représentant les intérêts de l'aristocratie féodale et de la bourgeoisie (...) mais aussi de la petite bourgeoisie (...) Le 31 août 1957 fut proclamée l'indépendance de la Fédération malaise. » Quand on veut résoudre un problème, il faut mieux s'attaquer à ses racines.

toute cette décolonisation a à voir avec le « marxisme-léninisme » en tant que système de pensée ou avec la parti-étatisation en tant que mode d'action?

Que pèsent – à supposer que les chiffres des Grands Prêtres aient quelque valeur : ils comptabilisent l'Alaska comme colonie des États-Unis – face aux 55 millions de kilomètres carrés, aux 552 millions d'habitants qui auraient été ainsi décolonisés, les 0,16 million de kilomètres carrés et les 21,3 millions d'habitants du Vietnam du Nord – même en y ajoutant les 2 et 14 millions des possessions portugaises d'Afrique – où s'est effectivement formé un Parti-État à la suite d'une guerre de résistance nationale ou les 2,3 millions de kilomètres carrés, les 12,9 millions d'habitants d'une Algérie où s'est déroulée effectivement une guerre pour la décolonisation? Pour le reste, pour l'écrasante majorité des territoires, pour l'écrasante majorité des populations, c'est quand même l'Occident qui, vaille que vaille, plus ou moins vite, plus ou moins bien, avec plus ou moins d'hésitations et de tâtonnements, avec plus ou moins de lucidité dans la conception et de bonheur dans l'exécution – c'est cela l'Histoire qui n'est pas déterminée par de sanglants Cosinus – a mené à bien cette mutation – effectivement révolutionnaire dans le sens d'un changement allant dans le sens d'un progrès, mais aucunement riche en « révolutions » dans le sens d'une explosion de violence – des hommes et des collectivités du tiers monde *.

Et ce n'est que lorsque l'Occident – et même pas tout l'Occident, et surtout pas les États-Unis ni même l'Occident anglo-saxon, mais essentiellement deux pays d'Europe continentale, la France et le Portugal, fortement marqués par le consensus catholique autocratique – n'a pas pris en compte le consensus de rejet de l'ordre colonial, a entretenu des illusions sur sa force et sur les prétendus bienfaits qu'il prodiguait aux populations, que se sont produites des explosions de violence et des guerres qui n'ont pas toutes d'ailleurs profité à la nouvelle religion.

Car, quand l'Occident consentira-t-il enfin à comprendre que la nouvelle religion n'est que la perversion psychotique de nos propres valeurs de progrès et de bonheur, de dignité, de justice et de liberté? C'est lorsqu'il nous arrive de les trahir – nous ne sommes pas des prêtres infaillibles appliquant comme des automates sacrés les recettes d'un Dogme omniscient, mais des hommes de chair et de sang, sujets à de terrifiantes erreurs mais aussi à d'exaltantes réussites – que la nouvelle religion s'avance, benoîte, racoleuse, armée jusqu'aux dents, en proclamant, sans jamais tenir la moindre de ses promesses, qu'elle réussit, à tous les coups et en mieux, ce que nous ne parvenons pas à réaliser. Mais si l'Occident reste fidèle à lui-même et à sa vocation – en faisant, sans payer aucun tribut moral à la nouvelle foi, par la lente mais sûre marche vers le progrès qui constitue notre Histoire, disparaître l'exploitation de l'homme par l'homme dans les sociétés industrielles modernes, en décolonisant le

* Je sais bien, comme le précise justement le stratège Gérard Chaliand, qu'il n'existe pas un, mais des tiers mondes. Cependant, la formule – inventée, je le crois par le prophétique économiste Alfred Sauvy et retenue, c'est à noter, par l'Encyclopédie soviétique – caractérise bien l'existence d'une nébuleuse de pays dont le développement économique et la maturité historique les situent hors tant de la civilisation d'Occident que de la nouvelle civilisation.

tiers monde –, si l'Occident donne la chance à d'autres peuples de l'imiter, tout en respectant les spécificités nationales de leurs pays et leur degré de développement historique, la nouvelle religion se retrouve tout aussi inutile et démunie que le serait le catholicisme s'il en était resté à sa forme médiévale.

Et, en vertu de quel masochisme, de quel remords insurmonté devant nos errements, de quel désir malsain d'une perfection quasi divine qui n'est pas de ce monde, en arrivons-nous, après avoir laissé les nouveaux croyants s'emparer de nos propres valeurs, s'en attribuer sans vergogne un monopole et une exclusivité que même les Grands Prêtres – avec leurs analyses de la « Révolution de libération nationale » et d'un « Mouvement de partisans » remontant à l'Antiquité et leurs accents mis sur la participation qu'y prennent toutes les « classes » y compris l'infâme bourgeoisie – ne leur reconnaissent même pas? « Je suis croyant et c'est ma gloire, je suis donc le bien, je suis donc le seul à être le bien » : ce n'est quand même pas à nous à nous prosterner devant ce chant-là.

Certes, les nouveaux croyants sont plus doués pour les guerres de « résistance nationale » que pour les « révolutions » – et ce n'est pas difficile en raison de la nullité dont ils font preuve dans les grandes explosions sociales au cours desquelles ils se heurtent toujours et de plein fouet au refus par les peuples de leur sanglante folie. Certes, les nouveaux croyants parviennent mieux à capter les sentiments de rejet provoqués par la crucifixion d'une nation qu'ils ne savent répondre aux aspirations de justice et de bonheur des populations. Certes, ils réussissent mieux à exploiter les sentiments de haine que le désir constant chez les hommes de construire ensemble la société la plus humaine qui puisse être. Certes, ils ne rencontrent pas dans les guerres de résistance nationale à tout moment, comme dans les « guerres civiles », la défaite sur leur chemin. Mais, quand il s'agit de faire face les armes à la main à l'oppression d'une force armée étrangère, les nouveaux croyants ne sont pas – et de loin – ni les seuls ni les meilleurs comme ils le prétendent, tout étonnés préalablement de connaître enfin le succès.

De deux choses l'une, en effet.

Ou la résistance – contre la crucifixion nazie, contre la crucifixion coloniale – est le fait de la collectivité tout entière, la société traditionnelle ou/et la société civile incarnant le rejet provoqué dans le peuple par la Passion et se portant à la tête du combat, les forces de résistance n'ont alors – Danemark et Norvège occupés, Afrique du Nord scandaleusement dite « française », Égypte de Nasser * – strictement aucun besoin des nouveaux croyants qui ne parviennent, comme pendant la guerre d'Algérie, qu'à brasser du vide puisque les violences et les passions – légitimes et naturelles – ont été captées par d'autres.

Ou une fraction importante de la société traditionnelle ou/et de la société civile est dévaluée soit par le désastre militaire qu'elle a rendu possible soit par une collaboration ouverte avec l'envahisseur et le

* C'est également le sentiment de rejet éprouvé par la population à l'égard de la présence des troupes britanniques qui, sans provoquer de guerre, en raison de l'attitude modérée de la Grande-Bretagne, explique la puissance et la popularité des événements de 1952.

colonisateur. C'est alors – et alors seulement – que les nouveaux croyants parviennent à se greffer sur le sentiment de rejet des populations.

Mais, si une fraction également importante de la société traditionnelle ou/et de la société civile est, elle aussi, emportée par le rejet et livre le combat suscité par la crucifixion, la situation change. L'attachement des peuples aux solutions qui leur paraissent naturelles, leur refus du délire du Dogme sont tels que, dans la collectivité ainsi rénovée, tout le regain indubitable de vitalité accordé aux nouveaux croyants par l'ascension aux extrêmes de la haine, par l'exacerbation de l'agitation et de l'organisation, ne leur permet pas pour autant – Europe occidentale après l'occupation nazie – de procéder à une « révolution socialiste », ne leur permet pas d'engager à défaut – France d'après guerre – une bonne « guerre civile » ou, si la guerre de « néo-religion » est effectivement livrée – Grèce, Malaisie, Philippines – ne leur permet pas de la gagner.

L'exemple de l'Angola n'infirme pas ces vérités premières, mais y introduit un facteur nouveau : une force militaire de la nouvelle religion – la force de combat cubaine, acheminée par un pont aérien du Parti-État central – est venue faire pencher la balance du côté des nouveaux croyants, en leur permettant, en des combats classiques et farouches, de garder le contrôle de la capitale. L'absence de toute aide matérielle et morale de l'Occident – mis à part l'aide aux forces de résistance récusant la nouvelle foi de la peu recommandable Afrique du Sud – est, certes, un phénomène, hélas, nouveau, mais qui peut ne pas modifier la réalité têtue des faits : comme la force de combat cubaine n'est pas la force absolue, comme elle ne peut pas, pour toutes sortes de raisons, se lancer dans l'ascension aux extrêmes d'une guerre contre un « mouvement de partisans », les forces des non-croyants ont repris vie – parvenant à créer, en raison de la multiplicité des forces incarnant le rejet de la nuit coloniale portugaise, la première véritable résistance armée à la tentative de parti-étatisation d'un pays *.

* L'absence de véritable résistance armée à la parti-étatisation est un phénomène d'autant plus intéressant à analyser qu'il pèse, ne serait-ce qu'inconsciemment, sur notre tendance à considérer que le « bien » est du côté de la nouvelle religion. En héritiers spirituels de la Résistance au nazisme, nous estimons, en effet, que toute agression entraîne fatalement une résistance. Or, mis à part la « dissidence » des intellectuels, mis à part les révoltes de Potsdam, Gdansk, Budapest, Prague, mis à part les efforts de Solidarité – tous événements qui, à ce titre, ont secoué la conscience collective de l'Occident –, nous ne voyons pas, en Europe de l'Est, au Vietnam, en Chine, à Cuba, se manifester ces mouvements de résistance armée dont nous pensons qu'ils sont corollaires à l'oppression.

Nuançons. Tout d'abord, notre jugement est faussé par notre mauvaise appréciation de la « guerre civile » russe qui ne fut pas une entreprise de « princes » et d'« émigrés » voulant renverser la déesse Révolution – l'emploi des mots « émigrés », « émigration russe » maintient un parallèle discutable avec la Révolution française, donne une impression de libre choix individuel, alors que la fin de la guerre civile entraîna un véritable exode – mais bien la résistance armée pendant quatre ans de tout un peuple à la parti-étatisation.

Cependant, si en faisant abstraction du fait qu'il est impossible de connaître tous les actes de résistance menés en nouvelle civilisation, il paraît exact qu'après la fin de la guerre civile russe, la résistance armée soit n'ait pas existé – Europe de l'Est, soit n'ait pas eu de véritable signification – bandes ukrainiennes, montagnards du Nord de l'Indochine –, c'est qu'elle se heurte à tous les mécanismes que nous connaissons. La violence absolue, le génocide de tous ceux qui pourraient s'opposer au Dogme, la pression du Parti, de l'État, des « organes » sur le troupeau qui

Les nouveaux croyants ne parviennent donc à capter à leur unique profit les sentiments de haine et de rejet provoqués par la crucifixion d'une occupation militaire étrangère que dans des circonstances hautement particulières : si la crucifixion d'un peuple est une condition absolument nécessaire de leur victoire, elle n'en constitue pas – mais alors pas du tout – une condition suffisante. Et, plutôt que de nous extasier avec eux sur les vertus de leur « guerre révolutionnaire », plutôt que de leur accorder d'emblée l'universalité dont se targue toute religion – « Je suis croyant, je suis donc le seul bien et ma foi et mon action sont universelles car correspondant au bien » –, nous ferions mieux de considérer à quel point la prééminence acquise par Mao, Tito, Hô Chi Minh, loin d'être un phénomène naturel – ah, la tendance occidentale à considérer l'Histoire comme uniforme et universelle alors que tout est progression et diversité – constituent plutôt des exceptions nées de causes particulières :

La spécificité chinoise. Le pouvoir central de Tchang Kaï-chek ayant été rudement secoué par une invasion contre laquelle l'état du pays ne lui permettait pas de lutter valablement, un seigneur de la guerre nouvelle manière s'est trouvé en mesure, dans des immensités rurales et arriérées, de mobiliser contre l'ennemi héréditaire japonais des masses paysannes habituées depuis des siècles à la soumission aux armes et dont on peut penser qu'elles n'ont strictement rien compris au sens réel qu'il voulait donner à son combat et n'en ont retenu que la résurrection promise à leur malheureuse collectivité.

Les bizarreries slaves. Tout désastre militaire affectant la crédibilité de l'ordre politico-social qui l'a toléré, la Résistance de la société traditionnelle dirigée par le malheureux condisciple du général de Gaulle dans les écoles militaires françaises, le colonel Mihaïlovitch, était, dès le départ, soumise à un lourd handicap qui ne fit que croître au fil des années en raison de l'éloignement des troupes occidentales et de la proximité des victorieuses armées russes – d'autant plus que le consensus royal et orthodoxe (ou catholique) ayant été ébranlé, ses ruines offraient, dans ce pays rural et moyenâgeux, slave et fortement religieux où l'on voit, dans les cimetières, l'étoile rouge surplomber les croix orthodoxes, un terrain favorable, comme en Russie, à une éclosion de la nouvelle foi.

L'irrationalité française. Le Vietnam a lourdement payé, je le crains, le fait d'avoir été une possession de la « doulce France ». Le colonialisme français, particulièrement égoïste et vorace pour défendre les intérêts de sa bourgeoisie grande, moyenne ou petite, fortement raciste, ridiculisant et compromettant les « bons nègres » de la société traditionnelle, crée pourtant une société civile autochtone, diffuse par son éducation le culte de la « révolution » et des droits de l'homme, encourage dans son ambivalence

subsiste – qu'ils s'exercent à plein comme en Russie, qu'ils soient atténués par le recours à la force absolue en Europe de l'Est, qu'ils soient rendus possibles, dans les territoires « libérés », par la captation des sentiments de rejet de la population contre une oppression militaire étrangère – créent une société où il ne reste plus de place qu'à la soumission. C'est donc plutôt l'absence d'une résistance armée – la paix des cimetières – qui me paraît un indice, tant de l'oppression que du fait que celle-ci parvient, en nouvelle civilisation, à être absolue.

La résistance à la parti-étatisation n'a donc des chances de réussir que lors – Angola, Nicaragua – des stades initiaux de cette dernière.

le missionnariat catholique, tout en étant, dans l'action de son État et d'une administration marquée par les pratiques royales et catholiques, imprégné par une forte volonté d'action de l'homme sur l'homme. Ces ingrédients – digérés en métropole par un peuple devenu, on le serait à moins, sceptique – ne pouvaient que susciter les plus curieuses et divergentes illusions chez les populations colonisées qui en ont de force été nourries *.

L'aberration portugaise. Sous un régime dictatorial plus proche de l'autocratie que du fascisme, ce pays, arriéré et, à l'époque, assez éloigné de la mentalité de l'Occident moderne, a cru pouvoir maintenir sa domination en Afrique, alors que le monde entier avait achevé sa décolonisation. Décidément, je n'admets, semble-t-il, les mots en *ation* que s'ils expriment la volonté de l'homme de détruire son emprise sur les autres hommes...

Et, derrière ces profondes originalités, l'on voit poindre un point commun : les nouveaux croyants ne parviennent à capter les sentiments de rejet provoqués par l'occupation étrangère que dans des pays foncièrement arriérés en raison de leur pauvreté intrinsèque, de retards dans leur développement économique, de blocage dans leur développement politique et historique. Car alors que le Dogme proclame que c'est le progrès industriel qui entraîne la « révolution socialiste » – pauvre Marx, quelle gigantesque erreur n'as-tu pas commise là! –, ce n'est que dans des collectivités agraires, misérables, assoupies sur elles-mêmes, que les sociétés traditionnelles – si elles sont particulièrement rétrogrades et corrompues –, que les sociétés civiles – inexistantes – sont absentes au rendez-vous glorieux de la Résistance et du refus de la Passion, permettant ainsi aux nouveaux croyants de mener à bien leur captation des sentiments de rejet du peuple. Ce n'est que lorsque l'occupation étrangère de collectivités arriérées a créé le vide en démolissant le consensus ancien, sans que la faillite de la société traditionnelle ou l'absence de société civile permette l'apparition – comme, disons, autour du général de Gaulle, pendant l'occupation allemande de la France – d'un consensus *rénové,* que la force créée par les nouveaux croyants dans les combats de la Résistance, loin de se démobiliser et sans rencontrer sur son chemin aucune autre contre-force valable, peut s'attaquer à la conversion des populations, à la pratique des holocaustes et des génocides découlant de l'application du Dogme. Cette force s'appuie alors non sur la foi dévorante d'Octobre dans la résurrection de l'humanité mais, au cours de la simplification de sentiments qui accompagne l'ascension aux extrêmes de la violence et de la haine, sur une sorte de pseudo-foi, beaucoup plus diffuse et moins caractérisée – pseudo-foi qui proclame qu'après la victoire contre l'envahisseur étranger, après la « Libération » – mythe aussi néfaste, aussi riche de valeurs émotives floues que celui de la Révolution – ne peuvent venir que des « lendemains qui chantent ».

Et c'est donc l'impact sur des populations crédules et arriérées de la nouvelle déesse Libération – dont nous aurons, bien entendu, à faire plus ample connaissance – qui prend la relève de notre vieille amie, la « Révolution socialiste ».

* Voir, en fin d'ouvrage, p. 461, la note sur les particularités de la décolonisation dans les pays colonisés par l'État-nation français.

On trouvera également, p. 462, et en raison du rôle qu'il m'a été donné de jouer dans ces événements, une note *De la Guerre d'Algérie.*

Des dangers pour la Papauté des guerres de résistance nationale

Connaissez-vous la raison du malaise que fait planer sur les églises orthodoxes la gigantesque icône du Christ Pancréator qui trône à leur sommet : depuis des siècles la tradition picturale sacrée veut qu'un des deux yeux de Dieu soit empreint de douceur et d'amour, alors que l'autre toise l'humanité pécheresse avec la plus impitoyable des sévérités. Tels les Grands Prêtres. Praticiens de la force, manipulateurs des violences et des passions humaines, adeptes de l'agitation, ils ne peuvent qu'apprécier les succès des nouveaux croyants dans les guerres de résistance nationale. Mais ils restent face à leurs exploits – voyez Staline face à Mao, voyez Staline face à Tito et même le jovial Khrouchtchev à l'égard d'Hô Chi Minh – habités par une profonde réticence. Est-ce la non-réalisation du Dogme, est-ce la malédiction éternelle qui consiste à traîner des boulets ruraux et arriérés – les papes rouges savent bien ce que l'industrialisation a coûté à la Russie, et il doit être plus satisfaisant de convertir par la force absolue des pays qui, telles la Tchécoslovaquie ou l'Allemagne de l'Est, sont quand même en état de marche *? Ou faut-il invoquer, à côté des avantages que les guerres de résistance nationale procurent aux non-croyants, les limitations qu'elles fixent à la propagation de la vraie foi – limitations et dangers que nous, Occidentaux, ne percevons guère, mais qui ne peuvent échapper à l'œil combien aigu des praticiens de la conversion et de la force?

Premier danger.

Mis à part la joie – rarissime – de voir se réaliser les promesses du Dogme, les nouveaux papes n'ont qu'un seul intérêt dans la vie : la parti-étatisation. Or cette exaltante pratique n'est guère encouragée par les guerres de résistance nationale : bien au contraire, leurs activités martiales – pensez à Mao, pensez à Tito – collent des vers dans un fruit qui, d'un seul coup, en perd toute sa beauté et sa saveur. Le « nationalisme » : normal, quand on exploite en les amplifiant les sentiments patriotiques des populations. Le militarisme, le bonapartisme, l'aventurisme : naturel, on ne fait pas la guerre en procédant à l'exégèse du Talmud. La mégalomanie : *ibid,* mais pouvant, hélas, puisqu'on est entre gens de Dogme, faire croire au malade qu'il est aussi l'astre des théologiens. L'absence de souplesse à l'égard du Saint-Siège de Moscou : les champs de bataille, où l'on ne dépend que de ses propres vertus de jugement et de courage, ne produisent pas des êtres aussi dociles que ces braves Slansky ou Rajk, qui n'hésitèrent pas à sacrifier leur vie – comme Tito a vicieusement refusé de le faire – au rite merveilleux et irremplaçable de la grande confession publique dite « procès de Moscou », rendue précisément indispensable par la diminution de malléabilité des nouveaux croyants pour cause de résistance armée.

Engagée sous d'aussi mauvais auspices, tournant le dos au Dogme radieux de la Révolution socialiste, négligeant la pratique combien féconde de la Révolution démocratique populaire, lourde déjà de toutes les hérésies

* C'est peut-être pour cette raison et parce qu'elles n'y disposaient pas de la force absolue que les troupes russes se sont si facilement retirées de l'Iran en 1945.

en germe dans la « guerre révolutionnaire », l'aventure est donc porteuse de tous les risques de la terre * : deux des trois grands apôtres – Tito et Mao – nés du missionnariat des années trente et parvenus à l'être grâce au refus par les peuples de la crucifixion allemande et japonaise, se sont lancés dans la voie du schisme, ont échappé à la mouvance de la Papauté de Moscou. Certes, la conduite du petit Hô Chi Minh et de ses successeurs est un réconfort – peut-être parce qu'ils avaient, après la guerre de résistance nationale, encore une guerre de néo-religion à livrer. Certes – « le temps arrange tout » – la rébellion de Tito est un mauvais souvenir et son mouvement de « non-alignés » a été récupéré par les « travailleurs du front de politique extérieure ». Certes l'immense Chine n'a pas rejoint le camp de l'Occident et parti-étatise quand même à tout vat. Il n'en reste pas moins que les résultats de l'exploitation des « Révolutions de libération nationale » ne sont pas – le Dogme avait raison – aussi réjouissants qu'il y paraît à première vue.

Deuxième danger.

Les Grands Prêtres ne seraient pas pour rien des praticiens émérites de la force s'ils ne savaient peser les guerres livrées par leurs apôtres à leur juste aune : à vaincre, Tito, Mao, et même le plus souple Hô Chi Minh, ont tiré une grande gloire, mais personne – les poètes se tromperont toujours – ne peut prétendre qu'ils aient triomphé avec péril.

Que serait devenu le petit Tito dans ses ridicules montagnes si la *Wehrmacht* d'Adolf Hitler, après avoir écrasé l'Armée rouge – les nouveaux théologiens insistent fort justement sur le caractère décisif, même pour la « libération » de la Yougoslavie, de la guerre sur le front de l'Est – avait abandonné ses combats de chars et sa stupide tactique de garnisons pour se reconvertir, avec toute l'efficacité prussienne, dans la chasse aux partisans? Que serait devenu l'honorable docteur Mao si les armées du Mikado, au lieu de se mettre à dos toute la puissance industrielle et humaine des États-Unis et d'immobiliser des divisions sur les frontières de Mandchourie, avaient concentré toutes leurs forces pour investir et soumettre la Chine? Que serait devenu l'ancien aide-cuisinier Hô Chi Minh si la France, au lieu de faire massacrer les seules promotions de ses écoles militaires, avait mobilisé toutes les ressources d'une nation quand même puissante pour rétablir le consensus de soumission dans la jungle et les rizières?

Allons, soyons sérieux. Les Grands Prêtres savent bien, à la différence de l'Occident emberlificoté dans ses crises de conscience, que la force d'un État puissant vient à bout, avec le temps, de toute résistance des populations, de toute pulsion de rejet, de tout « mouvement de partisans ». Les Boers éprouvaient une pulsion de rejet de la *pax britannica* : ils ont été écrasés. Abd el-Kader et les guerriers du Rif éprouvaient un rejet à l'égard des colonisateurs français : ils ont été écrasés. Et point n'est besoin pour les

* L'une des plus curieuses et significatives erreurs de l'Occident consiste, pour ses historiens, de s'étonner – en surestimant, d'ailleurs, les considérations personnelles dans les décisions historiques – que Staline n'ait pas, reconnaissant le gouvernement royal serbe en exil ou en dialoguant avec Tchang Kaï-chek, soutenu plus activement Tito et Mao dans leur lutte, les ait plutôt poussés vers la négociation et le front commun.

nouveaux théologiens d'aller chercher aussi loin leurs exemples, eux qui, dans leur Encyclopédie, consacrent 7 colonnes – autant qu'aux combats valeureux du maréchalesque Tito – à l'écrabouillement des tribus caucasiennes par les armées tsaristes au cours de la *« Guerre du Caucase, 1817 »* – notons les dates : elles apprennent la durée – *« 1864 ».*

Inutile même d'avoir recours à la force absolue qui aboutit certes à un consensus de soumission, mais au prix du massacre de toute la population. Il suffit d'une bonne petite guerre bien progressive, bien durable – à condition, toutefois, que l'État et les Armées qui la livrent n'éprouvent, face à des populations au demeurant sympathiques, aucune réticence à monter, lentement mais inexorablement, aux extrêmes de la violence, répandant avec sagesse les merveilleux bienfaits des villages détruits, des partisans anéantis, des populations déplacées et internées. Un pot de terre n'a jamais brisé un pot de fer et, si l'on ne prête pas attention à ses propres pertes, si l'on ne verse pas des larmes sur celles de l'adversaire, si l'on ne s'obstine pas à conquérir les « cœurs et les âmes » et si l'on ne refuse pas le glissement vers l'absolu, Goliath n'a jamais été terrassé par David. Alors l'Afghanistan... L'Occident moderne s'y noierait, pas la nouvelle religion qui n'éprouve devant l'usage de la force aucune délicate vapeur et a l'éternité pour elle. Champions émérites de la répression des résistances quelles qu'elles soient, les Grands Prêtres ne peuvent donc ignorer que les guerres de résistance nationale ne sont pas gagnées – au strict plan militaire – par la force des « résistants » mais par la seule faiblesse des envahisseurs et des occupants *.

Troisième limitation du genre. Continuons à être lucides. Quelle que soit la puissance que les guerres de résistance nationale mettent, dans certains cas très spécifiques, entre les mains des nouveaux croyants, elles ne leur permettent pas pour autant – ne nous berçons pas d'illusions – d'accéder, même dans les circonstances les plus favorables, à la victoire complète. Seule la capitulation du IIIe Reich – due à d'autres causes que les « mouvements de partisans » –, seuls la présence de l'Armée rouge et l'éloignement des forces occidentales ont permis à Tito d'étendre son Parti-État à l'ensemble du territoire de la Yougoslavie. En Chine et au Vietnam, en revanche, les indubitables succès obtenus lors de la guerre de résistance nationale contre les Japonais et les Français n'ont permis aux nouveaux apôtres que de contrôler une fraction du territoire, la partie la plus importante du pays demeurant entre les mains d'hommes d'État et de populations n'acceptant pas la nouvelle foi.

Tout est donc à recommencer.

* Qu'il faille à ceux-ci, pour glisser vers l'absolu et effectuer l'ascension aux extrêmes face à des populations entières, des forces militaires considérables, une puissance économique solide, une volonté morale à toute épreuve – découlant souvent de la foi dans un Absolu – est un autre problème. Le Parti-État de Moscou dispose de tous ces facteurs face à l'Afghanistan. La France, elle, ne pouvait les rassembler face à l'Algérie et, quant à la Grande-Bretagne, elle a payé d'un sérieux affaiblissement économique sa victoire sur les Boers.

Bien entendu, les sentiments de rejet populaire peuvent ne pas être extirpés en profondeur et réapparaître, en chassant un consensus de soumission provisoire – l'exemple de l'Algérie est typique –, des années plus tard et presque aux mêmes endroits.

Oui, les Grands Prêtres ont bien raison – avec toutes leurs analyses dogmatiques omni-classes d'une « Révolution de libération nationale » remontant à l'Antiquité, avec toutes leurs descriptions maniaques et minutieuses de la façon dont ces guerres de résistance ont été livrées et gagnées – à poser sur leurs apôtres le double regard du Christ Pancréator : compréhension émue pour la captation des sentiments de haine, pour le détournement des valeurs de l'Occident, pour l'utilisation de la déesse Libération et pour le recours réussi à la force; sévérité quant à la non-réalisation du Dogme, à sa mauvaise interprétation en ce qui concerne l'existence d'une prétendue « guerre révolutionnaire » et à tous les abus d'entreprises qui auraient pu ne pas se produire, qui auraient pu ne pas triompher ou qui n'ont triomphé qu'à moitié. Satisfaction aussi devant le bilan final de la conversion de trois nouveaux pays à la nouvelle religion, mais irritation également devant les schismes qui ont éclaté dans deux cas sur trois et devant tous les risques encourus.

Pauvre Occident, en définitive, qui, emporté par ses passions et ses illusions, vivant au jour le jour – et, souvent, bien avant le jour –, peu habitué à marier pratique et théorie, a, lui, carrément louché et ne s'est pas rendu compte de ce qui se passait sous son propre nez. Obnubilé par la croisade antifasciste et par la lutte contre les militarismes allemand et japonais, incapable de saisir la nouveauté des problèmes que lui posent les nouveaux croyants depuis Octobre, il n'a pas hésité, impressionné par Tito, allié efficace et churchillien de la coalition anti-hitlérienne, ébauche de chef d'État-nation fort acceptable sous son bel uniforme, de lui apporter tout son soutien. Subjugué par Mao, qui jouait fort correctement ce rôle de patriote providentiel auquel nous tenons tant, il a voulu le pousser dans les bras de Tchang Kaï-chek. Sensible au nationalisme anticolonial d'Hô Chi Minh, il a investi en lui les espoirs les plus naïfs, l'OSS américaine le soutenant, le gouvernement français négociant avec lui comme avec un interlocuteur privilégié.

Puis, après avoir vu, sans trop comprendre pourquoi, la Yougoslavie et la Chine sombrer dans les ténèbres, l'Occident, changeant de cap mais n'améliorant en rien sa vision – alors que les Grands Prêtres, eux, grâce à leur approche rationnelle de la guerre, grâce à leur connaissance cynique et détachée des violences et des passions humaines, se trouvent à même de triompher, par apôtre Hô Chi Minh interposé, dans des conflits armés qui ne suscitent pourtant pas chez eux ni l'enthousiasme aveugle qu'ils éprouvent pour les événements découlant directement de leur Dogme ni la confiance que leur inspire l'efficacité irrésistible de la force absolue – l'Occident donc a accouché de deux paradoxes dont il aurait eu tout intérêt à faire l'économie :

Lors de la première guerre d'Indochine, opposant le colonialisme français à la résistance du peuple vietnamien, l'Occident a livré une guerre contre ses propres valeurs qu'il ne pouvait que perdre.

Lors de la seconde guerre d'Indochine, il était en train, au Vietnam du Sud – malgré un long et douloureux flottement initial tant sur la nature du conflit que sur la mission, le volume et l'emploi de ses forces – de gagner la guerre civile de néo-religion, conforme, elle, à ses idéaux et qu'il ne pouvait que gagner. Mais l'impression d'enlisement, d'immoralité, voire de défaite sera telle que, lors de l'invasion finale du Sud par le Nord, l'Occident refusera, purement et simplement et dans des conditions parfaitement honteuses, de livrer un troisième type de guerre toujours aussi conforme à ses valeurs, toujours aussi susceptible pourtant d'être gagné s'il avait été ressenti et défini en tant que tel.

Car ne nous y trompons pas. Que les nouveaux croyants se présentent comme les détenteurs, uniques et universels, du « bien », que les Grands Prêtres codifient les guerres comme ils le désirent n'aurait – et encore – que peu d'importance s'il s'agissait uniquement de rédiger des manuels d'Histoire antique. Mais, hélas! c'est bien autre chose qui est en jeu et aucune confusion n'est plus tolérable lorsque c'est l'Histoire vivante et palpitante qui est en cause, lorsque c'est l'issue des affrontements sur les champs de bataille qui se détermine – affrontements et combats où coule notre sang et se joue notre destin de liberté.

XIV

DES GUERRES DE « LIBÉRATION »

D'un nouvel accès de démence des nouveaux croyants

Arrêtons-nous un instant.

Avant d'aborder, après la « guerre civile », après la guerre de résistance nationale, le dernier type de guerre que peut livrer la nouvelle religion et devant lequel la puissante Amérique a renâclé, refusant de sauter l'obstacle lors de l'invasion du Vietnam du Sud, attardons-nous au bord de la route pour contempler – telle Bernadette Soubirous – la radieuse déesse Libération que nous avons déjà rencontrée mais qui, désormais illuminera encore plus – en nous aveuglant, hélas! – le rude chemin qui nous reste à parcourir.

« Transfert : *Psycho,* précise le dictionnaire *Robert,* phénomène par lequel un état affectif éprouvé pour un objet est étendu à un objet différent, normalement en vertu d'une association. » Après un certain laps de temps, après le renforcement des embryons de Parti-État qu'elles ont créés, les forces politiques et militaires du nouveau clergé peuvent passer de la résistance à l'oppression par une force armée – invasion japonaise, colonialisme français –, qui leur a permis, portées par le sentiment de rejet par les populations de la crucifixion, de voir le jour, à la lutte armée contre l'ordre économique, politique, social, traditionnel des sociétés, glissant du combat pour la « libération » du territoire des forces militaires qui l'occupent à – la Grande Encyclopédie fait suivre la « Guerre de libération *nationale* du peuple chinois contre l'envahisseur japonais 1937-45 » d'une « Guerre de libération *populaire* en Chine 1946-49 », le Viet-Cong prend le titre de Front *national de libération* du Vietnam du Sud * – une « libération », elle, globale, totale, « populaire », destinée à jeter à terre tant un régime politique présenté comme oppressif que le système économique « capitaliste » accusé d'exploiter l'homme, bref peuvent s'attacher à bouleverser l'ordre traditionnel de l'État et de la société. Les forces armées issues de la guerre de résistance nationale, l'ensemble des nouveaux

* La distinction avec le Front algérien de « libération nationale » est significative.

croyants locaux, voire des fractions de la population, peuvent – dans un « transfert » quasi naturel – croire que, pour être totale, la « libération » doit être poursuivie, doit passer de la lutte contre l'oppression d'une force militaire étrangère au combat contre tous les « jougs » intérieurs, politiques, économiques, sociaux qui soi-disant asservissent la collectivité.

C'est ce transfert – qui ne s'est, jamais et nulle part, exprimé par la voie d'élections libres, qui, jamais et nulle part, ne s'est exprimé par de grandes pulsions majoritaires du peuple car il suppose, quelle que soit l'aspiration naturelle pour plus de liberté après l'oppression d'une occupation militaire étrangère, l'existence de fantasmes, fantasme d'une oppression intérieure, fantasme d'une liberté aussi absolus l'un que l'autre, que l'on ne rencontre que chez les nouveaux croyants – qui explique pourquoi les guerres de néo-religion – toutes lancées par les adeptes de la nouvelle foi – ont éclaté après les grands bouleversements de la Seconde Guerre mondiale et de la décolonisation. La « guerre civile » livrée par les nouveaux croyants, n'est pas, malgré ce qu'affirme Lénine, le « prolongement », « naturel » et « fatal » de la « lutte des classes ». C'est un prolongement – possible dans certaines conditions très spécifiques – de la guerre de résistance nationale lorsque les nouveaux croyants – qui effectuent d'autant plus naturellement le transfert que l'ascension aux extrêmes de la violence a exacerbé leur psychose – y ont joué un rôle suffisamment important ou déterminant *.

Et c'est la puissance de la force qu'ils ont ainsi acquise – mesurée notamment par l'absence ou la présence de contre-forces susceptibles de s'opposer à elle –, ce sont l'intensité et la nature des violences et des passions qu'ils ont exploitées – dépendant notamment du degré d'évolution de la collectivité – qui déterminent, en fin de compte, le destin final du transfert qui, lui, est une constante de la démence des nouveaux croyants.

La capitulation allemande, la puissance de l'Armée rouge, l'éloignement des forces alliées, la simplicité des violences et passions populaires en pays slave et arriéré ont ainsi permis à Tito d'imposer le transfert à la Yougoslavie – il est probable qu'un débarquement allié dans les Balkans n'aurait pas, quelle que soit la prédisposition slave pour la nouvelle religion, rendu les choses aussi faciles –, ce qui explique peut-être pourquoi la Grande Encyclopédie qualifie sa guerre de « libération » non de « nationale » mais de « populaire ». En revanche, le transfert s'est mal fait ou ne s'est pas fait du tout tant en Grèce qu'en Malaisie ou aux Philippines. La présence de forces alliées incarnant la libération, de forces autochtones ayant participé à celle-ci, a limité le fantasme de la « libération » à une minorité de nouveaux croyants : les populations libérées des Allemands ou des Japonais, satisfaites des réformes entreprises, n'ont éprouvé aucun besoin de pratiquer, sous la houlette du nouveau clergé, une ascension aux extrêmes jugée inutile ou nuisible à la collectivité. Quant aux pays plus évolués encore – du type de la France et de l'Italie –, la rationalité de leurs peuples, leur attachement à la liberté, la profondeur des réformes ont – plus

* Du danger donc de laisser les nouveaux croyants s'emparer de la force armée et de les faire participer à l'expression des violences et des passions – fussent-elles les plus légitimes et naturelles – de l'humanité...

simplement encore – empêché les nouveaux croyants, pourtant dotés de forces puissantes, d'essayer de faire partager aux populations leur fantasme de la « libération totale ».

Du coup, la spécificité de la guerre civile de néo-religion au Vietnam du Sud éclate en plein jour. La longueur et l'acharnement de la guerre de résistance nationale contre le colonialisme français, dans le cadre d'un rejet du peuple, lui parfaitement authentique et puissant, laissaient dans le Sud un important potentiel de forces armées, d'importants embryons de Parti-État qui, une fois passé l'« état de grâce » – comme dit M. Mitterrand dans une formule qui dénote une bizarre croyance dans des manifestations d'ordre divin – dû au départ des troupes françaises, ne pouvaient qu'être emportés par le mécanisme de transfert.

Or ces forces puissantes, agissant au nom du fantasme de la libération « totale » et « populaire », ne trouvaient pas, pour s'opposer à elle, des contre-forces susceptibles d'occuper le terrain même du fantasme : si le jeune Vietnam du Sud disposait bien d'un État et de forces armées, ceux-ci – en raison de la spécificité de la guerre de résistance et de l'absence d'une résistance véritable autre que celle des nouveaux croyants – n'émanaient pas directement des pulsions de rejet de la population contre le colonialisme français, ne pouvaient compenser leur nouveauté, leur inexpérience, leur faible enracinement, voire leurs erreurs, par le fait qu'elles avaient, elles aussi, lutté pour la « libération » et qu'ayant ainsi combattu pour la liberté de leur nation, elles pouvaient parler haut et agir fort en son nom.

Or les forces américaines dont l'engagement s'avérait, dans ces conditions, indispensable, ne serait-ce qu'au seul plan militaire – le volume, la puissance, l'implantation des forces dont disposait le Viet-Cong, aidé de surcroît par l'infiltration d'unités régulières du Nord, étaient tels que cette guerre-là se situe à mi-chemin entre la guerre de consensus et une guerre qu'on pourrait qualifier d'invasion *interne* –, n'étaient pas auréolées, comme les troupes alliées après la Seconde Guerre mondiale, d'une participation active et victorieuse à la lutte contre l'ancienne oppression étrangère – ce qui ne pouvait que créer un terrain favorable au sentiment de rejet que provoque tout naturellement la présence de troupes étrangères.

Que malgré ce handicap gigantesque ; que malgré cette puissance de la force des nouveaux croyants ; que malgré toutes les erreurs commises par les États-Unis devant une situation aussi nouvelle que difficile – insuffisance des effectifs et flottement de « l'art opératif » qui auraient pourtant dus être à leur maximum pour réduire de la manière la plus fulgurante possible, la plus définitive possible, le corps de bataille des nouveaux croyants, mauvaise définition tant de la nature du conflit que de la mission et de l'emploi des forces américaines qui ne pouvaient, par définition, livrer elles-mêmes une guerre de consensus et gagner les « esprits et les cœurs » – tâches ne pouvant relever que des seules forces du Vietnam du Sud ; que, malgré toutes les erreurs de Diem et des généraux – qui s'expliquent moins par leurs limitations et penchants naturels que par le fait qu'ils ne pouvaient s'appuyer sur une pulsion de rejet de l'oppression étrangère qu'ils auraient jadis exprimée ; que, malgré toutes les lenteurs inhérentes à la voie pourtant essentielle du développement économique et des réformes sociales, les nouveaux croyants n'aient pas remporté de succès décisifs pour être, en fin de compte, défaits à l'intérieur du pays, prouve à quel point le transfert de la « libération » est, en définitive, artificiel car ne relevant que de la démence de la nouvelle foi.

Ne nous y trompons pas en effet : le mécanisme de transfert à partir de la guerre de résistance nationale – quelle que soit la puissance que lui donne le « prolongement » de pulsions elles-mêmes puissantes et naturelles – ne contredit en rien la loi fondamentale de la fatalité de la défaite des nouveaux croyants dans une « guerre civile » de néo-religion.

Malheur donc et honte à nous! Car, au lieu de dénoncer la mystification du transfert comme elle devrait l'être; car, au lieu d'apporter notre soutien moral à ceux qui ont, pour pénible et nécessaire mission, à répondre par la force à l'usage de la force et au recours à la violence dictés aux nouveaux croyants par leur accès de démence, nous, bonnes pommes, nous écoutons – sans même nous rendre compte qu'il y a eu transfert – toutes les sornettes des Grands Prêtres et de leurs fidèles, nous les applaudissons, quand nous ne les amplifions pas à sons de trompe joyeux.

La « libération » du peuple chinois de l'oppression japonaise, la « libération » du peuple vietnamien du colonialisme français nous paraissent tellement naturelles, nous semblent, disons le mot, tellement morales, que nous en arrivons à penser qu'il est normal que de si belles choses continuent à l'infini. Après avoir laissé les nouveaux croyants s'emparer de nos valeurs – qu'ils ne font que fouler aux pieds –, après leur avoir permis de se présenter comme les meilleurs et seuls défenseurs d'un bien universel, nous franchissons allègrement un pas de plus dans la capitulation morale : nous acceptons que le nouveau clergé, qui a acquis la force au cours de ce détournement de vérités, transfère maintenant nos aspirations de bonheur sur terre, nos idéaux de liberté, sur des objectifs où ils n'ont – à moins d'admettre, avec le système de pensée du Dogme, que l'homme et les peuples ne seront libres que lorsque sera instauré l'ordre du Parti-État, lorsque sera implanté l'ordre économique de la propriété collective des biens de production, lorsqu'aura été commencée la construction de « l'homme nouveau » – strictement rien à faire.

On peut admettre en effet – même si cette motivation n'était pas, pour eux, nouveaux croyants, essentielle, unique, déterminante – que Mao ou Hô Chi Minh participaient – avec d'autres – à la lutte pour l'indépendance, pour la liberté de la nation de la Chine ou du Vietnam. Mais on ne saurait prétendre en rien qu'ils combattaient alors pour que leurs peuples pussent choisir leur destin dans la liberté de la démocratie et, encore moins, pour que ce destin fût un destin de liberté politique, de liberté démocratique, de liberté sociale. Et l'on ne peut en rien affirmer – toujours à moins de faire du Parti-État, du nouvel ordre économique et du nouveau contrat social, la condition *sine qua non* de la liberté – qu'ils se battaient, une fois ce combat achevé, en quoi que ce soit, pour la liberté de la Chine et du Vietnam du Sud. La liberté de la nation existait dorénavant, l'indépendance et la souveraineté des nations ayant été soit rétablie – Chine –, soit conquise – Vietnam du Sud – et quant à la liberté pour le peuple de choisir son destin, quant à la possibilité que ce destin fût un destin de liberté, prétendre qu'elles étaient alors recherchées par les nouveaux apôtres serait aussi aberrant que d'affirmer que les adorateurs de Satan vénèrent – puisque tout cela est une affaire d'anges – la Sainte Face de Dieu.

Danger des concepts flous, fourre-tout de toutes nos aspirations et de toutes nos illusions. Piège des mots à valeur éthique et émotive : dans notre idéal de liberté, « libérer » est une notion essentiellement et hautement morale. Force des mots au suffixe actif *ation* appliqué à l'organisation de la société et aux rapports entre êtres humains : qu'on le veuille ou non, « libération » implique bien l'action de l'homme sur l'homme. « Libération, action de rendre libre », enseigne le dictionnaire *Robert,* mais dit-on – cela viendra, hélas! – « action de rendre heureux », « action de rendre vivant »? Ah si! on dit « action de rendre moral » et cela donne, il n'y a pas de quoi bondir de joie, « moralisation » ou « action de pacifier » – « pacifier : ramener à l'état de paix » – qui entraîne la combien sinistre « pacification ».

D'autant plus qu'en cette matière de liberté et de « libération », la nouvelle religion et ses Grands Prêtres n'en demandent pas tant. En russe, libérer se dit *osvobodit'* – de *svoboda,* liberté –, mais le substantif *« osvobojdenie »* n'évoque en rien une « action de rendre libre » mais, bien plus modestement – et combien plus justement –, *le fait d'acquérir sa liberté, le fait de devenir libre.* Et dans une civilisation qui déifie l'action des hommes sur les autres hommes, où pullulent donc les substantifs *atzia,* équivalent russe du suffixe *ation,* où ont été forgés des mots aussi barbares qu'*aktivisatzia,* « activisation », on n'a pas inventé, à l'image occidentale, une *osvobojdatzia.* Certainement parce que – les mots ne mentent jamais – personne, dans cette civilisation-là, n'a la moindre intention d'entreprendre le moindre début de la moindre action pour rendre quiconque libre.

Et s'il y a une psychose de la « libération », s'il y a une perversion psychotique de la valeur essentielle de la liberté, ce n'est pas chez les Grands Prêtres, c'est chez nous, Occident, qu'il faut, hélas, venir la chercher.

De la vénération de la déesse Libération

« Libération : XIVe siècle, du latin *liberatio.* » Aucun signe de perversion à cette époque. En 1450, le mot a un sens très factuel : « mise en liberté d'un détenu après expiration partielle ou totale de sa peine ». En 1611 – la Renaissance est passée par là : « décharge d'une servitude, d'une obligation, d'une dette ». En 1845 – en 1836 viennent pourtant d'apparaître en même temps et « moralisation » et « socialisation » –, on en reste encore aux faits : « renvoi d'un militaire dans ses foyers à l'expiration de son temps de service ou à sa démobilisation ». Et c'est en 1870 – toujours les États-nations de la vieille Europe continentale et leurs guerres fratricides, toujours la France et sa tendance à moraliser et à dire le bien, surtout quand cela l'arrange – qu'éclate la « *délivrance* d'un pays *occupé,* d'un peuple *asservi* ». L'occupation de la France par les Prussiens, l'annexion de l'Alsace et de la Lorraine ne peuvent qu'être condamnées, mais nécessitaient-elles une telle emphase morale, une telle généralisation? Et c'est en 1945 – encore et toujours la France et son goût morbide pour les déesses miraculeuses * – que se produit la déification : *« Absolument »,* proclame le dictionnaire *Robert.* « La Libération : la libération des territoires occupés par les troupes allemandes pendant la Seconde Guerre mondiale. » Tous les excès, toutes les approximations sont désormais permis : *« Figuratif »,* peut annoncer *Robert* : « délivrance d'une sujétion, d'un lien, d'un joug. *Libération de l'homme* (...) *Mouvement de libération de la femme* ». Et si Renan invoquait, dans une phrase fort belle et simple citée par *Robert,* « *l'affranchissement* et le progrès de l'esprit humain », Camus, qui n'avait pourtant pas que du yaourt dans la cervelle, pourra édicter cette sentence aberrante, retenue – hors contexte d'ailleurs et contrairement à l'esprit de l'écrivain – par notre dictionnaire, entre la « libération de l'homme » et le « mouvement de libération de la femme » : « Les révolutions se proposaient d'instaurer une libération de plus en plus totale. »

Liberté, où es-tu, enfouie sous les « libérations », en cette fin de XXe siècle?

Et qu'on ne me fasse pas dire ce que je ne pense pas. Pour moi, la liberté est, après le don de la vie, le bien le plus précieux de l'être humain. Pour moi, l'accession à une liberté de plus en plus riche, de plus en plus complète, de plus en plus totale, de plus en plus effective, est la ligne de force qui caractérise – et justifie – l'histoire de l'Occident. Mais il s'agit là d'une poussée viscérale – l'homme naît libre, l'homme est libre par essence et il le prouve, car même les pires oppressions ne parviennent pas, voyez l'admirable *Journée d'Ivan Denissovitch* de Soljenitsyne, à réduire chez lui sa parcelle de liberté ni à stopper irrémédiablement sa progression dans cette voie naturelle –, il s'agit là d'une action constante et progressive et non d'une révolte momentanée et miraculeuse contre un « joug », contre une « oppression », contre une « aliénation » qui auraient – envers du mythe du Paradis perdu – dit-on existé hier, existeraient aujourd'hui et pourraient, dans un sursaut miraculeux et orgastique, être brisées. Pour moi, la privation de liberté – mot en *ation* encore plus abominable que celui de « libération » car il est issu d'un verbe purement négatif, alors que « libérer » incarne quand même une valeur positive – est le pire des maux, après l'acte abominable d'ôter la vie – qui ne peut se justifier, dans des cas très limités, que par la volonté de la collectivité de se protéger contre le crime et d'assurer sa défense.

Lutter contre cette atrocité est donc un devoir sacré, mais un devoir naturel, mais le devoir de tous. On ne libère pas l'homme. On ne libère pas un peuple. Ils conquièrent d'eux-mêmes et pas à pas leur liberté, et c'est faire insulte à l'homme, c'est faire insulte au peuple, que de prétendre que quelqu'un, qu'un homme, qu'une force, qu'un mouvement – je me méfie d'instinct de tous les « libérateurs », de tous les « mouvements de libération » – puissent entreprendre une « action de (les) rendre libre ». Car le mot « libération » a un autre désavantage : il décharge la collectivité de la mission qui est la sienne pour la confier à d'autres qui, dans la foulée, peuvent d'autant mieux continuer à agir sur l'homme que celui-ci accepte

* Je ne veux pas avoir l'air de m'acharner sur la France dont l'esprit inspire – et pas seulement en réaction contre certains de ses intellectuels – ma réflexion. Mais, où en était, en 1870 et en 1945, la « libération » de l'Indochine, de l'Algérie et de tout l'« Empire français »?

l'idée qu'une tâche aussi vitale ait pu être assurée par autrui *. Et ce sont bien des démissions collectives qui ont entraîné la perversion du concept : ce sont les Français, honteusement battus en 1870 faute d'un combat véritable au moment de leur recherche du « toujours plus » sous Napoléon III, ce sont les Français faisant appel au concours d'autres pour la « libération » de leur chère Alsace-Lorraine – d'où la tuerie européenne de 1914 – qui ont donné à la « libération » son sens nouveau. Ce sont les Français, après la défaite de 1940, démission collective entre toutes, après une occupation où leur peuple – j'en suis témoin – s'est surtout livré aux joies du marché noir, de la délation, de la vénération du sénile Pétain, qui ont inventé le sens absolu de « la Libération » avec une majuscule, l'attendant du général de Gaulle, l'attendant de la « Résistance » – qui, d'après toutes les évaluations, ne regroupait pas plus de vingt pour cent de la population –, l'attendant des troupes américaines **.

Certes, il est des circonstances où l'asservissement est tel que l'homme et la collectivité ne peuvent se libérer tout seuls. Mais les hommes, mais les mouvements, mais les peuples qui se consacrent à cette tâche n'ont aucun droit, tant elle est naturelle, tant elle est conforme à la nature de l'homme, d'en tirer aucune gloire, aucun titre à la reconnaissance de ceux à qui ils ont donné ce complément de la vie – le général de Gaulle ne s'est jamais présenté comme le « libérateur de la Patrie », alors que Napoléon se faisait appeler « libérateur des peuples » –, n'ont aucun droit de singulariser et de glorifier leur action. Et si l'on veut immortaliser certaines glorieuses pages de notre histoire, qu'on parle donc, pour la première guerre d'Indochine, de « Guerre d'indépendance du Vietnam », comme on dit – la déification de la « révolution » n'était pas, à cette époque arrivée à son zénith – « Guerre d'indépendance des États-Unis d'Amérique »; qu'on parle, comme le font les Russes, à qui ne viendrait pas à l'idée de célébrer la « libération » de leur patrie, de *Guerre patriotique 1812* ou de *Grande guerre patriotique 1941-45* : quand il a été mis fin à l'esclavage, on ne s'occupait pas de « libération », mais d'affranchissement et de lutte pour l'abolition.

Car, pendant que l'Occident pense que « libérer » est si moral, que la « libération » est un tel bien, tellement conforme au développement de l'Histoire qu'il est difficile de s'opposer à la « libération » de la Chine ou du Vietnam du Sud, pendant que l'Occident, accaparé par l'accroissement de

* Cette passivité et cette démission sont renforcées par le dernier sens – scientifico-technique – du terme : « Mise en liberté (de matière, d'énergie). Libération d'énergie résultant de la fission du noyau atomique. Libération de neutrons, d'électrons », qui, lui aussi, postule et entraîne la confiance en une force extérieure, spécialisée et bienveillante.

** Sans être malveillant, les « gaullistes » – et je ne parle pas des bien rares résistants de 1940, des Michelet, Passy, Rémy, Marie-Madeleine Fourcade auxquels me lie – ou m'a lié – une profonde estime et, je crois, une réelle affection et dont un grand nombre de compagnons ont péri sous les balles allemandes, mais de ceux qui, je ne citerai pas de noms, ne participeront à la Résistance que bien plus tard, de même que leurs successeurs seront absents de la guerre d'Algérie – en tireront, en tant que « libérateurs », « compagnons de la Libération », des profits assez substantiels. Rares sont ceux qui, tel mon autre ami, le colonel Thomé, ancien parachutiste SAS qui ne tire aucune gloire d'avoir joué un grand rôle dans la « libération » de la Bretagne, sont rentrés chez eux, pour reprendre, ce qui est tout à fait naturel et courant en pays anglo-saxon, une activité professionnelle souvent terne et sans demander à personne aucune récompense ou avantage.

ses richesses, est trop heureux de voir que d'autres se chargent d'une tâche aussi noble, lui épargnant l'ennui qui consisterait à aider de lointains et complexes pays à conquérir leur liberté, les Grands Prêtres de la nouvelle religion, le peuple russe qu'ils ont converti de force ne font pas de telles simagrées.

Au niveau de la langue, les dictionnaires traduisent « libération » par *osvobojdenie* en gommant l'idée d'une action morale d'un homme sur un autre : « 1. – conditionnelle; – d'un territoire » (en précisant sobrement : « nettoyage d'un territoire des forces ennemies »); – de l'énergie nucléaire; – d'une dette; – des échanges commerciaux. 2. démobilisation » et recensent, pour ce mot profondément russe sans suffixe en *atzia,* les sens bien peu émotifs de « 1. mise en liberté, libération, affranchissement (d'un esclave, d'un prisonnier); 2. délivrance, exemption, dispense (d'une obligation), – des impôts; 3. d'un logement : évacuation ».

Quant au Dogme, nos adorateurs de la « libération » devraient consulter la Grande Encyclopédie : est-ce l'évidence, pour un « marxiste-léniniste », que l'ordre du Parti-État, que la propriété collective des biens de production apportent la liberté ou bien cette valeur constitue-t-elle le dernier de ses nombreux soucis? On ne trouve sur *osvobojdenie* que 16 lignes consacrées... au journal créé sous ce titre à Stuttgart par P. Struve en 1902 et dont on apprend, sans surprise excessive, qu'il avait « une direction antirévolutionnaire et antiprolétarienne ». Enfin, au plan pratique et en russe – langue des adjectifs – *osvoboditelnyï* étant plus employé que le substantif, les théologiens ne peuvent qualifier ces « guerres de libération » qui mettent l'Occident dans des transes si émues que d'une manière bien plus sobre : « Guerre nationale *libératrice* » de la Chine lors de l'invasion japonaise, « Guerre populaire *libératrice* » de Mao contre Tchang Kaï-chek. Cette civilisation ne sera jamais, et en aucune façon, celle de la liberté.

Et nous voilà donc confrontés à un nouveau mystère : comment se fait-il qu'un concept aussi étranger à la nouvelle religion, sécrété par la civilisation occidentale – ou, plus précisément encore par son affluent français – soit utilisé aussi massivement, aussi facilement par les Grands Prêtres? Comment se fait-il que les papes rouges, qui n'ont pas tellement à faire de cette déesse Libération devant laquelle nous nous prosternons, se présentent – et sont acceptés par nous – comme les vestales uniques, exclusives, universelles, d'un culte qui n'est pourtant pas le leur?

Rien d'étonnant, pourtant, pour les Grands Prêtres. Se donner l'apparence d'apôtres du bien, prétendre être les porte-parole du bonheur de l'humanité, quelle que soit la forme qu'il peut prendre, est, pour ces gens d'Église, une démarche toute naturelle, ne leur demandant aucun effort d'adaptation particulier. Et ces praticiens de la parti-étatisation ne peuvent, en raison de la qualité de leur connaissance objective, ignorer que cette dictature du prolétariat et cette propriété par l'État de toutes les richesses qu'ils proposent ne correspondent pas – comme le montrent à satiété les résultats d'élections libres, comme le prouvent les échecs répétés des guerres civiles de néo-religion – aux désirs des populations et qu'il leur faut donc, pour soutenir leur usage de la force, s'appuyer sur d'autres chimères, sur d'autres fantasmes de l'homme. Alors, pourquoi pas la « libération » puisque, de toute façon, la nouvelle civilisation est le paradis porteur de tous les bienfaits? Enfin, baignant dans la perversion de nos valeurs, poussant jusqu'à sa logique la plus démente nos illusions sur l'homme et la société, transformant la croyance française de la possibilité d'une action de l'homme sur l'homme en activisme et en dictature, l'affirmation de l'égalité des êtres humains en une soumission d'esclaves au Parti-État – en russe *« rab »,* esclave, a une étrange parenté avec *« ravnyi »,* égal –, la recherche du bien-être en affirmation de l'existence d'un bonheur sur terre, le « mythe » de la « Révolution » en « Révolution socialiste » mettant un terme à l'Histoire, etc., comment les Grands Prêtres ne reconnaîtraient-ils pas, comment ne s'adapteraient-ils pas à une perversion, une valeur morale auréolée d'absolu, une action de l'homme sur l'homme, quand ils les rencontrent sur leur chemin?

Et s'il y a mystère, il ne se trouve donc que du côté de l'Occident : entre le mystifié et le mystificateur, il existe toujours un lien ambigu et c'est en fonction de fantasmes qui lui sont propres que le premier se laisse berner par le second. Pour que la perversion de nos valeurs exerce sur nous un tel effet, pour qu'elle s'avère tout aussi efficace quand il s'agit d'une perversion en quelque sorte naturelle puisque les Grands Prêtres y croient – l'action de l'homme sur l'homme par la dictature du prolétariat, l'égalité procurée par la propriété collective des biens de production, la « Révolution socialiste » – que lorsque apparaît un concept auquel ils croient beaucoup moins ou pas du tout, c'est que ce n'est pas le seul art – immense – des Grands Prêtres qui est en jeu, mais que la perversion est déjà en nous. Et si l'Amérique du Nord, terre de la libre action de l'homme sur la nature et sur les choses, rejette si facilement la nouvelle religion – mis à part, et c'est significatif pour ce pays de liberté, le fantasme de la « libération * » –, c'est qu'elle s'est moins vautrée que l'Europe continentale dans les chimères de la révolution, de l'égalité, de l'action de l'homme sur l'homme. Car si le miroir que nous tend la nouvelle religion nous paralyse à un tel point, c'est qu'il nous piège par le reflet de nos propres chimères, fantasmes, et, osons nous l'avouer, perversions. Car si les Grands Prêtres

* L'habitude américaine de parler de « guerres de libération » qui seraient la spécialité de « Moscou » me sidère et me navre. Car de deux choses l'une :

Ou effectivement le consensus de rejet est si fort, l'aspiration de liberté si puissante – on a vu que pour moi cela ne peut se produire que lors d'un asservissement par une force armée étrangère – et l'Occident, constatant une guerre de résistance nationale, doit – comme l'a fait la Grande-Bretagne en Malaisie – en tirer toutes les conséquences.

Ou il s'agit comme en Grèce, comme en Malaisie après l'indépendance, comme aux Philippines, ou, j'en suis persuadé, au Vietnam du Sud et en Amérique centrale, d'un accès de démence des nouveaux croyants – démence partagée malheureusement en Amérique latine par les désastreux « théologiens de la libération » – ou d'une mystification des Grands Prêtres, et il est aberrant alors, en employant leurs propres termes, de faire le jeu des fous et des escrocs.

La tentation est pourtant forte. Les « libéraux » – pourquoi cette appellation ? Il n'y a de liberté nulle part chez ceux qu'ils défendent – paient ainsi, en restant dans le flou de leurs émotions, le tribut, hélas habituel, à la nouvelle religion. Les « conservateurs » – terme plus adéquat, car certains d'entre eux ne veulent rien changer à rien – attribuent ainsi à des causes extérieures l'échec que ne peut que susciter leur immobilisme : nouvelle version, avec la « guerre de libération » due à « la main de Moscou », de l'excuse fallacieuse du « coup de poignard dans le dos ».

parviennent – à partir d'un concept qui leur est d'autant plus étranger que son application à leurs propres terres ne pourrait avoir que les effets les plus dévastateurs sur la stabilité de leur Saint Empire – à justifier le bruyant et mystificateur transfert qu'effectuent leurs fidèles à partir de la lutte armée, commune à tous, naturelle et viscérale, contre la privation de liberté par une force armée étrangère, à l'action menée, elle, par une fraction de la population contre l'ordre politique et économique de la société – action n'ayant, en aucune façon, la liberté pour objectif –, c'est que c'est nous qui, en acceptant de croire qu'une force miraculeuse peut apporter la « libération », en accolant à une valeur morale l'idée aberrante qu'elle peut relever d'une action de l'homme sur l'homme, en ajoutant au verbe émotif « libérer » l'abominable suffixe en *ation,* c'est nous et nous seuls qui pervertissons nos propres valeurs de liberté au point de confier la « libération » aux assassins de la liberté.

Oui, malheur et honte à nous ! Car, forts d'aussi brillants résultats nous ne nous arrêtons pas en si bon chemin. Déjà, des mystiques en mal d'effusions – et, souvent, spectateurs, il est vrai, d'injustices sociales intolérables – ont mis au point une « théologie de la libération ». Déjà, des intellectuels, plus au chaud dans leur Seizième, appellent de leurs vœux une « libération économique ». Déjà, des sous-ministres socialistes réclament une « libération culturelle ». Déjà n'importe quel névropathe terroriste peut proclamer qu'il œuvre pour la « libération » de ses semblables.

Car, dans cette frénésie de la liberté qui caractérise l'Occident – et qui risque, un jour, d'ôter à l'homme la dignité qui justifie sa liberté et nous amener à prendre la liberté de ne pas combattre ceux qui veulent nous l'ôter –, nous n'avons pas tiré toutes les leçons du précédent usage qu'ont fait les Grands Prêtres, leurs fidèles et leurs apôtres, de notre chère déesse. Grands maîtres de la haine, manipulateurs des violences et des passions, ils se sont, grâce aux effets que l'idole exerce sur nous, dotés de la force au sein d'embryons de Parti-États. Mais, ne parvenant pas à dynamiter la fatalité de leur échec dans les guerres civiles de néo-religion, ne réussissant pas à faire partager au peuple la démence de leur transfert de la résistance à une oppression armée étrangère au fantasme d'une « libération totale », les Grands Prêtres et leurs apôtres ont fait encore mieux : c'est la force d'armées conventionnelles qu'ils ont, sous la bannière miraculeuse de la nouvelle déesse, lancée dans des guerres d'invasion et de conquête, elles, tout à fait classiques.

XV

DES GUERRES D'INVASION

Des avantages dont disposent les troupes de la Papauté dans les guerres de conquête

Le sabre et le goupillon. La Bible et le fusil. Le « Manifeste » et le char d'assaut. Décidément ce n'est que dans ce seul domaine pour elle privilégié de la force et de la violence armées déployées pour convertir les populations que la nouvelle civilisation apporte – depuis la prise du Palais d'Hiver, depuis Octobre commémoré combien significativement par les plus grands défilés militaires jamais vus – un progrès véritablement indubitable. Force absolue pour les Grands Prêtres du Parti-État central. Usage de la force militaire conventionnelle et recours à la violence, aux risques de la guerre classique de conquête pour des apôtres plus jeunes et moins expérimentés.

Car – deuxième type de guerre où les nouveaux croyants parviennent enfin à transformer leurs défaites des guerres civiles de néo-religion en triomphes –, les écrasantes victoires de Mao Tsé-toung sur Tchang Kaï-chek, du Vietnam du Nord sur le Vietnam du Sud ne relèvent en rien ni de ces « guerres civiles » où, dans l'affrontement armé des consensus, les nouveaux croyants prennent de si mémorables raclées et où Mao lui-même, avec sa « Longue Marche » et Hô Chi Minh avec l'offensive du Thêt, ont été si cruellement défaits, écrasés ou stoppés. Ni, bien entendu, d'une guerre de résistance nationale où ils sont emportés par la vague de rejet que provoque dans les peuples leur crucifixion par une force armée étrangère. Changement radical de décor : revivifié par la guerre de résistance nationale contre les Japonais, porté à l'existence par la guerre de résistance nationale contre les Français, Mao et le Vietnam du Nord se sont livrés – la Grande Encyclopédie a bien raison, en singularisant ce type de guerre, de glisser sur la réforme agraire du Grand Timonier, de ne pas parler de sa « guerre révolutionnaire », pour préciser, gourmande, que ses forces étaient passées de 1,2 million d'hommes en juin 1946 à 2 et 4 millions en juillet 1947 et novembre 1948, alors que le Kuomintang refluait et stagnait pour les mêmes dates de 4,3 à 3,7 et 3,9 millions, que l'Union soviétique l'avait doté de tout l'armement pris sur l'armée japonaise, avait reconstruit les chemins de fer et l'industrie, la victoire du Vietnam du Nord ne s'expliquant que par les mêmes raisons –, les apôtres donc ayant été ainsi requinqués et surarmés par la Papauté, se sont livrés à des guerres d'invasion parfaitement classiques, mettant en œuvre des forces et des moyens parfaitement conventionnels. Oui, invasion d'un État – car Mao avait bien édifié un État dans les immensités dont il était parvenu à s'emparer – par un autre État. Ou plus précisément – et c'est cela qui est inquiétant –, invasion conventionnelle d'un État-nation par un Parti-État.

Inquiétant, en effet. Aucune supériorité industrielle ou économique, aucune supériorité quantitative, qualitative, « opérative » – en effectifs, en armements, en art, comme le *Blitz Krieg* allemand, de la guerre – ne viennent expliquer ces cuisantes défaites. Aucune pulsion d'expansion nationale, aucune pulsion idéologique, aucun fanatisme ne poussent en avant des corps d'élite habités par la volonté de conquête : ce sont, au contraire, des troupeaux armés qui défont les armées les mieux armées et les mieux commandées.

Et nous – l'esprit de défaite habite, hélas! l'Occident moderne – de nous bercer aussitôt avec les chimères de la prétendue invincibilité de la nouvelle civilisation! Et de ricaner bêtement sur la « décomposition » des « forces gouvernementales », et de nous extasier sur la discipline et la haute tenue des troupes « révolutionnaires » – sait-on seulement ce que coûte, dans ces armées-là, la moindre réticence, la moindre insubordination et je ne parle pas des désertions? Et de mettre en doute la « légitimité » de Tchang Kaï-chek – dont le consensus était effectivement ébranlé par les revers devant l'armée japonaise, par la nécessité imposée par l'invasion de s'appuyer sur des « seigneurs de la guerre », dont Mao lui-même, et sur la société ultratraditionnelle, mais qui ne se portait pas trop mal dans les villes et les centres industriels où Mao se cassait les dents et qui, dans des élections libres, n'aurait pu que l'emporter haut la main –, de nous noyer dans les critiques – faciles – de Thieu et de ses généraux. Curieuse façon de raisonner : comme si la supériorité morale de Hitler, comme si la déliquescence de la démocratie découlaient tout naturellement de l'effondrement militaire – bien peu glorieux – de la France républicaine de 1940! Mais ce qui, à l'égard du nazisme et du fascisme, est ressenti comme une forme de collaboration et de démission particulièrement honteuse témoignerait, face à la nouvelle religion, dont nos intellectuels négligent la force pour ne se prosterner que devant sa foi, du plus pur progressisme, de la générosité la plus lucide.

L'explication me paraît, hélas, plus simple. Il est rare, en effet, que les sociétés militarisées – tel est l'un des charmes du Parti-État dont l'Armée n'est que l'expression de la soumission et de la hiérarchisation de la société tout entière – ne triomphent, sur les champs de bataille, de collectivités tournées vers d'autres fins. Je ne prétends pas que Tchang ou Thieu étaient des parangons de la démocratie – à propos, des républicains authentiques et sur mesure, tel Kerenski face à Lénine, auraient-ils fait mieux? –, je dis qu'ils désiraient, vaille que vaille, assurer un minimum de progrès et de paix à leurs peuples dans les dures conditions historiques qui leur étaient imposées. Et puis il y a le phénomène crucial de la durée qui joue d'une manière radicalement différente pour les deux camps en présence – les sociétés classiques éprouvant une extrême difficulté à consentir des efforts prolongés, alors que le Parti-État, d'où sont absentes toutes les actions individuelles et de groupes, est perpétuellement mobilisé – avec, bien entendu, une étonnante déperdition d'énergie – en faveur de l'action collective. Entouré d'un monde occidental ne pensant plus qu'à la douceur de vivre en paix, de produire et de consommer, la Chine de Tchang aspirait, elle aussi – après neuf ans de guerre contre les Japonais –, à la paix. Le Vietnam du Sud – après plus de vingt ans d'épreuves – aspirait à la paix. Point d'aussi funestes illusions en nouvelle civilisation où les « luttes pour » et les « luttes contre » fixées par le Parti et ses Grands Prêtres ne sont jamais terminées, où le temps se compte en siècles, où les aspirations des individus et des populations ne sont jamais prises en considération, où l'épreuve et la souffrance sont le lot de tous, de la naissance jusqu'à la mort. Le Parti-État de Mao pouvait mener une nouvelle guerre de trois ans – et plus si nécessaire, la Chine de Tchang ne le pouvait pas. Le Parti-État du Vietnam du Nord pouvait continuer à l'infini – comme il poursuit aujourd'hui la « normalisation » du Cambodge et les conflits larvés avec la Chine – l'affrontement armé; le Vietnam du Sud, lui, ne le pouvait pas. Pas plus que ne le pouvaient les États-Unis.

Ajoutez que l'invasion est le fait non d'étrangers mais d'hommes du même pays. N'oubliez pas que, lors d'une invasion conventionnelle, les forces armées de la nouvelle religion ne présentent de la nouvelle foi – remarquez que je ne parle plus en l'occurrence de « nouveaux croyants » –, à la différence de ce qui se passe dans une « guerre de consensus », que des aspects somme toute assez classiques. Les holocaustes et les génocides sont à venir et si, dans une guerre « civile » de néo-religion, chacun peut craindre d'être frappé à tout moment, l'éloignement de la menace dans le temps fait, lors d'une guerre d'invasion, naître l'immonde espoir d'être épargné. Précisez que personne en Occident – à part des époques rares de tension qui nous horrifient tellement que nous les qualifions nous-mêmes et incorrectement de « guerre froide » – ne condamne, de Wilson à Roosevelt et à Nixon, la nouvelle religion, que de permanentes et lumineuses conférences au sommet règlent avec les nouveaux papes les problèmes du monde. Il ne faut pas, dit un proverbe français, être plus royaliste que le roi. Pourquoi le Chinois de base des armées « nationalistes » aurait-il fait preuve de plus de lucidité et de détermination que Roosevelt à Yalta ou que les conseillers américains de Tchang Kaï-chek? Pourquoi le soldat du Vietnam du Sud aurait-il déployé plus de courage, d'intelligence et d'esprit de sacrifice que MM. Nixon et Kissinger?

Faiblesse congénitale d'une collectivité civile désireuse de paix face à une société militarisée; lassitude devant une guerre partie pour l'éternité; escamotage de la démence sanglante de la nouvelle foi au cours d'opérations conventionnelles : tous ces facteurs me paraissent plus importants encore que l'ambiguïté permanente de l'Occident à l'égard de la nouvelle religion ou que l'absence de sa part d'une volonté ferme et continue. Toujours est-il que nous assistons alors à un phénomène majeur : l'ascension aux extrêmes, qui se faisait spontanément au cours d'une guerre civile de néo-religion où la folie des nouveaux croyants éclate au grand jour, n'est plus naturelle au cours des guerres d'invasion par des Parti-États. Certes, elle s'effectue au niveau des chefs militaires – immédiatement traités de « fascistes » –, au sein des troupes d'élite – vouées au sacrifice –, mais elle ne joue absolument plus ni dans les troupes régulières ni au sein des populations civiles – ce qui ne peut que porter en germe une défaite, hélas! fatale.

Et, plutôt que de nous gausser, à propos de la chute de Saigon, des maladresses et démissions américaines ou des insuffisances des généraux, nous ferions mieux de nous poser une question bien plus angoissante. Le consensus qui s'esquissait au Vietnam du Sud à l'image du « modèle » japonais de consommation pouvait-il avoir des effets mobilisateurs? Et nos sociétés occidentales d'opulence, de recherche du bien-être et du « toujours plus », obsédées par la volonté de « détente », tolérantes à l'égard de la nouvelle religion, se battraient-elles en cas d'invasion par les troupes faméliques et misérables d'un Parti-État?

Des dangers et aléas des guerres d'invasion

Afin de surmonter un handicap aussi dramatique, aussi porteur de défaites irrémédiables, il n'existe alors qu'une seule et unique possibilité : déployer une supériorité en armements, en effectifs, en capacité de combat – ce qui pose tout naturellement le problème de l'intervention, j'emploie le terme dans son sens technique, des forces militaires de l'Occident lui-même. Intervention dont les Grands Prêtres savent – avec leurs forces militairement incompétentes, avec l'absence de toute pulsion d'expansion ou de simple volonté de se battre chez les troupes chargées de la conquête, avec l'inexistence de tout consensus d'adhésion, avant la mise en branle des mécanismes de soumission, chez les populations à convertir – qu'ils sont irrémédiablement et irrévocablement incapables d'y faire face. Octobre, note soulagée la Grande Encyclopédie, « commence à un moment où les principales puissances impérialistes étaient occupées (*sic*) par la Première Guerre mondiale et qu'aucun des groupements ne pouvait apporter une aide immédiate » – notez le qualificatif « immédiat » – « au gouvernement bourgeois et foncier de la Russie ».

Un pays industriellement puissant, doté de forces armées modernes – de nos jours, seuls les États-Unis remplissent ces conditions face aux Parti-États du Saint Empire – ne peut, en effet, qu'écraser – l'exemple de la guerre de Corée le prouve à l'envi – les forces armées d'un petit Parti-État trop vorace – voire, comme l'a fait Mac Arthur face à la Chine elle-même, endiguer un Parti-État déjà plus conséquent – et cela sans provoquer aucune ascension aux extrêmes dont les pauvres sont, par leur nature même, parfaitement incapables *.

Or, dans deux des trois guerres d'invasion – Chine, Corée, Vietnam –

* Les conseils des Grands Prêtres de Moscou à leurs vassaux ne peuvent qu'aller dans ce sens, d'autant plus que toute ascension aux extrêmes mettrait en première ligne le Parti-État central, qui se méfie lui aussi comme de la peste du glissement vers l'absolu, et risquerait de poser le problème en termes nucléaires. Dans le cas d'un engagement militaire occidental, le risque d'escalade est donc fortement limité – pour ne pas dire presque nul.

déclenchées par des Parti-États, l'Occident n'a pas bougé un cil, a contemplé l'arme au pied des peuples condamnés, par le déferlement sur leur pays des armées du nouveau clergé, à la conversion par la force, à la misère et au Goulag.

Passe encore pour la Chine qui, au lendemain d'une guerre mondiale génératrice d'une volonté incompressible de paix, à un moment où l'on pouvait encore se faire des illusions tant sur la nouvelle religion que sur les motivations de ses apôtres supposait la mise en jeu d'effectifs, bien que la supériorité de l'Occident en armement fût proprement gigantesque, se comptant par millions. Mais la manière dont l'Amérique au Vietnam livrera aux armées du Saint Empire marxiste-léniniste un pays auquel elle avait accordé sa protection morale et qui s'engageait sur la voie du développement économique et social que nous voyons aujourd'hui prospérer dans l'Asie du Sud-Est, restera, elle, comme une page honteuse de l'histoire de l'Occident, comme le couronnement d'un enchaînement d'erreurs d'appréciation sur la nouvelle civilisation. Pis qu'un crime : une faute.

Dans l'une des rares interviews qui ne déforme pas sa pensée à la richesse et aux nuances infinies, Alexandre Zinoviev déclare à Georges Nivat : « Ce système a une tendance générale à l'expansion. C'est comme l'eau dès qu'il y a une fuite, une fissure. L'eau a coulé en Afghanistan. Et sur toute la planète, à la première possibilité, on fait couler l'homme soviétique [3]. »

On ne peut ni mieux poser le problème ni mieux indiquer – mais l'Occident, oublieux de ses rares accès de lucidité, l'avait déjà fait avec le concept du *containment* – le moyen de le résoudre *. Ce n'est pas parce que l'eau coule qu'elle est intelligente et invincible. Ce n'est pas parce que se produisent des inondations qu'une terre qui a un besoin constant d'humidification les appelle de ses vœux. Ce n'est pas parce que l'eau coule dans un certain sens que celui-ci est le sens de l'Histoire. La digue – et la permanente irrigation – du développement économique, du progrès social, de l'amélioration des connaissances, stoppe, nous l'avons assez vu, les « révolutions socialistes » – comme l'octroi de l'indépendance brise la marée des « révolutions de libération nationale ». La digue de la force et de la violence, dans l'ascension aux extrêmes, pulvérise le flot tumultueux de la guerre civile. La digue d'un engagement militaire classique de l'Occident lui-même, avec des effectifs, des armements, une volonté appropriés, arrête, elle, l'invasion conventionnelle d'un Parti-État. Mais l'Amérique, après avoir, dans une confusion aussi invraisemblable que sa bonne volonté, entassé des millions et des millions de sacs de sable qui, au Vietnam du Sud, étaient enfin parvenus, sinon à enrayer l'inondation du moins à ne la réduire qu'à des infiltrations – le mot est typique – sans

* En revanche, je suis en désaccord total avec l'autre versant de l'analyse de Zinoviev quand il affirme : « Une telle " fuite " est désastreuse pour l'Union soviétique. Aujourd'hui, la désorganisation idéologique intérieure (*sic*) est telle qu'il faut mettre un frein à la " fuite " extérieure. » Désastreuse ou pas, seule l'expansion maintient en vie la nouvelle religion dont l'emprise est telle sur celui qui en a été imbibé qu'il ne peut qu'accorder des vertus à une « réorganisation idéologique ». L'extraordinaire intérêt de Zinoviev, c'est que tout naturellement, il « pense soviétique ».

importance réellement significative, a été tellement épuisée par ce gigantesque et désordonné effort qu'elle n'a plus eu le courage et la force d'édifier la simple digue qui – comme en Corée – aurait retenu les flots armés du Nord et condamné la nouvelle religion à stagner sur ses terres, dans des lacs que, pour ma part, je considère comme purement artificiels.

Mais, à défaut de digues, nous ne manquons guère de « failles » et de « fissures » et sans parler, pour l'instant, des brèches que creusent, souvent à notre demande d'ailleurs, les « travailleurs du front de politique extérieure » à Yalta, Potsdam, Genève, Paris, Moscou et autre Helsinki, constatons simplement que le dénominateur commun dans ces deux cas – Chine de 1949, Vietnam de 1975 – de non-assistance à des peuples en danger de mort – qui torturent moins nos consciences que l'insuffisance de notre aide économique au tiers monde : toujours ce « marxisme » mal digéré qui nous pousse à accorder la priorité à l'économie alors que, sans nier en rien l'importance des facteurs économiques, j'affirme seulement qu'ils exercent des effets entièrement différents et autrement moins puissants que ceux de la force et de la violence armée –, c'est qu'ils se sont déroulés dans la nuée d'illusions, de faux-semblants, de transferts de sentiments que distille autour d'elle notre chère déesse Libération.

Car ce ne sont ni le peuple ni, même, les nouveaux croyants de Chine qui livrent, de 1946 à 1949, une guerre à Tchang Kaï-chek, ce n'est pas le peuple du Vietnam du Sud qui porte le coup de grâce à Thieu, ce sont les forces armées du Parti-État nouvellement constitué à la faveur de la guerre de résistance nationale, qui s'avancent, camouflées par le rideau de fumée de la « libération », faisant croire, dans un gigantesque tour de passe-passe, à un transfert depuis la réalité tout à fait indubitable, tout à fait mobilisatrice, d'une guerre de résistance ayant pour objectif la liberté et l'indépendance de la nation à une guerre de conquête et de conversion, elle purement surajoutée au corps social, aux objectifs purement illusoires d'une « libération » devenue purement fictive.

A la différence de ce qui se passe lorsque le transfert est le fait des nouveaux croyants au sein même de l'État-nation, la mystification est ici en quelque sorte artificielle : destinée à justifier l'invasion et la conquête, à démoraliser et à affaiblir les populations à convertir en détruisant leur connaissance objective de la réalité, à paralyser l'Occident, elle est le fait des Grands Prêtres et de leurs apôtres. Certes, on peut admettre que ceux-ci sont sincères – pour eux, la seule « libération » est celle qui provient de l'application du Dogme –, mais l'on n'assiste à aucune explosion de démence des exécutants, les forces armées en lice obéissant *perinde ac cadaver* mais n'étant emportées par aucune pulsion en faveur de la « libération ». Constante de la nouvelle civilisation : c'est parce qu'elle ne peut triompher par les grèves, les mouvements de rue, les soulèvements armés – Chine de Tchang Kaï-chek; c'est parce qu'elle ne peut triompher par la guerre civile – Vietnam du Sud – que la nouvelle expansion se doit, comme Lénine l'a fait en Mongolie dès 1920, comme Staline l'a fait en Europe de l'Est, de faire appel à une force armée extérieure au pays à convertir.

Mais quel peut bien être, ne peuvent que se demander légitimement les Grands Prêtres, l'avenir de telles pratiques de captation des sentiments de rejet du peuple au cours de guerres de résistance nationale, le futur d'invasions conventionnelles dans le brouillard artificiel de la « libération » – pratiques qui comportent, quand même, de sérieux dangers et limitations – le schisme de Tito et de Mao –, de sérieux risques – l'Occident peut réagir comme en Corée – et supposent, de toute façon, pour réussir – différence de la guerre de Corée par rapport à l'invasion du Vietnam du Sud – d'une part, des concentrations importantes de nouveaux croyants emportés par l'exacerbation de la foi justifiant le « transfert » de la « libération » et, d'autre part, un Occident moins virulent et déterminé qu'il ne le fut pendant la crise de Berlin, pendant la guerre de Corée ou, même, pendant l'affaire des fusées de Cuba?

Certes la coopération de l'Occident – amorti par sa cohabitation forcée avec la nouvelle civilisation; attendri, comme le bifteck, par le délicieux usage, nous allons enfin y arriver, que font de la « détente » les « travailleurs du front de politique extérieure »; se prosternant devant l'idole de la Libération qu'il s'est lui-même inventée – cette coopération donc avec un envahisseur *new look,* qui ne se contente plus, comme en Corée, de pousser ses troupes en avant *, paraît désormais acquise. Mais les « situations révolutionnaires », mais les « conditions favorables » sont-elles au rendez-vous? Ne faut-il pas constater que, malgré tout ce que proclame le Dogme, l' « impérialisme » est peut-être toujours aussi déchaîné, toujours aussi avide de porter des coups à la « patrie du socialisme » et à l' « humanité progressiste », mais qu'il ne plonge plus les pays dans des entreprises d'expansion militaire, d'asservissement de peuples par la force armée aussi insensées et exacerbées que celles de l'Allemagne nazie ou du Japon des seigneurs de la guerre? Ne faut-il pas constater que la nuit coloniale s'est – enfin et définitivement – dissipée?

Dans l'article – globalement stupide – *Crise générale du capitalisme,* la Grande Encyclopédie n'identifie-t-elle pas trois époques historiques : de 1917 à 1945, la « première étape » de la « Crise générale », poétiquement dénommée, selon les abréviations en usage, OKK avec trois subdivisions : 1. Les révolutions de 1917 à 1923; 2. La consolidation du capitalisme de 1924 à 1929; 3. Les crises économiques de 1929-33, 1937-38 et la montée du fascisme; à partir de 1945, la « deuxième étape » de l'OKK caractérisée par la défaite du nazisme, mais aussi par « l'approfondissement de la crise du colonialisme aboutissant à son effondrement »; la « troisième étape », dont le citoyen repu de l'Occident apprendra, avec surprise, qu'elle existe, ne commençant qu'à partir de cet « effondrement ».

Ne faut-il pas se rendre à l'évidence que l'ère des oppressions par des forces armées étrangères, des invasions et des occupations militaires, des « concessions » et des « canonnières » appartient à un passé définitivement révolu, et que les nouveaux croyants ne peuvent donc qu'éprouver de plus

* Si l'invasion de la Corée du Sud s'explique par l'exacerbation de la psychose des nouveaux croyants, les circonstances précises de son déclenchement seraient intéressantes à mieux connaître. S'est-il agi d'une sous-estimation par Staline de la nécessité de la force absolue dont il était pourtant l'inventeur – peut-être inconscient? Ou d'une surestimation, par Mao cette fois, et au vu de ses succès sur Tchang Kaï-chek, des vertus et possibilités de la guerre d'invasion classique? De toute façon, l'on peut être sûr que la correction de ces erreurs d'appréciation a été parfaitement intégrée dans le système de pensée des Grands Prêtres.

en plus de difficultés à s'infiltrer dans les sentiments de rejet des peuples *.

Certes, les Grands Prêtres, leurs théologiens et leurs fidèles s'efforcent de transférer le rejet des peuples qui leur a profité quand il s'est exercé contre une occupation militaire étrangère à tous les sentiments négatifs que peut susciter, de par le monde, le jeu des mécanismes économiques. La « troisième étape » du glorieux OKK « s'exprime » ainsi, d'après la pontifiante Encyclopédie, « non plus dans la casse *(sic)* des structures politiques et colonialistes, mais par le fait qu'a commencé l'atteinte et quelque part (re-*sic*) la liquidation des *racines* économiques du colonialisme; dans de nombreux pays les mouvements de libération nationale ont commencé à acquérir un *caractère anticapitaliste* exprimé d'une manière éclatante ». Les approximations lyriques, on le voit, sont de nouveau au rendez-vous – ce qui, souvenons-nous de la guerre d'Espagne, n'est guère encourageant, ni pour la fiabilité de l'analyse théologique ni pour la réalité de la pratique de l'expansion.

Certes, les articles *Économie mondiale du capitalisme, Crise du capitalisme, Impérialisme, Néo-colonialisme* distillent les incantations les plus délirantes. La « troisième étape » de l'OKK « a renforcé l'instabilité de l'économie capitaliste ». L'impérialisme « est la veille de la Révolution socialiste dans la mesure où ce stade crée non seulement la nécessité mais – et allez donc! – la possibilité de renverser le capitalisme ** ».

Mais si l'on retombe ainsi dans les fantasmes de la « lutte des classes » et de la « révolution socialiste », on ne trouve nulle part – les Grands Prêtres ne sont pas pour rien des praticiens émérites de la force – de ces envolées hystériques d'hommes d'État de la petite et archaïque Europe se lamentant sur la « guerre économique » moderne – il n'y a pas, que je sache, de recours aux armes et à la violence, mais une concurrence, fût-elle intense et acharnée –, on ne trouve même pas de ces condamnations vertueuses si chères à nos intellectuels, qui n'ont jamais connu l'horreur des champs de bataille et de l'ascension vers l'absolu des extrêmes de la violence et des passions, de clouage donc au pilori de l' « oppression », de

* Force de ces sentiments : l'envoi de troupes des États-Unis à Cuba et au Nicaragua, au début du siècle et dans les années trente, n'a pas fini d'exercer ses néfastes effets.

** Si, en nouvelle civilisation, « l'art de la guerre » n'est pas seulement un brillant – fort rigoureux et bien peu lyrique – article d'Encyclopédie, les Grands Prêtres font preuve, en matière d'économie, on le devine, d'une nullité aussi totale qu'affligeante. « Aux États-Unis, au début des années soixante-dix, le volume de la production s'est accru de trois fois par rapport à la période d'avant-guerre, alors que l'accumulation des résultats des recherches scientifiques aurait permis de garantir une croissance bien plus forte » – de quoi je me mêle? quels résultats obtient-on en nouvelle civilisation? – « Le pourrissement du capitalisme entraîne la création d'une prétendue aristocratie du travail, c'est-à-dire de couches d'ouvriers dont le mode de vie et les vues sont petits-bourgeois. » « En accélérant le développement du capitalisme sur le dos de la ruine massive de la petite production, l'impérialisme contribue non seulement à l'accroissement numérique du prolétariat et de son rôle dans la société » – c'est contradictoire avec l'affirmation précédente – « mais accroît aussi la base sociale de la lutte révolutionnaire. » « Les capitalistes sont coupés de la production directe au profit de dirigeants mercenaires, les *managers* », alors que « s'accroît la couche des *rentiers* [4] ». Etc. On ne se lasserait pas d'enfiler des perles aussi délicieusement « rétro ».

l' « asservissement », de l' « hégémonisme » économiques : il faudrait effectivement chercher d'autres termes pour rendre compte des mécanismes du marché. Bien au contraire. De même que les Grands Prêtres découvrent d'instinct, avec la force absolue, comment réconcilier leur indubitable connaissance objective avec leurs fantasmes théologiques, de même ils semblent dotés du flair le plus sûr pour détecter et dénoncer celles des pratiques de l'Occident, qui les empêcheraient, en étendant dans le monde le progrès économique et social, d'échapper à l'écartèlement auquel ils sont condamnés – « le grand écart », comme disait le subtil M. Marchais. « Un facteur extrêmement important (...), constate ainsi avec un effroi certain la Grande Encyclopédie dans l'article *Néo-colonialisme,* est constitué par la révolution scientifico-technique à la suite de laquelle (...) se renforce une nouvelle tendance de transformer les pays en développement en " appendice productif " de l'économie mondiale capitaliste (...). Utilisant le faible coût de la force de travail dans les pays en développement, le capital monopolistique s'efforce de créer dans ces pays des cycles entiers de production. » On frémit d'horreur devant ces terrifiants effets de la loi du marché – jalons encourageants et combien provisoires de lendemains qui, effectivement, peuvent chanter.

Soyons donc serviables avec les Grands Prêtres et enfonçons-nous plus loin dans des terres dont ils ne peuvent ignorer l'existence, mais dont l'exploration leur est interdite par les tabous de leur Dogme. Car, malgré ce qu'affirme le chœur bêlant de nos intellectuels, le capitalisme étranger n'est, pas plus que le capitalisme intérieur, ressenti par les peuples comme une crucifixion effectivement intolérable, comme une Passion effectivement irréversible, ne débouchant que sur la destruction et sur la mort. Même lorsque le capitalisme étranger – essentiellement, de nos jours, le capitalisme américain qui a l'avantage, au moins par rapport à l'ancien capitalisme colonial des États-nations d'Europe, de ne pas s'appuyer sur le recours à la force et à la violence armée – prenait ses formes primitives les plus sauvages et contestables par le pillage des matières premières, par l'exploitation éhontée d'un pays par la monoculture – Guatemala des années quarante – et des mono-industries – Bolivie des années cinquante – toutes formes que l'Occident aurait, d'ailleurs, intérêt à ne pas renouveler, tant elles sont contraires à ses valeurs fondamentales et ne serait-ce qu'à l'esprit de la loi du marché et à son refus des monopoles –, il ne pouvait – par définition même en raison de l'absence de recours à la force armée depuis le temps révolu des « canonnières » en Chine ou de l'envoi de troupes en Amérique latine – susciter des « guerres » de résistance nationale. Si des explosions politiques et sociales se sont effectivement produites – en nombre d'ailleurs fort limité : l'Encyclopédie soviétique recense la *Révolution guatémaltèque 1944-1945,* la *Révolution bolivienne 1952,* auxquelles je suis prêt, bon prince, à ajouter la tentative de Mossadegh, de 1949 à 1953 en Iran, et même, bien que le capitalisme ait alors été moins sauvage, moins éhonté sinon moins maladroit, l'élection d'Allende au Chili ou le renversement du Chah d'Iran –, il s'est toujours agi de l'exploitation des sentiments négatifs de la population par des forces politiques naturelles, selon les mécanismes politiques propres à chaque pays et, en aucune manière, d'une ascension aux extrêmes des passions et des haines où auraient pu s'infiltrer massivement les nouveaux croyants; il s'est toujours agi d'expériences limitées dans le temps – d'où la facilité du renversement d'Arbenz au Guatemala, de Mossadegh ou d'Allende * –, car ne correspondant en rien aux aspirations profondes des populations. Et, de toute façon, si corriger les abus du capital étranger, si nationaliser celles de ses entreprises monopolistiques qui paralysent le développement économique est une chose, la récusation du « Capital » en tant que tel, l'instauration de la propriété collective des biens de production, comme le réclame le Dogme, en est une autre – qu'aucun peuple n'a – quelle que soit la conduite du capitalisme étranger sans recours à la force armée, quelle que soit l'attitude populaire à son égard – jamais décidé de choisir.

Praticiens de la force, manipulateurs des violences et des passions humaines, habitués aux flambées de démence de ces malades de la haine que sont les nouveaux croyants, dotés, en la matière, d'une connaissance pratique objective irremplaçable – près de trois quarts de siècle d'expérience –, les Grands Prêtres ne peuvent donc ignorer que les sentiments de rejet véritablement profonds, véritablement inaltérables, véritablement générateurs de haines inexpiables – que peuvent donc capter leurs fidèles – ne sont provoqués dans les nations que par le recours à la violence par une force militaire étrangère, que la « libération économique » ne constitue pas un levier bien puissant, faute d'un transfert possible à partir de la conquête de la liberté dans un déchaînement de passions suscité par une oppression militaire, que la « libération politique » contre des régimes iniques profite plutôt à des forces exprimant, comme en Égypte, comme en Libye, comme en Iran, des spécificités nationales, voire religieuses, n'ayant strictement aucun rapport avec la nouvelle foi.

Malgré ce que pensait Mao, malgré ce qu'a voulu prouver l'héroïque Che Guevara, le phénomène de la guerre de résistance – et donc des transferts qu'il permet – n'est pas renouvelable. Il n'existe pas de « guerre révolutionnaire ». Autant les sentiments négatifs que peut provoquer un régime politique – même dictatorial –, un ordre économique – même aliénant – peuvent susciter des grèves, des révoltes et des soulèvements, des grandes explosions appelées « révolutions », autant ils ne peuvent déboucher sur une guerre de résistance contre le régime politique ou l'ordre économique d'un pays. Dans les temps modernes et sauf en nouvelle civilisation, le peuple est souverain et n'a pas à livrer de guerre pour exprimer sa souveraineté et sa puissance. Ou le consensus de rejet est général – France de 1789, Russie de Février 1917 – et rien ne peut maintenir, quelle que soit sa force apparente, un pouvoir en place. Ou il n'existe au sein du peuple que des miniconsensus de rejet – « jacqueries paysannes », mouvements ouvriers du XIXe siècle – et rien jamais ne parviendra à les faire triompher.

Dans le duel historique qui a opposé le Grand Timonier et le Petit

* L'abominable ayatollah Khomeyni paraît moins éphémère, les événements d'Iran présentant, de toute façon, une profonde nouveauté. D'une part, l'effondrement du consensus impérial – provoqué en partie par les bizarres contorsions imposées au Chah par l'administration Carter – et l'absence de tout consensus de remplacement a condamné, comme dans la Russie de 1917, le vide à être aspiré par une foi. D'autre part, l'irruption de la foi islamique dans l'Histoire contemporaine a provoqué la création d'une forme originale d'Église-État, dont on ne voit pas, cependant, comment elle pourrait bien perdurer.

Père des peuples – et ses successeurs –, c'est le bon Staline qui, avec sa force absolue, a gagné haut la main.

La force absolue, dis-je. Seule la force absolue permet, sans risques, à coup sûr et tout en respectant le Dogme, d'accoucher de « révolutions socialistes » qui, autrement, ne verraient jamais le jour, tout en pouvant s'habiller, si le naïf et moralisateur Occident le désire, dans les oripeaux de la « libération ». D'ailleurs, le Vietnam réunifié, décidément plus orthodoxe que Tito et Mao, y aura tout de suite recours à l'égard du Cambodge et du Laos.

Certes, à l'usage, le recours à la force absolue présente l'inconvénient de n'être porteur d'aucune nouvelle expansion : personne n'a jamais vu les Polonais, les Hongrois ou les Tchèques, chez qui on éprouve suffisamment de mal à maintenir le Parti-État, aller parti-étatiser, comme le Vietnam, le monde qui les entoure. Mais, au fond, quel inconvénient puisque la force absolue permet tout et sans sous-traiter avec personne?

La force absolue, donc.

A moins que...

XVI

DU NOUVEL OCTOBRE OU LES RÉVOLUTIONS ET LES GUERRES EN AMÉRIQUE CENTRALE

D'un nouveau chemin de Damas

Aide-toi, le ciel t'aidera. Les voies du Seigneur sont impénétrables et il ne faut jamais désespérer de la vraie foi. Les soulèvements armés des années vingt qui ont suivi Octobre ont été des échecs. La guerre civile espagnole et les bouffées de guerre civile et de guérilla d'après la Seconde Guerre mondiale ont été des échecs. Les guerres de résistance nationale où les apôtres – formés par le Komintern comme Tito et Hô Chi Minh ou militants de toujours comme Mao – sont parvenus à s'insinuer ont abouti à des schismes dans une proportion qui n'est guère encourageante. Or, pendant que le Vietnam du Sud s'enlise dans une guerre de néo-religion sans fin, pendant que la « libération économique » paraît comme un fantasme irréalisable de plus, se déroulent dans de lointaines, spectaculaires mais incompréhensibles contrées – si les Russes savent sur le bout des doigts ce qui s'est passé à leur porte en Europe continentale, s'ils se sentent des affinités avec l'Asie continentale et déjà beaucoup moins avec le Sud-Est asiatique, que voulez-vous que ces navigateurs déplorables, ces explorateurs continentaux de steppes et de régions arctiques, ces Slaves orthodoxes adorant un Dogme tout empreint tant du messianisme juif que de la lourdeur germanique, comprennent à la lointaine Amérique centrale, à ses tropiques, à ses enthousiasmes latins? – se déroulent donc des événements qui, avec l'apparition d'un nouvel apôtre entièrement *new look,* pas seulement par sa jeunesse et sa barbe fleurie de pope dans ce monde de vieillards glabres, avec l'éclosion d'une catégorie de nouveaux croyants sur les terres espagnoles et catholiques, vont – et j'affirme que c'était imprévu : aucune allusion à l'Amérique dans l'Histoire officielle du KPSS d'avant 1962 – redonner un nouveau souffle à la propagation de la nouvelle foi.

Fidel Castro. Qui décrira jamais le chemin de Damas de ce nouveau saint Paul? Lorsque Tito est parti dans ses montagnes lutter contre les Allemands, lorsque Mao a entamé sa Longue Marche, lorsque Hô Chi Minh a lancé les soulèvements d'août 1945 contre des Français mis à terre par l'occupation japonaise, ils étaient déjà des adorateurs du Dogme, ils savaient qu'ils construiraient un Parti-État plus ou moins conforme aux lignes définies par le grand – pour eux – Lénine. Rien de tel chez Castro. Quand, avec une poignée d'étudiants, le jeune avocat se lance à l'assaut de la caserne Moncada à Santiago de Cuba, quand il débarque trois ans plus tard, libéré de prison – les dictatures ne sont pas toujours mauvaises filles – à Plaja-Jiron pour gagner les montagnes de la Sierra Maestra, il n'est ni un *apparatchik* du Komintern ni un militant de longue date d'un parti communiste local qui n'entrera pas dans l'Histoire par la qualité, l'intelligence ou la détermination de ses combats, et s'il est fasciné par le « marxisme » – qui ne l'est pas, hélas, de nos jours dans les universités du tiers monde? Tous ceux, disait le sage Houphouët-Boigny qui ne sont pas allés l'étudier à Moscou * –, il n'est ni un théologien du Dogme ni un praticien du Parti-État. Or, six ans après sa conquête du pouvoir, voilà le cher homme Secrétaire général du Parti communiste cubain. Neuf ans après le renversement de Batista, il nationalise les entreprises privées, « y compris, apprécie l'Encyclopédie, les plus petites », transforme les anciens *latifundia* en fermes collectives disposant de 70 % du sol, entre en 1973 dans le Comecon, branche économique du « système mondial du socialisme ».

Pour la première fois dans l'histoire combien exaltante de la propagation de la nouvelle foi vient d'apparaître une forme nouvelle de parti-étatisation : à la parti-étatisation en quelque sorte organique des apôtres nés du Dogme – tels Tito, Mao, Hô Chi Minh –, à la parti-étatisation organique menée par le Parti-État central grâce à la force absolue – toute parti-étatisation est à la fois religieuse par l'acceptation du Dogme et structurelle par l'application des schémas de Lénine portant sur le nouvel ordre politique avec la dictature de l' « avant-garde », sur le nouvel ordre économique avec la propriété par l'État de tous les biens et de toutes les richesses, sur le nouveau contrat social communautaire et la construction de « l'homme nouveau » – s'ajoute désormais la parti-étatisation *suggérée* par le Parti-État central à de simples, sinon vulgaires, compagnons de route. Ce qui n'avait pas fonctionné avec Nasser, qui avait pourtant réussi une bien belle « Révolution de libération nationale » fort admirée par la Grande Encyclopédie, mais chez qui les Grands Prêtres, malgré tous les traités d'aide et d'amitié, malgré toute l'assistance économique, malgré toute l'assistance militaire, malgré le prosélytisme le plus débridé, malgré les agents « d'influence » du KGB recrutés au plus haut de l'État, s'étaient heurtés à une foi différente – l'islam –, à des structures d'État-nation bâties sur une société civile et traditionnelle puissante, limitant les rapports entre les deux parties à des relations entre États qui ont été dénoncées en tant que telles, à une « clientèle » provisoire et non à une « vassalité » définitive; ce qui ne fonctionne pas tellement, de nos jours et pour les mêmes raisons, avec la Syrie ou avec cette immense nébuleuse qu'est l'Inde, a réussi avec Castro. Et le guérillero barbu entrera dans l'histoire de la nouvelle religion comme le premier parti-étatisateur qui n'ait pas été un *apparatchik* professionnel. Mieux : comme le premier « converti » de la nouvelle foi.

* « Quand j'envoie mes étudiants dans les universités occidentales, ils reviennent marxistes. Quand je les envoie à Moscou, ils reviennent anticommunistes. »

« La Révolution cubaine, s'extasie la Grande Encyclopédie, est une révolution populaire anti-impérialiste agraire – tout cela n'est pas bien marxiste-léniniste – qui a vaincu le 1er janvier 1959 et s'est transformée ensuite en une révolution socialiste. » Et de passer sur les exploits à Santiago de Cuba d'un « groupe de jeunes » *(sic),* de ne pas chanter outre-mesure les louanges du « détachement de partisans » de la Sierra Maestra, de ne pas s'appesantir sur la chute de Batista dont « l'armée était démoralisée et cessa pratiquement de résister », pour pontifier : « La participation à la révolution des masses populaires les plus larges, leur volonté de construire une nouvelle vie (...), l'esprit de suite des dirigeants de la révolution cubaine dans la réalisation de transformations économiques et sociales ont garanti le développement incessant de la révolution sur une ligne ascendante, son passage rapide de l'étape de libération nationale à l'étape de la révolution socialiste. »

On comprend l'émerveillement des Grands Prêtres. Voilà des gens qui adorent la déesse Révolution, mais qui n'ont pas été foutus de réussir une seule « révolution socialiste » de leur vie, qui ne parviennent à instaurer son ersatz que par le recours à la force absolue, qui voient leurs apôtres capter comme des fous les pulsions nationalistes des peuples et puis leur échapper, et voilà soudain qu'ils se trouvent capables – tel le stupide coucou qui émaille avec son cri bien peu harmonieux, dans des roucoulades sans fin d'une parfaite stupidité, une très populaire chanson paysanne russe – de s'emparer d'une révolution réussie – très brillamment – par d'autres. Quand on est nul en matière de ces révolutions que l'on idolâtre, il y a là, en effet, de quoi se réjouir. Quand on est un collectionneur condamné à n'exhiber que des croûtes et des copies, voler une révolution authentique doit bien procurer un plaisir divin.

Laissons aux historiens futurs – s'ils comprennent enfin que l'Histoire ne dépend pas des humeurs d'un Khrouchtchev, d'un Brejnev ou d'un Gorbatchev – le soin de déterminer quelle mobilisation de tous les moyens d'action du Parti, quelle mobilisation de tous les moyens d'État furent nécessaires pour parvenir à ce lent – toujours le temps et la durée – détournement de révolution : séduction des « travailleurs du front de politique extérieure »; prosélytisme du Politburo et du Département international du KPSS; prise en charge économique – permettant l'usage revigorant du chantage à la catastrophe économique en cas de cessation brutale de l'aide; assistance administrative pour créer les structures appropriées d'un État devenant le propriétaire de tous les biens; assistance militaire pour faire surgir une armée disproportionnée aux besoins du pays mais indispensable à l'instauration du nouvel ordre politique; assistance policière afin de créer des polices secrètes et politiques permettant de surveiller les populations, en attendant de se transformer en « organes » imposant le nouveau consensus et éliminant tous ceux dont l'existence est contraire au Dogme; recrutement massif, par ces services spéciaux qu'on appelle en nouvelle civilisation, l'*agentoura,* d' « agents d'influence » dans tous ces secteurs – et dans l'entourage le plus direct de Castro –, leur prolifération et celle des conseillers dans les « organes » et dans l'armée ne faisant guère vivre le pouvoir politique dans une ambiance d'indépendance, de sécurité et de sérénité; agitation et organisation des masses par un Parti communiste rené de ses cendres et par ses compagnons de route chez les guérilleros barbus – tous réclamant en un chœur touchant mais de plus en plus tonitruant, le « passage à la révolution socialiste ». La République française avait, à ses débuts, laissé à l'un de ses présidents, bien peu républicain – toujours les paradoxes de ce pays –, le choix limité entre « se soumettre ou se démettre ». La mise en œuvre de tous les moyens d'État et de Parti par le Parti-État central a placé le *Lider Massimo* devant une alternative tout aussi simple : se démettre ou se convertir. Le barbu Fidel a choisi la conversion et, le moins qu'on puisse en dire, c'est qu'il ne l'a pas fait à moitié.

Pour réconfortant qu'il soit d'admirer ainsi le savoir-faire des Grands Prêtres – qui sont ici plus performants que dans la culture des pommes de terre –, poser le problème en ces termes ne fait que le déplacer. Cette mobilisation des moyens d'action de Parti et d'État au service d'une lente, tenace, progressive parti-étatisation suggérée se retrouve *grosso modo* dans tous les pays du tiers monde, notamment dans ceux émergeant d'une « Révolution de libération nationale » que le Saint Empire marxiste-léniniste se propose – peut-on valablement parler de « politique étrangère »? – de séduire et d'absorber. Mais, si ce qui ne marche pas du tout avec Nasser – qui ne tolérait guère l'agitation des masses par des nouveaux croyants ou la mainmise sur son armée –, ce qui brinquebale cahin-caha avec Mengistu – qui, en bon potentat rusé, veille à l'indépendance de ses militaires et renâcle devant un Parti unique –, ce qui tournicote au minuscule Yémen du Sud – sur toutes ces terres africaines ou d'islam, la foi n'est pas au rendez-vous et, en Éthiopie et au Yémen, la parti-étatisation en cours est à dominante structurelle – fonctionne à tout-vat à La Havane, si tous les mécanismes s'enclenchent sans exception et vont harmonieusement jusqu'au bout de leur course bien huilée, c'est que l'explication est à chercher ailleurs.

Faut-il alors postuler, comme ont tendance à le faire nos généreux intellectuels, que c'est la dictature initiale, que c'est l'injustice sociale initiale – les Grands Prêtres sont, sauf à des fins de propagande, plus réservés sur ces deux points –, que c'est « l'impérialisme » du Capital étranger, en l'occurrence américain – parvenus à ce stade les Grands Prêtres sombrent, eux aussi, dans l'irrationnel – qui expliquent ces brillants résultats? Difficile : toutes les dictatures, toutes les injustices sociales ne provoquent pas automatiquement des explosions sociales – le capital étranger encore moins – et toute « révolution » – l'Occident, lui non plus, ne pleure pas les dictatures, n'est pas défavorable aux réformes agraires, est plutôt prodigue de son capital qui est le bienvenu – ne se transforme pas en « révolution socialiste » et en choix de la parti-étatisation.

Et, puisque le Dogme est, lui, visiblement inapplicable – La Havane n'est pas, que je sache, un grand centre industriel et la miniguérilla des intellectuels de la Sierra Maestra ne ressemble guère au soulèvement d'un prolétariat super-musclé –, faut-il alors proclamer que c'est Fidel Castro lui-même qui a découvert, comme s'en instaure la mythologie, une forme « révolutionnaire » originale qui ne pouvait que séduire ces détenteurs de l'esprit saint de la révolution que sont les Grands Prêtres? Toujours aussi difficile à admettre. Si Castro, n'étudiant pas Marx, Lénine ou Clausewitz dans le texte, déploie plutôt la qualité des hommes d'action : « s'engager puis voir », les nouveaux papes, eux, n'aiment guère les petits malins qui s'écartent de l'exégèse et de la « ligne générale »; ils n'apprécient pas, du moins comme moyen de conquête de pouvoir, la violence devant les casernes et si leur attitude à l'égard de la guérilla, catégorie d'opérations militaires figurant dans leur histoire, est plus ambiguë, le parallèle avec Mao, dont ils savent que la Longue Marche n'était qu'une opération de survie, ne peut que leur donner de l'urticaire.

Non, si les mécanismes de la parti-étatisation suggérée ont tous fonctionné avec une telle aisance, si les Grands Prêtres se sont trouvés si parfaitement à l'aise sur des terres qu'ils connaissent pourtant si peu, c'est que Cuba – et, je le crains, toute l'Amérique centrale – présentait des caractéristiques que nous pouvons, nous aussi, reconnaître car nous les avons déjà rencontrées sur notre rude chemin.

Le vide. Si les prouesses militaires de Castro dans ses sierras ne méritent pas plus de place dans l'histoire militaire que ne leur en consacre la Grande Encyclopédie, si elles font penser plutôt au banditisme politico-social des « Grandes Compagnies » qui ravageaient l'Europe rurale post-médiévale, si elles ne constituent en rien une « guerre civile » où, dans un profond déchirement du tissu social, s'affrontent deux consensus opposés, elles n'en ont pas moins accouché d'un phénomène que nous connaissons : la transformation brutale et soudaine d'un consensus de soumission en un consensus de rejet, sans existence, pour autant, d'aucun consensus de remplacement. Comme l'armée de Batista, conçue pour maintenir la soumission à une dictature particulièrement ignoble car méprisant entièrement les aspirations du peuple, à une société traditionnelle agraire particulièrement injuste dans ses *latifundia,* se révèle incapable – le consensus tremblant déjà dans ses rangs paysans – de venir à bout d'une bande de guérilleros plus folkloriques que méchants, elle perd d'un seul coup son aura de force absolue, entraînant par là la mutation du consensus de soumission en un consensus de rejet. Or la collectivité cubaine est essentiellement rurale et latifundique, or la collectivité cubaine n'a pas de société civile enracinée – j'avais bien dit que nous n'étions pas sur une *terra incognita* –, or elle ne dispose d'aucun consensus de remplacement, ni d'aucune structure politique, économique, sociale, militaire extérieures à la dictature : quand le colosse dictatorial s'effondre, incapable de venir à bout du moustique de la guérilla, c'est le vide, qui – comme dans la Russie de 1917 – s'instaure à Cuba.

Or, dans ce vide, Castro dispose seul – tel Lénine – de la force et ses guérilleros barbus, pôle d'attraction de tous ceux qui veulent changer le monde avec un fusil, deviennent *de facto* l'« avant-garde ». Or Cuba est passionnée et arriérée. Or Cuba a été marquée par le catholicisme espagnol. Or Cuba a été, pendant des siècles, crucifiée dans ses abominables plantations de canne à sucre et a vécu, sous Batista, les mille morts de la Passion. De nouveau, sur un autre continent, sous d'autres cieux se créent les conditions pour que puisse être formulée et entendue la nouvelle révélation :

L'humanité est ressuscitée d'entre les morts.
Elle a vaincu la mort par la révolution.
Et à ceux qui sont au tombeau, Castro a donné la vie.

Le vide, la force, la foi : comment les Grands Prêtres ne se retrouveraient-ils pas en terre de connaissance?

Le vide. Les Grands Prêtres – alors que Fidel n'a aucune idée sur la question – ont appris comment le combler avec leur ordre du Parti-État – tâche d'autant plus facile en l'occurrence qu'il existe déjà une « avant-garde » qu'il suffit de gonfler de tous les innombrables amateurs d'action de l'homme sur l'homme, que l'État à remplacer est déjà à terre et que les latifundia sont une esquisse quasi parfaite des futurs latifundia d'État. La force, c'est leur domaine et c'est les yeux fermés que les Grands Prêtres auraient pu transformer les barbus des sierras en une force militaire et une forme armée civile, capables d'imposer le nouveau consensus aux populations, de pratiquer les holocaustes qui s'imposent – si l'on considère l'évolution du monde depuis 1917, les résultats obtenus à Cuba ne peuvent être comparés, au plan quantitatif, avec ceux des génocides russes, mais témoignent néanmoins d'un indice de performance fort satisfaisant – tout en maintenant l' « avant-garde », grâce aux conseillers des « organes » et à l'*agentoura,* à la tête du troupeau. Quant à la foi, comment les nouveaux papes ne sauraient-ils pas muter l'enthousiasme en respect du Dogme, le « Mouvement du 26 juillet » en Église et le petit – c'est son intérêt – moinillon dans lequel les nouveaux fidèles incarnent leur naïf espoir en un prélat infaillible, onctueux et replet?

Or, c'est sur ce feu de forêt, de vide, de force et de foi – dont je ne puis déterminer l'extension, simple feu de broussailles ou embrasement de toute la futaie, faute d'éléments d'appréciation que peut seul apporter le contact de l'action et la vie – que les États-Unis choisissent, eux, de jeter, par le débarquement manqué de la CIA à la baie des Cochons, un baril d'essence. Tragique erreur qui ne se limite pas à une organisation défectueuse faisant apparaître trop visiblement la responsabilité américaine, mais qui s'explique par l'ignorance des mécanismes de la nouvelle civilisation que je me sens donc d'autant plus fondé à décrire à longueur de pages, par une surestimation des possibilités offertes par l' « action » des services spéciaux, mon grand ami Allen Dulles ne se rendant pas compte que le rejet par la population d'Arbenz et de Mossadegh, qui avait permis à ses faibles équipes de servir de détonateur au Guatemala et en Iran, n'existait pas à Cuba, par une démission aussi de l'Amérique tout entière qui, faute d'une attitude rationnelle face à Castro * se déchargea du problème sur ses services spéciaux et oscilla, selon la tendance que je déplore, entre leur

* Trois possibilités : 1. ou l'on considérait que Castro pouvait bénéficier de l'aide économique, financière, morale – son régime fût-il mauvais... à l'exception de tous les autres : pourquoi n'y aurait-il pas des Franco « de gauche »? – pour mener à bien la rénovation qui s'imposait; 2. ou l'on attendait calmement de voir si une parti-étatisation suggérée avait une chance de réussir tout en gardant la possibilité n° 1 au chaud; 3. en revanche, s'il était estimé que cette dictature, ces débordements, cette attirance vers Moscou constituaient une menace insupportable non seulement pour les États-Unis mais surtout pour le développement harmonieux de cette région du globe – dont il est impossible d'affirmer que les USA consentaient à l'époque des efforts bien marquants pour l'amener sur les chemins de la prospérité économique, de la justice sociale, du progrès politique –, seul le recours à la force absolue, seul le débarquement de forces régulières américaines pouvait, – faute d'une résistance armée contre Castro et du rejet de son régime par la population – amener le pays au progrès économico-social et à la démocratie politique.

romantisme et une fuite pure et simple. Car l'expédition manquée de la baie des Cochons, suivie de l'indispensable démonstration de force nécessitée par l'installation des fusées soviétiques – une erreur d'appréciation peut entraîner ainsi une cascade d'erreurs qu'il reste à assumer –, suivie par le blocus, ajoutait un élément supplémentaire au vide, à la force, à la foi : le rejet qu'éprouve une entité nationale à l'égard d'une oppression militaire étrangère – en germe dans une invasion – dont nous savons à quel point les nouveaux croyants savent l'exploiter, l'amplifier, la canaliser; la possibilité offerte aux Grands Prêtres de transférer ces intenses sentiments négatifs du domaine de la force armée à celui de l'économie en implantant le mythe que la « Révolution cubaine » s'attaquait au capitalisme étranger, à l'impérialisme américain.

Un nouvel apôtre, porteur d'une nouvelle révélation, naissait à La Havane.

Vous souriez. Tant que je n'évoquais que la Grande Pâque orthodoxe, tant que je ne laissais la parole qu'à des diacres tonitruants de la Sainte Russie, mes débordements lyriques n'étaient qu'une manifestation de plus de l'imprévisible « âme slave ». Mais, à deux pas des États-Unis, sur des terres jadis espagnoles, sur les domaines de notre Sainte Mère l'Église catholique, je pousse trop loin la provocation. Écoutons donc, pour changer – une pensée ne peut pas ne pas être provocante si la réalité qu'elle essaie d'embrasser est elle-même, voulant modifier l'ordre du monde, une provocation et je reproche à nos intellectuels de se contenter de faire de longues patiences avec les cartes à jouer usées de concepts dont ils n'analysent ni la vieillerie ni la fausseté –, tendons donc l'oreille pour mieux entendre les beaux poèmes qui, comme des fumerolles, montent maintenant de ces terres calcinées d'Amérique latine [5] :

Victor Jara :

Lève-toi,
...
Aujourd'hui est venu le temps d'un lendemain
Délivre-nous de celui qui nous domine dans la misère,
Apporte-nous ton règne de justice et d'égalité!

Plegaria por un labrador.

« Thomas Borge, ministre de l'Intérieur du Nicaragua, poète, aime citer ce poème de Vallejo :

« Le combattant se meurt. Il fixe l'homme de son regard et lui dit : " Je t'aime tant. " Mais il continue de mourir. L'homme appelle alors vingt, cent, dix mille, un million, des millions d'autres hommes. De partout et de toujours, les hommes viennent, entourent le mort, le regardent, lui parlent. Finalement, tous les hommes de la terre écoutent le mort. *Alors le cadavre se lève lentement,* embrasse le premier homme et *se met à marcher.* »

Commentaires du policier-poète :

« Seule la solidarité des peuples du monde peut faire se lever nos morts. *Lorsque les morts se lèvent, il y a révolution.* »

Et la *Misa Campesina* chantée dans les guérillas sandinistes sur les paroles du moine trappiste Ernesto Cardenal, ministre, lui, de la Culture du Nicaragua, qui aurait appris dans un couvent du Kentucky que « gauche, dictature, révolution avant d'être des catégories politiques sont des réalités spirituelles ». Le Credo :

Je crois en toi, Camarade Christ humain et ouvrier
Tu ressuscites chaque jour *dans les bras qui se lèvent*
Pour défendre le peuple contre ses oppresseurs.

Et Pablo Neruda, dont l'orthodoxie révolutionnaire aurait dû le vacciner contre toute sensiblerie religieuse :

Tu es la patrie, les plaines et le peuple,
Le sable, la glaise, l'école, la maison,
Le poing, l'offensive, l'ordre,
La manifestation, l'attaque, le blé,
La lutte, la grandeur,
La résistance,
La résurrection *.

La cause me paraît entendue. En mariant le vide, la force et la foi, Cuba a bien renouvellé les sinistres conditions qui ont permis l'alchimie d'Octobre.

D'une nouvelle propagation de la nouvelle foi

Et, du coup, la mécanique infernale d'expansion de la nouvelle religion, stoppée en Occident par la super-industrialisation et l'implantation du « modèle » moderne de Nation-État américain, s'est de nouveau remise en route. Et je ne parle pas seulement du fait que l'apparition d'un nouvel apôtre à La Havane a accru d'autant le pouvoir d'attraction que peut exercer sur le tiers monde la parti-étatisation suggérée par le Parti-État central – parti-étatisation qui sera d'autant plus facilement acceptée que les pays se trouvent dans une situation de vide en raison de leur extrême pauvreté, de leur extrême arriération, d'explosions politiques telles que le renversement du Négus – Éthiopie – ou de circonstances telles que le départ des Britanniques d'Aden. Et je ne m'appesantis pas sur les effets qu'exerce l'ambiguïté apparente de Castro, moine-soldat de la « révolution » tiers-mondiste converti au Dogme, sur la diplomatie de pays n'ayant pas une grande expérience de la vie internationale et rêvant d'une nouvelle voie entre l'« Est » et l'« Ouest » ou sur les exaltés du terrorisme international à la recherche d'une nouvelle incarnation de la déesse Révolution. Non, ce qui m'inquiète, c'est que l'explosion de la nouvelle foi à La Havane ne peut, par le pouvoir mortel d'attraction du fantasme sur des peuples ne disposant pas de la maturité et de connaissances objectives

* J'ai – une fois n'est pas coutume – recherché un effet dans cette citation. « La résurrection » vient, dans le poème original, à la troisième ligne – ce qui ne fait que renforcer le parallèle entre « la résistance » et « la résurrection ».

suffisantes, qu'exercer le même effet de contagion qu'a jadis exercé Octobre : c'est quarante ans en arrière, que nous ramènent, toutes différences et proportions gardées, Castro, sa « guérilla » et sa « révolution socialiste », au moment où le triomphe de Lénine, récupéré et remodelé par la mythologie des peuples et des groupes sociaux plongés dans la misère, provoquait, en Europe et en Asie, des éruptions en chaîne de nouveaux croyants.

Certes, l'explosion ne se produit plus dans les centres industriels mais dans des régions rurales. Certes, elle ne s'exprime pas dans des mouvements de rue, des grèves, des soulèvements armés, mais par la guérilla, par le banditisme politico-social de Grandes Compagnies de nouveaux croisés – guérilla et banditisme qui, par les facilités offertes par les techniques et armements modernes, par les possibilités données aux conseillers ès « mouvement de partisans » et aux fournisseurs de kalachnikov, ne peuvent qu'essaimer d'un pays à l'autre. Certes, le passage se fait aujourd'hui directement – dans une inversion effrayante et sans les détours obligés par le culte français de la Révolution, par le dogmatisme marxiste ou l'orthodoxie slave – du catholicisme latin à ce que j'appellerai la « néo-foi » de « néo-croyants ». Mais les retombées de violence et d'irrationalité, de mysticisme et de démence – voyez les comptes rendus et les assassinats du « Comité Central » de la Grenade –, mais la puissance de contamination de ce nouvel Octobre sont toujours au rendez-vous dans ce que je considère comme un prodigieux retour en arrière de l'humanité, mais que les Grands Prêtres – qui découvrent les terres torrides de l'Amérique centrale, rurale et catholique, avec un tel retard à rattraper que, dans la description purement géologique et géographique des continents que leur procure la Grande Encyclopédie, c'est tout un « aperçu historique » qui figure sous l'article *Amérique latine* – ne peuvent que ressentir comme un miraculeux mais naturel bond en avant, comme un Octobre certes particulier mais, après tant et tant d'années d'attente, enfin retrouvé.

Le Nicaragua. Aux mêmes causes, les mêmes effets. Une dictature pourtant moins ignoble que celle de Batista, prenant mieux en charge les aspirations du peuple, plus portée sur le progrès économique et le développement de la société civile, est perçue, dans ce bain mystique, comme une crucifixion *. La guérilla – et non la « guerre civile » – démontre que sa force est faible et le consensus de soumission est, soudain, remplacé par un consensus de rejet. Malgré l'absence de vide véritable, malgré les promesses de pluralité de l'« avant-garde », malgré la diversité des hommes disposant de la force mais dénués de chef unique et charismatique, c'est une parti-étatisation religieuse – entraînant dans ses wagons la parti-étatisation structurelle et, à terme, l'élimination de la société civile sur les conseils bienveillants du métropolite de Cuba et de la Papauté de Moscou – qui torture le pays.

* De nouveau, une approche émotive, une appréciation morale – « un jugement de valeur n'est pas », etc. –, un mot unique, « dictature » paralysent l'analyse, ne permettent pas d'établir les gradations nécessaires entre la tyrannie – « gouvernement, d'après le dictionnaire *Robert*, absolu et oppressif du tyran considéré dans ce qu'il a d'injuste, d'arbitraire, de cruel » – d'un Batista et l'autocratie à la Franco, dont j'apprends que le socialiste Gonzalès se refuse à déboulonner les statues.

Le Salvador. Ni La Havane ni Managua ne passent, à raison, pour des triomphes économiques et l'action, l'agitation, l'activisation des « masses » rencontrant les obstacles congénitaux qui leur sont propres, l'énergie de l'explosion religieuse ne peut que s'appliquer ailleurs : on ne peut éternellement chanter en récoltant – fort mal dans les conditions de la collectivisation – la canne à sucre, même si c'est avec l'aide, cela s'est vu, des brise-glace que le Grand Frère, toujours aussi futé au plan économique, vous envoie pour vous aider dans votre noble tâche. C'est donc tout naturellement que les néo-apôtres de La Havane – et maintenant de Managua – se livrent à l'apostolat de la néo-foi, agitant, organisant les néo-croyants qui, après tant de décades de stérilité mystique, viennent donner à la nouvelle religion un second souffle de vie. Et si je ne sais si Castro affirme, comme les Grands Prêtres, qu'il n'« exporte » pas la révolution – qui doit être, pour lui aussi, un phénomène naturel – personne ne peut nier que lui, ses émules de Managua – et, demain, ceux de San Salvador s'ils ont le malheur de triompher – propagent la néo-foi et « exportent la guérilla ».

Mais si la nouvelle religion n'a pas changé dans sa volonté de transformer le monde tout entier, si elle retrouve tout naturellement – avec les facilités accrues que procure la nature de la guérilla, avec les immenses avantages qu'octroie la toute-puissance du Saint Empire marxiste-léniniste – les délices des années vingt, l'Occident, lui, s'est modifié depuis ces épreuves dont il a même oublié qu'il les a jadis endurées. A cette époque, combien lointaine pour nous mais pas pour les Grands Prêtres, le « Conseil ouvrier de Budapest » constatait, souvenons-nous : « La dictature du prolétariat a été proclamée dans l'espoir de la Révolution mondiale, de l'aide militaire soviétique et de l'esprit de sacrifice du prolétariat hongrois. Pas une seule de ces conditions n'a été remplie. La Révolution mondiale n'a pas éclaté, l'aide militaire russe n'est pas arrivée et la volonté de sacrifice du prolétariat est épuisée. » Rien de tel aujourd'hui. Si l'on parle moins de « Révolution mondiale » – on parvient au même objectif par des moyens différents auxquels est consacré ce livre interminable –, la volonté sinon de sacrifice mais de bouleversement du monde, l'enthousiasme qu'il serait vain de nier de révolutionnaires cubains ou nicaraguayens ou salvadoriens restent absolument intacts et « l'aide militaire russe » désormais arrive – *via* Cuba – à temps.

Mais l'Occident, lui, regarde ailleurs. Désireux de « détente », il prend les Grands Prêtres de Moscou pour des chefs d'État comme les autres; adorant d'autant plus la « révolution » qu'il n'a plus à la faire chez lui; se prosternant devant une « libération » dont des forces mystérieuses se chargent avec bienveillance; il ensence les néo-croyants de Cuba, du Nicaragua et des montagnes du Salvador. Entretenant une horreur viscérale de la violence, il rêve tout éveillé des droits de l'homme et de démocratie pour tous, en oubliant par quelles batailles – et notamment contre les nouveaux croyants – il les a conquis, en gommant de sa mémoire les grands efforts de générosité et de solidarité – le plan Marshall – qu'il était jadis capable d'entreprendre en leur nom. Spectacle désolant mais combien typique des temps modernes – Bismarck doit s'en retourner dans sa tombe – et, hélas, du modèle américain de la Nation-État : pendant que le meilleur Président qu'aient connu les États-Unis depuis bien longtemps s'efforce d'endiguer le flot qui coule – au vu de faits précis recueillis sur le terrain qui recoupent, semble-t-il, les conclusions auxquelles je parviens par la seule voie de l'analyse –, le colosse occidental, veule et repu, ne se rend même pas compte qu'il vit l'une de ces périodes charnières où l'Histoire, après avoir lentement basculé, peut prendre un cours nouveau, tumultueux, irrésistible.

Déjà Castro propose la première « Révolution socialiste » provenant non de l'usage de la force absolue par le Parti-État central, non d'une guerre de résistance nationale à l'oppression d'une force militaire étrangère avec captation par les nouveaux croyants des sentiments de rejet de la population, non d'une guerre d'invasion classique auréolée du transfert mystificateur de la « libération », mais se produisant bien à la suite d'une explosion dirigée contre l'ordre politique, économique et social intérieur d'un pays. Certes le schéma n'est pas suffisamment pur pour qu'on puisse saluer le miracle de la première « Révolution socialiste » réussie depuis Octobre – le renversement de Batista n'ayant pas eu pour objectif l'application du Dogme et l'instauration du Parti-État –, mais il n'en reste pas moins que la fatalité de l'échec attachée à l'idée de la Révolution socialiste a été, au bout de compte, brisée et que les Grands Prêtres parviennent à donner un semblant de vie à la mystification fantasmatique selon laquelle existerait une « libération » des peuples du capitalisme étranger.

Déjà le Nicaragua, emporté par ces illusions, se rapproche encore plus, dans des circonstances qui rappellent celles de l'Espagne « républicaine », de ce titre tant envié de première Révolution socialiste – dans le sens d'une explosion de violence des nouveaux croyants, désireux d'emblée d'instaurer l'ordre nouveau du Parti-État et du Dogme – réussie depuis Octobre. Déjà le Nicaragua où le vide n'est pas absolu, où existent une société civile, une société politique, des aspirations démocratiques – a violé une autre constante que nous avons mise au jour : les forces récusant la néo-foi ne sont pas, bien qu'ayant participé au renversement de la dictature de Somoza – le journal libéral *la Prensa* à Managua, le commandant Eden Pastora, « *commandante Cero* » dans la guérilla –, parvenues, pour la première fois depuis Octobre, à tenir tête aux néo-croyants. Certes – toujours l'identité des causes provoquant les mêmes effets – une résistance armée, une volonté d'élimination de la néo-religion, s'instaurent dans le pays. Mais l'Occident reste aveugle et sourd : des décades de cohabitation avec la nouvelle religion, des lustres de campagnes du Saint Empire marxiste-léniniste contre l' « intervention » dans « les affaires intérieures » des pays, l'adoration de la déesse Libération et, d'une manière plus générale, la tolérance à l'égard de la néo-foi, situent le « bien » du côté des « révolutionnaires », couvrent d'opprobre ceux qui les combattent *.

* J'ai trop critiqué la CIA pour son opération de la baie des Cochons pour ne pas préciser clairement que le soutien qu'elle apporte aux « *contras* » au Nicaragua – mon ignorance de l'espagnol ne me permet pas de déterminer si ce terme est mobilisateur : en Europe, un « contre-révolutionnaire » étant perçu comme un être contre nature – est conforme à la vocation des services spéciaux qui s'ils ne peuvent pas, comme le veut une mythologie douteuse, changer le monde et créer *ex nihilo* des résistances qui n'existent pas, doivent être à même – si leur gouvernement leur en donne l'ordre et en respectant les règles de la clandestinité pour ne pas alourdir

Déjà le Salvador nous interpelle – alors que la volonté des populations s'est exprimée dans des élections aussi libres et massives que le permettaient les circonstances; alors que l'action de la démocratie chrétienne de Napoléon Duarte, opposant lui aussi à la dictature, alors que la réforme agraire, l'aide économique de l'administration Reagan, ne peuvent être, malgré toutes les imperfections inhérentes aux actions humaines que génératrices de progrès; alors qu'il est clair que si une guérilla est suscitée tout naturellement par le rejet par une population d'une occupation étrangère, l'existence d'une guérilla – facile à provoquer tant que ne règne pas un profond consensus d'adhésion, les joies de l'aventure et les plaisirs de l'embuscade qui s'ajoutent à l'enrôlement de force étant encore accrus par les armements modernes – ne signifie en rien, en sens inverse, qu'un consensus de rejet se soit emparé de la population; déjà le Salvador donc nous jette à la figure, dans une gigantesque inversion des constantes de l'Histoire, la possibilité de la première guerre de néo-religion – offensive celle-là – gagnée par les nouveaux croyants depuis Octobre. Éventualité d'autant plus lourde de conséquences, qu'il ne s'agit en rien, comme en Espagne, d'une « guerre civile » déchirant profondément le tissu social du pays ni, comme au Vietnam du Sud, d'une offensive découlant du transfert à partir d'une guerre de résistance nationale ayant fait appel à des pulsions populaires d'une rare puissance mais, plus simplement, d'une révolte qui serait, somme toute, banale si elle ne déployait pas, face à un Occident démissionnaire, déboussolé, contaminé par la nouvelle religion, les mirages de la néo-foi et les techniques déstabilisatrices de la guérilla.

Déjà les soubresauts de l'Amérique centrale constituent bien – dans une zone d'autant plus cruciale qu'elle est la charnière entre l'Occident super-industrialisé des États-Unis et le « géant couché » de l'Amérique du Sud – l'ébauche de la première contamination réussie – après les échecs des « soulèvements armés » d'Europe et de Chine dans les années vingt – par les nouveaux croyants depuis que la révélation s'est manifestée en Russie.

La parti-étatisation effectuée par la force absolue du Parti-État central n'est pas génératrice d'expansion. Les guerres de résistance nationale contre l'oppression d'une force militaire étrangère dépendent de conditions très spécifiques et aboutissent soit à un schisme stérilisant soit à l'expansion par la force absolue. L'invasion d'un État-nation par un Parti-État ne porte que sur un seul pays. Or le nouveau cardinal de La Havane, porté par une néo-foi, peut-être simpliste, peut-être romantique, peut-être mystique mais facilement pétrifiable par les glaces du Dogme, soutenu par toute la nouvelle puissance du Saint Empire marxiste-léniniste, réussit mieux que n'avait pu le faire le Père fondateur de la religion lui-même.

Il est une petite phrase de la Grande Encyclopédie dont il ne faut pas

une situation internationale déjà suffisamment riche en tensions – d'apporter, en cas d'agression manifeste de forces hostiles à nos valeurs occidentales, le soutien nécessaire et approprié – comme ils l'ont fait si brillamment dans la lutte contre le nazisme, comme Allen Dulles l'a fait si brillamment en Europe de l'Ouest dans la lutte contre le stalinisme vers la fin des années quarante – à toutes les forces participant à un développement naturel et harmonieux de l'Histoire.

On ne peut que regretter que le Congrès américain estime, lui, possible de refuser ce rendez-vous avec le progrès et la liberté.

perdre la délicate musique : « La Révolution cubaine, marquant un tournant historique et ouvrant une nouvelle étape révolutionnaire dans cette région du monde, a amené la création du premier gouvernement socialiste dans l'hémisphère occidental. »

Implacable. « Tournant historique », « nouvelle étape », « premier gouvernement socialiste » – donc il y en aura d'autres : après Cuba, le Nicaragua ; après le Nicaragua, le Salvador ; après le Salvador, le Venezuela et le Mexique ; après le Mexique *...

Mais le lecteur européen, qui, à vrai dire, se fout pas mal qu'il y ait ou non un tournant historique, une nouvelle étape révolutionnaire sur des terres qui – Viva Villa ! Viva Zapatta ! – lui paraissent de toute façon riches d'un folklore révolutionnaire fort sympathique, enceintes d'une « libération » très prometteuse, a-t-il remarqué la subtile conclusion ? « Hémisphère occidental » ! Par quel méridien ce partage du monde est-il établi ? Et si c'est par le méridien de Greenwich, tout ce qui se trouve à l'est de Paris serait-il donc oriental ? Et, de toute façon, par quelle fatalité, cette religion-là, qui elle aussi se veut universelle, serait-elle limitée à l'Est ?

Tout est ici résumé. L'expansion des néo-croyants en Amérique latine, la force absolue à l'égard de la vieille Europe, voilà – dans « l'hémisphère occidental » – les deux piliers de ce qu'il serait prodigieusement dangereux de continuer à appeler la « politique étrangère » du Saint Empire marxiste-léniniste **.

* Il ne faut pas, pour autant, se laisser emporter par l'enthousiasme vorace des Grands Prêtres : ailleurs que dans l'isthme, les néo-croyants pourraient trouver sur leur chemin des sociétés civiles et politiques plus puissantes, des structures d'État et des armées mieux enracinées dans le peuple. Tout n'est pas toujours transposable : une guérilla privée de la néo-foi, opérant dans un consensus traditionnel profond, a déjà entraîné le type de catastrophe qu'a vécue le romantique Guevara.

** La spécificité des événements se déroulant au Nicaragua, la spécificité des nouvelles parti-étatisations entreprises par le Saint Empire au cours de la décade 1970-1980 contraignent à analyser en profondeur les possibilités de renversement de l'ordre du Parti-État. Voir en conséquence la note en fin d'ouvrage *Du renversement de l'ordre du parti-État,* p. 462.

SIXIÈME DISCOURS.

DE LA POLITIQUE EXTÉRIEURE

Trois chiens, raconte-t-on à Budapest, se rencontrent à Moscou. Nerveux et bien nourri, le chien français proteste : « Quel pays ! Quand j'aboie à Paris, je reçois de la viande ! » Efflanqué mais plein de vigueur, le chien polonais lui saute à la gorge : « Qu'est-ce que c'est que la viande ? » Vautré dans un coin, le gros chien russe s'informe dans un filet de voix : « Mais qu'est-ce que c'est qu'aboyer ? » Si l'anecdote, le pitoyable « rire derrière les barbelés [1] *», reste la seule forme d'expression de l'inconscient collectif en nouvelle civilisation, il n'en va pas de même en Occident où la télévision exprime, notamment par le mécanisme implacable des indices d'écoute, les peurs et les aspirations collectives de nos contemporains. Malgré toute la sûreté de son mauvais goût,* Dallas *montre que notre civilisation d'Occident reste – et je m'en réjouis – fermement attachée à l'effort individuel et à la création de richesses. Et si les innombrables feuilletons policiers manifestent notre angoisse devant la violence quotidienne qui s'empare de nos modernes cités et l'appel, sous ses différentes réincarnations, à un père protecteur, un feuilleton intitulé* les Envahisseurs *indiquait, à une époque qui coïncide, je crois, avec l'aberrante politique de « condominium » de Nixon et Kissinger, que les profondeurs populaires saisissaient confusément, en plein épanouissement de la « détente », un phénomène que ne comprenaient pas nos chefs d'État. Souvenez-vous. Des hommes « venus d'une autre planète » étaient en train de conquérir le monde. Seul un avocat sans causes, se heurtant au scepticisme de tous les pouvoirs établis – représentant typique de la « majorité silencieuse » –, avait percé le dangereux secret : les « envahisseurs » avaient déjà pris place parmi nous. Par leur apparence extérieure, par leur enveloppe charnelle,* ils nous ressemblaient. *Et chaque fois que, dévoilés, ils étaient réduits en cendres, ils surgissaient ailleurs, en notre sein, nous présentant notre visage, parlant notre langue, développant les idées qui nous sont les plus chères. Si j'ajoute que, je crois, leur caractéristique psychologique était de ne pouvoir aimer, la ressemblance – et l'angoisse qu'elle exprime – me paraît complète.*

Le poison que charrie la nouvelle expansion est bien là et il est mortel. Si la nouvelle civilisation restait tapie dans ses frontières, si ses mécanismes *intérieurs la poussaient à n'en pas sortir, les grossières erreurs que nous inspirent son apparence extérieure et notre propre incapacité d'admettre la différence entre hommes et sociétés, n'auraient de l'importance que si nous décidions, par une quelconque aberration, d'adopter ses genres de vie et d'organisation. Que le général de Gaulle, après être allé à Moscou et avoir rencontré Staline et Khrouchtchev, ait pu continué à nourrir sur la nouvelle Russie des vues plus proches de la comtesse de Ségur, née Rostoptchine, que de la* real-politik *dont il se réclamait *; que Richard Nixon ait cru voir se dresser en face de lui un État-nation peut-être gigantesque, peut-être dangereux, peut-être expansionniste, peut-être communiste, mais un État-nation de type connu; que Valéry Giscard d'Estaing ait pensé, en fleurissant la tombe de Lénine, que l'« idéologie » était un relent de mauvaise éducation regrettable chez des technocates aussi bien intentionnés, toutes ces colossales erreurs de jugement n'auraient relevé que du phénoménal sottisier qui ferait douter de l'intelligence des gens de pouvoir si je n'étais persuadé qu'ils ne sont, pour une grande part, que l'émanation des pulsions, aspirations et volonté de leurs peuples. Quelques rires gras, quelques verres de vodka de plus les auraient saluées au Kremlin et un Khrouchtchev quelconque aurait dansé un* gopak *effréné pour égayer encore mieux le pape rouge du moment. Qu'un daltonien, myope et porté à l'optimisme bucolique, proclame devant un incendie qui fait rage qu'il croit apercevoir une immense steppe verte ne peut que susciter, en effet, la saine hilarité de l'incendiaire.*

Hélas! La nouvelle religion n'est pas tapie dans ses frontières et les quelques perles que je viens de sélectionner parmi tout un collier, tintent, chacune à sa manière, le déclin de l'Occident. Ainsi le général de Gaulle, enfermé dans sa vision d'homme du XIXe siècle et désireux de faire jouer un rôle mondial à une France amoindrie qu'il chérissait avec passion, lança-t-il le mot de « détente » – donnant naissance à la « politique » du même nom. Porté à la tête des sapeurs-pompiers, le daltonien affirmait qu'on pouvait labourer et moissonner tout ce qu'il entrevoyait dans sa vision jaunâtre et imprécise. Ainsi Richard Nixon, emporté, je le crains, par une sérieuse mégalomanie, crut-il possible, tel Napoléon à Tilsit, de négocier avec le gigantesque État-nation qu'il croyait avoir rencontré sur son chemin et dont la force et la puissance ne pouvaient qu'amplifier la gloire qui l'attendait s'il réussissait à faire participer ce monstre à un équilibre mondial, rêvé à ses côtés par un Kissinger épris, lui, de Metternich. Superman ne reculant devant aucune difficulté, le daltonien décidait de disserter extension des pâturages et limitation des incendies avec les incendiaires eux-mêmes. Quant à Giscard d'Estaing, décidément promis aux seconds rôles, ses défauts de vision n'intéresseraient personne s'ils ne s'étaient manifestés dans une Europe en pleine déliquescence morale et où certains « conservateurs » ne se sont pas, malgré d'indubitables talents de gestionnaires économiques, débarrassés de l'esprit collaborationniste qui leur permet en outre, en France

* Extraits de *Mémoires de Guerre* qui, effectivement, évoquent souvent *la Bibliothèque rose* : « Seul en face de la Russie, Staline la vit plus mystérieuse, (...) plus durable que toutes les théories et que tous les régimes. Il l'aima à sa manière *(sic)*. Elle-même l'accepta comme un tsar, pour le temps d'une période terrible et supporta le bolchevisme pour s'en servir comme d'un instrument » *(Re-sic)*. Effarant... (Cité par Alain Besançon in *Présent soviétique et passé russe*, op. cit.).

tout au moins, de pêcher les voix de « gauche » qui leur manquent. Les seuls hommes qui ont, d'instinct, saisi la différence de la nouvelle civilisation ne sont ni des intellectuels, ni des technocrates – fussent-ils militaires comme le général Eisenhower – ni des politiciens professionnels mais un quincaillier du Kansas, l'admirable Harry Truman, un ancien acteur d'Hollywood, Ronald Reagan, et, à un moindre titre car ils émanent d'une Europe bien diminuée, le paysan Georges Pompidou et le très populiste François Mitterrand, Grand Prêtre, de surcroît, d'un autre type de religion. Le lien viscéral avec le peuple, le profond enracinement dans sa propre société, la foi dans certaines valeurs permettent seuls, en dehors de toute considération pseudo-intellectuelle ou supra-technocratique, de comprendre que la nouvelle civilisation qui veut nous remplacer sur la surface du globe a déjà pris place parmi nous.

Car telle est la donnée à laquelle nous ne cesserons de nous heurter. La nouvelle Église n'est plus, comme sous Lénine, coupée du monde par sa révolution, sa guerre civile et son édification des bases du communisme. Elle n'est plus, comme sous Staline, repliée sur elle-même, sur ses sinistres Goulag, sur son industrialisation et sa sanglante collectivisation. Depuis la fin de la Seconde Guerre mondiale, le Parti-État de Moscovie fait partie du « concert des nations », participe à toutes les négociations, les provoque en cas de besoin. Les erreurs d'appréciation de l'Occident qui, dit-on, faisaient rire Staline jusqu'aux larmes – y compris celles de l'homme qu'il appelait le « petit chat » : Adolf Hitler – sont devenues une arme tournée contre nous, plus redoutable et efficace que la « guerre révolutionnaire » ou la puissance de l'Armée rouge car déjà profondément enfoncée dans notre chair. Désormais, les nouveaux envahisseurs sont en plein cœur de notre « politique étrangère », pesant de tout leur poids sur notre « diplomatie » et même, depuis les effarants accords Salt, sur notre système d'armement.

Assis paisiblement à la table de conférence d'Helsinki ou de Madrid – négociations qu'il a d'ailleurs suscitées –, le loup discute avec nous des droits de l'homme. Fascinés par son visage humain, par son regard d'autant plus limpide, par sa parole d'autant plus franche que pour lui tout cela relève de la théorie et de la meilleure façon de nous attirer dans ses pièges, nous ne voyons pas que, derrière son masque d'homme, il compte le nombre des moutons, évalue comment il va attaquer les chaperons rouges sur les chemins que nous avons l'extrême obligeance de soumettre à son experte et bienveillante approbation. La soldatesque – il n'existe aucun pays au monde où pullulent autant de maréchaux – disserte avec nous limitation des armements. Obnubilés par son langage pacifique, voire résolument pacifiste – lisez les discours des ministres de la Défense de l'URSS : on y parle autant de paix que de fusées –, nous oublions que sa mission est de « renforcer inlassablement la défense de son pays [2] », dixit *Brejnev dans l'avant-dernier discours avant sa mort, réservé comme par hasard aux chefs de son armée. Les « travailleurs du front de la politique extérieure » codifient avec nous paix, détente, désarmement, coopération économique, alors que, charmés par leur connaissance approfondie des « relations internationales », nous ne tenons pas compte du fait que leur tâche consiste, article 28 de la Constitution, à « assurer les conditions favorables à l'édification du communisme en URSS, (...), à renforcer les positions du socialisme mondial, à soutenir la lutte des peuples pour leur libération nationale et leur progrès* *social ». Passons sur les « travailleurs du front économique » qui, dans les relations commerciales avec nous, n'ont que trop tendance, en réclamant des crédits dont les taux relèvent plus de la donation que du commerce et en passant le relais à un KGB spécialisé dans le pillage économique*, à anticiper quelque peu sur l'article 11 de la Constitution de l'Union soviétique : « L'État détient en propriété exclusive la terre, le sous-sol, les forêts (...), les principaux moyens de production (...), les moyens de transport et de communication, les banques, etc., etc.* [3] *»*

*Or, désormais, ces erreurs peuvent être mortelles. Lorsque Woodrow Wilson et Lloyd George considéraient Lénine et les bolcheviks comme des fils fidèles mais un peu trop tumultueux des Révolutions américaine et française, ils n'influaient en rien sur ce qu'on appelle la « situation internationale » : seul le peuple russe payait de soixante millions de morts et du massacre sauvage de ses élites une aussi gigantesque erreur. Lorsque Adolf Hitler pensait que la ruée de ses Panzers suffirait pour que la dictature de Staline sur les « sous-hommes » slaves soit remplacée par la domination de la « race des seigneurs », il ne jouait que la vie de son peuple et l'inévitable contingent de millions de morts russes et juifs. La situation s'est transformée depuis que la nouvelle Église participe – avec quel activisme ! – aux « relations internationales », toute erreur de jugement sur sa véritable nature entraînerait des conséquences qui nous concernent tous. Lorsque le malheureux Roosevelt, cloué sur son lit de douleur, conseillé par un « agent d'influence » du KGB **, « désinformé à mort » comme l'on dirait de nos jours, considère avec une émouvante bonne foi et probablement pour que l'Occident puisse retourner dans ses foyers jouir d'une paix bien méritée, qu'un État-nation comme les autres revient, après une fugue un peu sanglante, dans le chaud et pacifique giron du « concert des nations », il laisse la nouvelle religion s'emparer de la moitié de l'Europe et commencer à déferler sur l'immense continent asiatique. Lorsque l'Occident respire les parfums vénéneux de la « détente », c'est l'Asie du Sud-Est, c'est la corne et le centre de l'Afrique, c'est la supériorité nucléaire que de Gaulle, Nixon, Kissinger, Carter offrent, chacun à sa manière, à la nouvelle expansion. Je n'accuse personne. Que des hommes aussi éminents, aussi soucieux du bien-être de leurs peuples, aussi désireux de laisser un nom dans l'Histoire, aussi doués pour les rapports entre États-nations se soient trompés aussi lourdement dépasse leur personne. Une escalade aussi vertigineuse de l'erreur ne peut que refléter l'incapacité de civilisations perfectionnées à admettre que de nouveaux types d'hommes, de nouveaux types d'organisation de la société peuvent vouloir entraîner l'humanité sur des chemins entièrement nouveaux. Déjà Rome, incapable de garder le contrôle des marches de son empire, perpétuait une agréable illusion en nommant gouverneurs les barbares qui s'emparaient sans coup férir de ses provinces.*

* La chambre de Commerce soviétique eut longtemps comme dirigeant le général Pitovranov, ancien haut dignitaire du KGB. Dans le même temps, l'ancien chef du KGB lui-même, Chelepine, présidait, lui, l'Union des « syndicats ». De l'utilisation des compétences [4]...

** Il est évident que je donne le nom générique de KGB à ce monstre spécifique à la nouvelle civilisation qui n'a fait que changer de sigle depuis 1917 : Tchéka (Commission extraordinaire), Guépéou (Direction politique principale), Oguépéou, NKVD, MVD, MGB, etc.

Nous ne sommes pas aujourd'hui en meilleure posture et la confusion intellectuelle et morale de l'Occident après tant d'années d'erreurs d'appréciation sur la profonde originalité de la nouvelle religion, est à l'image de cette « détente » dans laquelle nous nous sommes si voluptueusement vautrés. Sens français du mot « détente » : « relâchement d'une tension intellectuelle, morale, nerveuse : état agréable qui en résulte ». *Le dictionnaire franco-russe paru en 1962 est moins euphorique : « affaiblissement, atténuation d'une tension, répit, repos ». Quant au dictionnaire russe-français, il fait, à la même date, figurer « l'atténuation de la tension internationale » sous l'entrée « atténuation » pour garder au mot russe* razriadka *son sens originel d'« espacement des lettres » en typographie et de « décharge d'un fusil, d'une batterie électrique ».*

Je pourrais multiplier les citations sur les bienfaits que les Grands Prêtres de la nouvelle religion attendent de cette détente-là. Je n'en retiendrai qu'une seule – presque choisie au hasard : « Le renforcement de la détente internationale, affirme le chef du Département international du KPSS, est indispensable à la progression de tous les détachements révolutionnaires [5]. » *A lire la carte rouge que nous avons scrutée ensemble au début de ce livre, je crains, hélas ! que ce saint Ignace de Loyola nouvelle manière ait profondément raison.*

Oui, l'état fut agréable, mais, grâce à lui, nous sommes désormais en première ligne. Un nouveau défaut de vision, un nouvel accès de daltonisme et, cette fois-ci, c'est notre propre survie qui est en jeu.

XVII

DE LA NOUVELLE DIPLOMATIE

Du réalisme des Grands Prêtres

Comment voulez-vous que l'Occident comprenne quoi que ce soit à la « politique étrangère de l'Union soviétique »? Déjà qu'il n'y a pas d'Union soviétique, du moins en tant qu'État-nation comme les autres. Déjà, à peine prononçons-nous le mot « politique » que, chassant de nos esprits les souvenirs pénibles des *Macht-politik* de nos anciens États-nations, nous évoquons, émerveillés, les champs souriants de la rationalité et de la recherche du bien-être des citoyens. Mais, à peine ajoutons-nous l'adjectif « étrangère », que nous flippons encore plus : oubliant les manœuvres des Chancelleries au service des égoïsmes et des rapacités de nos vieux États-nations, nous rêvons tout éveillés de relations harmonieuses, fructueuses et pacifiques – « relations internationales », se délecte le dictionnaire *Robert* pourtant renommé pour la froide précision de ses définitions : « lien moral » – vous avez bien lu « moral » – « et variable entre groupes (peuples, nations, États). *Tension, détente dans les relations internationales* – Spécialt. *Relations diplomatiques. Relations culturelles, universitaires, entre pays* » –, « relations » donc entre États intelligents et rationnels, bien disposés les uns par rapport aux autres, habités par la volonté de venir à bout des malentendus inévitables entre « étrangers », imprégnés de l'ambition de trouver une solution à des « tensions internationales » elles aussi inévitables – pourquoi? il n'y a pas, que je sache et malgré de profondes divergences de vues et d'intérêts, de « tension » véritable entre les pays d'Occident depuis qu'ils ont, en 1945, adopté le « modèle » de Nation-État américain – mais radicalement contraires au bon-sens et à la morale. Dans un monde modelé par la sagesse pacifique que nous avons finalement acquise, la « politique étrangère » constitue donc désormais pour nous l'envers bénéfique, le prolongement naturel de tous les efforts que nous entreprenons en faveur de l'épanouissement le plus complet possible de citoyens libres, se consacrant exclusivement au « toujours plus » de leurs richesses et de leurs plaisirs.

« Étranger, nous apprend le dictionnaire : 1. Qui est d'une autre nation (...) 2. Relatif aux rapports avec les autres nations. *Les Affaires étrangères.* » Mais aussi : « qui est autre, en parlant d'une nation » et « qui n'est pas propre ou naturel à quelqu'un, (...) qui n'est pas connu (de quelqu'un) ». Et c'est dans ce domaine « pas connu », « autre », « pas naturel », dans ces « affaires étrangères », que se déploie tout le talent des « diplomates », tout l'art de la « diplomatie » dont nous apprenons que c'est, bien entendu, la « branche de la politique qui concerne les relations entre États », mais aussi « l'habileté, le tact dans la conduite d'une affaire ». Superbe. C'est donc avec tact, avec habileté, que nos « diplomates » – qui ne font rien, on les comprend, avec leur politesse mesurée, leur discrète élégance, leur langage policé et codé, pour se priver, quand ils ne l'amplifient pas comme le boulimique Kissinger par une publicité tapageuse, d'une réputation aussi flatteuse – vont, avec d'autres « diplomates » – « celui qui est chargé par un gouvernement de fonctions diplomatiques, de négociations avec un gouvernement étranger » mais, aussi, « personne qui sait mener une affaire avec tact, habile, subtile dans les relations sociales » –, avec d'autres hommes d'État et hauts fonctionnaires venant certes du froid mais tout aussi bien intentionnés, tout aussi habiles et subtils qu'eux, résoudre, au mieux de nos intérêts et en évitant que s'en mêlent des « militaires » qui, eux, nous font carrément peur, des « affaires » certes complexes car « étrangères », pour que nous puissions continuer à jouir pleinement des avantages toujours croissants que nous offre, bonne mère, notre délicieuse civilisation d'Occident.

Car, si la guerre nous inspire une répulsion compréhensible, les « relations internationales » nous plongent bien dans la béatitude.

Déjà « relation » évoque, pour le dictionnaire *Robert,* dans un deuxième « regroupement de sens » d'un mot très riche, un « lien de dépendance ou d'influence réciproque (entre personnes) » avec les exemples peu neutres de : « *Les relations entre les hommes, les relations humaines. Relations d'amitié* (...). *Relations amoureuses. Relations sociales, professionnelles, mondaines. Relations de vacances* » alors que le troisième regroupement de sens couvre : « *Sc.* Tout ce qui, dans l'activité d'un être humain, implique une interdépendance, une interaction (avec un milieu). *Les relations de l'homme avec ses semblables, avec le monde, les choses.* »

Et quant à « international », le mot est encore moins innocent, lourd qu'il est d'un « chant révolutionnaire », du « groupement de prolétaires des diverses nations du monde unis, *Robert dixit,* pour la défense de leurs revendications communes » *(sic),* vicié par le voisin « internationalisme », « doctrine préconisant – c'est-y pas beau, ça? – l'union *internationale* des peuples, par-delà les frontières ». Étonnez-vous après cela que les « relations internationales » soient un « lien moral »!

Manque de chance : il est certains jeux qu'on ne peut jouer qu'à deux. Que l'Occident pense que la « politique étrangère de l'Union soviétique » ne peut, à l'instar de la sienne, qu'être fondée sur la recherche, rationnelle et de bonne foi, du bien commun à tous, qu'il considère les « tensions internationales » comme un état « variable » dans son merveilleux « lien moral », qu'il estime donc possible et souhaitable l'établissement de « relations » normales et naturelles avec l'Union soviétique – « entente, détente, coopération », disait le général de Gaulle qui avait parfaitement compris, avec le génie qui lui était propre, les aspirations profondes des peuples et nations d'Occident en cette fin du XXe siècle, mais qui, à l'égard de la nouvelle religion, aurait pu prétendre haut la main à un titre de champion toutes catégories de l'erreur s'il n'avait trouvé sur son chemin le mirobolant Docteur Kissinger, ses négociations tous azimuts, sa croyance que les Grands Prêtres pourraient faire preuve de « retenue » – n'aurait été qu'une illustration innocente de l'incompétence des hommes dits d'État, de la superficialité satisfaite des diplomates d'Occident mais surtout de l'aveuglement des peuples si la Papauté de la nouvelle Église était, comme je l'ai dit en risquant la fable dramatique du daltonien et de l'incendiaire, strictement cantonnée dans sa Moscovie. Hélas! Cette Église-là est universelle et la puissance temporelle qu'elle a conquise en fait la partie prenante – et combien active comme toute Église, comme toute puissance – de toutes les négociations, de toutes les conférences réglant les problèmes de la planète.

Or, si nous continuons, avec une rare superbe, à ignorer tout de la nature de ce que j'appellerai l' « action extérieure » de la Papauté – action qui implique la mobilisation que nous avons analysée au fil de tant et de tant de pages qu'il faudrait avoir le courage de relire, ne serait-ce que pour explorer plus à fond celles des directions qui paraîtraient résister à l'épreuve de l'Histoire en marche, pour déterminer les limitations d'une analyse dont l'homme seul que je suis devenu ne peut que mesurer à quel point elle pourrait être utilement infléchie, approfondie, contredite par d'autres, mobilisation donc de tous les moyens d'État, de tous les moyens de Parti procurés aux Grands Prêtres par leur ordre de Parti-État pour réaliser leur sainte mission de conversion de la totalité du globe à leur religion; or, si nous continuons à ne pas nous rendre compte que la diplomatie – « branche de la politique qui concerne les relations entre États » – n'est, en nouvelle civilisation, qu'un moyen d'État spécifique au service de cette mission; la Papauté, elle, connaît fort bien, par ses diplomates et par les services spéciaux qui prolongent et amplifient leurs connaissances, toutes nos aspirations et illusions et, perversion psychotique de nos propres valeurs, n'éprouve aucun mal, bien au contraire et sans modifier en rien ses objectifs, à ressembler, par ses discours sur la paix, l'amitié, la sécurité, le désarmement, la solidarité, la coopération et j'en passe, à tout ce que nous attendons de ce « lien moral » que constituent pour nous les « relations internationales ».

Car tout est faux dans notre vision de la « politique étrangère de l'Union soviétique », des « relations internationales » auxquelles elle participe ou qu'elle entretient.

Il n'y a pas, pour les Grands Prêtres, de « relations internationales », « lien moral », dépendance et interaction teintées de vertus internationalistes, mais – le vieux fonds russe, le retard pris par la Moscovie mise entre parenthèses par l'invasion mongole, repliée dans ses lointaines immensités continentales, pour établir des « relations diplomatiques » permanentes, vole ici au secours de la Papauté en lui évitant l'émotivité sécrétée au fil de notre longue histoire – des « *rapports* entre les nations », *mejdounarodnye otnochenija* – description purement factuelle, purement a-émotive, purement a-morale.

D'une part, tant le mot russe d'origine étrangère, *internatsionalizm,* que *l'Internationale* en tant que chant ou organisation font partie intégrante du Dogme, et leurs vertus et attributs sont donc strictement réservés aux seuls croyants et ne sauraient, en aucun cas, être employés dans la langue courante à des fins ou à des sujets profanes – ce qui rend le vieux qualificatif profondément russe « *mejdovnarodnyï* » qui, littéralement, veut dire « entre peuples », d'une neutralité parfaite *.

D'autre part, « rapport » n'a guère plus de charge morale et effective et même le dictionnaire français peut rendre compte sans enthousiasme excessif : « 1. Relation entre personnes (...) *Rapports sociaux, de la vie sociale. Avoir des rapports tendus avec quelqu'un. Entretenir de bons rapports. Rapports d'affaires* (...) 2. Relation avec des collectivités. « *La question si difficile des rapports entre l'individu et l'État* (Valéry) – *Rapports entre États, entre peuples* », pour conclure par un sujet encore plus délicat : « *Les rapports franco-allemands* ** ».

Et il n'y a pas en nouvelle civilisation de « politique » en tant qu'activité particulière, rationnelle et morale de l'être humain : les Grands Prêtres, on l'a longuement vu, évitent comme la peste ce terme pour ne l'employer que pour caractériser le champ et le secteur d'application de leur action ou, nous y reviendrons, le cadre dans lequel elle s'inscrit avec la « politique léniniste de coexistence pacifique ».

Et il n'y a pas, chez les nouveaux papes, d' « étrangère » accolée à « politique » ou dotée de connotations de « pas connu » et de « pas naturel », mais la simple constatation – qui amena, sous Pierre le Grand, en 1717, la création d'un « Collège » spécialisé – que certaines « affaires » peuvent être « relatives à d'autres pays » : tel est le titre du *Ministerstvo inostrannyx del,* créé seulement en 1802 – « Ministère des Affaires relatives aux autres pays *** ». Et si leur habileté et leur tact sont indubitables – pour jouer notamment sur les aspirations et illusions que nous inspirent les « relations internationales » et la « politique étrangère », sur nos désirs d' « entente, détente et coopération » –, on ne glorifie pratiquement jamais en nouvelle civilisation le talent des « diplomates » pour célébrer plus virilement comme le font les secrétaires généraux du Parti, les « travailleurs du front de politique extérieure **** ».

* *Narod* se traduit par « peuple », mais - la notion étant floue en civilisation russe – *natzia,* « nation », se traduit, on l'a vu, par « peuple, nation, État ». On peut donc parler de « rapports entre nations », voire « entre États ».

** Le dictionnaire franco-russe traduit « relations » au pluriel par « *vzaimo-otnochenija* » qui, au singulier, veut dire « rapport *réciproque* ». « Rapport », lui, est traduit au pluriel par « *otnochenija* », avec les exemples de « rapports de production » et de « rapports de classes » – rapports qui, dans le bain marxiste-léniniste, ne sont donc pas porteurs d'immenses espoirs incontrôlés.

Quant au dictionnaire russe-français, il traduit *otnochenie* au singulier par « *(lien) :* rapport » et au pluriel : « rapports, relations » en donnant comme exemple les mêmes – et bien glaciaux – « rapports de production ».

*** Tel est le sens très précis et limité qu'évoque, en effet, le vieil adjectif : « *inostranyï* » venant de *strana,* pays, précédé d'un préfixe dérivé d'*inoï,* autre.

Les autres sens d' « étranger » sont rendus en russe par des mots tout à fait différents, l' « étranger » en tant qu'entité se disant, notamment, « derrière la frontière » – ce qui, le préfixe *za* voulant dire tout à la fois « pour » et « derrière », a donné lieu à la plaisanterie affirmant qu'il est préférable de vivre à l'étranger – *za granitzoï* – que de mourir pour l'Union soviétique – *za Sov Sojouz.*

**** Si la « diplomatie » n'est guère à l'honneur dans les invocations théologiques des Grands Prêtres au cours de leurs messes-congrès – on y célèbre surtout la « politique extérieure » non de l'Union soviétique mais du KPSS –

« Extérieur », tel est le maître mot - parfaitement neutre lui aussi - pour caractériser ce secteur d'action-là des Grands Prêtres, mais attention, précise aussitôt le Dogme dans l'article encyclopédique *Politique,* « opposer la politique extérieure à la politique intérieure est foncièrement une pensée incorrecte, non marxiste et non scientifique » (Lénine V.I., *ibid.,* t. 30, p. 93) et l'Encyclopédie enfonce le clou : « En fin de compte et la politique extérieure et la politique intérieure résolvent un problème unique. »

Et voilà lâché un aveu de taille. La Papauté n'éprouve aucun besoin de définir une « politique étrangère » qui tiendrait compte - comme les États-nations d'Occident le faisaient avant leur grande mutation de 1939-1945 - des pulsions de la nation russe, des intérêts de certains des groupes formés par son peuple et par sa société civile, qui prendrait en charge - comme l'Occident le fait actuellement - les aspirations et les intérêts des citoyens. La Papauté n'a pas, quand elle quitte le terrain solide et factuel des « affaires relatives aux autres pays », de la diplomatie en tant que « branche chargée des rapports entre États », pour aborder les sphères plus théoriques de la « politique », à s'interroger éternellement - « rare avant le XVIIe siècle », précise du mot « politique » le dictionnaire *Robert* - sur « l'art et la pratique du gouvernement des sociétés humaines ». Non. Sa vision est plus claire : « Politique, constate sobrement l'Encyclopédie : sphère d'activités liées aux rapports entre classes, nations et autres groupes sociaux *(sic)* dont le noyau est constitué par le problème de la conquête, de la conservation et de l'utilisation du pouvoir gouvernemental. »

Lumineux. Le « prolétariat » n'a - tant à l'intérieur qu'à l'extérieur de la Moscovie, tant à l'intérieur qu'à l'extérieur du Saint Empire communiste - qu'un « problème unique » : *conquérir, conserver, utiliser le pouvoir.* Et la Papauté, « avant-garde » et patrie du « prolétariat », n'a - tant à l'intérieur qu'à l'extérieur de la Moscovie, tant à l'intérieur qu'à l'extérieur du Saint Empire marxiste-léniniste - qu'une mission unique : veiller, car c'est là sa vocation, sa justification, son alpha et son oméga, à la réalisation du Dogme qui l'a créée, qui constitue sa raison d'être et qui postule - car telle est la loi scientifique de l'Histoire, car tel est le destin merveilleux de l'humanité - que le « prolétariat » doit - et va - par la forme miraculeuse

Diplomatie figure néanmoins dans l'Encyclopédie avec un article de 537 lignes - pour 439 lignes à *Forces armées.* Mais les définitions qui en sont données et qui me paraissent fort satisfaisantes - pas une seule citation de Marx ou de Lénine - ne provoqueraient d'enthousiasme ni chez les sphinx satisfaits d'eux-mêmes qui officient en Europe ni chez les « hommes-spectacle » qu'une image de marque aussi valorisante suscite périodiquement en Amérique - Haig, « le diplomate musclé », Kissinger, « le brillant arrangeur de coups internationaux » - par l'effet de la civilisation des médias et de la glorification du moi : « Activité officielle, précise moins romantique l'Encyclopédie, des chefs d'État, des gouvernements et des organes spéciaux *(sic)* pour la réalisation des objectifs et des missions de la politique extérieure des gouvernements, ainsi que de la défense des intérêts du gouvernement à l'étranger (...). Les formes essentielles de l'activité diplomatique : congrès, conférences, réunions diplomatiques, correspondance diplomatique par le moyen de déclarations, lettres, notes, mémorandums, etc. ; préparation et conclusion de traités et accords entre peuples ; représentation quotidienne du gouvernement à l'étranger, réalisée par ses ambassades et missions ; participation des représentants du gouvernement dans l'activité des organisations internationales. »

Plus - *last but not least* - une dernière « forme essentielle » que je me réserve le plaisir de présenter dans le texte tant elle est superbe et originale.

du Parti-État, par la propriété de tous les biens par la collectivité, par la construction de « l'homme nouveau », conquérir, conserver, utiliser le pouvoir sur l'ensemble de la terre.

Et cette réalisation du Dogme, et ce triomphe du « prolétariat » et cette extension du Parti-État se fondent sur deux certitudes aussi lumineuses pour les Grands Prêtres et leur clergé que le serait l'existence de Dieu pour un chrétien : le « capitalisme » doit – et va – disparaître, le « socialisme » – puis le « communisme » – doit et va – tant à l'intérieur qu'à l'extérieur – s'instaurer en ses lieu et place *.

Et les différents moyens que procure aux Grands Prêtres leur ordre du Parti-État doivent tous aller dans le même sens, doivent tous servir la même, unique et sainte mission, qu'il s'agisse, à l'intérieur, du génocide de la bourgeoisie et de la paysannerie, de l'holocauste des « capitalistes », des propriétaires, des « riches », de tous les adeptes tant d'une autre religion que de la libre action de l'homme sur la nature et sur les choses, de l'éducation oppressive du troupeau qui reste pour en extraire l' « homme nouveau » ou, à l'extérieur, du recours à la force absolue, de la captation des aspirations de « libération » des peuples ou de la diplomatie d'État.

Mais qui se rend compte en Occident que le recours à la force absolue ou la négociation diplomatique ressortissent au même combat, au service de la même fin, poursuivent des objectifs stratégiques identiques selon des variables purement tactiques?

Mais qui se rend compte en Occident que, d'une manière plus générale encore, selon la pensée de Lénine et conformément à la « science » marxiste telle que la conçoivent les théologiens de la nouvelle religion, le Goulag à l'intérieur, les négociations de Yalta, de Paris, de Salt, d'Helsinki à l'extérieur ne sont que les deux branches de la même – et sanglante – tenaille?

De la proclamation du divin message

Rêvons un instant dans la lumière éclatante du Dogme.

Une fois instauré le « socialisme », une fois déracinée la lutte inexpiable des classes, aucune guerre n'est plus possible entre peuples et pays illuminés par la nouvelle révélation. La paix et la sécurité étant ainsi

* C'est parce que le concept « politique » est vicié en Occident par notre approche éthique, par nos aspirations à la rationalité, utilisé par nos hommes « politiques » pour asseoir leur prestige et exploiter nos sentiments que je préfère employer le terme, plus factuel, plus descriptif, d' « action extérieure » de la Papauté – action poursuivant une fin, selon des objectifs stratégiques et des variables tactiques, mettant en œuvre les moyens de Parti – propagation de la foi par les nouveaux croyants – et les moyens d'État de la force et de la diplomatie prise en tant que rapports spécialisés d'État à État.

Si l'on élimine donc le sens général de « politique », son usage qualificatif d'un secteur d'action – la « politique extérieure du KPSS », la « politique de l'URSS à l'égard des États-Unis » –, les Grands Prêtres n'emploient le terme que pour jouer sur les aspirations de leurs adversaires mais, surtout, pour définir – la « politique léniniste de coexistence pacifique » – ce que les stratèges appellent « l'idée de manœuvre » qui ordonnance les choix stratégiques et les variations tactiques dans la réalisation des objectifs poursuivis.

installées enfin sur terre par la disparition des tensions, des conflits armés, des recours à la force – tous maux suscités par l'affrontement des classes et par son expression la plus abominable, l'impérialisme, stade suprême du capitalisme –, l'amitié des peuples peut enfin s'épanouir au grand jour et la coopération des hommes les amène, dans la solidarité, vers le bonheur.

Telle est la croyance des Grands Prêtres et des nouveaux croyants. Et tel est le message de paix, de sécurité, d'amitié, de solidarité, de coopération – « Gloire au socialisme sur la surface du globe et paix sur terre aux hommes de bonne volonté » – que doivent délivrer avant toutes choses à l'humanité reconnaissante – n'oublions pas que nous avons affaire à une religion – les « travailleurs du front de politique extérieure » qui ne sont pas, dans cette première et cruciale mission de propagation des avantages extérieurs de la révélation, des « diplomates » déployant « tact » et « habileté », mais les porte-parole spécialisés et inspirés de la nouvelle Église universelle.

« La diplomatie socialiste, s'extasie la Grande Encyclopédie, est profondément *printzipialna* », empreinte donc de *printzipialnost',* cette vertu bizarre – nous avons déjà rencontré la *partiinost',* esprit de Parti et la *revolutziarnost',* esprit révolutionnaire, dont serait oint le saint prolétariat – que le sabir de la nouvelle religion traduit par « fermeté de principes », voire « rigidité », toujours de principes bien entendu.

Et qui dit « principes » – sacrés de toute évidence dans ce contexte – postule leur défense et leur illustration : « La caractéristique de la diplomatie soviétique est l'*organisation* de l'opinion publique » et la dernière « forme essentielle » de la diplomatie que nous avions laissée de côté pour la bonne bouche n'est rien d'autre que « *l'éclairage (sic)* dans la presse des positions des gouvernements sur tel ou tel problème entre peuples ». « Organisation » et « éclairage » qui ne peuvent supporter la nuance et les demi-teintes : fort curieusement les deux ministres des « Affaires relatives aux autres pays » qui ont le plus marqué l'histoire proclamatoire de la nouvelle religion ont des noms aussi significatifs que leur incessante et tonitruante prédication – Molotov vient de *molot,* marteau; Gromyko de *grom,* tonnerre, et évoque *gromko,* « à haute voix, bruyamment », adverbe de *gromit',* tonner.

Mais cette religion, loin d'être contemplative, est celle de l'action. Mais cette religion affirme apporter des solutions à tous les problèmes de la vie de l'homme sur terre. Mais cette religion entretient avec l'« organisation » de toutes choses – « la nature même de la société socialiste », énonce l'Encyclopédie dans l'article de 294 lignes *Organisation,* « exige l'organisation *maximale de tous les aspects de la vie collective,* leur soumission à des transformations consciemment planifiées » – des rapports aussi troubles qu'étroits. Et c'est donc tout naturellement que les Grands Prêtres et leurs « travailleurs du front de politique extérieure », que je ne puis m'empêcher d'appeler – la tentation est trop forte quand on se souvient des Francs-Tireurs et Partisans FTP français – les nouveaux TPF, après avoir dit le droit dans l'arène internationale, après avoir défini ce qui est moral, après avoir proclamé ce qui est conforme au bien – et au devenir – de l'humanité, s'attellent à faire passer leur message et leurs « principes », sinon dans une réalité dont ils savent à quel point elle peut être viciée par l'abominable capitalisme, par l'atroce impérialisme, mais du moins dans des textes sacrés qui s'imposeraient à l'ensemble de l'humanité. Parmi les cinq « méthodes » de la « diplomatie soviétique », les théologiens recensent ainsi : « le caractère offensif de la diplomatie soviétique dans la lutte pour le renforcement et le développement des rapports pacifiques, *s'exprimant par une série de propositions constructives; la large utilisation de la méthode des pourparlers* * ». Et l'article encyclopédique *Droit entre peuples* pontifie sans aucune modestie déplacée : « Sous l'influence de l'Union soviétique et particulièrement après la création du système mondial du socialisme, le droit international – je ne peux quand même pas éviter toujours ce terme – a subi des modifications cruciales (...). Dans les actes internationaux les plus importants (...) ont été cimentés – notez la formule : il s'agit bien de graver dans le bronze – des principes aussi fondamentaux que l'interdiction de l'emploi de la force ou de la menace d'emploi de la force dans les rapports entre nations, l'autodétermination des nations et des peuples, l'obligation d'une solution pacifique des litiges, etc. Ont reçu un nouveau développement les principes démocratiques de respect de la souveraineté, de non-immixtion dans les affaires intérieures, d'égalité des droits, etc. Ces modifications permettent de parler de la création d'un nouveau droit international contemporain. » Car telle va la vie marxiste-léniniste : la « pratique » de la « vie entre les peuples » – tel est le titre d'une célèbre revue de la Papauté, *Mejdounarodnaja jizn'* – est une chose, modelée par les hommes, les nations, les États, les gouvernements tels qu'ils sont, par les systèmes politiques, économiques, sociaux tels qu'ils existent; la « théorie » en est une autre, qui doit – par le moteur bien connu de la dialectique agissant sur la réalité tout en étant influencée par elle – être constamment réaffirmée et défendue car elle est le bien et le devenir de l'humanité.

Toute religion est celle du Livre et c'est une immense toile de Pénélope de textes, d'actes, de traités, d'accords que tissent donc inlassablement les « travailleurs du front de politique extérieure ». « En 1971, (...), s'enthousiasme l'Encyclopédie en conclusion de l'article *Diplomatie,* l'URSS participait au travail de plus de quatre cents organisations internationales; la signature des représentants de l'Union soviétique figurait en bas de plus de sept mille traités ou accords en activité. » Et si les théologiens sont peu prolixes en ce qui concerne les « formes et méthodes » des rapports entre nations – 537 lignes pour *Diplomatie,* 450 pour *Coexistence pacifique,* 415 pour *Droit international,* 214 pour *Organisations internationales* alors que le *Mouvement ouvrier international* s'étale, lui, sur 1 643 lignes –, ils n'en finissent pas de recenser avec un soin maniaque accords et traités – mis à jour religieusement dans les suppléments annuels de l'Encyclopédie et dans tous les manuels des « travailleurs idéologiques » : 4 239 lignes pour les accords entre l'Union soviétique et 67 pays, 1 115 lignes pour les seules organisations entre nations dont la dénomination commence par le qualificatif « international », 889 pour le Comecon et le pacte de Varsovie,

* Le mot russe *peregovor* pouvant se traduire par « pourparlers » ou « négociations », je préfère le premier terme moins chargé de valeurs émotives et rendant mieux le sens russe.

Quant aux autres « méthodes » singularisées, nous aurons l'occasion, à part la trop évidente « coordination des activités diplomatiques des gouvernements socialistes », de les rencontrer plus loin.

228 pour les « traités » singularisés comme tels : *Traité d'interdiction de l'expérimentation de l'arme nucléaire 1963, Sur le cosmos 1967, Sur les fonds marins, Sur la non-prolifération de l'arme nucléaire.* Edifiantes lectures...

Aide-toi, le Ciel t'aidera. Des efforts aussi méritoires et aussi gigantesques ne pouvaient qu'être dignement récompensés.

L'homme a toujours chéri les rêves, et plus l'être humain – ou le corps social – est jeune, plus il manque d'expérience et plus il confond ses rêves avec la réalité, plus il croit à leur puissance et à leur valeur – ce qui amène les États nouvellement constitués, les nations arrivant à l'être, à écouter avec d'autant plus d'attention et d'émotion – quels que soient leurs régimes politiques, quels que soient leurs systèmes économiques, quelles que soient leurs aspirations en la matière – la prédication incessante et tonitruante des Grands Prêtres et de leurs TFP.

Et même les êtres plus adultes – or les corps sociaux font preuve, faute d'une réflexion sérieuse de l'homme sur ses pulsions collectives, d'une maturité beaucoup moins marquée que celle de l'être humain – peuvent succomber à cette tentation du rêve – surtout quand ils ont vu s'effondrer des fantasmes qu'ils avaient chéris et ont été emportés, malgré la haute idée qu'ils se faisaient d'eux-mêmes, par les pires violences, passions et irrationalités : la tuerie de 1914 a fait éclore ainsi le rêve vite brisé de la Société des Nations et, en 1945, sans se rendre compte que le « modèle » de Nation-État qu'il adoptait le mettait sur la voie de la sagesse, l'Occident a rêvé d'une « organisation » des nations qui, tout en empêchant les guerres, dirait le droit – ce qui permet aux théologiens de la nouvelle religion, en trouvant une caisse de résonance à leur prédication et un exutoire à leur psychose de l'organisation, de définir ainsi la troisième méthode de la « diplomatie soviétique » : « Utilisation *(sic)* des organisations internationales dans le but de la coopération et du développement de rapports pacifiques et de rapports de coexistence pacifique dans l'intérêt – notez la nuance – des masses populaires de tous les pays. »

Et voilà la Grande Encyclopédie, déjà si avide d'organisation, qui se trouve à même de résumer en trois actes bien enlevés l'histoire de cette ONU que le général de Gaulle appelait fort justement « le machin » et que les États-Unis abritent et financent avec une générosité bien peu payée de retour. Acte I : « Grâce au résultat des efforts de l'URSS et de toutes les forces progressistes, les principes démocratiques de coopération entre peuples ont été cimentés – encore ! – dans la charte de l'ONU. » Acte II : « La modification des rapports de forces dans le monde en faveur du socialisme a amené une amélioration substantielle de la situation à l'ONU. En décembre 1955 a été rompue la résistance des puissances occidentales contre l'entrée à l'ONU d'une série de pays socialistes et, à la fin des années cinquante et au début des années soixante, entrèrent à l'ONU un groupe important de pays nouvellement constitués en Asie et en Afrique et soutenant les décisions importantes dirigées vers le renforcement de la paix générale et de la sécurité. » Acte III et conclusion béate de ce mélodrame de 631 lignes : « L'Union soviétique et les autres pays de la communauté socialiste soutiennent l'ONU comme un instrument *(sic)* principal d'assistance à la régularisation des problèmes politiques actuels entre peuples et prennent position pour l'accroissement de son efficacité et de son autorité sur la base d'un respect sévère de sa charte. » Fermez le ban : soldats, nous sommes fiers de vous.

Qu'il faille, dans la « pratique », consentir de sérieux accommodements – tout en tordant le cou, au passage, à quelques « principes démocratiques » cimentés en si grande pompe dans la charte de la radieuse ONU – avec certaines proclamations du message de la nouvelle révélation ne saurait en rien troubler les vrais croyants. Le droit fondamental des peuples à disposer d'eux-mêmes, la non-immixtion dans leurs affaires intérieures? Impossible que quiconque puisse ne pas les respecter en nouvelle civilisation puisque ce sont les peuples qui veulent eux-mêmes le « socialisme », le Parti-État, le nouvel ordre économique et le nouveau contrat social – réalisant ainsi les aspirations les plus profondes, le devenir le plus inéluctable de l'humanité. Le non-recours à la force ou à la menace de recours à la force? A Potsdam, à Gdansk, à Budapest, à Prague, en Afghanistan, il ne s'agit en rien de « rapports entre nations », de litiges entre nations qui ne seraient pas réglés d'une manière pacifique mais de l'aide désintéressée – forme la plus noble de l'amitié, de la solidarité et de la coopération – de la « communauté socialiste » et de sa Papauté pour que puissent s'épanouir sans entraves les désirs les plus vitaux, le destin le plus radieux des peuples, tels qu'ils sont exprimés et perçus par « l'avant-garde » qu'ils se sont choisie. Et si une certaine forme de force doit être employée, c'est uniquement en tant que moyen de défense, c'est uniquement pour venir à bout de la force étrangère, de la force impérialiste qui ne rate pas une occasion pour fouler aux pieds tous les « principes démocratiques » de la révélation et pour essayer d'étouffer la volonté des peuples. Calomnie donc que prétrendre le contraire! Invention d'impérialistes à l'affût de toutes les « diversions », de toutes les « provocations » pour empêcher la propagation et la matérialisation du message! Aux armes, vaillants « travailleurs du front de politique extérieure »! A vous de pourfendre, sans arrêt et avec vigilance, les sordides inventions, à vous de désamorcer les abominables chausse-trapes que l'impérialisme place sur le lumineux chemin de la nouvelle révélation!

Proclamation incessante du divin Message, concrétisation de la révélation par les textes sacrés des traités et des résolutions des organisations internationales, combat contre les calomnies et les diversions des impérialistes : non, au service de la nouvelle Église, les « travailleurs du front de politique extérieure » ne sauraient jamais chômer.

Du soutien des saintes masses

Fort heureusement – et il ne saurait en aller autrement –, face à une tâche aussi titanesque, les « travailleurs du front de politique extérieure » ne sont pas seuls. Ils ne sont pas un corps spécialisé enfermé dans le ghetto d'une quelconque Chancellerie – fût-elle ultra-snob, ultra-chargée de passé et de traditions : « Je suis assis dans le fauteuil de Vergennes », me confiait un jour Michel Debré dans le célèbre et combien proustien « Quai d'Orsay » –, mais l'expression de l'ensemble du clergé de la nouvelle Rome – à propos, savez-vous ce qu'affirme le manuel d'histoire russe édité à

Saint-Pétersbourg en 1914 et où nous avons trouvé tant de parentés avec la nouvelle religion? « Partant de l'idée de l'unité créée par Dieu de tout le monde chrétien, l'un des écrivains de ce temps » (après la chute de Constantinople en 1453), « le moine de Pskov Philothée écrivait au prince Vassili III un message dans lequel il démontrait qu'au commencement le centre du monde était la vieille Rome, ensuite la nouvelle Rome (*Roma Nova* – Constantinople) et qu'enfin naquit la troisième Rome – Moscou. " Deux Rome sont tombées, écrivait Philothée, la troisième se dresse et de quatrième il ne peut y en avoir. " Telle était l'expression de la pensée sur le rôle universel de Moscou – troisième Rome [6] ».

Ils sont guidés, ces vaillants TFP, par l'Esprit Saint du « marxisme-léninisme », dirigés par son Église – « les succès de la diplomatie soviétique sont déterminés par la direction du Parti communiste de l'Union soviétique qui élabore la direction scientifiquement fondée *(sic)*, les formes et les méthodes de la diplomatie soviétique » –, par son secrétaire général, par ses Congrès – où, nous l'avons vu, la « politique extérieure du KPSS » est glorifiée en tête du rapport introductif –, par les « Programmes » proclamés à cette occasion *, par son Politburo où le ministre des Affaires relatives à d'autres pays pèse d'un poids qui n'est comparable qu'à celui du ministre de la Défense.

Et les TFP ne s'adressent pas aux seuls États et aux seuls gouvernements : c'est devant les peuples eux-mêmes qu'ils poursuivent leur prédication, brandissant devant leurs yeux émerveillés le divin message, les mettant en garde contre les menées des mauvais bergers impérialistes. Et, dans cette noble tâche, ils peuvent compter sur tous les « travailleurs » du Département international du KPSS qui, tout en ne négligeant pas de s'adresser directement aux gouvernements lorsque l'occasion – notamment lors de voyages officiels – s'en présente, eux aussi « organisent l'opinion publique ».

Et comment oublier le soutien, à l'extérieur des frontières de la Papauté – à l'intérieur, il est évident ** – de tout le « peuple du Dogme », de ces millions d'hommes et de femmes qui, aux quatre coins de la planète, constituent le peuple du nouveau Dieu et, ayant reçu sa révélation, la soutiennent de toute la puissance de leur foi? On s'indigne souvent en Occident de voir des Partis communistes qui, pourtant, se prétendent nationaux – et le sont certainement dans leur esprit car il n'y a, pour eux, aucune contradiction entre le patriotisme et la foi dans le Dogme qui, bien au contraire, peut seule apporter le bonheur à la collectivité à laquelle ils appartiennent – « s'aligner sur Moscou », défendre becs et ongles ses « positions diplomatiques », se refuser à condamner « le Kremlin » en Tchécoslovaquie ou en Afghanistan. Quelle funeste erreur! Comment des Églises locales, comment ses vicaires et ses prélats pourraient-ils se

* « Pour la diplomatie soviétique ont une grande importance les résolutions du XXIVe Congrès du KPSS (1971) dans lesquelles est avancé un programme de combat *(sic)* contre l'agression impérialiste, pour la paix, la sécurité entre nations et la coopération des peuples. » (Conclusion de l'avant-dernier paragraphe de l'article encyclopédique *Diplomatie*.)

** L'appel de Stockholm a été signé en URSS par « 115 514 703 *(sic)* personnes, c'est-à-dire toute la population adulte du pays. » (Article de l'Encyclopédie : *Appel de Stockholm*).

dissocier de la révélation, ne pas proclamer que le « socialisme » apporte la paix, la sécurité, l'amitié, la solidarité, la coopération entre les peuples – même le PCI, plus subtil et plus hérétique que le PCF, ne l'a jamais fait, même quand il n'a pas endossé pleinement certains points de la « pratique » –, ne pas combattre tous ceux qui osent souligner le fossé béant entre la fiction et la réalité?

Et ni le Département international ni le peuple du Dogme n'étant, dans cette religion de l'action, des gens passifs et ayant appris, selon leur théologie pratique, qu'il fallait, pour propager la vraie foi, « agiter » et « organiser » les « masses », ce sont donc des multitudes d'organisations qui volent au secours des « travailleurs du front de politique extérieure », proclamant qu'elles sont des adeptes du Message, pratiquant allègrement la « tactique de front » – j'ai déjà souligné l'ambiguïté du terme tant unité qu'offensive militaire – avec tous ceux qui – les « idiots utiles » du délicat Lénine – croient qu'il suffit d'invoquer la paix, la sécurité, l'amitié, la solidarité, la coopération pour que ces revigorantes et saines vertus s'incarnent d'elles-mêmes dans une conception dont tout indique pourtant qu'elle n'a rien d'immaculé.

« Il existe, précise la docte Encyclopédie, plus de deux mille cinq cents organisations internationales du caractère le plus différent. » Et de claironner, sans se rendre même compte de l'énormité de ce qu'elle affirme : « Ces organisations internationales se divisent avant tout en deux groupes essentiels : les organisations inter-étatiques et les organisations non gouvernementales. » Et de chanter pêle-mêle les louanges de l'ONU – « la participation active de l'URSS dans l'élaboration de bases de l'ONU a eu une signification décisive pour la fixation dans sa Charte des principes démocratiques des rapports contemporains entre nations », « la formation de l'ONU (...) a été une étape importante dans le devenir *(sic)* des organisations internationales » –, du Comecon – « après la Seconde Guerre mondiale 1939-1945, l'événement le plus important du point de vue du développement des organisations internationales a été la création d'organisations internationales des États socialistes, par exemple le Comecon » – et – frottons-nous les yeux, nous qui aimons tellement les « relations internationales » menées par des diplomates policés – « parmi les organisations internationales les plus importantes », des « organisations de masse démocratiques telles que le Mouvement pour la Paix, la Fédération syndicale mondiale, la Fédération internationale démocratique des Femmes, la Fédération mondiale de la Jeunesse démocratique, etc. »

Si ces « organisations de masse démocratiques » sont détaillées avec la même précision que l'ONU, l'UNESCO ou le BIT – 602 lignes leur sont consacrées, auxquelles il faut ajouter les 206 lignes réservées à l'Union internationale des étudiants, à l'Union internationale des syndicats des branches d'industrie, à l'Association internationale des juristes-démocrates, à la Fédération internationale des combattants de la Résistance et où l'on apprend, pour ne prendre que l'exemple du Vietnam, que la Fédération mondiale des syndicats a créé en 1964 un Comité international de solidarité avec les travailleurs du Sud-Vietnam pendant que la jeunesse « démocratique » organisait, en 1968, un Comité de solidarité avec le Vietnam et que les femmes ne se trouvaient pas en reste en menant des

« campagnes de solidarité avec la lutte du peuple vietnamien contre l'agression américaine » – la palme revient, bien sûr, à l'organisation chargée d'orchestrer le point central du divin message : le Mouvement des défenseurs de la paix (259 lignes), son Conseil mondial de la paix (51 lignes), son Appel de Stockholm – 500 millions de signataires mais 32 lignes * – ses Congrès et conférences mondiaux pour la Défense de la Paix (266 lignes).

Écoutons : « Créé en résultat des changements profonds dans la situation entre nations après la Seconde Guerre mondiale quand les forces de paix se sont activisées *(sic)*, s'appuyant sur le soutien des pays du système mondial du socialisme, d'autres gouvernements épris de paix, de la classe ouvrière internationale et de son avant-garde, les partis communistes et de travailleurs, sur le soutien du mouvement de libération nationale, sur les masses populaires de tous les pays », le Mouvement pour la paix – qui regroupe, selon le principe bien connu des poupées russes, toutes les organisations internationales déjà citées – a pris position contre l'OTAN, contre les « actions militaires en Corée et en Malaisie », « contre l'agression américaine au Vietnam », contre les troupes israéliennes en « territoires arabes envahis », contre l'armée portugaise, etc. Le Conseil mondial de la Paix, lui – mais pourquoi donc ne pas utiliser la terminologie soviétique et ne pas parler de « *Soviet* mondial de la paix ? » –, « dirige et coordonne l'activité des partisans de la paix de différents pays, les mobilise *(sic)* pour la lutte contre le danger d'une guerre mondiale, contre les agressions impérialistes, pour le désarmement général, soutient la lutte des peuples pour l'indépendance nationale ». Enfin, les « conférences de défense de la paix ont uni les hommes de bonne volonté – tiens, tiens ! – menant une lutte contre la guerre, contre l'emploi de moyens barbares de destruction massive des gens – l'arme atomique, bactériologique et chimique (...). En juillet 1967 à Stockholm se déroula la Conférence mondiale sur le Vietnam à laquelle participèrent 22 organisations internationales, 60 organisations nationales. La conférence condamna fermement l'agression américaine contre le peuple du Vietnam et créa un comité permanent de coordination des actions soutenant la lutte juste du peuple vietnamien ».

Quelle était donc l'une des « formes et méthodes de la diplomatie soviétique » ? Ah oui : « utilisation des organisations internationales ». Il est difficile d'être plus clair : ONU et Mouvement de la Paix, même, combat ! Non, vaillants TFP, vous n'êtes pas laissés à la glorieuse solitude du coureur de fond !

C'est à ce point que les bons esprits protestent. Voyons, disent-ils à tous ceux, et notamment aux spécialistes du contre-espionnage qui dressent la liste des « organisations de front » et en dénoncent la nocivité ** – le général Gehlen, dans ses Mémoires [7], en a recensé onze, comptabilisant

* La question reste d'actualité : « Du 31 mai au 2 juin 1975 se déroula la session du Présidium du Conseil mondial de la Paix qui formula un appel pour unir les forces pour une nouvelle offensive mondiale contre la course aux armements et un désarmement total et général. »

** En 1949, le gouvernement français, sur le conseil avisé de la DST, refusa l'entrée sur son territoire de nombre de participants du Congrès mondial du « Mouvement des défenseurs de la paix ».

454 millions de membres; rassurez-vous, ce sont souvent les mêmes qui tournent comme les chevaux sur la scène du Châtelet; plus modestement, je ne me suis référé qu'à la Grande Encyclopédie –, vous n'allez quand même pas prétendre que les « Soviétiques » sont derrière toute la vague du pacifisme qui déferle en Europe, en Angleterre, aux Pays-Bas, en Allemagne fédérale! Vous n'allez pas affirmer que c'est le secrétariat du Comité central de Moscou, que c'est le KGB qui a organisé toutes les manifestations en Amérique contre la guerre du Vietnam! Je ne prétends moi rien de tel, bien que certains hommes et certaines organisations en apparence irréprochables, bien que certains liens entre certains hommes et certaines organisations avec les TFP, le KGB, les « organisations de masse démocratiques », bien que certains financements, certaines coïncidences de dates, certaines concordances de thèmes soient bien troublants, mais ce que je constate me paraît autrement inquiétant : la force de pénétration du Message dans les esprits d'Occident – et je ne parle même pas des esprits du tiers monde – est tellement puissante qu'elle dépasse de loin les possibilités – et les espoirs les plus fous – de services et organes spécialisés les plus puissants et les plus efficaces.

Si le terrain n'était pas aussi favorable, préparé de longue date par notre tolérance à l'égard des fantasmes de la nouvelle religion, les « agents d'influence » de l'*agentoura,* les « hommes de confiance » des Partis locaux, les compagnons de route et les « idiots utiles » des organisations de masse n'auraient jamais été aussi nombreux, les spécialistes de « l'organisation de l'opinion publique » du Département international du KPSS et les « travailleurs du front de politique extérieure » n'auraient jamais été aussi efficaces et autant écoutés, et nous ne nous serions pas précipités de nous-mêmes – la « paix » au Vietnam, les manifestations anti-nucléaires en Europe – plus loin encore que ne le pouvaient espérer les Grands Prêtres.

Si la nouvelle religion parvient si facilement à « utiliser » nos illusions, si les ciboires qu'elles brandit renvoient de si éclatants reflets, c'est que déjà la perversion est en nous : n'ayant plus une confiance suffisante en l'Occident pour définir ce qui est juste, n'ayant plus la volonté suffisante pour faire que ce qui est juste soit fort, nous désirons la paix pour la paix, sans nous rendre compte que certaines paix ne sont que des antichambres de la guerre. Nous voulons la sécurité pour la sécurité, sans voir que, face à certains hommes et à certains systèmes, certaines sécurités ne sont que des pièges. Nous pratiquons la négociation pour la négociation – Salt! Helsinki *! – en oubliant que la négociation n'est pas une fin en soi – déjà, avant 1940, la Grande-Bretagne et la France avaient ainsi « géré » le nazisme, sans rechercher aucune forme d'action adaptée à la menace, négociant pour négocier, accumulant des armes pour accumuler des armes, se renseignant par leurs services spéciaux pour se renseigner. Nous

* La conférence d'Helsinki occupe 197 lignes dans l'Encyclopédie. « L'idée de la convocation de la conférence appartient à l'URSS et aux autres pays socialistes (...). Elle constitue un succès important de tous ses participants. » Seuls des incroyants et des hérétiques peuvent prétendre que la Papauté n'applique pas ces déclarations : « Le XXVe Congrès du KPSS a défini la position de l'Union soviétique sur ce problème : “ Mener activement la ligne *(sic)* de pleine mise en œuvre de l'Acte final de la conférence européenne. ” »

appelons de nos vœux la solidarité et la coopération en les considérant comme des valeurs éthiques, sans vouloir nous donner la peine de déterminer si notre pulsion de paix et de sécurité, notre désir de négocier, notre attachement aux « relations internationales » harmonieuses et fructueuses servent ou non les objectifs de paix, de sécurité, d'amitié qui sont, effectivement et légitimement, les nôtres.

Dangereuses illusions car, comme toujours en nouvelle religion, un fossé sépare la proclamation théorique de la foi des réalités pratiques relatives à sa propagation effective.

XVIII

DU TRAVESTISME DE LA NOUVELLE DIPLOMATIE

De la nouvelle vision du monde

Vue de l'Olympe théologique des Grands Prêtres, la division de la « société internationale » en États-nations – « super-structures » bizarres, vermoulues et éphémères qui ne peuvent qu'être balayées par la grande vague socialiste – poursuivant chacun ce qu'ils ressentent être leur intérêt dans ce que Raymond Aron appelle le « jeu inter-étatique [8] », interaction d'égoïsmes plus ou moins éclairés, plus ou moins respectueux des intérêts d'autrui, regroupés par la force des choses, par les spécificités géographiques, politiques, culturelles, économiques, dans des « systèmes » – Occident super-industrialisé – ou « sous-systèmes » – Proche-Orient ou Asie du Sud-Est – ne présente pas un intérêt particulier ou, du moins, ne constitue pas le système de référence essentiel. Pour les nouveaux papes, qui ne se sentent en rien prisonniers des intérêts d'un État-nation quelconque et qui ne se veulent responsables qu'à l'égard de la propagation de la nouvelle foi sur terre, qu'à l'égard du « peuple du Dogme » dont ils ont la charge – peuple unique, même s'il est regroupé dans divers pays ou diverses nations –, le monde ne peut se diviser que selon des clivages entièrement différents, entièrement originaux.

Le « Royaume des Croyants » englobe les terres – fussent-elles russes ou non, fussent-elles proches ou lointaines – où, grâce à la déesse rouge de la « Révolution socialiste », grâce à la réussite de la pratique de la parti-étatisation – par la violence absolue sur fond de vide, de force et de loi en Russie, par la force absolue en Europe de l'Est, par la captation au profit de la force et de la foi de sentiments de rejet des populations lors de guerres de résistance nationale, par la suggestion aux pays marqués par le vide et la force et éventuellement par une néo-foi – le Dogme s'est réalisé et la nouvelle Église s'est implantée.

La foi proclame que ce saint royaume ne peut que s'étendre et recouvrir inexorablement la planète tout entière. La pratique théologique organise et consolide cette extension par l'instauration, à l'intérieur de chaque pays, de l'ordre politique du Parti-État, de la nouvelle organisation économique de la propriété par l'État de tous les biens, du nouveau contrat social et, pour couronner ce bel édifice, par le respect, par chaque nouvelle « République démocratique populaire » ainsi créée, de la foi jurée dans la vassalité à l'égard de la Papauté de Moscou. Les seuls problèmes de fond dans ce « paradis des croyants » ne sont posés à l'intérieur que par le maintien de la foi, par sa défense contre les hérétiques – Prague – ou les apostats – Budapest –, que par les « terres du schisme » qui remettent en cause sans renier la nouvelle religion, la théologie scolastique, infléchissent la théologie pratique, récusent la vassalité moscovite et qu'il s'agit de ramener dans le giron de l'Église et, à l'extérieur, que par l'extension de la foi au reste du globe.

Face à ce royaume radieux – le *Système mondial du socialisme*, 432 lignes, ordonné autour de la « patrie du socialisme » – se dressent, hostiles et effrayantes, les « terres des infidèles » – « infidèle », dit le dictionnaire français, décidément jamais en retard d'une religion, « qui ne professe pas la religion considérée comme vraie (...) *Nations, peuples infidèles* – Subst. (...) *Croisade contre les infidèles* ». Le peuple du Dogme y est actif, méritant, désireux de parvenir à la lumière, mais il s'y heurte aux pires persécutions, aux pires oppressions qui, seules, l'empêchent d'imposer sa volonté et d'accomplir son destin. Et les infidèles font tout pour s'attaquer non seulement, à l'intérieur de leurs terres, au peuple du Dogme mais aussi, à l'extérieur, au royaume des croyants – à la « patrie du socialisme » et à la « communauté socialiste » – et à tous ceux – « les forces révolutionnaires progressistes » – qui manifestent le désir de rejoindre leurs nobles rangs. Et si la foi tonne que les terres des infidèles doivent se rétrécir comme une peau de chagrin pour aboutir à leur totale disparition, le devoir des Grands Prêtres consiste à se défendre contre les incessantes attaques des infidèles et, en les affaiblissant, en les mettant hors jeu de l'Histoire en marche, de contribuer à leur totale et inéluctable évanouissement.

Entre ces deux empires s'étend, dense, mystérieux et infini, le marais des païens – « Païen, *dixit Robert* : qui n'a pas de religion. » Marais prometteur car, jadis, les infidèles l'ont conquis, l'ont exploité sans vergogne, y ont suscité de profonds sentiments de rejet populaire. Marais fertile en potentialités car c'est là que se forment des États, riches encore sinon de ressources mais de toutes les illusions de la jeunesse, car c'est là que se concentrent des « masses » pauvres, aliénées, exploitées, dépourvues de connaissance objective et qui peuvent donc se laisser emporter par les violences et les passions que le peuple du Dogme sait si bien exploiter. La voie est toute tracée : c'est sur cette terre de mission que les Grands Prêtres doivent – souvenez-vous de Blücher et de Borodine en Chine, comptez le nombre de « diplomates » soviétiques dans les représentations les moins importantes et les plus pittoresques du tiers monde – déployer tout leur apostolat et proposer aux peuples abrutis par le retard historique, aux chefs d'État dévorés par l'ambition, la botte – miraculeuse pour la Papauté, monstrueuse pour nous – de la parti-étatisation.

Si les Grands Prêtres ne peuvent donc que constater qu'il existe des États-Unis, une France et une Allemagne, une Syrie ou une Égypte, ils n'apprécient pas, pour autant, ces entités en soi ou par rapport aux intérêts d'une Russie – qui, elle, à leurs yeux, n'existe plus – mais uniquement en fonction du rôle que ces différentes cases peuvent jouer sur le grand échiquier de la « lutte des classes » internationale.

Et comment, nous, fiers de ce que nous sommes, viscéralement attachés aux collectivités nationales auxquelles nous appartenons, pouvons-nous espérer comprendre quoi que ce soit à une diplomatie découlant d'une vision du monde qui nie notre réalité même?

D'autant plus...

Du travestisme imposé par le recours obligé à d'anciennes pratiques

Le monde est mal fait.

Aux tout débuts de l'existence tumultueuse et combien édifiante de la Papauté, ces croyants authentiques et exacerbés qu'étaient Lénine et Trotski ont eu la grande naïveté de croire – plus intense est la croyance, plus obscurcissantes sont les lisières – que, la foi se propageant sur le monde comme un incendie de forêt, ils n'auraient pas plus affaire, à l'extérieur de la Russie, aux structures immorales et condamnées de l'État-nation qu'ils n'en avaient besoin à l'intérieur du pays.

« Il ne nous faut pas de ministère des Affaires étrangères, avait dit Trotski. Je prendrai la parole et les peuples m'écouteront. » Et le premier décret des nouveaux papes, pris le 26 octobre 1917, fut le « Décret sur la paix » – déjà! – proposant aux « peuples et gouvernements » un cessez-le-feu de trois mois et « l'ouverture immédiate de négociations pour la conclusion d'une paix générale sur les bases d'un refus des annexions et réparations » – initiative extérieure devant entraîner visiblement, aux yeux de ses auteurs, la réalisation intérieure par les peuples enthousiastes de la « révolution socialiste ». La guerre étant ainsi arrêtée, d'autres initiatives tout aussi généreuses, tout aussi spectaculaires, tout aussi étrangères aux obscures machinations de classes des Chancelleries, entraîneraient l'humanité, dans l'expansion naturelle du royaume des croyants, dans le rétrécissement inéluctable des terres des infidèles – la « révolution permanente » –, dans la conversion des païens, sur les chemins de l'avenir radieux.

Hélas! Si les faits apparaissent si « têtus », c'est que les rêves sont chose bien fragile et la solide pérennité des États-nations – solidité que les Grands Prêtres percutèrent d'ailleurs moins durement que le refus par le peuple russe de leur nouvel et artificiel consensus, que l'effondrement ou la non-apparition des « révolutions socialistes », que la paralysie de l'activité économique – obligea bien vite la Papauté à reprendre sur la scène internationale des relations d'État à État en se traînant tristement au Canossa de Brest-Litovsk – « après le refus des propositions soviétiques de paix (...), constate, lugubre, la Grande Encyclopédie, le gouvernement fut contraint d'ouvrir des négociations de paix avec l'Allemagne » –, en pratiquant désespérément la politique « de la main tendue » de Lénine aux pays « capitalistes », en recherchant frénétiquement des alliances contre la monstrueuse Allemagne nazie, avant de mendier – au prix de la guerre en Europe et avec la prime du dépeçage de la Pologne – la non-agression auprès du diable lui-même, en attendant que l'Occident vienne, bon prince, lui ouvrir toutes grandes, après la victoire de 1945, les portes des pâturages autrement fertiles de Yalta, de San Francisco, de Genève, d'Helsinki, de la « détente », sans oublier, bien entendu, la gigantesque mystification de la « maîtrise des armements ».

Mais si, par une nouvelle ironie de l'Histoire, la Papauté moscovite, tout en amplifiant un État qui, d'après le Dogme, aurait dû disparaître, a créé en son sein l'appareil de rapports avec les autres nations – dont les connaissances et les contacts sont encore démultipliés par ces organes amplificateurs que sont, en nouvelle civilisation, les services secrets – le plus volumineux, le plus tentaculaire de l'histoire de l'humanité; mais si, en se faisant reconnaître comme membre à part entière du club de ces États-nations qui auraient dû, toujours selon le Dogme, se dissoudre non sans avoir auparavant essayé de lui porter les coups les plus mortels, le Saint-Siège marxiste-léniniste y manifeste l'activité la plus fébrile, détenant haut la main le record des propositions, des notes, des démarches, des conférences, des traités et des accords; mais si la « diplomatie soviétique » vole de succès en succès – de Brest-Litovsk à Salt, quel chemin! – toutes ces évidences que nous voyons se concrétiser tous les jours sous nos yeux ébahis ne devraient pas voiler une réalité autrement cruciale : ce « jeu interétatique » auquel la Papauté participe avec autant de persévérance, ces « relations internationales » sur lesquelles elle pèse aujourd'hui d'un tel poids, elle ne peut en rien les pratiquer de la même façon que nous.

Ce qui est fascinant dans le « jeu interétatique », dans ces rapports entre États-nations dans lesquels nous baignons, ce n'est pas seulement l'interaction entre la nation – et les pulsions qu'elle ressent, les intérêts qu'elle exprime – et l'État – dont la caste politique et administrative qui le dirige a tout intérêt, pour augmenter et perpétuer les avantages psychologiques et matériels que lui procure le pouvoir, de déterminer, défendre, guider au mieux, dans un domaine éminemment mystérieux et générateur de chimères, ce qu'elle croit être les intérêts et désirs de la nation – les pulsions de la nation poussant les hommes politiques et les diplomates, les hommes politiques et les diplomates collant à (ou façonnant) ce qu'ils pensent être les intérêts de la nation.

Ce qui est fascinant, ce n'est pas seulement la façon dont certains États réussissent à coller aux aspirations de leurs peuples – Grande-Bretagne de Pitt, Allemagne de Bismarck, Russie d'Alexandre Ier –, alors que d'autres, probablement privés d'un consensus intérieur, en sont totalement coupés – Napoléon III, Nicolas II – ou la manière dont certains hommes, refusant la facilité, parviennent à déceler, derrière la façade de sentiments apparents, les pulsions bien plus profondes – de Gaulle, Churchill – qu'ils s'emploient à façonner pour le bien – ou le mal : Napoléon, Hitler – de tous.

Ce qui est fascinant, ce n'est pas seulement l'évolution historique de la « diplomatie » – mot né, lui aussi, pendant la Révolution française en 1791 et venant bizarrement, d'après le dictionnaire *Robert*, d'aristocratie –, qui n'apparaît véritablement que lorsque surgissent les États, mais ne prend sa forme moderne qu'avec l'épanouissement du sentiment national ou la manière dont les conditions géographiques et économiques, politiques et culturelles, ont donné à divers peuples successifs – Angleterre maritime, France continentale, Allemagne et, pourrait-on dire aujourd'hui, les États-Unis, si l'on soulignait suffisamment la différence provenant de l'absence chez cette nation de tout attrait pour l'expansion armée – des aspirations impériales, comme si la volonté de posséder et de posséder toujours plus était la caractéristique de l'homme et de ses grands groupes sociaux.

Ce qui est fascinant, ce n'est pas seulement l'alternance, dans ce « jeu interétatique », de la « politique » et de la guerre, tant que la raison – peut-être aidée par ce révélateur de la prudence et de la sagesse que sont les armes nucléaires – n'est pas devenue un contre-pouvoir dans un domaine où seule la force des armes pouvait, jadis, s'opposer à la force de l'expansion.

Ce qui est fascinant, ce n'est pas seulement la mutation actuelle de l'Occident – alors que certains États plus balbutiants du tiers monde, notamment au Proche-Orient, restent prisonniers de mécanismes que nous n'avons que trop connus et qui semblent être la constante de l'histoire des États-nations –, de cet Occident moderne qui se crée sous nos yeux et qui, grâce au développement proprement faramineux des connaissances, à la démultiplication par le progrès technologique des possibilités d'action sur la nature et sur les choses, à l'explosion du commerce, ne recherche plus qu'un accroissement du « toujours plus » des citoyens par les voies pacifiques et raisonnables de l'interdépendance économique et éprouve les plus grandes difficultés, même quand sa sécurité est directement menacée, à raisonner différemment.

Ce qui est fascinant, ce n'est pas seulement la survivance de modes de pensée anciens, sur le rôle des États – si l'intervention étatique fut nécessaire dans la Vieille Europe pour amorcer la mutation technologique avec le plan Marshall ou pour briser les carcans nationaux et instaurer la Communauté économique européenne, il n'en va plus de même pour le prodigieux bouleversement de l'Asie du Pacifique –, la survivance de modes de pensée dépassés sur la vocation des nations – la France, parallèlement à sa participation à la rationalité occidentale, à une politique d'intérêts tout à fait classique en Afrique, déploie ainsi des bribes d'une présence « impériale » tout à fait risible et déplacée.

Ce qui est fascinant, ce n'est pas seulement l'adoration un peu bébête que nous portons à la « diplomatie » – probablement parce qu'elle alternait avec le mal de la guerre –, en nous refusant de nous rendre compte qu'elle n'a pas de valeur en soi, mais uniquement selon les objectifs qu'elle poursuit, que ce moyen a été – au fil des siècles et avant de parvenir à la rationalité qui est aujourd'hui la sienne en Occident – mis au service des fins les plus discutables – la diplomatie de Bismarck, la diplomatie de la Grande-Bretagne ne pouvant se définir que par rapport à l'expansionnisme armé, continental pour la Prusse, maritime pour l'Angleterre, de ces peuples – et qu'elle a été, telle sa sœur la guerre, tissée de mensonges, de ruses, de tromperies, d'autant plus nuisibles qu'ils n'arrivaient même pas au niveau de la conscience des groupes qui les pratiquaient.

Non. Ce qui est véritablement fascinant dans le « jeu interétatique * », dans les « relations » entre nations, c'est la manière parfaitement naturelle,

* Comme toute la pensée de Raymond Aron, la formule « jeu interétatique » constitue un immense progrès par rapport, notamment, aux « relations internationales » trop viciées d'éthique – comme si le peuple, en exerçant un droit de regard sur des activités dont il a été si longtemps exclu, voulait leur donner un contenu moral.

En revanche – et l'intelligence de l'homme ne pouvant, semble-t-il, progresser que par bonds – la formule, et Raymond Aron s'en explique dans la dernière préface qu'il a rédigée [9], n'intègre ni les facteurs économiques ni les facteurs dits le plus souvent « idéologiques » et que je qualifie, moi, de « néo-religieux ».

c'est la manière parfaitement spontanée – dans un refoulement quasi total de pulsions inconscientes gardant pourtant toute leur secrète puissance sous les couches bariolées de valeurs sur-conscientes telles que le patriotisme, la défense de certains « idéaux », dans le refus de connaître les vrais phénomènes qui sous-tendent la « diplomatie », chaque pays semblant admettre et postuler que la sienne est la meilleure – dont les États-nations se livrent au « jeu » – les États le menant, les nations l'acceptant –, établissent les « relations » pacifiques ou belliqueuses qui les unissent.

Et c'est ce caractère naturel, spontané et, quelque part, quasi organique, qui entraîne des conséquences littéralement cruciales mais que l'humanité appréhende d'autant plus difficilement en raison de la normalité même du phénomène. L'Occident ne peut comprendre que la Papauté, même si elle participe au « jeu » et aux « relations », ne peut le faire en mettant en œuvre les mécanismes qui lui sont, à lui l'Occident, profondément naturels. Or la Papauté, de son côté, prisonnière d'autres mécanismes tout à fait différents mais tout aussi naturels, ne peut ni pratiquer le type de « jeu » auquel se livrent les États-nations ni en saisir d'instinct les règles profondément instinctives *.

Or tout aussi naturels que les rapports entre États – ou entre Églises – tout aussi spontanés et instinctifs – et tout aussi mystérieux – sont les rapports qui s'établissent au niveau des individus, entre un homme et une femme au sein de cette autre mystérieuse et naturelle entité que forme un couple. Dans les « relations amoureuses » – que le dictionnaire rapproche des « relations internationales » –, les couples se forment – pendant longtemps, dans les époques primitives, l'homme, par le jeu de mécanismes eux aussi profondément naturels, a exploité et « aliéné » la femme –, mûrissent, se déchirent, s'équilibrent, se stabilisent, se défont au profit d'autres couples. Mais imaginons, dans le cadre de ces réalités que nos écrivains n'ont pas fini de décrire, nos psychiatres d'analyser, un couple où, face à un homme ou à une femme, mus par des pulsions tout à fait naturelles et spontanées, apparaîtrait une femme ou un homme qui

* Ce qui m'a probablement le plus étonné lorsque j'ai eu à exercer le pouvoir, c'est la manière naturelle, rapide, sûre d'elle-même – et quelquefois juste – dont les hommes d'État jugent à l'emporte-pièce les autres États-nations – dans des formules du style « l'Angleterre est une île et elle sera toujours attirée par le grand large » de De Gaulle; « l'Italie n'est pas un État »; « l'Allemagne fédérale ne peut, après 1945, avoir de politique extérieure mondiale », sans parler des innombrables – et aberrantes – approximations de Richard Nixon sur la « Russie » : « La Russie a *toujours* été une puissance expansionniste [10] » – comme s'il s'agissait de définir la psychologie propre à un membre de la famille.

A cette « macro-diplomatie » s'ajoute la « micro-diplomatie » des « diplomates » qui tirent une partie de leur prestige de la manière dont ils approfondissent à l'infini mais avec tout autant de naturel – comme s'il s'agissait, cette fois, de décortiquer le jeu d'un joueur de tennis concurrent – la façon dont chaque État-nation défend ses intérêts et positions sur la scène internationale ou derrière les tables de négociations.

De toute façon, la macro et micro-diplomatie ne me paraissent qu'un élément d'un phénomène autrement plus important : l'action extérieure des grands regroupements humains. Ce livre étant exclusivement consacré à l'action extérieure de la Papauté, c'est dans les notes théoriques placées en fin d'ouvrage que l'on trouvera les quelques réflexions – pourtant importantes à mes yeux – que m'inspire l'action extérieure des États-nations d'Occident. Voir p. 464 : *De l'action extérieure des États-nations d'Occident.*

seraient, eux, habités par des pulsions tout à fait différentes et même inverses : un travesti qui nourrirait, de surcroît, la profonde et viscérale conviction que l'hétérosexualité est de toute façon condamnée à une irrémédiable disparition. Piquant mais hallucinant spectacle! Encore, s'indigneront les puristes, une provocation de mauvais goût de l'auteur! A quoi je rétorquerai que ce n'est pas la formulation – même si elle est imparfaite – qui est provocante mais la réalité dont elle essaie – même imparfaitement – de rendre compte.

Car telle est bien la situation. Pour la Papauté, l'Occident est bien, lorsque sa diplomatie parle d'amitié, d'entente, de coopération, un travesti – à vrai dire un travelo de la pire espèce –, puisque les Grands Prêtres – qui se sentent, bien entendu, parfaitement normaux – savent, par leur foi, que la seule volonté de ce monstre « impérialiste » est de détruire le « socialisme », de briser la « révolution » et d'asservir le « prolétariat » qui, en nouvelle civilisation, est censé diriger l'État et sauver l'humanité. « La diplomatie, précise l'article encyclopédique *Diplomatie*, sert les intérêts des classes dirigeantes » et le Dogme ne serait pas le Dogme si les Grands Prêtres n'étaient pas persuadés que la « lutte des classes » est bien le seul moteur de la vie internationale. Et si, habiles tacticiens, hypocrites comme seulement peuvent l'être les serviteurs zélés d'une Église, les nouveaux papes et leurs TFP ont appris à tirer le meilleur profit de nos débordements d'amitié, ils savent bien nous faire sentir leur aversion dès que nos douteuses effusions risquent de porter atteinte – Staline face au plan Marshall; Brejnev, Andropov, Gorbatchev et consorts devant la libre circulation des hommes, des idées, sans même parler des capitaux – à leur être le plus profond.

Mais l'inverse est loin d'être vrai.

Car l'Occident, habité par la volonté de construire avec « l'Est » un couple durable, solide et harmonieux, ne se rend même pas compte, pauvre naïf imbu d'une normalité qu'il croit universelle, qu'avec l'apparition d'une nouvelle vision religieuse du monde, qu'avec la nécessité imposée aux Grands Prêtres de continuer néanmoins à entretenir des rapports auxquels ils auraient voulu renoncer avec des États-nations qu'ils estiment aussi temporaires que nocifs car l'expression de l'intérêt de « classes » ennemies de ce « prolétariat » au nom duquel agit la Papauté, il a affaire à une nouvelle diplomatie, à une diplomatie qui présente, certes, les mêmes apparences extérieures que notre diplomatie d'Occident, qui a recours, certes et toujours en apparence, aux mêmes méthodes et pratiques, mais dont la vision du monde, mais dont les objectifs réels, mais dont les méthodes profondes, bref dont la normalité sont, par nature, différentes des nôtres.

Et plutôt donc que de rêver d'un couple harmonieux, plutôt donc que de s'efforcer, dans un effort touchant mais parfaitement vain, de célébrer des noces qui ne peuvent, toujours par nature, qu'être blanches si elles ne sont pas mortelles, plutôt donc que de contempler avec émotion dans le miroir de nos illusions, l'image normale en apparence que nous y formons avec notre bizarre partenaire, nous ferions mieux – sans aucune illusion mais sans, non plus, aucune passion déçue – de nous efforcer de mettre à nu les normalités de cette nouvelle diplomatie avec laquelle nous sommes forcés de vivre et de cohabiter.

Pour ma part, j'en ai identifié sept que je vais – longuement et je m'en excuse – devoir passer en revue. Si nous parvenons à les intégrer dans notre façon de penser la « politique internationale » : les sept piliers d'une sagesse qu'il ne serait que temps d'acquérir.

De la normalité de la création de « conditions favorables » à la propagation de la vraie foi.

La tendance naturelle, spontanée, de la Papauté n'est pas de pratiquer des rapports avec des États – contingence qui lui a été imposée par les dures lois de faits têtus –, mais de veiller conformément à sa foi – « A minuit viendra l'Époux et bénie sera la servante qu'il trouvera éveillée... Veille, ô mon âme, afin que la porte du salut ne te soit point fermée » chante un extraordinaire verset orthodoxe du Jeudi Saint – à ce que se réalise le « triomphe du socialisme » et « la disparition du capitalisme » – « comme se dissipe la fumée, il se dissipera, comme fond la cire, il fondra », chante-t-on à propos de Satan le dimanche de la Résurrection – ou, puisque nous sommes dans le domaine de l'équilibre entre peuples et nations qui a toujours une traduction géographique, à ce que s'élargisse le « royaume des croyants », à ce que se rétrécissent les « terres des infidèles ».

Or ces deux objectifs miraculeux, porteurs du salut de l'humanité, garants de la justesse du Dogme, ne sauraient être atteints par les seules relations d'État à État – ce qui explique pourquoi il n'y a aucune, ce qui est rare, citation de Marx et de Lénine dans l'article encyclopédique *Diplomatie* –, ne peuvent, d'après les canons de la théologie, être atteints que par « l'élan révolutionnaire » des « masses » – la nouvelle religion a ainsi une vision horizontale du monde qui n'a rien à voir avec notre découpage vertical entre États-nations –, déclenchant les processus harmonieux des manifestations de rue, des grèves et autres joyeusetés de soulèvements armés.

Or l'expérience ayant démontré que ces saines activités ne sont jamais couronnées de succès, la pratique a dicté à la Papauté le recours à la force absolue, à des guerres captant les sentiments de rejet des populations ou, tout récemment, à la puissance de séduction déployée vers des Castro et autres Mengistu.

Or ce n'est que par rapport à ces objectifs et méthodes – naturels, spontanés, quasi organiques – que peut se définir le comportement – purement artificiel, lui, purement surajouté, purement imposé par la pérennité des États-nations – de la Papauté dans les rapports entre États.

Nécessaire car découlant de la « société internationale » telle qu'elle est, bénéfique car ni les États-nations fortement enracinés ni les États nouvellement constitués – dont les Grands Prêtres peuvent espérer qu'ils ne parviendront jamais à la forme achevée de l'État-nation – ne se rendent compte du but et du sens réels de la participation de la Papauté au « jeu inter-étatique » et aux « relations internationales », la nouvelle diplomatie se doit, tout en participant bien entendu à la défense de la « patrie du socialisme », de servir l' « élan révolutionnaire » des masses et leur volonté de réaliser le Dogme.

La « diplomatie » ne se justifie donc que si elle apporte son soutien, par les moyens d'action que lui procure sa participation au « jeu inter-étatique », par ses exhibitions sur le grand théâtre des « organisations internationales », tant aux nouveaux croyants empêtrés dans des guerres civiles ou des guerres de résistance nationale qu'à tous ceux dont les soulèvements et les guerres s'inscrivent dans la définition donnée par la Papauté du sens de l'Histoire dont elle est la fidèle servante.

La « diplomatie » ne se justifie que si elle sert – et nous y reviendrons, bien entendu – le recours viscéral, nécessaire pour réconcilier les affirmations théologiques et la résistance féroce des réalités, à la force absolue.

La « diplomatie » ne se justifie que si elle s'insère dans l'effort de séduction exercé par la Papauté tout entière auprès de catéchumènes prometteurs.

Article 28 – je le cite pour la troisième fois mais on ne se lasse jamais des grands classiques – de la Constitution soviétique : « La politique extérieure de l'URSS vise à assurer les conditions internationales favorables à l'édification du communisme en URSS (...), à renforcer les positions du socialisme mondial, à soutenir la lutte des peuples pour leur libération nationale et leur progrès social (...). »

Si, jamais et nulle part, une parti-étatisation n'a pu être réalisée par le seul effort des « travailleurs du front de politique extérieure * » – que nous n'avons guère rencontré au fil de ces pages où nous avons surtout vu s'agiter les nouveaux croyants armés du « Manifeste » et du fusil-mitrailleur ou du char d'assaut –, il n'est pas un combat pour la propagation de la foi dont ils aient été absents et pour lesquels ils n'aient pas – par leur participation au « jeu inter-étatique », par la proclamation du divin message – contribué à créer des « conditions internationales favorables ».

Du « jeu inter-Églises »

D'ailleurs dès que la nouvelle religion s'empare d'un pays ou d'un groupe de pays – par les moyens d'action que nous avons analysés au fil de ces pages et dont le moins qu'on puisse en dire est qu'ils ne relèvent guère de ces rapports entre États et nations que l'Occident appelle « diplomatie », elle s'attache à faire disparaître toute trace d'une nation dont les intérêts et les pulsions pourraient servir de support au « jeu inter-étatique », toute trace d'État qui, pour faire perdurer la caste qui le dirige, servirait ces intérêts et ces pulsions ou se servirait d'elles. Les aspirations des nations ayant été ainsi extirpées, les États ayant été ainsi bouleversés de fond en comble, le « jeu inter-étatique » au sein du Saint Empire marxiste-léniniste s'efface au profit d'un « jeu inter-Églises ». Tous les problèmes de fond sont

* La seule exception – qui confirme d'ailleurs la règle par son a-normalité – est constituée par le pacte germano-soviétique de 1939, qui permit la parti-étatisation des États baltes et une ébauche du processus dans des fractions de la Pologne et de la Bessarabie. Mais l'on ne trouve pas un complice aussi complaisant que Hitler à tous les coins de rue et l'essence même du pacte était d'être temporaire.

Et si la « diplomatie soviétique » participe plus activement et d'une manière plus efficace à la « parti-étatisation suggérée », elle n'en est pas – et de loin – le seul maître-d'œuvre et encore moins la créatrice des conditions favorables du vide, de la force, de la foi – assez rares au demeurant –, exploitées par tout un orchestre où elle ne joue, fort bien d'ailleurs, que la partition ingrate d'un second violon.

alors directement traités moins par le Ministère des Affaires relatives aux autres pays, mais directement par le Politburo et par le Département du Comité central chargé des rapports avec la « communauté socialiste », les « ambassadeurs » étant plutôt recrutés au sein de ce dernier. Et ce jeu inter-Églises d'une extrême subtilité, tout empreint de « diplomatie », dans le sens restreint et figuratif d'« habileté et tact dans la conduite d'une affaire », fondé sur le respect de la foi jurée et la reconnaissance de la prééminence de la Papauté de Moscou, relève alors quasiment de la politique intérieure du Saint Empire.

Et si dans les circonstances transitoires de l'instauration du Parti-État, dans les circonstances exceptionnelles de sa remise en cause comme à Budapest – toutes situations où les structures d'État et les pulsions des nations existent encore ou resurgissent –, les « diplomates » réapparaissent – tel Vychinski en 1945 à Bucarest, tel « l'ambassadeur » Andropov à Budapest en 1956 – pour négocier avec les représentants de l'État ou de la nation, c'est pour mieux, en alternant menace et séduction, en endormant leur vigilance pendant qu'en coulisse s'amassent les chars, travaillent les « organes », se prépare le nouveau clergé, les pousser – au figuré et au propre – dans la tombe.

Mais dès que l'ordre du Parti-État est établi ou restauré, la nouvelle diplomatie se trouve limitée à la rédaction des actes juridiques rendus nécessaires par une nouvelle vassalité définie, elle, à d'autres et plus spirituels niveaux entre Secrétaires généraux, Comités centraux et Partis *. Quoi de plus normal, d'ailleurs, puisque « la diplomatie sert les intérêts de la classe dirigeante » et que le « prolétariat » étant partout au pouvoir dans la « communauté socialiste », il ne saurait y avoir la moindre divergence entre ses différentes familles, entre, disons, le « prolétariat » soviétique et le « prolétariat » bulgare, cubain ou allemand?

Et la « diplomatie », prise cette fois comme « la branche de la politique chargée des relations entre États » – et qui n'existait d'ailleurs pas au Moyen Age – ne retrouve sa raison d'être que pour assurer la participation des nouveaux Parti-États au « jeu inter-étatique » imposé par la pérennité des États-nations de la « société internationale » et, surtout, pour maintenir, sur la base de la primauté accordée à la Papauté de Moscou, l'unité et la coordination – malgré les inévitables différences dues moins aux hommes, le bouillant Ceaucescu étant quand même une exception, qu'à la différence des problèmes géopolitiques posés à chaque vassal – d'activités destinées à servir les intérêts du Saint Empire marxiste-léniniste dans son ensemble, la réalisation par lui de sa sainte mission de conversion du reste du globe.

* Au sein du royaume des croyants, le rôle de la « diplomatie » soviétique consiste, comme le note l'Encyclopédie, « à renforcer et développer des rapports socialistes entre les peuples, le droit international socialiste régulant les rapports entre pays socialistes. Ce qui s'exprime dans le système des traités bilatéraux entre eux (par exemple les traités d'amitié, de coopération, d'aide mutuelle) et dans la création d'organisations inter-peuples des pays socialistes – avant tout le Soviet d'aide mutuelle économique (1949) – tel est le titre officiel du Comecon – et l'organisation des pays du pacte de Varsovie (1955) ».

Du travail d'enregistrement, d'avocats et de notaires de parties qui sont déjà d'accord entre elles...

De la défense des intérêts géostratégiques de la Papauté

Le membre de phrase que j'ai omis dans le « cahier des charges » constitutionnel imposé à la diplomatie soviétique précise qu'elle doit assurer « la défense des intérêts d'État de l'Union soviétique ». Évident. Aucune puissance temporelle, même emportée par les divagations religieuses les plus délirantes, ne peut jeter aux orties ses intérêts terrestres et la Papauté, toute propagatrice de la foi qu'elle est dans son essence, ne saurait négliger la défense et la sécurité de terres qu'elle croit d'autant plus menacées qu'elles sécrètent une foi que d'autres, d'après elle, veulent extirper.

Le Parti-État de Moscou ne peut donc que tenir compte des avantages stratégiques que lui procure – « en matière de stratégie, la seule donnée qui ne change jamais est la géographie » – un « glacis » en Europe de l'Est ou en Afghanistan, se montrer vigilant sur ses frontières avec la Chine, tout en parsemant le monde de bases militaires susceptibles d'assurer la protection des terres nouvellement converties ou en instance de conversion. Il ne saurait se désintéresser de ses échanges économiques avec le reste du monde – en l'occurrence et dans l'économie primitive et archaïque qui est sécrétée par la nouvelle religion, il lui faut assurer l'importation des céréales que la collectivisation ne peut faire pousser, des biens d'équipement et de la technologie de pointe que la planification bureaucratique ne peut faire produire, voire des matières premières qui lui manquent et qui lui manqueront d'autant plus lorsque les immenses richesses du sol russe auront été épuisées par une exploitation extensive d'une rare sauvagerie.

Mais cette évidence – implacable comme toutes les évidences – ne justifie en rien que nous la bariolions des couleurs les plus extravagantes : l'État-nation russe, tel qu'il émerge de nos souvenirs historiques – à vrai dire confus, imprécis, sans aucune valeur objective car fondés sur une science historique balbutiante en 1917 et viciés par nos illusions du moment –, cet État-nation russe, approximatif sinon franchement grotesque, que nous rêvons en projetant sur lui nos propres pulsions d'États-nations n'existe que dans l'imagination de l'Occident.

La nation russe est morte. L'holocauste des intellectuels, de la paysannerie, de la société civile, l'interdiction de toute liberté d'action des individus et des groupes laissent certes un peuple sympathique qui a, d'ailleurs et malgré toutes les misères, toutes les oppressions, malgré l'alcoolisme et la violence propres à l'*homo sovieticus,* gardé beaucoup de ses qualités de générosité, d'hospitalité, de chaleur humaine [11], mais les aspirations familiales, syndicales, politiques, économiques ont été extirpées et, à supposer même qu'elles aient pu survivre à plus de soixante ans de Goulag et de construction de « l'homme nouveau », personne, au sein de la Papauté, ne se soucierait le moins du monde de leur accorder la moindre importance.

L'État russe, tel qu'il a participé au « jeu inter-étatique » sous les tsars, est mort – et sur ce point précis, les adeptes de la disparition de l'État n'ont pas œuvré pour rien. Prétendre donc que l'expansionnisme de la nouvelle religion, que sa volonté de convertir le reste du monde ne sont que la continuation de l'expansion dans les marches slaves de l'Europe ou dans les immensités des steppes asiatiques – expansion dont les tsars croyaient, en singeant les États-nations d'Europe mais à grand tort comme le prouve 1905 et, dans une certaine mesure 1917, qu'elle correspondait aux aspirations de leur nation – constitue une aussi parfaite stupidité que celle qui consisterait à affirmer que les avions, sous prétexte qu'ils ont des ailes et qu'ils volent, sont des oiseaux : ni le peuple russe ni l'État tsariste n'ont, ou n'avaient, le moindre intérêt pour Cuba, pour l'Amérique centrale ou l'Afrique et, à l'inverse, la solidarité slave, la protection accordée par les tsars aux « frères du Sud » n'auraient jamais laissé la moindre chance à un quelconque zigoto qui, tel Tito, se serait rebellé contre ces discutables traditions.

Et s'il n'existe plus de Russie – en tant qu'État cherchant à exprimer les aspirations d'une nation – il n'existe pas plus de Pologne, de Tchécoslovaquie, de Hongrie, de Roumanie, de Bulgarie, d'Allemagne *, de Vietnam, de Cuba – la nature schismatique de la Chine et de la Yougoslavie est soulignée par la survivance d'une expression d'État, dénoncée comme « nationaliste », comme trahissant « l'internationalisme prolétarien ». Il n'existe que des Églises servant, chacune à sa manière, les intérêts du Saint-Empire marxiste-léniniste et participant à la grande œuvre de propagation de la foi sur la planète.

De l'incompréhension du « jeu interétatique » des États-nations

Mue par des instincts profonds et viscéraux qui lui sont entièrement spécifiques, la Papauté est, de ce fait, totalement incapable d'appréhender d'une manière naturelle et organique les pulsions et aspirations qui, elles, gouvernent les États-nations dans le « jeu inter-étatique ».

Lire l'Encyclopédie soviétique peut être un exercice stimulant pour l'esprit : le foisonnement d'analyses sur l'affrontement des groupes sociaux, la prolifération de détails sur la vie économique ou sur le cheminement des idées fournit – à condition, bien entendu, d'échapper à la systématisation obscurantiste de la « lutte des classes » et de ne pas chercher de clés pour la compréhension de l'histoire contemporaine des pays industrialisés – une approche plus vivifiante que la pittoresque mais intellectuellement courte succession de rois, de guerres, de « révolutions » qui ponctue les livres d'histoire occidentaux. Hélas! le savoir de l'homme n'est pas universel et la fertilité de pâturages effectivement enrichissants pour la connaissance de

* L'Allemagne pose problème. Le sentiment national étant – derrière, je le crois, la volonté d'agir librement sur la nature et les choses : d'où les massacres de la nouvelle religion – le plus puissant sentiment unissant les grands groupes humains, la Papauté a tout naturellement composé avec lui. Bien que ne tenant aucun compte des aspirations de la nation, elle l'a exploité non seulement bien entendu en Russie, au cours de la guerre contre l'Allemagne nazie, mais aussi dans les guerres de résistance et les « mouvements de libération nationale », elle s'en sert en cultivant le « patriotisme soviétique ». Ce qui fait que, du point de vue d'un Grand Prêtre allemand – et Honecker en est un de la plus belle eau –, sa noble mission sera incomplète tant que la totalité de la collectivité formée par son peuple – ce fut le cas pour le Vietnam, c'est encore le cas pour la Corée – n'aura pas été placée sur les chemins lumineux du Dogme.

l'évolution intérieure d'un pays présente une bien sinistre, bien pauvre, bien dénudée face nord : la « politique extérieure ».

Prenons l'exemple de la France, terre des révolutions et des libertés. Passons sur le « régime de la communauté primitive (jusqu'au milieu du Ier siècle de notre ère) », sur la « Gaule romaine – le territoire de la France, composante de l'État romain esclavagiste (du milieu du Ier siècle avant notre ère jusqu'à la fin du Ve siècle de notre ère) ». Passons sur « la genèse du féodalisme – le territoire de la France, composante de l'État franc (de la fin du Ve siècle au IXe siècle) » et sur le « féodalisme avancé (du Xe au XVe siècle) » pour nous arrêter à la « désagrégation des relations féodales et naissance du capitalisme (de la fin du XVe siècle jusqu'à 1789) » – toute l'histoire de tous les pays est ainsi découpée en tranches. Sur 586 lignes où ne manque pas un bouton de guêtre économique et social, 18 seulement – « la diplomatie sert les intérêts des classes dirigeantes » – apprennent que la France « s'efforçait de contrecarrer la prétention des Habsbourg pour une domination paneuropéenne » et que, sous Louis XIV, « la politique extérieure se caractérisait par un activisme exceptionnel ». « La France dans la période de la victoire et du renforcement du capitalisme (1789-1870) »? 797 lignes économiquement et socialement denses et touffues, mais seulement quelques éclairs de « politique extérieure » : « La guerre commencée en avril 1792 avec la coalition des puissances féodalo-absolutistes accéléra le mûrissement de la crise »; « le régime du Directoire se maintenait provisoirement grâce aux victoires des armées républicaines menant » – ô la vilaine bourgeoisie! – « des guerres de conquêtes »; « la politique extérieure de Napoléon Ier exprimait les intérêts de la bourgeoisie française » – c'est un peu court, non?; à la Restauration, « la politique extérieure de la France suivait également un cours réactionnaire »; « le Second Empire menait sans arrêt des guerres de conquêtes ». Et « la France dans l'époque de l'impérialisme (jusqu'à la fin de la première guerre mondiale) » – « en politique extérieure, le gouvernement des radicaux gardait un cours impérialiste » – et même « la France dans la période de la crise générale du capitalisme (depuis 1918) », qui a l'avantage d'introduire deux nouveaux paramètres – ce qui est fait avec l'aide de communistes est bien, ce qui sert au rapprochement avec l'URSS est encore mieux –, n'apporte pas plus d'éclaircissements pour autant : sous Giscard « le changement dans l'équilibre des classes sociales entraîna certains glissements (*sic*) en politique extérieure ». Oui, affirmer que la « politique extérieure » n'est que l'expression des intérêts de la classe dominante consiste, quelle que soit la valeur partielle de l'argument pour certains pays peu développés, à vouloir, en raison de la multiplicité et des variations des facteurs qui expliquent le phénomène, mesurer des ondes hertziennes avec un mètre de bois. Et, déployer sans cesse, face à des courbes aussi mouvantes et complexes, un instrument de mesure, aussi rigide, uniforme au cours des siècles, invariable de pays à pays doit être un exercice à la longue lassant, nettement frustrant et totalement surréaliste dans l'époque contemporaine quand, les classes dominantes n'existant plus dans les sociétés industrielles, on ne mesure, par force, que le vide.

Je ne doute pas qu'une tradition orale doit – héritée du temps des tsars, créée en plus de soixante ans de pratique – exister au « Ministère des Affaires relatives à d'autres pays » et dans ses ambassades – tradition qui permet aux « travailleurs du front de politique extérieure » d'introduire des nuances plus subtiles que celles de leur Encyclopédie entre François Mitterrand et Louis XIV ou Napoléon, entre la France, l'Angleterre ou l'Allemagne, toutes soumises pourtant, d'après le Dogme, au même cycle de création et d'épanouissement du capitalisme, de l'explosion de l'impérialisme, de la déliquescence de la « crise générale du capitalisme ».

Je sais bien que la Papauté a créé – peut-ête en raison de la nécessité d'affiner la rigidité et la simplicité de ses affirmations dogmatiques – l'organisme d'espionnage – plus porté sur la multiplication des « sources humaines » de l'*agentoura* dans la totalité des secteurs politiques, administratifs, militaires, économiques, industriels, technologiques, journalistiques, culturels de la vie d'un pays que sur les renseignements obtenus par des méthodes scientifiques et techniques d'interception électronique, d'observation aérienne ou sur des analyses qui risqueraient de trop contredire le Dogme – l'organisme d'espionnage, donc, le plus puissant et le plus tentaculaire de l'histoire de l'humanité : « Nous n'avons, en raison du nombre de nos agents à l'étranger, avouait modestement un transfuge du KGB, que des problèmes de traduction. »

Mais le problème reste intact : non seulement les Grands Prêtres ne peuvent saisir d'instinct des pulsions et des aspirations qu'ils n'éprouvent pas, mais ils ne disposent pas, quelle que soit la qualité de la tradition orale de leur « diplomatie », quelle que soit la boulimie de leurs services d'espionnage, du système de pensée qui pourrait leur permettre – déjà dans une déperdition inévitable de la connaissance par rapport à l'intuition – de comprendre le « jeu inter-étatique » tel qu'il est pratiqué par les États-nations.

De l'absence de filiation avec l'État-nation russe

Et n'en déplaise à tous les adeptes – « la solution du comportement soviétique se trouve, affirme l'inénarrable Nixon, chez les tsars [12] » – de la thèse de l'Union soviétique continuatrice zélée de la « politique étrangère » de la Russie tsariste, la même ignorance – plus accentuée si possible – se retrouve à l'égard de l'ancien État-nation russe.

787 lignes – six fois moins que pour la « Révolution d'Octobre » – sont consacrées, depuis « la deuxième moitié du XVIIIe siècle (où) se manifestent distinctement en Russie des éléments de développement capitaliste », à « la Russie dans la période de formation et de développement des relations bourgeoises *(sic)* et de l'absolutisme », à la « Russie dans la période du développement capitaliste » et à la « Russie dans la période de l'impérialisme et de la révolution bourgeoise-démocratique ». Or que trouve-t-on dans ce monument, fascinant d'ailleurs par bien des aspects, ne serait-ce que par la reconnaissance, occultée chez bien des nouveaux croyants et hommes de « gauche » occidentaux, qu'à la veille de 1914, « la Russie, en ce qui concerne le niveau des forces de production, se trouvait au même niveau que la France et le Japon, quoique accusant un net retard sur les USA, la Grande-Bretagne et l'Allemagne »? Que « dans le domaine de la politique extérieure, le gouvernement des tsars continuait la lutte pour la sécurité de la frontière méridionale, en tenant compte des aspirations de la

noblesse terrienne pour les terres fertiles du Sud et des marchands pour les voies commerciales profitables à travers la mer Noire (...). A la suite de guerres et d'activités diplomatiques (...), entrèrent dans la composition de l'Empire russe, la Géorgie orientale (...), la Finlande (...), une partie de la Géorgie occidentale et de la Bessarabie. En 1805 et 1806-1807, la Russie participa aux guerres de coalition contre la France napoléonienne qui se terminèrent pour la Russie par la paix de Tilsit 1807 dirigée contre l'Angleterre et plaçant la Russie dans la dépendance de la France *(sic)*. En 1812, les armées napoléoniennes envahirent la Russie». Le raccourci est d'une rare beauté. Que – je continue à citer presque intégralement – «le Congrès de Vienne 1814-1815 donna forme à la création de l'anti-révolutionnaire Sainte Alliance dirigée par la Russie tsariste»; que «les insuccès majeurs du tsarisme dans le domaine de la politique extérieure (étaient) déterminés par la crise des relations de servage»; que «le rôle contre-révolutionnaire de la Russie tsariste se manifestait clairement»; que «l'activisation de la politique extérieure dans les Balkans entraîne un conflit militaire» (la guerre de Crimée); que «la présence de nombreuses survivances du servage limitait les possibilités de marché intérieur (...) et obligeait le capitalisme russe à chercher des marchés sur les lisières de l'Empire russe qui devenaient ses colonies»; que «le mûrissement de la crise révolutionnaire fut accéléré par la guerre russo-japonaise 1904-1905». Enfin que «la Première Guerre mondiale, dans laquelle la bourgeoisie russe en liaison avec la bourgeoisie des autres pays de l'Entente poursuivait ses fins impérialistes – c'est bien jeune! – devint un accélérateur puissant du processus (...) du mûrissement de la Révolution». Enlevez, c'est pesé. A moins d'une génétique ultra-puissante, on ne voit pas comment les «maîtres du Kremlin» pourraient comprendre quoi que ce soit à ce que leurs prédécesseurs pouvaient bien fabriquer dans le «jeu inter-étatique» des États-nations.

Tout autre est l'appréciation de l'action extérieure de la Russie avant la «formation du capitalisme», voire avant le développement du «jeu inter-étatique». Dès qu'on remonte le temps, le trait, flou et approximatif, devient net à souhait, appuyé à vrai dire avec un manque de subtilité qui rappelle l'enseignement – déjà cité – prodigué au temps des tsars.

« En 988-989 fut introduit le christianisme qui contribua au renforcement du pouvoir d'État, des relations féodales et de la position internationale de la Russie de Kiev.» La religion n'est donc pas un mal? «En 1236 commença l'invasion mongolo-tatare en Europe occidentale (...). Presque simultanément, la Russie subit un coup à partir de l'Occident. En 1240, les envahisseurs suédois firent irruption mais furent défaits à la bataille de la Néva 1240 par les détachements russes commandés par Alexandre Nevski, alors que dans la Bataille de Glace 1242 étaient écrasés les chevaliers teutoniques.» «Dans la deuxième moitié du XIVe siècle, la Moscovie dirigea la lutte des terres russes contre le joug mongolo-tatare (...). Dans la bataille historique de Koulikovo 1380, les armées russes unifiées sous le commandement de Dimitri Donskoï causèrent la défaite des mongolo-tatares.» «En 1480 fut renversé le joug mongolo-tatare, mais se posa le problème complexe de la défense contre les agressions des successeurs de la Horde d'Or (...) ainsi que de la Principauté de Lituanie et des ordres de chevalerie allemands dans la Baltique.»

Sous Ivan le Terrible « fut résolu l'un des problèmes les plus importants de la politique extérieure – la liquidation des khanats de Kazan et Arkhangelsk, commença la progression au-delà de l'Oural et dans la Sibérie occidentale. » « La guerre à l'Ouest pour la sortie sur la mer Baltique (...) entraîna une nouvelle exacerbation de la lutte entre l'opposition des princes et des boyards avec le pouvoir gouvernemental (...). La situation intérieure complexe fut utilisée par les féodaux polonais et suédois qui envahirent la Russie en 1604 (...). Seule la levée en masse sous la direction de Minine et Pojarski libéra Moscou en 1612. » « A la fin du XVIIe siècle mûrirent en Russie les prémices des transformations économiques, gouvernementales, culturelles nécessaires pour résoudre les tâches de politique extérieure (...). Ces transformations furent réalisées par le gouvernement (...) de Pierre le Grand. Au cours de la guerre du Nord 1700-1721 furent créées l'armée régulière et la flotte de guerre, obtenues de grandes victoires à Lesna (1708), Poltava (1709) (...), conquise la sortie sur la mer Baltique. »

Est-ce à dire que les Grands Prêtres, par un vertigineux retour en arrière, sont – croient ou prétendent être – les successeurs d'Ivan le Terrible et de Pierre le Grand ? Que le reproche qu'ils font aux derniers tsars est, en fin de compte, d'avoir raté leur expansion pour avoir trop épousé les intérêts capitalistes, pour s'être laissé prendre, en sacrifiant la vocation mystique de la Russie, aux mirages du « jeu inter-étatique » européen ? De toute façon, la formule nixonienne – « l'expansion territoriale est aussi naturelle aux Russes que pour le lion la chasse ou pour l'ours la pêche [13] » – est une aberration. On ne reproche pas à un peuple le comportement qui, il y a des siècles, lui a été imposé par certaines circonstances historiques : les Français sont-ils des envahisseurs au vu de Napoléon, les Américains des assassins au vu du génocide indien ? On n'identifie pas, non plus, un peuple à l'interaction qui s'est produite à un certain moment de son histoire entre ses pulsions et les dirigeants qui les ont exprimées et amplifiées : le peuple allemand n'est pas nazi, le peuple italien n'est pas fasciste, le peuple russe n'est pas – et soixante millions de morts en témoignent – communiste –, même si l'on ne peut nier que la spécificité de sa religiosité, que sa grégarité – toutes deux nées de son retard historique dû à l'invasion mongole – expliquent tant l'apparition en Russie de la nouvelle religion que son acceptation actuelle par la population.

Il n'en reste pas moins que la glorification par les Grands Prêtres et de la défense du sol russe et de la conquête de son « espace vital » est significative : c'est pour donner plus de force à l'expansion de la nouvelle religion, c'est pour la prémunir contre les obstacles qu'elle doit rencontrer d'après le Dogme que la Papauté joue sur ce qu'elle croit être les sentiments profonds du peuple. Mais, en même temps et parce que les Grands Prêtres savent les échecs de l'expansion tsariste, les guerres qu'elle a provoquées, le poids qu'elle a fait peser sur le peuple – « les guerres du gouvernement russe avec la Pologne, la Suède, le khanat de Crimée et la Turquie pesaient, constate ainsi, entre autres, l'Encyclopédie, d'un lourd fardeau sur les masses populaires », etc. – qu'ils cherchent à obtenir le succès à coup sûr, font appel, de préférence, à des « organes spécialisés », tels que le KGB, les conseillers militaires, les « travailleurs du front de politique extérieure ». Bercé par le douteux radotage d'un passé antédiluvien, l'*homo sovieticus* assiste à la nouvelle expansion « de son fauteuil », aurais-je dit si j'étais bien sûr qu'il en possède un. Et que, par miracle, la liberté d'action sur les hommes et sur les choses soit donnée au peuple russe et il fera encore moins preuve d'« expansion territoriale » que le Japon moderne ou l'Allemagne de l'Ouest.

De l'incapacité de donner la vie économique

D'après la thèse fort juste de l'expert français Alain Besançon, il n'existe pas en Union soviétique – et je dirais même : en nouvelle civilisation – d'économie, dans le sens que l'Occident moderne donne à cette réalité vivante et dynamique qui sous-tend toute la société industrielle, ou il n'y fonctionne, d'après Raymond Aron, qu'une économie très primitive et simplifiée du type de celle que nous avons connue à des époques particulières de notre histoire : l'« économie de guerre » concentrée sur la production de quelques biens en nombre limité – biens de production, armements – et du strict minimum nécessaire à la survie de la population [14].

Et, du coup, voilà la Papauté amputée de la multiplicité de groupes, d'organes, de possibilités qui, plus que les moyens d'action d'État, plus que leur « jeu » caractérisent, à mon avis, le monde moderne. Le nouvel ordre économique de la propriété par l'État de tous les biens étant ce qu'il est, un flot de capitalistes ne peut – seuls les individus et les groupes qu'ils créent dans leur action sur la nature et les choses peuvent, emportés par l'esprit d'entreprise, et le goût, moins important d'ailleurs, du profit, donner vie à cette abstraction impuissante sans eux qu'est le Capital – venir investir à l'extérieur du « royaume des croyants », acheter des terres, prendre des participations dans des entreprises. Un réseau de banques et de sociétés financières ne peut venir draguer ou placer des fonds. Aucune « multinationale » ne peut venir créer des filiales, aucune entreprise ne peut inonder le marché de sa production et, encore moins, créer des usines. Malgré – et à cause de – multiples « missions commerciales » – organismes d'État ou équilibrisme de capitalistes marginaux mêlant bizarrement l'intérêt et l'idéologie – qui fonctionnent plutôt comme les sinistres « bureaux d'achat » de l'économie de guerre nazie ; malgré – ou à cause de – quelques vitrines d'organismes qui ne peuvent échapper à une vocation internationale tels que l'Aéroflot ou de constructions financières montées par la Banque d'État de Moscou, la nouvelle civilisation est absolument incapable de participer à cette puissante « inter-action économique » qui, s'ajoutant par un flot naturel et spontané au « jeu inter-étatique » en infléchit – souvent sans que les États enfermés dans leurs anciennes habitudes s'en rendent véritablement compte –, voire en détermine, les règles et la substance.

La plus jolie fille du monde ne peut donner que ce qu'elle a et si la nouvelle religion sait si bien proposer les charmes de son divin message, elle ne peut, dans le domaine pourtant quasi vital de « l'inter-action économique », qu'offrir des organismes d'État – déjà fort inopérants sur les réalités économiques modernes : ce ne sont pas des aides d'État qui expliquent le prodigieux bond en avant de l'Asie du Pacifique –, englués de surcroît dans une planification stérilisante, absurde, ne pouvant s'ouvrir sur le monde extérieur, privés de ressources financières et dévorés par la nécessité, pour faire vivre l'économie de guerre de la Papauté, d'importer les biens d'équipement, la technologie, les céréales et les matières premières qui lui manquent, tout en exportant les matières premières dont elle ne sait que faire.

Et c'est dans ce domaine hautement vital, hautement nourricier, hautement charnel presque des échanges économiques, de la création de la vie économique, que, une fois le travesti pressé de passer aux actes par un partenaire tenaillé par le besoin et fortement émoustillé, on le serait à moins, par la vague de promesses « d'amitié et de coopération », l'on assiste aux défaillances les plus tragiques. A moins de se convertir – plutôt : d'être converti – au Dogme, au Parti-État, au nouvel ordre économique, seuls des pays qui accepteraient – telle l'Inde d'hier – de vivre en marge de l'Histoire ou de réduire leurs peuples à la misère absolue – telle la Guinée du dictatorial Sékou Touré – peuvent tolérer un tant soit peu longtemps une impuissance aussi dramatique *. Dès que les nations et leurs États désirent vivre, se développer plus ou moins normalement, ils ne peuvent que mettre un terme brutal – l'Égypte de Sadate – à un mariage aussi désespérément blanc.

Car telle est la malédiction de la nouvelle religion : elle promet tout, mais ne tient jamais rien. Si la Papauté peut – et sait – capter les rêves, les illusions, les fantasmes de populations, de peuples, d'États nouvellement créés, elle est absolument incapable de satisfaire les aspirations réelles des hommes pour plus de prospérité économique, pour plus de bonheur sur terre **.

Et ce n'est que lorsque, par la force, a été instauré l'ordre politique du Parti-État, que par la violence a été imposé l'ordre économique de la propriété par la collectivité de tous les biens et richesses et qu'ont été extirpées toutes les aspirations individuelles et collectives pour la liberté d'action sur la nature et les choses, ce n'est que lorsque les frontières ont été

* Cette impuissance est telle que même lorsque, par l'instauration de l'ordre du Parti-État, le mariage a été accepté – Angola – ou consommé – Pologne –, il peut s'avérer nécessaire de faire appel à l'intervention efficace d'un troisième larron.

Soit le postulant à la parti-étatisation essaye d'attirer à lui le « capitalisme étranger » – ce qui ne m'inspire d'ailleurs aucune confiance : nous avons déjà vu ce film-là avec la NEP de Lénine et on ne sait que trop bien comment il finit.

Soit la jeune épousée mendie les aides du FMI – à propos, combien de pays occidentaux font-ils partie des mirobolantes constructions du « système mondial du socialisme » ? – ou des pays les plus « impérialistes » – ce qui ne me ferait pas non plus pavoiser : en quoi, les crédits à la Pologne changent-ils le sort des peuples opprimés ?

** L'Occident, hélas, déploie une démarche inverse. Lorsque les mécanismes économiques qui ont fait sa force peuvent jouer à plein – sans être freinés par les États, par les bureaucraties, par une caste de privilégiés, par une trop grande pauvreté matérielle, par un retard de la volonté d'action sur la nature et les choses –, il est créateur de progrès comme hier en Europe de l'Ouest, comme aujourd'hui dans l'Asie du Pacifique, comme demain en Amérique latine, tout en se montrant dramatiquement inapte à défendre ses propres valeurs – qu'il laisse la nouvelle religion lui voler –, tout en restant impuissant à démontrer aux peuples de la terre qu'il est le seul à même d'assurer le progrès, le bonheur et la dignité de l'homme.

fermées à double tour, que la Papauté se trouve enfin à même de mener cette « action interéconomique » à laquelle elle est dans l'impossibilité de participer dans des conditions de libre choix du peuple à l'intérieur et de libre-échange à l'extérieur. Car le « système mondial du socialisme », car le Comecon ne sont – avec leur planification inter-étatique, leurs intégrations horizontales et verticales au pire à une « non-économie », au mieux à une « économie de guerre » – que les caricatures miséreuses, inefficaces, oppressives, de ce *Système capitaliste de l'économie mondiale* – 523 lignes, une centaine de plus que pour le *Système mondial du socialisme* – que les théologiens couvrent de tant d'opprobres, mais dont les Grands Prêtres ne peuvent pas, en raison de leur connaissance objective du monde, ne pas envier le dynamisme et la vitalité.

De l'exportation de la violence et de la mort

Impuissante à donner la vie économique, la normalité de la Papauté la pousse, en revanche hélas, à propager la mort.

Si une incompréhension viscérale des réalités des États et des nations; si une volonté plus nette encore, face à de jeunes et instables États-nations que face à des États-nations anciens et puissamment enracinés dont les faits ont appris aux Grands Prêtres la décourageante pérennité, de détruire ces vestiges du passé; si l'attente mystique d'une parti-étatisation organique, conforme au Dogme, plus probable dans les pays émergeant des crises de « libération nationale » ou vivant dans la pauvreté que dans des sociétés industrielles et « impérialistes », mais parti-étatisation ne se produisant jamais; si une « coopération » viciée par l'étatisme, l'incompétence, l'alcoolisme, voire le racisme le plus élémentaire, ne permettent pas d'inscrire à l'actif de la Papauté des succès comparables à ceux obtenus par les États-Unis en Arabie Saoudite – pays qui peut, cependant, s'effondrer du jour au lendemain pour des raisons qui n'ont rien à voir avec la diplomatie –, en Égypte, en Corée du Sud, dans l'Asie du Pacifique sans parler même du Japon, comment, en revanche, accouchée par la force, adepte de la force absolue, praticienne de l'usage de la force dans les guerres de résistance, sur-armée jusqu'aux dents, la jolie fille de la nouvelle religion ne donnerait-elle pas ce qu'elle a? Comment ne fournirait-elle pas en masse les armements les plus sophistiqués à tous ceux qui – et ils sont légion dans le bouillonnement des États-nations en création – en ont, par leur récusation des rapports de force existants dans le monde, de l'ordre international des États-nations, voire de l'existence même de ceux-ci, le sinistre usage – avec d'autant plus de facilité qu'elle érode ainsi la stabilité dont l'Occident a, lui, le plus grand besoin pour asseoir le développement économique, politique, social dont, conformément à sa vocation, il devrait être encore plus largement porteur?

Mais attention : si les « conseillers militaires » de la nouvelle religion sont de bons instructeurs du maniement des armes proposées dans cet aberrant et gigantesque *self-service,* ils n'ont pas, pour autant, toutes les qualités d'intelligence et d'efficacité que leur prête d'habitude l'opinion publique occidentale. Hommes d'état-major plus que de terrain, à l'aise dans le maniement de grandes masses aliénées par l'ordre du Parti-État, ils restent étrangers aux conflits plus subtils des États-nations – les péripéties de Nasser face à Israël ne sont pas un modèle d'art militaire – où les victoires ne dépendent pas seulement de nombre et de la qualité des armes, mais surtout de la volonté des combattants de s'en servir. Et si des succès sont obtenus par les protégés et les clients de la Papauté, ce n'est en rien grâce aux conseils qui leur sont prodigués : c'est la force du courant nationaliste qui explique les succès de l'ETA basque, de l'IRA irlandaise ou de l'OLP palestinienne – de même que c'est la force du courant de contestation de la société, dite de « consommation », puis son effondrement devant le rejet populaire, qui expliquent les succès et les défaites des Brigades rouges; c'est l'habileté du président Assad qui explique les succès de la Syrie au Proche-Orient et non une science machiavélique des « travailleurs du front de politique extérieure », d'opérateurs du KGB ou d'experts militaires dans les nombreux rangs desquels on ne trouve – tous les témoignages des transfuges concordent – aucun Lawrence d'Arabie habité par un quelconque « Grand Jeu ».

Et comment, pour clore cette énumération des normalités spécifiques de la nouvelle diplomatie, oublier la foi – cette petite sœur de la force qui, flanquée de sa monstrueuse complice, chevauche le vaste monde – et les rêves de paix, d'amitié, de coopération qu'elle peut – à défaut d'une conversion, effectuée, elle, sur d'autres bases : jamais personne n'a choisi la parti-étatisation pour ces seules vertus du divin message – susciter chez les jeunes et naïfs États-nations? Et comment ne pas rappeler pour la énième fois la constante de la nouvelle religion, à savoir la rupture abyssale entre le rêve et la réalité : toute la coopération de la Papauté n'aboutit qu'au néant ou à la misère; toute son amitié, toute sa paix n'apportent que les guerres que déclenchent ses croyants et ceux qu'elle fournit en armes?

De la nouveauté conséquente du « jeu interétatique »

Et c'est cette puissante et profonde originalité de la nouvelle diplomatie, et c'est cette puissante et profonde originalité imposée par les faits et par l'Histoire à la diplomatie américaine – diplomatie qui, elle aussi, en raison de sa jeunesse, en raison de sa spécificité de diplomatie d'une Nation-État tournée vers la satisfaction des aspirations des citoyens, ne connaît pas très bien les habitudes des États et les pulsions des nations *; diplomatie dont les succès s'expliquent, pour une large part, moins par la puissance militaire ou par l'habileté du *State Department* que par les retombées d'une interaction économique dont grand nombre de facteurs, disons : les investissements japonais, ne sont pas du fait de l'État américain; diplomatie qui est viciée par une oscillation congénitale entre le respect fétichiste de droits de l'homme qui sont plus un but à atteindre qu'un moyen d'y parvenir et le soutien du fort uniquement parce qu'il est fort et pro-américain sans se soucier de savoir s'il est juste **; et c'est donc

* Le désir de l'Amérique d'imposer, dans les années cinquante, aux vieux et ombrageux États-nations d'Europe une « Communauté européenne de défense » en est – entre mille – un exemple éclatant.

** La célèbre formule de Roosevelt à propos de Somoza : « C'est peut-être un salopard mais c'est *notre* salopard. »

cette double originalité qui n'a rien à voir avec nos vieilles querelles expansionnistes, nationalistes et belliqueuses d'État-nations, avec l'expansionnisme passé des peuples européens, qui rend suspect à mes yeux le rabâchage continuel de la banale prédiction de Tocqueville – bien entendu placée en exergue par Nixon dans son bizarre livre *la Vraie Guerre,* mais même pas mentionnée dans l'Encyclopédie soviétique – sur le partage du monde entre la Russie et l'Amérique *.

Car, derrière l'évidence de l'affrontement géo-stratégique de deux « super-puissances », se cachent des réalités autrement profondes : ce ne sont pas deux peuples, deux nations, deux États, deux diplomaties qui s'opposent, mais bien – là-dessus les Grands Prêtres n'ont pas entièrement tort –, dans un choc qui nous concerne tous et dont dépend le devenir de l'humanité, deux civilisations qui se concurrencent.

La civilisation de la misère et de l'oppression, impuissante à donner la vie économique, mais capable d'exporter tant la mort que des rêves et des chimères – rêves et chimères qui n'accouchent, eux-mêmes dans un terrible cercle vicieux, lorsque la force est mise à leur service, que de la misère et de l'oppression, de l'exportation de la mort et de nouveaux rêves.

La civilisation d'Occident, aboutissement des durs tâtonnements de l'homme depuis le Moyen Age et la Renaissance – tâtonnements qu'elle pourrait sinon éviter du moins atténuer pour le reste de l'humanité –, civilisation qui, malgré ses innombrables et pénibles défauts, donne la vie économique, procure le progrès social non par la « justice sociale », l' « égalité sociale », chimères de la nouvelle religion sécrétées à partir de l'indispensable égalité de tous devant une loi juste, mais par l'enrichissement progressif de tous **, assure la stabilité politique et, en fin de compte, l'épanouissement de la personne sacrée de l'homme.

Je m'insurge assez contre l'Occident, contre sa démission dans la défense de ses propres valeurs, contre leur aberrante violation par ses égoïsmes et par ses erreurs, pour ne pas croire pourtant qu'il sera – conformément à la vocation de l'humanité, conformément au destin de l'homme, conformément à ses aspirations pour plus de bonheur et de bien-être pendant son bref passage sur terre malgré d'inévitables souffrances, d'inévitables épreuves, d'inévitables injustices – le vainqueur de cette bataille-là.

A condition, bien entendu, qu'il consente à la comprendre et à la livrer.

* « Il est aujourd'hui sur la terre deux grands peuples qui, partis de points différents, semblent s'avancer vers le même but : ce sont les Russes et les Américains (...). Chacun d'eux semble appelé par un dessein secret de la Providence *(sic)* à tenir un jour dans ses mains la destinée de la moitié du monde. »

Un séminaire d'histoire des idées dirigé par Pierre Nora a établi, me dit ma fille Catherine Melnik-Duhamel, que ces vues – faciles à atteindre par la projection des potentialités économiques sur l'évolution des États-nations – traînaient alors dans tous les journaux.

De toute façon, la Papauté ne saurait se contenter de la « moitié du monde ».

** Simple question : comment se comparent les ressources réelles de nos « pauvres » d'Occident – plaie de la superindustrialisation – au revenu moyen russe, au revenu moyen chinois ?

XIX

DES SUCCÈS DE LA NOUVELLE DIPLOMATIE

De la coopération suicidaire de l'Occident

Alors?

Alors par quelle mystérieuse alchimie, cette nouvelle diplomatie, quasi inexistante au sein du « royaume des croyants », d'une efficience en dents de scie dans le « marais des païens », parvient-elle, face à l'Occident, à dessiner cette courbe vertigineusement ascendante de succès qui, bien que la conversion des « terres des infidèles » apparaisse de plus en plus improbable, l'a amenée de la rupture du « cordon sanitaire » imposé au remuant Lénine jusqu'à devenir le partenaire obligé, prioritaire – et toujours le mieux servi – de toutes les grandes décisions concernant les rapports entre nations?

La réponse – simple – recouvre pourtant l'une des aberrations les plus complexes de notre temps.

Si la nouvelle diplomatie n'opère pas dans la « communauté socialiste », c'est que le travestisme n'y a pas de raison d'être : ici, tout se passe entre êtres qui n'ont pas – bien au contraire – à cacher leur vraie nature et qui, s'estimant parfaitement normaux, créent, avec un parfait naturel, le seul type d'union qui leur paraît conforme à l'ordre du monde et qui n'a à tenir aucun compte des considérations propres aux États-nations.

Si dans le tiers monde, la nouvelle diplomatie passe de succès indubitables – au sein des organisations internationales, au sein du mouvement des non-alignés *, auprès de pays qui, ayant besoin de la force, ne se soucient pas de savoir d'où elle vient ** – à des échecs retentissants, c'est

* L'appellation « pays non alignés » peut paraître, en raison de leur alignement systématique sur les prises de position de la « diplomatie soviétique », surréaliste pour des esprits occidentaux. Elle est pourtant – dans le système de pensée des Grands Prêtres qu'elle reproduit significativement – parfaitement logique dans la mesure où ces pays ne professent pas tous la vraie foi.

** Tel Kadhafi qui, très anticommuniste à ses débuts en raison de son islamisme, ne se soucie plus guère de ce que cache le travestisme soviétique.

Une classification des pays – et notamment des différents types d'« alliés » de l'Union soviétique – pourrait être établie à partir de leurs réactions aux différentes formes du travestisme.

que le travesti exerçant ses effets ravageurs sur ceux des États qui se laissent prendre à ses aguichantes promesses de paix, d'amitié et de coopération ou qui, à l'inverse, ne s'intéressent qu'aux armes qu'il prodigue si généreusement, ne peut que se révéler – à moins de convaincre des Castro et des Mengistu de sa normalité – totalement impuissant face aux peuples qui désirent mener une vie économique enrichissante et suivre normalement le développement normal d'un État-nation.

Or, par une nouvelle manifestation de ces ironies qui ponctuent et dramatisent l'Histoire, l'Occident moderne, super-raffiné et super-intelligent, déploie, à l'égard du travestisme de la nouvelle diplomatie, les mêmes illusions enthousiastes et émerveillées que les pays les plus neufs et les plus frustes.

La soif de normalité, en effet, est telle dans notre civilisation qu'elle n'est pas à même – de surcroît, l'heure de vérité ne peut sonner, en matière économique tout au moins, puisque l'idée saugrenue ne viendrait à personne en Occident de demander au travesti de passer aux actes en assumant notre prospérité économique – de concevoir qu'un groupe collectif puisse être habité par d'autres pulsions que les siennes. La soif de rationalité, l'aspiration au bonheur, la volonté de mettre les États au service exclusif du bien-être des citoyens sont telles que l'Occident moderne se révèle incapable d'admettre que ces aspirations, si vitales et naturelles pour lui, ne sont pas partagées par d'autres. Il suffit donc de les rencontrer, ces êtres semblables à vous, il suffit de discuter entre gens de bonne foi, pour que se dissipent, à la lumière de notre Raison – qui est la seule Raison existante –, tous les malentendus, pour que se réalise le temps de la paix universelle dont nous avons – enfin : il était temps – découvert les insondables bienfaits.

Et ce n'est que dans des époques où sinon le comportement des « travailleurs du front de politique extérieure » – dont, avouons-le, le travestissement est loin d'être parfait car ni Molotov ni Gromyko n'étaient tellement engageants, mais pour qui nous avons toutes les faiblesses énamourées que nous inspire la bonne fée « Diplomatie » –, mais du moins la scène où s'exhibe le travesti appelé « diplomatie soviétique » prouve d'une manière parfaitement indubitable que la Papauté obéit à d'autres lois, est habitée par d'autres pulsions, que nous consentons, pour un temps, à ne pas rêver de vivre avec elle un bonheur éternel – réduisant ainsi les exhibitions de sa « diplomatie » à de bien sinistres et inefficaces contorsions.

Lorsqu'il devient ainsi évident pour tous que les nouveaux croyants s'emploient – dans l'explosion de violence qui a marqué l'entre-deux-guerres, dans l'exacerbation de la psychose néo-religieuse qu'a entraînée la fin de la Seconde Guerre mondiale – à jeter à terre nos États-nations, la « diplomatie » de leur Papauté peut bien continuer à faire son numéro de charme à la SDN, à l'ONU ou dans les Chancelleries, les succès qu'elle remporte – dans la constitution, pourtant vitale pour tous, d'une « coalition antifasciste », au cours de la « guerre froide » – ne sont pas à citer en exemples d'efficacité dans les instituts de relations internationales.

Lorsqu'il devient évident pour tous – crise de Berlin, invasion de la Corée, invasion de l'Afghanistan, maintien de l'Europe de l'Est sous la chape de plomb de la normalité « socialiste », sans parler même du feu ouvert sur les avions de ligne ou de l'incarcération de journalistes occidentaux exerçant leur métier – que la Papauté n'a pas de l'acte naturel la même conception que nous, les Gromyko de service peuvent continuer à tonner le grand air de la paix, de l'amitié, de la coopération, etc., ils recueillent de moins en moins d'applaudissements.

Sauf, hélas! – et c'est l'une des caractéristiques préoccupantes du monde où nous vivons – lors de leur numéro de la « libération » qui continue à exercer, dans la mesure où il joue sur notre attachement viscéral à la liberté, un attrait certain sur tous les publics, sauf, hélas aussi! lors de leur grand air du désarmement qui continue à arracher des larmes à tous ceux qui vivent la peur au ventre devant les effectivement terrifiantes armes nucléaires.

Mais ces accès de lucidité – à vrai dire fondés sur aucune connaissance véritablement objective, essentiellement inspirés par le seul instinct de survie – ne sont que des parenthèses vite refermées, car la compréhension de la différence n'est pas naturelle à un Occident imbu de sa normalité, habité par la soif de rationalité et de bonheur, se persuadant que ces « durcissements soviétiques », ces « refroidissements des relations internationales », ces « accidents de parcours » – tel fut le mot malheureux, mais significatif, d'un ministre des Affaires effectivement étrangères pour lui du général de Gaulle lors de l'invasion de la Tchécoslovaquie en 1968 – ne sont que des bouffées d'une « idéologie » par essence versatile, des résurgences désuètes de la défense abusive des intérêts de l'État-nation russe – nier la religion est aussi dangereux que de se prosterner devant elle –, des résultantes de l'influence personnelle de « tsars » démoniaques – Staline – ou de quelques « durs du Kremlin ». Aux nouveaux croyants qui relaient le message de la Papauté – eux aussi ont, par leur participation à la vie démocratique interne des pays, un côté travelo –, aux intellectuels qui allument des cierges devant les icônes de la nouvelle religion, s'ajoutent alors tous ceux qui, au nom des règles du « jeu inter-étatique », au nom de la normalité des « relations internationales », réclament – souvent dans les milieux les plus « conservateurs » – la « reprise du dialogue entre l'Est et l'Ouest ».

Et dès que s'estompent les échos des bruits de botte qui nous ont réveillés en sursaut – s'il est de bon ton de dire, en Occident, que les périodes de rémission dans l'expansionnisme soviétique s'expliquent par la nécessité pour le « boa soviétique » de « digérer sa proie », soulignant d'ailleurs ainsi et la voracité du monstre et sa différence avec nous et, hélas! la fascination qu'exerce le serpent sur l'oiseau, le mot ne rend compte que de la moitié de la réalité : certes la Papauté doit disposer du temps nécessaire, une dizaine d'années en moyenne, pour que tous les mécanismes de conversion fassent sentir leurs effets, mais il faut aussi que l'Occident ait surmonté le traumatisme que lui cause, par moments, l'anormalité évidente de son partenaire; dès que les grondements de chars donc se sont effacés de nos mémoires; dès qu'apparaissent des signes – il est typique que le mot « dégel » ait autant de succès en nouvelle civilisation qu'en Occident – qui rapprochent en apparence le Parti-État de l'idée que nous nous faisons de lui – telle la réapparition des traits de l'État-nation russe à l'occasion des combats de la Seconde Guerre mondiale, tel le remplacement de Staline le Terrible par un pape plus débonnaire, tel le vernis de placidité plaqué sous Brejnev sur la médiocratisation de la psychose; l'Occident se reprécipite tête baissée dans le cocon douillet de ses illusions avec d'autant plus d'inconscience que son accès de vigilance, de fermeté et de lucidité lui paraît peu normal, peu conforme à l'idée qu'il se fait des « relations internationales ».

Quitte à découvrir, des années plus tard, sans pour autant changer de convictions tant celles-ci sont profondément enracinées en lui – Eisenhower renouant, par « l'esprit de Genève », avec Yalta malgré l'asservissement de l'Europe de l'Est, Kennedy rencontrant « M. K. » à Vienne malgré le mur de Berlin, le sommet de Glassboro effaçant les douloureux souvenirs de la parti-étatisation de Cuba et de la tentative d'y installer des fusées nucléaires offensives – fâcheux précédents qui n'empêchent en rien aujourd'hui des voix de s'élever pour réclamer la « reprise du dialogue », le « dégel », voire le renouveau de la « détente », en oubliant que les « sommets » organisés par les duettistes Nixon et Kissinger ont été – châteaux de sable de l'illusion – quelque peu sapés par l'invasion du Vietnam du Sud, par la parti-étatisation grâce à la force cubaine de l'Angola, par l'invasion de l'Afghanistan, par la mystification des Salt et je passe sur la parti-étatisation de l'Éthiopie et du Yémen du Sud, tant il est vrai que la force des accès de normalité, pour elle, de la Papauté semble directement proportionnelle à la volonté de l'Occident d'établir avec les Grands Prêtres des relations pour lui normales –, quitte donc à découvrir, mais trop tard, qu'il a été trompé.

Car telle est la dure loi de l'Histoire. Ce n'est pas la « diplomatie soviétique » qui est efficiente. Ce n'est pas le travesti qui déploie une séduction proprement irrésistible. C'est l'Occident qui, désirant, à tout prix, dans un effort à vrai dire assez pathétique, leur attribuer des vertus et des attraits qu'ils n'ont pas, leur permet de remplir la mission, qui serait autrement impossible, à eux confiée par la Papauté en marche.

Comment, en effet, sans notre suicidaire aveuglement, comment sans nos suicidaires illusions, comment sans une complicité que je qualifierais, comme Heidegger le faisait de l'optimisme, de « scélérate », la nouvelle diplomatie parviendrait-elle à réaliser cette quadrature du cercle qui consiste à convaincre les infidèles que nous sommes à ses yeux de tolérer l'expansion d'une religion que l'Occident rejette, tant elle est contraire à toutes ses valeurs et qui, de surcroît, postule – terrifiante perspective – sa totale disparition?

Comment réussirait-elle, la pauvrette, à convaincre, par son seul talent de persuasion, l'Occident, lorsque la conversion s'effectue à l'aide de la force, de rester les bras croisés devant son déploiement ou, lorsqu'il a été contraint de réagir, de changer brutalement d'idée, de retirer ses armées, en précipitant ainsi des peuples entiers dans les ténèbres de la Papauté?

Comment parviendrait-elle, par la seule vertu de son discours, à obtenir de nous – le recours à une force absolue restant la seule possibilité de convertir nos pays prospères et évolués, mais supposant tout à la fois une supériorité militaire mais aussi la conscience par tous du caractère écrasant de cette supériorité – que nous participions à la création de cette force absolue destinée à nous détruire, en tolérant la suprématie militaire de la Papauté, en démultipliant les conséquences de notre faiblesse matérielle par une faiblesse, elle, morale?

Certes, on pourrait prétendre, comme il ne s'agit pas là pour la nouvelle diplomatie d'un «jeu inter-étatique» mais de la volonté d'obtenir, par tous les moyens que procure ce jeu, l'affaiblissement matériel et moral du camp des infidèles – tels sont l'alpha et l'oméga du «travail» sur le «front de politique extérieure» occidental – que l'incompréhension par les Grands Prêtres des mécanismes d'État-nation ne peut venir jouer ici son rôle de handicap.

Certes on pourrait admettre qu'il est plus facile – surtout quand on est destructeur d'État, de nation, de société, quand on n'est marchand que de rêves et d'illusions – de promettre du vent pour affaiblir un adversaire, qu'il ne l'est de construire quelque chose de durable avec un partenaire peut-être difficile mais du moins accepté comme tel : les châteaux de cartes de Yalta ou de la «détente» ne sont ni le plan Marshall ni la construction européenne.

Certes on pourrait avancer que la ruse a été, de tout temps, l'arme des êtres et des peuples primitifs et que, face à la force mongole, face aux difficultés de la guerre sur des espaces infinis, les Russes – notez la parenté de la consonance – ont pour cette vertu une prédilection et une habitude particulières qui se reflètent dans leur langue – le dictionnaire franco-russe donnant à ce mot quatre équivalences qui ne sont pas toutes péjoratives : *hitrost'* étant traduit dans le dictionnaire russe-français par «ruse, malice, artifice»; *kovarstvo* par «perfidie, astuce»; *oulovka* par «ruse, détour, faux-fuyant, subterfuge», *loukovstvo* par «astuce, malice».

Certes, il ne serait pas difficile – à condition, bien entendu, de jeter par-dessus bord toutes les illusions sur les «relations internationales» en tant que mode de construction en commun d'un monde harmonieux – de dresser la liste des vieilles pratiques chevronnées, propres aux «travailleurs du front de politique extérieure» – pratiques qui ne sont en rien ni le jeu d'échecs complexe et subtil que nous imaginons ni une violation machiavélique du «droit des gens», mais le comportement naturel et spontané, affiné et amélioré au fil des décades et des années, de la branche du clergé chargée d'affaiblir la puissance temporelle, matérielle et morale, des suppôts de Satan.

Mais si la connaissance des règles d'action que cette longue expérience a inspirée aux valeureux TFP se vérifie indispensable, si l'on ne peut que regretter que ces règles – pourtant évidentes – ne soient pas tellement prises en compte par nos propres diplomates d'Occident – le général de Gaulle disait «diplotames» –, ne sont pas – encore moins – comprises par nos opinions publiques, il ne faut pas, pour autant, surestimer leur efficience. Car si l'Occident a été influencé par les «relations» – avec les connotations d'inter-dépendance et d'inter-action du terme et des réalités qu'il recouvre – établies avec la Papauté, la seule chose que les Grands Prêtres aient, eux, apprise des «rapports» qu'ils entretiennent avec nous est de mieux comprendre – et de mieux jouer sur – nos fantasmes, nos faiblesses et nos illusions.

Des règles d'action des nouveaux diplomates

Les infidèles, tu espionneras.

C'est par une pulsion tout aussi spontanée et naturelle que celle qui nous pousse à vouloir établir des « relations internationales » harmonieuses avec « l'Est » que nous sommes, adversaires si dangereux, si étrangers à la Papauté, espionnés par les « organes » qui règnent en maîtres dans les ambassades, consulats, missions commerciales implantés sur notre sol combien accueillant où, derrière des murs blindés, fonctionnent de véritables « mini-centrales » intégrant près du tiers du personnel « diplomatique » – l'extension des relations diplomatiques et commerciales amenant un pays tel que la France à abriter généreusement sur son territoire près de quatre cents membres des services de renseignements pouvant, d'après les spécialistes du contre-espionnage, « manipuler » et « garder sous contrôle » près de quatre mille agents dans tous les secteurs de la vie du pays.

L'*agentoura*...

Les chefs des infidèles, tu « influenceras ».

« Influence, précise le dictionnaire *Robert*, action qu'une personne exerce sur quelqu'un, pouvoir de celui qui amène les autres à son avis. »

Il est tentant lorsque les « organes » disposent d'agents haut placés, conseillers auprès de chefs d'État et de gouvernement – Alger Hiss aux USA auprès de Roosevelt, Günter Guillaume en RFA auprès du chancelier Brandt –, ambassadeurs et ministres – telle était la situation en France sous le général de Gaulle mais je ne citerai pas de noms tant la pratique paraissait naturelle à tous – que ces « conseillers » encouragent leurs princes à accroître l'amitié, la détente, l'entente, la coopération avec la si bien intentionnée Union soviétique – d'une manière générale, mais aussi sur des points précis, à des moments précis qui servent la manœuvre des TFP –, tout en dénigrant la politique des États-Unis et la nécessité des alliances inter-occidentales.

Les infidèles, tu désinformeras.

Parallèle en pratique avec l'action d'influence car certaines missions spécifiques sont confiées aux mêmes agents – Alger Hiss chantant ainsi à Roosevelt, tout en en étant lui-même probablement convaincu, les louanges du tellement libéral et tellement honnête Staline –, la désinformation – phénomène qui, par son ampleur, ne saurait être confondu avec l'« intoxication » qui ne vise à induire en erreur que les seuls services de renseignements ou la « déception » qui, en temps de guerre, joue le même rôle à l'égard des états-majors militaires – s'attaque à l'opinion publique dans son ensemble et aux plus hauts sommets de sa classe dirigeante, dans un effort que personne en Occident ne s'avise à dénoncer ou à contrecarrer.

Si des experts aussi réputés que le général Gehlen ont pu se tromper en proposant de parler de « mésinformation », c'est que l'Occident a du mal à comprendre à quel point la volonté de détruire – le préfixe « *dés* » ne saurait être négligé et « *dezinformatzia* » figure dans le dictionnaire russe-français entre « désinfection » et « désorganiation » –, à quel point la volonté de désintégrer tout système de valeurs différent du sien, tout système de connaissance objective sont naturelles à la nouvelle religion. Bien que les « organes » montent des opérations ponctuelles clandestines très sophistiquées pour faire paraître les choses telles qu'elles ne sont pas, ce sont tous les organismes administratifs et politiques de la nouvelle Église, ce sont toutes les Églises locales, ce sont tous les « mouvements de la paix », qui s'emploient à donner une idée fausse tant de la Papauté, de la vie à son intérieur – le « paradis sur terre » –, de sa « politique étrangère » – la « politique de paix et d'amitié » – que du monde pourri et miséreux, agressif et impérialiste du « camp capitaliste ».

« Le système, constate Zinoview, détruit toutes les lisières, toutes les frontières habituellement nettes, tous les critères d'appréciation en usage chez les personnes de bon-sens [15]. » Ce qui est valable au sein de la Papauté ne peut que l'être – unité de la « politique intérieure » et de la « politique étrangère » – également à son extérieur *.

Les « masses » des terres des infidèles, en faveur de ta politique et contre celle de leurs gouvernements, tu mobiliseras.

Évident, toujours aussi conforme à la nature de la nouvelle civilisation. Se reporter ci-dessus tant à l'action d' « agitation » et d' « organisation » des Églises nationales qu'à la diffusion du divin message par les TFP et le Parti central.

Les infidèles, au sein des organisations internationales, d'opprobre tu couvriras.

Toujours aussi évident et développé à satiété précédemment. L'intolérance est le propre des religions en expansion : comment ne pas accompagner la proclamation de l'apparition du Bien sur terre, l' « utilisation » des organisations internationales, par une incessante, facile – de surcroît démoralisante pour ceux qui en font l'objet – condamnation du Mal?

Les ennemis des infidèles, tu soutiendras.

Élémentaire. Voir, hier, le soutien d'Israël tant qu'Israël menaçait la *pax britannica* au Proche-Orient. Voir, aujourd'hui, le soutien de l'OLP, de

* Si la théorie marxiste-léniniste de la politique extérieure expression de la lutte des classes est un non-sens absolu, l'unité de la politique extérieure et de la politique intérieure offre une constatation intéressante : en Occident également, la « politique extérieure » est bien, actuellement, l'autre versant de la recherche du bien-être des citoyens.

Notons, en passant, qu'une fois de plus les aspirations les plus généreuses de Marx ne se sont réalisées qu'en Occident, dans cet Occident super-industrialisé qui, avec la disparition des « classes », avec une société de plus en plus « humaine », pratique effectivement, entre les pays arrivés au même stade de développement industriel, un « internationalisme » profondément pacifique.

En revanche, et comme toujours en matière de réalisation des aspirations de Marx, la nouvelle civilisation ne donne de l'internationalisme – voyez l'Europe de l'Est – qu'une caricature grossière et fondée sur l'oppression. De la confirmation de la nocivité pour l'homme d'agir – fût-ce pour les causes les plus généreuses – sur d'autres hommes...

la Syrie, de Kadhafi, etc. Voir – et bien que le terrorisme soit totalement étranger au système de pensée des Grands Prêtres, qu'il n'existe pas d'article « Terrorisme » dans l'Encyclopédie, et que « le droit pénal soviétique considère l' « acte terroriste » comme le plus dangereux acte criminel d'État *, ce qui oblige la Papauté à passer par la clandestinité des « organes » – le soutien de l'ETA, de l'IRA, des Brigades rouges, etc. Soutien d'autant plus facile à apporter qu'il est conforme à la nature même de la nouvelle civilisation : incapable de donner la vie économique, la jolie fille de la Papauté sait fort bien exporter les armes et la mort dont elles sont porteuses; incapable de construire autrement que par la force et la violence, le désordre et la destruction lui sont tout aussi naturels que ne l'est la tarte à la pomme.

Les infidèles, tu diviseras.

Toujours aussi élémentaire. Pas besoin ni d'avoir médité Machiavel, lu Marx, étudié Lénine et son « maillon le plus faible », ni de connaître les États-nations de l'intérieur pour savoir qu'il faut « diviser pour régner », enfoncer un coin entre les États-Unis, bastion de la liberté d'action sur les choses, et la Vieille Europe, moins courageuse et plus proche de la nouvelle religion, faire appel un jour à l' « amitié franco-russe » et aux illusions du général de Gaulle sur l' « Europe de l'Atlantique à l'Oural » et un autre au pacifisme de l'Allemagne et à son désir viscéral de retrouver l'unité de son peuple. Les résultats sont, d'ailleurs, moins encourageants que l'Occident ne veut le croire d'habitude – probablement par volonté de ne pas voir les vrais problèmes en face en privilégiant une pratique tout à fait simple.

Aux infidèles, la paix et la sécurité, l'amitié et la coopération tu proposeras, mais s'ils n'acceptent pas tes exigences, avec vigueur les menaceras.

Comment, porteuse du divin Message, la Papauté pourrait-elle ne pas saisir toute occasion de proposer de le faire entrer dans les faits? Comment, responsable du destin radieux de l'humanité, « avant-garde » et patrie d'un « prolétariat » menacé par les infidèles, ne brandirait-elle pas les foudres du ciel, du Dogme et de la force que lui procure la pratique, contre toutes les menaces qui pèsent tant sur la réalisation du divin message – la « paix » et la « sécurité » dans le monde – que sur la « patrie du socialisme » et sur les « forces progressistes »?

Pour ce perpétuel chaud et froid de la Papauté, qui présente l'immense avantage de donner mauvaise conscience à l'Occident – le Mal est de son côté, le Bien est incarné par les Grands Prêtres –, à le faire trembler devant les menaces, à considérer leur relâchement comme un soulagement, à accepter les offres de paix et de coopération même si elles ne sont guère suivies d'effets, il suffit de suivre la presse, de lire – à condition de ne pas tomber raide mort d'ennui – les innombrables déclarations du ministre des « Affaires relatives aux autres pays », les proclamations solennelles du Secrétaire général du KPSS.

* Conception qui, bien entendu, porte tous ses fruits à l'intérieur du Saint-Empire et pour dénoncer le « terrorisme » d'État des États-Unis.

Le désir des infidèles d'édifier un monde pacifique, rationnel et harmonieux, tu exploiteras.

Perversion utopique de nos propres fantasmes et illusions, la nouvelle religion trouve ici son terrain de prédilection. Comme ses constructions relèvent du seul domaine du rêve, elle est à même de les rendre d'autant plus belles et d'autant plus séduisantes : au plan international – relisez l'Acte final des Accords d'Helsinki et sa reconnaissance de l'« importance universelle des droits de l'homme et des libertés fondamentales » –, la Papauté peut faire aussi bien que la radieuse Constitution de Staline.

Le drame, c'est que l'Occident, face à une pratique déjà plus élaborée, déjà plus empreinte de travestisme, y croit, considère – Yalta, Genève, Helsinki – le château de cartes bariolé comme une construction en dur et paie le prix fort – souvent, hélas, par la liberté d'autres peuples, en attendant peut-être d'y sacrifier un jour la sienne – pour cette mirobolante, époustouflante, mais désastreuse car démoralisante, architecture de papier.

Sur le juridisme des infidèles, tu joueras.

Variante de la pratique précédente : l'Occident croit dans le règne d'un droit qu'il respecte. Pour la Papauté et les TFP, le droit n'est qu'un instrument – qu'on peut, tant qu'il ne sert pas la contrainte nécessaire pour faire fonctionner le « socialisme », manier avec la poésie la plus débridée et la plus libre de toute attache avec la réalité – de la lutte inexpiable des classes. « Avec l'aide du droit, la classe ou les classes tenant dans leurs mains le pouvoir gouvernemental (...) renforcent ou développent (...) les relations sociales qui répondent à leurs intérêts. » (Article encyclopédique *Droit.*)

Du double sens des mots et des concepts, tu ne manqueras pas de tirer parti.

Pour la nouvelle religion, la liberté des peuples, leur droit à disposer d'eux-mêmes, la non-immixtion dans leurs affaires intérieures, la paix, le non-recours à la force, la démocratie, les droits de l'homme n'ont pas le même sens que pour l'Occident : jamais la Papauté et les nouveaux croyants ne sauraient – puisqu'ils œuvrent, en instaurant le Dogme sur terre pour le bonheur et au nom des peuples et de l'humanité – être coupables du moindre manquement en ces domaines où seul l'Occident capitaliste commet, perpétuellement et en raison de sa nature même, les pires crimes.

Si un traité, un accord, une déclaration commune, une clause engagent les « deux parties » sur le respect de ces valeurs, c'est donc pur bénéfice : la Papauté et les nouveaux croyants, doués au Bien, confirment qu'ils continueront à le faire – et ceci quelles que soient les péripéties pratiques de leur lutte incessante contre les asservisseurs impérialistes du peuple, alors que l'Occident, lui, s'engagera à cesser de faire le Mal.

Du respect des engagements que tu prendras, ne te soucieras en aucune façon.

Le problème ne se pose même pas. Souvenons-nous. La « politique » ne traite que du problème de « la conquête, de l'utilisation, de la conservation » du pouvoir par les « classes antagonistes », la « diplomatie (...) sert les intérêts des classes dirigeantes (dans les États socialistes – les intérêts de tous les travailleurs) », le droit « renforce ou développe (...) les relations sociales qui répondent aux intérêts (des classes tenant dans leurs mains le pouvoir) ». Comment, en creusant leurs galeries et leurs tranchées dans ces terrains semés de pièges impérialistes, progressant dans les brouillards du droit « bourgeois » sécrétés par les « impérialistes », les « travailleurs du front de politique extérieure », installant leurs contre-pièges, lâchant, eux aussi, leurs rideaux de fumée, ne tiendraient-ils pas compte exclusivement des intérêts de ce « prolétariat » en marche dont ils sont les serviteurs?

Et, de toute façon, comme la Papauté, les patriarcats, les nouveaux croyants, représentent le Bien, le bonheur des peuples, le devenir de l'humanité, ils ne peuvent – quoi qu'ils fassent puisqu'ils sont l'« avant-garde » inspirée par l'esprit saint d'un Dogme qui ne peut que se réaliser – que respecter le Bien, la volonté des peuples, le destin de l'humanité. Et c'est ainsi que les nouveaux croyants, et c'est ainsi que leurs mouvements et organisations, et c'est ainsi que les Parti-États qu'ils sont parvenus à créer – voyez le respect des engagements pris à Genève et à Paris sur la malheureuse Indochine – et c'est ainsi que la Papauté elle-même n'ont à se soucier en aucune façon, dans une dramatique et tourbillonnante spirale, des papiers qu'ils signent ou ont signés puisque ce sont eux qui en servent l'esprit.

Que reste-t-il de la « Déclaration sur l'Europe libérée » de Yalta, de la promesse d'« aider les peuples libérés (...) à résoudre par des moyens démocratiques leurs difficultés politiques et économiques urgentes »? Que reste-t-il de l'engagement pris alors de leur « donner des institutions démocratiques de leur propre choix »? – sans parler même de faire procéder en Pologne, « aussitôt que possible, à des élections libres et sans contraintes sur la base du suffrage universel et du scrutin secret [16] »? Que reste-t-il de la « Déclaration finale en date du 24 juillet 1954 de la conférence de Genève », de la promesse faite alors que « le peuple vietnamien (doit) jouir des libertés fondamentales, garanties par des institutions démocratiques formées à la suite d'élections générales libres au scrutin secret »? Que reste-t-il de l'engagement qu'il n'y aurait pas de « représaillles individuelles ou collectives contre les personnes ou les membres des familles de ces personnes ayant collaboré sous quelque forme que ce soit avec l'une des parties pendant la durée de la guerre »? – sans parler même de l'article 11 de l'« accord sur la cessation des hostilités » : « Aucune personne militaire ou civile ne pourra franchir la ligne de démarcation militaire provisoire sans y être expressément autorisée par la commission mixte [17] »? Que reste-t-il de l'« avenir tranquille, sûr, basé sur le progrès et digne de leurs sacrifices » qu'à la suite des accords de Paris, « les peuples du Vietnam, du Laos et du Cambodge allaient, d'après Kissinger, peut-être (*sic*) enfin connaître [18] »? Sans parler même de l'interdiction de toute infiltration d'hommes et de matériel au Vietnam du Sud?

Eh bien oui, tous ces accords, tous ces espoirs ont bien été violés et foulés aux pieds. Mais attention – écoutons l'Encyclopédie soviétique – pas du tout comme le pense le vain peuple d'Occident : « De nombreuses décisions de la Conférence de Crimée – tel est le titre officiel soviétique pour Yalta – n'ont pas trouvé leur réalisation logique (...) par la faute des puissances occidentales qui ont pris la direction de souffler (*sic*) la " guerre froide " contre les pays socialistes. » « La violation brutale par les États-Unis et leurs alliés de l'accord de Genève * se traduisant en actions militaires contre les peuples d'Indochine (voir *Agression américaine – USA – au Vietnam*) et d'autres formes d'intrusion dans leurs affaires intérieures ont amené à une sérieuse exacerbation de la situation dans le Sud-Est asiatique. »

On vous l'a bien dit : la Papauté, ses vassaux et ses croyants ne sauraient rompre un engagement puisqu'ils œuvrent toujours – et en mieux si cela s'avère nécessaire – pour le bien des peuples. Seul l'impérialisme – on vous l'a répété à satiété – viole la paix et met en péril le bonheur de l'humanité.

De l'amour des infidèles pour la négociation, tu profiteras.

« Négocier, négocier sans cesse, ouvertement et secrètement en tous lieux », proclamait Richelieu dans une formule brandie complaisamment par tous les amateurs occidentaux de « relations internationales ». Eh bien, si l'Occident persiste à s'abriter éternellement derrière ce praticien de l'État-nation – moins large d'esprit, d'ailleurs, avec le protestantisme et dont le conseil, coupé d'un contexte indiquant que c'est *contre* l'Angleterre qu'il fallait alors négocier, n'a pas été tellement payant face à Hitler; si l'Occident persiste à penser que la négociation est une fin et un bien en soi, oubliant qu'elle n'est qu'un moyen au service d'un objectif dont la réalisation dépend de la nature de celui avec lequel on négocie; le voilà bien mal parti face à une Papauté qui, baignant toujours dans son mystère, ne dévie pas d'un pouce de la fin qu'elle poursuit, ne se souciant en rien des engagements qu'elle prend, jouant en artiste sur les apparences de rationalité et de générosité des constructions juridiques auxquelles elle participe, éprouve probablement à « négocier sans cesse » avec nous – la « large utilisation de la méthode des pourparlers », comme dit l'Encyclopédie soviétique – la même délicate jubilation qui doit s'emparer d'un bandit de grand chemin lorsqu'il se voit confier la subtile tâche de voler un aveugle à la sortie d'une église.

« N'est négociable que ce qui ne leur appartient pas », aurait constaté Kennedy après avoir rencontré Khrouchtchev, mais plutôt que de rabâcher la formule, c'est à se demander s'il valait la peine de faire le voyage à Vienne pour parvenir à une évidence aussi éclatante : comment la Papauté pourrait-elle bien négocier avec des infidèles du lumineux royaume des croyants? Et, tant qu'à faire, ne serait-il pas préférable d'élargir l'aphorisme du contenu de la négociation à sa véritable portée : « Aucune négociation ne saurait porter la moindre atteinte à la divine mission de conversion confiée par le Dogme à la Papauté »? Et de proclamer haut et fort cette règle d'or de la nouvelle diplomatie des Grands Prêtres : « Toute négociation doit servir la propagation de la nouvelle foi sur terre »?

* Faut-il rappeler que, fort sagement, l'administration Eisenhower n'a signé aucun engagement en 1954 à Genève? Prenant acte des accords conclus, elle a eu la prudence d'indiquer que leur violation serait considérée *with grave concern* et « comme de nature à menacer sérieusement la paix et la sécurité internationale ».

Malheur à tous ceux qui ignorent, négligent ou oublient cette vérité première! Malheur à Roosevelt – malheur, plutôt, aux peuples de l'Europe de l'Est – qui a cru que Staline pourrait, après la croisade commune entre le nazisme, ne pas procéder à la conversion des terres occupées par ses armées, mais construire à Yalta une « société internationale » généreuse et fraternelle! Malheur à Nixon, Kissinger et autres Sonnenfeldt – malheur, plutôt, aux peuples d'Indochine et d'Angola – qui ont cru que les avantages offerts aux « Russes » dans une négociation globale pourraient inciter les Grands Prêtres à faire preuve de « retenue » – malheur aussi à Carter qui bêlait que la « détente » n'était pas divisible –, pourraient bien les conduire à ne pas entreprendre et achever les conversions que les victoires locales des nouveaux croyants offraient à leurs délicates mains!

De la diplomatie comme adjuvant de la force, te serviras.

Et c'est ainsi que les négociations de Yalta après la Seconde Guerre mondiale, que les négociations de Genève après la chute de Diên Biên Phu, que les négociations de Paris, que les « sommets » lors du désengagement américain du Sud-Vietnamien ont, grâce au double sens des mots et des concepts, grâce à la confiance de l'Occident dans les constructions juridiques, pacifiques, rationnelles et harmonieuses, servi d'adjuvant fort efficace au recours à la force pour imposer la parti-étatisation. Tant il est vrai que la force devient d'autant plus efficiente que l'une des parties concernées, s'installant dans l'idée que celui qui détient la force va tenir l'engagement – pour lui inexistant – de ne pas s'en servir, se ligote ainsi *de facto* les mains dans le dos.

Entrons plus loin dans le système de pensée des Grands Prêtres. La conversion et la parti-étatisation sont leur unique mission, leur seule préoccupation. Or le Dogme enseigne – et la connaissance pratique le confirme – que la conversion se heurte non seulement à la « contre-révolution » nationale, mais aussi à l'« intervention étrangère ». Or la connaissance objective indique que la conversion et la parti-étatisation nécessitent le plus souvent le recours à la force militaire, soit d'un vassal – Chine, Vietnam –, soit – Europe de l'Est – de la Papauté elle-même. Or si Staline a eu l'immense mérite de découvrir les irrésistibles effets de la force quand elle est absolue, l'intensité de sa psychose – de sa foi –, la puissance de sa révulsion devant les États-nations impérialistes, le traumatisme causé par la mauvaise tournure prise par le pacte germano-soviétique ne lui ont pas permis – malgré tous les avantages qu'il a obtenus à négocier à Yalta avec un Occident qui l'avait, lui, pris en amitié – d'aller jusqu'à l'aboutissement logique de sa trouvaille. Un nouveau – et décisif – pas en avant ne sera effectué – l'Histoire est un lent mûrissement – que par le bon M. Brejnev et l'excellent M. Gromyko : à savoir que toute force – et tout particulièrement la force absolue qui ne saurait, comme l'a découvert le bouillonnant Khrouchtchev au cours de la tentative malheureuse d'installer des fusées offensives à Cuba, être construite sur la seule recherche de la supériorité en hommes et en armements – devient d'autant plus forte que l'adversaire contre lequel elle est employée – en l'occurrence l'Occident impérialiste – a été –, par l'influence exercée sur ses dirigeants, par la désinformation de ses élites et de son opinion publique, par la mobilisation de ses masses et l'« utilisation » des organisations internationales, par le chaud et froid des menaces et des offres d'amitié, par la signature de traités mirobolants mais ne liant, grâce au double sens des mots, qu'une seule partie – a été donc affaibli, sapé, déboussolé moralement.

Sur le désarmement sans soif, négocieras.

Selon le divin Message, la Papauté n'est-elle pas porteuse de paix, de sécurité, d'amitié et de désarmement général? Les infidèles ne sont-ils pas – bizarrement englués dans la satisfaction des désirs de leurs citoyens et dans d'incompréhensibles considérations de rationalité économique quand ils ne sont pas, tout simplement tenaillés par la peur des armes nucléaires – attirés par ce thème dont ils pensent, pauvres sots, qu'il est l'antichambre de la paix? Derrière son hermétique rideau de fer, protégée par le secret qu'elle sécrète comme l'araignée la toile, la Papauté – qui n'a pas à se soucier de son opinion publique, qui ne sait pas et ne veut pas savoir ce que peut bien être la rationalité économique, qui garde à l'égard des armes nucléaires un sang-froid d'acier – ne peut-elle prendre aisément avec les engagements qu'elle signe – et malgré la technologie moderne des surveillances aériennes, électroniques et de radiations – tous les accommodements qui lui paraissent nécessaires pour servir au mieux un « prolétariat » toujours menacé? Et le désarmement des infidèles n'est-il pas un but privilégié entre tous, car la force ne peut devenir absolue que sur l'humus de la faiblesse quantitative et qualitative du système d'armements de celui sur lequel on veut pouvoir l'exercer un jour?

Sur un sujet qui soulève en Occident tant de passions et d'émotivité, une méditation sereine des textes sacrés n'est pas inutile :

Affirmation nº 1 des théologiens : La diplomatie « sert les intérêts des classes dirigeantes (dans les États socialistes – les intérêts de tous les travailleurs) » (Article : *Diplomatie.*) Définition théorique qui peut être illustrée, entre autres, par un exemple pratique : « La lutte sur l'arène (*sic*) internationale entre d'un côté les forces du socialisme et de la démocratie, de l'autre côté les forces de l'agresssion et de la réaction impérialistes se déroule sous des formes spécifiques également à l'ONU. » (Article : *Organisation des Nations Unies.*)

Affirmation nº 2 : « Dans une société divisée en classes antagonistes – situation constatée, si je sais bien lire, dans l'affirmation nº 1 –, l'idée du désarmement a été utilisée par les classes gouvernementales *pour des manœuvres politiques, pour l'affaiblissement militaire des adversaires, pour la dissimulation des mesures d'accroissement de votre propre potentiel militaire.* » (Article : *Désarmement.*).

Dédié aux négociateurs de Salt.

Des infidèles, la neutralisation de droit, tu rechercheras.

Extrait de l'article encyclopédique *Accords soviéto-finlandais* : « Le traité de paix (10.2.1947)... autorisa la Finlande à posséder des forces armées limitées et détermina des limitations dans le domaine de la technique militaire et des expérimentations. » Extrait de l'article *Accords soviéto-autrichiens* : « L'accord gouvernemental sur le rétablissement d'une Autriche indépendante et démocratique (1955) entre l'URSS, les États-Unis, la Grande-Bretagne et la France, la loi prise par l'Autriche relative à la neutralité permanente (26.10.1955) créèrent les bases pour une coopération multiforme entre l'URSS et l'Autriche. »

Lectures à ne pas effectuer seulement pour leur intérêt historique mais aussi comme ébauches d'arrangements futurs.

Dédié à Willy Brandt et autres Egon Bahr.

A défaut de la neutralisation de droit, pour la neutralisation de fait des infidèles, tu œuvreras.

Il ne faut pas rêver, Rome n'a pas été bâtie en un jour, la neutralisation de droit ne peut découler que – une guerre mondiale gagnée dans les deux exemples précédents – de « circonstances » internationales exceptionnellement « favorables » mais, dans le système de pensée des Grands Prêtres, le problème ne peut que rester inchangé : il n'y a, pour la Papauté, de bon infidèle – tant qu'il n'a pas été converti à la vraie foi – que l'infidèle qui a été neutralisé et qui, désarmé, ligoté par des traités, contesté par ses « masses », condamné par l'opinion publique internationale, assiste impuissant, la tête embrumée et les mains entravées dans le dos, à la glorieuse chevauchée des apôtres de la nouvelle foi de par le vaste monde.

Yalta n'a pas été le cynique « partage du monde » entre deux monstres glacés, mais une neutralisation de fait de l'Occident devant la conversion de l'Europe de l'Est par Staline. Paris et les sommets nixoniens n'ont pas voulu livrer la malheureuse Indochine aux « communistes », mais ont contribué à la neutralisation de fait de l'Occident face au soulèvement des nouveaux croyants au Vietnam du Sud et à l'invasion finale du Sud par le Nord. En soi, les accords de Paris n'ont rien de désastreux. Ce qui est désastreux, c'est l'ambiance de démobilisation générale – d'« optimisme scélérat », selon, l'expression d'Heidegger – qui a accompagné le retrait des forces américaines. Ce qui est désastreux – et qui rappelle Yalta, dont la mythologie de « partage du monde » ne se serait jamais développée s'il n'y avait pas eu effectivement l'acceptation non avouée de laisser les mains libres à la Papauté –, c'est la croyance de Kissinger que « Hanoi pourrait être tenté par une aide économique ». Ce qui est désastreux – et qui rappelle Yalta – c'est l'illusion de Kissinger que « nous pourrions user de nos relations avec Moscou (...) pour contenir Hanoi », que « nous avions construit une base nouvelle pour des relations stables avec l'Union soviétique grâce (...) à un ensemble convenu de règles internationales [19] ». *(Sic.)*

Comment un renard – et pourquoi, d'ailleurs, perdre son temps à lui reprocher de ne pas le faire? – pourrait-il changer : sa nature est de piller les poulaillers et d'égorger les poules et la seule chose qui se soit modifiée depuis 1917 est le rapport entre le renard et le fermier occidental. Lénine a pratiqué la « politique de la main tendue » consistant à demander aux paysans de tolérer l'existence du prédateur. Dialecticien inflexible, issu de l'exacerbation de la psychose, Staline, lui, a conclu – même si le brave paysan, dans un moment bizarre de relâchement, lui a confié, pour un instant, les clés d'une partie de la ferme – à l'inévitabilité de l'affrontement entre le fermier et le renard. Brejnev – et l'homme restera, je le crois, comme l'un des grands papes de la nouvelle religion – a fait un immense pas en avant : la « détente » est, grâce à une neutralisation distillée de sommet en accord de désarmement, de Salt en conférence d'Helsinki, la politique du poulailler - Vietnam, Angola, Afghanistan - laissé grand ouvert *.

De patience, preuve tu feras.

Toutes ces pratiques relevant, les unes - influence, désinformation, agitation et organisation des masses - des organismes spécialisés du Parti et des « organes » qui démultiplient l'efficacité des TFP et leur préparent le terrain; les autres - accords et négociations, menaces et promesses, rideaux de fumée juridiques - d'une diplomatie d'État que je n'ose pour autant qualifier de traditionnelle, tous ces objectifs d'affaiblissement, de désarmement matériel et moral, de neutralisation de droit ou de fait, neutralisation soudaine - Yalta - ou distillée - « détente » -, ne peuvent être réalisés - dans un domaine rebelle à la logique où pratiques et objectifs se chevauchent, s'adaptant éternellement à la situation objective et à l'état de l'adversaire - qu'avec le temps. Mais qu'importe puisque, pour réaliser les prévisions du Dogme, la Papauté raisonne en siècles, alors que l'Occident, lui, recherche des satisfactions et des soulagements immédiats.

Car le vrai problème est bien là. Ce ne sont pas les pratiques de la Papauté face à l'Occident qui sont particulièrement efficientes. Ce ne sont pas ses « diplomates » et hommes d'État qui sont particulièrement habiles. Ce ne sont pas son savoir-faire, sa ruse et sa ténacité en matière de diplomatie qui ont amené la Papauté des abîmes de Brest-Litovsk aux sommets de Yalta, de Helsinki et de Salt. C'est l'Occident lui-même, qui s'est toujours passé au cou la corde que les « travailleurs du front de politique extérieure » ne lui tendaient qu'avec un manque d'originalité et d'invention à vrai dire assez déplorable.

Des dangers mortels de la séduction

Souvenons-nous.

Face à l'Allemagne de Guillaume II, emportée par l'ascension aux extrêmes de la violence guerrière, le « Décret sur la Paix » et le traité de

* Pour une fois, sur un point aussi important, je vais déroger à la règle que je me suis fixée de ne citer que des textes soviétiques ayant acquis une valeur théologique et qui, si l'Occident s'en donnait la peine, lui seraient d'un accès facile.

Primo. Le très officiel recueil *Paix et Désarmement* publié à Moscou en cinq langues par le « Comité scientifique d'investigation des problèmes de paix et de désarmement » fait preuve d'une jubilation peu habituelle en ces sévères milieux : « Il faut rendre ce qui est dû à Nixon et à son administration » (Rendons à César...). « Ils ont su s'élever au-dessus des habituels et limités clichés anticommunistes » (On ne savait pas M. Nixon aussi libéral). « Ils ont compris qu'il fallait s'entendre; autrement ce serait trop tard. *Ainsi commença la détente* [20]. »

Secundo. Les propos attribués à Leonid Brejnev par l'analyste britannique Brian Crozier, et confirmés par William Beecher du Pentagone, semblent bien être puisés auprès de sources particulièrement fiables des services de renseignements occidentaux : « Nous parvenons à obtenir avec la détente, aurait affirmé Brejnev à la réunion des PC d'Europe de l'Est tenue en 1973 à Prague, ce que nos prédécesseurs ont été incapables de réaliser par le poing de fer... Nous avons été à même, en une courte période, d'accomplir par la détente plus que ce qui a été fait pendant des années de confrontation... [21]. »

Brest-Litovsk n'ont pas été des triomphes. Face à l'Allemagne de Hitler, travaillée par l'expansionnisme militaire, le pacte de non-agression de 1939 – et Dieu sait pourtant si Ribbentrop était un imbécile – n'a été qu'un marché de dupes. Et même en écartant ces souvenirs odieux d'États-nations belliqueux pour en arriver à nos Nations-États modernes, épris de paix et de prospérité, face à l'Amérique de Truman, habitée par la volonté du *containment* et à une Europe de l'Ouest attachée à la survie de sa liberté, face à l'Amérique de Reagan – et même à la France de Mitterrand – qui a apprécié le vrai prix de la « détente », la Papauté ne peut s'enorgueillir d'aucun véritable et foudroyant succès.

Mais dès que s'estompent les effets de ces crises – toujours provoquées par la Papauté, mais typiquement qualifiées par nous, comme si nous en étions également responsables, de « guerre froide », de « tension » dans les « rapports Est-Ouest » –, dès que s'atténuent la lucidité et la vigilance, c'est l'Occident lui-même qui, par sa croyance dans la négociation miracle et par sa confiance dans les grandes constructions juridiques, pacifiques, rationnelles et fraternelles, permet aux « travailleurs du front de politique extérieure » de remplir leur impossible mission d'affaiblir et de pousser dans la tombe quelqu'un qui, par sa puissance économique, ses progrès sociaux, ses possibilités militaires, se porte pourtant à merveille.

Car la catastrophe de Yalta – qui s'est produite à un moment où la puissance américaine était à son zénith – ne s'explique pas par le volume de renseignements obtenus par Staline – grâce à Philby, Burgess, Mac Lean, Fuchs et consorts – sur les intentions et les possibilités de Roosevelt et Churchill, ne s'explique pas par l'influence exercée par Alger Hiss ou par une campagne grandiose de « désinformation », par l'habileté diplomatique de Staline et de Molotov – dont l'ignorance du « jeu inter-étatique » était totale –, mais, face à des Grands Prêtres qui désiraient plus que jamais poursuivre la réalisation de la sainte mission de conversion dont ils étaient investis et qui avaient appris chez leur maître Lénine, à défaut des subtilités des Chancelleries, la sinistre règle de *Kto kogo*? Qui dévorera qui? Cette catastrophe donc ne s'explique que par un soudain et total effondrement moral de l'Occident qui, après l'effort de la croisade antinazie, voulait vivre une époque de paix, désirait savourer une période consacrée exclusivement à la prospérité économique. C'est l'Occident donc qui s'est *auto-influencé,* c'est l'Occident qui s'est *auto-désinformé,* c'est l'Occident qui, dans une prodigieuse poussée d'*auto-neutralisation,* a rédigé les traités qui lui convenaient, y faisant figurer les clauses qui le rassuraient – discuter d'élections libres avec un Staline! – en se convainquant que la Russie, État-nation comme les autres, que Staline, dictateur comme les autres, que Molotov, diplomate comme les autres, tiendraient – selon le mode d'intérêt et d'action propre aux États-nations et à leurs classiques dirigeants – leurs engagements.

Et la mystification de Genève et la mystification de Paris – malgré le précédent de Yalta! – ne s'expliquent pas par des agents d'influence et de désinformation, par le talent de nouveaux Metternich ou de nouveaux Talleyrand, mais par la volonté de la France, puis de l'Amérique, de mettre un terme définitif à des guerres considérées comme perdues ou trop lourdes.

Et la mystification de Salt ne s'explique, elle aussi et en dernière analyse, que par la volonté plus que légitime des États-Unis d'atteindre à la maîtrise des armements nucléaires et de procéder à cette fin – ce qui est, déjà, bien plus discutable – à un désarmement unilatéral de fait, mais bien plus rassurant et acceptable s'il était paré des illusions de la bilatéralité.

Attention. Je ne prétends pas qu'il soit absolument inutile et toujours nuisible de négocier avec la Papauté. Certaines circonstances extérieures – essentiellement provoquées d'ailleurs par la fermeté de l'Occident, comme après la guerre de Corée ou après la crise des fusées de Cuba –, certaines circonstances intérieures peuvent obliger les dirigeants du Saint Empire marxiste-léniniste à changer tant les méthodes que les points d'application de leur effort de parti-étatisation. En revanche, les Grands Prêtres ne peuvent en rien renoncer à la mission de conversion que leur confie le Dogme : aucun changement de direction, comme l'Occident l'a pensé après la mort de Staline et avec l'apogée du débonnaire Brejnev, ne leur permet de conclure des accords sincères avec le Satan capitaliste, aucune considération de rationalité économique ne peut leur faire abandonner la recherche de cette force absolue – et de son corollaire, l'affaiblissement moral et diplomatique de l'Occident –, qui seule permet de réconcilier les fantasmes du Dogme et la réalité.

Je n'affirme en rien non plus que les guerres d'Indochine – la désastreuse guerre coloniale française, l'intervention américaine mal pensée et mal expliquée – auraient dû être continuées *ad vitam aeternam :* prendre systématiquement le contre-pied de ce qu'on pense être la volonté des Grands Prêtres est une autre façon d'entrer dans leur paranoïa. Je ne proclame pas que la maîtrise des armements ne doive pas – malgré les difficultés posées par un partenaire adepte de la force absolue et ne connaissant que l' « économie de guerre » – ne pas être recherchée.

Ce que j'affirme c'est que la progression sur tous ces points – diplomatie, limitation du recours à la force, maîtrise des armements – ne peut se faire que si l'Occident a le courage de déterminer lui-même ce qui est raisonnable et juste et de prendre toutes les mesures nécessaires, diplomatiques, économiques et militaires, pour que ce rationnel et ce juste soient forts *. Ce que j'affirme c'est qu'il serait hautement dangereux, pour notre survie d'hommes et de peuples libres, de continuer à nous nourrir d'illusions sur la « politique étrangère » de la Papauté, de ne pas prendre en compte sa volonté de convertir le monde à sa foi, la constance de ses efforts pour affaiblir et neutraliser par tous les moyens disponibles – et notamment par l'utilisation de nos aspirations à des « relations internationales » harmonieuses et pacifiques – le menaçant « royaume des infidèles » que nous ne cesserons jamais d'être à ses yeux. Ce que j'affirme, c'est qu'il serait suicidaire de continuer à croire – la nouvelle Papauté étant ce qu'elle est – que des négociations miracles, fondées sur une rationalité et des aspirations que les Grands Prêtres ne partagent en rien, pourraient aboutir

* C'est là, entre autres et grâce au quasi-monopole procuré par l'avance technologique américaine, l'un des nombreux avantages de la création d'un système spatial de défense proposée par l'administration Reagan au vu de l'impressionnant travail du groupe *High Frontier.*

C'est là – en sens diamétralement inverse – ce que l'Amérique, épuisée par une guerre mal comprise et mal livrée, n'a pas fait après les accords de Paris.

à des constructions juridiques, diplomatiques, militaires, morales, génératrices de paix et de progrès.

Une vie passée à écouter le discours d'hommes qui sont ou se prétendent d'État m'a incliné à accorder plus d'attention aux timides balbutiements par lesquels les peuples expriment – chansons, plaisanteries, proverbes – leur réaction à la façon dont les faits de la vie et de l'Histoire les écrasent et les modèlent. Ainsi l'admirable *Chansonnette de ma vie* du chanteur dissident Boulat Okoudjava qui, par son parallèle entre l'amour, la tromperie et la guerre, fit fureur à Moscou dans les années soixante-dix, me paraît particulièrement révélatrice – *Comme le premier amour brûle le cœur (...) La première tromperie, tel un brouillard sur l'aube* – des réactions ambiguës du peuple russe avec sa nouvelle foi.

Notre premier amour, à nous Occident – la première tromperie –, avec la Papauté, à la suite de ce que nous avons ressenti comme une croisade commune contre le nazisme, notre premier amour du travesti qui nous propose les séductions de la paix, de l'amitié, de la coopération, du désarmement, alors que sa vision de ces valeurs implique la totale disparition de ce que nous sommes – disparition qui, ne se produisant pas selon le fouillis de son délire logique, le précipite dans les abîmes de la paranoïa – a coûté – les noces rouges de Yalta – la liberté à nos frères de l'Europe de l'Est.

Notre deuxième amour du travesti paranoïaque de la Papauté – après les amourettes de « l'esprit de Genève » qui se sont conclues par l'édification du sinistre mur de Berlin, après les rencontres galantes de Vienne conduisant à la tentative de s'approcher de la force absolue par l'installation de fusées offensives à Cuba –, culminant dans la « détente » organisée par ces utopistes de l'État-nation qu'étaient Nixon et Kissinger, poursuivie par cet utopiste des droits de l'homme qu'était Carter, le tout sur une gigantesque erreur de jugement de cet homme du XIXe siècle qu'était le général de Gaulle, nous a coûté – La *deuxième tromperie / Ivre, j'ai chancelé,* chante Okoudjava – non seulement la parti-étatisation du Vietnam, de l'Angola et de l'Afghanistan par un usage éhonté de la force, mais a porté atteinte aux forces les plus vives de l'Occident qui a perdu dans ces ébats douloureux une supériorité militaire, dont il ne se sert, d'ailleurs, en rien à des fins impérialistes, mais uniquement pour garantir sa sécurité et sa survie.

Attention donc au troisième amour, à la troisième tromperie. *Plus noire que la nuit, / Plus terrible que la guerre,* chante Boulat Okoudjava. Concocté par un Mondale, par un néo-Kissinger ou par un Willy Brandt, applaudi par nos collaborationnistes « conservateurs » européens, ce troisième amour pourrait se dérouler à un moment où les plus plausibles scénarios de guerre nucléaire font entrer en ligne de compte la faiblesse morale de l'Occident, à un moment où la supériorité militaire de la Papauté permettant l'écrasement de la force de « première frappe » américaine, les États-Unis pourraient être placés devant le dilemme terrifiant de la capitulation ou de la destruction – à partir des vecteurs épargnés et, notamment, des sous-marins nucléaires et des bombardiers en vol – de cités soviétiques qui, elle-même entraînerait la destruction des cités américaines; à un moment où l'anéantissement par les SS 20 et leurs dérivés de tout l'appareil militaire de l'OTAN ne laisserait – en cas de retrait ou d'arrêt du déploiement des Pershing américains en Europe – que le choix entre la capitulation – toujours elle! – ou une encore plus ridicule et encore plus improbable attaque – par la « bombinette » française! – des cités russes.

Certes, et à moins d'un coup de folie, aucun stratège – *La première guerre n'était la faute de personne / La seconde guerre était la faute de quelqu'un. / Mais la troisième guerre ne sera que ma faute...* – ne se résoudrait aujourd'hui à un tel risque. Mais demain? Mais après-demain quand un nouvel amour, quand une nouvelle tromperie, quand une nouvelle « détente », nous auraient encore plus affaiblis moralement? L'Occident est bien passé en quelques décades de la volonté – bien faible et incomplète – de détruire dans l'œuf la nouvelle religion aux noces rouges de Yalta, du sacrifice de l'Europe de l'Est aux embrassades de Salt.

Car, inutile de nous leurrer plus longtemps, amoureux nous sommes. Est-ce la fascination séculaire des Français – Voltaire, Diderot et Catherine II, Tilsit et la Moskova – pour les Russes qui ont mis un terme à leur déferlement sur l'Europe? L'attrait des Germains pour les Slaves et leurs immenses espaces? L'aboutissement du fantasme né en Angleterre, épanoui en France et en Europe continentale, des bienfaits de la déesse Révolution? Le couronnement du rêve d'action de l'homme sur l'homme, ébauché par Marx en Angleterre et en Allemagne au vu de leurs concentrations ouvrières et appliquant à l'*homo occidentalis* les illusions des Lumières, de la Science et du Progrès? La déformation de valeurs qui nous sont chères et dont nous ne voulons pas – la nouvelle religion est, qu'on le veuille ou non, notre enfant – voir le sinistre rictus, obnubilés que nous sommes par leurs lumineux prémices : aucun parent ne renie totalement sa progéniture? Ou, pour l'Amérique, autre enfant de la civilisation européenne, issu de la même souche mais ayant suivi un cours radicalement différent – Raymond Aron avait donné aux dernières pages inachevées qu'il a écrites le titre de « frères ennemis » [22], formule extrêmement dangereuse si elle devait exprimer l'idée, fréquente en Occident, qu'il existerait une interdépendance morale entre les deux « super-puissances * », mais qui ne deviendrait exacte que si, en établissant une filiation, on précisait bien que la Papauté n'a, à l'égard de la liberté d'action américaine sur les choses, que l'approche de Caïn à l'égard d'Abel – et qui, comme tel, est plus prémuni contre toutes les folies de sa vieille mère l'Europe, non réalité de l'amour mais amour de l'amour, chimère sur les effets bénéfiques que pourrait exercer l'amour s'il gouvernait – ô utopie – le monde?

Est-ce parce que le travesti paranoïaque nous propose une caricature pervertie de ce que nous sommes et rêvons d'être ou parce que nous voulons, à tout prix, connaître enfin – après des siècles de massacres – la rationalité et l'harmonie? Une Égypte, n'ayant connu aucun lien avec la

* Il existe, bien entendu, des points de rencontre obligés – économiques, politiques, stratégiques – dus à la cohabitation sans guerre, mais ces points de rencontre – marginaux – ne devraient pas nous entraîner à amener la Papauté au cœur de notre système de pensée et d'action. Ce n'est pas parce que les États-Unis exportent des céréales en Union soviétique qu'ils doivent, pour autant, lui livrer de la technologie de pointe, immédiatement investie dans le système d'armement. Etc.

Russie, moins chargée d'illusions historiques, plus fruste dans ses aspirations vitales, a pu – et j'espère, pour lui, que ce sera le cas du tiers monde tout entier – chasser, dès qu'elle a découvert la vraie nature du travesti, son incapacité à donner la vie économique, sa volonté de détruire l'État-nation *, l'impétrant à grands coups de pied. Nous pas. Nous avons beau découvrir – hier, asservissement de l'Europe de l'Est grâce à Yalta; aujourd'hui, invasion de l'Afghanistan et sur-armement démentiel de la Papauté grâce à la « détente » – les actes réels que cachent les engagements de paix, de sécurité, d'amitié de la nouvelle diplomatie, mais ces constatations n'entraînent pas la « révision déchirante » que Churchill proposait à son peuple face à Hitler et, au bout d'un certain temps, une force irrésistible nous pousse à tout oublier, à tout pardonner, à nous jeter dans les bras grands ouverts de la Papauté pour reprendre avec elle notre vie – de plus en plus affaiblissante, de plus en plus dangereuse – de couple maudit.

Car ne nous leurrons pas : ce sont bien, en dernière analyse, nos amours contre-nature avec la Papauté qui sont responsables des soubresauts les plus dramatiques – Europe de l'Est, Vietnam du Sud, Afghanistan – d'un temps déjà comme cela assez terrifiant **.

* Bien qu'il ne faille pas toujours prendre au pied de la lettre les déclarations des polices des jeunes États-nations, il semble bien que le remplacement de Sadate par une équipe « vassale » était effectivement en cours de réalisation [23]. Plus on adopte une attitude ouverte et conciliante à l'égard de la Papauté et plus elle manifeste d'agressivité.

** « Réalisez-vous, me demandait un médecin de mes amis qui, au vu de la rupture entre les certitudes théologiques de la Papauté et sa connaissance objective du monde, m'a encouragé à explorer l'hypothèse de la paranoïa, ce qu'est la vie de couple avec un paranoïaque, les effets qu'exerce sur un paranoïaque l'amour qu'on a le malheur de lui porter? Une femme brisée et torturée entre dans mon cabinet. Elle dit d'une voix hachée : " Mon mari se porte mieux ", alors que le malade, emporté par son délire logique, a commis les actes les plus atroces. Car, faute d'une fermeté compréhensive, faute du refus de l'acte odieux combiné à l'écoute patiente de la justification, le paranoïaque, lorsqu'il bénéficie de l'amour, en profite – peut-être parce qu'il ne sait pas très bien, tiraillé entre son délire et les réalités du monde, qui il est – pour – et je cite ici mot pour mot les termes qui ont été employés par mon ami – " *envahir* l'autre ". Et il éprouve alors une impression de *détente.* »

Bien que je ne dispose d'aucune compétence particulière en la matière, j'ai choisi – en raison, uniquement, de l'importance de l'hypothèse – de rassembler quelques idées sur ce que pourrait être effectivement la paranoïa des grands groupes humains (voir, en fin d'ouvrage, note p. 466).

XX

DE LA « COEXISTENCE PACIFIQUE »

Des trois erreurs à éviter pour comprendre la « coexistence pacifique »

Je ne parlerai pas de la « détente ». Je ne citerai pas les innombrables déclarations des Grands Prêtres sur ce qui constitue, pour eux, sa raison d'être – tel « le renforcement de la détente internationale est *indispensable à la progression de tous les détachements révolutionnaires* » du chef du Département international du KPSS. Je n'insisterai pas sur le fait – évident – qu'il ne s'agit là, pour la Papauté, non d'une fin mais d'un moyen au service de sa mission de conversion du monde à sa foi. Je ne rappellerai pas que le concept n'existe pas dans le Dogme – il ne figure pas dans l'Encyclopédie soviétique – et que le mot russe lui-même avait, à l'origine, un sens plus mécanique que politique ou émotif. Je n'enfoncerai pas une fois de plus le clou que c'est l'Occident lui-même – suivant en cela, semble-t-il, une formulation du général de Gaulle – qui a sécrété cette illusion dont la Papauté ne se prive pas maintenant de jouer contre lui *. Et

* La dialectique qui consiste, à partir d'une situation objective donnée – toujours créée par la Papauté qui, religion de l'action de l'homme sur l'homme, non seulement choisit les objectifs qu'elle poursuit, mais impose le cadre dans lequel elle se propose de les réaliser –, la démarche qui consiste à barioler cette situation objective de fantasmes et d'illusions – ce qui permet aussitôt aux Grands Prêtres de récupérer ces chimères pour agir, en retour et selon leur vocation, sur les aspirations des masses

paraît, hélas, congénitale à l'Occident.

Telle la « guerre froide ». Les initiatives brutales de Staline, la volonté de la nouvelle religion, dans ce stade d'exacerbation de sa psychose, de chercher non la « coexistence pacifique » mais l'affrontement avec le « capitalisme » ayant entraîné en Occident la volonté inverse de contenir l'expansion par la force militaire de la nouvelle religion, les crises et tensions qui s'en sont suivies – crises et tensions sans lesquelles c'est toute l'Europe de l'Ouest, c'est toute la Corée, voire le Japon et l'Asie du Sud-Est qui connaîtraient aujourd'hui le sort joyeux de la Pologne ou du Vietnam – ont été baptisés – je crois par le financier américain Baruch – de « guerre je n'aurai pas la cruauté de rappeler ce qu'a rapporté au Saint Empire marxiste-léniniste cette auto-neutralisation de fait de l'Occident : l'invasion du Vietnam du Sud, la conquête de la supériorité militaire, la parti-étatisation de l'Angola – et, dans une moindre mesure, celle de l'Éthiopie, du Yémen du Sud et du Nicaragua –, la « normalisation » de la Pologne, l'invasion de l'Afghanistan. Je me contenterai de renvoyer, une fois de plus, aux mots qui, ai-je dit et redit, ne mentent jamais : « Expansion, précise le *Robert* dans un de ces fourmillements de synonymes qui font sa renommée : " *Voir Détente* ". »

Oui. Il n'est que temps de nous débarrasser de toutes les scories sécrétées par nos chimères, afin de découvrir enfin, gravé dans le bronze des textes sacrés – « cimenté », diraient les théologiens –, le point précis du Dogme, proclamé en 1956 au XXe Concile – pardon : au XXe Congrès – qui a servi de point de départ à nos monstrueuses divagations.

« Coexistence pacifique » ! Quoi de plus doux à nos oreilles de démocrates faisant confiance au débat des idées, quoi de plus réconfortant pour nos esprits rationalistes épris de paix et œuvrant pour la prospérité économique et sociale de tous, que le remplacement des « confrontations guerrières » – telle est l'une des définitions de l'Encyclopédie – « par la compétition économique, la confrontation des systèmes politiques, des systèmes et modes de vie, l'opposition des idéologies » ? Qu'un Gorbatchev, tranchant par sa cinquantaine dynamique avec les gérontocrates moribonds du Politburo, reprenne le couplet, et nos cœurs – oubliant la Pologne, oubliant l'Afghanistan, oubliant les SS 20, oubliant que la « détente » fut effectivement une expansion – frétillent comme des gardons.

Hélas ! Que valent les apparences face à la réalité ? Que vaut la rationalité face au délire de la démence ? De quel poids pèse l'esprit éclairé et pacifique face à l'obscurantisme de la religion ? Car faut-il que soient tenaces nos illusions, immense notre lâcheté, gigantesques nos facultés d'oubli, incommensurables l'ignorance et la légèreté du général de Gaulle, de Nixon et de Kissinger – voire de Margaret Thatcher après sa réception à Londres du sémillant Gorbatchev – pour que personne en Occident ne se donne même la peine de prendre connaissance des explications pourtant d'une limpidité cristalline, sans recours excessif à la « langue de bois » comme chaque fois qu'il est question non de « théorie » mais de pratique, que les Grands Prêtres ont l'extrême bonté – et visiblement l'extrême

froide » – terme émotif, rendant compte des sentiments et frayeurs éprouvés mais nullement des réalités. Si cette confrontation n'eut rien de « froid » ni à Berlin ni en Corée, ni en Grèce, aux Philippines et en Malaisie, ni même dans les manifestations insurrectionnelles françaises, la guerre, en tant que recours systématique à la violence armée des États dans un processus entraîné vers les extrêmes, n'était pas, en effet, au rendez-vous.

Et c'est ce terme flou, imprécis, qui a été aussitôt récupéré par la Papauté – « terme, précise l'Encyclopédie, utilisé largement (...) pour caractériser la politique réactionnaire et agressive des milieux de l'Occident par rapport à l'Union soviétique et aux autres pays socialistes ainsi qu'à l'égard des peuples luttant pour l'indépendance nationale, la paix, la démocratie et le socialisme » –, est utilisé par les Grands Prêtres qui, jouant sur les frayeurs émotives qu'il suscite, rendent responsable de ses maux l'Occident, invoquent et brandissent son spectre à l'occasion de tout refus occidental de ne pas accepter passivement l'expansion de la nouvelle religion. Le « retour à la guerre froide » devient ainsi, dans l'argumentation des Grands Prêtres, l'alternative à la neutralisation de fait.

plaisir propre aux bons artisans parlant de leur métier – de donner abondamment de leur nouveau Dogme.

Car l'Encyclopédie brejnévienne est formelle : « La coexistence pacifique est *une forme de la lutte des classes entre le socialisme et le capitalisme dans l'arène internationale* » – sa première « spécificité » (nous rencontrerons la seconde plus tard) étant que « la lutte se déroule entre classes dirigeantes qui disposent chacune de la totalité du pouvoir politique ». Ce qui n'est guère rassurant quand on sait l'exacerbation que donnent les nouveaux croyants à cette lutte sans même que le « prolétariat » dispose de la totalité du pouvoir.

Et, pour que nul ne s'y trompe, 145 lignes sur 450 identifient, avec une complaisance dont on peut seulement regretter que l'Occident n'en tire un meilleur profit, les « conceptions contredisant la compréhension correcte de la coexistence pacifique ».

Que MM. Pisar et autres Giscard ouvrent bien leurs oreilles de technocrates :

« Un groupe d'idéologues bourgeois (ainsi que des sociaux-démocrates et des révisionnistes) (...) considère la coexistence pacifique comme un chemin vers l'extinction de la lutte politique entre le capitalisme et le socialisme, vers une convergence progressive des deux systèmes. De telles opinions se révèlent, dans le meilleur des cas, *utopiques.* »

Il est difficile d'être plus clair : de l'avantage de parler de ce que l'on connaît.

Et, bien qu'une deuxième erreur à ne pas commettre d'après la charitable Encyclopédie vise « différents points de vue gauchistes », et Nixon et Kissinger, qui sont pourtant du genre réactionnaire, pourraient – un peu tardivement, il est vrai – en tirer un sain profit :

« L'expérience historique prouve que la coexistence pacifique *non seulement ne freine pas le processus révolutionnaire mais, au contraire, le stimule* » (...)

« Menant la *politique* de coexistence pacifique – gravez dans vos mémoires le recours inhabituel au concept de la *politique* –, en l'*imposant* à l'impérialisme – je dis bien : en l'imposant –, les pays du socialisme créent les conditions favorables pour un développement rapide de leur économie, pour un progrès tous azimuts des rapports sociaux socialistes. »

Ah, les braves gens, préoccupés d'accroître, grâce à la « détente », le bien-être de leurs concitoyens ! Ah, la noble tâche que nous poursuivons en leur consentant des crédits, en palabrant avec eux, en leur livrant des céréales, des usines et de la technologie ! Hélas ! De nouveau, dès la phrase suivante, l'explication tombe : « Plus fort est le système mondial du socialisme (...), *plus larges sont les possibilités pour le soutien (...) des mouvements révolutionnaires.* »

Bravo, monsieur Nixon ! Bravo, docteur Kissinger ! En aidant l'économie soviétique, en valorisant sur la scène internationale la légitimité de ses chefs au lieu de les laisser s'empêtrer – puisqu'ils le veulent, puisque leur peuple l'accepte – dans la stérile stupidité de leur Dogme, vous avez bien œuvré pour la parti-étatisation de ce Vietnam pour lequel vous sacrifiez des vies américaines et que vous vouliez – je l'espère pour vous – sauver.

Quant à la troisième erreur à éviter – commise par l' « aile droite de l'idéologie bourgeoise », qui présente la coexistence pacifique comme une

« ruse » ou une « manœuvre tactique » –, elle vaut le détour car elle barbote avec délices dans la tarte à la crème chère aux scolastiques : l' « exportation de la révolution ».

En gros le raisonnement est le suivant. « La stratégie *(sic)* du socialisme (...) refuse l' " exportation de la révolution ", c'est-à-dire l'imposition artificielle et par la violence de transformations révolutionnaires à tel ou tel pays. » Merci, chef, vous êtes vraiment trop bon ! On apprend d'ailleurs tout de suite les raisons de cette mansuétude : l' « exportation de la révolution » n'est ni rentable ni même réalisable. Et les Grands Prêtres – après avoir réaffirmé qu'en « refusant l' " exportation de la révolution ", le socialisme triomphant ne se coupe aucunement des mouvements de libération » – de déployer ce délicat humour qui fait leur charme lorsqu'ils parlent des pratiques où ils s'épanouissent tellement mieux que dans leur abracadabrante théologie :

« Il *faut,* disait Lénine, *aider* la révolution socialiste mondiale. » Mais il ajoutait aussitôt : « Il faut *savoir* l'aider » (*ibid.,* t. 35, p. 396).

Visiblement, Staline savait. Visiblement, M. Brejnev savait. Visiblement, Roosevelt et de Gaulle, Nixon et Kissinger, ignorant jusqu'à l'existence du problème, *ne savaient pas.*

Conclusion – évidente comme toujours :

« La *politique* de coexistence pacifique – j'insiste, de nouveau, sur l'emploi du concept *politique* – possède un caractère de compromis. Elle est fondée sur la recherche d'un équilibre raisonnable d'intérêts, d'accords acceptables réciproquement. Dans le cadre de tels accords, *chacune des parties s'efforce, naturellement, de défendre ses intérêts fondamentaux et de principe.* »

Comment en vouloir alors à une Papauté aussi franche et explicite – à condition, toutefois, bien entendu, de ne pas lui attribuer des « intérêts » relatifs à la prospérité économique et à la sécurité de ses citoyens dont elle n'a que faire – de défendre ses « intérêts fondamentaux et de principe », qui sont – aucune ligne des textes sacrés ne contredit ce point – la conversion du monde à/et selon son Dogme ?

« Le partisan de la révolution prolétarienne peut – écrit Lénine appelé à la rescousse par l'Encyclopédie pour mieux faire passer le message – conclure des compromis ou des accords avec les capitalistes. Tout dépend de savoir *quel* accord est conclu et *dans quelles circonstances.* C'est sur ce point, et seulement sur ce point, qu'il faut chercher les différences entre les accords *légitimes du point de vue de la révolution prolétarienne* et les accords de traîtrise et de trahison. »

Rendons cette justice aux Grands Prêtres : ni Staline à Yalta, ni Molotov à Genève, ni Brejnev, ni les dirigeants du Vietnam du Nord, ni les négociateurs de Salt n'ont jamais, « du point de vue de la révolution prolétarienne », signé des « accords de traîtrise et de trahison ».

Et ce sont les succès obtenus par tous ces braves gens, c'est toute la *printzipialnost'* qu'ils ont déployée – à propos, « du point de vue » de l'Occident et de la défense de ses valeurs de liberté, comment juger les accords signés par Roosevelt ou Richard Nixon ? – qui font que l'Occident affronte avec autant de difficultés et de dangers ce bouleversement majeur de la fin du XXe siècle quand, par la précision des vecteurs, par la démultiplication des ogives, par la limitation des radiations, le recours aux terrifiantes armes nucléaires n'est plus une impossibilité absolue.

Du spectre de la guerre nucléaire

Si donc la coexistence pacifique ne nuit en rien – bien au contraire – à la sainte mission de la conversion du monde, quelle est donc son originalité, l'« idée de manœuvre » qui inspire cette nouvelle forme de la « stratégie » du Saint Empire marxiste-léniniste? De nouveau, quittant les terres radieuses mais embrumées de la théologie, les Grands Prêtres sont, dans un domaine aussi solidement pratique, d'une revigorante limpidité.

« Coexistence pacifique, définit d'emblée la Grande Encyclopédie, type de rapports entre États aux ordres sociaux différents qui suppose : le refus de la guerre comme moyen de solution des questions conflictuelles entre États *. » Et la deuxième spécificité que nous avions laissée de côté de cette « forme de la lutte des classes sur l'arène internationale » précise : « Antagoniste dans son fondement, le conflit des deux systèmes socio-économiques opposés passe du plan des confrontations guerrières dans le cours – en russe, la note écologique est mieux perceptible – de la compétition économique, de la confrontation des systèmes politiques, des systèmes et modes de vie, de l'opposition des idéologies. »

De nouveau : alléluia! Quoi de plus rationnel, quoi de plus enrichissant pour l'homme et pour l'humanité, que la paix, que la rupture de l'alternance jadis fatale entre la politique et la guerre – alternance qui n'existe plus, je crois l'avoir démontré, dans l'Occident moderne?

Mais de nouveau : hélas! hélas! hélas! Replongeons dans les vapeurs sulfureuses du Dogme : trois évidences en émergent, qui devraient, bien plus encore que le fait nucléaire, bien plus que l'accumulation d'armes à la terrifiante puissance de destruction, bouleverser nos consciences de pacifiques démocrates.

Première évidence.

Ouvrons l'Encyclopédie. Cherchons l'article *Guerre.* Comme toute bonne opération militaire, il ne commence pas par des finasseries et des atermoiements, mais attaque, dès le départ, par une citation du Prophète :

« Dans le recours de la guerre, indiquait V. I. Lénine, la position fondamentale de la dialectique (...) est constituée par le fait que " la guerre est simplement le prolongement de la politique par d'autres (c'est-à-dire : de violence) moyens ". Telle est la formulation de Clausewitz (...). Et tel fut

* Si « la solution (des questions conflictuelles) par la voie de négociations » découle de la définition précédente, les autres caractéristiques de la « coexistence pacifique » sont moins typées : « l'égalité des droits, la compréhension réciproque, la confiance entre États, la prise en compte des intérêts de chacun, la non-intervention dans les affaires intérieures, la reconnaissance pour chaque peuple du droit de choisir librement son ordre socio-économique et politique – le Dogme postule que tous les peuples choisiront fatalement le communisme –, le strict respect de la souveraineté et de l'intégrité territoriale de tous les pays, le développement d'une coopération économique et culturelle sur la base d'une pleine égalité et de l'intérêt mutuel. » Je vous avais bien dit qu'en nouvelle civilisation on rase gratis.

précisément le point de vue de Marx et Engels qui examinaient toute guerre comme le prolongement de la politique des puissances intéressées – et des différentes classes à leur intérieur – à une époque donnée. » (*Œuvres complètes,* 5ᵉ éd., t. 26, p. 224.)

Nous avons suffisamment, au fil de ces pages, fait la chasse au concept flou et émotif, moral et rationaliste, de « politique » en Occident; nous avons suffisamment insisté sur le fait que les Grands Prêtres ne l'emploient pas, eux, à tout bout de champ afin de caractériser n'importe quoi, pour que nous puissions, maintenant, tirer toutes les conséquences de l'apparition – hautement inusitée, pratiquement unique – dans leurs analyses du concept « politique » accolé à la « coexistence pacifique ».

Primo. La coexistence pacifique n'est pas, comme nous le ressentons en Occident, une situation de fait. *C'est une politique,* destinée à servir – les citations ne présentent aucune ambiguïté – l'expansion mondiale du « socialisme ».

Secundo. Comme toute politique, elle tombe sous le couperet de la « position fondamentale » des textes sacrés : *sa poursuite est la guerre.*

Et puisque nous voilà, bien malgré nous, dans un domaine militaire, raisonnons comme on le fait dans les Écoles militaires françaises – démarche dont j'ai découvert toute l'utilité au contact du général de Gaulle – en termes de « soit, soit ».

Soit, la « politique » de coexistence pacifique – amplifiée ou non par les illusions occidentales sur la « détente » – continue à être profitable à l'expansion de l'ordre du Parti-État de par le monde, et la Papauté n'a aucune raison d'en changer.

Soit, la « politique » de coexistence pacifique se heurte à la volonté, ferme et lucide, d'un Occident enfin désireux de faire passer ses valeurs dans les réalités sans se remettre en cause quand la Papauté les lui vole, se brise contre le développement économique et le progrès social qui marginalisent tant l'apostolat des nouveaux croyants que les efforts de conversion des Grands Prêtres, et on se retrouve alors face à deux autres possibilités :

Soit, la Papauté se replie sur elle-même et, traînant le ventre mou de son économie, engluée dans une religion n'exerçant plus aucun attrait sur le monde, sombre dans l'assoupissement obscurantiste qui a été – et reste, je le crois, malgré des bouffées de renouveau – celui de l'islam.

Soit, la Papauté ne voulant pas se momifier hors de l'Histoire, voulant justifier son existence, voulant réaliser le Dogme qui est sa raison d'être et sa justification, n'a plus alors qu'une seule voie à suivre : poursuivre la « politique » de coexistence pacifique destinée à servir l'expansion du Saint Empire par d'autres moyens.

La guerre! Cette guerre qui s'étale dans l'Encyclopédie de la Papauté plus que ne le fait la diplomatie. Face aux 450 lignes de *Coexistence pacifique,* l'article *Guerre* en compte 691. Face aux 1 616 lignes consacrées aux divers aspects des rapports entre États, *Guerre, Art de la Guerre* (1 313 lignes), *Art de la guerre sur mer* (611), *Science de la guerre* (745), *Doctrine de la guerre* (153), *Stratégie* (1 013). *Tactique* (1 004), *Art opératif* (474) affichent 6 506 lignes alors que *Forces armées* (482 lignes), *Forces terrestres* (295), *Forces blindées* (347), *Forces aériennes* (751), *Forces de défense anti-aérienne* (461), *Flotte de guerre* (1373), *Forces de fusées à destination stratégique* (257) en comptent 3 966 – sans oublier les 373 lignes d'*Économie de guerre.*

Du simple au double...

Deuxième évidence.

Or la guerre – et l'Occident, impressionné par la proclamation du divin Message de paix, sans parler même des campagnes pacifistes lancées par les nouveaux croyants et leurs « compagnons de route », ignorant du Dogme et niant même qu'il puisse exister, néglise superbement cette accablante réalité – occupe une place de choix dans la théologie.

Certes « le marxisme-léninisme examine la guerre comme une manifestation socio-politique uniquement propre aux fonctions socio-économiques de classe ». Certes la disparition des classes entraînera *ipso facto* la disparition de la guerre et instaurera la paix universelle, mais cet avenir radieux ne se produira que lorsque le socialisme aura recouvert toute la surface du globe. En attendant ce futur que je ne souhaite guère à l'humanité, nous vivrons – et tous les textes sacrés que nous avons longuement cités à propos de la « diplomatie » l'indiquent avec une clarté, hélas, aveuglante –, le monde subsistera dans une situation de classes « antagonistes » – le « prolétariat » détenant « la totalité du pouvoir gouvernemental » au sein des pays du Saint Empire marxiste-léniniste alors que l'horrible « bourgeoisie » règne sur le « camp capitaliste », le poussant dans l' « impérialisme » le plus débridé. Et du coup, la guerre – et on ne peut qu'être terrifié par cette réalité – fait partie intégrante du système de pensée des Grands Prêtres.

Lecture des Épîtres :

« La même politique, écrivait Lénine, que menait, pendant une longue période avant la guerre, une puissance donnée, une classe donnée à l'intérieur de cette puissance, cette même classe la poursuit fatalement et inéluctablement pendant la guerre, changeant uniquement sa forme d'action. »

Quelle était donc la définition de la « diplomatie »? La diplomatie « sert les intérêts des classes dirigeantes (dans les États socialistes – les intérêts de tous les travailleurs) ». Et quels sont les avantages de la « politique » de coexistence pacifique? « L'expérience historique prouve que la politique de coexistence pacifique non seulement ne freine pas le processus révolutionnaire mais, au contraire, le stimule. »

Deux et deux égalent quatre : si la politique menée « pendant une longue période » par le « prolétariat » détenteur, au sein du Saint Empire, de la totalité du pouvoir gouvernemental, ne sert plus le « processus révolutionnaire », cette « même classe » peut, d'après le Dogme, « changer uniquement sa forme d'action ».

Lecture du Saint-Évangile :

« Lénine indiquait : " Il y a des *guerres justes* et injustes, *progressistes* et réactionnaires, *des guerres de classes d'avant-garde* et des guerres de classes arriérées, des guerres servant au renforcement du joug de classes et *des guerres servant son renversement.* " »

Et les Grands Prêtres d'entamer en chœur :

« Dans les conditions contemporaines, le caractère juste de la guerre se détermine par *les intérêts de la lutte pour le socialisme,* pour la démocratie et l'indépendance nationale. Voilà pourquoi les Partis communistes soutiennent les guerres justes et les guerres révolutionnaires de libération nationale, *servant le progrès du développement social*»...

Fin du couplet :

« Les guerres (...) menées par les États socialistes contre l'agression impérialiste constituent des guerres justes et progressistes (...) *Toutes les guerres justes ont joué un rôle progressiste dans l'Histoire.* »

Voilà une phrase, monsieur le Président des États-Unis d'Amérique, que j'ai un peu laissé de côté lors de l'examen des guerres de néo-religion et des « relations internationales » tant ces phénomènes me semblent commandés par les grandes pulsions populaires, que vous devriez – en définissant notamment les programmes d'armement qui déterminent la sécurité de l'Occident – ne jamais oublier :

« Toutes les guerres justes ont joué un rôle progressiste dans l'Histoire »...

Troisième évidence.

Or cette guerre « juste », « progressiste », « servant le développement du progrès social », menée par une « classe d'avant-garde », poursuite de la « politique » de coexistence pacifique pour stimuler le « processus révolutionnaire » par d'autres moyens, jouant « un rôle progressiste dans l'Histoire » est, de toute façon et quels que soient les désirs et la volonté des Grands Prêtres, *inévitable,* car – le Dogme le proclame – telle est la nature du « capitalisme », telle est l'essence de l' « impérialisme ».

Écoutons. Même si – la vérité est trop vitale pour être négligée – la répétition nous écorche les oreilles :

« Les guerres entre États aux systèmes sociaux opposés sont provoquées par les tendances agressives de l'impérialisme visant à la destruction des conquêtes sociales des pays socialistes. »

« Le fondement de la doctrine militaire des États-Unis est constitué par des vues de conduite de la guerre contre l'Union soviétique et les autres pays socialistes. »

« Aux États-Unis, la théorie du *containment* absolu nucléaire – quésaco? – dont l'essence consiste dans le fait que les USA désirent établir une domination militaire par la voie de l'utilisation et de la menace d'utilisation de l'arme nucléaire, est dirigée avant tout contre les pays socialistes. »

« La Bible *(sic)* donne la possibilité de présenter la guerre comme l' " outil de Dieu " pour lutter contre le " mal " et pour punir les " pêcheurs ". »

« La bourgeoisie monopolistique des États-Unis (re-*sic*) suggère constamment aux peuples que la guerre contre l'URSS et contre tout le camp socialiste est inévitable et, sous ce prétexte, les impérialistes préparent leurs forces armées à la guerre, accélèrent la course aux armements, activisent l'activité – notez la beauté de la formule – des blocs militaires. »

« *La nouvelle guerre nucléaire,* si les impérialistes parviennent à la déclencher, *entraînera* dans son orbite beaucoup de pays et de peuples du monde et *constituera* la lutte pour l'existence même de systèmes mondiaux opposés – le système socialiste et le système capitaliste. *Dans cette guerre seront résolus* – notez le futur – *les destins de toute l'humanité.* »

Navrant et terrifiant. Car ces affirmations d'une si affligeante stupidité, car ces postulats si contraires aux réalités les plus élémentaires du monde occidental – mais qui peuvent exercer des ravages sur le tiers monde, voire sur certains esprits européens, tenaillés par la peur irrationnelle des armées nucléaires – ne sont pas le fait de propagandistes de bas étage en panne d'idées – ce qui serait, d'ailleurs, déjà assez inquiétant –, mais constituent bien des postulats théologiques, « cimentés » dans le Dogme par une Encyclopédie officielle, rédigée non du temps de l'exacerbation stalinienne de la psychose, mais en 1971 sous le débonnaire Brejnev et en pleine « détente » – Encyclopédie dont jusqu'à présent nous n'avons eu à souligner – notamment dans le domaine militaire pratique – que tout l'exceptionnel sérieux.

Mais, à quelque chose malheur est bon, voilà soudain de nouveaux avantages de la « politique » de coexistence pacifique qui éclatent en pleine lumière.

Le premier avantage remonte à la grande époque historique de la naissance même de la Papauté : « Le caractère instable de l'équilibre (...) a amené au premier plan de l'activité extérieure de la République des Soviets une mission limitée : obtenir une " pause pacifique ". Le gouvernement soviétique a réussi cette mission : la guerre a été reculée de deux décades. » (Article *Coexistence pacifique*). Notez le présupposé du caractère inévitable du conflit et le prodigieux gommage de la folie hitlérienne – la France et l'Angleterre « capitalistes », la République de Weimar auraient-elles vraiment envahi l'Union soviétique?

Et si la coexistence pacifique a pu être remise à l'honneur au XXe Congrès de Khrouchtchev, c'est que « le nouveau rapport de forces qui se caractérise par la *supériorité croissante* du socialisme international sur l'impérialisme (...) permet aux forces de paix (...) de rétrécir d'une manière significative le champ d'action des forces de guerre et d'agression. D'autant plus qu'avec l'apparition en URSS de fusées nucléaires – notez à quel point les Grands Prêtres ne tiennent pas compte des réalités objectives, en l'occurrence stratégiques et politiques, du monde qui les entoure et, prisonniers de l'obscurantisme de leur Dogme, ne font, comme toujours hélas, que confiance en leur propre force – la mise de l'impérialisme sur une guerre thermonucléaire mondiale comme moyen de réaliser des buts politiques devient inconséquente ». Qui peut prétendre que les États-Unis – même dotés du monopole nucléaire – auraient livré une guerre préventive à l'Union soviétique *?

* On notera également toute la force et tout l'enracinement des croyances psychotiques issues du Dogme. Le bouleversement du système d'armement, la conséquente répartition égale d'une puissance de destruction totale, rendant difficile l'affrontement militaire avec l'impérialisme promis par les Écritures, les Grands Prêtres – tout en attibuant à leur force le mérite de la situation – n'évacuent pas, pour autant, l'affrontement militaire de leur système de pensée, se contentant de le transférer du domaine militaire au domaine politique, économique, idéologique, poursuivant les mêmes objectifs par d'autres moyens. Confronté au même phénomène, l'Occident, lui, élimine, avec une rapidité étonnante, toutes les pulsions d'expansion militaire qui aboutissaient jadis à l'alternance politique-guerre.

La conséquence est tragique : une éventuelle modification du système d'arme-

Et voilà dévoilée la dernière facette de la « coexistence pacifique ». Pour les Grands Prêtres, la coexistence pacifique n'est pas, comme pour l'Occident, une situation de fait rationnelle et logique, mais bien – en plus d'une possibilité intéressante de « stimuler le processus révolutionnaire » – une *trêve* dans un conflit militaire dont le Dogme postule l'inévitabilité. Or tous les stratèges vous diront que, dans une guerre emportée vers l'absolu, la trêve n'est qu'un moyen d'accumuler ses forces pour porter à son adversaire, au moment le plus opportun – souvent lorsque votre supériorité risque de n'être que passagère – le coup décisif qui vous apportera la victoire *.

Une nouvelle et dramatique tenaille se referme ainsi sur l'Occident.

Soit l'Occident assiste sans réagir à la « stimulation du processus révolutionnaire » – qu'il s'incarne dans des parti-étatisations suggérées – Yémen, Éthiopie –, dans la révolte soutenue par la force des nouveaux croyants – Angola –, dans l'invasion militaire classique – Vietnam – et ajoute à son auto-neutralisation de fait l'amorce d'une neutralisation de droit par le désarmement unilatéral – Salt.

« C'est la détente », s'extasient les Grands Prêtres **. Situation qui peut déboucher, hélas, selon le fonctionnement de la démence de la Papauté, sur le recours à la force absolue pour convertir des infidèles aussi bien disposés, mais qui pour autant n'ont rien perdu – voyez les textes rédigés en 1971 sur l'agression de l'impérialisme – de leur caractère menaçant.

Soit l'Occident fait preuve de fermeté et de lucidité, recherche les réponses appropriées – comme au Salvador sous l'administration Reagan – aux révoltes de nouveaux croyants, fait comprendre clairement qu'il ne pratiquera pas la neutralisation de fait devant toute parti-étatisation, refuse le désarmement unilatéral, s'attelle à trouver des solutions – Pershing, « guerre des étoiles » – au surarmement démentiel de la Papauté.

« C'est le retour à la guerre froide, c'est le triomphe des forces de guerre et d'agression », beuglent les Grands Prêtres, dont on pourrait penser qu'ils peuvent, devant ce freinage du « processus révolutionnaire », devant cet accroissement de la puissance militaire de l'« impérialisme », concluant au renforcement de l'inéluctabilité du conflit postulé par leur Dogme, constatant la précarité de leur supériorité en armements, éprouver

ments ayant des résultats inverses à la précédente – notamment en rendant jouable une frappe nucléaire – ne peut qu'entraîner – le système de pensée n'ayant, lui, pas changé qu'un nouveau transfert, un retour de la « coexistence pacifique » à l'« affrontement » militaire.

* J'ai choisi de ne pas alourdir ce livre de citations – fort bien connues des états-majors occidentaux – des manuels militaires soviétiques, mais tous ceux qui s'intéressent aux « relations internationales » ne devraient jamais perdre de vue les deux idées-forces de la stratégie de la Papauté. *Primo :* la recherche de l'effet de surprise. *Secundo :* la volonté de destruction massive, décisive, fulgurante des forces armées adverses.

** Si la « détente » n'apparaît nulle part dans le Dogme encyclopédique, il est typique de ne la voir s'épanouir que dans un seul article : *Guerre froide* – « l'URSS et les autres pays de la communauté socialiste luttent pour mettre fin aux moindres manifestations de la guerre froide, pour l'approfondissement des processus de détente » – quand il s'agit de récupérer les fantasmes de l'Occident afin de les retourner contre lui.

la tentation – classique au plan stratégique en de telles circonstances – de la « guerre préventive * ».

Je sais. Je sais que les Grands Prêtres ne sont pas – tels Hitler ou Napoléon – des fous belliqueux et que l'expansion territoriale militaire, phénomène d'exacerbation propre aux anciens États-nations, est totalement étrangère à leur système de pensée. Mais, précisément, ce sont les hommes qui n'éprouvent pour la guerre aucune trouble passion qui, intéressés par la seule victoire, adaptant de sang-froid les objectifs aux moyens, les moyens aux objectifs, la font le mieux quand ils l'estiment nécessaire.

Je sais que, même si leur foi tiédit et se corrompt, la paix est, pour les Grands Prêtres, un bienfait essentiel apporté par leur Dogme à l'humanité, une vertu cardinale auréolée de sacré. Mais, précisément, plus ce bien est sacré, plus il est « cimenté » dans le Dogme et plus il faut consentir d'efforts et de sacrifices pour l'obtenir – l'effort et le sacrifice suprême de la « lutte pour la paix », pour la « paix universelle et éternelle », étant, de même que le Goulag fut créé pour la liberté et la démocratie, la guerre – la guerre pour la paix... – la guerre contre les « fauteurs de guerre impérialistes ».

Je sais que les Grands Prêtres proclament – et c'est là la dernière citation significative de l'article *Guerre* – que « dans les conditions contemporaines, l'unique source de guerre est l'impérialisme » et qu'il leur faudrait un tournant doctrinal à 180° pour la déclencher. Mais, outre que de telles contorsions sont propres au scolastisme de la Papauté – la révolution, contredisant l'enseignement de Marx, dans un seul pays, le plus arriéré et le plus rural, sans parler même de la coexistence pacifique –, ne faut-il pas précisément, pour assurer la paix, extirper par une dramatique opération chirurgicale « l'unique source de guerre » et soigner, comme le font les vaccins, le mal par le mal **?

* Les bizarreries de la nouvelle religion font qu'une « guerre préventive », provoquée par une situation de fermeté et de réarmement de l'Occident, paraît beaucoup moins probable et dangereuse qu'une attaque surprise dans les brumes de la « détente ».

D'une part, la « théorie » entretient l'idée que la « réaction » et la « contre-révolution » sont fortes par nature, alors que la « pratique » a habitué les Grands Prêtres à la normalité de leur victoire. D'autre part, le recours à la force absolue – qui peut, seule, pallier ce déplorable état de choses – n'est pas possible face à un Occident fort matériellement et moralement. Enfin, en raison de leur système de pensée, les Grands Prêtres ne sont pas attirés – bien que leurs états-majors militaires sachent parfaitement faire la guerre – par des calculs purement stratégiques.

Comme le véritable danger provient de l'exacerbation de la psychose, de l'irrésistible attrait qu'exerce sur ces contradictions l'appel à la force absolue, c'est tout ce qui permet – déliquescence morale de l'Occident, affaiblissement de son système d'armements, accroissement des possibilités d'agitation des nouveaux croyants, nourriture de la paranoïa par des attitudes entrant dans son jeu – à ces deux facteurs de s'épanouir librement, qui fait courir à l'humanité le risque d'une utilisation par la Papauté des terrifiantes armes nucléaires.

** Bien entendu, tous les accords de non-agression de la terre, tous les engagements de ne pas recourir à la « première frappe » n'ont aucune valeur. Souvenons-nous : « Selon l'initiative de l'URSS fut signé (avec la Finlande) l'accord sur la non-agression et sur le règlement pacifique des conflits (21.1.1932) (...). Dans la situation créée par la guerre de 1939-1945, l'URSS proposa, en octobre 1939, de

Je sais – et là, l'argument est déjà plus convaincant – que le ralentissement de la « stimulation du processus révolutionnaire », qui peut commander la poursuite de cette « politique » par d'autres moyens, est difficile à apprécier – d'autant plus que l'Occident ne cessera jamais, devant l'expansion de la nouvelle religion, à osciller, par nature, de la fermeté au « laisser-faire » – et que le propre des maniaques de l'action est de nourrir des espoirs insensés sur son efficacité. Je sais que le rapprochement de l'inévitabilité du conflit imposé par le « capitalisme », que le gonflement de la volonté d' « agression » de l' « impérialisme » sont d'autant plus difficiles à soupeser que la connaissance objective de la réalité est ici brouillée par la connaissance théologique. Déjà, le théologien de génie qu'était Staline a flotté face aux signes pourtant indubitables de l'agression hitlérienne. Alors comment l'analyse s'éclairerait-elle à un moment où, « dans les circonstances contemporaines », l'agression impérialiste relève, elle, de l'imaginaire? Mais, précisément, tant dans la « pratique de l'expansion » que dans la « théologie de l'agression », nous sortons du rationnel. Mais, précisément, c'est dans ces deux domaines – les seuls vivants et dynamiques de la Papauté, qui ne tire guère de satisfactions de la culture du maïs, de la production des biens de consommation ou de l'accroissement du niveau de vie de ses populations – que peuvent s'exacerber les pires psychoses, se déchaîner les luttes d'influence qu'elles suscitent * – la « détente » pouvant susciter, dans l'emballement de la paranoïa, un « toujours plus » de l'expansion – déjà l'intervention en Afghanistan, à laquelle, dit-on, les analystes du KGB étaient opposés, n'obéissait à aucune rationalité politique ou militaire –, alors qu'un ralentissement de la « stimulation du processus révolutionnaire », un coup d'arrêt dans la neutralisation de fait et dans le désarmement unilatéral de l'Occident peuvent poser le problème du choix dramatique entre l'autodestruction et la destruction de l'autre **.

conclure un traité d'aide mutuelle (...). Le gouvernement finlandais déclina l'examen de nouvelles propositions et rendit ses forces prêtes à la guerre (...). Les militaristes finlandais entrèrent dans la voie de la provocation armée (...). Le 28 novembre, le gouvernement soviétique *fut contraint de dénoncer* l'accord de 1932 sur la non-agression. » (Article *Accords soviéto-finlandais.*)

* Malgré ce que prétendent certains « kremlinologues », dont les hypothèses sont le plus souvent alimentées à partir de Moscou par la « désinformation » des « organes », les luttes d'influence ne jouent que sur les différentes formes d'exacerbation et les différents points d'application de la psychose. Après la floraison stalinienne, l'actuelle médiocratisation en entraîne la stabilisation et la ramène à des luttes de clans et de « clientèles » qui sont d'accord sur l'essentiel.

** Une fois de plus, le recours à la méthode du « soit, soit » dans un domaine aussi vital où aucune possibilité ne peut être écartée m'oblige à formuler toutes les hypothèses envisageables – le choix entre ces différentes hypothèses demandant une analyse beaucoup plus approfondie et spécialisée et dont la technicité – notamment sous forme de « scénarios » – sort, tant par son ampleur que par ses inévitables détails et précisions, du champ du présent ouvrage, consacré, malgré sa longueur, à la seule exploration des grandes lignes de force du système de pensée et d'action de la Papauté.

Cependant, l'hypothèse de la destruction de l'autre comme alternative à l'autodestruction – qui aurait été très probable lors de l'exacerbation de la paranoïa sous Staline et dont on peut observer, hélas, des résurgences ponctuelles comme lors de la destruction du Boeing sud-coréen – me paraît beaucoup moins

Je sais aussi, bien entendu, que le peuple russe n'a rien de belliqueux et qu'il ne faut pas compter sur lui – surtout en système de nouvelle civilisation – pour se lancer dans des aventures militaires.

Je sais que, praticiens à l'affût de tous les enseignements de leur histoire, les Grands Prêtres ne peuvent ignorer que, par deux fois, leur construction a failli être jetée à bas par des guerres – la guerre civile amenant les Armées blanches à quatre-vingts kilomètres de Moscou, les troupes allemandes étant accueillies en 1941 avec des fleurs, avant que les horribles exactions nazies, avant que la menace sur Moscou-la-Sainte ne provoquent l'immense sursaut de sentiment national qui sauva des abîmes la « patrie du socialisme ».

Je sais que l'industrie de la Papauté est défaillante et que son grandiose système d'armements est plus déficient qu'il n'y paraît. Je sais, en conséquence, qu'une guerre prolongée est donc impossible et ne pourrait qu'entraîner – si elle était offensive –, outre des revers militaires dus à un armement moins fiable que celui de l'Occident, l'effondrement du système d'oppression psychologique et policière si patiemment tissé par l'araignée du système de Parti-État et de ses « organes ». Mais, précisément, le système d'armements moderne permet de rechercher des coups fulgurants et décisifs contre l'adversaire, ses forces armées et ses centres vitaux – rappelons que, pour les Grands Prêtres, « le moyen principal et décisif de la guerre nucléaire *deviendra* – j'insiste de nouveau sur le futur –, l'arme nucléaire qui sera utilisée tant pour détruire les moyens de frappe nucléaire et anéantir les forces armées de l'adversaire que pour ruiner massivement des objectifs et des régions importants au plan humain et ayant une signification économique, scientifique, militaire et politique » (article encyclopédique *Guerre)* –, coups portés, pendant une période très limitée dans le temps, par des forces spécialisées, sans recours à une participation populaire prolongée.

Certes je sais que la nature des armements nucléaires, la répartition de la puissance de destruction entre la Papauté et l'Occident, la nécessité vitale pour les Grands Prêtres – en raison moins des enseignements de Lénine sur la prudence que, précisément, de tous les facteurs qui viennent

dangereuse qu'une perversion du « toujours plus » de l'expansion dans une ambiance de « détente ». A moins de troubles graves en Europe de l'Est – dont on ne peut déterminer s'ils paralyseront la Papauté ou s'ils la pousseront à réagir contre l'« agression de l'impérialisme » –, l'autodestruction, l'autodissolution du système peuvent, en raison de l'interaction économique avec l'Occident, en raison de la participation des Grands Prêtres au « jeu interétatique » des « relations internationales », en raison de la médiocratisation de la psychose, ne revêtir qu'un caractère atténué, progressif, en quelque sorte dé-dramatisé – comme c'est le cas pour l'autodissolution du Parti communiste français qui n'entraîne pas des manifestations d'une agressivité comparable à celles de 1947-1949.

Je crains beaucoup plus une exacerbation de la psychose – comme en 1979 lors de l'invasion de l'Afghanistan – tant par les succès que remporte l'expansion de la nouvelle foi que par l'acceptation par l'Occident – comme lors de la « détente » – de son système de pensée. Ce ne sont donc pas le dialogue ou le commerce avec la Papauté qu'il faut exclure, mais leurs illusions et perversions : la concertation dans la fermeté – l'« explication » si chère aux paranoïaques – ne peut exercer que des effets bénéfiques. A condition, toutefois et dans la définition du système d'armements, de ne jamais exclure la possibilité d'une attaque nucléaire – seule façon de l'éviter. *Si vis pacem, para bellum.*

d'être passés en revue – de n'agir qu'à coup sûr, ne rendent guère probable aujourd'hui le déclenchement d'une telle attaque nucléaire – « Paix impossible, guerre improbable », d'après la célèbre formule de Raymond Aron. Mais je sais aussi que toute la stratégie des nouveaux Papes, que tout leur penchant naturel pour le recours à la force absolue, que toute la profondeur de leur conviction théologique que « l'impérialisme (...) mise (...) sur une guerre thermonucléaire mondiale comme moyen de réaliser ses buts politiques », que tout leur effort tant de surarmement que de désarmement et de démoralisation, d'affaiblissement et de neutralisation de l'Occident, les poussent à s'arc-bouter pour faire entrer la possibilité d'une attaque-surprise nucléaire dans le domaine des réalités *. Mais je sais aussi que le vertigineux progrès technologique qui caractérise la fin du XXe siècle entraîne de vertigineuses modifications du système d'armements – qui aurait prévu, dans les années soixante, lors de la définition de la doctrine du MAD, la faramineuse précision de tir des fusées « mirvées »? Qui peut prévoir ce que seront, avec notamment la « guerre des étoiles », les systèmes d'armement de l'an 2000? Et je sais donc que ce qui est impossible aujourd'hui peut devenir la vérité de demain.

Et c'est pourquoi, entre autres – à un âge où l'on voudrait pourtant, une fois accomplie sa mission d'homme, une fois ses enfants placés sur les rails d'une vie aussi digne que possible, se voir épargner des efforts d'une intensité inhabituelle, où l'on désirerait profiter plus, en compagnie de la femme qui vous a choisi et qu'on a choisie, au cours de ce temps qui vous file désormais entre les doigts, du remue-ménage sautillant d'un rouge-gorge ou du ressac infini du blé dans la Beauce –, j'ai donc consenti à investir près de cinq ans de ma vie dans un incessant et continu effort à réfléchir aussi intensément que l'intelligence et la nature humaine le rendent possible – je ne crois pas qu'un seul mot, qu'une seule phrase de ce texte ne correspondent, au moment où ils ont été écrits après de multiples et tenaillantes variantes, recherches et approches, à la photographie aussi précise et objective de la réalité que ma pensée et mes connaissances me permettaient, avec toutes leurs limitations, de la faire – à explorer donc, en m'y concentrant jour et nuit, ce mystère rouge de la nouvelle religion qui avait déjà pourtant marqué, occupé, obsédé pratiquement toute mon existence.

* Supposons un instant que c'est la Papauté qui aurait lancé l'« initiative de défense stratégique » et se serait trouvée, face à un Occident rassuré par la « détente », protégée contre une attaque nucléaire : l'attaque nucléaire serait alors devenue possible.

Malgré ce qui est généralement admis par l'intelligentsia occidentale, ce n'est pas la « course aux armements » provoquée par le « complexe militairo-industriel » des États-Unis qui accroît le risque de guerre. Le système de pensée des Grands Prêtres sur la guerre étant ce qu'il est, le seul facteur de paix est la possession par l'Occident d'armements rendant difficile et peu rentable la poursuite de la « politique » de coexistence pacifique « par d'autres moyens », le recours à la « guerre juste », « progressiste », résolvant « les destins de l'humanité ».

SEPTIÈME ET DERNIER DISCOURS ABRÉGÉ EN FORME DE CONCLUSION

Comment conclure?

Faut-il, pour ramener les Grands Prêtres à de meilleurs – et moins dangereux – sentiments, insister encore sur des vérités qui leur paraissent inconcevables, tant elles sont radicalement contraires à ce qu'ils feraient s'ils étaient à notre place? Que l'Occident n'investira jamais sa gigantesque puissance industrielle et sa faramineuse avance technologique pour tenter de se doter d'une force militaire absolue? Que, même s'il y parvenait un jour, un peu par hasard – ce fut le cas de la première bombe atomique née de l'ascension aux extrêmes d'un conflit provoqué par des forces non et antidémocratiques –, il ne s'en servirait jamais – il ne le fit pas lorsqu'il disposait seul de l'armement nucléaire – afin de modifier par la force le système politique, économique, social de la Papauté – comme les Grands Prêtres estimeraient avoir le devoir, pour servir leur Dogme, de le faire du « capitalisme » s'ils en détenaient la possibilité –, alors que ce serait chose plus facile à l'égard du « socialisme » de la nouvelle civilisation que du nazisme ou de l'expansionnisme militaire japonais car, malgré le fait que notre « modèle » est, bien que nous n'aimions guère le proclamer, souhaité et approuvé par tous les hommes un tant soit peu sortis des ténèbres des violences et des passions, un tant soit peu dotés de connaissance objective, l'action sur d'autres hommes, même au nom de ce que nous estimons être la vérité, contredit absolument toutes les valeurs qui sont les nôtres.

Faut-il alors, puisque la « retenue » est une vertu profonde et viscérale de l'Occident moderne, super-industrialisé et démocratique, habité par la sagesse et la rationalité, se tourner vers lui pour l'adjoindre de ne pas croire, comme le fit le pauvre M. Kissinger, qu'elle habite pour autant les Grands Prêtres et leurs nouveaux croyants? Faut-il alors, face à cette absence de retenue congénitale à la nouvelle religion, lancer un appel en faveur d'un nouveau *containment* qui serait autant militaire qu'économique, social, politique, tenant compte du fait que le chef du Département international du KPSS n'a pas tout à fait tort quand il proclame – dans une formulation qui devrait, elle, nous glacer les sangs – que « la lutte pour l'esprit des gens est la place d'armes décisive de la compétition des deux systèmes? »

Faut-il reprendre l'image de Zinoviev sur « l'eau qui coule » et insister sur le fait que si le développement économique, le progrès social, la connaissance objective sont les digues les plus solides contre les infiltrations et les déferlements de la nouvelle religion, la force doit – malgré toute l'aversion légitime qu'elle nous inspire et avec tous les correctifs que nous savons désormais lui apporter – être déployée et employée toutes les fois où, dans les guerres civiles de néo-religion ou dans les guerres d'invasion, les nouveaux croyants, les apôtres et la Papauté y ont le sinistre recours? Faut-il s'élever vigoureusement contre tous les dangers d'un désarmement qui ne reposerait pas sur un véritable contrôle bi-partite et vérifiable des systèmes d'armements? Faut-il lancer une dernière mise en garde contre tous les dangers d'une nouvelle croyance chimérique dans la possibilité d'une construction juridique et diplomatique, harmonieuse, fraternelle et génératrice de sécurité, avec la Papauté?

Non. Je ne suis porteur d'aucun message, je ne me sens pas la compétence nécessaire pour proposer à quiconque une quelconque solution. Et si je me suis permis, au fil de ces pages, de prodiguer certains jugements ou certains conseils, ce n'est que parce que cette réalité de la nouvelle religion, de la nouvelle civilisation, de la nouvelle expansion que j'ai essayé d'observer avec le maximum d'objectivité – sinon, je l'admets, avec absence de passion, tant il est certaines choses face auxquelles il est impossible de rester de marbre – me paraissait à l'opposé des idées que l'Occident s'en faisait *.

Faut-il alors, puisque le combat politique n'est pas mon registre, rester dans l'analyse et singulariser, comme il est souvent de coutume de le faire en conclusion, ceux des concepts qui paraîtraient dignes d'être – sans jeu de mots – retenus? Souligner, de nouveau, qu'une nouvelle religion universelle, non transcendantale et prenant en charge la vie de l'homme sur terre, est apparue dans l'Histoire et que c'est son Dogme, la nouvelle civilisation qu'elle a sécrétée, les nouvelles Armées qu'elle a forgées, la nouvelle – et diabolique – diplomatie qu'elle a déployée et non un État russe de type connu et non la pulsion de la nation russe qui nous menacent et veulent remplacer la civilisation d'Occident sur toute la surface du globe? Rappeler que cette religion s'incarne dans l'ordre politique entièrement original du Parti-État que la Papauté de Moscou impose, selon un système de pensée et d'action, eux aussi, entièrement originaux, aux peuples qu'elle s'attache à convertir – ordre, système de pensée et système d'action qui ne peuvent être appréciés selon aucun de nos critères d'appréciation occidentaux? Insister sur le fait que le Dogme de la nouvelle religion postule son expansion naturelle à toute la planète, mais que ce Dogme, prodigieuse bouffée d'obscurantisme, est faux et qu'incapable de faire coïncider son rêve et la réalité, la nouvelle religion est condamnée par un mal congénital à n'apporter, à l'intérieur des terres dont elle s'est emparée, que massacres, misère et oppression? Qu'elle ne peut réussir, en raison de la même malédiction, à convertir de nouvelles terres et de nouveaux pays que par le recours à la force – une force qui,

* Je me permets cependant de présenter en fin d'ouvrage, p. 467, les quelques observations que m'inspirent les problèmes actuels, que rencontre l'Occident dans son action extérieure : *Des problèmes de l'action extérieure de l'Occident.*

hélas! sait se draper dans l'exacerbation pervertie de valeurs qui nous sont chères?

Mais, à reprendre tous ces thèmes – qui ne sont, répétons-le non des opinions, non des hypothèses, mais des réalités mises au jour par l'observation de toute une vie des événements qui se sont déroulés dans le monde depuis Octobre 1917 mais que nous n'avons pas voulu, par un aveuglement aussi gigantesque que l'obsurantisme du Dogme, voir en tant que tels – je risquerais de me répéter, et aller plus loin, dans le résumé des analyses que je me suis efforcé, pendant cinq ans, d'effectuer tant des modes de pensée et d'action que des textes sacrés de la Papauté, me semble inutile et nuisible.

Inutile car ceux qui m'auront fait le grand honneur de lire un texte que j'aurais voulu moins ardu, ont dû déterminer d'eux-mêmes, au fil de leur plongée dans ce maquis intellectuel qu'est le système de pensée et d'action des Grands Prêtres, quelles conclusions leur paraissent intéressantes et je préfère donc, plutôt que de continuer à noircir des pages, leur demander de ne pas hésiter à approfondir, à modifier ou à rejeter les hypothèses qui leur semblent mériter un examen plus poussé.

Nuisible, non seulement parce que ma progression en cette *terra incognita* se faisant en cercles concentriques, ne peut aboutir qu'à des formulations et conclusions – comme le faisait Clausewitz devant le phénomène rendu terrifiant par Napoléon de la guerre moderne soutenue par le sentiment national, phénomène qui, lui aussi, n'a été pourtant ni appréhendé, ni maîtrisé par l'Occident – qui ne peuvent être que provisoires, que modifiées – et enrichies, je l'espère – au fur et à mesure de l'exploration, mais surtout parce que, religion de l'action sur les hommes, le « marxisme-léninisme » des Grands Prêtres s'adapte perpétuellement, tant dans sa pratique que dans sa théologie, aux situations objectives, à l'état d'exacerbation de sa psychose, aux différentes possibilités de donner vie à un Dogme qui, lui, ne saurait être renié ou modifié en profondeur : faire preuve, face à une religion, de trop de simplicité, hors contexte de ses postulats et commandements, sans les multiples nuances de sa mystique, de sa scolastique, de sa pratique, ne peut que se révéler un exercice caricatural et déformant.

Faut-il alors, comme on me l'a enseigné à l'Institut d'Études politiques de Paris – dont je dois avouer, pour sa plus grande honte, que j'en suis sorti premier, mais dont je peux témoigner, à sa décharge, qu'il ne m'a jamais demandé, probablement pour ne pas corrompre le conformisme dont il est garant, ne serait-ce que d'y tenir la plus inoffensive des conférences – projeter, en quelques phrases brillantes, le lecteur dans un monde merveilleux qui paraîtrait le prolongement de celui qui vient d'être décrit et dont l'auteur prétendrait ainsi avoir une connaissance égale à celle qu'il a déployée? Ce type de voltige académique française ne m'inspire guère et s'il s'avérait effectivement indispensable – comme l'auraient probablement fait les Grands Prêtres s'ils étaient dans notre situation – d'étudier les raisons tant des échecs que des succès du « modèle » occidental, d'établir les circonstances et la manière dont triomphent nos valeurs, s'il s'avérait effectivement utile de réfléchir sur les répercussions qu'aurait ce bouleversement que constituerait l' « Initiative de défense stratégique » si elle aboutissait, répercussions non sur la volonté – intangible – des Grands

Prêtres de convertir le monde, non sur leur attachement à la force pour y parvenir, non sur leur croyance à l'inéluctabilité de la guerre avec l'impérialisme, mais sur la manière dont s'incarneraient ces constantes dans un système d'armements nouveau, je ne me sentirais pas la compétence suffisante, ne disposant ni des connaissances ni de l'expérience nécessaires, pour mener à bien de telles entreprises qui ne sauraient se réduire à quelques pages, mais supposeraient de nouvelles, longues, ardues, interminables explorations dont je m'étonne que l'Occident ne dispose d'aucun institut, d'aucun « *think tank* » pour les mener à bien.

« Vos fonctions, votre expérience et vos pôles d'intérêts ne doivent pas, me disait peu avant sa mort Raymond Aron, prédisposer à un optimisme excessif ou à des illusions sans limites sur la nature humaine », et pourtant ce livre, qui se termine en me laissant une certaine impression de déchirement car l'analyse de la nouvelle religion pourrait – et devrait – continuer à l'infini, m'inspire plutôt des sentiments de confiance. Aucune pensée, aucune analyse, aucune recherche ne peuvent être coupées de leur temps, surgir *ex nihilo* et subsister dans le vide d'une a-pesanteur hostile. Si j'ai entrepris ce livre, si j'ai réussi à le mener à bien, c'est que le besoin quelque part s'en faisait sentir et qu'une modification était en train de se produire dans l'attitude de l'Occident à l'égard de la nouvelle religion. Si je suis parvenu, comme je l'espère, à certaines découvertes, c'est que déjà elles imprégnaient l'air du temps [1], et certaines idées qui m'ont demandé tellement d'heures et de journées, tellement de tâtonnements pour arriver à cette simplicité qui, avec une infinie complexité, est celle de la vie, paraîtront, peut-être, et je le souhaite bientôt, d'une évidence éclatante, voire d'une totale banalité – comme paraissent évidents et banals, les avertissements que je lançais, il y a déjà un quart de siècle et dans une assez grande solitude, contre les dangers de l'espionnage soviétique. Et, sans suivre certains théologiens qui croient qu'après le temps du Père, qu'après le temps du Fils, vient enfin le temps de l'Esprit, peut-être que l'Occident, avec le développement des connaissances objectives qui le caractérise, parviendra-t-il enfin à l'égard de la nouvelle religion à une approche dépourvue de toute passion, de toute perversion ou illusion, fondée uniquement – et ce n'en serait que mieux pour la défense de nos valeurs et pour la paix du monde – sur une ferme, vigilante mais tolérante *compréhension*.

A moins que.

A moins que nous ne sachions parfaitement – sans le faire pour autant entrer dans notre système conscient de réflexion – à quoi nous en tenir sur cette nouvelle religion qui remet en cause si profondément tous nos multiples conforts. Un homme déjà avait – fort grossièrement d'ailleurs, mais cela ne change pas le problème – saisi la nouveauté de ce qui s'était passé en Russie en octobre 1917, mais ce fou avait mis sa compréhension d'illuminé au service des pires instincts de domination – les siens et ceux, outre la bande de gangsters qu'il avait rassemblés autour de lui, de son peuple à ce moment de son histoire –, des pires pulsions de mort et d'oppression. Mais, d'une certaine façon, ne procédons-nous pas de même? Sachant parfaitement à quoi nous en tenir sur les chimères des nouveaux croyants et sur la démence de leurs Grands Prêtres, ne préférons-nous pas précisément ne pas voir le problème en face, afin de ne pas changer nos attitudes et notre comportement, afin de poursuivre en toute tranquillité le gavage de tous nos égoïsmes, l'épanouissement de tous nos narcissismes, la satisfaction, bref, de tous nos besoins de consommation et de loisirs que nous offre le matérialisme qui nous envahit? Et si nous sommes soulagés et fiers de ne pas avoir – tels Hitler et sa clique – de sang sur les mains, de ne détenir aucun homme dans un quelconque Goulag – bien que ce soit par millions que nous tuons dans les ventres de nos femmes les enfants qui risqueraient de gêner nos caprices –, ne parvenons-nous pas pourtant exactement au même résultat? Car si ce n'est pas par bêtise pure, car si ce n'est pas par pure illusion – Churchill, de Gaulle ou Kissinger n'étaient quand même ni des imbéciles ni des naïfs croyant aux contes de fées et leurs performances face à des États-nations sont plutôt encourageantes –, mais en parfaite, quoique plus ou moins inconsciente, connaissance de cause qu'ont été signés les accords de Yalta et de Paris, qu'a été tolérée la crucifixion des peuples de Cuba et du Nicaragua sous Batista et Somoza – crucifixion qui ne pouvait que servir la nouvelle religion –, c'est notre volonté de vivre toujours mieux, de consommer toujours plus, de nous impliquer de moins en moins, tout en donnant à autrui de plus en plus de leçons de morale de moins en moins suivies d'effets, de distraire constamment nos corps et nos esprits par des loisirs plus ou moins débiles, plus ou moins érotiques, plus ou moins touristiques – au cours desquels nous côtoyons les pires misères que nous ne pouvons pas, non plus, ignorer – mais toujours baignés dans un océan d'images, dans un flot de paroles parfaitement « verbales » – ce sont donc toutes ces facilités et futilités de notre civilisation d'Occident à l'égard du problème que nous pose la nouvelle religion, qui sont, en dernière analyse, responsables des morts et des Goulags de Prague ou de Pologne, de Cuba ou d'Hanoi.

A moins donc que, doués à l'expansion économique, dévorés par les privilèges croissants qu'elle nous procure, tirant bonne conscience du bain humaniste dans lequel nous barbotons sans grande énergie – porteurs de naïvetés alors excusables, les socialistes du début du siècle ne restaient pas, eux, inactifs face à la nouvelle religion –, nous ayons décidé de ne rien faire face à cette nouvelle civilisation dont nous connaissons beaucoup mieux que nous ne voulons nous l'avouer tous les démons et que nous pratiquions ainsi, toute honte bue, conservateurs et « libéraux » confondus, « droite » et « gauche » mêlées, de l'*hitlérisme à l'envers*.

Comme Hitler alors, nous serions détruits, n'ayant été qu'une pellicule historique née avec la Renaissance, arrivée à sa maturité en 1945 après de multiples guerres et révolutions, disparue au XXe siècle. Comme Hitler, nous laisserions alors un bien piètre souvenir dans l'Histoire.

Paris, 1980 – « La Beaucerie », 1985.

JALONS DE THÉORIE

Des anciens « modèles » d'États-nations de la vieille Europe

Le « modèle » construit par l'*homo americanus,* et que tout l'Occident a finalement adopté depuis la fin de la Seconde Guerre mondiale, n'a jamais pu s'épanouir pleinement en Europe tant en raison du passé de celle-ci que de la voracité du regroupement social bourgeois. Au Moyen Age, les groupes – essentiellement féodaux – constituent le principe dominant de la société, car l'individu ne peut survivre sans eux ; ils bataillent avec l'État – organisme d'action qu'ils ont dû susciter pour leur sécurité mais qui les dévore – et avec l'Église, seule association de pensée – et éventuellement d'action – admise par la société. Le triomphe de l'État et son incarnation dans la royauté se traduisent par la diminution des possibilités d'action des groupes féodaux : l'État devient le prinipe dominant actif alors qu'apparaît une noblesse qui deviendra, elle, de moins en moins active. Dans le même temps, le dégel économique, la Renaissance et la Réforme entraînent une certaine glorification de l'individu et de son action, un rejet de l'Église et de son obscurantisme, une plus grande liberté dans la formation de groupes nouveaux d'action : entreprises, regroupements sociaux, associations de pensée.

Naissent alors deux « modèles » dont on n'a pas assez souligné à quel point ils étaient distincts. Dans le modèle d'Europe continentale – préfiguré par le modèle français – une explosion politique et sociale – je préfère, à ce point de mon analyse, le terme d'« explosion » à celui de « révolution » – permet au groupe social bourgeois de chasser l'aristocratie, d'éliminer l'Église et de coloniser l'État. Car l'État – hérité du système royal, puissant en raison de l'insécurité continentale – reste un principe éminemment actif. Certes la bourgeoisie proclame son attachement à l'individu, à la libre formation de groupes démultipliant l'efficacité de son action, mais ce n'est qu'à son exclusif – et sordide – profit. Pendant qu'elle monopolise tant les entreprises que les associations de pensée et d'action politique, elle manipule la passivité, la pauvreté et l'ignorance de la paysannerie – principe neutre car condamnée à l'action strictement individuelle ou familiale par les impératifs découlant de la culture de la terre –, exploite, asservit et réprime le prolétariat. Les frustrations nées de l'impossibilité de faire fonctionner les groupes qui amplifient l'efficacité de l'action de tous les individus, le décalage consécutif entre la fiction des « principes de 1789 » et la réalité, la super-activité de l'État, exacerbent en retour l'hyper-activité de la nation car elle est le seul principe unificateur d'une société irrémédiablement bloquée, la seule justification de la fiction démocratique.

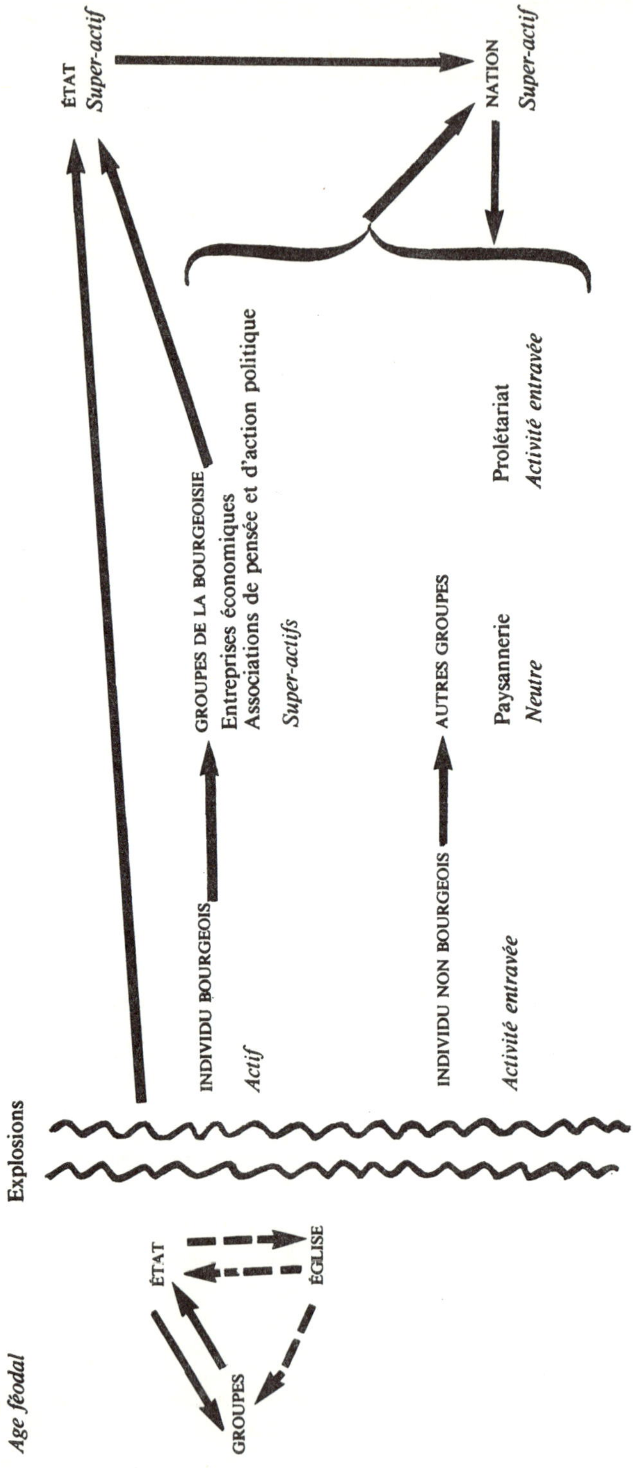
Age féodal
GROUPES
ÉTAT
ÉGLISE
Explosions
INDIVIDU BOURGEOIS
Actif
INDIVIDU NON BOURGEOIS
Activité entravée
GROUPES DE LA BOURGEOISIE
Entreprises économiques
Associations de pensée et d'action politique
Super-actifs
AUTRES GROUPES
Paysannerie
Neutre
Prolétariat
Activité entravée
ÉTAT
Super-actif
NATION
Super-actif

Ce « modèle » entraîne une instabilité politique caractérisée – les innombrables Révolutions françaises –, de graves tensions sociales – la Commune –, des luttes fratricides et partisanes pour le contrôle de l'État. Après une période d'essor économique, dû au nombre de principes actifs mis en branle, la stagnation découle des obstacles posés au libre fonctionnement de groupes d'action diversifiés et du détournement – fatal dans ce contexte oppressif – des groupes d'action sociale à des fins de combat politique. L'hyper-activité de l'État et de la nation entraînent une nette tendance à l'expansion armée idéologique et territoriale : conquérir l'Europe, coloniser l'Afrique et l'Asie pour leur apporter la « liberté » l'« égalité », la « fraternité » est quand même plus facile que d'épanouir ces saines vertus à l'intérieur du pays lui-même.

L'autre variante continentale, l'État-nation allemand, est encore plus redoutable pour le monde qui l'entoure. Conçue pour faire pièce au modèle français et à ses appétits, elle renforce encore plus l'activisme de l'État et de la nation qui sont, tous deux, les principes dominants de la société. Sous un régime autoritaire puis totalitaire, l'individu et son action sont glorifiés mais s'intègrent dans l'action de groupes super-dynamiques – grande industrie, armée prussienne, puis parti nazi. Ces groupes sont, dans un schéma plus empreint de féodalisme que de volonté d'épanouissement de l'*homo bourgeoisus,* plus au service de leur propre entité, de l'État et de la nation que d'un regroupement d'ordre social.

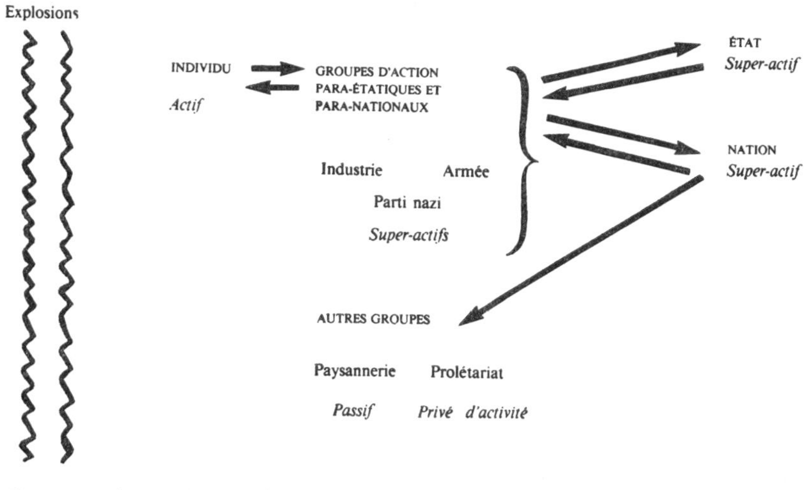

Le second grand « modèle » européen, le modèle insulaire britannique, est beaucoup plus stable que le modèle français, beaucoup moins redoutable pour le monde extérieur que le modèle germanique. Par la primauté accordée à l'action de l'individu dans un cadre de droit et de liberté, par les plus grandes facilités accordées à la création de groupes actifs en vertu des principes, mieux respectés, de la libre entreprise et de la liberté d'association, il constitue déjà une esquisse de « modèle » démocratique contemporain et c'est de lui que s'est inspiré l'*homo americanus.* L'activité de l'État, en raison de ces postulats et, peut-être, de la plus grande sécurité insulaire, est déjà plus réduite et mieux contrôlée que sur le continent.

En revanche, l'exiguïté des marchés, l'activisme du regroupement social bourgeois, l'écrasement de l'action sociale du prolétariat, les freins ainsi posés à la libre action de tous les individus et groupes de la société ont entraîné un activisme de la nation et une nette tendance à l'expansion territoriale, exprimant au-delà des mers l'agressivité moins de l'État que celle de la nation et de ses groupes : si la Grande-Bretagne a donné le jour à la démocratie, elle ne l'a pas exportée au reste du monde qu'elle a colonisé sans vergogne – ce qui explique, d'ailleurs, la Révolution américaine :

L'Histoire n'est pas un cimetière que l'on traîne derrière soi et s'il faut se pencher sur les erreurs des temps révolus et sur les injustices passées des morts et des oppressions, ce n'est que pour mieux vivre dans le présent avec les vivants. Quatre constatations peuvent donc être dégagées de ce survol dont je souhaite qu'il puisse, s'il le mérite, être approfondi.

1. La primauté accordée à l'action de l'homme et à celle des groupes qu'il suscite pour amplifier les effets de cette action entraîne un dynamisme absolument formidable de la société, se traduit par une libération prodigieuse d'énergie créatrice.

2. Tout déséquilibre entre l'action de tel ou tel groupe – l'État et la nation n'étant que des super-groupes et non de saintes entités d'essence différente – entraîne un déséquilibre de la société tout entière. Ce déséquilibre peut provoquer des tensions soit intérieures – révolutions, « lutte des classes », stagnation économique – soit extérieures – expansion armée destinée à compenser les frustrations des individus et des groupes et à permettre aux actions brimées à l'intérieur de se libérer à l'extérieur. On assiste soit à une déperdition d'énergie – France d'entre les deux guerres – soit à son détournement intérieur – révolutions – ou extérieures – expansion.

3. Après l'explosion de la Seconde Guerre mondiale, l'Occident est parvenu – par le jeu harmonieux et équilibré de tous les groupes de la société : entreprises et groupes économiques, associations de pensée et d'action politique et sociale, regroupements sociaux – à un système éminemment stable au plan politique, éminemment favorable à l'expansion économique, éminemment porteur d'évolution, de progrès et de paix sociale.

4. Par un faramineux « piège de l'Histoire », c'est au moment où l'Occident connaît cette stabilité, cette prospérité, ce progrès sans pareils, qu'il rencontre sur son chemin le « modèle » radicalement différent du Parti-État – « modèle », né en réaction contre nos erreurs passées que les Grands Prêtres de la nouvelle religion considèrent – à tort – comme intangibles et permanentes.

Des gens de pouvoir

Tout homme de pouvoir se trouve placé devant la nécessité de marier, dans un « moi » national aussi homogène et équilibré que possible, tout à la fois les valeurs du « sur-moi » – tels le patriotisme, la religion, les valeurs morales et humanitaires – et les pulsions – largement inconscientes – de la collectivité. Cette tâche est facilitée par le fait qu'un homme de pouvoir, même en système non démocratique, est déjà d'une certaine façon – c'est la raison de sa « légitimité », de son arrivée et de son maintien au pouvoir – l'émanation tant de ces valeurs que de ces pulsions. La qualité de l'homme d'État peut s'apprécier alors à la façon – elle personnelle – dont il parvient – par un jeu savant, bien que souvent inconscient lui aussi, sur ces étages de la personnalité collective – à incarner le « moi » national et à l'adapter aux impératifs du bien général tant en ce qui concerne les défis posés par l'organisation intérieure de la cité – ordre politique, progrès économique, justice sociale – qu'en ce qui a trait aux particularités et dangers de la situation extérieure à la collectivité – c'est-à-dire, essentiellement aux pulsions et valeurs des autres collectivités.

Le problème dominant qui se pose aux hommes d'État de l'Occident moderne provient de l'intensité de la pulsion de bonheur et de bien-être qui habite nos démocraties – îlots de liberté, de prospérité, de stabilité politique dans un monde bouleversé. Cette pulsion – de plus en plus difficile à satisfaire dans les conditions économiques actuelles et qui pourrait, par une trop grande assistance accordée aux individus et aux groupes, briser à tout jamais cette liberté d'action sur la nature et sur les choses qui constitue le moteur de notre dynamisme – ne fournit plus à l'État, dans ses interventions sur la scène internationale, le type de soutien, permanent et profond, que peut, seule, lui apporter la volonté de la nation – voire vient s'opposer aux actions qu'impose à l'État son appréciation de la situation mondiale.

Ainsi tout le charisme, tout l'enthousiasme, tout le dynamisme de John Kennedy – qui ont, malheureusement été coupés net et se sont trouvés bien mal relayés par le Président Johnson – n'ont pu modifier l'attitude de la nation américaine tant à l'égard du tiers monde – que reste-t-il du « corps de la paix »? – que du Vietnam. Les multiples programmes d'assistance militaire, administrative, économique, sociale, visant à créer au Vietnam du Sud un État-nation et une civilisation à notre image n'étaient pas – malgré les inévitables chevauchements bureaucratiques et de trop fortes illusions sur les possibilités démocratiques de Diem, de trop grands accommodements avec les manquements à la démocratie de Thieu – stupides en soi. Ce qui leur a manqué pour apporter la victoire – la nouvelle civilisation n'est pas plus invincible qui ne l'était l'hitlérisme –, ce qui manque aujourd'hui à la « politique » de l'État américain à l'égard du tiers monde, c'est le soutien de sa nation, de sa volonté, de son imagination, de sa générosité – soutien dont a bénéficié le Président Truman et qui est venu renforcer tant l'action de son État que la résolution des autres États et nations du monde, menacés alors par l'expansion stalinienne. C'est une situation analogue qu'a affrontée le général de Gaulle pendant une guerre d'Algérie, où tout son talent manœuvrier, toute la mobilisation – extrêmement efficace, je peux en témoigner car j'en aie été l'un des artisans – des moyens de l'État, n'ont pas permis, faute d'un soutien véritable de la nation, d'atteindre les objectifs que de Gaulle s'était fixés. (C'est pour cette raison que j'ai entamé – sans aucun ordre de personne d'ailleurs – les négociations secrètes avec le FLN qui allaient aboutir à la paix. C'est la raison pour laquelle je considère que la subversion de l'armée et de la population européenne d'Algérie – que j'ai contribué à briser – n'était pas seulement un crime mais aussi une grave erreur.)

Contourner la difficulté posée par la divergence entre la « politique » de l'État et la pulsion de la nation en faisant appel – comme l'a essayé le Président Carter – aux vertus morales du « sur-moi » collectif n'a pas ouvert des voies plus constructives. Bander toutes les forces de l'État dans l'édification d'un État-nation aussi puissant que possible, comme l'a fait le Président Nixon, n'a pas entraîné une plus forte mobilisation nationale. En voulant concilier l'inconciliable, en voulant mener une « grande politique » internationale tout en satisfaisant la pulsion nationale d'épanouissement des aspirations personnelles, les deux approches ont ajouté à l'aveuglement de la nation américaine face à la nouvelle civilisation une inintelligence certaine de l'État – ce qui, la nouvelle religion étant ce qu'elle est, a favorisé son expansion et provoqué dans la nation la résurgence, sous une forme d'ailleurs limitée, de la pulsion de refus de l'expansion qui ne cesse de nous habiter. Si le Président Reagan se trouvait alors à même, tout en cherchant à créer les conditions économiques favorables à la satisfaction des aspirations personnelles, de mobiliser les seuls moyens d'État afin d'essayer, par des interventions ponctuelles et circonscrites, ne demandant pas un trop grand effort à la nation, de limiter le danger, personne ne peut affirmer qu'il ait, pour autant, pu mener à bien une « politique d'endiguement » aussi efficace que celle du Président Truman.

Car aux pulsions américaines de « toujours plus » – amplifiées, comme toujours, hélas, par l'irresponsabilité de la représentation parlementaire, portée naturellement tant à la démagogie qu'à la sous-estimation des menaces – s'ajoutent maintenant des pulsions européennes – voire japonaises et tiers-mondistes – qui sont, elles, beaucoup plus proches de la démission face à la nouvelle civilisation. Le général de Gaulle a cru résoudre le problème grâce d'une part au désengagement français de l'OTAN – qui prend en charge les pulsions égoïstes de la nation et limite ainsi les possibilités des campagnes antinucléaires et pacifistes – et, d'autre part, au maintien de la France dans l'Alliance atlantique et à la construction d'une force de frappe nationale – qui répond à la persistance d'une mini-pulsion de défense. Efficace sur le plan français, rendant possible des interventions ponctuelles en Afrique – Kolwezi, Centre-Afrique –, cette approche extrêmement habile repose pourtant sur une ambiguïté : elle bénéficie, sans participer véritablement à la défense de l'Occident tout entier, de tous les avantages de la protection américaine en contrepartie d'un prix minimum. A terme, elle ne contribue pas à une prise de conscience claire et nette par l'Europe – et notamment par l'Allemagne – de ses problèmes et pourrait déboucher sur un neutralisme de fait, dont personne ne peut dire d'ailleurs s'il ne correspond pas à une certaine conception – que je récuse pour ma part – des intérêts de l'Europe.

Si la « politique » de Giscard d'Estaing flatta les pulsions les plus faciles de la nation sans, d'ailleurs, les comprendre – Giscard était un technocrate sans grand « sens politique » –, tout en minimisant les menaces, il n'en a pas du tout été de même pour François Mitterrand – « bête politique » s'il en fut dont je ne partage pourtant en rien les options « socialistes » –, aidé, il est vrai, par le raffermissement de la pulsion populaire de rejet à la suite de l'invasion militaire de l'Afghanistan et de la répression militaire en Pologne.

J'ai trop fréquenté, à vrai dire, les gens de pouvoir pour ne pas être convaincu que la volonté – discutable – de gouverner ses semblables – choisir de les juger est encore pire – ne se justifie que si elle s'accompagne d'une compétence particulièrement remarquable. Mon admiration va donc à ceux des hommes d'État – Roosevelt face au nazisme et pas du tout à l'égard du stalinisme, Churchill, Truman, Reagan – qui parviennent à concilier la satisfaction des pulsions de bonheur – objectif essentiel de l'homme – avec la prise en charge efficace des menaces pesant sur la collectivité – parvenant quelquefois à guider, en anticipant sur elle, la pulsion de refus de la dépendance qui est une motivation, elle aussi fondamentale, de l'homme occidental.

Du peuple

Le mot « peuple » n'a pour moi aucune de ces valeurs émotives dont il était teinté pour les penseurs du XVIIIᵉ et XIXᵉ siècles. Comme celle de « société intermédiaire » ou de « société civile », cette simplification – qui a l'inconvénient mais aussi les avantages de toute simplification – repose sur ma profonde conviction que l'épanouissement de l'homme, qui est la raison d'être du progrès de l'humanité, suppose que tout individu, d'une part accède, en échange de ses efforts et de sa libre action sur la nature et sur les choses, à la possession d'un maximum de biens personnels qui peut seule lui apporter une liberté effective à l'égard de la nature et des autres hommes, et d'autre part acquière des moyens de connaissance objective de plus en plus approfondis du monde qui l'entoure, de lui-même et de la collectivité où il vit. Or ces biens personnels, cette liberté effective, cette connaissance objective entraînent une diversification des hommes les uns par rapport aux autres, leur tolérance à l'égard d'autrui, de leur unicité et de leurs différences, leur libre regroupement dans les groupes d'idées, d'action économique, d'action politique, d'action sociale – l'ensemble des individus effectivement libres et de leurs libres groupes d'action formant ce que j'appelle la « société civile » moderne.

Or, si le progrès des démocraties industrielles tend vers la transformation de la collectivité – les différences des collectivités nationales s'estompant au profit d'une grande collectivité d'Occident – en une gigantesque « société civile », il n'en allait pas de même dans le passé. La faiblesse quantitative des biens disponibles – en raison de l'arriération des modes de production découlant de connaissances objectives inadéquates –, le monopole de la propriété détenu par une caste de privilégiés – je dis bien « caste » et non « classe » –, la contrainte psychologique exercée sur les individus par une connaissance strictement dogmatique et religieuse, amenaient le regroupement de la plus grande part de la collectivité dans un groupe nombreux, aux individus non différenciés et dépourvus de liberté, que j'appelle « peuple », en me gardant bien de le déifier selon la détestable tendance qui consiste à sanctifier les réalités sociales qui nous échappent, et me contentant de constater comme Valéry que le progrès réduit « le plus grand nombre opposé au nombre restreint des individus plus fortunés ou plus cultivés ».

Dans les conditions appelées par moi « traditionnelles », la « société intermédiaire » entre le pouvoir et le peuple – « société féodale » ou « société aristocratique » – se caractérisait par la possession de biens mais aussi, à la différence de la « société civile » moderne, par le fait qu'elle incarnait – et tirait profit de – la contrainte psychologique et matérielle exercée sur la totalité de la collectivité au nom de ses valeurs religieuses, idéologiques et morales. A ces sociétés féodale et aristocratique s'ajoutait une « société ecclésiale », instrument de la contrainte psychologique et qui, sans que ses membres possèdent en théorie des biens propres, disposait d'importantes possessions collectives. Quant au « peuple », sa fraction paysanne et rurale, même si elle parvenait, par son effort, à acquérir des biens propres, elle n'échappait que difficilement – en raison de l'importance de la cellule familiale et de l'absence d'éducation, des servitudes et des réconforts de la nature, de l'étroitesse en campagne des liens avec la société intermédiaire – à la contrainte exercée par les valeurs religieuses et hiérarchisées de la collectivité. Si le peuple urbain et ouvrier, quoique possédant encore moins de biens personnels, réussissait dans les manufactures, usines et villes, à secouer la contrainte traditionnelle, il ne lui était pas permis pour autant de se libérer d'autres types de contrainte, « idéologiques » et fantasmatiques, provenant de l'absence d'éducation, du déracinement et de conditions de vie intolérables, de la misère et de la volonté d'échapper par l'imaginaire à des réalités insoutenables, par la pression exercée par le groupe, seule source de réconfort pour des individus uniformisés et aliénés.

Un dernier mot. Même si la contrainte psychologique – qui constitue, beaucoup plus que le recours à la force par le pouvoir, le ciment du consensus – exercée par les croyances religieuses et idéologiques a diminué d'une manière drastique dans le monde moderne, je ne nie pas que les démocraties industrielles modernes ne sont pas exemptes, loin de là, de toute contrainte, ne serait-ce que par l'éducation des enfants, par la marginalisation – de plus en plus réduite d'ailleurs et de moins en moins porteuse d'effets économiques et sociaux – de ceux qui récusent les valeurs des différents groupes de la « société civile » ou par la télévision – moyen pourtant crucial de diffusion de la connaissance objective du monde – qui, tout en étalant un pluralisme de plus en plus agressif et à mon avis excessif, n'en baigne pas moins, par ses feuilletons et sa publicité, dans la défense obsessive de valeurs telles que l'enrichissement ou le mieux-vivre. J'affirme seulement que de telles valeurs constituent un progrès par rapport à la contrainte idéologique et religieuse et qu'elles n'empêchent pas, malgré leur déplorable matérialisme, le progrès spirituel de l'homme.

Ce qui me paraît bien plus dangereux c'est que la glorification de toutes ces valeurs individuelles peut entraîner la disparition de la volonté de défendre les valeurs collectives du groupe : toutes les guerres du passé ont été livrées par un « peuple » qui n'avait aucun bien à perdre mais des valeurs à défendre. Or le défi que nous lance la nouvelle religion – qui condamnerait les idéaux que je viens de définir comme profondément « réactionnaires » et horriblement, mot clef de Lénine, « petit-bourgeois » – est gigantesque. Ayant déraciné la propriété individuelle, soumettant la collectivité tout entière à une connaissance dogmatique, la nouvelle civilisation, loin d'œuvrer pour notre forme de progrès de l'individu et pour l'instauration d'une « société civile », démultiplie et perpétue l'existence d'un « peuple », masse d'individus uniformisés et non diversifiés, ne disposant d'aucun bien propre et sans aucune connaissance autre – la « création de l'homme nouveau » – que celles venant des contraintes du Dogme. Sur un « peuple » miséreux, communautaire, abruti par des valeurs abracadabrantes, se greffe une nouvelle « société ecclésiale » disposant pour sa démente planification – sans parler même de son usage propre – de tous les biens de la collectivité, et s'exprimant au nom du Dogme qu'elle incarne. Si, face à une organisation aussi radicalement différente de la nôtre et qui se propose comme modèle au reste du monde, notre civilisation exacerbe l'égoïsme nombriliste des individus – sans parler de l'extrême danger que représenterait leur désir d'être entièrement assumés par la collectivité, détruisant ainsi l'efficacité de la libre action sur la nature et les choses et nous rapprochant des pratiques de la nouvelle civilisation –, l'Occident risque de périr dans l'opulence, l'indolence, voire la luxure. En revanche, le développement de la connaissance objective de nous-mêmes, de notre civilisation, du monde qui nous entoure et des menaces qui pèsent sur lui et sur nous, pourrait permettre non une de ces pulsions collectives incontrôlées qui ont marqué notre passé, mais l'étude et l'adaptation des moyens techniques, voulues et acceptées par tous, permettant tant de nous prémunir contre un retour brutal à l'obscurantisme que de faire bénéficier de nos valeurs le reste de la planète.

De la pérennité de la force absolue

Rien de nouveau sous le soleil...

C'est la supériorité militaire *absolue* d'armées d'États-nations modernes, dotées de la puissance de feu et de l'organisation militaire appropriée, face à des pays arriérés ou en décadence, à des collectivités ne disposant ni des structures d'un État-nation ni d'un développement économique suffisant, c'est le recours sans états d'âmes à la violence « sans restriction ni réserves » – les archives du ministère français des Colonies sont une litanie de mini-génocides – qui ont permis à la petite Europe – au nom du très douteux Absolu de la prééminence de l'homme blanc – de procéder, au XIXᵉ siècle, à la colonisation d'immenses territoires d'Asie et d'Afrique, d'imposer à des millions d'hommes, selon une démarche qui rappelle celle de la « roue rouge », ce que j'appellerai un consensus de soumission.

Et, pour évoquer des réalités moins sordides, croit-on vraiment que c'est un goût inné et irrépressible du peuple allemand pour la démocratie et la paix, que c'est une dévorante passion pour la fabrication pacifique de biens de consommation de plus en plus sophistiqués qui ont suscité ces deux événements positifs de la deuxième moitié du XXᵉ siècle que sont la transformation des États-nations japonais et allemands, travaillés par l'expansionnisme et le militarisme, en Nation-États modèles, épris de paix – trop peut-être – et se consacrant exclusivement au bien-être de leurs concitoyens ? N'est-ce pas plutôt l'exercice par l'Occident de la force absolue, la destruction des armées allemande et japonaise, la peur panique de l'Armée rouge, le bombardement atomique d'Hiroshima et de Nagasaki, la reddition sans conditions, qui expliquent ce véritable miracle ? N'est-ce pas plutôt l'immense stature du général MacArthur qui incarnait ce type de force à Tokyo, comme Staline l'incarnait à Berlin-Est, Varsovie ou Budapest, qui explique l'extraordinaire – par sa rapidité, par sa brutalité – mutation d'un pays féodal et guerrier en une nation moderne, démocratique et pacifique ?

Mais si cette utilisation-là de la force absolue par l'Occident – dans une pulsion d'ailleurs moins naturelle et plus limitée dans le temps que celle de la colonisation – s'est traduite, elle, par un progrès profond, indubitable, « révolutionnaire », non seulement pour les peuples japonais et allemand, mais pour l'humanité tout entière – et non plus pour une humanité théorique comme chez les Grands Prêtres, mais pour la collectivité d'Occident qui en profite à tous les instants, mais même pour les terres de la nouvelle civilisation; mais si les réalisations dont ce recours à la force absolue a accouché correspondent aux aspirations les plus profondes des peuples japonais et allemand; mais si la force a été bien vite démontée et aucune violence n'a été exercée; mais si le consensus de soumission s'est bien vite transformé en un consensus d'adhésion s'exprimant en toute liberté par la voie du suffrage universel; mais si cette mutation – irréversible semble-t-il – n'a entraîné et n'entraîne aucune révolte ou émeute du style Prague, Budapest, Gdansk, Berlin-Est; nos réticences morales restent si entières que nous nous efforçons – à la différence des Grands Prêtres qui n'ont, eux, apporté aucun progrès politique, économique, social, comparable à l'Europe de l'Est, qui ne voient aucun consensus d'adhésion y remplacer le consensus de soumission et, bien au contraire, des consensus de rejet venir secouer périodiquement une construction dont tout laisse à penser que si la liberté était donnée aux peuples elle ne saurait demeurer irréversible – nous nous acharnons donc d'occulter, de ne pas approfondir voire de dénigrer – Hiroshima – ce phénomène de la force absolue.

Des particularités de la décolonisation dans les pays colonisés par l'État-nation français

Au Maroc, ayant joué contre le sultan Mohammed V la société ultra-traditionnelle, la France a placé définitivement la monarchie à la tête du sentiment de rejet qu'elle suscitait.

En Tunisie, en réprimant – fort férocement – Bourguiba, qui avait l'inconvénient de ne pas avoir de la « Révolution » les mêmes idées qu'elle, elle a créé un chef très modéré incarnant la société civile.

En Algérie, le développement économique dû au travail – remarquable – d'une forte colonie française a créé par contrecoup, une société musulmane, traditionnelle, civile, administrative, très vivace, prémunie par sa diversité, ses ambitions, son éducation, son islamisme contre la nouvelle foi.

Quant à l'Afrique francophone, elle oscille entre les dictatures les plus bonapartistes, le « socialisme » le plus inconséquent et des « modèles » aussi satisfaisants pour un démocrate que celui d'Houphouët-Boigny.

En revanche, la mise en coupe réglée de l'Indochine par les banques et les grandes plantations, combinée avec la diffusion du culte de la déesse Révolution et un important missionnariat catholique ne pouvait que créer un terrain favorable à la nouvelle religion.

Or le même fantasme de la Révolution, la même croyance héritée de Louis XIV et de 1789, que l'homme doit agir sur l'homme pour son bien ne pouvaient, eux aussi, qu'amener la France – après d'aberrantes illusions sur la possibilité de s'entendre avec Hô Chi Minh – qu'à s'opposer aux nouveaux croyants avec une violence dont les Anglo-Saxons, fils du consensus libéral et humaniste et adeptes de la liberté d'action sur les choses, ne sauraient faire preuve.

Et il est tout naturel, hélas! dès qu'elle cesse elle-même d'être impliquée dans ce genre de combat, que la « patrie des droits de l'homme » qu'elle n'a jamais tellement respectés sur ses possessions, fasse preuve d'une complaisance particulière – de Gaulle à Phnom Penh, François Mitterrand en Amérique centrale – à l'égard tant des nouveaux croyants que de tous ceux qui nourrissent la folle idée qu'il est nécessaire pour leur bien d'agir sur les autres hommes.

De la guerre d'Algérie

Au plan personnel, si j'ai accepté de livrer la guerre d'Algérie – j'ai toujours eu la chance, homme libre, payant quelquefois au prix fort sa liberté, de ne livrer que les combats que j'ai choisis –, c'est que j'estime que le général de Gaulle, après quatre ans d'une guerre pourrie par l'immobilisme politique des dirigeants de la IVe République et par une désastreuse pratique de « petits paquets », était seul à pouvoir mettre un terme rationnel, juste pour les deux camps, fondé sur des réalités et non sur des idées fumeuses, à cette lamentable aventure : je n'aurais jamais accepté d'exercer mes fonctions de conseiller du Premier ministre, de responsable des services spéciaux et du maintien de l'ordre si cela avait été pour une autre cause ou pour un autre homme.

Au plan technique, l'effort entrepris sous le général de Gaulle et par le général Challe à partir de 1959, confirme qu'une armée puissante – 400 000 hommes face à 20 000 partisans – employant les armements modernes – mobilité aérienne –, mettant en œuvre les méthodes appropriées – bouclage des frontières, opérations de ratissage, déplacements de populations, commandos de chasse spécialisés – peut venir à bout des partisans les plus courageux, mais ne saurait en rien – à moins de se lancer dans l'usage de la force absolue ou d'accepter l'ascension aux extrêmes avec la population comme pendant la guerre des Boers – venir à bout du consensus de rejet d'un peuple : si la sécurité des axes routiers, des villages a été rétablie en Algérie, des masses importantes continuaient à se rassembler à la moindre occasion pour réclamer l'indépendance.

La philosophie de mon action a donc été double.

D'une part, comme j'estime – bien que n'aimant pas la guerre et trouvant abominables les confrontations de masses armées – que seules les armes peuvent maintenir et rétablir la paix, que face à un adversaire montant aux extrêmes de la violence et de la passion – tel était le cas du FLN –, leur usage doit être aussi efficace que possible pour limiter leur sinistre usage, j'ai été partisan – et je crois acteur – de la destruction la plus radicale du corps de bataille adverse.

Mais d'autre part, lorsque cette destruction a été fortement entamée et que le consensus de rejet continuait pourtant à s'exprimer, j'ai été le premier à établir – et cela de ma propre initiative – les contacts secrets avec le FLN qui ont abouti à une paix qui aurait pu avoir – la lettre des accords d'Évian est satisfaisante – des effets plus positifs, tant pour le peuple algérien que pour l'importante colonie française si l'OAS n'avait pas lancé une campagne de terrorisme que je n'ai éprouvé aucun scrupule à combattre et si le gouvernement de Georges Pompidou, qui nous avait succédé, avait fait preuve de la nécessaire fermeté pour faire respecter les accords signés.

On devine que cette action ne m'a valu, en dehors des ressentiments et de l'incompréhension que suscitent l'exercice du pouvoir et la volonté de ne servir que le seul bien public, guère d'amitiés dans les milieux favorables, soit à l' « Algérie française » soit à une négociation sans conditions avec la « Révolution de libération nationale ». Du moins je crois avoir gardé l'estime des combattants FLN et même OAS, comme je crois avoir celle de nombreux militants communistes dont certains m'ont même demandé d'éditer – voire de préfacer[1] – leurs livres et souvenirs sur leur Résistance antinazie.

Du renversement de l'ordre du Parti-État

On pense souvent que le renversement de l'ordre du Parti-État est, pour des raisons « idéologiques », inacceptable pour les Grands Prêtres. Ce jugement demande à être nuancé :

Primo. Tant que l'Histoire n'est pas accomplie, tant que la parti-étatisation est en cours, donc en devenir, le Dogme postule, au contraire, que la « contre-révolution », que l' « intervention » impérialiste sont dans la nature des choses et leur triomphe ne brise en rien la dialectique « révolution – contre-révolution – révolution ».

Secundo. La « Révolution de libération nationale » n'est pas, nous l'avons vu longuement, un produit du Dogme : après son aboutissement, ce n'est que dans une certaine situation de puissance des forces « progressistes » que se produit le « choix » de l' « orientation socialiste » – lequel peut très bien ne pas se produire du tout ou être stoppé par des forces « féodales », « bourgeoises », « petites-bourgeoises », « capitalistes », débutant ainsi – toujours la dialectique – un nouveau combat. Le renversement de l'ordre du Parti-État au Nicaragua ou en Angola peut donc avoir lieu sans que pour autant les Grands Prêtres – voyez l'Espagne, voyez la Grenade – tremblent sur leurs bases théologiques.

Tertio. La « Révolution démocratique populaire », qui se serait produite en Europe de l'Est ou que Mao aurait menée à bien contre Tchang Kaï-chek, est, elle, une variante de la « Révolution socialiste » : au plan du Dogme, elle aurait donc pu – en faisant abstraction du facteur prestige du Parti-État central – être interrompue par la « réaction », voire l'intervention étrangère.

Quarto. Le problème ne se pose différemment que lorsque la « Révolution socialiste » est parvenue à son terme, que la parti-étatisation, la propriété collective des biens de production se sont réalisées : l'Histoire s'étant accomplie, elle ne saurait – en l'état actuel du système de pensée des Grands Prêtres – revenir en arrière. C'est dans ce cas que joue le postulat « L'ordre du Parti-État tu ne laisseras pas détruire » qui s'applique, comme nous l'avons vu dans la deuxième partie, contre les soubresauts des hérétiques et, bien entendu, contre toute intervention étrangère.

Cinquo. Jusqu'à présent, toute parti-étatisation engagée a été menée à son terme – l'Espagne n'étant pas un cas pur car la parti-étatisation a été engagée à la faveur d'une « guerre civile » et l'usage par le Président Reagan de la force absolue à la Grenade étant, par l'extrême exiguïté de l'île et sa proximité avec les États-Unis, un exemple marginal. D'une part l'Occident n'a jamais été en mesure de peser sur le processus de parti-étatisation. D'autre part la parti-étatisation – qui n'a, jamais et nulle part, été l'aboutissement de l'enclenchement « mouvements de rue », « grèves », « soulèvements armés », « guerres civiles » – a, avant les années 1970-1980, toujours été entreprise soit par le Parti-État central soit par des apôtres désireux d'aller jusqu'au bout de ce qu'ils considèrent comme une vérité que rien ne peut contredire et disposant de moyens d'action pour y parvenir : « avant-garde » motivée, force – absolue en Europe de l'Est, constituée en Chine, en Yougoslavie, au Vietnam pendant les guerres de résistance nationale –, terrain qui explique et la motivation des « avant-gardes » et le volume pris par la force.

Je ne crois guère en un changement radical de l'Occident en la matière, mais les parti-étatisations entreprises dans les années 1970-1980 – à part, bien entendu, le Vietnam du Sud – ne présentent pas les mêmes caractéristiques.

En premier lieu, certaines parti-étatisations – Éthiopie, Yémen – ont été suggérées et tout laisse à penser que si elles ne sont pas, comme à Cuba, soutenues par une foi, elles ne peuvent qu'être moins solides que les parti-étatisations « organiques ».

En deuxième lieu, deux parti-étatisations « organiques » n'ont été lancées – en Angola et au Mozambique – qu'après des guerres de résistance qui n'ont été qu'esquissées et par des néo-croyants que l'on ne peut en rien comparer aux apôtres Tito, Mao ou Hô Chi Minh.

Enfin, les terrains présentent de profondes différences. En Afrique et au Yémen du Sud, la parti-étatisation « structurelle » perd de son efficacité quand elle se heurte à une absence d'accoutumance de la population tribale aux structures d'État-nation, à un retard historique – la nouvelle civilisation n'est qu'une perversion de la civilisation d'Occident – qui n'a pas fait entrer encore certains pays dans l'action dynamique sur la nature et sur les choses – cette action se limitant à des efforts, hélas fort imparfaits, de simple survie. Quant à la parti-étatisation religieuse, elle ne peut que mal s'exercer sur des terres d'islam et de léthargie.

D'où l'importance des événements qui se déroulent ou mûrissent au Nicaragua, en Angola et au Mozambique, en Éthiopie et au Yémen du Sud. Si la parti-étatisation était stoppée par une résistance armée, si elle s'enlisait, les Grands Prêtres n'en feraient pas un malheur : ainsi va la vie marxiste-léniniste. En revanche, si le Parti-étatisation aboutissait, la Papauté trouverait, dans son œuvre de propagation, un regain d'enthousiasme et de confiance dont, à mon humble avis, elle n'a nul besoin.

De l'action extérieure des États-nations d'Occident

Comme « l'action extérieure » des États-nations – plus que jamais le concept flou et éthique de « politique » notamment « étrangère » doit être écarté et les rapports entre États, pacifiques ou belliqueux, les « relations internationales » ne doivent être considérées que comme la résultante du choc de ces différentes actions – n'est pas, comme c'est le cas en nouvelle civilisation, organisée exclusivement par un pouvoir central, elle est, par sa spontanéité, par la multiplicité des facteurs qui la déterminent, par le nombre des groupes qui la modèlent, beaucoup plus complexe à analyser que l' « action extérieure » de la Papauté et de ses Parti-États. Comme la nouvelle religion – qui fait l'objet de ma réflexion – fait preuve en la matière d'une originalité absolue, comme ce champ d'activité des grands groupes sociaux appelés « nations » n'a guère fait l'objet d'études dépassant la simple description – variable de nation à nation – d'une « politique internationale » dont les causes profondes ne sont pas approfondies, je n'indique ici que quelques thèmes de réflexion :

1. Une première variable est fournie par la nature même de l'action sous-jacente qui peut – l'expansion étant, semble-t-il, le propre de l'homme qui veut « être » de plus en plus, qui veut « avoir » de plus en plus – osciller de l'expansion essentiellement territoriale (disons l'expansion de l'Allemagne de 1870 à 1945) à l'expansion essentiellement commerciale propre aux Nation-États modernes (disons le Japon actuel) – l'expansion de l'Angleterre coloniale procurant un exemple mixte d'expansion mi-territoriale mi-commerciale.

Deux remarques :

a) Aucun contre-pouvoir se fondant sur le droit ne pouvant – à la différence de ce qui se passe à l'intérieur des démocratiques États-nations occidentaux – s'opposer à l'expansion territoriale extérieure, celle-ci n'est freinée que par la force militaire. Dans les États-nations classiques, l'expansion offensive se heurte à ce que j'appellerai, bizarrement, une action d'expansion défensive – réminiscence ou anticipation d'une expansion territoriale passée ou en germe : telles étaient l'action de la France face à l'Allemagne depuis 1870, de la Russie face à la France napoléonienne – action qui n'a rien à voir avec l'intervention des États-Unis, fondamentalement a-expansionniste, dans les deux guerres mondiales.

b) Dans ses stades primitifs, l'expansion commerciale était à sens strictement unique – d'où la nécessité d'une présence territoriale – alors que le monde moderne, suivant en cela l'exemple de l'Amérique grâce à la super-industrialisation, a rendu possible une « inter-expansion ».

2. La deuxième variable est procurée par le moteur de l'expansion : groupes du peuple tels les colons européens du XVIIe siècle ou les cosaques conquérants de la Sibérie sous Ivan le Terrible; organisations économiques, émanation et créatrices

de la société civile, allant de la Compagnie des Indes aux « multi-nationales » modernes ; et, enfin, ce groupe spécifique, poussé par la nation et par ses groupes, tout en l'entraînant, qu'est l'État lui-même.

L'expansion territoriale allemande – sous-tendue par la pulsion d'expansion de tout un peuple – à forme militaire ayant été essentiellement étatique ; l'expansion commerciale du Japon moderne étant, à l'autre pôle, essentiellement a-étatique ; alors que l'expansion coloniale anglaise, mi-territoriale-militaire mi-commerciale simple, ne pouvait être que semi-étatique.

3. C'est l'action spécifique de l'État au service de ces différentes actions extérieures – un pays pouvant, d'ailleurs et avant l'unicité actuelle des rapports inter-occidentaux, poursuivre simultanément divers types d'action, telle la France du début du XXᵉ siècle – qui se livrait tout à la fois à une expansion territoriale défensive étatique sur le continent et à une expansion mi-commerciale mi-étatique outre-mer – qui est perçue par nous, en raison de notre goût pour la rationalité, en raison de l'autojustification permanente de la caste étatique, comme une « politique étrangère » – la « diplomatie » étant la branche spécifique de cette « politique », relative à l'activité des organes spécialisés dans les rapports d'État à État.

Des constantes semblent se dégager. Une action extérieure d'expansion territoriale étatique entraîne la recherche d'alliances diplomatiques offensives (axe Berlin-Rome-Tokyo), le recours systématique à la ruse diplomatique (Bismarck, Munich) et aboutit, lorsqu'elle rencontre sur son chemin une action d'expansion défensive, à l'alternance fatale avec la guerre. Face à elle se dressent des alliances diplomatiques défensives, pouvant elles aussi aboutir à l'alternance politique-guerre. Dans les expansions mi-commerciale et mi-étatique (affrontement de l'Angleterre et de la France coloniales), les mêmes phénomènes se produisent mais d'une manière moins caractérisée, ne débouchant notamment pas sur la guerre, permettant la conclusion d'alliances diplomatiques défensives (l'Entente cordiale) face à une expansion territoriale offensive.

4. Un mystère est posé par la transformation – Angleterre et France d'avant 1940 face à l'Allemagne hitlérienne – d'États-nations actifs en États-nations passifs – situation aboutissant, dans une ambiance de confiance accrue, faute de véritable action extérieure, dans les possibilités de la « politique étrangère » et de la diplomatie étatiques, à des alliances défensives molles et plus apparentes que réelles, aux croyances illusoires dans la vertu de négociations tant au niveau des organes inter-étatiques qu'avec l'État-nation actif lui-même.

Plutôt que de retenir les hypothèses classiques sur la « décadence », je préfère souligner que les exemples anglais et français d'avant 1940 se sont déroulés dans une époque de transition – l'action coloniale semi-économique et semi-étatique arrivant en bout de course dans son efficacité, l'action inter-commerciale moderne n'étant pas encore née, l'action d'expansion défensive d'État ayant démontré sa nocivité et ses limites au cours de la tuerie de 1914.

Le sursaut ne se fait – essentiellement en Angleterre ou limité en France à de rares personnalités d'exception telles que Charles de Gaulle – que lorsque face aux victoires territorales du nazisme, phénomène nouveau par l'intensité de l'action collective d'expansion, se met en branle une action militaire, économique, étatique, elle aussi nouvelle et visant à la totalité, ressemblant plus à une nouvelle croisade qu'à l'enlisement de 1914. C'est à partir de cette action et grâce à l'action extérieure des États-Unis en Europe de l'Ouest après 1945 – action d'inter-expansion économique emportant, derrière les États, tous les groupes actifs des nations – que se dessine l'Occident moderne.

D'une possible paranoïa des grands groupes humains

Bien que les explications psychanalytiques m'inspirent, si elles sont coupées de l'expérience clinique, une réserve certaine, tant elles peuvent, telle la macro-économie, tout dire et son contraire, je me suis adressé à ce point de ma réflexion à un psychanalyste qui, tout en confirmant l'intérêt de l'hypothèse de la paranoïa, y a apporté, on le devine, des correctifs de taille. De la séance de travail qui s'en est suivie, je retiens une double hypothèse – bien entendu provisoire, incomplète, demandant à être approfondie par des personnalités plus compétentes que moi en psychiatrie.

Primo. La thèse de Freud sur l'origine de la paranoïa, obsession d'une pénétration tout à la fois rejetée et souhaitée, pourrait s'appliquer tant au peuple russe – en raison de son passé d'invasions perpétuelles de terres sans défenses naturelles – qu'au « communisme » qui s'arc-bouterait – notamment en Russie à partir de ces pénibles mais quelque part jouissives expériences – afin de limiter les intrusions d'autrui, entraînées par le libre jeu du marché, par les premiers effets de la liberté d'action accordée à l'homme.

Secundo. Les mécanismes de « projection » attribuant à l'autre une volonté incessante de pénétration, organisant un système de défense complexe contre tous les corps étrangers symbolisant cette pénétration, cherchant à s'engouffrer dans toutes les brèches réelles ou imaginaires rencontrées sur son chemin, s'appliqueraient bien à la pratique du marxisme-léninisme tant au plan intérieur – élimination de tous les corps étrangers, capitalistes, bourgeois, contre-révolutionnaires, et pénétration insidieuse de l'ensemble du corps social – qu'au plan extérieur – le Dogme postulant la volonté impérialiste de « pénétrer » le socialisme, se prémunissant sans cesse contre elle, tirant sa raison d'être de l'organisation de la « pénétration » de l'adversaire.

Tout en laissant de côté les champs d'exploration plus ésotériques tels que la glorification par la civilisation russe de la mère (la Mère-Russie, la Mère-Volga, la Sainte Vierge, etc.), il serait intéressant d'explorer les points suivants :

1. Si les invasions de terres non protégées expliquaient, dans les stades primitifs de l'Histoire, de telles tendances chez des groupes humains – qui, effectivement, pourraient être habités par les mêmes pulsions que les individus –, celles-ci ont dû être présentes jadis chez d'autres peuples d'Europe continentale : le peuple français – les Croisades, la création de l'État français, éliminant les particularités et voulant asseoir sa domination sur l'Europe, l'égalitarisme débouchant sur l'étatisme; le peuple allemand – la politique de Bismarck fondée sur la peur de l'invasion et sur l'invasion d'autrui, la rencontre après la pénétration de Versailles de la paranoïa personnelle de Hitler à l'égard du corps étranger juif et de ses alliés « judéo-bolcheviques » avec des sentiments paranoïaques collectifs.

C'est la protection insulaire, c'est un continent prémuni contre toute invasion qui expliqueraient la naissance, en Grande-Bretagne et aux États-Unis, de la civilisation anglo-saxonne, protestante et donc plus tournée vers le Fils que vers la Mère et vers l'Église, tolérant la libre action du capitalisme.

2. Si Octobre reste – pour moi – inexpliqué par de telles interprétations, il n'en va pas de même de la reproduction de la *nomenklatura* – qui ne peut devenir le corps pénétrant d'une « classe » mais qui se perpétue naturellement car tout individu saisissant les obsessions et les mécanismes de la paranoïa ne peut que s'épanouir dans un milieu paranoïaque –, de la manière dont elle parvient à imposer ses pulsions au peuple : la glorification par l'Encyclopédie tant des invasions passées que de la conquête de « sorties » sur la mer trouve ici sa justification.

3. Les manifestations cliniques les plus connues de la paranoïa – nécessité d'un camouflage derrière des apparences aussi flatteuses que possible, procès subtils et

tournant comme des vis sans fin, faits à un autre, accusé, à tous les stades du procès, de vouloir vous « posséder » – s'appliqueraient parfaitement à tout ce que j'ai pu observer tant de la « diplomatie soviétique » que du Parti communiste français.

4. L'accroissement de l'agressivité du paranoïaque, de sa peur d'une menace cachée, de sa volonté de colmater toutes les brèches qui se présentent à son imagination, de sa frénésie à vouloir pénétrer l'autre à chaque « ouverture » qui lui est faite, d'autant plus facilement que sa maladie exerce une véritable fascination constituant un phénomène clinique indubitable, une véritable « révolution intellectuelle » s'imposerait dans notre attitude à l'égard de l'Union soviétique – le mot « détente » a ainsi, pour un psychanalyste, un sens très précis – s'il s'avérait que l'hypothèse d'une paranoïa de groupe, d'une paranoïa d'État se révélait juste.

De toute façon, les risques sont tellement terrifiants – il y va effectivement de la survie de notre civilisation : « Attention, a conclu le psychanalyste que j'ai consulté. Dans certaines circonstances, le paranoïaque gagne toujours » – que seule une commission exceptionnelle de recherche – faisant appel notamment à des psychiatres réputés – pourrait, en dehors de toute approche politicienne ou électoraliste, faire la lumière sur la spécificité de la « diplomatie soviétique » et définir la meilleure – et la moins dangereuse pour l'humanité – façon de faire face aux problèmes dramatiques qu'elle pose.

Des problèmes de l'action extérieure de l'Occident

Bien que ce livre, exclusivement consacré à la Papauté, à ses pompes et à ses œuvres, ne prétende apporter aucune tentative de réponse aux problèmes actuels qui se posent à l'Occident – tentatives de réponse qui supposeraient une exploration d'une tout autre ampleur, que je me sens incapable de mener à bien – je prends néanmoins la liberté de poser ici quelques repères.

Au cas où mes hypothèses sur l'action extérieure des grands groupes humains appelés nations s'avéraient fondées, les directions suivantes pourraient être approfondies :

Primo : Si l'Occident moderne a établi entre ses divers composantes, une interaction de type entièrement nouveau fort satisfaisante – interactions économiques, commerciales, cuturelles, dans lesquelles les interventions étatiques ne jouent pas le rôle déterminant qu'on leur attribue en Europe –, une action à l'égard du tiers monde n'est pas encore parvenue à une efficacité comparable.

A moins de situations économiques privilégiées, nées de ressources naturelles exceptionnelles – Arabie Saoudite – ou – et surtout – de la volonté de la collectivité d'agir librement sur la nature et sur les choses – Asie du Pacifique –, à moins de l'ancrage de structures d'États-nations puissantes et rationnelles – Tunisie, Maroc, Égypte –, l'action extérieure de l'Occident se heurte dans le tiers monde soit à des conflits d'États-nations, affrontements d'actions étatiques et nationales contradictoires, fortement irrationnels – Irak-Iran, Israël et pays arabes –, soit au freinage des effets bénéfiques de l'interaction économique par le jeu d'États rétrogrades et de bureaucraties, de castes de privilégiés, d'une trop grande pauvreté matérielle, d'un retard chez les hommes de la volonté d'action sur la nature et les choses – les limitations provenant du caractère strictement unilatéral de l'action commerciale occidentale étant, fort heureusement, en voie de réduction mais l'assistance économique strictement étatique n'exerçant que de bien douteux effets –, soit au secouement des structures d'État-nation par de grandes crises « révolutionnaires » – Iran –, rappelant, avec bien entendu leurs propres et profondes spécificités, les tragiques soubresauts européens.

Cependant – et à moins de situations de vide, de force et de néo-foi – la nouvelle religion ne paraît pas mieux armée que nous pour faire face à ces problèmes.

Secundo. C'est donc bien à l'égard de la Papauté, des nouveaux croyants, de la parti-étatisation, que l'Occident rencontre ses difficultés les plus complexes, les plus lourdes de conséquences. Le monde occidental ne s'est pas encore rendu compte qu'il se trouve face à une action d'expansion de type entièrement nouveau : ayant connu dans son passé soit l'action d'expansion territoriale, militaire et étatique, soit l'expansion mi-commerciale mi-étatique, baignant dans son actuelle interexpansion culturelle et commerciale, l'Occident est incapable de comprendre la nouveauté, la subtilité, les dangers de l'*expansion religieuse.*

Tant que cette expansion religieuse prend la forme – et s'appuie sur – d'une expansion territorialo-militaire étatique – Europe de l'Est en 1945, Afghanistan –, l'Occident, se retrouvant en terrain de connaissance, parvient, s'il se sent directement menacé comme en Europe de l'Ouest lors du stalinisme, à dégager avec un naturel parfait – célèbre analyse de Mr X-George Kennan dans *Foreign Affairs* sur le *containment,* action inter-économique du plan Marshall, inter-militaire de l'Otan, inter-syndicale, inter-politique coordonnées par la CIA de Dulles – les formes de riposte qui lui paraissent appropriées à la menace et qui se révélèrent d'ailleurs d'une remarquable efficience.

En revanche, lorsque, face à une expansion strictement religieuse, des hommes d'État ou des diplomates, croient pouvoir lui appliquer des schémas d'expansion territoriale susceptibles d'être soumis à une « retenue » inspirée par la rationalité, ils ne peuvent, tels Nixon et Kissinger, n'aboutir qu'à des catastrophes, alors que le lucide George Kennan, mesurant l'action brejnévienne à l'aune de ses anciens critères et n'y découvrant aucun de ces signes d'expansion nationale, territoriale et militaire qui l'avaient conduit à préconiser le *containment,* débouche sur une analyse quasi pacifiste – et parfaitement abracadabrante –, à l'inverse de celle qui avait fait sa célébrité [2].

Le problème posé par l'incompréhension de la nature religieuse de l'expansion de la Papauté est donc double.

En premier lieu, l'expansion religieuse des nouveaux croyants n'est plus – en l'absence d'une réaction puissante devant une expansion militaire effrayante de l'Union soviétique, de solides structures locales d'État-nation, de puissants consensus traditionnels locaux – freinée – Vietnam et, dans une certaine mesure, Amérique centrale – avec la même facilité que jadis en Espagne ou en Grèce.

En second lieu et à l'égard de la Papauté elle-même, l'Occident, privé de ses références aux dangers des actions d'expansion territoriale – qui ne réapparaissent qu'à petites doses lors d'événements tels que ceux de Prague ou de l'Afghanistan entraînant des bouffées de rejet vite évaporées – est porté à cultiver encore plus toutes ses illusions sur la rationalité des « relations internationales ».

Faut-il alors réenfourcher le vieux et classique cheval de la décadence? Faut-il proclamer que, comme face à Hitler, l'Occident se transforme d'État-nation en Nation-État passif – d'autant plus facilement que la société moderne est tournée encore plus et quasi exclusivement vers l'épanouissement du bien-être des citoyens?

La Vieille Europe, avec sa coupable tolérance à l'égard de la nouvelle religion, avec son socialisme d'assistance, avec son incapacité à relever les défis technologiques, avec son pacifisme, n'offre guère, en effet, un spectacle encourageant. L'Asie du Pacifique, faute de solides structures d'États-nations ayant longtemps exercé des responsabilités internationales, marquée en sens inverse par la folie de l'expansion territorialo-militaire du Japon d'avant 1945, pourrait, si elle aussi était laissée à elle-même, être tentée par des comportements de nature neutraliste.

Reste l'Amérique. L'Amérique qui, sous l'administration Truman, a prouvé – poussée, il est vrai, par la réaction contre une menace perçue comme territorialo-militaire – qu'elle était capable de susciter une action extérieure de type moderne extrêmement efficace. L'Amérique où la liberté d'action de l'homme sur la nature et sur les choses est une véritable religion et qui, après la stupide catastrophe du Vietnam, après les stupides chimères et illusions de la « détente », a prouvé sous l'administration Reagan qu'elle pouvait être « de retour ».

God bless America! car elle a, hélas! encore un grand chemin à parcourir.

NOTES BIBLIOGRAPHIQUES

PREMIÈRE PARTIE

1. Tous ces exemples qui, à ce stade de l'analyse, ont surtout pour moi une valeur allégorique, sont tirés d'*Annual of Power And Conflict*, 1980-1981, publié à Londres par l'*Institute for the Study of Conflict* et dont les remarquables analyses ressemblent le plus, par la solidité et la sécheresse strictement factuelle de leur documentation, aux rapports des services de renseignements.

2. Tibor SZAMUELY, *la Tradition russe*, Paris, Stock, 1976.

3. Hélène CARRÈRE d'ENCAUSSE, *l'Empire éclaté*, Paris, Flammarion, 1978.

4. Cité par Tibor SZAMUELY, *op.cit.*, p. 30.

5. *Carnets d'un agent secret*, par Oleg PENKOVSKY, Paris, Tallandier, 1966.

6. « La Russie au XIXe siècle », in Alain BESANÇON, *Présent soviétique et passé russe*, Paris, Pluriel, Livre de Poche, 1980. Due à un universitaire consacré, l'œuvre d'Alain BESANÇON – et notamment son *Court traité de soviétologie*, Paris, Hachette, 1976, repris dans *Présent soviétique et passé russe* – constitue une parfaite initiation, pour le lecteur français, à l'originalité soviétique. On ne peut que regretter, l'URSS continuant à faire l'objet d'approximations passionnelles, que ces analyses ne soient pas mieux connues du grand public, ne soient pas plus utilisées par nos hommes politiques. Pour ma part, j'ai choisi dans le présent ouvrage de ne m'appuyer que sur des textes d'origine soviétique – qu'il s'agisse de « dissidents » mais, surtout, de publications officielles.

7. J'emprunte cette citation de Leonid Brejnev devant un plénum du Comité central en novembre 1979 à *l'Utopie au pouvoir* de Michel HELLER et Alexandre NEKRICH, Paris, Calmann-Lévy, 1982, p. 524, ouvrage que j'utiliserai dans ces chapitres introductifs afin de montrer à quel point ce type de connaissance est accessible à tout Occidental désireux de s'informer sur la question.

8. André SAKHAROV, *Mon pays et le monde*, Paris, le Seuil, 1975.

9. Alexandre ZINOVIEV, *le Communisme comme réalité*, Paris, Julliard-l'Age d'Homme, 1981.

10. Michel HELLER et Alexandre NEKRICH, *op.cit.*

11. Eugénie GUINZBOURG, *le Vertige; Chronique des temps du culte de la personnalité; le Ciel de la Kolyma*, Paris, le Seuil, 1967, 1980; Alexandre SOLJENITSYNE, *l'Archipel du Goulag*, Paris, le Seuil, 1974, 1976; Nadejda MANDELSTAM, *Contre tout espoir, Souvenirs*, T. I, II, III, Paris, Gallimard, 1972-1975; Vladimir BOUKOVSKY, *... Et le vent reprend ses tours; Ma vie de dissident*, Paris, Laffont, 1978; Michel VOSLENSKY, *la Nomenklatura*, Paris, Belfond, 1980; Piotr GRIGORENKO, *Mémoires*, Paris, Presses de la Renaissance, 1980; Victor SOUVAROV, *les Libérateurs*, Paris, Mazarine, 1982; Artur LONDON, *l'Aveu; Dans l'engrenage du procès de Prague*, Paris, Gallimard, 1968; Hendryck SMITH, *les Russes; la Vie de tous les jours en Union soviétique*, Paris, Belfond, 1976; Nina et Jean KEHAYAN,

Rue du prolétaire rouge; deux communistes français en URSS, Paris, le Seuil, 1978. Etc.

12. Cette anecdote m'a été racontée par mon ami Jean Michel dont j'ai publié les souvenirs de déportation : Jean MICHEL, *Dora,* Paris, Jean-Claude Lattès.

13. Alexandre ZINOVIEV, *op. cit.*

14. Ce type de savoureux détails – qui prolifèrent dans la presse de la nouvelle civilisation – sont accessibles au lecteur occidental, entre autres révélations sur l'URSS tirées des journaux soviétiques, dans la remarquable publication bimensuelle britannique *Soviet Analyst,* PO Box 30, Richmond, Surrey, England.

15. *Histoire des littératures,* T. II, Encyclopédie de la Pléiade, Paris, Gallimard, 1968, article *Littérature russe* par Cyril WILCZKOWSKI, pp. 1572-74.

16. Nikita KHROUCHTCHEV, *Souvenirs,* Paris, Laffont, 1971, p. 489, cité par Michel HELLER et Alexandre NEKRICH, *op. cit.*, p. 566.

17. In Michel HELLER et Alexandre NEKRICH, *op. cit.*, pp. 534-35.

18. Toutes les citations du présent ouvrage proviennent de l'édition 1982 du *Petit Robert, Dictionnaire alphabétique et analogique de la langue française,* Paris, Éditions le Robert.

19. Cité par Boris PONOMAREV, *Après le XXIVe Congrès du PCUS : Sous l'étendard du marxisme-léninisme,* in *Nouvelle Revue internationale,* « Revue de théorie et d'information (sic) des partis communistes et ouvriers ». Il s'agit d'une de ces phrases clefs que brandissent les spécialistes de l'« idéologie » (Souslov, Tchernenko, Ponomarev, etc.) dans leurs textes théoriques de la *Pravda,* de revues telles que *Kommunist,* ou *les Problèmes de la paix et du socialisme,* puis dans des recueils dont la parution, la longueur, la présentation reflètent la place des auteurs dans l'appareil. Bien que j'aie été contraint de consulter toute cette littérature, je n'ai pas voulu la citer abondamment afin de ne pas tomber dans le piège de l'ésotérisme scolastique. Je ne me réfère dans le présent ouvrage qu'à des citations qui, par leur répétition, ont valeur de Dogme.

20. Boris PONOMAREV, cité par Michel HELLER et Alexandre NEKRICH *op. cit.*, p. 574.

21. Youri ANDROPOV, *l'Enseignement de Karl Marx et quelques problèmes de la construction socialiste en URSS* (en russe), *Kommunist,* février 1983.

22. Ces affirmations aberrantes proviennent de la très docte et respectable *Histoire de la philosophie,* T. III, Encyclopédie de la Pléiade, Gallimard, Paris, 1974, article « le Développement du marxisme en Europe occidentale depuis 1917 » par André TOSEL.

23. Alexandre ZINOVIEV, *Homo sovieticus,* Paris, Julliard-L'Age d'Homme, 1983.

24. Alexandre ZINOVIEV, *le Communisme comme réalité, op. cit.*, p. 318.

25. Alexandre SOLJENITSYNE, *l'Erreur de l'Occident,* Paris, Grasset, 1980, p. 14.

26. Si le Credo est traduit par moi du slavon, les actes de foi servant à ma transposition proviennent du *Missel du Credo,* Turnhout, Librairie universelle catholique, 1943.

27. Alexandre ZINOVIEV, *le Communisme comme réalité, op. cit.*.

28. Cité dans l'intéressant ouvrage de Roland BARDY, *1919, la Commune de Budapest,* textes publiés sous la direction de Max CHALEIL, Paris, Éditions de la Tête de Feuilles, 1972, p. 117. Bien que confidentiels, tous les textes établis par les marxistes « orthodoxes » autour du groupe « Spartacus » de René Lefeuvre présentent un intérêt particulier.

29. André TOSEL, *loc. cit.*, p. 903.

30. J'ai choisi de travailler – par commodité purement arbitraire – sur les éditions suivantes : *Dictionnaire russe-français* de l'académicien L.V. STCHERBA, Moscou, Éditions Encyclopédie soviétique, 9e édition, 1969; *Dictionnaire français-russe* du professeur K.A. GANCHINE, Moscou, Éditions d'État des dictionnaires étrangers et nationaux, 5e édition, 1962.

31. *La Grande Encyclopédie soviétique* (en russe), Moscou, Éditions Encyclopédie soviétique, 1970, article « Propagande ».

32. In Michel HELLER et Alexandre NEKRICH, *op. cit.*, p. 550.

33. J'emprunte cette expression à Hélène CARRÈRE d'ENCAUSSE, *le Pouvoir confisqué,* Paris, Flammarion, 1980.

34. Martin MALIA, *Comprendre la Révolution russe,* préface d'Alain Besançon, Paris, le Seuil, 1980.
35. Ernesto Che GUEVARA, *Journal de Bolivie,* Paris, Maspero, 1969.
36. X, *Qui a écrit le Don paisible?,* Paris, le Seuil.
37. Roland BARDY, *op. cit.*, pp. 118 et 134.
38. *Ibid.*, p. 162.

DEUXIÈME PARTIE

1. Leonid BREJNEV, cité par Boris Ponomarev in *Discours et articles choisis* (en russe), Moscou, Éditions de littérature politique, 1977, p. 361, article « V.I. Lénine - grand guide de l'époque révolutionnaire », 1969.
2. Pour bien montrer que l'Occident, s'il voulait, pourrait ne pas continuer à se nourrir d'illusions en la matière, j'emprunte cette citation-là à l'analyste britannique Brian CROZIER, *Strategy of Survival,* New York, Arlington House, 1978, p. 129. En revanche, je ne suis pas d'accord avec Crozier sur sa formulation - reprise en exergue par Richard NIXON dans son livre *la Vraie Guerre* - de la « troisième guerre mondiale ». La guerre - terme dont l'Occident abuse - suppose, en effet, le recours à la violence des forces armées.
3. Toutes mes citations du XXVIe Congrès proviennent du compte rendu sténographique officiel édité à Moscou (en russe) par les Éditions de littérature politique, 1981.
4. Boris PONOMAREV, *Discours et articles choisis, op. cit.*, in *Par la voie léniniste - vers le communisme,* 1974.
5. *Idem.* in « V.I. Lénine », *loc. cit.*
6. Une fois de plus cette citation est tirée d'un texte paru en Occident: Abdurakhman AVTORKHANOV, *la Méthode Brejnev,* Paris, Fayard, 1981, p. 185. Toutefois je n'ai pas retrouvé cet article de *la Pravda* du 18 mars 1971 dans le recueil officiel des incantations ponomaréviennes.
7. Cité par Denis ZASLAWSKY, « la Philosophie analytique » in *Histoire de la philosophie, op. cit.*, p. 765.
8. Denis ZASLAWSKY, *loc. cit.*, p. 790.
9. Cité par Youri ANDROPOV, *loc. cit.*
10. Notamment Brian CROZIER, *op. cit.*
11. Toutes ces formules sont extraites de l'article de Boris Ponomarev « la Situation mondiale et le processus révolutionnaire », 1974, in *Discours et articles choisis, op. cit.*
12. Mes analyses du XXVIe Congrès - dernier en date avant la rédaction du présent ouvrage mais révélateur d'un certain type de pensée - se fondent sur le compte rendu sténographique officiel, *op. cit.*
13. Précisions fournies par le Secrétaire général du KPSS dans son « rapport d'activité ». Sauf indication contraire, il en va de même pour toutes les citations de Brejnev dans ce sous-chapitre.
14. *Fils de Russie* (en russe), Moscou, La Jeune Garde, 1981.
15. Boris PONOMAREV, *op. cit.*, in *la Tâche actuelle du travail idéo-politique : le trotskysme, arme de l'anti-communisme,* 1971.
16. J'emprunte cette citation à une conférence du général Paul Gallois sur la stratégie nucléaire. Je n'ai pas voulu, en effet, me plonger dans l'étude - domaine bien connu des spécialistes occidentaux - de la stratégie soviétique.
17. *La Constitution de l'URSS, 7 octobre 1977,* textes et commentaires de Michel LESAGE, Paris, la Documentation française, 1978.
18. *Pravda,* 8 novembre 1982.
19. Boris PONOMAREV, *op. cit.*, in « V.I. Lénine », *loc. cit.*
20. Boris PONOMAREV, *op. cit.*, « la Situation mondiale et le processus révolutionnaire ».
21. Erich FROMM, *Avoir ou être,* Paris, Laffont, 1978.
22. François de CLOSETS, *Toujours plus,* Paris, Grasset.
23. Hélène CARRÈRE d'ENCAUSSE, *le Pouvoir confisqué, op. cit.*

24. Cyrille HENKINE, *l'Espionnage soviétique,* préface d'Alexandre Zinoviev, Paris, Fayard, 1981, p. 279.
25. Michel VOSLENSKY, *op. cit.*
26. Alexandre ZINOVIEV, *le Communisme comme réalité, op. cit.*, p. 74.
27. In *Rapport d'activité du Secrétaire général du KPSS,* compte rendu sténographique du XXVIe Congrès, *op. cit.*
28. *Ibid.*

TROISIÈME PARTIE

1. *Histoire du KPSS* (en russe), 2e édition, Moscou, Éditions de littérature politique, 1962, p. 776.
2. Grande Encyclopédie soviétique, *op. cit.*, article *Révolution socialiste.* Étant donné l'usage massif que je ferai – maintenant que le lecteur est suffisamment familiarisé avec les modes de pensée théologiques – de l'Encyclopédie soviétique, je n'effectuerai de renvois en note que lorsque la référence à l'article utilisé n'apparaît pas clairement dans le texte.
3. Précisions fournies par l'Encyclopédie soviétique elle-même, article « Grande Révolution d'Octobre ».
4. Maxime GORKI, « Vie nouvelle », 26 mars 1918 (journal socialiste-révolutionnaire interdit par Lénine le 18 juillet 1918), in *Pensées intempestives,* Lausanne, l'Age d'Homme, 1975 et Paris, Pluriel, Le Livre de poche, p. 232.
5. Le premier volume de l'Encyclopédie est paru en 1970, le dernier et trentième tome en 1978.
6. J'emprunte la formule à Georges SUFFERT, *les Intellectuels en chaise longue,* Paris, Grasset.
7. « Des insuffisances du Travail de parti », in *Histoire du VKPb* (en russe), Moscou, Éditions de Littérature politique, 1950, p. 346.
8. Maria Antonietta Macciocchi, *Deux mille ans de bonheur,* Paris, Grasset, 1983.
9. Karl Marx, *Œuvres,* T. III, *Philosophie,* la Pléiade, Paris, Gallimard, 1982, p. 413.
10. André et Dori PRUDHOMMEAUX, *Spartacus et la Commune de Berlin,* Paris, Spartacus, René Lefeuvre.
11. Grande Encyclopédie soviétique, *op. cit.*, article « Révolution de novembre 1918 ».
12. *Ibid.*, article « Soulèvement de Hambourg 1923 ».
13. *Ibid.*, article « Dialectique ».
14. *Ibid.*, article « Contre-révolution ».
15. *Ibid.*, articles « Communisme scientifique », « Matérialisme historique », « Matérialisme dialectique », « Marxisme-léninisme ».
16. Michaïl SOUSLOV, *le Marxisme-léninisme et l'époque contemporaine, Discours et articles choisis,* trois volumes en russe, Moscou, Éditions de Littérature politique, 1982; article « Léninisme et transformation révolutionnaire du monde », 1969.
17. Joseph STALINE, *Textes,* Éditions sociales, 1983.
18. Michel TATU, « les Institutions du mouvement communiste international », in n° 21 de *Pouvoirs, le Système communiste international,* Paris, mai 1982.
19. Blaise PASCAL, *Pensées,* in *Œuvres complètes,* La Pléiade, Paris, Gallimard, 1954, p. 1160.
20. François FEJTÖ, *Histoire des démocraties populaires,* T. I, *l'Ère de Staline,* Paris, le Seuil, 1952, p. 104.
21. Je me réfère aux textes de la conférence de Yalta tels qu'ils apparaissent en annexe d'Arthur FUNK, *De Yalta à Potsdam,* Bruxelles, Ed. Complexe, 1982 : « Déclarations sur l'Europe libérée » in *Communiqué du 11 février 1945.*
22. François FEJTÖ, *op. cit.*, p. 111 et 194.

23. Grande Encyclopédie soviétique, *op. cit.*, article « Événements (sic) de Février 1948 ».
24. *Ibid*, article « Révolution démocratique populaire ».

QUATRIÈME PARTIE

1. Jean ZIEGLER, *Contre l'ordre du monde, les Rebelles*, Paris, le Seuil, 1983, p. 11.
2. Erich FROMM, « le Caractère révolutionnaire », in *le Dogme du Christ et autres essais*, Bruxelles, Éditions Complexe, 1975, p. 117.
3. Jules MICHELET, *Histoire de la Révolution française*, la Pléiade, Paris, Gallimard, T. I, p. 21.
4. Erich FROMM, « le Caractère révolutionnaire », *loc. cit.*, p. 118.
5. *Histoire universelle*, T. III, Encyclopédie de la Pléiade, Paris, Gallimard, 1958.
6. Grande Encyclopédie soviétique, *op. cit.*, article « Révolution socialiste ».
7. La meilleure analyse de la révolution de Février – où figure ce détail – a été rédigée par le poète Alexandre BLOK pour le compte de la commission d'enquête instaurée par le « gouvernement provisoire » : *Poslednie dni imperatorskoj vlasti* et réédité à Paris (en russe) par la Librairie Sialsky. Si des ouvrages approximatifs prolifèrent en Occident sur la « révolution d'Octobre », l'œuvre – monumentale – de Blok n'a pas, à ma connaissance, été traduite.
8. Voir Marc FERRO, *l'Occident devant la Révolution soviétique*, Bruxelles, Éditions Complexe.
9. Voir sur l'action du syndicalisme pendant et après Octobre : Michel HELLER et Alexandre NEKRICH, *op. cit.* La proclamation suivante est particulièrement significative et émouvante : « Le 25 octobre 1917 », constate une réunion des délégués des plus grandes usines de Petrograd, « le parti bolchevik, allié au parti des SR de gauche et soutenu par des soldats et marins armés, a renversé le gouvernement provisoire et s'est emparé du pouvoir. Nous, ouvriers de Petrograd, nous avons, dans notre majorité, accepté ce changement de régime, fait en notre nom, à notre insu et sans notre participation (...) Mieux, les ouvriers ont soutenu le nouveau pouvoir qui s'était déclaré *gouvernement ouvrier et paysan* et qui promettait de réaliser notre volonté et de respecter nos intérêts. Toutes nos organisations se sont mises à son service (...) Mais quatre mois ont déjà passé et nous voyons que notre foi a été cruellement tournée en dérision, nos espoirs ont été brutalement foulés aux pieds » (p. 47).

Quant à nos intellectuels qui pleurent pêle-mêle avec une telle émotion au nom de leurs principes de gauche sur le cuirassé *Potemkine*, la révolution de 1905 ou la révolution d'Octobre, ils feraient bien de se souvenir du texte suivant de Maxime Gorki : le 9 janvier 1918, « les ouvriers de l'usine Oboukhov, de la Cartoucherie et d'autres usines ont pris part à la manifestation (...); sous les drapeaux rouges du parti social-démocrate russe marchaient vers le palais de Tauride les ouvriers des districts de l'île de Vassilevski, de Vyborg et d'autres encore. C'est justement ces ouvriers que l'on a fusillés et la *Pravda* aura beau mentir, elle ne pourra pas dissimuler cet événement infamant ». (*Ibid.*, pp. 38-39, in Maxime Gorki, *Pensées intempestives, op. cit.*, p. 200.) Hélas si! l'« événement infamant » a bel et bien été oublié.

10. Cité par Tibor SZAMUELY, *op. cit.*, p. 34.
11. André FROSSARD, *Dieu existe, je l'ai rencontré*, Paris, Fayard, 1969.
12. C. TALÈS, *la Commune de 1871*, 3e édition, Paris, Spartacus, René Lefeuvre.
13. Tiré du remarquable ouvrage de Jacques BAYNAC, *la Terreur sous Lénine*, Paris, le Sagittaire, 1975, qui, bien entendu, n'a eu aucun succès en librairie.
14. Anna AKHMATOVA, *Requiem*, traduction de Paul Valet, Paris, les Éditions de Minuit, 1966.
15. In Jacques BAYNAC, *la Terreur sous Lénine, op. cit.*, p. 160-69.

16. PLATONOV, *Manuel d'histoire russe pour les écoles secondaires,* Saint-Pétersbourg, Bashmakov, 1914, p. 33.
17. John REED, *Dix jours qui ébranlèrent le monde,* Paris, Bureau d'édition, 1928; Éditions sociales, 1983.

CINQUIÈME PARTIE

1. Cité par la Grande Encyclopédie soviétique, *op. cit.*, article « Révolution de libération nationale ».
2. Grande Encyclopédie soviétique, *op. cit.*, article : « Révolution espagnole ».
3. Alexandre ZINOVIEV, in *l'Express,* 12 avril 1985.
4. Grande Encyclopédie soviétique, *op. cit.*, article « Crise générale du capitalisme ».
5. J'emprunte toutes ces – belles – citations à Jean ZIEGLER, *op. cit.*

SIXIÈME PARTIE

1. Titre d'un ouvrage édité – sans aucun succès – à Paris, *le Rire derrière les barbelés,* Paris, Éditions Albatros, où l'on trouvera la plupart des anecdotes citées.
2. *Pravda,* 28 octobre 1982.
3. *La Constitution de l'URSS, op. cit.*
4. Consulter sur tous ces points les ouvrages de John BARRON sur le KGB et notamment John BARRON, *KGB, The Secret Work of Soviet Secret Agents,* Londres, Hodder and Stoughton, 1974, et sa traduction française expurgée des péripéties pouvant nuire au renom des diplomates français en poste à Moscou : Paris-Bruxelles, Elsevier, 1975.
5. Boris PONOMAREV, *op. cit.* in « Par la voie léniniste » *loc. cit.*
6. PLATONOV, *Manuel d'histoire russe, op. cit.*, p. 142.
7. Reinhardt GEHLEN, *l'Organisation Gehlen,* Paris, Presses de la Cité et Fayard, 1972, pp. 283-84.
8. Raymond ARON, *les Dernières Années du siècle,* Paris, Julliard, 1984.
9. *Ibid., Paix et Guerre entre les nations,* Paris, Calmann-Lévy, 8e édition, 1984.
10. Richard NIXON, *la Vraie Guerre,* Paris, Albin Michel, 1980, p. 68.
11. Le dernier témoignage paru est *Vivre en Russie* de Michael BINYON, Paris, Julliard, 1985.
12. Richard NIXON, *op. cit.*, p. 68.
13. *Ibid.*, p. 69.
14. Alain BESANÇON, *Court Traité de soviétologie, op. cit.*; Raymond ARON, *les Dernières Années du siècle, op. cit.*
15. Alexandre ZINOVIEV, préface à Cyrille HENKINE, *op. cit.*, p. 12.
16. « Communiqué de Yalta du 11 février 1945 (§ VI. Pologne) » in Arthur FUNK, *op. cit.*, pp. 209-10.
17. In *Année politique 1954,* Paris, PUF, 1955 : « Déclaration finale en date du 21 juillet 1954 de la conférence de Genève sur le problème du rétablissement de la paix en Indochine », pp. 590-91 ; « Accords sur la cessation des hostilités en Indochine », p. 534.
18. Henry KISSINGER, *A la Maison Blanche, 1968-1973,* Paris, Fayard, 1979, p. 1532.
19. *Ibid.*
20. *Paix et désarmement* (en russe), *Investigations scientifiques,* Moscou, Éditions Science, 1982, article de A.E. Bovin, « Politique et guerre », p. 98.
21. Cité dans Brian CROZIER, *op. cit.*, p. 76.

22. Raymond ARON, *les Dernières Années du siècle, op. cit.*, Note d'édition, p. 248.

23. In John BARRON, *op. cit.*

SEPTIÈME PARTIE

1. Telle la formule du « Parti-État » qui paraît aujourd'hui tellement évidente aux soviétologues que l'on ne peut plus savoir qui l'a employée en premier, mais qui n'est pas sortie, sans être véritablement approfondie, du petit monde clos et ésotérique des spécialistes. Dans l'intéressante parution de *Pouvoirs, loc. cit.*, consacrée au « système communiste mondial », la remarquable analyste de la réalité communiste Annie Kriegel l'emploie alors que l'utilisation dans le même numéro de la formule « État-parti » (par H. Carrère d'Encausse), elle, inadéquate, souligne la persistance d'un flottement.

À propos de convergences, voir également l'essai d'Edgar MORIN sur la nature religieuse de l'Union soviétique, *De la nature de l'URSS, Complexe totalitaire et nouvel Empire,* Paris, Fayard, paru en janvier 1983, mais dont je n'ai pris connaissance, fidèle à ma volonté de ne m'appuyer que sur des textes soviétiques, qu'après la fin de la rédaction du présent ouvrage.

Bien plus mystérieux est le cheminement de la pensée de Raymond Aron, Dès 1944 à Londres, il identifie l'apparition de « religions séculières », constate avec une impressionnante lucidité : « De toutes les religions séculières, le socialisme a été et demeure la plus rationaliste. Elle a élaboré en termes intellectuels la foi qu'elle nourrit, elle (...) attend le salut, au terme d'une histoire intelligible, de la volonté réfléchie d'hommes armés de la science et maîtres de la nature. » (Article de *la France libre,* « l'Avenir des religions séculières » reproduit dans *Commentaires,* février 1985). Mais si cette intuition sous-tend toute son œuvre de combat – admirable – des années cinquante, elle est quasi complètement évacuée plus tard, à propos de l'Union soviétique, de sa pensée théorique. A tel point qu'Alain Besançon – qui conclut, dans sa thèse *Les Origines intellectuelles du léninisme,* Calmann-Lévy, 1977, que « l'idéologie n'est pas une religion, pas même une religion séculière » – explique l'illumination aronienne par le stalinisme : « Dans la génération contemporaine de Staline, les aspects fidéistes, cultuels, dogmatiques de l'idéologie étaient si patents que la comparaison s'imposait d'elle-même, avec l'image convenue d'une chrétienté " médiévale ", " inquisitrice ", etc. » Curiosités de l'esprit humain : c'est au moment où l'Union soviétique est la moins connue qu'elle est – par de bien rares penseurs – la mieux comprise. En revanche, l'apparition de données massives sur les réalités soviétiques, alliée à l'absence d'un effort véritablement massif d'exploration véritablement scientifique, vient obscurcir le jugement en permettant toutes les comparaisons abusives et trop faciles avec nos propres structures et comportements.

JALONS DE THÉORIE

1. Albert OUZOULIAS, *les Fils de la nuit,* préface de Constantin Melnik, Paris, Grasset.

2. George F. KENNAN, *Mr. X Reconsiders – A Current Assessment of Soviet-American Relations, Encounter,* mars 1978.

Cet ouvrage a été réalisé sur
Système Cameron
par la SOCIÉTÉ NOUVELLE FIRMIN-DIDOT
Mesnil-sur-l'Estrée
pour le compte des Éditions Grasset
le 30 décembre 1985

Imprimé en France
Dépôt légal : décembre 1985
N° d'édition : 6875 – N° d'impression : 3300
ISBN : 2-246-36961-4